Mq. la Carte.

GÉOGRAPHIE DE L'ALGÉRIE

DEUXIÈME ÉDITION

L.R⁸
1073

BÔNE. — IMPRIMERIE DAGAND.

GÉOGRAPHIE
DE L'ALGÉRIE

PAR

O. NIEL

PROFESSEUR D'HISTOIRE ET DE GÉOGRAPHIE

AU COLLÉGE DE BONE

MEMBRE CORRESPONDANT DE LA SOCIÉTÉ DE CLIMATOLOGIE

ALGÉRIENNE ET DE LA SOCIÉTÉ

DE GÉOGRAPHIE COMMERCIALE DE PARIS

> Rien dorénavant ne peut compromettre l'œuvre que la France a entreprise en plantant son drapeau sur la Casbah d'Alger. C'est maintenant à l'agriculture, au commerce, à l'industrie, à la compléter, en tirant parti des prodigieuses ressources qu'offre cet admirable pays.
> (Discours prononcé le 6 mai 1876 par le général Chanzy, gouverneur de l'Algérie.)

TOME PREMIER
GÉOGRAPHIE PHYSIQUE, AGRICOLE, INDUSTRIELLE ET COMMERCIALE

BONE

L. LEGENDRE, libraire,	R. CAUVY, libraire,
rue Damrémont	rue Neuve-Saint-Augustin

Et chez les principaux libraires de l'Algérie

1876

A MONSIEUR

SALVADOR COLL

Bienfaiteur du Collège de Bône

L'auteur reconnaissant,

O. NIEL.

PRÉFACE.

L'Algérie, ce magnifique prolongement de la France méridionale, est peu connue.

Nous avons entrepris la patriotique tâche de soulever un coin du voile qui cache encore aux yeux du plus grand nombre ce pays des fruits d'or, des moissons opulentes, des forêts profondes et des mines inépuisables.

Puisse la critique accueillir avec indulgence cette œuvre bien imparfaite sans doute, mais très-laborieuse!

Bône, le 16 juillet 1876.

O. NIEL.

GÉOGRAPHIE DE L'ALGÉRIE

PREMIÈRE PARTIE

GÉOGRAPHIE PHYSIQUE

CHAPITRE Ier.

NOM, SITUATION, LIMITES, SUPERFICIE.

Nom. — La France a commencé en 1830 et terminé dans ces dernières années la conquête d'une vaste portion de l'Afrique septentrionale dont tant de peuples se sont disputé la possession. Cette riche contrée porte le nom d'*Algérie*, d'Alger, sa ville principale. Le nom d'Alger vient lui-même de la corruption des mots arabes *El-Djezaïr*, qui signifient « les îles ». Les Arabes donnèrent ce nom à Alger, l'*Icosium* des Romains, parce que devant la crique bordée par la ville se dressait un groupe d'écueils ou d'îlots qui protégaient les galères et qui sont aujourd'hui ou recouverts de batteries ou enchâssés dans la digue du port. Avant la conquête de 1830, le territoire que nous appelons Algérie portait le nom de régence d'Alger. C'était le plus remuant et le plus redouté des quatre États barbaresques (Maroc, Tunisie, régence de Tripoli) dont les pirates infestaient le bassin méditerranéen.

La réunion de ces quatre États formait l'*Atlantide* ou Berbérie. Le nom d'Atlantide a été donné à cette région parce qu'elle est recouverte, du golfe de Gabès, sur la Méditerranée, jusqu'au littoral de l'océan Atlantique qui se dresse en face des Canaries, par les chaînes de l'Atlas. Elle tirait son nom de Berbérie de ses habitants les plus anciens, les Berbères, que l'on nomme aujourd'hui Kabyles. Les géographes arabes appellent cette contrée : l'*Ile de l'Occident*, dénomination charmante et très-juste. N'est-ce pas, en effet, une île véritable, bornée à l'ouest par l'Océan, au nord et à l'est par la Méditerranée, et au sud par les sables du Sahara, mer desséchée qui s'étend des caps Noun et Blanc au golfe de Gabès? Que le projet de création d'une mer Saharienne, à l'étude en ce moment, se réalise, et l'Ile de l'Occident sera reconstituée.

Les Arabes, venus de l'Orient (Arabie, Syrie,

Égypte), désignent l'Atlantide sous le nom de *Couchant* (Moghreb); mais ils distinguent naturellement trois couchants : le *Moghreb-el-Adna*, couchant le plus rapproché de l'Égypte, c'est-à-dire la Tunisie et la Tripolitaine; le *Moghreb-el-Ouosth*, couchant du milieu, qui est l'Algérie; le *Moghreb-el-Aksa*, couchant le plus éloigné, c'est-à-dire le Maroc.

Situation. — L'Algérie est le prolongement naturel de la France et le portique de ce mystérieux continent africain dans lequel nous aurons peut-être la gloire de porter le flambeau de la civilisation. Elle est située dans l'hémisphère boréal, entre le 37e et le 32e degré de latitude, le 5e degré de longitude occidentale et le 7e degré de longitude orientale. Ses points extrêmes sont, au nord, le cap Boujarone, et, au sud, l'oasis d'El-Golea, où le général de Galliffet est entré en 1874.

L'Algérie touche presque à l'Europe. Elle fait face à l'Espagne, à la France et à l'Italie, aux îles Baléares, à la Corse, à la Sardaigne, à la Sicile. Malaga, Alméria, Carthagène, Alicante, Valence, Castellon de la Plana, Barcelone, en Espagne; Port-Vendres, La Nouvelle, Cette, Aigues-Mortes, Marseille, Toulon, Saint-Tropez, Antibes, Nice, Bastia, Ajaccio, en France; Gênes, Livourne, Civita-Vecchia, Rome, Naples, Salerne, Cagliari, Palerme, Syracuse, Messine, en Italie; La Valette, dans l'île

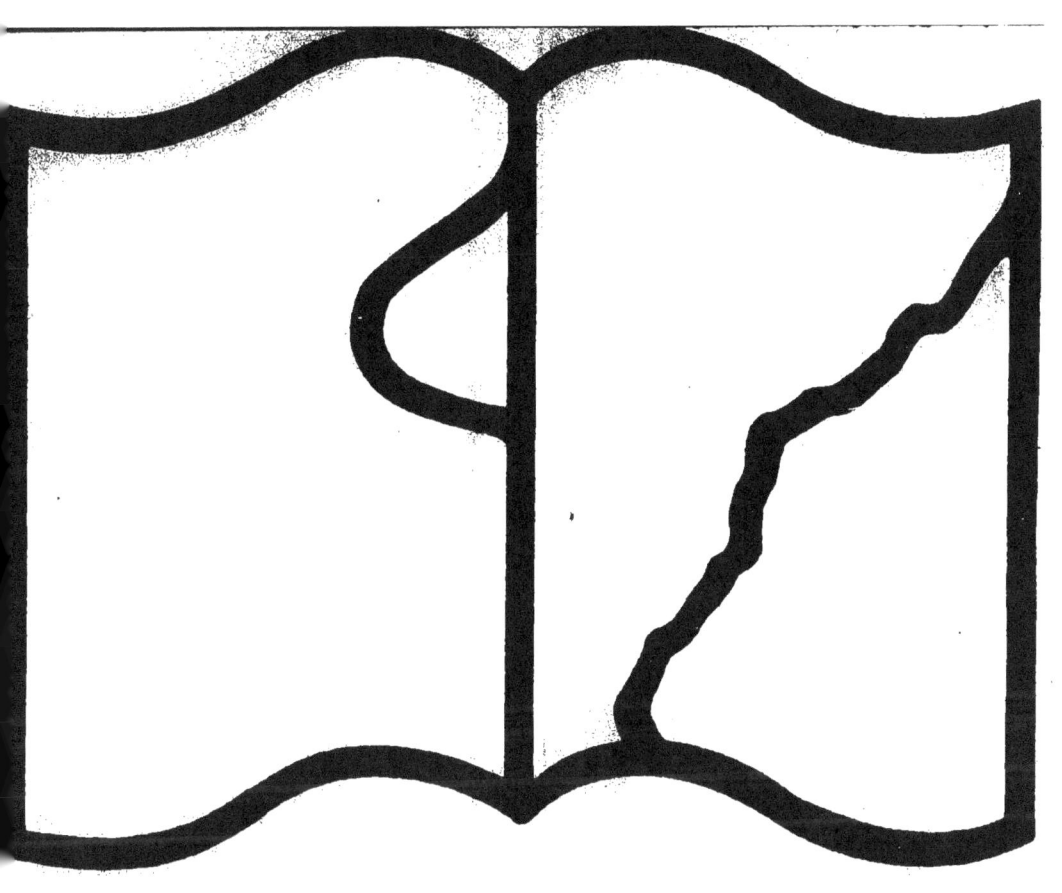

Texte détérioré — reliure défectueuse

NF Z 43-120-11

Malte, ouvrent leurs ports et leurs marchés aux produits de l'Afrique française.

Le méridien de Paris passe sur le djebel Chenoua, à 15 kilomètres à l'est de Cherchel; celui de Nice, entre Bône et Philippeville. On compte 772 kilomètres de Marseille à Alger, 728 de Marseille à Stora, 1,028 de Marseille à Oran, et 659 kilomètres seulement séparent la plage algérienne de la ville de Port-Vendres qu'il est question de relier à Alger au moyen d'un service régulier de bateaux à vapeur. 40 et quelquefois 36 heures suffisent pour faire la traversée de Marseille à Alger. En quelques heures on va de la Sardaigne à Bône et de Carthagène à Oran.

Limites. — La mer Méditerranée forme, au nord, de la Tunisie au Maroc, une limite naturelle. Elle baigne les côtes de l'Algérie sur une longueur de 1,100 kilomètres. Les deux points extrêmes du littoral algérien sont le cap Roux, sur la limite de l'Algérie et de la Tunisie, et l'oued Kis, sur la frontière marocaine. Ces deux points présentent une différence assez notable en latitude, à cause de la ligne inclinée à l'est-nord-est que suit la Méditerranée. Le cap Boujarone, près de Collo, est traversé par le 37e parallèle et par le 4e degré de longitude orientale, tandis que la pointe du cap Milonia, sur la limite de l'Algérie et du Maroc, est à quelques minutes seulement du 35e degré de latitude et à 4 degrés de longitude occidentale. Les limites de l'est et de l'ouest sont formées de lignes conventionnelles.

La délimitation de l'Algérie occidentale et de l'empire marocain a été fixée en 1845 par un traité conclu entre le général De la Rue et Sidi Ahmida-ben-Ali, plénipotentiaire du souverain du Maroc. Cette ligne, qui ne laisse aucun signe visible sur le sol, a été déterminée au moyen des lieux qu'elle traverse. Elle commence à l'embouchure de l'oued Kis ou Adjeroud, à l'ouest du cap Milonia, décrit de nombreuses sinuosités, laisse à l'ouest le célèbre champ de bataille d'Isly (1844) et la ville marocaine d'Oudjda, coupe les oued Isly, Rahil, Mouerki, M'ta-Okba, M'ta-el-Baadj, le chott Gharbi, l'oued Mader, l'oued Bou-Bekker, en face du territoire de Figuig, et s'arrête conventionnellement au 32e degré de latitude.

Une ligne, qui commence au cap Roux et finit au 32e parallèle, sépare, à l'est, l'Algérie de la régence de Tunis. Cette ligne, presque droite d'abord, décrit ensuite de nombreuses courbes, traverse une contrée très-accidentée et sillonnée de nombreux cours d'eau dont le plus important est la Medjerda, laisse à l'ouest la ville de Tébessa, coupe la sebkha El-Gharnis et se termine dans le Sahara. Cette délimitation de l'est et de l'ouest de l'Algérie est au moins étonnante. Des cours d'eau marocains ou tunisiens portent dans nos rivières le tribut de leurs ondes. La Medjerda, une des grandes rivières algériennes, s'achève dans la régence de Tunis.

Au sud, la France africaine n'a guère pour limite que sa volonté. A elle de s'y étendre partout où elle pourra forer, irriguer et trafiquer.

Superficie. — La ligne du nord a un développement de près de 1,100 kilomètres. Tirez une ligne d'Alger à l'oasis des Chambà d'El-Golea, et vous obtiendrez une largeur à peu près égale. Si l'on prend pour limite dans le Sahara une ligne passant par El-Golea, on peut évaluer la superficie de l'Algérie à 66 millions d'hectares, superficie supérieure à celle de la France, de la Belgique, de la Hollande et de la Suisse réunies. M. Mac-Carthy et le docteur Warnier, que la mort a trop tôt enlevé à l'affection des Algériens, admettent cette superficie. Certains écrivains ne croient pas que la surface du sol de l'Algérie dépasse 43 ou 49 millions d'hectares.

CHAPITRE II.

OROGRAPHIE.

Les montagnes qui couvrent l'Algérie portent le nom générique d'Atlas; elles forment trois versants :

1° Le versant méditerranéen;

2° Le versant du plateau central, ou des Hauts-Plateaux ;

3° Le versant du Sahara.

Elles ont une direction générale de l'est à l'ouest.

La plupart des géographes divisent l'Atlas en trois parties : le *petit Atlas*, voisin de la Méditerranée ; le *moyen Atlas*, à l'intérieur du Tell, et le *grand Atlas*, qui sépare la région des steppes du Sahara. On distingue bien, à la vérité, comme trois lignes de montagnes parallèles, mais il n'est pas exact d'admettre trois chaînes parfaitement tranchées. Les diverses montagnes algériennes se touchent, au moins par la base, sur un bon nombre de points. En outre, l'intervalle qui sépare les régions montagneuses dont nous venons de parler est lui-même un pays de montagnes, entrecoupé de profondes vallées.

Nous n'admettrons donc que deux chaînes de montagnes, presque parallèles, qui courent de l'ouest à l'est. L'une, que nous appellerons *chaîne tellienne*, parce qu'elle est à peu près comprise tout entière dans le Tell ou terre cultivable, envoie ses eaux :

1° Au nord, dans la Méditerranée, sur le littoral de laquelle elle forme plusieurs massifs ;

2° Au sud, dans les cuvettes (chotts) des Hauts-Plateaux.

L'autre, que nous nommerons *chaîne saharienne*, verse ses eaux :

1° Au nord, dans les cuvettes des Hauts-Plateaux;

2° Au sud, dans les lacs ou dans les sables du Sahara.

Ainsi donc, on peut reconnaître en Algérie trois zônes bien distinctes :

1° Le *Tell*, l'*alma tellus* des Latins, la terre par excellence, celle qui produit ce qui est nécessaire à la vie de l'homme : **Tellus nutrix hominum**, sur le versant nord de la chaîne tellienne;

2° La région des *Hauts-Plateaux*, ou région intermédiaire entre la ligne du Tell et celle du Sahara;

3° Le *Sahara* ou *Désert*, au sud de la chaîne saharienne.

§ 1er. —. *Chaine tellienne*.

Cette chaîne commence au cap Ghir ou *Ger* (Maroc), sur l'océan Atlantique, et se termine au cap *Bon* (Tunisie), dans la Méditerranée. Pénétrant en Algérie un peu au-dessus du 34e degré de latitude, elle laisse au nord les monts de Tlemcen et le massif des Traras, projette dans la même direction la chaine du Tessala, forme les monts de Daya, ligne de faîte entre les sources de l'Habra et du Sig, envoie au nord une chaîne qui forme la partie orientale du bassin de l'Habra, accentue fortement sa direction vers le nord-est, passe par Tiaret, d'où se détache un chaînon

(Dahra) qui s'étend jusqu'auprès de Mostaganem, entre dans le département d'Alger, projette au nord l'imposant massif de l'Ouarensenis, et atteint Boghar. Là, une gigantesque coupure livre passage au Chelif, le roi des fleuves algériens, le seul cours d'eau méditerranéen qui prenne naissance dans le massif du Sahara (djebel Amour). Au-dessus de Boghari, la chaîne porte le nom de monts de Titteri; à Aumale, où s'embranche la chaîne du Djurdjura, elle quitte la direction du nord-est pour incliner fortement à l'est, pénètre dans le département de Constantine, passe ensuite entre le Bordj de la Medjana et Bordj-bou-Arreridj, se dirige vers le sud jusqu'au mont Magris, où naît le Bou-Sellam, laisse au sud-est les montagnes de Batna et de l'Aurès, se rattache aux monts de Sétif, se dirige vers le sud-est à travers le pays des Haractas, projette au nord les montagnes de Guelma et de Tifech, et se soude, près de Tébessa, à la chaîne saharienne.

La chaîne tellienne envoie à la Méditerranée l'oued Adjeroud ou oued Kis, la Tafna, réceptacle des eaux des monts de Tlemcen; le Rio-Salado, l'Habra et le Sig, dont la réunion forme la Macta; l'Hillil, la Mina, l'oued Djediouia, l'oued Riou, l'oued Isly, l'oued Foddha, l'oued Rouina, l'oued Deurdeur, l'oued Djemma, principaux affluents de la rive gauche du Chelif; l'oued Dhamous, le Nador, le Mazafran, grossi du Bou-Roumi et de l'oued Djer; l'Harrach, le Hamize, la Reghaïa, le Boudouaou, le Corso, l'Isser de l'est, le Sebaou, le Sahel ou Soummam, grossi du Bou-Sellam et de l'oued Zemoura, l'Agrioun ou Djermouna, le Djindjen, l'oued Guebli, le Roumel ou oued El-Kebir, où tombent l'oued Endja et le Bou-Merzoug; le Saf-Saf, grossi du Zeramna; le Sanendja, qui porte aussi le nom d'oued El-Kebir; la Boudjima, la Seybouse, la Mafrag et la Medjerda.

Parmi les cours d'eau qui se déversent dans les cuvettes des Hauts-Plateaux nous citerons : l'oued Hammam, l'oued Fallat, l'oued El-Hallouf, l'oued Kerbout, l'oued Chellat, l'oued Beiada, l'oued Sebisebt, l'oued Bou-Amadou, l'oued Si-Ataïa, l'oued Melah et l'oued Barika.

Les montagnes du littoral se relient à la chaîne principale et forment avec elle un certain nombre de massifs que nous décrirons dans l'ordre suivant :

1° Les monts de Tlemcen;
2° Le massif des Traras;
3° Le massif du Tessala;
4° Les monts de Mascara;
5° Le massif de l'Ouarensenis;
6° Le massif d'Alger;
7° Le massif du Djurdjura;
8° Les monts du Dira;
9° Les monts de Sétif, ou monts Hodnéens;

10° Les monts de Constantine ;
11° Le massif de l'Edough ;
12° Le massif africain.

1° Monts de Tlemcen.

Ces monts, ainsi nommés de la ville célèbre qui occupe, dans la partie occidentale du département d'Oran, un de leurs plateaux les plus bas, s'étendent de la frontière marocaine à la Mekerra supérieure, une des branches mères du Sig. Ce massif est le *Durdus mons* des Romains.

Il a pour points culminants le *Toumzaït* (1,834 m.), sur la frontière même du Maroc, en pays berbère (les Kabyles l'appellent *Ras-Asfour*, tête d'oiseau), et le djebel *Ouargla* (1,724 m.), du côté de la Mekerra.

2° Massif des Traras.

Cette chaine, comprise entre la Tafna et la mer, à l'est de Nemours, forme le cap Noé. Ses sommets les plus remarquables sont : le djebel *Foughal* (1,400 m.), le *Tadjera* (864 m.), pic voisin de la Méditerranée, appelé aussi *Montagne Carrée*, à cause de son sommet aplati. Ce massif est le *Khalcorikii* des Romains.

3° Massif du Tessala.

Compris entre le Sig et la Tafna, ce massif a pour points principaux : le pic du *Tessala* (1,022 m.), qui domine Sidi-bel-Abbès, dans la partie orientale de la chaîne ; le *Tafaroui* (726 m.), entre Oran et Sidi-bel-Abbès, et le djebel *Seba-Chioukh*, à l'ouest. Ce massif est l'*Astasilis* des Romains.

Le Tessala est couvert de ruines romaines. Les Arabes l'ont surnommé la *terre du blé*, à cause de la fertilité de ses plateaux.

4° Massif de Mascara.

Ces montagnes se dressent entre la Mekerra à l'ouest, la mer et le Chelif au nord, et le cours de la Mina à l'est. Elles comprennent les monts de Mascara et de Mostaganem, dont les principaux sommets sont : le djebel *Cherberrih* (650 m.) et le djebel *Bouziri* (500 m.).

5° Massif de l'Ouarensenis.

Le massif de l'*Ouarensenis* doit son nom à son principal sommet. Il se dresse, avec des limites parfaitement indiquées, entre le Chelif au nord, à l'est et au sud-ouest, et la Mina à l'ouest. On dirait une île. Ce superbe massif, habité par des Kabyles, domine Orléansville au sud et oppose une barrière infranchissable aux flots du Chelif qui le contourne en décrivant une courbe gigantesque (350 kil.). L'Ouarensenis se partage entre le département d'Oran et le département d'Alger. Les Kabyles l'appellent l'*Œil du monde*, parce qu'il aperçoit tout, puisqu'on le voit de partout. Son point culminant atteint 1,991 m.

Il domine un grand nombre de pics proches ou distants qui semblent être ses satellites. A l'Ouarensenis se raccordent les monts de *Thaya*, dont le point culminant, l'*Achéou*, atteint 1,814 m., les monts de *Teniet-el-Haad* (1,161 m.), couverts de cèdres superbes, et le *Taguelsa* (1,731 m.). Ce massif est le *Garaphi montes* des Romains. Toutes les eaux de l'Ouarensenis sont tributaires du Chelif.

6° Massif d'Alger.

Le massif d'Alger, que nous nommons ainsi parce que la ville d'Alger occupe l'un des points de son contour extérieur, est limité par la mer au nord, le Chelif au sud, l'Isser à l'est; il comprend :

1° Le Dahra, au nord;
2° Le Zakkar, au nord de Milianah;
3° Les monts de Blidah.

Le *Dahra*, à l'ouest de Ténès et d'Orléansville, entre le Chelif et la mer, est un massif très-étendu, que traverse la route de Ténès à Orléansville et qui est habité par des Kabyles. Dahra, en arabe, veut dire « le nord ». Le Dahra, dit M. Bourdon, réunit pour la colonisation les conditions les plus favorables. Le climat y est parfaitement salubre et beaucoup plus frais que dans l'intérieur du pays, par suite de l'élévation du sol et du voisinage de la mer. Il est plus doux encore et plus égal que celui de Mostaganem, un des plus beaux de l'Algérie. La terre y est riche; il y a des cultures toutes faites, et même des bois. Les sources ne sont pas très-abondantes, mais il y en a partout. Deux forêts, l'une de 4,000 hectares, à l'embouchure du Chelif, l'autre de 6,200 hectares, près de Ténès, couvrent une partie de la chaîne du Dahra, où l'on remarque aussi des gorges pittoresques et des grottes célèbres par des épisodes de la conquête. Point culminant, 876 m.

Le Dahra, dont la conquête a coûté des flots de sang à la France, se couvre de villages, grâce à l'énergique impulsion donnée à la colonisation par le général Chanzy.

Le *Zakkar* se compose de deux belles montagnes : le *Zakkar Gharbi*, ou Zakkar occidental (1,580 m.), aux flancs duquel est pour ainsi dire suspendue la ville de Milianah, et le *Zakkar Chergui*, ou Zakkar oriental (1,527 m.), qui domine Vesoul-Benian et la vallée d'Hammam-Righa. Le Zakkar occidental donne naissance à l'oued Boutan. C'est le *Zalaccus mons* des Romains.

Les monts de *Blidah*, les plus élevés de ceux qui forment la ceinture de la Mitidja, se dressent sur la rive droite et sur la rive gauche de la Chiffa, qu'ils contraignent à se dérouler sinueusement dans des gorges célèbres. La montagne de la rive droite de la rivière est le Beni-Salah, ou piton de Sidi-Abd-el-Kader, le pic du Midi de Blidah; celle de la rive gauche est le Mouzaïa.

Le djebel *Beni-Salah* (1), belle montagne de 1,640 m., est couronné par la koubba (sanctuaire) de *Sidi-Abd-el-Kader*, d'où l'on jouit d'une vue magnifique sur la forêt de cèdres d'*Aïn-Talazid*, la Mitidja, le Sahel, la mer, le Djurdjura, la trouée du Chelif, etc.

Cette montagne donne naissance à l'oued El-Kebir, qui arrose les orangeries de Blidah, à l'oued Merdja, affluent de la Chiffa, à l'oued Beni-Aza, et à de nombreux tributaires de l'Harrach.

Le *Mouzaïa* (1,608 m.) se dresse entre le Bou-Roumi et la Chiffa. Son sommet porte la koubba de *Si-Mohammed-bou-Chakour*. Dans ses flancs s'ouvrent des grottes profondes. Le *Col de Mouzaïa* (1,043 m.), par où passe l'ancienne route de Médéah, a été, en 1844, le théâtre d'un sanglant combat entre les troupes d'Ab-el-Kader et une colonne française sous les ordres du duc d'Orléans.

Le Beni-Salah et le Mouzaïa sont encore en partie couverts de bois qui servent d'asile à une quantité considérable de singes dont les ébats ne sont plus troublés par la présence des lions ou des panthères.

(1) Dans le département de Constantine, sur la rive droite de la Seybouse, s'élève une autre montagne du même nom. Voy. ci-dessous.

7° Massif du Djurdjura.

Le *Djurdjura*, Jurjura, ou Djerdjera, le *mons Ferratus* des Romains, l'*Adrar-bou-Dfel* (le mont de la neige) des Kabyles, une des plus belles chaines de montagnes de l'Algérie, se dresse entre la mer, l'oued Sahel et l'Isser. Ses contours extérieurs affectent la forme d'un trapèze. Le Djurdjura, dont on distingue très-bien d'Alger les sommets neigeux, offre un aspect grandiose. Le versant méridional, qui domine de 1,800 à 2,000 mètres la vallée de l'oued Sahel et ressemble à une gigantesque muraille, est couvert de chênes et de pins; les chênes croissent aussi sur le versant nord, dont les pentes assez douces vont expirer au bord de la mer par une succession de pics, de plateaux, de ravins et de gorges d'un aspect fort pittoresque. De magnifiques cèdres couvrent les plus hautes cimes du Djurdjura. Le point culminant du massif est le *tamgout* (pic) de *Lella-Khedidja* (au sommet, tombeau de la maraboute Lella Khedidja, femme vénérée), qui porte son front à 2,308 mètres, entre les bassins du Sebaou et de l'oued Sahel, à 60 kil. environ au sud-est de Dellys, à peu près à la même distance au nord-est d'Aumale, et à 100 kil. à vol d'oiseau de la capitale de l'Algérie.

Parmi les autres points les plus élevés du Djurdjura nous citerons : le pic d'*Akouker* (2,252 m.), le *Tizibert* (1,761 m.), l'*Azérouiraït-Zikki* (1,718 m.), le djebel *Dzan* (1,643 m.), et le col de *Tizi-Ougoulmin*, situé à 2,122 mètres entre le Beni-Koufi et le Beni-Meddour.

Les eaux du versant nord du Djurdjura vont grossir le Sebaou; à l'ouest, elles courent à l'Isser; au sud et à l'est, elles vont se perdre dans l'oued Sahel.

Les divers chaînons dont se compose le Djurdjura, et qui sont séparés les uns des autres par des déchirures profondes, par la vallée du Sebaou et la chaine du littoral, forment la région connue sous le nom de *grande Kabylie*.

8° Monts du Dira-Ouennougha.

Ces deux massifs, situés au sud du précédent, s'étendent des sources de l'Isser, à l'ouest, à l'oued Mzila, à l'est. Le massif du Dira domine Aumale à l'ouest; le massif de l'Ouennougha se dresse à l'est.

Le *Dira* (1,813 m.), sur la limite entre le Tell et les Hauts-Plateaux, schisteux à sa base, constitué au sommet par des grès quartzeux, alimente les sources de l'Isser, de l'oued Sahel et de l'oued Chellal. Il est terminé à l'ouest par un groupe de crêtes que les Arabes nomment *Kef-el-Akhdar* « les rochers verts » (1,409 m.). Le *Kef-el-Ansour*, autre pic du Dira, atteint 1,201 mètres. Le Dira est en partie couvert de belles forêts de chênes et autres essences, et d'excellents pâturages. Du sommet, couvert de neige pendant une partie de l'année, on découvre une vue splendide, au nord, sur le Djurdjura et la vallée de l'oued Sahel; au sud, sur les immenses solitudes du bassin du Hodna.

L'*Ouennougha*, sur la ligne de partage des eaux qui vont, au sud, à la sebkha du Hodna, et, au nord, à la Méditerranée par l'oued Sahel, au sud-est de la chaîne des Bibans ou Portes de Fer, se rattache, à l'ouest, au Dira, et, à l'est, au djebel *Kteuf*, dont le plus haut pic, le *Dreaf*, atteint 1,862 mètres et domine Mansourah, petite ville kabyle. Le *Choukehot*, point culminant de l'Ouennougha, s'élève à 1,836 mètres.

9° Monts de Sétif et du Hodna.

L'Ouennougha, par le djebel Kteuf, se noue aux monts de Sétif et du Hodna, formés de chaînes irrégulières, de massifs nombreux et confus qui envoient, au sud, leurs torrents vers le lac salé du Hodna, et commandent, au nord, les plateaux élevés de Sétif et la fertile plaine de la Medjana. Ces massifs sont compris entre la sebkha du Hodna au sud, la rivière des Bibans à l'ouest, le Roumel à l'est, la Méditerranée au nord. Leurs points les plus élevés sont, au nord, au nord-est et au nord-ouest de Sétif : le djebel *Takoucht* (1,896 m.), dominant le cours de l'Agrioun ou Djermouna; le *Takintouch* (1,674 m.), sur le flanc duquel s'ouvre le col de *Tizi-Tinkfra* (1,150 m.); le djebel *Bou-Andar* (1,614 m.); le *Tizi-*

Bradma, col de 1,070 m.; le djebel *Temesguida* (1,633 m.), au sud-est de Djidjelli, sur le faîte entre l'oued Djindjen et l'oued Endja; le *Grand-Babor* (1,970 m.), que les gorges profondes de l'oued Anasser séparent du *Babor* proprement dit (1,965 m.); le djebel *Sidi-Tallout* (1,129 m.); le djebel *Anini;* le djebel *Magris* (1,737 m.); le *Guergour* (1,800 m.). Le djebel *Morissan*, à l'ouest de Sétif, atteint 1,650 mètres. Au sud de Sétif se dressent le djebel *Sidi-Braho* (1,300 m.), le djebel *Sdim* (1,232 m.); le djebel *Youssef* (1,431 m.), et le *Bou-Thaleb*, qui a conservé quelques forêts.

10° Monts de Constantine.

Les monts de Constantine ont de nombreux contre-forts qui s'épanouissent très-confusément jusqu'à la côte et vont former, entre Djidjelli et Collo, la *chaîne* du *Goufi* qui projette sur la mer le pittoresque massif des Sept-Caps *(Seba-Rous, cap Boujarone)*. Les principaux points des divers massifs qui composent cette zône montagneuse sont :

Le djebel *Filfila* (700 m.), pâté de montagnes qui s'avance jusque sur la plage, dans la partie centrale du golfe de Stora, et où l'on trouve des gisements de fer, ainsi que des carrières de très-beaux marbres; la montagne d'*El-Kantour* (896 m.), sur la grande crête de partage, que perce un des tunnels du chemin de fer de Philippeville à Constantine; les *Toumiet* ou les Deux-Boisseaux (894 m.), deux pitons jumeaux qui dominent la station du Col des Oliviers, entre Constantine et Philippeville; le djebel *Thaya* (1,200 m.), le plus haut pic d'une chaîne qui sépare le bassin de l'oued Zenati de celui de la rivière de Jemmapes; le djebel *Mouïa*, vaste pâté montagneux qui commence à 35 kil. au nord-est de Constantine et dont les points culminants sont le djebel *Sidi-Ghereïs* (1,628 m.) et le djebel *Sgao* (1,276 m.); le djebel *Ouach* (1,292 m.), à 6 kil. à l'est de Constantine (sources, étangs), qui donne naissance à l'oued Smendou et à des affluents du Bou-Merzoug et de l'oued Zenati; le djebel *Sidi-Mecid* (790 m., d'après la carte du dépôt de la guerre), dans lequel a été percé un tunnel pour le passage du chemin de fer (cette montagne borde, au nord-ouest, le ravin gigantesque qui entoure Constantine de trois côtés; Voy. plus loin la *description de Constantine*); le *Mansourah*, qui fait suite au Sidi-Mecid; le *Chettabah* (1,157 m.), massif montagneux qui se dresse à 8 kil. en ligne droite à l'ouest de Constantine, en face du *Karkar* (1,110 m.), et au nord-est du djebel *Zouaoui* (1,322 m.); le djebel *Oum-Selas* (1,316 m.), au sud-est de Constantine, à l'est du Kroubs, qui envoie ses eaux au Bou-Merzoug et à l'oued Zenati; le djebel *Grous* (1,107 m.), au sud-ouest de Constantine, et le djebel *Guerioun*, qui donne naissance au Bou-Merzoug.

11° Massif de l'Edough.

L'*Edough*, une des plus belles montagnes de l'Algérie, se dresse entre Philippeville et Bône, dont il protége le port contre les vents de l'ouest, si redoutés sur les côtes algériennes.

Ce pâté de montagnes est séparé du reste du continent africain par de vastes plaines marécageuses, fertiles, mais quelquefois malsaines, émergeant à peine au-dessus du niveau de la mer. Ce sont les plaines de la Seybouse, de la Meboudja, du lac Fetzara et de l'oued Sanendja. Le massif de l'Edough est couvert de forêts de chênes-liége, de chênes zéens, et parfois d'oliviers. Outre ses richesses forestières, l'Edough contient les gîtes métallifères les plus importants de l'Algérie, notamment la mine de fer du Mokta-el-Hadid, et la mine de cuivre, de zinc et d'argent d'Aïn-Barbar.

L'Edough projette dans la Méditerranée le cap Takouch, abritant une petite baie; le cap de Fer, qui forme la pointe orientale du golfe de Stora; le cap de Garde et la pointe du Fort-Génois. Il donne naissance à quelques petits cours d'eau parmi lesquels nous citerons : le Ruisseau-d'Or, affluent de la Boudjima; l'oued Zied, qui se déverse dans le lac Fetzara; l'oued El-Aneb, l'oued Bou-Ganendja, l'oued Assas, affluents de l'oued Sanendja, que l'on appelle aussi oued El-Kebir.

Les principaux pics de l'Edough sont : le *Bou-*

Zizi (1,004 m.), le djebel *Chaïba* (761 m.), le djebel *Bellout*, le djebel *Safia* et le djebel *Beïada*.

Deux routes, encore inachevées, desservent le massif de l'Edough. L'une suit le versant sud, traverse la plaine de l'oued El-Aneb et s'arrête à l'oued Sanendja. L'autre, côtoyant le versant nord, s'élève par de nombreux lacets jusqu'au village de Bugeaud (11 kil.), assis sur une hauteur d'environ 900 mètres, sur l'une des croupes de l'Edough. En été, les habitants de Bône trouvent, avec l'air vivifiant des montagnes, une vue splendide et des sites délicieux au village de Bugeaud et au hameau de Sainte-Croix de l'Edough, voisin de la charmante *Fontaine des Princes*.

Parallèlement à l'Edough, dont elle est séparée par la plaine des Karézas, s'étend, sur une longueur d'environ 15 kil., une chaine qui porte le nom de djebel *Belelieta* et renferme des mines de fer. Cette chaine est reliée au djebel *Bou-Hamra*, d'où l'on extrait aussi du minerai.

12° Massif africain.

Ce massif, qui tire son nom de l'ancienne province romaine d'Afrique, se dresse entre la mer, la Seybouse et la Medjerda. Son principal sommet est situé à 11 kil. au sud-ouest de Guelma. C'est le *Serdj-el-Aouda* « selle de la jument » (1,370 m.), point culminant de la *Mahouna*, qui domine Guelma et la vallée de la haute Seybouse.

Le mont Mahouna se rattache aux montagnes

de Souk-Ahras, dont les pics les plus élevés sont, au sud-ouest, le *Ras-el-Alia* (1,290 m.), et, au nord, le djebel *Mahabouba* (1,077 m.), sur le faîte, entre la Medjerda, la Mafrag et la Seybouse. Le djebel *Mecid*, au nord-est de la Mahabouba, atteint 1,405 m.; ses eaux vont à la Mafrag et à la Seybouse. Les monts Tifech sont un prolongement de la Mahouna.

Le djebel *Beni-Salah*, une des chaînes les plus importantes du massif africain, est un vaste massif de montagnes boisées qui se dresse sur la rive gauche de la Mafrag et sur la rive droite de la Seybouse, au sud-est de Barral. L'exploitation des chênes-liège, qui couvrent près de 30,000 hectares de ce magnifique massif, donne lieu à un très-grand commerce. M. Mougel, curé de Duvivier, y a découvert de très-intéressants débris de l'époque romaine. Le djebel Beni-Salah abonde en sites pittoresques. Les lions y sont encore relativement nombreux. On y trouve aussi quelques panthères et un certain nombre de cerfs.

Ses points culminants sont : la *Meïda* « la table » (947 m.), le *Bou-Abad* (733 m.), le *Nahrah* (536 m.), et le *Nador* « le point de vue » (mines de cuivre et de fer). Les nombreuses sources auxquelles le djebel Beni-Salah donne naissance vont presque toutes grossir la Mafrag. Quelques-unes se déversent dans la Seybouse.

Le *Ghorra*, un des pics du massif africain, dresse son point culminant (1,200 m.) au sud de La Calle, entre les bassins de la Mafrag et de la Medjerda, l'Algérie et la régence de Tunis. Au nord du Ghorra s'élève le djebel *Tagma* (746 m.), montagne tunisienne.

§ 2. — *Chaîne saharienne.*

La chaîne saharienne, comme le fait judicieusement observer M. Mac-Carthy, a beaucoup plus d'unité que la chaîne tellienne. Elle ne forme, pour ainsi dire, qu'une longue zône d'une largeur moyenne de 150 kil., composée de chaînes étroites, parallèles entre elles. Ces chaînes sont, d'ailleurs, toutes orientées de même, de l'ouest-sud-ouest à l'est-nord-est, c'est-à-dire obliquement ou en montant de gauche à droite.

La chaîne saharienne pénètre en Algérie entre le 32e et le 33e degré de latitude, se dirige du sud-ouest au nord-est, forme les importants massifs du *Ksel*, dans les gorges desquels sont bâtis Géryville, Stitten et plusieurs villages indigènes; prend le nom de djebel *Amour*, puis, sur la limite des provinces d'Alger et de Constantine, celui de djebel *Bou-Kail*; passe par Zaatcha, laisse Biskra au sud, projette l'imposante chaîne des *Aurès*, et se rattache, au sud de Tébessa, à la chaîne tellienne.

Les principaux massifs de la chaîne saharienne sont :

1º Les monts de Ksel; 2º le djebel Amour; 3º la chaîne des Aurès.

1° Monts de Ksel.

Cette chaîne, la plus élevée de la province d'Oran, porte son sommet à 2,010 mètres au-dessus du niveau de la mer, suivant les uns, à 1,937 mètres, suivant les autres. Le Ksel, dont un chaînon domine Géryville, n'est que le prolongement occidental du djebel Amour, donne naissance à quelques affluents du chott El-Cherghi, ou chott occidental, et à des torrents qui vont grossir la rivière saharienne de Seggueur. On y remarque des sites tourmentés, des pentes arides, des défilés sauvages. Les régions supérieures sont couvertes de bons pâturages et d'alfa ; sur les versants se voient quelques forêts de chênes verts et de chênes à glands doux.

2° Djebel Amour.

Comprise dans les provinces d'Oran et d'Alger, cette chaîne « est un assemblage de crêtes, de vallées et de vallons verdoyants, quelquefois couverts de forêts » (Mac-Carthy). Du djebel Amour descendent, outre le Chélif, l'oued Zergoun et l'oued Djeddi. On évalue généralement sa superficie à 700,000 hectares. Le mont *Touilet*, point culminant du massif, atteint 2,000 mètres.

3° Monts Aurès.

Les Aurès comprennent le massif montagneux qui s'étend entre la route de Batna à Biskra et la rivière qui sépare, à l'ouest, cette montagne du djebel Mahmel et du djebel Chechar, pour déboucher dans le Sahara sous le nom d'oued El-Arab. Leur plus grande longueur, d'El-Kantara au confluent de l'oued Babar avec l'oued El-Arab, est de 120 kil., et leur largeur moyenne, partout à peu près la même, approche de 70 kil. On peut évaluer, suivant M. Ragot, à plus de 800 kil. carrés la superficie de cette région (1).

La dénomination de djebel Aurès s'applique d'une façon toute spéciale à un pic élevé qui se dresse au nord-est de Khenchela. Ce pic, qui a donné son nom à la contrée, est l'*Aurasion* de Procope : « Dans la Numidie se trouve le mont *Aurasion* qui n'a pas son pareil au monde, car il s'élève abruptement à une grande hauteur, et n'a pas moins de trois journées de circuit (2). » L'exagération de l'écrivain grec nous fait sourire, nous qui connaissons le Gaurizankar, l'Elbrouz, le mont Blanc et les pics des Cordillères; mais le passage nous a paru digne d'être noté, car si l'historien byzantin s'exagère de beaucoup la hauteur du pic l'Aurès, il lui prête, d'un autre

---

(1) *Le Sahara de la province de Constantine*, par W. Ragot. Le capitaine Ragot a été récemment enlevé par une mort prématurée à ses remarquables études sur l'Algérie et à l'affection de toutes les personnes qui, comme nous, ont eu le bonheur d'apprécier l'élévation de son esprit et la noblesse de son caractère.

(2) Procope, *Guerre des Vandales*, liv. II.

côté, une superficie bien moins considérable que celle qu'il a réellement.

Procope dit, plus loin, en parlant de l'Aurès :

« Cette montagne, la plus grande que nous connaissions, est située à treize journées de Carthage. Son circuit est de trois fortes journées de marche. On ne peut la gravir que par des sentiers escarpés et des solitudes sauvages; mais, parvenu au sommet, on trouve un plateau immense, arrosé par des sources jaillissantes qui donnent naissance à des rivières et couvert d'une prodigieuse quantité de vergers. Les graines et les fruits ont une grosseur double de celle qu'ils atteignent dans le reste de l'Afrique. »

Ces descriptions s'éloignent sensiblement de la vérité, mais elles nous ont paru intéressantes à plus d'un titre; elles prouvent au moins que l'attention des géographes anciens a été particulièrement attirée par le massif montagneux qui nous occupe.

La chaîne des Aurès, célèbre dans l'histoire des guerres des Vandales et dans les annales de la conquête, s'élève près de Batna, à environ 110 kil. de Constantine, entre les oasis des Zibans et les Hauts-Plateaux; elle a au moins un million d'hectares de superficie. Cette chaîne, encore imparfaitement connue, dirige vers le sud des gorges pittoresques où prospèrent les cultures telliennes.

Les versants nord sont profondément déchiquetés. De ce côté, la chaîne s'élève, tantôt couverte de superbes forêts, tantôt nue, sur un plateau de 1,000 mètres d'altitude. Plusieurs sommets gardent des neiges presque éternelles. Au sud miroitent le lac Melghir, des chotts, des sebkhas et des guerahs, notamment le *Tharf*, voisin d'Aïn-Beida, le *Guellif*, l'*Ank-Djemel*, le *Mzouri*, le *Tinsilt* et le *Djendeli*, dans lequel débouche l'oued Chemora.

Les points les plus remarquables de la chaîne de montagnes des environs de Batna et de celle de l'Aurès sont : aux environs de Batna, le djebel *Tougour*, et, dans la chaîne des Aurès, le djebel *Mahmel* et le djebel *Cheliah*.

Le djebel *Tougour*, l'une des montagnes les plus élevées de l'Algérie, fait partie de la chaîne des Ouled-Sultan, dont il forme le point culminant. C'est une gigantesque pyramide détachée du reste du massif. Sa pente méridionale vient mourir dans la large vallée de Batna qui la sépare des derniers contre-forts des monts Aurès. A l'est, la montagne présente une pente divisée en plusieurs mamelons et séparée du djebel Bou-Merzoug par la vallée que l'on désigne souvent sous le nom de *Ravin-du-Colonel*. Le versant nord est limité par une étroite vallée qui le sépare du djebel *Bordjem*. Le point culminant entre ces deux vallées établit la ligne de partage des eaux du Tell et du Sahara.

Cette montagne est couverte de cèdres superbes

dont la plupart ont une circonférence de plus de trois mètres. On en trouve jusqu'à 50 mètres au-dessus du point culminant (2,086 m.). La limite inférieure de la forêt de cèdres du djebel Tougour est déterminée par la hauteur du col de *Bordjem* (1,620 m.).

Le mont *Cheliah* porte son plus haut sommet à 2,312 mètres : ce n'est guère que la moitié de l'altitude du mont Blanc. La pente nord de cette montagne est coupée de ravins profonds, espacés, creusés par les ruisseaux qui se jettent dans l'oued Essora. Des bois de chênes-verts, de frênes, couvrent le pied de la montagne. Au-dessus, jusqu'à la base du premier pic, s'étendent des pâturages. L'étroit plateau pierreux qui forme le point culminant du Cheliah s'étend de l'est à l'ouest. De ce point, le plus élevé de l'Algérie, se déroule un des plus grandioses panoramas qu'il soit donné à l'œil de l'homme de contempler. On aperçoit, au sud, les pentes blanchâtres, nues et accidentées qui dominent la vallée de l'oued El-Abiad ; dans le lointain, les plaines du Sahara ; à l'ouest, les sommets de nombreuses montagnes, notamment du djebel Tougour et de la chaîne des Ouled-Sultan ; au nord, au delà de pentes boisées s'étendent les Hauts-Plateaux avec leurs chotts à la surface éblouissante ; à l'est se dressent les montagnes de l'Aurès oriental, coupées de vallées profondes.

Les essences principales des forêts des environs

de Batna et de l'Aurès sont, en les classant, comme l'a fait M. Cosson, d'après leur ordre approximatif d'altitude : l'olivier, le micocoulier, les genévriers, le pin d'Alep, l'orme, l'amandier, une espèce nouvelle de frêne, les chênes-verts, le houx, l'érable, le cèdre, l'if.

M. Cosson a constaté dans l'Aurès des faits de géographie botanique importants et y a recueilli un grand nombre d'espèces qui n'avaient pas encore été observées en Algérie, et dont plusieurs sont nouvelles pour la science.

Le massif des Aurès, qui se prolonge au nord par les montagnes du Bellezma, couvertes de cèdres magnifiques (Voy. le chapitre consacré aux forêts), est habité par des Kabyles, et surtout par des Arabes berbérisants, qui se sont transformés dans le milieu kabyle.

CHAPITRE III.

CÔTES, CAPS, PHARES, ÎLES, GOLFES, BAIES, PORTS.

De toutes les contrées de l'Afrique, l'Algérie est peut-être la plus favorisée au point de vue des côtes. Le littoral de l'océan Austral, ceux de la mer des Indes et de la mer Rouge sont peu dentelés. Le golfe de Guinée, la plus vaste échancrure du continent africain, oppose des flots tumultueux et souvent redoutables aux navires qui y cherchent un abri. Les golfes méditerranéens, au contraire, offrent de bons mouillages, quoi qu'en ait dit Salluste, qui qualifie la Méditerranée de mer sans ports (*mare importuosum*). En Algérie, la nature a été vaincue sur plusieurs points où, comme à Oran, à Alger, à Philippeville et à Bône, on a exécuté des travaux remarquables. Sur d'autres, à Mers-el-Kebir, à Arzeu, à Bougie et à Collo notamment, de bons ports naturels offrent un abri commode et sûr même aux navires du plus fort tonnage.

Les côtes de l'Algérie ont 1,100 kilomètres de développement à grandes lignes, non compris les sinuosités secondaires. Nous les décrivons en prenant le littoral franco-africain à la frontière tunisienne.

§ 1er. — *Côtes du département de Constantine.*

Le cap *Roux*, limite de l'Algérie du côté de la Tunisie, est un éperon du mont Segleb, qui fait partie de la chaîne à demi tunisienne de Haddeda.

Entre ce cap et le cap Rosa s'ouvre le golfe de *La Calle*, très-évasé, bordé de rochers et de dunes. Le port (1), abrité du nord et du nord-

(1) Pour la description des villes du littoral et de leurs ports, voy. la *Géographie politique*.

est, mais intenable par le vent du nord-ouest, est fréquenté par des balancelles et de nombreux bateaux corailleurs.

La côte, au delà de La Calle, est hérissée de rochers qui forment le cap *Gros* et le cap *Mzera*. Dans le lointain se dressent des massifs couverts de magnifiques forêts. En avant de ces montagnes s'étendent trois grands lacs dont les bords sont ombragés par des ormes, des saules, des frênes, des peupliers et des charmes. Le territoire compris entre ces lacs et la mer est cultivable. Il est question d'y créer des centres de population. Entre la mer et l'extrémité nord-ouest du lac El-Melah se voient les restes du bastion de la *Vieille-Calle*, fondé en 1561, par deux commerçants de Marseille, pour protéger des pêcheurs de corail.

Le cap *Rosa*, éperon du *Bou-Fahl* (247 m.), est taillé à pic et couronné par un *phare* d'une portée de 22 kil. 224 m. C'est à sa base que l'on pêche la qualité de corail la plus recherchée des environs de La Calle.

Entre le cap Rosa et le cap de Garde, le promontoire d'*Hippus* des Romains, se creuse le golfe de *Bône*, bordé d'abord d'une longue ligne de dunes basses que coupe la Mafrag, et qui sont parsemées de lacs. La vaste et fertile plaine des *Beni-Urdjine* (fermes importantes) sépare les dunes des montagnes boisées des Beni-Salah qui bordent l'horizon au sud. Au fond du golfe, au débouché de la plaine de la Seybouse, se trouvent la ville de Bône et son excellent port encadré par la nouvelle ville, dominé par l'ancienne ville arabe et abrité des vents du nord-ouest par le massif boisé de l'Edough.

Le golfe de Bône est d'une entrée facile. Il a environ 40 kil. d'ouverture et une profondeur de 14 kil. A l'ouest, ses flots battent des rochers de forme bizarre, notamment le *Rocher du Lion* (on dirait un lion couché), et les contre-forts de l'Edough, parmi lesquels on distingue la pointe du *Fort-Génois* qui porte un phare. Ce promontoire de marbre abrite un très-bon mouillage (1).

Le cap de *Garde*, ou *Ras-el-Hamra* « le cap rouge », éperon de l'Edough, est une saillie rocheuse dans laquelle s'ouvrent de vastes grottes. Il est couronné par un *phare* (portée, 27 kil. 720 m.). Les terres qui avoisinent le cap sont d'une désolante aridité. Le cap de Garde se termine à la mer par une véritable montagne de marbre blanc veiné de bleu, rivalisant avec celui de Carrare et jadis très-estimé des Romains, qui le transportaient jusqu'à Tagaste (Souk-Ahras) et Tipaza (Tifech).

Au cap de Garde commence une chaine de montagnes qui s'avance dans la Méditerranée et forme, avec le cap Boujarone, la terre la plus septentrionale de l'Afrique. La côte, très-escarpée

---

(1) Voy. *Bône et ses environs.*

jusqu'à Takouch, se dresse comme une muraille; elle est semée de précipices et de rochers énormes rappelant par la bizarrerie de leurs formes le Rocher du Lion du golfe de Bône.

L'un d'eux, connu sous le nom de *Voile noire*, attire de loin les regards des navigateurs qui vont de Bône à Philippeville. Ce rocher, lorsque le soleil éclaire sa partie occidentale, ressemble, en effet, à une immense voile de navire.

Plus loin s'ouvre une petite baie qui peut à peine abriter quelques barques de pêcheurs. C'est là, dit M. Élie de la Primaudaie, qu'il faut placer la station de *Sulluco* ou *Sublucu* de l'Itinéraire d'Antonin et de la Table de Peutinger.

Le cap *Takouch*, le *Tacatua* des anciens, éperon de l'Edough, se détache du rivage en forme de presqu'île et abrite deux petites baies sablonneuses. Dans les falaises s'ouvrent des grottes qu'envahit le flot méditerranéen et qui, d'après la tradition, recèlent de riches trésors.

Du cap Takouch au cap de Fer la côte n'offre guère que des falaises abruptes et des plages très-étroites qu'abritent des roches détachées. A l'ouest apparaît un îlot sombre et bas, que certaines cartes signalent sous le nom d'*île Takouch* ou *île Ferro*. C'est l'*île Hydras* de Ptolémée, la *Petra del Arabo* des Italiens.

Le cap de *Fer* (*Ras-el-Hadid*), éperon du *Kef-Kala* (480 m.), offre une masse de rochers blanchâtres et de terres sans végétation, aux contours bizarrement découpés. Mannert regarde le Ras-el-Hadid comme le *Kollops parvus* de Ptolémée ; mais cette opinion mérite confirmation. Non loin du cap s'ouvre une petite baie où se réfugient les embarcations d'un faible tonnage. Les navires qui vont de Bône à Philippeville contournent le cap à une certaine distance.

Le cap de Fer doit son nom aux abondantes concrétions ferrugineuses qui s'y montrent presque partout à la surface du sol. Ce promontoire peut être considéré, en effet, comme une énorme masse de fer.

Entre le cap de Fer (phare de 37 kil. de portée) et le cap Srigina s'arrondit le golfe de *Stora*, le *Numidicus Sinus* des Romains, que l'on appelle aussi golfe de *Philippeville*. Il a environ 30 kil. d'ouverture. Stora en est l'ancien port, Philippeville le nouveau. Quand on a dépassé l'embouchure de l'oued Sanendja ou oued El-Kebir, on atteint le cap *Filfila* entouré d'un riant paysage, riche en marbres superbes et couvert de blocs erratiques de fer. Rien n'est plus gracieux que l'aspect du Filfila vu de la mer. La côte déroule ensuite une longue plage uniforme, bordée de dunes sablonneuses qui s'ouvrent pour livrer passage au Safsaf. Un peu plus loin, dans la partie la plus reculée du golfe, s'étage sur deux mamelons la gracieuse cité de Philippeville, dotée aujourd'hui d'un avant-port de 25 hectares et d'un port de 19 hectares.

Du port de Philippeville à Stora, la côte est bordée par une montagne dans laquelle a été taillée une route fort pittoresque surplombant la mer à une grande hauteur. Du reste, toute cette partie du golfe offre au regard des terres verdoyantes et des sites gracieux.

Le cap *Srigina* fait face à l'îlot de ce nom (*phare* d'une portée de 18 kil. 520 m.). La côte est très-découpée et fort pittoresque jusqu'à Collo. Les hauteurs qui la dominent sont généralement couvertes de grands arbres; quelques-unes même sont cultivées jusqu'à leur sommet. En mer se dresse un rocher aride, haut d'environ 60 mètres, désigné dans les cartes sous le nom d'*île Collo*. Cette île est habitée par un grand nombre d'oiseaux d'espèces différentes.

Dans la baie de *Collo* se jette l'oued Guebli. Elle est bien abritée par le massif des Sept-Caps. Un terrain de moyenne hauteur, le *Ras-Frao*, la termine à l'ouest.

La côte remonte ensuite vers le nord pour former le cap Boujarone, que les Arabes appellent *Seba-Rous* « les sept têtes », parce que ce promontoire profondément échancré projette, en effet, dans la mer sept pointes bien distinctes. C'est le *Triton* ou *Treton* de Strabon et de Ptolémée, et le *Metagonium* de Pomponius Mela. *Boujarone*, dit M. de la Primaudaie (1), vient du mot italien

---

(1) *Revue algérienne et coloniale.*

bugiare, qui signifie « trouer ». Cette explication concorde parfaitement avec le mot grec Τρητόν, dont la signification est la même.

Le cap *Boujarone*, prolongement du mont Goufi, se dresse entre le 37ᵉ et le 38ᵉ degré de latitude (37° 6' 26"), et porte un *phare* de premier ordre (portée, 57 kil. 412 m.). C'est une énorme masse de terres (point culminant, 1,100 m.) couverte d'un grand nombre de mamelons, bordée de falaises et découpée par des baies que fréquentent les corailleurs.

Après avoir doublé le *Ras-Atia,* on entre dans la baie de *Mers el-Zitoun* « le port des olives », où les marchands de la Méditerranée allaient autrefois échanger, contre de l'huile, des draps, des toiles et autres objets manufacturés. Cette baie, protégée à l'est par des terres élevées, offre un bon fond et un abri sûr aux navires de commerce.

Un peu plus loin et après avoir parcouru des contrées fertiles et boisées, le Roumel débouche dans la mer, près des ruines de *Tucca,* patrie d'Apulée (114 ans ap. J. C.). La côte se relève ensuite pour former des falaises abruptes et escarpées, abritant de nombreuses criques. De l'embouchure du Djindjen jusqu'à Djidjelli, elle est bordée de plages et de falaises au sud desquelles s'étendent des terres bien cultivées, couvertes de bois et parsemées de maisons de campagne.

La ville de Djidjelli, bâtie sur une pointe de

terre qui se prolonge vers le nord, est charmante à voir du pont du navire entrant dans la rade bien défendue contre les vents d'ouest, mais imparfaitement couverte par une ligne de rochers, du côté du large.

Un cordon de roches basses, dont l'une porte le *phare de Djidjelli*, et deux criques où les petits bateaux trouvent un abri, voilà ce que la côte offre de remarquable entre Djidjelli et le cap *El-Afia*, roche isolée, d'un rouge de feu, surmontée d'un *phare* (portée, 35 kil. 188 m.). Le fond des environs du cap El-Afia est madréporique. On y pêche du corail rouge.

Entre le cap El-Afia et le cap Cavallo émergent plusieurs îlots ou rochers appelés emphatiquement *îles Cavallo*. L'une d'elles (*Djeirt el-Kheil*) attire l'attention par sa forme conique. Les terres qui avoisinent la côte sont bien cultivées et d'un aspect riant. Des bois couvrent les hauteurs.

Le cap *Cavallo*, l'*Audon* de Ptolémée, ferme à l'est le golfe de Bougie. « C'est, dit Bérard, une terre élevée, qui s'avance vers le nord-nord-ouest en diminuant progressivement de hauteur et formant une pointe aiguë. »

Entre le cap Cavallo et le cap Carbon, le *Tectum* des Romains, le golfe de *Bougie* décrit un élégant demi-cercle d'une régularité parfaite. « Rien de plus imposant que le spectacle de cette côte, dit M. de la Primaudaie. Un vaste amphithéâtre de montagnes escarpées apparaît dans l'éloignement;

presque toutes ont leurs sommets hérissés de roches nues; quelques-unes conservent de la neige jusqu'au mois de juin. Au-dessous de la zône des rochers et des neiges règne un large bandeau de forêts ; plus bas commence la zône des arbres cultivés; enfin, les derniers gradins sont occupés par des champs de blé, d'orge, de maïs. Sur ce fond majestueux se détachent quelques accidents remarquables. A l'est, c'est le mont Babor (1,990 m.), aplati au sommet en forme de table, et sillonné sur ses flancs de rides profondes; au centre, le Kandirou, ou djebel Beni-Khallad; à l'ouest, le djebel Beni-Mimoun, au pied duquel s'élèvent de beaux villages construits au milieu des vergers. »

La côte, au delà du cap Cavallo, incline vers le sud-ouest et forme une suite de falaises rocheuses où se trouvent les ruines d'*Horrea* citée dans Ptolémée. Un peu au sud de cette ville on rencontre les ruines de *Chodda* des Romains, la *Ziama* des Arabes.

Au fond du golfe, entre l'oued Djemaa et l'oued Agrioun, on voit aussi les ruines de l'ancienne *Mastubio* des Romains, au pied du cap Aokas actuel.

Non loin du rivage s'élève l'île *Mansouriah*, qui communique avec la terre ferme par une chaîne de rochers hors de l'eau. L'oued Mansouriah, qui débouche en face de l'île, est peut-être le *Sisar* de Ptolémée. Les montagnes qui avoisinent la baie de Mansouriah sont couvertes de belles forêts de chênes.

Plusieurs rivières débouchent dans le golfe de Bougie. Il convient de citer l'oued Agrioun, dont la vallée inférieure est riche en ruines romaines, et l'oued Sahel, aux rives plantées d'oliviers et baignant une région superbe qui dans un avenir peu éloigné sera couverte de végétation européenne. De nombreux villages y sont déjà construits, ainsi que d'immenses fermes, ce qui donne à cette région un caractère particulier qui rappelle les communes du centre de la France.

Le golfe de Bougie a 42 kil. d'ouverture, et des contre-forts du Gouraya au cap Cavallo il s'enfonce d'une quinzaine de kilomètres dans les terres. La rade, bien protégée contre le nord, le nord-ouest et l'ouest, est le meilleur mouillage de l'Algérie. Dans la mauvaise saison, les navires trouvent un abri sûr dans l'anse de *Sidi-Yahia*, dont on fera un excellent port en construisant une jetée qui se soudera à la pointe du cap Bouak. Bouak vient du mot *bouk*. Lorsqu'un navire paraissait à l'horizon, une garde le signalait en sonnant d'un instrument nommé *bouk*. *Bouak* signifie donc « sonneur de bouk. » Le port de Bougie est signalé aux navires par les phares du cap *Bouak* et du fort *Abd-el-Kader*.

Le *Gouraya* (671 m.), montagne abrupte qui se rattache aux massifs de la grande Kabylie, projette sur la mer le cap Bouak, le cap *Noir* et le cap *Carbon*. Ce dernier est couronné par un *phare* de premier ordre (147 m. au-dessus de la mer; portée, 27 kil. 760 m.), à feu tournant. Sa partie extrême est trouée de part en part; aussi les indigènes l'appellent-ils *Metskoub* « la roche percée ». Cette dénomination correspond au *Triton* des géographes anciens. La mer pénètre dans ce tunnel creusé par les vagues. Les barques peuvent passer au travers. Le sommet (700 m.) de la masse de rochers rougeâtres et presque nus qui forme le cap Carbon est surmonté de la koubba de Lella-Gouraya.

A peu près à mi-chemin du cap Carbon et du cap Sigli se voit la petite île *Pisan*, rocher de 500 mètres de long et de 50 mètres d'élévation, au sommet tronqué, hanté par d'innombrables oiseaux de mer, et pouvant abriter les balancelles.

Le cap *Sigli*, le *Ruzazus* des Romains, éperon du mont Mendjou, est formé par des terres de moyenne hauteur. L'attention est attirée de loin par son sommet qui se compose de blocs de rochers à l'aspect bizarre et semblables à des ruines.

Entre le cap Sigli et le cap Corbelin commencent les côtes du département d'Alger.

§ 2. — *Côtes du département d'Alger.*

Éperon des fières montagnes de la grande Kabylie qui dressent à l'horizon leurs cimes neigeuses, le cap *Corbelin* est composé de diverses couches de roches formant des bandes inclinées. Il est assez élevé et d'une couleur roussâtre. Ce cap, qui abrite à l'ouest la petite baie de *Mers-el-Fahm* « le port au charbon », porte le village de *Zeffoun*, où se voient des ruines romaines.

La côte, presque droite, offre un aspect riant entre Zeffoun et le cap Tedlès. Les collines qui l'avoisinent sont couvertes de verdure et parsemées de maisons. Le cap *Tedlès*, éperon des montagnes de la Kabylie, est peu élevé. On aperçoit dans son voisinage des terres bien cultivées et de nombreux villages kabyles. C'est entre le cap Tedlès et Dellys que se voient, sur le territoire des *Chorfa*, les ruines de *Taksebt*, le *Ruzubeser* des Romains, et de *Tagzirt* (*Iomnium?*).

Le cap Tedlès ferme à l'est la petite rade de Dellys, où les navires peuvent se mettre à l'abri des vents d'ouest et de nord-ouest. Ce mouillage est protégé à l'ouest par le cap *Bengut*, le *Ras-el-Tarf* « le cap de la pointe » et *Ras-el-Hout* « le cap des poissons » des Arabes. Ce cap s'avance comme un môle.

Très-escarpée d'abord, la côte s'abaisse entre le cap Bengut et le cap *Djinet*, le *Cissi* des Romains, où l'on a installé un centre de population. Avant d'atteindre le cap Djinet, dominé par une montagne de 440 mètres, on côtoie l'embouchure du Sebaou qui baigne une grande vallée à travers laquelle on aperçoit à l'intérieur des espaces immenses couverts de belles cultures.

Entre le cap Djinet et le cap Matifou la côte s'arrondit et offre aux regards une ligne de terres basses et boisées dans lesquelles serpentent l'Isser oriental, le Corso, le Boudouaou et la Reghaïa. A l'ouest de l'embouchure de l'Isser oriental s'ouvre la petite crique de *Mers-el-Hadjadj* « port aux poules », le *Rusubisari* des Romains, voisine de Zamoura, village naissant. Les auteurs anciens nous apprennent que le Port aux Poules était très-fréquenté. Les habitants de la ville, dont les derniers vestiges ont disparu, faisaient le commerce d'olives et de fruits secs avec les principales stations de la côte.

En face de l'embouchure de la Reghaïa se dressent les rochers d'*Aguelli* contre lesquels le *Sphinx* se brisa en 1845. Plus à l'ouest, un autre rocher, le *Sandjak*, semble quelquefois très-élevé, à cause du mirage, bien qu'il n'ait guère que 10 mètres de hauteur. Sandjak, en turc, signifie « drapeau ». C'est, en effet, comme une espèce de pavillon de signal qui annonce la prochaine apparition de l'ancienne capitale barbaresque.

Le cap *Matifou* est signalé par un *phare* (12 m. 40 au-dessus du sol, 74 m. au-dessus de la mer) dont les feux ont une portée de 16 kil. 850 m.; il termine à l'est la baie d'Alger. C'est un amas de terres peu élevées, mais occupant un espace considérable. A l'est se dresse un mamelon dont le sommet aplati se présente dans toutes les directions sous un aspect uniforme. La baie que forme le cap Matifou offre un mouillage excellent qui servit longtemps d'abri aux corsaires algériens. On sait que Charles-Quint, battu devant Alger, chercha un refuge dans la baie de Matifou et s'y rembarqua le 30 octobre 1541.

Sur le promontoire se voient des gîtes de marbre très-apprécié des Romains, et les ruines de *Rusgunia* fondée par Auguste et citée dans l'Itinéraire d'Antonin. Rusgunia, cité populeuse et riche, avait un évêque au cinquième siècle.

A partir du cap Matifou se déroule aux regards le merveilleux panorama de la baie d'*Alger* qui a 7 kilomètres de profondeur et 20 kilomètres de largeur. Ouverte au nord, entre le cap Matifou à l'est et la Pointe-Pescade à l'ouest, elle décrit un gracieux demi-cercle. Les flots y battent les dunes de l'Hamiz, de l'Harrach, d'Hussein-Dey, derrière lesquelles se dressent les contre-forts du Sahel, puis une belle plage où viennent mourir les ravissants coteaux de Mustapha.

Entre le fond de la baie et la Pointe-Pescade s'étend une longue ligne de collines verdoyantes d'un gracieux aspect. La plus élevée porte l'église monumentale de Notre-Dame d'Afrique qui attire de loin les regards; elle domine les vastes constructions et les beaux jardins de l'hôpital du Dey, la vallée des Consuls, le village de Saint-Eugène, le cimetière européen, le cimetière juif. Partout des villas, des jardins et des vergers.

La Pointe-Pescade, le *Mers-el-Debban* des Arabes, abrite à l'est une petite crique où les bâtiments étrangers devaient attendre l'autorisation du divan d'Alger pour entrer dans le port de cette ville. Les versants des montagnes perdent leur riant aspect à partir de la Pointe-Pescade; ils n'offrent plus, jusqu'au cap Caxine, qu'une teinte d'un vert grisâtre dont l'uniformité fatigue les regards.

Le cap *Caxine*, contre-fort du massif du Bou-Zarea, est couronné par un *phare* de premier ordre (portée, 46 kil. 300 m.). Cette saillie remarquable se termine à la mer par des roches presque partout taillées à pic. On croit, dit M. de la Primaudaie, que les *Casæ Calventi* de l'Itinéraire d'Antonin couronnaient le sommet du promontoire. On y a retrouvé des débris d'anciennes constructions.

Le *Ras-Knater*, le cap aux Arcades, occupe l'extrémité occidentale de falaises d'une hauteur uniforme dans lesquelles s'ouvrent des carrières d'où l'on a extrait une grande partie des matériaux qui ont servi à construire les anciennes fortifications d'Alger. Au Ras-Knater commence une grande anse bordée de dunes basses et terminée par la presqu'île de Sidi-Ferruch.

A jamais célèbre par le débarquement de l'armée française, opéré le 14 juin 1830, la presqu'île de *Sidi-Ferruch*, pointe extrême du massif d'Alger, s'avance à près de 1,200 mètres dans la mer; elle forme deux baies très-ouvertes que domine une citadelle moderne qui a remplacé la fameuse *Torre-Chica*. La baie occidentale offre un bon mouillage. La baie orientale, quoique plus étendue et plus évasée, ne reçoit guère que des navires d'un faible tonnage.

Au delà de Sidi-Ferruch on aperçoit le plateau de *Staoueli* couvert d'une riche végétation depuis que les religieux de la Trappe y ont dressé leur tente. C'est sur ce plateau qu'en 1830 se rencontrèrent pour la première fois les Français et les Algériens.

La côte suit une direction générale vers le sud-ouest. Elle est peu élevée jusqu'aux hautes terres du Ras-el-Amouch. Les bouches de l'oued Bridja et de l'oued Mazafran, le village de Zéralda, la *koubba* de Sidi Abd-el-Kader Bou-Djel, Douaouda, qui domine l'embouchure du Mazafran, Fouka, le gigantesque *Kbour-er-Roumia*, communément désigné sous le nom de *Tombeau de la Chrétienne*, les villages de Bou-Ismaïl, de Castiglione, de Bérard, une petite baie dans laquelle débouche l'oued Nador, Tipaza et ses belles ruines, tels sont les points les plus remarquables qui attirent l'attention entre Sidi-Ferruch et *Ras-el-Amouch*, point extrême du mont *Chenoua*.

Un *phare* de quatrième ordre (portée, 7 kil. 408 m.) signale le Ras-el-Amouch. Au nord surgit la petite île rocheuse de *Beringel*, haute d'environ 20 mètres et d'un accès difficile.

Au delà du Ras-el-Amouch, l'oued *El-Hachem* débouche sur une belle plage ; puis la côte suit une direction uniforme, sans aucune sinuosité profonde. La contrée voisine est fort bien cultivée. Une pointe fortifiée, sur laquelle s'élève le phare de Cherchel, attire de loin l'attention.

Le port de Cherchel est situé dans une petite anse demi-circulaire. Ce n'est encore qu'un bassin de 2 hectares. Il a 3 à 4 mètres de fond et peut recevoir 40 à 50 navires de 100 à 150 tonneaux. Une jetée relie le bassin à un môle fortifié qui porte un *phare* de troisième ordre.

Plus à l'ouest, la côte se prolonge régulièrement ; les terres sont hautes et fort peu échancrées ; aussi n'offrent-elles aucun abri pour les bâtiments. On remarque successivement : le village de Novi, voisin de la mer ; une montagne isolée qui a la forme d'un cône tronqué ; l'embouchure de l'oued Sebt, formant une petite baie que dominent les hauts fourneaux construits pour la fonte du minerai de cuivre des Beni-Aquil ; une pointe basse reliée à un petit mamelon, au nord-ouest de laquelle sort de 2 mètres à peine hors de l'eau un rocher noirâtre connu sous le nom de *Djaïr-el-Acheuk* « l'îlot des amants », et une haute falaise qui termine une presqu'île semblable à celle de Sidi-Ferruch. Les ruines qui couvrent une partie de cette presqu'île sont celles de *Bresk* ou *Brekche*. « Bresk, dit Ibn-Khaldoun dans sa *Description de l'Afrique*, était autrefois entourée d'une muraille qui maintenant tombe en ruines; elle possédait des eaux courantes et quelques bons puits. Les habitants, presque tous Berbères, élèvent de nombreux troupeaux; mais ils possèdent aussi des champs où ils sèment du blé. » Edrissi raconte que Bresk fut prise par les Normands de Sicile, sous le règne de Roger II. Lorsque le docteur Shaw visita Bresk en 1725, il n'y trouva pas une seule maison habitée. Les Turcs avaient complétement ruiné cette ville jadis prospère.

Un mamelon conique, nommé par les Arabes *Kef-el-Araïs* « le rocher des nouveaux mariés », se détache en forme d'îlot, à gauche de Bresk. M. de Slane croit que c'est là qu'il faut chercher le port de l'île d'*Okour* signalé par El-Bekri à l'est de Ténès. Plus à l'ouest, l'oued Dhamous débouche dans la mer. On dépasse ensuite : la baie des *Assanin* où le regretté Berbrugger a remarqué une ancre énorme provenant, disent les indigènes, du naufrage d'une frégate française qui vint échouer en cet endroit; la baie des *Souhalia*, voisine de l'embouchure de l'oued Boucheral (ruines d'un port romain), et enfin la baie de *Léonie* (c'est le nom de Mlle d'Isly, fille du maréchal Bugeaud) ou de *Taragnia*, où, par le gros temps, mouillaient les navires avant la création du port de Ténès, et surtout avant la construction du chemin de fer d'Alger à Oran.

Le cap *Ténès*, appelé par les Arabes *Ras-Nakous*

« cap de la cloche » (ce nom lui vient, dit-on, d'une grotte qui s'ouvre à sa base et qui a la forme d'une cloche), est formé par une masse de rochers escarpés. Il a 640 mètres de haut, d'après Bérard, et s'avance beaucoup plus dans la mer que les autres points de la côte qui l'avoisinent. Il est couronné par un *phare* de premier ordre dont la portée est de 46 kil. 300 m. Quand on l'a doublé, on arrive devant la falaise sur laquelle a été bâti le nouveau Ténès.

Le port de *Ténès*, entrepôt naturel d'Orléansville et de la vaste région qui entoure ce centre de population, a été, dans ces derniers temps, l'objet d'importants travaux. Il est formé par deux jetées dont la plus remarquable unit la terre à un massif d'îlots situé à 670 mètres au large.

Presque droite à partir de Ténès, la côte incline ensuite vers le sud-ouest et n'offre que de rares sinuosités. D'un aspect triste et monotone, elle présente alternativement des dunes, des falaises et des plages. Les montagnes qui se dressent à l'intérieur constituent le massif du Dahra. L'île *Colombi* « île des pigeons », ainsi nommée parce qu'elle sert de refuge à une grande quantité de pigeons, est un rocher peu éloigné du rivage et émergeant à peine d'une trentaine de mètres au-dessus des eaux. Entre cet îlot et Ténès s'ouvre, à l'embouchure de l'oued Tagrazout, une anse petite mais commode, voisine des ruines de *Hierum*.

La côte, se courbant vers le sud-ouest, forme une baie peu profonde, mais bordée d'une belle plage hérissée de quelques roches noires abritant plusieurs petits ports qui servent d'abri aux barques. Cette baie se termine à l'ouest par le cap *Magroua*, point extrême des terres hautes qui avoisinent la mer depuis le Ras-el-Amouch.

Au cap Magroua, le dernier promontoire que l'on double dans le département d'Alger, la côte change d'aspect : montagneuse et accidentée depuis Cherchel, elle devient basse et monotone, pour ne se relever qu'à la montagne des Lions, entre Arzeu et Oran.

§ 3. — *Côtes du département d'Oran.*

Près de l'embouchure de l'oued Khamis, les regards sont attirés par une falaise taillée à pic, partie saillante du cap *Khamis*, très-bas et d'un aspect assez triste. Ce cap commande le petit port de *Sidi-mta-Achecha*, où le commerce du blé était considérable du temps de l'ancienne régence, affirme M. de la Primaudaie.

La baie de *Teddert*, bordée de grandes dunes (on y trouvait, dit Edrissi, une bourgade et un port), précède le cap *Ivi*, le djebel *Dis* « la montagne des roseaux » des Arabes. Ce cap, formé par des terres peu élevées et couronné par un *phare* d'une portée de 48 kil. 152 m., marque la limite orientale du golfe d'Arzeu, terminé à l'ouest par le massif du cap Ferrat. Derrière le cap Ivi, des montagnes élevées dominent les deux rives du Chelif qui baigne une large et féconde vallée. Les montagnes de la rive gauche, hautes d'abord, s'abaissent graduellement et ne forment sur le littoral que des terres basses derrière lesquelles on aperçoit dans le lointain les sommets de l'intérieur. Depuis la pointe du Chelif jusque dans le voisinage de Mostaganem, la côte suit, sans déviations sensibles, une direction générale du nord-est au sud-ouest. Elle est hérissée de roches escarpées. Dans le voisinage de la mer se montrent les villages d'Aïn-Boudinar, de Tounin et de Karouba. Deux marabouts, blancs et circulaires comme tous les marabouts, construits sur une éminence qui domine la plage, annoncent, le jour, le port de Mostaganem, signalé, la nuit, par un *phare* d'une portée de 18 kil. 520 m. Sur une colline située en face de la pointe de la *Salamandre*, qui porte le nom d'un navire brisé en cet endroit, s'élèvent le village de Mazagran et sa colonne monumentale. Les centres d'Ouriah et de la Stidia se voient aussi non loin du rivage d'un aspect peu riant. La côte conserve sa physionomie sévère jusqu'à l'embouchure de la Macta qui forme le fond de la baie d'Arzeu. Les rochers de la rive gauche de la rivière abritent la petite baie de *Mers-el-Djedjad* « port aux poules », le *Mersa-Aïn-Feroudj* d'El-Bekri. On découvre les villages de La Macta, de Saint-Leu et de Damesme. Quelques batteries de construction récente annoncent la baie d'Arzeu, le *Portus-Magnus* des Romains, un des meilleurs mouillages de l'Algérie. Le développement de ce port est tel, qu'il peut donner un abri assuré à plus de 200 navires de toutes grandeurs, sans préjudice des travaux qui pourraient l'agrandir et le rendre plus sûr encore.

L'îlot d'Arzeu est surmonté d'une tour en pierre dont le *phare* a une portée de 18 kil. 520 m.

La baie d'Arzeu est fermée à l'ouest par le cap *Carbon*, dont le pied est entouré de rochers isolés. Ce cap est voisin du cap *Ferrat*, éperon du mont Orousse. Le cap Carbon, le cap Ferrat et la pointe *Abuja*, ou pointe de l'Aiguille, ne sont, à proprement parler, que les trois pointes ou saillies principales d'un même promontoire à l'aspect sombre et triste. Au nord de la pointe Abuja se dresse un rocher pyramidal qui, vu de loin, ressemble à un navire sous voiles et que les Arabes nomment *Seba'-Faraoun* « le pouce de Pharaon ».

Quand on a doublé la pointe de l'Aiguille, la côte se dirige au sud, puis au sud-sud-ouest, où elle forme une baie. De ce point jusqu'à Oran on remarque : le village de Christel perdu dans un nid de verdure; la montagne des *Lions* ou de *Saint-Augustin* (612 m.), qui rappelle le Vésuve; de nombreuses fermes et villas éparses sur le territoire d'Arcole; Karguenta, faubourg d'Oran;

le verdoyant ravin d'Aïn-Rouïna, la caserne de cavalerie et le parc à fourrages.

Le golfe d'*Oran* offre un beau panorama. Le port a été créé au moyen d'une jetée de 1,000 mètres partant du fort Lamoune et de deux jetées transversales. Ces trois jetées embrassent un bassin de 24 hectares.

A la pointe du fort Lamoune la côte tourne d'abord à l'ouest, puis elle remonte vers le nord et se joint au fort de Mers-el-Kebir qui s'avance comme un môle vers l'est et forme le meilleur et le plus sûr abri de la côte ouest de l'Algérie. De Mers-el-Kebir au cap Falcon la côte incline au sud-ouest, présentant à la mer une muraille de rochers escarpés. Remontant ensuite au nord-ouest, elle forme la baie sablonneuse de *Las Aguadas* où le duc de Mortemart débarqua en 1732. Tout près se voit le joli village d'Aïn-el-Turk.

Le cap *Falcon* (*phare* de premier ordre; portée, 46 kil. 300 m.), peu élevé (103 m. 60), abrite deux bons mouillages. Ce cap et le cap *Lindlès*, formé par un éperon de la montagne de même nom, bordent une baie qui fait face à l'île *Plane*, rocher bas hanté par les éperviers.

Du cap Lindlès au cap Figalo la côte se dirige vers le sud. On double le cap *Sigala* terminé par des roches blanchâtres qui attirent de loin l'attention des navigateurs. Ce cap fait face aux îles *Habibas*, d'un aspect désolé, entourées de roches et séparées par un étroit canal. Sur la côte, qui devient abrupte, se dresse un mamelon de 310 mètres : c'est l'*Aoud-el-Fras*, visible dans toutes les directions.

Le cap *Figalo*, un des promontoires les plus avancés et les plus remarquables de cette partie du littoral, est séparé des terres de l'intérieur par une échancrure profonde.

Le Rio-Salado débouche dans la mer entre le cap Figalo et le cap *Hassa*, à l'ouest duquel se voit l'île *Rachgoun*, l'ancienne *Acra* des Romains (800 m. de long sur 200 de large), située à peu près à la hauteur de la ville espagnole de *Carthagène*. Cette île, très-escarpée, paraît être un produit volcanique.

Au delà du cap Hassa, la côte se relève ; les pointes de roches et de falaises reparaissent. La sinueuse Tafna débouche dans la mer, à l'ouest du cap Hassa, en face de l'île Rachgoun. Il a été plusieurs fois question d'établir à l'embouchure de cette rivière un port d'une utilité incontestable pour l'écoulement des produits de la fertile contrée qui l'avoisine.

La côte n'offre que de rares dentelures de la Tafna au cap *Noé* formé par des terres hautes et coupées à pic. A l'ouest de ce cap, la côte est encore escarpée ; elle forme la pointe *El-Kada* que l'on reconnaît à peine.

La petite ville de Nemours, l'embouchure de l'oued Kouarda, le *Popletum flumen* des Romains, le port des *Beni-Aïad* sont les seuls points qui attirent particulièrement l'attention entre le cap Noé et le cap *Milonia,* voisin de l'embouchure de l'oued Kis ou Adjeroud qui sépare l'Algérie de l'empire du Maroc.

CHAPITRE IV.

HYDROGRAPHIE.

L'eau, ce moteur universel de la vie, est d'autant plus précieuse en Algérie, que l'élévation de la température, les déboisements, les incendies, en tarissent des quantités considérables. En outre, personne n'ignore que l'alternance semestrielle de pluies et de sécheresses est la loi fondamentale du climat algérien. Aussi, la retenue des pluies surabondantes l'hiver, en vue des besoins de l'été, s'impose-t-elle comme premier acte d'une sage administration. L'exemple des Romains qui élevaient partout de superbes aqueducs, les splendides irrigations de la Numidie, les gigantesques barrages des Maures, la multiplicité des citernes et des puits creusés par les Arabes, invitent les Européens à recueillir précieusement l'élément liquide si indispensable à la fertilité des terres, à l'activité des industries et à la santé des hommes.

Hâtons-nous de dire que les immenses avantages apportés par les irrigations à l'industrie agricole en Algérie ont été parfaitement démontrés et compris. Partout où le gouvernement, aidé par l'initiative et l'intelligence des colons, a prêté les mains à l'aménagement des eaux, la production du sol a considérablement augmenté.
« Les irrigations du Sig, de l'Habra, de la Mina, de la Mekerra, ont amené dans la province d'Oran une prospérité dont les étrangers eux-mêmes sont frappés. Bientôt, si les grands propriétaires de la province d'Alger, comprenant leurs véritables intérêts, s'associent aux colons pour l'exploitation des eaux, les plaines de l'Hamiz et du Chelif, irriguées sur une superficie d'environ 20,000 hectares, assureront aux cultivateurs des récoltes d'une abondance et d'une régularité inconnues jusqu'à ce jour » (1).

Dans le Sahara, la sonde, comme jadis la merveilleuse baguette de Moïse, a, sur un grand nombre de points, fait jaillir du sein des sables des eaux bouillonnantes qui ont donné la vie à des plaines stériles. La puissance des nappes artésiennes a permis d'employer les eaux des puits à l'irrigation et de créer des plantations de palmiers là où le voyageur aveuglé par les sables ne trouvait naguère ni ombre pour se reposer, ni eau pour désaltérer sa monture.

(1) Rapport du général Chanzy au Conseil supérieur.

Le régime des eaux est régulier dans le Tell, où toutes les rivières aboutissent à la mer. Les Hauts-Plateaux offrent une disposition générale de bassins fermés et de dépressions occupées par des lacs souvent salés. Le bas Sahara est caractérisé par de vastes bassins aux nappes souterraines d'eaux douces. Les plateaux du haut Sahara sont sillonnés par des ravins où coulent par intermittence de véritables rivières.

En somme, les cours d'eau algériens, tous larges et gonflés pendant la saison des pluies, ne conservent pour la plupart, en été, qu'un mince filet d'eau que l'évaporation diminue, et qui disparaît parfois entre les racines des tamaris et des lauriers-roses.

L'Algérie ne possède donc aucun fleuve ni dans le Tell, ni dans les Hauts-Plateaux. Le Chélif lui-même, que, dans le chapitre II, nous avons décoré du titre de roi des fleuves algériens, n'est susceptible d'être navigable que sur un très-faible parcours et ne mérite peut-être pas une appellation aussi pompeuse.

Cependant, grâce au sage aménagement des sources (*aïn*), des commencements de ruisseau (*ras-el-ma*), des barrages, des réservoirs, et au forage des puits artésiens, les vignobles, les vergers, les jardins et les forêts reverdiront ou fleuriront bientôt dans cette

Afrique au sol d'airain qu'un ciel brûlant calcine.

§ 1. — *Rivières et lacs du Tell.*

Bassin de la Medjerda.

La première rivière que l'on rencontre en allant de la Tunisie au Maroc, est la *Medjerda*, le fleuve *Bagradas* des anciens. La tradition rapporte que l'armée romaine tua sur ses bords un formidable serpent qui mesurait 40 mètres de long. C'est à la fois une rivière tunisienne et franco-africaine. La régence de Tunis est maîtresse de son cours inférieur ; c'est en Tunisie que la rivière arrose ses plus riches vallées. La Medjerda n'a que 100 kilomètres de cours en Algérie. Elle naît sur un versant et au pied du djebel El-Alia, à la base duquel se voient les célèbres ruines de *Khamissa*, le *Tubursicum Numidarum* des Romains.

Du milieu des ruines sort la plus abondante des sources de la rivière.

La Medjerda contourne la base du djebel Beïda, arrose une contrée boisée et charmante, où elle se grossit de nombreuses sources, incline ensuite vers l'est, passe à 4 kilomètres au sud de l'antique Tagaste, aujourd'hui Souk-Ahras, se dirige vers le nord, puis vers le nord-est, traverse une région très-montagneuse et riche en fer, et, par 36° 30' de latitude, pénètre en Tunisie, où elle parcourt la belle et féconde plaine de *Dakhela* (50 kil. de Souk-Ahras), théâtre de la *bataille de*

Zama (202 av. J.-C.), l'une des plus mémorables de l'histoire du monde et tombeau de la grandeur d'Annibal.

La Medjerda se jette dans la mer à l'est de Porto-Farina, non loin des ruines d'Utique, la plus grande cité de l'ancienne Afrique après Carthage.

On sait que, dans la troisième guerre punique, Utique prit parti pour les Romains contre Carthage et reçut en récompense la plus grande partie du territoire carthaginois. Elle devint plus tard à jamais célèbre comme théâtre de la dernière résistance faite par le parti de Pompée contre César et par le suicide de Caton le Jeune (an 46 av. J. C.), dont Lucain a célébré la vertu.

Affluents principaux.

Le principal affluent de la Medjerda est l'oued *Mellègue*, qui a pour branche-mère le ruisseau de *Tebessa*. L'oued Mellègue baigne la plaine du *Tarf*, recueille à droite les eaux de plusieurs sources et à gauche celles de l'oued *Meskiana*, baigne la base du djebel Mesloula, qui porte les ruines d'un poste romain et dans les flancs duquel s'ouvrent des grottes profondes ; reçoit le *Chabet-R'sass* « ravin du plomb » (après un orage, les Arabes recueillent dans le lit du ravin du plomb dont ils se servent pour fondre des balles), et l'oued *Kebrita* « la rivière du soufre » ; court au pied du djebel Guelb « la montagne du cœur » et d'une suite d'élévations coniques couvertes de pins d'une belle venue, peuplées de sangliers, de cerfs, de mouflons à manchettes, de gazelles de montagne, de hyènes et de chacals. C'est le passage habituel des lions qui vont de Tunisie dans les cercles de Souk-Ahras et de Tébessa. L'oued Mellègue sépare, pendant plus de 40 kilomètres, l'Algérie de la Tunisie et pénètre dans ce dernier État, près du confluent de l'oued *Ksob*, par 35°55' de latitude, après un cours de 145 kilomètres sur le territoire algérien.

Les bords de l'oued Mellègue sont très-écartés et plantés de pins d'Alep. L'eau abonde en hiver dans le lit de la rivière qui est presque à sec en été; on n'y trouve alors, de distance en distance, qu'un peu d'eau saumâtre emprisonnée dans des trous que hantent les animaux sauvages. Les rives de l'oued Mellègue ne sont habitées qu'en hiver par les pasteurs algériens et tunisiens, qui y trouvent de gras pâturages dont l'alfa forme la base; elles sont parsemées de ruines romaines.

Bassin de la Mafrag.

La *Mafrag* « la rivière limite » (1), le fleuve

---

(1) La Mafrag, à son origine, porte le nom d'oued El-Kebir; la Seybouse, dans son cours supérieur, s'appelle oued Cherf; le Rummel reçoit un grand nombre d'appellations. Cette remarque s'applique à presque toutes les

Rubricatus des Romains, naît au nord de Souk-Ahras, sur le versant septentrional de montagnes boisées qui séparent son bassin de celui de la Medjerda, et dont les points culminants atteignent 1,000 à 1,400 mètres; serpente au milieu de chênes-liége, dans une vallée très-accidentée, qui recueille les eaux de plusieurs sources ou torrents; se creuse un lit sinueux dans de belles gorges; coule entre le djebel Bou-Abad et le djebel Nahrah; baigne la plaine des *Merdès*, parsemée d'importantes ruines romaines, et celle des *Beni-Urgine*, où se voient quelques grandes fermes, de vastes champs de blé et de belles plantations de tabac; se fraie péniblement un passage à travers les dunes, et tombe à la mer à 20 kilomètres environ à l'est de Bône. Malgré son cours tortueux, cette rivière n'a pas tout à fait 100 kilomètres de long.

rivières de l'Algérie, car les Arabes ont l'habitude de changer le nom d'un cours d'eau dès que ce cours d'eau se modifie en quoi que ce soit : quand il recueille un affluent, quand sa vallée change d'aspect, quand il passe d'une tribu dans une autre, près d'un marché ou d'un marabout, etc. Cette multiplicité de noms donnés à un même cours d'eau fatigue inutilement la mémoire; aussi nous a-t-il semblé plus rationnel (qu'on veuille bien nous pardonner cette liberté en faveur de l'intention) de désigner, de la source la plus éloignée à l'embouchure, chacune des rivières de l'Algérie par un nom unique. Nous ne faisons, du reste, que nous conformer à une coutume qui tend de plus en plus à se généraliser en Algérie.

« Les amas de sable appelés dunes de la Mafrag ne sont pas, dit M. Ville, des dunes formées par l'action des vents sur les sables qui auraient été rejetés par les vagues sur le littoral de la Méditerranée : ce sont des sables et grès à hélix, formant un dépôt régulièrement stratifié, de 8 à 10 mètres d'épaisseur au-dessus du niveau de la mer. Ces amas de sables à hélix sont minés incessamment par les flots de la Méditerranée qui, parfois, y déterminent des éboulements plus ou moins considérables. »

Affluents principaux.

A quelques kilomètres de son embouchure, la Mafrag reçoit presque simultanément :

1° Sur la rive droite, l'oued *El-Kebir* ou *Bou-Namoussa* « la rivière des moustiques » ;

2° Sur la rive gauche, l'oued *Besbès*.

L'oued El-Kebir ou Bou-Namoussa, descendu d'un contrefort du djebel Adissa, coule de l'est à l'ouest, au sud des lacs de La Calle, et reçoit, à gauche, l'oued *Zitoun*.

L'oued Besbès, né sur le djebel Noura, baigne une plaine fertile où s'élèvent le village de Besbès et le centre de la commune de Randon, chétif encore, mais appelé à un avenir prospère.

Lacs.

Dans le bassin de la Mafrag se trouvent le lac

El-Hout, le lac El-Oubeira et le lac El-Melah, voisins de La Calle.

Le lac *El-Hout* « lac des poissons », appelé aussi lac *Tonga*, au sud-est de La Calle, entre cette ville et la mine de plomb de Kef-Oum-Theboul, a 6 ou 7 kil. de long sur 2 à 4 kil. de large. On évalue sa superficie à 2,367 hectares. Ce lac, alimenté par l'oued *El-Hout*, qui naît en Tunisie, au pied du mont Adissa (891 m.), s'écoule dans la mer par une petite rivière canalisée. Il est dominé par les flancs escarpés et boisés de la chaîne tunisienne de l'Haddeda et bordé d'ormes, de saules, de frênes, de charmes, de peupliers et de chênes-liége. C'est le *Tonègue* de l'ancienne Compagnie d'Afrique.

Le lac *El-Oubeira*, lac supérieur ou du milieu, l'*El-Gara* des Arabes, à 5 kil. au sud-ouest de La Calle (6 kil. de long sur 2 à 5 kil. de large, 2,200 hect. de superficie), s'écoule, par l'oued Messida, dans l'oued El-Kebir, affluent de la Mafrag. Il est entouré de forêts de chênes-liége. C'est le *lac de Beaumarchand* de l'ancienne Compagnie d'Afrique.

Le lac *El-Melah*, lac salé ou lac du Bastion, à 10 kil. à l'ouest de La Calle, près de la vieille Calle ou Bastion, communique avec la mer par un chenal. Sa surface est évaluée à 800 hectares. Sa profondeur atteint 6 m. Les alentours du lac sont couverts de forêts.

On a étudié la question de créer dans ce lac

un vaste port militaire, en creusant le fond du chenal. Ce projet a paru réalisable sans dépenses excessives.

Bassin de la Seybouse.

La *Seybouse*, le fleuve *Ubus* des anciens, une des plus belles rivières de l'Algérie, à cause de l'abondance estivale de ses eaux, des charmes de sa vallée et de la fécondité de ses rives, descend des montagnes riantes et pittoresques d'où sort aussi la Medjerda. Les Arabes ont donné le nom de *Tifech* à la rivière naissante, à cause du voisinage de l'indigente Tifech, le *Tipaza* de l'est des Romains, jadis cité très-importante. Au pied de montagnes de 938 m., la Seybouse se grossit des magnifiques sources d'*Aïn-Khella-khel*, dont la plus abondante lui verse, dit-on, 440 litres par seconde; court de l'est à l'ouest, puis au nord, sous le nom d'oued Cherf; contourne la base du djebel Mahouna, incline vers l'est, laissant Héliopolis à gauche, Guelma, Millésimo et Petit à droite; puis, en face du djebel Nador, court vers le nord, dans la direction de Bône et presque parallèlement à la voie ferrée de cette dernière ville à Guelma. Sur les cartes, le fleuve ne porte le nom de Seybouse qu'à partir du confluent de l'oued Zenati.

Au delà de Petit, la Seybouse, cotoyant à droite les montagnes des Beni-Salah, passe près de Barral, de Mondovi et des immenses vignobles de la ferme Nicolas (rive gauche); baigne une vaste et fertile plaine, où se voient Duzerville, El-Hadjar et de nombreuses fermes; coule au pied de l'une des deux collines sur lesquelles s'élevait l'antique Hippone, et se jette dans la mer près de la gare et des ateliers de la Compagnie du Mokta-el-Hadid, après un cours lent et sinueux de 232 kil. Les embarcations légères peuvent remonter la Seybouse jusqu'à environ 10 kil. de son embouchure. Dans la plaine de Bône, la Seybouse a environ 100 m. de large.

Cette rivière grossit démesurément dans la saison des pluies et forme parfois à son embouchure un courant d'une violence extrême.

Affluents principaux.

La Seybouse reçoit à gauche l'oued Trouch, l'oued Gourn, l'oued Zenati, l'oued Ouitsba et l'oued Meboudja.

L'oued *Zenati*, ou oued *Bou-Hamdan*, formé dans le kaïdat des Amer-Cheraga, coule dans une vallée nue mais riche en terres à blé, passe à Sidi-Tamtan et au village qui porte son nom, s'engage dans des gorges profondes, baigne Hammam-Meskoutin, où il se grossit d'un abondant ruisseau, réceptacle des sources thermales, et se joint à la Seybouse à Medjez-Amar, après un cours de 90 kil.

Lacs du bassin de la Seybouse.

Le lac *Fetzara*, situé à 20 kil. au sud-ouest de Bône, au pied du mont Edough, à gauche du chemin de fer du Mokta-el-Hadid, dans une vaste plaine, à 10 m. au-dessus du niveau de la mer, couvre une surface de 14,000 hectares. Son bassin naturel est de 50,000 hectares. Les bords du lac sont couverts de fange et de roseaux qui servent de refuge à des myriades d'oiseaux aquatiques d'espèces diverses. Le docteur Mestre, qui a publié d'intéressants travaux sur l'*assainissement de Bône et de ses environs*, affirme que des communications ont existé autrefois entre le lac Fetzara, la Seybouse et la mer. « Le lac, conclut le docteur, est de formation tout à fait moderne ; s'il existait pendant l'occupation romaine, il se trouvait réduit à la plus simple expression. La plus grande partie de cette vaste étendue couverte par des eaux était autrefois habitée par des hommes et des herbivores. »

Vers le milieu du lac jaillit une source d'eau douce, près de laquelle on a découvert des ruines, peut-être celles de *Ad Plumbaria*, dont les savants ont jusqu'ici vainement cherché les traces.

Le lac Fetzara est très-poissonneux ; on y a pêché en abondance des barbeaux dont le poids dépassait un kil. Les flamants, les cygnes blancs, les grèbes, dont la fourrure est très-recherchée dans le commerce, les canards, les macreuses, les courlis, les bécassines, etc., y abondent.

En été, la surface couverte par les eaux diminue dans des proportions considérables; il en résulte des émanations paludéennes qui engendrent des fièvres pernicieuses. La question du dessèchement partiel du lac Fetzara est en ce moment (décembre 1875) l'objet d'une étude approfondie de la part de l'ingénieur en chef de Bône. Aucune compagnie financière ne s'est encore présentée pour prendre, dans cette affaire, la succession de la Société algérienne qui se trouve déchue de ses droits à l'égard de cette entreprise d'utilité publique; mais il y a lieu d'espérer que bientôt le lit de ce foyer de fièvres se couvrira de moissons dorées, comme celles qui ondulent aujourd'hui sur le sol où fut naguère le lac Halloula.

Citons aussi le petit lac *Bou-K'mira*, à 8 kil. environ à l'est de Bône, qui communique avec la mer, et le lac des *Chameaux*, voisin du précédent et de l'importante ferme dite des *Anglais*.

Dans le port de Bône se jette la *Boudjima*, cours d'eau sans importance, dont le bassin se confond avec celui de la Seybouse. Cette rivière descend des montagnes de Penthièvre, baigne la plaine de Medjez-er-Rassoul et la base méridionale du massif cristallin du djebel Béléliéta, tourne à l'ouest pour passer dans le col qui sépare le djebel Béléliéta du djebel Bou-Hamra, traverse la plaine des Karésas et la plaine de Bône, longe le chemin de fer d'Aïn-Mokra, baigne le pied du mamelon de Saint-Augustin, auquel se rattachent d'antiques souvenirs, reçoit, aux portes de Bône, un petit cours d'eau poétiquement appelé le Ruisseau d'Or, et passe sous le pont d'Hippone, dont on attribue la construction aux Romains. On travaille en ce moment (février 1876) à jeter les eaux de la Boudjima inférieure dans le lit de la Seybouse.

Le *Ruisseau d'Or*, formé de plusieurs sources sorties des entrailles du mont Edough, se creuse d'abord un lit entre des hauteurs boisées, débouche dans la *plaine de Bône* proprement dite, en partie assainie et transformée en jardins, baigne les riants vergers de l'Orphelinat, et tombe dans la Boudjima, près du pont d'Hippone.

Bassin de l'oued Sanendja.

L'oued *Sanendja*, ou oued *El-Kebir*, a pour branches-mères l'oued *Fendek*, qui arrose le joli bassin de *Jemmapes*, et l'oued *Mouger*, grossi d'un ruisseau qui passe dans la célèbre nécropole de Roknia, coule du sud au nord, laisse Gastu à gauche, croise la route de Bône à Philippeville, et débouche dans la mer au sud-est du cap de Fer, après un cours de plus de 100 kil. Cette rivière est profonde et encaissée; sans la barre qui la traverse à son embouchure, elle serait navigable jusqu'à une hauteur de 10 à 12 kil.

Le principal affluent de l'oued Sanendja est l'oued *El-Aneb* qui descend du pic de Bou-Zizi, point culminant de l'Edough. L'oued El-Aneb coule du nord au sud-ouest dans une région couverte de chênes-liége, recueille, quand ils en ont, les eaux d'un grand nombre de ruisseaux, sépare les concessions forestières des compagnies Berthon-Lecoq et Besson, passe près du village naissant auquel il a donné son nom, arrose la vallée des *Tréats* et se déverse dans le lac, ou plutôt dans le fétide marécage de *Feid-el-Maïs*, où il se joint à l'oued Sanendja, après un cours de 27 kil. L'oued El-Aneb reçoit l'oued *Boudjena*, l'oued *Maisser* ou *Bouganendja*, et l'oued *Gregima*.

Bassin du Safsaf.

Le *Safsaf* « rivière des peupliers », ou oued *El-Arrouch*, a pour source la plus éloignée l'oued *Ben-Ibrahim*, qui descend des collines du Smendou, passe à Souk-Tléta et prend le nom d'oued El-Benia, puis celui d'El-Arrouch. Le Safsaf, au sortir des gorges étroites de *Kadlat-el-Hadj*, où il est question d'établir un barrage pour l'irrigation de près de 8,000 hectares, coupe des falaises d'environ 40 mètres de hauteur, coule près d'El-Arrouch, de Gastonville, de Saint-Charles, entre Damrémont et Vallée, se grossit du *Zéramna* et se jette dans le golfe de Stora, à 2 kil. à l'est de Philippeville, après un cours de 100 kil. D'El-Arrouch à la mer, la vallée du Safsaf est verte, riante et bien cultivée. La vallée du Zéramna est aussi fort belle.

Bassin de l'oued Guebli.

L'oued *Guebli*, né sur le versant septentrional des montagnes d'El-Kantour, reçoit un grand nombre de ruisseaux et de torrents peu importants, se grossit, près de son embouchure, de l'oued *Arbia* et disparait dans la baie de Collo.

Bassin du Rummel.

Le *Rummel* « la rivière du sable », l'*Ampsaga* des Romains, naît au nord-est de Sétif, dans des montagnes qui portent leurs sommets à 1,200 ou 1,300 m., se dirige du nord-ouest au sud-est, passe au caravansérail d'*El-Mamera* (968 m.), baigne le vaste plateau d'*Abd-el-Nour*, où sont éparses de nombreuses ruines mégalithiques et romaines, court du sud-ouest au nord-est, laisse à droite le djebel Grous, recueille les eaux d'un grand nombre de ruisseaux, se creuse un lit dans une gorge étroite et dominée par des hauteurs de 600 à 800 m., baigne Oued-Atsmania, Oued-Decri, Aïn-Smara; décrit de nombreuses sinuosités, et reçoit le Bou-Merzoug avant d'atteindre la cité aérienne de Constantine, où il se précipite dans une gigantesque fissure qui est certainement une des principales curiosités du monde entier.

A partir du superbe pont d'El-Kantara, le Rummel s'engouffre sous des voûtes naturelles et gronde dans un lit souterrain au fond duquel le regard plonge par deux grandes ouvertures. En amont du pont, la rivière, dont les berges sont formées par des calcaires, coule dans une gorge très-étroite et encombrée par de gros quartiers qui se sont détachés des parois.

Le Rummel, comme s'il avait hâte de revoir la lumière, se précipite avec violence hors des gorges par trois cascades successives de 15, 20 et 25 m. de hauteur. On a utilisé cette immense force motrice pour faire tourner les meules des *moulins Lavie*. Les eaux sont amenées aux moulins par une galerie de 4 mètres de haut sur 3 de large, creusée dans le roc par le génie militaire. Entre ces cascades et la magnifique cascade des Tortues, les deux rives de la rivière, coupées à pic, forment deux effroyables escarpements de 60 m. de hauteur verticale. C'est de là que l'on précipitait jadis les femmes adultères.

Dans la gorge du Rummel sourdent plusieurs sources thermales dont les plus remarquables sont celles de *Sidi-Rached*, d'*Aïn-Chekka*, de *Sidi-Mimoun* et d'*Aïn-Raba*. Le Rummel, après avoir recueilli les sources chaudes de Sidi-Mecid, s'égare dans la verdoyante plaine du Hamma, y reçoit la rivière formée par les eaux thermales, s'enfonce plus loin dans de grandioses défilés profonds de 20 m., serpente dans une vallée accidentée, passe à environ 7 kil. au nord de Milah, court au nord, puis au nord-ouest, dans des gorges généralement boisées, et se jette dans la mer près des ruines de Tucca, après un cours de 235 kil.

Le Rummel porte à son embouchure le nom d'oued El-Kebir « la grande rivière », dont le Guadalquivir espagnol n'est qu'une corruption.

Affluents principaux.

Le *Bou-Merzoug* naît à Ras-el-Oued-Bou-Merzoug, au pied du djebel Fortass, au nord du djebel Guerioun, dans une région parsemée de menhirs qui rappellent les avenues celtiques de la Bretagne. La source du Bou-Merzoug, une des plus abondantes de l'Algérie, fournit, dit-on, 450 litres par seconde; elle jaillit près et à l'est de la route de Constantine à Batna, se grossit de l'oued *El-Garah*, sorti du marais de ce nom, faisant suite à un autre marais dans lequel se déversent les eaux de la belle source d'*Aïn-Fesguia* et celles d'*Aïn-Fourchi*, d'*Aïn-Mlilah* et d'*Aïn-Haddaïda*. La rivière passe aux Ouled-Rahmoun, coule dans une vallée parsemée (rive droite) d'usines, reçoit l'oued *Berda-el-Kebir*, baigne le Kroubs, recueille les eaux de l'oued Hamimin (rive droite), et, après de nombreuses sinuosités, tombe dans le Rummel (rive droite), à 2 kil. en amont de Constantine, près des ruines d'un superbe aqueduc.

Les Romains avaient amené l'eau de cette rivière à Constantine au moyen d'une conduite qui suivait la rive gauche de la vallée et débouchait au Koudiat-Aty, après avoir traversé le Rummel sur l'aqueduc dont nous admirons encore les restes.

La rivière du *Hamma* est formée par les sources thermales de ce nom.

L'oued *Smendou*, descendu du versant septentrional du djebel Ouach, baigne Smendou, parcourt une contrée montagneuse et se joint au Bou-Merzoug après un cours de 58 kil.

Nous nous bornerons à signaler : l'oued Koton, la rivière de Milah, l'oued Endja venu d'Aïn-Kebira, l'oued Beni-Aïcha et l'oued Guerdjana.

Bassin du Djindjen.

Le *Djindjen* naît dans les montagnes du Babor, coule, sous différents noms, dans des gorges profondes et boisées (pays kabyle), et s'engloutit à 12 kil. à l'est de Djidjelli, à l'ouest de l'embouchure de l'oued *Nil*, ruisseau sans importance. Cours, 75 kil.

Bassin de l'Agrioun.

L'*Agrioun* descend du djebel Magris, la plus haute montagne des environs de Sétif, contourne le Babor, coule dans les sombres gorges du *Chabet-el-Akra*, peut-être les plus remarquables de l'Algérie, et se jette dans la baie de Bougie, après un cours de 80 à 85 kil.

Bassin du Sahel.

Le *Sahel* ou *Soummam*, formé au sud d'Aumale par d'abondantes sources descendues du Dira, coule devant Aumale où ses eaux font mouvoir un certain nombre d'usines, traverse la magnifique plaine des *Aribs* dans toute sa longueur, passe au pied de Bordj-Bouira, de Beni-Mansour, de Bordj-Tazmalt, arrose des forêts d'oliviers et des jardins d'une richesse exceptionnelle, fertilise une superbe vallée qui sépare le Djurdjura du Babor et qui se rétrécit parfois pour former les curieux défilés de *Korza* et de *Fellaye*, baigne le territoire d'Akbou qui occupe un des sites les plus pittoresques de l'Algérie, les orangeries de Ben-Ali-Cherif, les villages d'El-Kseur et de l'Oued-Amizour, et disparait dans le golfe de Bougie, à 3 kil. au sud-est de la ville de ce nom, après un cours de 210 kil.

La plus grande largeur du Sahel varie de 150 à 409 m. La rivière est flottable pendant une partie de l'année dans son cours moyen et inférieur.

Affluents principaux.

Le Sahel reçoit, sur la rive droite :

L'oued *Zaian*, alimenté par des sources venues du Dira et du Ouennougha (cours, 68 kil.);

L'oued *Mahrir*, torrent saumâtre qui se fraye péniblement un étroit passage entre les hautes parois du défilé des Bibans ou Portes-de-Fer (V. plus loin);

Le *Bou-Sellam* « la rivière de l'échelle », qui, descendu des montagnes de Sétif, décrit de nombreuses sinuosités dans des gorges d'un aspect sauvage et mêle ses eaux à celles du Sahel en face du village d'Akbou, après un cours de 220 kil.;

L'oued *Amazin*, qui prend naissance au djebel Takintouch, baigne une vallée populeuse et bien cultivée, et débouche dans l'oued Sahel, près du village de l'Oued-Amizour (cours, 45 kil.).

Bassin du Sebaou.

Le *Sebaou*, l'une des rivières de l'Algérie qui se soutiennent le mieux dans la saison sèche, est le réceptacle des eaux de la Grande-Kabylie; aussi son bassin est-il très-étendu. Né sur le versant nord du djebel Tizibert par 1,730 m. d'altitude, il court du sud au nord, puis de l'est à l'ouest, et reprend ensuite sa première direction à Rébeval. Le Sebaou coule d'abord dans des gorges profondes habitées par des populations guerrières et industrielles qui ne se sont soumises qu'en 1857, laisse à gauche Tizi-Ouzou, se précipite dans les magnifiques gorges de *Timizar*, au pied du djebel Belloua, passe à Bordj-Sebaou (rive droite; il a 1 kil. de largeur sur ce point), à Rébeval (rive droite), à Ben-N'choud (rive droite), et se jette dans la mer à 6 kil. est de Dellys, après un cours de 90 à 100 kil.

Affluents principaux.

Le Sebaou reçoit :

1° A droite :

L'oued *Sahel*, qui descend du col d'Akfadou;
L'oued *El-Allal;*
L'oued *Sabeur.*

2° A gauche :

L'oued *Natralili;*

L'oued *Aïssi*, formé de l'oued *Djemma* et de l'oued *Takhount*, nés tous deux dans le Djurdjura ;

L'oued *Sebt*, dont le lit est très-large en hiver;

L'oued *Bougdoura*, qui prend sa source dans le Djurdjura, à 2,030 m. d'altitude, passe chez les Beni-Koufy, à Bordj-Boghni, et se jette dans le Sebaou, en face de Bordj-Sebaou.

Le bassin du Sebaou comprend presque toute la Grande-Kabylie qui fut soumise une première fois par le maréchal Randon en 1856 et 1857, et par le général Lallemant en 1871.

Bassin de l'Isser oriental.

L'*Isser oriental*, né dans le kef El-Akdar « rocher vert » qui atteint 1,409 m., arrose le charmant plateau des Beni-Sliman, se grossit d'une multitude d'oueds torrentiels en hiver et secs en été, coule de l'ouest à l'est, puis, en face du djebel Guerrouma, de l'est à l'ouest, et, plus loin, du sud au nord; baigne Palestro, laisse à gauche Oued-Kadara, Souk-el-Haad, à droite, Isserville, coupe la route d'Alger à Fort-National, passe près d'Isserbourg, et tombe à la mer à l'ouest du cap Djinet, après un cours sinueux de 220 kil.

Au delà de Palestro, l'Isser oriental coule dans des gorges grandioses, où il se fraye avec peine un passage entre deux murailles de rochers à pic d'une prodigieuse hauteur. Dans cette solitude, la route taillée en corniche sur la rivière, un tunnel creusé dans le roc vif, les rochers tapissés çà et là de plantes grimpantes et de touffes de verdure, des cascatelles, des grottes remarquables, des bouquets de bois, le bruit des eaux bondissantes, les ébats des singes, offrent au touriste un spectacle des plus curieux. La route franchit l'Isser sur un pont métallique d'une construction hardie.

De ces gorges sublimes la rivière passe dans une vallée large et féconde où prospèrent de nombreux villages récemment créés.

Affluents principaux.

1º Rive droite :
Oued *Zeghrouat*, 60 kil.
2º Rive gauche :
Oued *El-Hammam*.

Bassin de la Mitidja.

Le Corso, le Boudouaou, la Reghaïa, l'Hamiz, l'Harrach, le Mazafran, les rivières dont il est formé et le Nador constituent à proprement parler un bassin unique, celui de la Mitidja, la reine des plaines algériennes.

Le *Corso*, descendu de montagnes de 700 à 800 m., arrose la Mitidja et se jette dans la Méditerranée après un cours de 25 kil.

Le *Boudouaou* contribue également à l'irrigation de la Mitidja, passe à l'Alma et tombe dans la mer après un cours de 42 kil.

La *Reghaïa* arrose le petit village et le territoire de ce nom.

L'*Hamiz*, ou oued *Khamis* « rivière du marché du cinquième jour de la semaine, ou du jeudi », né sur des montagnes de 1,200 m. de hauteur, coule dans des gorges remarquables en travers desquelles on élève en ce moment une digue gigantesque, fournit en hiver un considérable volume d'eau à la Mitidja, passe entre Rouïba et la Rassauta, et s'engloutit dans la baie d'Alger, près du cap Matifou, après un cours de 57 kil.

L'*Harrach*, formé de torrents descendus des montagnes qui dominent Blidah à l'est et dont la plus haute est le Beni-Salah de Blidah, coule dans des gorges sauvages qu'il est question de barrer, baigne Rovigo, contribue pour une large part à l'irrigation de la Mitidja, passe à la Maison-Carrée et tombe dans la baie d'Alger. Cours, 75 kil. L'Harrach reçoit l'oued *Smar*, l'oued *Djemmah* (35 kil.) et l'oued *Kerma*.

Le *Mazafran* « eau de safran » est fait de trois cours d'eau : la Chiffa, l'oued Djer et le Bou-Roumi ; il n'a que 20 kil. de long.

La *Chiffa*, formée près de Mouzaïa-les-Mines de torrents descendus du Mouzaïa et des montagnes de Médéah, coule dans des gorges profondes, une des merveilles de l'Algérie, se grossit de plusieurs torrents, notamment du délicieux ruisseau des Singes, s'étale dans un vaste lit au sein de la Mitidja, où elle se double de l'oued Djer.

L'oued *Djer* jaillit au pied du Zakkar occidental, coule au pied de Vesoul-Benian, dans les belles gorges d'*Hammam-Righa*, puis coupe les monts boisés de *Soumata*, entre dans la Mitidja, serpente au pied du Sahel, se grossit d'un bras du Bou-Roumi et tombe dans la Chiffa. Cours, 84 kil. Retenu près de son entrée en plaine par une digue, l'oued Djer pourra irriguer 18,000 hectares de la Mitidja.

Le *Bou-Roumi*, formé de torrents qui se précipitent des montagnes, coule également dans des gorges profondes, entre dans la Mitidja et se sépare en deux bras dont l'un est tributaire de l'oued Djer et l'autre de la Chiffa. Cours, 78 kil.

Une fois formé de ces trois cours d'eau, le

Mazafran contourne le charmant coteau sur lequel s'étage la jolie ville de Coléah, se creuse un lit profond dans les entrailles du Sahel et porte à la mer des eaux jaunies par le tribut fangeux de l'oued Djer, du Bou-Roumi et les déversoirs de marais.

Le *Nador* naît dans le massif des Beni-Menacer, court dans des gorges, baigne le territoire de Marengo, et tombe à la mer entre le Ras-el-Amouch et Tipaza, après un cours de 38 kil.

La plaine de la *Mitidja*, dont la réputation est européenne, a une superficie de 211,000 hectares. Cette plaine d'alluvions, capable de nourrir plusieurs centaines de milliers d'hommes, est séparée de la mer par le massif d'Alger et l'étroit Sahel de Coléah. Elle se développe en éventail entre ces montagnes et le pied de l'Atlas. Son altitude est généralement de 50 à 100 m.; elle est de 250 au pied de l'Atlas, dont les sommets, hauts de 1,000 à 1,600 m., lui versent moyennement, suivant M. Ville, 42 mètres cubes d'eau par seconde. Les barrages en cours d'exécution seront, dans un avenir prochain, un nouvel élément de fécondité pour ce « grenier d'Alger ». D'après le dernier recensement, la population européenne de la Mitidja s'élève à 25,000 âmes; elle n'était que de 10,000 âmes en 1852. Cette superbe plaine est parsemée de villes et de villages; on y remarque : Rovigo, Sidi-Moussa, l'Arba, Rivet, le Fondouk, Saint-

Pierre-et-Saint-Paul, Bou-Hamedi, la Maison-Blanche, le Fort-de-l'Eau, Rouïba, la Réghaïa, l'Alma, le Corso, dans la partie orientale ; Blidah, Boufarik, Joinville, Montpensier, Dalmatie, Beni-Mered, Souma, Bouinan, Chebli, Bir-Touta, les Quatre-Chemins et l'Oued-el-Halleg, dans la partie centrale ; la Chiffa, Mouzaïaville, Bou-Roumi, El-Affroun, Chatterbach, Ameur-el-Aïn, Bourkika, Marengo et Attatba, dans la partie occidentale.

La Mitidja avait, quand la France commença à la coloniser, un terrible renom d'insalubrité. Ses marais pestilentiels (le lac *Halloula*, sur la rive gauche de l'oued Djer, est aujourd'hui en grande partie desséché), ses ruisseaux boueux et bordés de lauriers-roses, vomissaient la fièvre et la mort ; aussi l'avait-on sinistrement appelée le *cimetière des Européens*. Elle est aussi saine aujourd'hui qu'une vallée française.

La plaine de la Mitidja est traversée par le chemin de fer d'Alger à Oran et par plusieurs belles routes. Le port d'Alger, voisin de cet opulent jardin de l'Afrique française, offre un débouché commode à ses nombreux produits.

Bassin de l'oued Dhamous.

L'oued *Dhamous* descend du djebel Tachetas (1,127 m.) qui se dresse sur la rive droite du Chelif et que couronnent de magnifiques chênes-verts, parcourt d'abord une région tourmentée et boisée, puis irrigue de nombreux jardins plantés de figuiers, passe au sud des Beni-Aquil (minerai de cuivre), et se jette dans la mer entre Cherchel et Ténès, après un cours de 42 kil.

Son principal affluent est l'oued *Tamellat*, qui recueille les eaux du djebel Abd-el-Kader, et dont la vallée très-boisée (chênes) sert de refuge à de nombreux sangliers.

Bassin du Chelif.

Le Chelif, l'*Asar* des Romains, est le cours d'eau le plus important de l'Algérie et de l'Afrique septentrionale après le Nil aux sources mystérieuses. Né sur le versant septentrional du djebel Amour, le fleuve serpente sur les Hauts-Plateaux, baigne Taguin, laisse à gauche Zerguin, où jaillit une belle source, coupe du sud au nord le plateau de Sersou, passe à Chabounia, où il rencontre, après un cours de 270 kil., le Nahr-Ouassel, considéré comme une de ses branches-mères. Après avoir reçu le Nahr-Ouassel, le Chelif se creuse un lit au sein de plateaux torréfiés par le soleil, dépouillés de végétation, et d'une vallée marneuse, d'un aspect désolé. Il traverse les marais de Kséria, où les troupeaux trouvent une maigre pâture quand l'été les a desséchés, passe près de Bou-Ghezoul, puis, au delà du confluent du Moudjelil, quitte la triste région des Hauts-Plateaux pour entrer définitivement dans le Tell, au pied de la falaise de Boghar, par près de 500 m. d'altitude. Dans la région tellienne, le Chelif féconde une des plus belles vallées de l'Algérie; il coule tantôt au pied de montagnes de 1,500 à plus de 1,800 m., trait d'union entre les monts de Boghar et le massif de l'Ouarensenis, et tantôt, non loin de la chaîne qui sépare sa vallée de la plaine de la Mitidja, coupe en deux la forêt des Beni-Hassen et des Ouled-Anteur, passe à Amoura, arrose les plaines d'Aïn-Sultan, d'Affreville et de Lavarande, recueille les eaux de l'oued Boutan, prête sa vallée au chemin de fer d'Alger à Oran, baigne Duperré, le pied de la colline d'El-Kadra et la base du mont Doui, côtoie la lisière de la forêt de thuyas des Beni-Rached, passe à Ponteba, à Orléansville, roule ses eaux dans une vallée de près de 4 kil. de large, entre dans le département d'Oran, coule au pied du versant méridional du Dahra qui lui barre le chemin de la mer, se creuse un lit dans des gorges profondes, côtoie les collines de Souk-el-Mitou et d'Aïn-Tedlès, baigne Pont-du-Chelif, Aïn-Boudinar, et s'engloutit dans la Méditerranée entre Mostaganem et le cap Ivi, après avoir décrit un arc de cercle irrégulier. Cours, 695 kil.

Affluents principaux.

Le Chelif reçoit :
1° A droite :
L'oued *Hakouin,* au nord de Boghari;

L'oued *El-Hâd*, venu des forêts de Berrouguia ; cours, 35 kil. ;

L'oued *Boutan*, qui prend sa source au Zakkar et traverse le village d'Affreville ;

L'oued *Harbène*, descendu des montagnes des Hassen-ben-Ali et dont un affluent passe à Médéah ; cours, 48 kil. ;

L'oued *Ouaran*, né sur le djebel Sidi-Abd-el-Kader.

2° A gauche :

Le *Nahr-Ouassel* « fleuve naissant », venu des monts de Tiaret ; cours, 170 kil. ;

Le *Moudjelil*, qui prend sa source sur les monts de Thaza ; cours, 68 kil. ;

L'oued *Deurdeur*, dont un barrage emprisonnera les eaux ; cours, 72 kil. ;

L'oued *Rouina* ;

L'oued *Fodda*, sur lequel on doit construire un barrage ;

L'oued *Isly*, qui coule dans de belles gorges et dont les déviations arrosent plus de 5,000 hectares ; cours, 116 kil. ;

L'oued *Riou*, qui passe à Ammi-Moussa ;

L'oued *Djediouia* (barrage en cours d'exécution), qui croise le chemin de fer et laisse à droite Saint-Aimé ;

La *Mina*.

Cette dernière rivière, née sur la lisière des Hauts-Plateaux, au sud de Tiaret, se grossit de sources nombreuses, tombe de 42 mètres de hauteur par la charmante cascade de *Hourara*, distribue des eaux abondantes aux champs de coton de Relizane, croise le chemin de fer, reçoit l'Hillil, baigne Sidi-bel-Hacel, et se joint au Chelif après un cours de 195 kil.

La plaine du *Chelif*, plus longue mais plus étroite que celle de la Mitidja, est limitée au nord par une chaîne qui relie les rudes montagnes du Dahra aux montagnes des Beni-Menacer, derrière Cherchel, et dont les plus hauts sommets atteignent 1,120 m. (djebel Dukali) et 1,630 m. (Zakkar). Les monts qui l'abritent au sud sont l'Ouarensenis, près d'Orléansville, et le djebel Thalazit, près de Blidah. La Mina marque à l'ouest la limite de la plaine du Chelif que le chemin de fer d'Alger à Oran suit sur un parcours de 176 kil., entre Affreville et Relizane. Orléansville occupe le milieu de la plaine, où les centres de population sont déjà nombreux.

Bassin de la Macta.

La *Macta* provient du marais où se rejoignent l'Habra et le Sig. Elle croise la route de Mostaganem à Oran et se jette bientôt dans l'anse de *Port-aux-Poules*.

L'*Habra* est formée, à environ 30 kil. à vol d'oiseau au sud-ouest de Mascara, par la réunion de trois cours d'eau :

1° L'oued *Traria*, qui commence par l'Aïn-Tifrit (400 à 500 litres par seconde), se précipite par une cascade d'environ 25 m. de hauteur, se double, dans le voisinage de l'ancienne smala de spahis d'Ouïsert et des ruines romaines de Tassacora, le Bénian moderne, par la jonction de l'oued *Saïda*, qu'alimentent les belles sources d'Aïn-Nazreg et d'Aïn-Ouangal, et reçoit l'oued *Fekan*, qui sort d'un étang, roule un volume d'eau très-considérable et forme une jolie cascade au sein d'une luxuriante végétation ;

2º L'oued *Houenet*, beaucoup plus long que le précédent ;

3º L'oued *Melreier*, né dans les environs de Daya.

L'Habra, formée par la jonction de ces rivières, passe près des sources chaudes de Bou-Hanefia, à Guetna, patrie d'Abd-el-Kader, entre en plaine au confluent de l'oued Fergoug et coule entre deux collines réunies par un barrage gigantesque (478 m. de long, 40 m. de haut, 38 à 39 m. d'épaisseur à la base) qui retient près de 14 millions de mètres cubes d'eau ; passe près de Perrégaux, et se perd dans les marais de la Macta, après un cours de 240 kil. depuis sa source la plus éloignée.

Le *Sig*, né sur la frontière des Hauts-Plateaux, au sud de Daya, baigne Magenta, Sidi-Ali-ben-Youb, où il se grossit d'une abondante source thermale, à Sidi-Khaled, à Sidi-Lhassen, à Sidi-bel-Abbès, dont il arrose les riants jardins sous le nom de *Mekerra*, à Saint-Denis-du-

Sig, et s'achève au marais de la Macta, après un cours de 240 kil.

A sa sortie des montagnes, le Sig est arrêté par un barrage qui retient une énorme masse d'eau de 3,275,000 mètres cubes, source de prospérité pour le riche territoire de Saint-Denis-du-Sig.

Bassin du Rio-Salado.

Le *Rio-Salado* « fleuve salé », le *flumen Salsum* des Romains, l'oued *Melah* des Arabes, prend sa source dans la forêt des Ouled-Zeir (5,260 hectares), se grossit de l'oued Soughaï, coule au sud-ouest (6 kil.) du Grand-Lac-Salé d'Oran, au pied du mont Touïla, et tombe dans la mer entre le cap Hassa à l'ouest et le cap Figalo à l'est, après un cours de 75 kil. En 1543, une armée espagnole fut détruite dans une gorge (*le défilé de la Chair*) où coule l'oued *Lahin*, affluent du Rio-Salado.

La *Sebkha*, ou *Grand-Lac-Salé* d'Oran, couvre une superficie d'environ 32,000 hectares. Ce lac n'a pas d'écoulement et reçoit très-peu d'eau. Les parties basses sont inondées en hiver. Il se recouvre, en été, d'une épaisse couche de sel. Il est question de le dessécher.

Bassin de la Tafna.

La *Tafna*, le fleuve *Siga* des Romains, célèbre par le traité conclu sur ses bords, le 30 mai 1837, entre le général Bugeaud et l'émir Abd-el-Kader, roule des eaux plus abondantes que celles de la plupart des rivières de l'Algérie. Sa source est fort pittoresque. La rivière sort avec fracas de la curieuse grotte d'Aïn-Habalet, qui s'ouvre dans le massif de Tlemcen. Le bruit que ses eaux font en bondissant dans un lit tout hérissé d'incrustations calcaires lui a valu le nom d'oued *El-Krouf* « rivière de la peur ». La Tafna baigne Remchi, Sidi-Amara, coule dans des plaines d'une prodigieuse fertilité (coton) et se jette dans la mer en face de l'île Rachgoun et un peu à l'ouest du village de ce nom, après un cours sinueux de 170 kil. La vallée de la Tafna est une des plus délicieuses de l'Algérie. Il est question de créer un port à l'embouchure de la rivière.

Affluents principaux.

La Tafna reçoit :

1º A droite :

La rivière de *Sebdou* ;

L'*Isser* occidental (100 kil.), qui court dans les ravissantes gorges du massif de Tlemcen, forme une cascade de 12 m. de hauteur, baigne la délicieuse vallée de Lamoricière, se grossit de la source de *Tellout* (200 litres d'eau par seconde) et de la *Sikkak* ou Safsaf, formant la splendide cascade d'*El-Ourit*.

2º A gauche :

L'oued *Tafrent*, qui recueille les eaux transparentes des Beni-Snous ;

La *Mouïlah*, qui se perd près des bains d'Hammam-bou-Ghara.

La Mouïlah prend sa source dans le Maroc où elle porte le nom d'*Isly*, immortalisé par la victoire du général Bugeaud sur les Marocains (14 août 1844). En Algérie, la Mouïlah se grossit de l'*Ouerdefou*, la rivière de *Lella-Mar'nia*.

L'*Adjeroud* ou *Kis* sert, sur 12 kil., de limite entre l'Algérie et le Maroc, et se jette dans la Méditerranée, à 27 kil. sud-ouest du cap Milonia.

§ 2. — *Rivières, chotts, sebkhas et guerahs des Hauts-Plateaux.*

Les eaux du versant méridional de la chaîne tellienne et celles du versant septentrional de la chaîne saharienne vont se perdre, sur les Hauts-Plateaux, dans des cuvettes connues sous le nom de chotts, de guerahs et de sebkhas, lacs temporaires qui ont peu ou point d'eau pendant une partie de l'année et dont la surface se couvre en été d'une éblouissante couche de sel. Les plus importants de ces lacs salés forment des bassins particuliers que nous décrivons en allant de l'est à l'ouest, c'est-à-dire des limites occidentales de la Tunisie aux frontières orientales du Maroc.

Bassin du guerah El-Tarf.

Ce lac sans écoulement, situé à 15 kil. environ au sud-ouest d'Aïn-Beïda, a près de 18 kil. de long sur 6 à 16 kil. de large. Au nord se dressent des montagnes que domine en arrière le *Sidi-Reis* (1,628 m.). La rive méridionale est plus plate, mais au loin s'élèvent les plus hautes cimes de l'Aurès, d'où descendent la rivière d'*Aïn-Khenchela* et le *Bou-Freis* qui traverse la vaste plaine de Roumila.

Le guerah El-Tarf reçoit :

L'oued *Ouilman*, formé par la source de ce nom et grossi de la rivière d'Aïn-Beïda ;

L'oued *Feïd-Souar*, par où s'écoule la source d'*Aïn-Bellout* qui jaillit au pied du djebel Sidi-Reis.

Au nord-ouest du Tarf se succèdent trois autres lacs plus petits; ce sont : le guerah *El-Guellif* « guerah du limon », dominé au sud par le djebel Fedjoudj et au nord par le djebel Guellif qui lui envoie quelques filets d'eau; le guerah *Ank-Djemel* « gorge du chameau », borné au nord par la montagne de ce nom, et le guerah *El-Mar'sel* « guerah du lavage », au nord-ouest du précédent.

Bassin de la sebkha Djendeli.

A l'ouest du bassin du Tarf et au sud-est des lacs Tinsiltt et M'zouri, le *Djendeli*, lac salé situé à environ 30 kil. au nord-est de Batna et à 6 kil. du Medracen, reçoit l'oued *Chemora* « la rivière rapide » qui descend du djebel Kroumbt-el-Dhib

« le nez du chacal », et fait mouvoir, dans la subdivision de Batna, quelques usines récemment créées. Les bords du Djendeli sont parsemés de ruines romaines.

Bassin des lacs Tinsiltt-M'zouri.

Ces deux lacs, situés, le premier à droite, le second à gauche de la route de Constantine à Batna, à 12 ou 15 kil. au nord du Djendeli, se couvrent en hiver, dit M. Ville (1), d'une lame d'eau plus ou moins haute, selon la quantité de pluie qui tombe. En été, l'eau s'évapore complétement, et il reste un dépôt de sel qui était exploité de temps immémorial par les Arabes de la localité.

Le sel forme en été, dans le chott M'zouri, une couche de 0 m. 04 au plus de puissance. Les eaux du lac Tinsiltt sont chargées de sulfate de soude, objet d'un certain commerce. Le sol du lac Tinsiltt est plus élevé que celui du M'zouri. En hiver, le trop plein du premier se déverse dans le second. Les monts Tarbent, Hanout-Kebir, Hanout-Srir, Guedman et Dacla forment la ceinture des deux lacs, qui ne reçoivent aucun cours d'eau digne d'être signalé.

Entre les lacs Tinsiltt et M'zouri à l'est, la route de Constantine à Sétif au nord, Bordj-bou-Arréridj à l'ouest, Batna et le chott El-Hodna

---

(1) Ville, *Exploration du Hodna et du Sahara.*

au sud, se succèdent, sur le plateau des Abd-el-Nour, plusieurs lacs dont les plus importants sont : le chott *Bida*, la sebkha *Epraim*, la sebkha *El-Lemiet*, la sebkha *El-Gaousset*, la sebkha *Melloul* et la sebkha *Moulgemel*.

Bassin du Hodna.

Le bassin du *Hodna* est très-vaste ; c'est aussi un des plus riches de l'Algérie. Une irrigation bien aménagée augmenterait dans des proportions considérables la fertilité de ses cultures.

Les massifs du Dira et du Ouennougha envoient au chott du Hodna plusieurs rivières dont quelques-unes pourraient recevoir des barrages. Les Romains et les Berbères n'avaient pas négligé ce moyen d'accroître la production des terres comprises dans cet immense bassin. On retrouve, en effet, sur plusieurs points, des traces de barrages antiques et de puits artésiens épars autour du lac.

Le chott du *Hodna*, nommé par les Arabes chott *Es-Saïda* « le chott heureux », est situé à 400 m. au-dessus du niveau des mers, au sud de M'sila et au nord-est de Bou-Saada. Il occupe une dépression sans écoulement, dominée au nord par d'abruptes montagnes qui le séparent de la haute plaine de la Medjana. Des monts de la Medjana, du Dira et du Ouennougha descendent plusieurs cours d'eau tributaires du chott du Hodna. Les principaux sont :

L'oued *Barika*, qui naît sur le djebel Tougour, baigne les ruines romaines de Mérouana, passe près de Ngaous (rive gauche) et, en hautes eaux, atteint le chott après un cours d'environ 130 kil.;

L'oued *Melah* et l'oued *Si-Ataïa*, venus du djebel Sidi-Sah;

L'oued *Bou-Amadou*, fils du djebel Maadhut;

L'oued *Ksab*, qui jaillit sur le djebel Braham, coule dans la Medjana, coupe les hauteurs qui dominent au nord le bassin du Hodna, reçoit les eaux de plusieurs montagnes boisées et couvertes de neige en hiver, baigne M'sila et se grossit de l'oued *Beiada* ou oued *Legoumen*, avant de se perdre dans le chott du Hodna, après un cours de près de 152 kil.;

L'oued *Chellal*, ou oued *Sebisebt*, formé par les ruisseaux du Dira, du Kef-el-Akhdar et du Ouennougha. Cours, 160 kil.

Les versants septentrionaux du djebel Bou-Khaïl envoient au Hodna (rive méridionale) l'oued *Chaïr* qui naît au puits de Feïd-el-Botma, très-fréquenté des Ouled-Naïl. Cette rivière coule de l'est à l'ouest d'abord, puis vers le sud, enfin vers le nord-est. Mille ravins lui portent le tribut de leurs eaux. La vallée de l'oued Chaïr est formée de vastes plaines en partie cultivées et en partie couvertes de pâturages qui nourrissent des troupeaux de moutons et de chameaux. Çà et là se dressent des mamelons plus ou moins élevés. L'oued Chaïr verse toute l'année de l'eau dans le chott du Hodna. Son bassin produit du blé et de l'orge. On y élève des moutons et des chameaux. D'après M. le docteur Reboud, le barbeau de l'oued Chaïr prend des proportions énormes. Des bordjs ou maisons de commandement ont été construits sur plusieurs points de la vallée de l'oued Chaïr. On cite ceux d'Aïn-Rich, de Mirzou, d'Aïn-Mamoura et de Msif. La richesse du sol, les eaux, le voisinage des montagnes durent naturellement engager les Romains à établir des colons sur les bords de l'oued Chaïr; on y voit, en effet, les restes de plusieurs constructions antiques.

A l'extrémité sud-ouest du chott du Hodna se déversent les eaux de l'oued *Bou-Sadda*, qui baigne le centre de ce nom.

Une langue de terre, large de 6 kil., sépare le Hodna d'un lac salé beaucoup plus petit. Ce lac, situé au sud-est du Hodna, reçoit l'oued Bitam, ou oued Bou-Mahzouz. L'oued *Bitam*, au sud-ouest de Batna, coule près des ruines de Tobna (rive droite), où les Romains amenaient ses eaux.

Bassin des Zahrez.

Compris entre les chaînes des djebels Oukeïl, Kaïder et Gada au nord, et des djebels Sahari, Alia, Khider au sud, ce bassin a, d'après M. Ville, 120 kil. du nord-est au sud-ouest, sur 24 kil. de longueur moyenne. Cette dépression, vue de la crête du djebel Oukeïl, semble ne constituer qu'une cuvette unique ; elle se divise pourtant en deux cuvettes bien distinctes : celle du Zahrez-R'arbi ou occidental, et celle de Zahrez-Chergui ou oriental.

Le *Zahrez-Chergui*, situé au nord-est de Djelfa, à 771 m. d'altitude, a 36 kil. de longueur sur 14 kil. de largeur moyenne ; sa surface est plus grande que celle du Zahrez-R'arbi. En été, il se forme dans le lac une croûte de sel d'une grande richesse. Les djebels Seba'-Rous et El-Hammam lui envoient des ruisseaux qui débouchent au nord-est et roulent des eaux impotables. Les plus importants de ces cours d'eau sont l'oued *Djal* et l'oued *Djemel*, venus du djebel Oukeïl.

Le *Zahrez-R'arbi* est situé à 857 m. d'altitude, au nord-ouest de Djelfa et au sud-ouest de Guelt-es-Stel. Il a 45 kil. de long sur 5 à 11 kil. de large. Le bassin de ce lac est limité au sud, en allant de l'ouest à l'est, par le djebel Archa-Chergui, le djebel Lelif et le djebel Sahari. Le djebel Archa-Chergui sépare les eaux qui se jettent dans l'oued Bettin, affluent du haut Chelif, de celles qui vont au Zahrez-R'arbi. Cette montagne est la ramification la plus avancée que le massif central du djebel Amour pousse vers le nord. Le Zahrez-R'arbi renferme en hiver, suivant M. Ville (1), une nappe d'eau très-forte-

---

(1) Ville, *Exploration des Beni-Mzab et du Sahara*.

ment salée, dont la profondeur va jusqu'à 3 m. au centre du lac. Cette eau s'évapore en été, et il ne reste alors qu'une vaste nappe de sel qui forme un épais tapis d'une blancheur éblouissante. Le sel du lac est d'une grande pureté. L'eau, beaucoup plus salée que celle de la mer, ne contient aucun être animé. Le versant de la chaîne tellienne qui regarde les Hauts-Plateaux lui envoie l'oued *Kaïder*, descendu du djebel Seba'-Rous qui domine au nord des plaines ondulées et couvertes d'alfa.

Bassin du chott El-Chergui.

Le chott *El-Chergui*, ou chott de l'est, dont on peut évaluer l'altitude à 1,000 m. et la longueur à 140 kil., a une largeur variable de 10 à 20 kil. Il est dominé au nord et dans le lointain par les djebels Dlaa, Bedjeloul, Krenifer et Mzaïta; au sud-est se trouvent Stitten et Géryville. De vastes plaines l'entourent de tous côtés. Sa direction générale va du sud-ouest au nord-est. Le lac reçoit quelques cours d'eau : l'oued *El-May*, l'oued *Fallet*, l'oued *Hammam*, l'oued *Guesmir*, nés sur le versant de la chaîne tellienne qui regarde les Hauts-Plateaux; l'oued *El-Naceur*, l'oued *El-Mahder* et l'oued *Ghodjedad*, venus du versant nord de la chaîne du Sahara; mais ces divers cours d'eau sont souvent à sec, et le lac n'est guère alimenté que par les eaux pluviales et celles de rivières insignifiantes, telles que l'oued *El-Hallouf*, l'oued *Fallat*, l'oued *Hammam*, etc. Des rives du chott, peu élevées, s'échappent des sources thermales légèrement salines. « Le chott de l'est a, dit M. Mac-Carthy, comme le chott de l'ouest, des bords en beaucoup d'endroits presque perpendiculaires, comme s'il avait été creusé de main d'homme dans la masse du plateau qu'il occupe, ou comme si son fond s'était subitement abaissé d'une vingtaine de mètres. »

Bassin du chott El-R'arbi.

Le chott *El-R'arbi*, ou chott occidental, est dominé au nord par les djebels Sidi-Labed, Mergueb, Mkaïdou et Beguira; au sud par les djebels Kteb-el-Amara et Bou-Khachba. Il appartient à l'Algérie et au Maroc. La partie algérienne a 44 kil. de long et 7 à 20 kil. de large. Le chott El-R'arbi est très-encaissé; les eaux y sont rares, même en hiver. « Ce chott et le précédent, les *Salinæ nubonenses* de Ptolémée et d'Antonin, ont, dit le docteur Armieux, leurs passages, leurs gués où le terrain est ferme et solide; dans d'autres endroits, il existe des fondrières fort dangereuses. » Les gazelles abondent dans le voisinage des deux lacs. Le versant nord du Sahara envoie au chott El-R'arbi l'oued Bou-Remmade, cours d'eau très-peu important.

Au nord du chott occidental, sur des plateaux qui appartiennent plutôt au Tell qu'au Sahara, se trouve la *Daya-el-Ferd*, espèce d'étang d'où sort, après les pluies hivernales, un torrent qui forme l'oued *Za*, tributaire de la Malouïa.

§ 3. — *Rivières, chotts, dayas, puits artésiens du Sahara.*

L'hydrographie du Sahara est encore très-imparfaitement connue, malgré de nombreuses et récentes explorations. Il est même très-difficile de déterminer le cours de certaines rivières qu'il faudrait étudier, non dans les entrailles de la terre, mais dans celles des sables dont la sonde les fait jaillir sur bon nombre de points. Ce nom de rivière dont on décore les ruisseaux sahariens est même trop emphatique. Ce ne sont, à proprement parler, que les gouttières des Hauts-Plateaux, destinées, « en se transformant pendant quelques heures en gros torrents, à recevoir et à conduire les pluies qui tombent dans les montagnes, et à porter ainsi la vie jusqu'à cette mer de sable deshéritée des rosées du soleil (1). » Vienne l'été, et ces cours d'eau, naguère torrents furieux, ne sont plus, à leur sortie des montagnes, qu'une longue trainée de sable et de gravier, et plus bas, qu'une dépression dans laquelle le passage annuel des eaux

---

(1) De Colomb, *Exploration des ksours et du Sahara de la province d'Oran.*

pluviales et des alluvions qu'ils entraînent donne la vie à une végétation souvent chétive.

Des bassins naturels disposés sur le parcours des rivières retiennent les eaux plus ou moins longtemps après les crues. Les Arabes les nomment *ghedir*. Ce mot signifie *traître* et paraît heureusement appliqué, car celui qui compte sur l'eau des ghedirs risque fort de mourir de soif.

Suivant les légendes arabes, les rivières du Sahara coulaient jadis à pleins bords. « Il serait difficile, dit M. de Colomb, de décider si, à telle ou telle époque, il y eut dans le Sahara des ressources qui n'existent plus aujourd'hui ; on en est réduit à de simples conjectures. L'oued Zergoun, suivant la tradition, était une rivière d'*eau courante*. C'est possible ; il est même probable que la plupart des rivières sahariennes coulaient autrefois des montagnes jusqu'à cette mer de sable qui absorbait leurs eaux. Peu à peu leurs lits s'étant remplis de sables, de cailloux, des alluvions que les crues ont arrachées aux montagnes rocheuses où elles prennent leur source, les thalwegs dans lesquels coulaient les eaux ont été comblés, et il s'est formé insensiblement un sol qui n'est pas assez compacte, qui est trop spongieux, trop poreux pour maintenir les eaux à la surface, et sous lequel a lieu l'écoulement qui était autrefois à ciel ouvert. Ce qui vient à l'appui de cette conjecture, c'est que partout où, dans ces oueds, on a voulu creuser des puits, on a souvent trouvé l'eau à peu de profondeur dans le sol. » Ces puits, dont la profondeur est très-variable, donnent aux nomades des lignes d'eau sans lesquelles la fréquentation des régions désertiques leur serait impossible. Du reste, quelque cachées que soient les eaux, la sonde sait bien les découvrir. Arrachées de leur lit souterrain, elles portent la vie là où régnait la mort et font reverdir les oasis abandonnées depuis longtemps par suite de l'oblitération des puits indigènes.

La question des *puits artésiens* préoccupe à bon droit le gouvernement et intéresse à un haut degré la prospérité de l'Algérie, qui peut être considérablement augmentée par des forages heureux. L'exemple des Romains, qui, au prix d'efforts séculaires et de travaux gigantesques dont on retrouve partout les traces, avaient transformé en terres d'une fertilité prodigieuse des plateaux ou des régions sablonneuses si pauvres aujourd'hui, a déjà porté ses fruits. Plusieurs puits ont été creusés en 1875, notamment dans l'oasis de Sidi-Khelil et dans l'oued R'ir. L'un d'eux, celui de l'oasis d'El-Berd, qui a un débit de 1,800 litres à la minute, a reçu le nom du général Chanzy, gouverneur de l'Algérie. Du mois de juin 1856 au 24 février 1875, il a été foré, d'après une statistique officielle publiée par le *Mobacher*, jour al officiel de l'Algérie, dans l'oued R'ir et le Hodna, avec les fonds de cotisations volontairement souscrites par les indigènes, 103 puits artésiens d'un débit variant depuis 3 litres à la minute (Maiderchi du Hodna) jusqu'à un maximum de 4,800 (Sidi-Amram de l'oued R'ir). Ces puits se répartissent ainsi :

```
 16 ont un débit inférieur à   100 litres à la minute.
 43      —           de   100 à   500        —
 13      —           de   500 à 1,000        —
 19      —           de 1,000 à 2,000        —
  5      —           de 2,000 à 3,000        —
  4      —           de 3,000 à 4,000        —
  3      —           supérieur à 4,000       —
───
103
```

C'est un total de 100,038 litres d'eau à la minute versés dans le pays. Et dans ce chiffre ne sont pas comprises les masses d'eau fournies par de nombreux puits ascendants dont beaucoup sont inépuisables.

15,000 mètres de forages ont été faits pour obtenir ce débit. Les puits les moins profonds ont rencontré la nappe jaillissante à 29 mètres au-dessous du sol, le plus profond à 214 mètres ; mais les chiffres les plus habituels sont compris d'abord entre 40 et 100 mètres, puis entre 100 et 150, et plus rarement entre 150 et 214.

Toutes ces eaux sont généralement potables, quelques-unes un peu salées; mais, dans ce cas, elles ne le sont pas assez pour nuire aux cultures. Leur température varie de 21°5 à 26°8 ; les chiffres les plus ordinaires sont compris entre 22° et 23°.

Enfin, en dehors de ces travaux de forage, soit pour les puits artésiens, soit pour les puits à nappes ascendantes, les ateliers de puisatiers ont fait quelques sondages infructueux, fort rares d'ailleurs, et ont réparé et remis en état un grand nombre de puits de toute espèce ensablés avec le temps.

Nous n'avons parlé que des sondages exécutés dans le département de Constantine. D'autres ont été cependant exécutés dans le département d'Alger et ont aussi donné de bons résultats, notamment à l'oued El-Alleg, à l'oued Kramech, à Aïn-Malakoff, etc.

Parmi les hommes dévoués qui ont le plus contribué au succès du forage des puits artésiens, il est juste de citer le général Desvaux, MM. Ville et Tissot, ingénieurs des mines, les colonels Augeraud, Arnaudeau, Aublin; les commandants Forgemol, Erhard, Seroka; M. Jus, ingénieur civil; le sous-lieutenant de spahis Lehaut, mort à la peine; le capitaine Zibel; le sergent Dhem, etc., etc.

« Deux ordres d'idées ont présidé aux sondages, dit M. le général Desvaux dans deux rapports officiels adressés au gouverneur général en 1864 et en 1867 : 1° faire revivre les oasis de l'oued R'ir qui étaient menacées d'une ruine prochaine ; 2° établir sur les lignes fréquentées par les troupes et les caravanes des fontaines jaillissantes pour faciliter les relations commerciales et assurer la domination du pays.

» Dans l'oued R'ir, la puissance des nappes artésiennes a permis d'employer les eaux de nos puits à l'irrigation et de créer de nombreuses plantations de palmiers.

» Dans le Hodna, les puits ne sont pas encore assez nombreux ni assez abondants pour servir à l'irrigation des grandes cultures ; ils ont cependant livré à l'agriculture de vastes terrains vierges, et ils rendent d'éminents services en donnant la facilité à des douars nombreux de s'établir sur des points jusque-là inhabitables et en leur procurant la jouissance d'immenses pâturages. »

En somme, grâce à ces immenses travaux hydrauliques, les nomades du Hodna et de plusieurs points du Sahara peuvent, dès aujourd'hui, abandonner leur vie pastorale et errante pour se fixer définitivement au sol.

Les premiers cours d'eau sahariens que l'on observe en venant de la Tunisie se déversent dans le chott *Melghir*, vaste dépression marécageuse de plus de 300 kil. de long. M. le capitaine Roudaire, récemment chargé du nivellement des chotts algériens en vue de la création d'une mer intérieure, évalue la superficie du chott Melghir à 6,000 kil. carrés. Le chott est coupé par le méridien de Batna et le 34e degré de latitude. Il reçoit, en temps de crue seulement, l'oued Itel, l'oued Djedi et l'oued El-Arab.

L'oued *Itel*, dont le lit a toujours de l'eau, sinon à la surface, du moins à peu de profondeur, prend sa source en plein désert, à Ras-Oued-Itel, baigne El-Mengoub, où se voient de nombreux *tumuli* analogues aux monuments celtiques d'Europe, et Mamoura; reçoit à gauche l'écoulement de quelques ravines; passe à Ghami, à Selil, à Ouglel Mguelra, et n'atteint le chott Melghir qu'en temps de crue exceptionnelle.

L'oued *Djedi* « la rivière du chevreau » descend du djebel Amour sous le nom d'oued *M'zi*, baigne Tadjemout, village arabe fortifié; les plaines de Laghouat, où un barrage retient ses eaux pour l'irrigation des palmiers; Ksar-el-Aïran, où il est presque toujours à sec; traine languissamment, quand il en a, ses languissantes eaux dans la triste région appelée par les Arabes *Bled-el-Ateuch* « pays de la soif », passe ensuite (département de Constantine) à Sidi-Khaled, à Ouled-Djellal, à Liouah, à Seïra, près de Ben-Thious et de Melilli, oasis des Ziban, et, en temps de crue, se grossit de l'oued Biskra et de l'oued El-Abiad. L'aïn Melilli, qui tombe dans l'oued Djedi, près de l'oasis de Melilli, est si abondante qu'elle forme un véritable cours d'eau.

L'oued *Biskra*, né dans les montagnes de Batna, coule dans une vallée sauvage et resser-

rée entre des roches nues, reçoit l'oued *Fedala*
« la rivière généreuse », descendu d'un sommet
de l'Aurès, coule au fond des gorges majestueuses
d'El-Kantara, traverse la fertile plaine d'El-Outaïa,
se grossit de l'oued *Abdi* « la rivière de mon
serviteur », venu de l'Aurès, passe au pied des
monts de Nahra, sert de réceptacle aux nombreuses sources de Biskra, féconde la belle oasis
de ce nom et se perd dans l'oued Djedi, quand
les sables n'ont pas complétement absorbé ses
eaux.

L'oued *El-Abiad* « la rivière blanche », dont la
source jaillit au pied du Cheliah, coule dans des
gorges profondes, et, dans le Sahara, se divise
en deux bras qui ne tombent dans l'oued Djedi
qu'à l'époque des fortes crues.

L'oued *El-Arab*, descendu de l'Aurès sous le
nom d'oued *Meughar*, passe à Chebla (ruines
romaines), coule dans des gorges étroites d'où
il sort à Khang-Sidi-Nadja, côtoie l'oasis de Liana,
reçoit, à Zeribet-el-Oued, l'oued Geuchtan, fils
du mont Cheliah, et, bu par les sables, n'atteint
que très-rarement le chott Melghir.

La large dépression du sol qui forme le chott
Melghir se prolonge par les chotts Sellem, El-
R'arsa et El-Djerid, jusqu'à peu de distance du
golfe de Gabès. Plusieurs fois déjà on avait émis
l'idée que ces chotts étaient au-dessous du niveau de la mer et qu'il serait possible de les inonder en creusant un canal qui ferait communiquer

avec le golfe de Gabès le chott Djerid qui n'en est qu'à 18 kil. De là l'idée d'une mer Saharienne.

Il résulte des explorations les plus récentes que le bassin du chott Melghir termine un bassin bien plus important, celui de l'*Igarghar*, mot qui veut dire en berbère : eau courante. « L'Igarghar, dit M. Duveyrier, prend son origine dans le pays des Touaregs, au plateau des Ahaggar, entre le 23e et le 24e degré de latitude. Comme tous les oueds de cette région, son lit est à sec; sauf dans son cours supérieur, c'est plutôt, dans l'acception du mot, une longue vallée qu'une rivière. » D'après des renseignements donnés par le cheikh Othman des Touaregs, qui vint à Alger au commencement de l'année 1864, le lit de cette rivière serait cependant parfaitement dessiné sur tout son trajet, et on pourrait en suivre le cours depuis son origine jusqu'à l'oued R'ir. « L'Igarghar, dit M. W. Ragot, se dirige, à peu de chose près, du nord au sud; il passe un peu à l'est d'Ouargla, et, après un cours qu'on évalue à 250 lieues, il se rattache, près de la petite oasis du Goug, aux chotts de l'oued R'ir.

» On peut diviser l'oued Igarghar en trois parties caractérisées par la différence de leur aspect physique. A son origine, cette rivière descend de l'Ahaggar par deux versants et traverse le massif montagneux; au delà, elle coupe dans sa plus grande largeur la zone sablonneuse intermédiaire entre notre Sahara et le pays des Touaregs; enfin, elle présente dans l'oued R'ir une succession de cuvettes se rattachant les unes aux autres, et trace le thalweg de cette longue dépression de terrain, à laquelle aboutissent, suivant trois pentes générales, tous les bassins secondaires du Sahara de la province. »

L'Igarghar est probablement le *Gir* de Ptolémée, qui se déversait dans le lac des *Tortues*, le chott Melghir actuel. M. Largeau, en allant à Ghadamès, a reconnu le lit de l'Igarghar qu'il a remonté pendant plusieurs journées.

Au sud-ouest et à une très-grande distance du bassin du chott Melghir, s'étend le vaste territoire des Beni-Mzab qu'arrosent deux rivières assez importantes, si toutefois cette épithète peut être appliquée aux cours d'eau sahariens; ce sont l'oued Neça et l'oued Mzab.

L'oued *Neça* « la rivière des femmes » naît dans le plateau d'El-Feiad, sert d'écoulement à un grand nombre de ravines formées par les pluies et aboutit dans le chott *Safioun*, large dépression au nord de Ngoussa.

L'oued *Mzab*, né au nord-est de Ghardaia, se grossit de l'oued Metlili et tombe également dans le chott Safioun.

Citons encore, toujours en allant de l'est à l'ouest :

L'oued *Mia* « la rivière des cent affluents »

(ce nom emphatique n'est pas justifié ; la rivière peut bien recevoir, en temps de pluies, les eaux de *mille* petites rigoles, mais son lit est à sec pendant la plus grande partie de l'année), formée par l'écoulement des eaux du djebel Baten et se terminant misérablement à la sebkha d'Ouargla ;

L'oued *Zergoun*, fils du djebel Amour et tributaire de la daya *El-Kahla* (1) ;

L'oued *Seggueur* qui naît dans les montagnes au pied desquelles est situé Berizina, passe dans le curieux défilé d'El-Arouïa, reçoit l'oued Mouïla et se termine à la daya *El-Hamra* ;

L'ouel *El-Benout*, qui finit dans la vaste plaine des *Habilat*, à la daya *Mousteïer* ;

L'oued *El-Namous*, qui naît au nord-ouest d'Aïn-Sefisifa, coule dans une vallée très-tourmentée que dominent des montagnes d'un aspect sauvage, et se perd, comme l'oued El-Benout, dans la plaine des Habilat.

CHAPITRE V.

DIVISIONS NATURELLES.

Supposons que du haut de l'Atlas, ce vieux

(1) Les dayas sont des bas-fonds dans lesquels s'amassent les pluies hivernales auxquelles ils doivent la végétation qui leur donne l'aspect de verdoyants îlots.

géant de la Fable, qui, vaincu comme les autres Titans dans sa lutte contre le maitre de l'Olympe, fut condamné à porter le ciel sur sa tête et dans ses mains (1), il nous soit donné de contempler dans son ensemble la France africaine. Nous distinguerons trois zones parfaitement caractérisées : au nord, une région montagneuse de vallées, de plaines, de sources, de torrents, de rivières, de forêts, de cultures et de villes : c'est le *Tell*; puis un pays de pâturages, de landes et de lacs salés, sans écoulement vers la mer : ce sont les *Hauts-Plateaux*, région intermédiaire entre le Tell et la vaste mer de sable d'où les oasis émergent comme des iles et que l'on nomme *Sahara*.

§ 1. — *Le Tell*.

« Tell, au pluriel *Telloun*, est, dit M. MacCarthy, un mot arabe qui signifie butte, monticule, et par extension colline, petite montagne. Le Tell serait donc le pays montueux, accidenté. »

Tell est aussi la forme arabe du mot latin *Tellus*, par lequel les Romains personnifiaient

---

(1) Une autre tradition rapporte que Persée se présenta chez Atlas et lui demanda asile. Atlas ayant fermé l'oreille aux prières de Persée, celui-ci, à l'aide de la tête de Méduse, le changea en une montagne nommée *Atlas*, sur laquelle repose le ciel avec tous les astres.

la terre et qui répond au *Ghé* (γῆ) des Grecs. Le Tell comprend le versant méditerranéen et quelques portions de la zone intermédiaire, notamment le pays de Batna, la plaine de la Medjana et le Hodna, dans le département de Constantine. On évalue sa superficie à 15 millions d'hectares ; il occupe donc l'étendue de 24 ou 25 départements de la France européenne. Il est large de 100 à 120 kil. à l'ouest, de 70 à 80 au centre et de 150 kil. à l'est. Le Tell part du rivage méditerranéen et s'élève graduellement jusqu'à la hauteur de la chaîne atlantique où commencent les Hauts-Plateaux. C'est une région très-accidentée. Vue à vol d'oiseau, elle présente d'abord une ligne de villes et de ports (Nemours, Mers-el-Kebir, Oran, Arzew, Mostaganem, Ténès, Cherchel, Alger, Dellys, Bougie, Djidjelli, Collo, Stora, Philippeville, Bône, La Calle), les uns naturels, les autres construits à grands frais, tous fréquentés soit par des navires d'un fort tonnage, soit par des balancelles. Les caps et les pointes qui abritent les échancrures du rivage sont les éperons ou les derniers contre-forts d'une chaîne de montagnes boisées qui, dans le département d'Alger, portent le nom de *Sahel*. Dans les départements d'Oran et d'Alger la zone maritime se compose de vastes plaines qui tantôt aboutissent à la mer et tantôt en sont séparées, de plateaux bas et légèrement ondulés et de massifs montagneux d'une faible élévation.

Ces massifs sont parfois resserrés entre les plaines et le rivage. Dans le département de Constantine, la région voisine de la mer a un caractère bien plus continuellement montagneux que dans le reste de l'Algérie. Aussi, dit M. Mac-Carthy, n'a-t-elle, toute proportion gardée, que bien moins de parties plates. Il n'y a ici qu'un territoire auquel on puisse appliquer véritablement cette dénomination : ce sont les vastes plaines de Bône, qui ont plus d'un rapport avec la Mitidja. La zone maritime présente, du reste, dans sa constitution ce fait singulier, d'être pour ainsi dire coupée en deux parties dans le sens de sa longueur par une ligne continue de chaînes et de sommets élevés qui accroît considérablement la difficulté des communications entre la mer et l'intérieur. Forêts de chênes, d'oliviers, d'orangers; vignobles, champs de blé, cultures industrielles, vastes et fertiles plaines, collines verdoyantes, sources, torrents, rivières sinueuses s'échappant la plupart du temps par des brèches taillées dans les flancs de massifs tortueux et confus, gorges pittoresques, centres de population nombreux, tout contribue à donner à la région méditerranéenne un charme particulier.

Les forêts deviennent plus rares à mesure que, s'éloignant du littoral, on s'élève sur le versant méditerranéen de l'Atlas ; elles font place à des champs cultivés et à d'immenses pâturages. Dans cette zone intérieure du Tell s'élèvent quelques villes prospères (Tlemcen, Mascara, Orléansville, Aumale, Médéah, Milianah, Sétif, Constantine, Guelma, Souk-Ahras), et des centres de population dont le nombre s'accroît de jour en jour. Tébessa, Batna, le djebel Bou-Thaleb, Tiaret, Saïda et Sebdou sont les points principaux de la ligne qui forme la limite méridionale du Tell.

La région tellienne est d'une fertilité prodigieuse. Les Romains l'avaient surnommée le *grenier de l'Empire*. Avant peu, elle méritera d'être appelée le grenier de la France. Blé, orge, tabac, coton, olives, vin, fruits, le Tell peut tout fournir par surcroît.

§ 2. — *Hauts-Plateaux*.

Les Hauts-Plateaux, ou steppes, prennent à l'Algérie 8 millions d'hectares. Ils font suite au Tell et se terminent aux dunes ou pays des sables, début du Sahara. Leur largeur est très-inégale. On peut l'évaluer à 140 kil. dans les départements d'Oran et d'Alger; elle ne dépasse pas 80 kil. dans celui de Constantine. Quant à leur altitude, elle varie de 1,000 à 1,200 kil. à l'ouest, et de 1,200 à 1,500 kil. à l'est.

Le terrain n'a pas non plus partout la même physionomie. Dans le département de Constantine, les Hauts-Plateaux ne sont, à vrai dire, qu'une dépendance de la région tellienne; mais de vastes plaines dépourvues de bois, le nivellement de la surface, l'uniformité d'aspect, leur donnent un caractère spécial. Les cours d'eau y sont peu nombreux et infimes; ils s'écoulent dans les chotts ou vont se perdre dans la région saharienne. La végétation arborescente n'y est représentée que par quelques arbres de la région montagneuse inférieure, tels que le genévrier, le pin d'Alep, le chêne vert et une espèce particulière de frêne. L'alfa y occupe des espaces très-étendus. Les cultures n'y tiennent qu'une place fort restreinte; mais on y remarque d'immenses pâturages où domine souvent la luzerne.

Lacs salés, lits desséchés, flaques d'eau persistantes, pâturages roussis ou verts, selon la saison, plaines couvertes d'alfa et d'autres plantes textiles, touffes de térébinthes, de betoums, de buissons et de jujubiers sauvages, climat torride en été et glacial en hiver, vents violents, rareté des pluies, tout contribue à donner aux Hauts-Plateaux des départements d'Alger et d'Oran un aspect caractéristique.

Ce serait cependant se tromper grossièrement que de croire que cette morne région n'offre aucun avenir à la colonisation. Les chemins de fer concédés (celui d'Arzew à Saïda est en partie construit) ou à la veille de l'être, qui doivent relier le littoral de l'Algérie avec les Hauts-Plateaux, deviendront dans un avenir prochain une source d'incalculables richesses. Les Hauts-Plateaux, longtemps regardés comme une région deshéritée, propre tout au plus à l'élève des moutons, sont considérés aujourd'hui comme une zone privilégiée. L'alfa, qui n'a jamais été exploité par les Arabes, est déjà très-recherché pour la fabrication de la pâte à papier. Cette plante précieuse couvre, sur les Hauts-Plateaux, de vastes étendues où elle croît spontanément. En outre, les troupeaux trouvent sur cette partie du sol algérien des aliments qui pourraient suffire à la nourriture de 30 à 40 millions de bêtes ovines. On peut affirmer que du jour où le nombre des troupeaux aura été triplé ou quadruplé, et où, grâce aux chemins de fer, l'alfa des Hauts-Plateaux sera exploité sur une large échelle, les échanges commerciaux de l'Algérie atteindront un chiffre énorme.

§ 3. — *Le Sahara.*

On évalue à 18 millions d'hectares la superficie du Sahara algérien. Quelques géographes la portent à 40 ou 41 millions, mais ce chiffre nous paraît fort exagéré.

La ligne qui sépare les Hauts-Plateaux du Sahara est marquée par une suite de points que les Arabes nomment *Foum-es-Sahara* « bouches du Sahara. » La distance de cette ligne à la mer est très-variable; c'est sous le méridien de Bône qu'elle est le plus grande.

Des descriptions fantaisistes représentent le Sahara comme un vaste océan de sable complètement nu, sans accidents de terrain, et où l'horizon est infini. Pour beaucoup de gens, le mot Sahara est une expression sinistre ; il désigne une contrée maudite, sans végétation, sans eau, où l'on est certain de mourir de soif si l'on échappe au fer des barbares qui la parcourent ou à la dent des animaux sauvages. Justice a été faite de ces fables ridicules. Les expéditions militaires provoquées par les soulèvements des indigènes, la préoccupation d'ouvrir au commerce des débouchés dans l'intérieur de l'Afrique, ont ici merveilleusement servi la science. On peut dire aujourd'hui que le Sahara a été en partie exploré et donner quelques renseignements précis sur cette contrée mystérieuse qui pendant longtemps a paru jeter un défi à la curiosité des hommes.

« Habité sur certains points, le Sahara, dit le général Daumas, s'appelle *Fiafi* ; habitable sur certains autres, il prend le nom de *Kifar*, mot dont la signification est la même que celle du mot vulgaire *Khela* « abandonné » ; inhabité et inhabitable sur d'autres encore, on le nomme *Falat*.

» Ces trois mots représentent chacun un des caractères du Sahara.

» *Fiafi*, c'est l'oasis où la vie s'est retirée autour des sources et des puits, sous les palmiers et les arbres fruitiers, à l'abri du soleil et du choub « simoun ».

» *Kifar*, c'est la plaine sablonneuse et vide, mais qui, fécondée un moment par les pluies d'hiver, se couvre d'herbes au printemps, et où les tribus nomades, campées ordinairement autour des oasis, vont alors faire paître leurs troupeaux.

» *Falat*, enfin, c'est l'immensité stérile et nue, la mer de sable dont les vagues éternelles, agitées aujourd'hui par le simoun, demain seront amoncelées, immobiles, et que sillonnent lentement ces flottes appelées caravanes.

» Le Sahara présente sur un fond de sable, ici des montagnes, là des ravins; ici des marais, là des mamelons; ici des villes et des bourgades, là des tribus nomades. Les montagnes, toujours parallèles à la mer, sont, dans la zone nord, élevées, rocheuses, accidentées à l'est; mais elles s'abaissent graduellement en courant à l'ouest et se fondent enfin par une succession de mamelons et de dunes que les Arabes appellent *areug* « veines », ou *chebkha* « filet », selon que le système en est simple ou composé. Presque toutes sont abruptes sur le versant qui fait face au Tell; et, du côté sud, toutes, après plus ou moins de convulsions, vont mourir de langueur dans les sables. De ces montagnes descendent, à la saison des pluies, d'innombrables cours d'eau dont les lits sont promptement desséchés par le soleil et forment alors un réseau de ravins. Dans la première zone, les centres de population sont quelquefois séparés entre eux par des espaces complètement nus, complètement stériles et distants de plusieurs journées de marche ; mais sur toutes les lignes, dans toutes les directions, des puits échelonnés servent à la fois de lieu de station et d'indication pour les routes. »

Le Sahara est hérissé de *gours* (*gara* au singulier), masses de roches persistantes demeurées debout au milieu d'une plaine usée par les vents, dans le lit d'un fleuve ou dans le fond d'une sebkha.

Les gours sont quelquefois disposés en longues chaînes assez régulières et parallèles entre elles ; leurs formes sont souvent coniques, triangulaires ou quadrangulaires. Ces chaînes de gours, d'une hauteur très-variable, laissent entre elles des vallées sablonneuses souvent obstruées par des amas de sable qui, grossissant peu à peu, forment bientôt des gours élevés.

« Tous les vents, dit M. Largeau (1), contribuent à la formation des dunes, mais les vents d'est sont ceux qui charrient le plus de sable ; ainsi, lorsque les vents soufflent avec violence, ils s'abattent entre les gours en tourbillons furieux, pulvérisent les roches décomposées qui

---

(1) *Voyage d'exploration dans le Sahara* exécuté par M. V. Largeau (1874-1875).

sont encore à nu entre les dunes et dans les vallées, soulèvent le sable nouvellement formé, et le conduisent, par les veines et les arêtes, jusque sur le sommet des gours. Les dunes ne sont point mouvantes, comme quelques-uns l'ont avancé, et elles ne sauraient l'être; leur surface seule est mobile, et le vent n'a d'autre effet sur elles que de les grossir et d'en modifier les contours; ainsi les veines et les arêtes des gours sont toujours arrondies du côté du vent, tandis qu'elles sont taillées à pic du côté opposé. »

La flore du Sahara est peu variée. Nous nous bornerons à citer l'*alfa,* qui pousse en touffes très-serrées ; le *sfar,* qui fournit aux chameaux une nourriture abondante ; l'*alenda,* bel arbuste résineux aux longues feuilles pointues ; l'*artaya,* qui couronne des mamelons de sable; le *zimeran,* l'*azela,* le *had,* plantes des parties basses ; le *henné*, gracieux arbuste au feuillage d'un vert sombre, aux fleurs blanches, etc.

On remarque dans le Sahara : l'antilope, dont les nombreux troupeaux fuient devant le chasseur avec la rapidité de l'éclair; la gazelle, le fenec, gracieux petit animal de la forme du renard; le lièvre, la gerboise, l'autruche, le mouflon, le corbeau, la vipère à cornes, la vipère minute, le scorpion, le lézard, etc.

Le Sahara est habité par des tribus sédentaires et des tribus nomades toutes également attachées au sol natal.

A tous les cœurs bien nés que la patrie est chère! a dit le poète. Cet amour de la patrie, les peuples même les moins civilisés le ressentent à un haut degré. Aussi l'habitant du Sahara préfère-t-il ses sables arides, son climat brûlant, aux gras pâturages, aux sources vives et aux caresses de la brise du Tell. Là où ses ancêtres ont vécu errants à l'aventure ou fixés dans les oasis, il vivra aussi fier et libre, jusqu'à ce que sa cendre se mêle à la poussière du désert.

Les tribus sédentaires sont groupées autour des palmiers d'où elles tirent le plus clair de leur revenu. Elles sont pour la plupart d'origine berbère. Leurs ancêtres, jadis fixés sur le littoral, ont été refoulés par des invasions successives dans l'intérieur des terres et y ont porté leur goût pour la vie sédentaire, dont leurs enfants ont hérité. Les tribus sédentaires habitent les *ksours*, dont le singulier est *ksar* « château, palais ». Le ksar est un village fortifié, de difficile accès. Construit généralement dans les plis ou sur les flancs d'un lieu élevé, il rappelle assez bien le château ou le *burg* du moyen âge.

Le Sahara des trois départements algériens renferme près de quatre cents oasis (1), dont les plus importantes sont celles des Ziban, de l'oued R'ir et du Souf, dans le département de Cons-

---

(1) Pour la description des oasis, des villes et des villages du Sahara, voir la *Géographie politique*.

tantine; des Beni-Mzab, dans le département d'Alger; des Ouled-Sidi-Cheikh, dans le département d'Oran. En prenant une moyenne de dix mille palmiers par oasis, on arrive au chiffre de quatre millions d'arbres, donnant un revenu annuel de soixante millions de francs. Le nombre des palmiers plantés de 1856 à 1866 autour des nouveaux puits artésiens atteint, d'après M. Martins, cent cinquante mille. On peut donc multiplier à l'infini les plantations de palmiers partout où existe une nappe souterraine. La tête du palmier brave, aime même les soleils de flamme, mais ses racines recherchent avidement l'humidité. Outre les dattes, qui constituent la base essentielle de l'alimentation des habitants, les oasis produisent du blé, de l'orge, du maïs, du millet, du sorgho, des raisins, des figues, des amandes et des légumes d'espèces diverses. L'industrie saharienne fournit principalement des tissus de laine et de coton, des ustensiles de ménage, des nattes, des poteries grossières, des outres, du savon, de la poudre, des outils de fer et de bois, des selles, des bâts, des cartouchières, des chaussures, etc.

Les nomades sont nombreux dans la région des sables. Après les premiers occupants (les Berbères), ajoute le général Daumas, sont arrivés les Arabes, apportant eux aussi leurs instincts éminemment vagabonds, comme ceux de tous les peuples pasteurs, et auxquels se prêtait merveilleusement la configuration du sol qui, pour eux, allait devenir une patrie nouvelle. Dédaigneux de la vie sédentaire et même agricole, ce qu'il fallait à leur indépendance, c'était l'espace sans limites. Que leur importait une étroite oasis où leurs troupeaux n'eussent pu tenir, où pour vivre il leur eût fallu descendre au travail du jardinier? « Nos pères n'ont jamais touché la terre, nous ferons comme eux. »

Toutefois, les nomades et les sédentaires étant forcés de vivre côte à côte et d'une vie qui se complète par l'association, il est arrivé, de leurs relations habituelles, que les uns et les autres sont devenus propriétaires sur le même sol, dans la même enceinte. Mais le nomade qui possède ne cultive pas; il est seigneur; le citadin est son fermier. Par contre, ce dernier s'est donné des troupeaux qu'il a confiés aux bergers de la tribu. Pendant que le nomade les conduira dans les pâturages, l'habitant de la ville ou du *ksar* veillera sur les grains en dépôt et cultivera les palmiers.

Il y a d'abord entre eux une double solidarité d'intérêts; car les dattes ne peuvent pas suffire à la nourriture commune, non qu'il ne s'en récolte pas assez, mais parce que, mangées sans mélange, elles deviennent nuisibles. Or, les céréales manquent presque absolument aux habitants du Sahara; de là, nécessité de venir en demander au Tell.

Ces approvisionnements périodiques se font chaque année à l'époque des moissons. Les tribus arabes campées autour des villes quittent alors leurs campements pour se rapprocher du nord, où leurs troupeaux, qui, avec le soleil, ont dévoré toutes les herbes du sud, trouveront des pâturages, et où elles se rendent dans les marchés du Tell pour y échanger contre des grains les produits de leur sol ou de leur industrie : dattes, haïks fins, burnous, plumes d'autruche et objets venus du Soudan.

Les nomades ne sont pas seuls cependant à accomplir ces pérégrinations ; les marchands des villages se mettent sous leur protection et les suivent. Pendant que leurs frères de la tente font leurs achats, ils vont, eux, dans les villes du littoral, se fournir d'objets manufacturés en Europe, et tous ensemble ils reprendront la route de leurs oasis où les blés achetés par les nomades seront emmagasinés, d'où les blés achetés par les marchands s'écouleront, soit en détail, soit par caravanes, sur toute la surface du Sahara et jusque dans le Soudan.

Le Tell est le grenier du Sahara dont nous tenons les habitants par la famine ; ils le savent si bien, ils l'ont si bien compris, qu'ils s'en expriment franchement par cette phrase devenue proverbiale : *Le Tell est notre mère; celui qui l'a épousée est notre père.*

Depuis longtemps les *Touaregs*, peuple d'origine berbère, qui, à l'époque des grandes invasions, chercha au loin dans le Sahara un refuge hors des atteintes des Vandales et des Arabes, sont les maîtres du commerce qui se fait entre le Soudan d'une part, la Tunisie, l'Algérie et le Maroc de l'autre. Ils protégent les caravanes qui leur payent tribut, mais ils pillent celles qui leur résistent ou qui essayent de passer en contrebande. Ces redoutables douaniers d'un nouveau genre gardent à la fois les portes du Sahara et celles du Soudan.

« Physiquement, dit M. Hanoteau, les Touaregs se rapprochent du type kabyle; ils sont grands, maigres, robustes et sobres; portent la barbe courte; affectent, dans leur maintien comme dans leur démarche, beaucoup de gravité. Leur costume est celui des Orientaux : chemise longue de coton blanc, large pantalon en coton que recouvre une blouse en coton blanc; pour coiffure, une calotte rouge en feutre; pour chaussure, des espèces de sandales à large semelle. Les riches ajoutent quelquefois à ces vêtements le gilet, la veste à manches et le haïk des Arabes. Quelques-uns même ont des burnous.

» Les hommes se voilent la face, comme font les Mauresques. Le voile est en coton indigo; il recouvre la bouche et les narines, et préserve ainsi de la poussière les voies respiratoires; il forme également visière sur les yeux qu'il abrite du soleil. La femme n'est point assujettie à se voiler le visage. Son influence dans le ménage est, parait-il, considérable. La polygamie est à peu près inconnue et le divorce fort rare. Les jeunes filles fréquentent les écoles, et presque toutes savent lire et écrire ; il en est même beaucoup qui possèdent un degré d'instruction peu fréquemment atteint par les hommes chez les musulmans de l'Algérie. »

DEUXIÈME PARTIE

GÉOGRAPHIE AGRICOLE, INDUSTRIELLE ET COMMERCIALE

CHAPITRE I.

RÈGNE VÉGÉTAL.

§ 1. — *Agriculture.*

Les peuples de l'antiquité vantaient et admiraient la fertilité extraordinaire de la région que nous appelons aujourd'hui Algérie. Les poètes ont célébré la prodigieuse fécondité de son sol. Quand les Romains eurent conquis l'Afrique, l'Algérie devint l'une des principales réserves de l'Empire, le véritable *grenier de Rome*.

Les Romains portèrent en Afrique leurs méthodes de culture et répandirent les lumières de leur vieille expérience sur l'industrie naissante des vaincus, desséchèrent les marais et les lacs, élevèrent des ponts, creusèrent des canaux, tracèrent des routes dont on retrouve partout les traces. Sous Auguste, la métropole demanda la moitié de sa subsistance aux riches moissons africaines; chaque année le port de Carthage exportait une énorme quantité de blé capable, disent les auteurs latins, de nourrir l'Italie pendant la moitié de l'année. Dans la suite, on voit successivement l'empereur Sévère, repoussant les prétentions de Niger à la pourpre des Césars, envoyer à la hâte ses légions à Carthage, afin que son compétiteur ne puisse pas s'en emparer et affamer la population de Rome; le préfet Symmaque s'opposer en plein sénat à l'expédition projetée contre le rebelle Gildon, de crainte que, les blés d'Afrique venant à manquer, il n'en résulte au sein de l'empire une sédition dangereuse; enfin, Alaric s'emparer du port d'Ostie, où s'élevaient d'immenses greniers destinés à recevoir le tribut en blé et en huile qu'envoyait la colonie africaine, et par cette conquête préluder à la prise de la capitale du monde.

Sous la domination des Arabes et des Turcs, cette terre privilégiée est restée à peu près inculte pendant de longs siècles. Mais aujourd'hui, de ses entrailles fécondes, déchirées par le soc de la charrue, sortent comme par enchantement les productions les plus abondantes et les plus variées.

« C'est, dit M. Bainier (1), à la grande quantité

(1) Bainier, *Géographie commerciale de l'Algérie* (1875).

d'argile et de calcaire, à la rareté des roches cristallines, à l'abondance des terrains d'alluvion qui ont souvent un mètre et quelquefois 20 mètres d'épaisseur, que l'Algérie doit la fertilité de son sol. Les couches d'eau que retiennent les surfaces argileuses, utilisées par l'agriculture, donnent au végétal ses conditions d'existence et d'accroissement. Le sol argilo-calcaire, ou calcaire mélangé de sable, est celui qui domine en Algérie ; il constitue le sol et le sous-sol de la Mitidja et des autres grandes plaines, toutes recouvertes d'alluvions, ainsi que des pentes montagneuses qui les encadrent. C'est dans les plaines immenses de la zone maritime que l'agriculture peut déployer toute sa splendeur. Aussi ces terres présentent-elles déjà un aspect de richesse qui donne une idée du degré de prospérité qui attend la population rurale européenne qui viendra les régénérer par une culture intelligente. Ce pays n'a besoin que de capitaux et de bras, avec une bonne administration, pour se placer à la tête des plus prospères. Il offre de grands avantages aux capitaux bien employés et aux travailleurs désireux de se mettre à l'abri de la misère par une conduite régulière et l'amour du travail. »

En Algérie, l'ouvrier peut non-seulement se mettre à l'abri de la misère, mais encore acquérir une certaine aisance, tout en élevant honorablement sa famille.

Le Tell des trois départements et une bonne partie des Hauts-Plateaux sont aptes à recevoir des céréales. « L'Algérie, ajoute M. Bainier, appartient par sa végétation aux régions tempérées ; elle est capable de tout produire, moins ce qui demande le tropique et ses pluies régulières. Les cultures de l'Algérie sont en général celles de l'Europe méridionale, excepté sur les plateaux élevés où se plaisent les arbres, les plantes et les graminées de la France. La végétation y varie à l'infini avec l'altitude ; c'est ce qui fait la grande supériorité de l'Algérie, où le même canton, la même commune y réunissent, à des hauteurs différentes, des plantes que des centaines de lieues séparent en latitude. On peut acclimater en Algérie une foule de plantes des pays froids, chauds ou tempérés. Déjà le cap de Bonne-Espérance, l'Asie-Mineure, l'Himalaya, la Chine, le Japon, le Mexique, l'Australie ont contribué à grossir la flore de l'Afrique française qui peut prêter à tous les pays et aussi recevoir de tous. Toutes les cultures de France réussissent en Algérie, et tous nos arbres fruitiers y sont productifs. Les principales cultures du Tell sont celles des céréales, des légumineuses, de l'olivier, des orangers, des fruits à sécher, du tabac et d'autres cultures industrielles, et de légumes de primeurs. »

Population et matériel agricole.

Le recensement opéré en 1874 de la population agricole de l'Algérie, Européens et indigènes, accuse 2,266,139 âmes se répartissant entre les deux nationalités de la manière suivante :

Européens, 117,775, dont 43,193 hommes, 32,161 femmes et 42,421 enfants. — *Indigènes*, 2,148,364, dont 689,238 hommes, 693,749 femmes et 765,377 enfants.

De la comparaison de ce recensement avec la statistique établie en 1873, il résulte, en faveur de 1874, une augmentation de 22,626 agriculteurs, dont 2,780 Européens et 19,846 indigènes.

Les propriétés possédées sont évaluées, pour les Européens, à 825,000 hectares; pour les indigènes, à 10,135,422.

Les constructions rurales établies sur ces propriétés, en y comprenant les gourbis et les tentes, se répartissent ainsi :

Européens, 37,602 constructions estimées 125,323,590 fr. — *Indigènes*, 522,217 constructions estimées 61,346,628 fr.

Ces chiffres sont significatifs, et ceux qui s'appliquent au recensement du gros matériel agricole, tels que charrues, charriots, charrettes, tombereaux, herses, faucheuses, moissonneuses, ne le sont pas moins; car, si le nombre de ces instruments possédés par les Européens est de

55,970 seulement contre 197,988 appartenant aux indigènes, la valeur estimative en est pour les premiers de 8,688,094 fr., et de 2,169,380 fr. pour les seconds.

Eu égard à l'étendue des terres cultivées, les Européens l'emportent également de beaucoup en ce qui touche la possession et la plantation des arbres fruitiers, forestiers, économiques et d'agrément. En effet, alors qu'il existe un écart de 9 millions d'hectares en plus en faveur des terrains appartenant aux indigènes, le nombre des arbres de tous genres qu'ils y possèdent n'est pas supérieur de 2 millions à celui des arbres plantés par les Européens, 8,430,940 contre 6,891,182. Sur le nombre total des bestiaux, s'élevant à 15,025,056 et révélant une augmentation de 2,488,659 têtes sur les constatations de 1873, augmentation portant en majeure partie sur le bétail indigène, les Européens possèdent 462,645 têtes ; les indigènes, 14,562,411. Ces derniers continuent aussi d'avoir à peu près le monopole de l'exploitation des ruches, dont ils possèdent 163,345 sur le nombre total de 171,380 exploitées en 1874 (1).

Céréales.

L'Algérie est la terre à blé par excellence ; aussi les grains constituent-ils un des éléments

(1) *Correspondance générale algérienne.*

principaux de son commerce d'exportation. Les blés cultivés sont les blés durs et les blés tendres. Les variétés de *blés durs* les plus répandues sont celles à barbe blanche et à barbe noire. On estime principalement les blés récoltés dans les arrondissements de Bône, de Sétif, de Constantine, d'Alger, de Milianah, de Médéah et d'Oran. Batna est aussi le centre d'une immense production en céréales. Cette production s'accroîtra encore lorsque la construction de la voie ferrée de Constantine à Sétif et à Batna aura procuré à ces contrées les moyens de transport nécessaires. Le *couscous*, principale nourriture des Arabes, se fait avec la semoule du blé dur. Cette variété est également très-propre à la fabrication des pâtes alimentaires; elle fournit annuellement à l'exportation une quantité assez considérable de farine. Les blés durs sont particulièrement cultivés par les indigènes.

La culture des *blés tendres*, aux mains des Européens, est moins importante que celle des blés durs. La tuzelle blanche de Provence, la richelle blanche et la saissette d'Arles sont les variétés de blé tendre que les colons algériens semblent préférer. Novembre et décembre sont les mois ordinaires des semailles. On sème encore en janvier, lorsque, ce qui est très-rare, le manque d'humidité n'a pas permis d'opérer les semailles plus tôt. La moisson commence dans la seconde quinzaine du mois de mai. L'usage des faucheuses et des batteuses, qui tend à se généraliser, est appelé à rendre d'éminents services à l'agriculture algérienne. Le poids moyen du blé dur varie de 77 à 80 kilog. l'hectolitre; celui du blé tendre, de 76 à 79 kilog.

En 1874, 1,119,858 hectares ensemencés en blé dur ont produit 5,611,894 quintaux métriques de grains; 172,201 hectares ensemencés en blé tendre ont rapporté 1,215,694 quintaux métriques de grains.

L'*orge* remplace en Algérie, dans l'alimentation des chevaux, l'avoine, trop échauffante à cause du climat. On y cultive principalement l'orge à six rangs et l'orge à deux rangs. L'orge se sème en même temps que le blé, mais on la récolte un peu plus tôt. Les brasseurs de Belgique, d'Angleterre et de la France septentrionale recherchent les orges algériennes. L'hectolitre pèse en moyenne 58 à 61 kilog.

En 1874, 1,323,201 hectares ensemencés en orge ont produit 8,000,656 quintaux métriques de grains.

Le *seigle* est cultivé sur une très-petite échelle. 1,591 hectares seulement ont été ensemencés en 1874; ils ont donné 13,174 quintaux métriques de grains.

L'*avoine*, d'importation européenne, rend de 10 à 15 quintaux métriques à l'hectare; elle pèse 47 à 48 kilog. l'hectolitre. Sur quelques points, elle est cultivée comme fourrage. 20,157 hectares ensemencés en avoine ont produit en 1874 240,851 quintaux métriques de grains.

Le *maïs* est peu cultivé; cependant le sol lui convient à merveille. Grâce au climat privilégié de l'Algérie, le maïs peut y être semé au mois de juin, sur des terres qui ont déjà porté une récolte de blé et qu'il est possible d'arroser. Le maïs blanc des Landes, le maïs quarantain, le maïs cosco, le maïs dent de cheval, toutes les variétés enfin peuvent y être cultivées avec certitude de succès.

De 1867 à 1872, la culture du maïs est restée à peu près stationnaire chez les Européens; elle a même subi une légère diminution dans l'étendue des surfaces cultivées, descendues de 3,367 hectares à 3,239. Il n'en a pas été ainsi chez les indigènes qui ont à peu près doublé en six ans les surfaces consacrées au maïs et les ont portées de 9,221 hectares, étendues cultivées en 1867, à 18,402, étendues cultivées en 1872, année pendant laquelle ils obtenaient un rendement de 176,823 quintaux métriques de grains contre 30,731, montant de la récolte des Européens, soit environ 9 quintaux par hectare de grains pour les indigènes et 10 pour les Européens.

Le *sorgho* (*bechna*), dont il existe plusieurs variétés, le sorgho à graine blanche et le sorgho à graine rouge, est cultivé surtout par les Arabes. La graine a une grande valeur alimentaire; les tiges sont consommées sur place par le bétail. 29,690 hectares ensemencés en 1874 ont produit 225,576 quintaux métriques de grains.

L'*alpiste*, ou millet long (*phalaris canariensis*), croit spontanément en Algérie. La culture de cette graminée exige peu de soins et de travail et mérite d'être expérimentée sur une plus vaste échelle. Suivant une note récemment communiquée à la Société d'Agriculture d'Alger par M. Certeux, depuis quelques années la consommation de l'alpiste a pris un développement tel que son prix moyen peut être évalué de 30 à 40 francs les 100 kilog., prix assurément très-rémunérateur.

Bien que le millet long ne soit employé encore que comme nourriture des oiseaux qui le préfèrent à toutes les autres graines, on peut se faire une idée de la faveur dont il jouit en France par ce fait, que la récolte de cette graminée ayant manqué en Italie en 1874, les grandes maisons de grainetiers de Paris ont fait acheter les quantités disponibles en Algérie jusqu'au prix de 80, 85 et même 95 francs les 100 kilog.

Ajoutons que l'on extrait de l'alpiste d'excellents amidons et une colle préférable pour certains usages aux colles fabriquées avec le froment ou d'autres céréales.

« En 1869, la surface totale ensemencée en céréales était de 1,684,000 hectares qui ont fourni 10,676,500 quintaux de grains. En 1874, la culture s'est étendue sur 2,730,000 hectares dont le rendement a été de 16 millions de quintaux. L'exportation, qui n'atteignait pas 1 million de quintaux en 1869, dépasse maintenant 2 millions représentant une valeur d'au moins 40 millions de francs. La création des voies ferrées perpendiculaires au littoral, en excitant la production et en facilitant l'exportation, accélérera certainement ce mouvement ascendant. On peut donc prévoir que dans une dizaine d'années le rendement de l'Algérie dépassera 25 millions de quintaux en blé et en orge, c'est-à-dire qu'il atteindra le cinquième de la production similaire en France (1). »

Plantes légumineuses.

La culture des plantes légumineuses a fait de rapides progrès en Algérie. Les surfaces ensemencées en plantes légumineuses ou potagères ont embrassé, en 1874, une étendue de 14,448 hectares, dont 5,847 plantés en pommes de terre. Leur produit en sec et leur produit en vert comme primeurs sont l'objet d'un important commerce. Grâce à l'Algérie, la France consomme des légumes verts pendant toute l'année. Les artichauts, les petits pois, les choux-fleurs, poussent en Algérie lorsque le sol de la mère-

(1) *Exposé de la situation de l'Algérie*, par M. le général Chanzy, gouverneur général.

patrie est enseveli sous un épais manteau de neige et de glace.

La *fève* des marais, dont la culture est très-répandue, se sème en novembre et décembre; on la récolte de mars à juin. C'est dans le département de Constantine que l'on cultive le plus de fèves. 46,891 hectares ont produit, en 1874, 343,841 quintaux métriques de ce légume.

On plante des *pois* d'hiver et des pois d'été. Les pois d'hiver sont semés en automne; les pois d'été sont plantés de janvier à mars. Les pois-chiches se sèment en automne et se récoltent au mois d'août.

Les *haricots*, que l'on récolte verts ou secs, donnent en hiver des primeurs pour l'exportation.

Les *lentilles* se sèment en automne; on les récolte en juin et juillet, mais la culture n'en est pas encore bien étendue.

Les colons cultivent aussi les *vesces* et les *gesses* carrées. La culture des légumineuses autres que les fèves occupe une étendue de 6 à 7,000 hect.

Tubercules, racines.

La *pomme de terre*, cultivée sur plusieurs milliers d'hectares, est, pendant l'hiver surtout, l'objet d'un important commerce d'exportation. On en fait deux récoltes par an, l'une en décembre et janvier, l'autre en juin et juillet. La culture de ce tubercule est d'importation française, mais elle s'acclimate de jour en jour chez les indigènes qui ont su en apprécier la valeur.

Les *betteraves*, les *carottes* et la *patate* ne sont guère cultivées que dans les jardins. « Les patates communes, contenant 15 à 16 °/₀ de fécule et 4 à 6 °/₀ de sucre, peuvent, dit M. Bainier, jouer sur le littoral algérien le rôle de la betterave dans les pays du nord. La pulpe de la patate cuite se prête bien à la panification, en mélange avec la farine de blé dur. »

Cultures maraîchères.

Cette culture a pris un développement considérable sur le littoral, notamment aux environs des villes. Elle fournit annuellement à l'exportation des asperges, des petits pois, des artichauts, des haricots verts, des choux, des oignons, des melons, des pastèques, des tomates, etc., qui alimentent les marchés de la métropole. Aux Espagnols et aux Mahonnais appartient la palme des cultures maraîchères. Quand l'eau des sources ou des rivières leur manque, ils la font jaillir du sol au moyen de norias. La culture des primeurs se fait surtout en grand aux environs d'Alger. C'est là que l'on peut se faire une idée de l'habileté des Mahonnais dans le jardinage. La culture et le commerce des primeurs atteindront des proportions immenses le jour où les compagnies maritimes consentiront à abaisser les prix de transport.

Vignes.

Avant la conquête, les indigènes, auxquels Mahomet a interdit le vin, ne cultivaient la vigne que pour son raisin qui était consommé frais ou sec, et faisait pour quelques localités, Dellys entre autres, l'objet d'un important commerce. Aujourd'hui les Algériens cultivent la vigne pour son vin, et ils ont raison, car elle prospère sur toute l'étendue de leur territoire. Le climat de l'Algérie est, du reste, exceptionnellement favorable à la culture de la vigne qui y prend un développement rapide. Les vignes les plus vigoureuses de France ne peuvent donner une idée de sa végétation luxuriante. On y voit les sarments atteindre en deux ans deux mètres d'élévation, et, dès la troisième année, se couvrir de grappes. La vigne s'accommode aussi bien des terres légères et sablonneuses des plaines, que des terrains calcaires constituant le sol des coteaux. Plus favorisée que dans nos contrées méridionales, il est rare qu'elle ait à subir les effets désastreux des gelées tardives, même sur les déclivités des montagnes où le raisin mûrit à des altitudes de 700, 800 et parfois 1,300 mètres. Quant aux maladies, le phylloxera y est inconnu, et l'oïdium y est très-sérieusement combattu par le soufre. Le rendement est aussi très-remarquable ; certains crûs, tels que le *carignan*, fournissent, année moyenne, 46 hectolitres à l'hectare et 55 dans les années riches. Enfin, les frais bien entendus de plantation et d'entretien ne sont pas sensiblement supérieurs à ceux de France.

On reproche aux vins algériens des imperfections qui ne sont pas inhérentes à la nature du sol et que l'expérience des viticulteurs fera disparaître. Déjà on signale de tous côtés des améliorations sérieuses. Aussi les vins d'Algérie, parmi lesquels on a surtout apprécié les vins blancs des environs de Bône et de Douéra, les vins de dessert secs et doux des vignobles de Médéah et de Pélissier, ont-ils obtenu à l'exposition de Vienne 31 récompenses, dont plusieurs médailles de mérite.

Il est très-intéressant de suivre la progression annuelle de la culture de la vigne en Algérie. Ainsi, alors qu'en 1858 on comptait seulement dans les trois départements 4,374 hectares plantés de vignes, il en existe aujourd'hui plus de 26,000; la fabrication du vin, qui se chiffrait en 1864 par 63,832 hectolitres, en 1870 par 100,000, a dépassé 400,000 en 1874. On lit dans l'*Exposé de la situation de l'Algérie* (1875), par M. le général Chanzy, que 11,360 hectares seulement ont produit en 1874 230,000 hectolitres de vin.

Récemment encore tributaire de la mère-patrie et de l'Espagne à qui elle demandait les vins nécessaires à sa consommation, l'Algérie bientôt, non-seulement se suffira à elle-même, mais encore elle sera en mesure de livrer un excédant considérable à l'exportation.

Les vendanges se font depuis la fin d'août jusqu'à la fin de septembre. Les raisins de treille sont plus précoces; il n'est pas rare d'en voir sur les marchés dès la fin de juin. Les vins ordinaires coûtent de 25 à 35 fr. l'hectolitre.

Les points les plus remarquables pour la production des vins sont : Mascara (département d'Oran), Médéah, Milianah (département d'Alger), qui produisent des vins de liqueur et de dessert rappelant les vins d'Espagne et du Portugal; Oran, Mostaganem, Misserghin, Tlemcen, Saint-Cloud, Pélissier, Tiaret, Valmy, dans le département d'Oran; Blidah, Dély-Ibrahim, Marengo, Birkadem, Fort-National, Damiette, l'Arba, Tizi-Ouzou, Soumah, dans le département d'Alger; Bône, Héliopolis, Mondovi, Jemmapes, Philippeville, le Hamma, Batna, dans le département de Constantine. La culture de la vigne fait chaque jour des progrès remarquables aux environs de Bône, dont les produits ont figuré avec honneur à la dernière exposition agricole. Les habitants de Souk-Ahras ont planté et plantent tous les jours des vignes qui promettent les plus heureux résultats.

Les indigènes se mettent aussi à l'œuvre. Ils cultivaient en 1874 7,000 hectares de vignes dont les récoltes ont été vendues en nature.

Plantes industrielles.

Le *tabac*, dont la culture et la manipulation sont complètement libres en Algérie, y occupe, dans les travaux de l'agriculture, la plus large place après les céréales. Ce n'est qu'en 1844 que les colons commencèrent à cultiver le tabac, mais cette culture a fait des progrès si rapides qu'elle s'étend aujourd'hui sur plus de 7,000 hectares et produit environ 5 millions de kilogrammes de tabac. En 1874, les livraisons faites dans les établissements de l'État ont atteint le chiffre de 4,850,000 kilog. qui ont rapporté aux producteurs 3,530,607 francs. Depuis l'année 1847 jusqu'aujourd'hui, l'Administration a reçu des planteurs européens et indigènes environ 68 millions de kilog. de tabac qui ont été payés 54 millions de francs. Le bénéfice réalisé par suite de la vente des produits manufacturés pendant la même période a fait rentrer dans les caisses de l'État une somme totale de 493,360,000 francs, c'est-à-dire près d'un demi-milliard en vingt-sept ans.

Le bénéfice rapporté par la récolte de l'année 1874 peut être évalué à 33,500,000 francs. Voilà un chiffre qui peut soutenir avantageusement la comparaison avec les 23 millions du budget de l'Algérie. Quant aux planteurs, ils verront s'accroître leurs avantages, s'ils suivent les conseils que leur donne l'Administration, de renoncer à l'abus des irrigations, de choisir de meilleurs terrains et de s'appliquer à une culture mieux raisonnée. On constate, du reste, un progrès réel dans ce sens, et lorsqu'il sera complet, le grand commerce étranger n'hésitera plus à venir s'approvisionner sur les marchés de tabac de l'Algérie, qui, dès lors, profitera largement d'une industrie libre aussi lucrative que vivace (1).

Le *krachena* et le *chebli* sont les tabacs les plus estimés de l'Algérie; d'autres jouissent aussi d'une réputation méritée. « Ce pays, dit M. Bainier, doit s'attacher à la culture des variétés à feuilles fines, dont le besoin pour la fabrication française s'est accru considérablement depuis la perte de l'Alsace. » Le rendement par hectare pour les tabacs fins est de 6 à 8 quintaux. Les établissements d'Alger, d'Oran, de Constantine et de Bône fabriquent des tabacs excellents; leurs cigares sont recherchés.

Plantes textiles.

L'introduction première du *cotonnier* en Algérie remonte à l'invasion arabe. Sa culture s'y maintint pendant plusieurs siècles dans la province d'Oran, mais au moment de notre conquête elle n'y existait plus, et c'était une entreprise nouvelle que tentaient les colons français lors-

---

(1) *Exposé de la situation de l'Algérie*, par M. le général Chanzy.

qu'en 1842 ils firent des essais de culture de cette plante à la pépinière du gouvernement à Alger. Dès 1851, les cotons algériens figuraient avec honneur à l'Exposition universelle de Londres. Au grand concours international de 1855, il fut constaté par les hommes les plus compétents que les cotons longue soie de l'Algérie pouvaient être comparés aux plus belles espèces similaires de la Caroline et de la Géorgie. La guerre de la sécession aux États-Unis (1863-1868) donna une importance inattendue à la culture du coton algérien dont la production s'éleva en 1866 à 9,000 quintaux métriques. La fin de la lutte entre le Sud et le Nord, en laissant entrevoir le retour des anciens cours du coton, paralysa les efforts des colons, et la culture du précieux textile a diminué de jour en jour. Il n'y a pas lieu de désespérer cependant de l'avenir de la production cotonnière en Algérie. Ses cotons sont d'une qualité supérieure, et les tentatives faites ont donné de trop brillants résultats pour que les colons n'y reviennent pas tôt ou tard. A mesure que par des barrages la zone des terrains irrigables s'étendra, les cultures industrielles se développeront et donneront des produits de plus en plus rémunérateurs. Les terrains qui conviennent le mieux à la culture du coton longue soie sont les plaines peu éloignées de la mer, formées d'alluvions mélangées d'argile, de sables et de débris organiques, et baignées par les effluves salines.

Les plaines du Sig, de l'Habra, de la Mina, du Chelif, de la Mitidja, du Safsaf, du Bou-Merzoug, de Bône, des Karézas, de la Seybouse, réunissent toutes ces conditions. Le coton longue soie réussit admirablement dans l'oasis d'El-Outaïa et dans la plaine d'El-Fayet. Malgré l'imperfection des produits culturaux, on obtient 6 à 12 quintaux de coton brut à l'hectare ; quelques planteurs ont récolté, dit-on, jusqu'à 80 quintaux. Suivant différentes évaluations, les frais de culture varient de 400 à 700 francs. Le quintal de coton brut se vend, suivant la qualité, 60 à 200 francs.

En 1874, la culture du coton a porté exclusivement sur la variété longue soie et n'a été pratiquée que dans le département d'Oran; elle a embrassé une superficie totale de 592 hectares ayant produit 247,800 kilogr. de coton net égrené. Ce rendement est des plus encourageants pour les colons.

Le *lin* croît spontanément en Algérie ; il pousse presque partout à l'état sauvage. La culture du lin jouissait d'une grande faveur chez les Arabes. Les colons ont introduit en Algérie le lin de Sicile, à fleurs blanches, et le lin de Riga, à fleurs bleues; le premier est cultivé pour la graine et le second pour la fibre textile. La filasse du lin de Riga est de qualité exceptionnelle. Cette variété réussit à merveille dans la plaine de la Mitidja, dans celles de Bône et dans la circonscription de Philippeville. Ses produits ne sont pas inférieurs à ceux des plus beaux lins de la Belgique et de la Flandre. L'Algérie pourra, quand elle le voudra, fournir à la France la quantité considérable de lin que l'industrie du Nord demande chaque année à l'étranger.

En 1874, 8,261 hectares de lin ont produit 3,994,717 kilogrammes de graines.

Le *chanvre*, comme le lin, se plaît beaucoup en Algérie, où il est cependant cultivé sur une très-petite échelle. Les indigènes cultivaient avant la conquête et cultivent encore le chanvre ordinaire. Les colons ont importé le chanvre de Piémont et le chanvre de Chine. Sur les appareils floraux, les sépales, les bractées du chanvre indigène (kif), se développe un produit résineux à odeur pénétrante qui paraît constituer la substance enivrante connue sous le nom de *haschich*. Ce sont les extrémités des tiges et des feuilles, recueillies avant parfaite maturité des graines, qui sont employées pour la pipe ou pour la préparation des confitures appelées *madjours* par les Arabes. Coupé menu, le haschich est fumé dans de très-petites pipes; quelquefois on le mélange avec du tabac.

L'*alfa* (*stipa tenacissima*) est appelé à devenir, dans un temps très-rapproché, une source d'incalculables richesses pour les Hauts-Plateaux, cette portion de la France transméditerranéenne que l'on considérait comme une contrée déshéritée et propre tout au plus à l'élève des troupeaux. Il ne faut pas confondre l'alfa avec le sparte (*lygeum spartum*). Il lui ressemble par ses feuilles effilées en forme de petits joncs, mais il s'en distingue, dit M. Bainier, par sa floraison, par ses racines, par la largeur de ses feuilles légèrement frisées au bout et atteignant 80 centimètres, tandis que celles du sparte ne dépassent pas 70 centimètres ; elles sont aussi plus fines, plus tenaces, plus pointues. L'alfa a des racines fibreuses et assez grêles, qui s'enfoncent en terre sans être traçantes, tandis que le sparte a des rhizômes ou tiges souterraines dont les racines grosses, très-coriaces et cylindriques correspondent avec chacun des bourgeons du rhizôme qui donne naissance à une touffe de feuilles.

L'alfa est une plante précieuse ; elle n'entre pas seulement comme matière première dans la fabrication du papier qui se prête à des usages variés et multiples, mais encore elle est susceptible d'une multitude d'emplois, soit dans l'économie domestique, soit pour la navigation, par les formes diverses qu'elle peut revêtir en tresses, cordages, filets, crins artificiels, sacs, tapis, nattes, objets de chapellerie, de tannerie, de vannerie, et même de tapisserie pour les appartements.

L'alfa et le sparte se sèment d'eux-mêmes et se récoltent chaque année de plus en plus. L'alfa se plait dans les terrains calcaires ou silico-calcaires. Les terrains argileux et secs sont les terrains de prédilection du sparte L'alfa, ajoute M. Bainier, se récolte après la maturation des graines, c'est-à-dire à partir de juillet. La cueillette de l'alfa se fait au moyen de bâtonnets qu'on enroule autour des feuilles et qui les tirent sans endommager la gaine d'où elles sortent. On ne doit pas cueillir la plante avant le mois d'avril, et il vaudrait mieux ne le faire qu'en mai. A la fin d'avril, les feuilles sont encore assez tendres pour tenter les bestiaux des nomades, et assez dures pour ne pas être dédaignées des industriels; mais elles ne tardent pas à devenir coriaces; alors elles sont excellentes comme matière première et détestables comme pâture. Quand on a cueilli le sparte, on en forme des bottes qu'on laisse sécher sur le sol; on les transporte ensuite au port d'embarquement, et on les comprime, au moyen de la presse hydraulique, en balles cerclées.

L'alfa et le sparte sont inégalement répartis dans les trois départements : celui d'Oran en possède près de 6 millions d'hectares ; on en compte 3 millions dans le département d'Alger, et 2 millions et demi dans celui de Constantine.

L'alfa a déjà produit dans l'industrie moderne une révolution qui n'est encore qu'à son aurore, mais dont les résultats promettent d'être immenses. La pâte que la science est parvenue à en tirer par des manipulations successives possède des qualités supérieures à celles de la pâte de chiffons et remédie heureusement à l'insuffisance de ces derniers pour la fabrication des papiers.

L'exportation d'alfa, qui était de 4,000 tonnes en 1869, s'est élevée en 1870 à 32,000 tonnes, en 1873 à 45,000 tonnes, et à 58,000 en 1874; elle a dépassé 60,000 tonnes en 1875. Le prix moyen de la tonne à Oran étant de 140 fr., la valeur de l'exportation pour l'année 1875 peut être évaluée à huit millions quatre cent mille francs.

Les chemins de fer projetés ou en voie de construction entre les Hauts-Plateaux et les ports du littoral, en diminuant considérablement les frais de production et de transport, permettront aux exploitants de livrer l'alfa textile en plus grande quantité.

La Compagnie Franco-Algérienne pousse vigoureusement, sous l'énergique direction de M. Desbrousse, les travaux du chemin de fer d'Arzew à Saïda (200 kil.) qu'elle construit à ses frais en échange du droit qui lui a été accordé de récolter l'alfa sur une superficie de 300,000 hectares.

On peut voir se lever déjà l'aurore du jour où l'Algérie fournira annuellement à l'Angleterre, qui déjà imprime ses grands journaux sur du papier d'alfa, à l'Amérique, à la France, au monde entier, des centaines de mille tonnes, sans porter atteinte à la production du précieux textile.

Le *diss* (*arundo festucoïdes*) croît spontanément en touffes épaisses et rudes sur presque tout le versant méditerranéen. Il est d'une grande ressource pour la nourriture du bétail, et ses fibres extraites par le teillage servent à faire des cordes d'une solidité à toute épreuve. Les tiges et les feuilles du diss pourraient être aussi employées à la fabrication du papier. Comme l'alfa, il est donc appelé à jouer un rôle actif dans l'industrie moderne.

Le *palmier nain* (*chamœrops humilis*), très-répandu dans le Tell où il faisait le désespoir des colons qui l'extirpaient à grand'peine de leurs champs, à cause du réseau inextricable de ses profondes racines, est devenu dans ces dernières années un produit important; il est destiné à approvisionner le monde entier de crin végétal naturel ou teint, qui se substitue de plus en plus au crin naturel. Aussi les expéditions transméditerranéennes se sont élevées de 8,581 kilog. en 1845 à 327,690 kilog. en 1855, à 3,142,717 kilog. en 1865, et à 4,534 kilog. en 1874.

On fait depuis quelques années des efforts sérieux pour introduire en Algérie un textile nouveau, la *ramie*, dont la culture a donné déjà des résultats satisfaisants. Un léger binage au printemps et après chaque coupe, quelques arrosages par irrigation et une fumure tous les deux ou trois ans, voilà tout ce que la plante exige pour donner d'abondants produits. Un hectare contient cent plants; chaque plant, dès la deuxième année, produit en moyenne 30 tiges, soit 300,000 tiges à l'hectare, fournissant 225 quintaux métriques qui, à 3 francs le quintal, donnent 675 francs par hectare et par coupe. Les Américains des États-Unis et les Anglais dans les Indes s'appliquent ardemment à la culture de la ramie. Avec la ramie on fabrique des cordes, du papier et des tissus d'une finesse extrême qui ne le cède en rien à celle de la batiste.

Plantes oléagineuses.

Nous avons déjà parlé du lin et de l'olivier; citons aussi l'*arachide*, le *sésame*, le *colza*, la *cameline*, le *pavot*, le *ricin*, l'*hélianthe*, le *carthame*, le *madia* du Chili, etc.

Plantes tinctoriales.

La *garance* croit à l'état sauvage; entre les mains des bons agriculteurs, elle donne des produits supérieurs à ceux de la garance du Levant et de la Provence.

Le *henné* est surtout cultivé aux environs de Tlemcen et de Blidah, à Biskra et dans presque toute la région désertique. Cette plante jouit d'une grande faveur parmi les indigènes. Ses feuilles réduites en poudre, puis délayées dans l'eau, donnent une couleur brun-orange que les

Arabes appliquent aux usages les plus variés. Les femmes s'en servent pour se teindre les ongles, les doigts, la paume et le revers des mains, le dessous des pieds, les orteils, quelquefois les lèvres et les gencives. Les indigènes utilisent aussi le henné pour la teinture des laines et des cuirs. L'industrie lyonnaise en tire un principe colorant qui sert à teindre en noir les plus belles soieries. Le henné se vend 150 à 200 francs le quintal.

Plantes tropicales.

On fait des tentatives pour acclimater en Algérie le café, la vanille, le riz sec de Chine, le thé, le caoutchouc, le poivre, etc.

Plantes odoriférantes.

La culture des plantes odoriférantes s'est répandue du Sahel d'Alger dans les trois départements. Les fleurs pour la parfumerie sont l'objet d'une culture en grand à Chéragas, à Staouéli, dans la plaine de la Mitidja, notamment à Boufarik, où l'on remarque l'établissement de MM. Gros et Chiris (1,200 hectares). A Boufarik, cinq machines à vapeur, vingt-quatre gros alambics sont employés à la distillerie des essences de géranium, de violette, de bergamotte, de cassis, etc. — La culture du géranium s'étend sur une surface de 60 hectares, celle de la violette sur 10. La plantation du cassis est une véritable forêt. Une allée de citronniers et d'eucalyptus (4 kil. de long sur 10 m. de large) relie la ferme industrielle à la ferme agricole.

L'établissement créé à Bône par M. Choupaut mérite aussi une mention.

Prairies et plantes fourragères.

L'Algérie possède de vastes prairies naturelles qui sont formées de graminées, de légumineuses et de composées en proportions diverses suivant les lieux. Elles ne donnent qu'une coupe, faute de pluies estivales. Les colons ont introduit en Algérie les fourrages artificiels, notamment la *luzerne*, susceptible de 8 à 10 coupes par an dans les terrains irrigués; le *sainfoin*, qui végète puissamment, et le *trèfle*.

« Dès les premiers jours de pluie, en novembre, les plaines, les vallées, les coteaux et les plateaux se couvrent, dit M. E. Cardon, d'une abondante végétation spontanée, qui, au printemps, atteint de un mètre à un mètre cinquante de hauteur. Sur les terrains humides dominent les plantes appartenant à la famille des graminées; sur les terrains secs et les coteaux, les plantes appartenant à la famille des légumineuses. Parmi les graminées les plus communes sont les lygées et les stipes, connues des Arabes sous le nom d'alfa. Viennent ensuite les avoines, les dactyles, les paturins, les alpistes, les bromes, les fétuques, le mil, le diss et le *lolium perenne* ou ray-grass. Parmi les légumineuses, ce sont les gesses, les lentilles, les luzernes, les lupins, les vesces, les arobes, quelques trèfles et des sainfoins, dont certaines espèces, entre autres l'*hedysarum coronarium* et l'*hedysarum flexuosum*, atteignent une hauteur de trois mètres. »

L'Algérie exporte annuellement plusieurs milliers de quintaux de fourrages.

Sériciculture.

Avant l'occupation française, la culture de la soie était complètement inconnue en Algérie. Les Arabes ne cultivaient le mùrier que comme arbre d'agrément ou uniquement pour ses fruits. De 1830 à 1834 le gouvernement crée le jardin d'essai du Hamma destiné à devenir la pépinière centrale. En 1839 plus de 100,000 pieds de mùriers existent dans le Sahel. Une petite magnanerie établie au Hamma donne, en 1848, 88 kilog. de cocons. En 1853 les trois départements produisent 17,277 kilog. de cocons. Mais, sous la pernicieuse influence de la flacherie, ce chiffre est descendu à 12,900 kilog. en 1868, suivant une statistique établie par M. Duseigneur Kléber, qui pendant plusieurs années a vendu les soies d'Algérie pour le compte du gouvernement. « Ces soies, dit M. Duseigneur, étaient devenues des soies de premier ordre comme qualité. »

L'industrie séricicole, qui perdait ainsi chaque

année de son importance première, s'est un peu relevée en 1874. On a compté 111 éducateurs qui se sont livrés à la sériciculture, soit 27 de plus qu'en 1873. La quantité de graines de provenances diverses soumises à l'éclosion a été de 7 kilog. 103 gr. contre 2 kilog. 808 gr. en 1873, et le produit, de 10,724 kilog. contre 4,891 en 1873. La vente des cocons s'est effectuée dans les conditions suivantes : en vue du filage, 5 fr. 35 c. le kilog.; en vue du grainage, 7 fr.

Nous applaudissons de grand cœur aux efforts que fait en ce moment M. Dolfus pour relever et propager l'industrie séricicole en Algérie.

Arbres fruitiers.

Le commerce des fruits est considérable, car le climat algérien est favorable au développement de presque tous les arbres fruitiers, et en particulier des *orangers* et des *citronniers*, qui croissent seulement dans quelques rares contrées de l'Europe méridionale. C'est surtout dans les départements d'Alger et de Constantine que la culture des orangers et des citronniers a pris les plus grands développements. Les orangeries de Blidah sont connues du monde entier ; on évalue leur superficie à 200 hectares donnant un revenu annuel de 1,000 à 1,200 francs l'un. Les orangeries des environs de Bône fournissent aussi des produits très-estimés. En 1873, l'Algérie a exporté en France 2,292,000 kilog. d'oranges.

Le *figuier* est très-répandu en Kabylie, dans les ravins et dans les vallées des montagnes de toute l'Algérie.

Citons aussi :

Le *jujubier*, arbuste aux épines acérées, servant à former des haies impénétrables ;

Le *caroubier* au feuillage toujours vert (aux environs de Bône se voient des caroubiers de proportions gigantesques) ;

Le *noyer*, commun en Kabylie et dans les monts Aurès ;

Le *figuier de Barbarie*, fort répandu, très-vivace, très-propre aux clôtures, mais dont le fruit n'est guère recherché que par les Arabes (la figue de Barbarie est le porc-épic de l'espèce fruitière ; malheur à celui qui ignore les précautions à prendre pour la cueillir et la dépouiller de son enveloppe hérissée de pointes redoutables !) ;

L'*arbousier*, charmant arbuste, fort commun sur les versants des montagnes du littoral, presque toujours couvert de délicieuses fleurs blanches, et dont le fruit a la couleur et la forme d'une grosse fraise ;

Le *grenadier*, arbre gracieux et très-répandu dans les jardins (la pulpe de son fruit, qui est volumineux, est acidulée et rafraîchissante ; elle sert à fabriquer un sirop de grenades dont le prix est assez élevé) ;

L'*amandier*, commun dans les terres sèches

du Tell et même dans le Sahara, où il croît spontanément, et dont la culture en s'améliorant donnerait sûrement d'excellents résultats ;

Le *pêcher*, dont on distingue plusieurs variétés introduites par les Européens ;

Le *poirier*, qui croît à merveille sur plusieurs points de l'Algérie, notamment aux environs de Bône (les poires des vastes jardins de l'Orphelinat ont une saveur délicieuse) ;

Le *pommier*, qui se plaît sur les premiers gradins de l'Atlas ;

Le *prunier*, assez répandu et donnant, quand on le soigne, des fruits d'une qualité supérieure ;

Le *pistachier*, cultivé presque exclusivement dans les jardins (son fruit, dont l'amande a une saveur toute particulière, sert à de nombreux usages en cuisine et en confiserie) ;

Le *néflier*, dont les fruits, de couleur jaune, ont une saveur aigrelette et agréable ;

Le *goyavier*, originaire des Antilles (son fruit a la forme d'une poire ; il exhale un parfum qui rappelle celui de la framboise et sert à faire des compotes, ainsi que des confitures sèches) ;

L'*abricotier* (le Jardin d'acclimatation d'Alger possède jusqu'à trente variétés de cet arbre), aux fruits excellents ;

L'*azerolier*, qui croît particulièrement dans le département de Constantine (cet arbre porte un fruit rouge ou blanc de la forme d'une petite pomme, et dont la saveur est celle de la pomme de reinette);

Le *châtaignier*, qui vient sur plusieurs points, notamment en Kabylie;

Le *cognassier* aux fruits estimés;

Le *noyer*, encore peu répandu;

Le *mûrier* vient très-bien en Algérie où il se développe avec une étonnante rapidité; aussi est-on tout étonné de voir que l'Afrique française produit si peu de soie, alors qu'elle pourrait figurer au premier rang des pays producteurs de ce fil précieux.

L'Algérie produit aussi des fraises et, à une certaine altitude, des framboises.

L'olivier et le dattier méritent une description particulière.

L'*olivier* est l'arbre fruitier par excellence du Tell algérien où il croît spontanément et se propage de lui-même, sans culture, sans soins. De tout temps il a fourni aux indigènes des fruits abondants qui, grâce aux procédés modernes, peuvent donner une huile aussi bonne que celle de la Provence. On compte actuellement en Algérie plus de trois millions d'oliviers; la moitié des sujets est greffée. Sur plusieurs points les oliviers forment de véritables forêts. Cette richesse est en grande partie entre les mains des indigènes, mais les colons possèdent déjà plus de 500,000 oliviers, principalement dans les territoires de Bône, de Guelma, de Philippeville, de

Dellys, d'Alger, de Blidah et de Tlemcen. Le territoire de Tlemcen produit environ un million de litres d'huile de très-bonne qualité.

Sans parler des olives destinées à être conservées pour la table, l'Algérie possède diverses variétés propres à la fabrication de l'huile; nous citerons comme les principales, l'olive dite *hâtive* qui tourne au noir de fort bonne heure et est de grosseur moyenne; l'olive dite *blanquette*, de petite dimension, mais remarquable par l'abondance de ses fruits; l'olive *tendre* qui tourne au noir difficilement et s'écrase sous les doigts avant d'avoir pris de la couleur; l'olive *noire allongée*, plus remarquable par sa forme que par l'abondance de ses fruits.

Pendant longtemps la production des huiles d'olives fines a été très-restreinte en Algérie. Le commerce ne connaissait que des huiles négligemment préparées par les indigènes et tout à fait impropres à la consommation. Mais les colons, en s'adonnant courageusement à la formation d'olivettes perfectionnées, sont parvenus à créer un produit qui présente sur les huiles d'olives de la métropole une supériorité résultant d'un climat qui, plus doux, ménage les arbres en hiver, et plus ardent en été, élabore la bonne maturité du fruit. Ajoutons que l'on commence à donner plus de soins à la cueillette; à la faire suivant les espèces, suivant aussi la qualité du produit que l'on veut obtenir, au degré de maturité le plus convenable ; on évite de mélanger les fruits qui ne sont pas également mûrs ; on ne les cueille que par les temps propices, et déjà l'on prend, en les récoltant, les précautions nécessaires pour qu'ils ne soient ni endommagés ni meurtris. Enfin, l'outillage qui sert à l'écrasement du fruit s'améliorant d'une manière sensible, tout fait espérer que les huiles algériennes parviendront en peu de temps à conquérir dans le commerce une place très-honorable.

Une augmentation considérable dans le chiffre des olives récoltées et des quantités d'huile fabriquée est constatée en faveur de 1874. Cette augmentation s'explique d'ailleurs par le fait que la production de l'olive est bisannuelle et que le nombre des plants greffés s'accroît chaque année dans une notable proportion.

La production générale, qui avait été en 1873 de 82,081,791 kilogrammes d'olives récoltées et de 118,623 hectolitres d'huile fabriquée, a été, pour 1874, de 144,343,009 kilogrammes d'olives et de 164,181 hectolitres d'huile.

Cette production se répartit ainsi : Européens, 4,168,746 kilogrammes d'olives, 7,569 hectolitres d'huile ; indigènes, 140,174,263 kilogrammes d'olives, 156,612 hectolitres d'huile.

Le fruit du *dattier* (palmier) est pour les habitants du Sahara ce que sont les céréales pour les habitants du Tell. C'est l'arbre providentiel des régions désertiques, car ses fruits forment la nourriture principale des habitants et leur plus important produit d'échange. Le forage de nouveaux puits artésiens a donné un grand essor à la culture des dattiers, car, selon un proverbe arabe, le palmier-dattier (*phœnix dactylifera*) veut avoir les pieds dans l'eau et la tête au feu. En hiver, le palmier-dattier supporte une température assez basse, et même quelques degrés au-dessous de zéro; mais à partir de la floraison, qui a lieu à la fin de mars, jusqu'à l'époque de la maturité, qui arrive à la fin d'octobre, c'est-à-dire pendant sept mois, il est très-exigeant sous le rapport de la chaleur. Le total des degrés nécessaires a été évalué à 6,362 par M. Hardy, l'ancien directeur du Jardin d'essai d'Alger; la moyenne dépasse 29 degrés par jour, et, en outre, toute température inférieure à 18 degrés est comme non avenue, elle n'agit pas sur la fructification. La quantité d'eau qui arrose ses racines pendant la saison chaude varie suivant la localité; à Biskra, on l'estime à 100 mètres cubes environ; une quantité moindre peut suffire, mais le minimum indispensable ne doit pas s'écarter beaucoup de ce chiffre. La pureté de l'eau est moins importante. Les eaux du Sahara sont presque toutes saumâtres; le chlorure de sodium et de magnésium, le sulfate de soude et le carbonate de chaux s'y trouvent dans de notables proportions, ce qui les rend peu agréables à boire et légèrement purgatives. Le palmier-dattier s'en contente, sans qu'on puisse dire qu'il les préfère, car si on lui fournit des eaux plus pures, dans un milieu atmosphérique également convenable, son développement est loin d'en souffrir. Les pieds de palmiers sont mâles ou femelles. Naturellement on cherche à multiplier les pieds femelles qui portent seuls les fruits; on y réussit au moyen de boutures, et l'on supplée à la rareté des mâles par la fécondation artificielle. Ils atteignent leur plus grande vigueur à l'âge de trente ans. La décadence ne se fait sentir qu'au bout d'un siècle. Dans la phase la plus productive de leur existence, les palmiers-dattiers donnent par an huit ou dix régimes de dattes; chacun de ces régimes pèse en moyenne 8 kilogrammes. Les fruits sont rouges et pendent au-dessous des feuilles, attachés à un long rameau couleur d'ambre; on les récolte au mois de novembre. Convenablement desséchés, ils se conservent pendant plusieurs années. On plante environ cent pieds par hectare. Le produit moyen d'un hectare est de 7,200 kilogrammes. Or, les dattes s'échangent dans le Tell, au moment de la moisson, contre un poids double de blé; au moment de la récolte, dans le Sahara, le phénomène inverse se produit : le quintal de blé vaut alors deux quintaux de dattes. Les deux récoltes se faisant à un intervalle de six mois, la valeur des deux produits est à peu près égale. Apprécié en argent, le produit moyen d'un hectare est de 1,400 à 1,500 francs ; le produit d'un pied de 14 à 15 francs ; certains arbres rapportent jusqu'à 30, 40 et 50 francs. L'impôt est de un franc par pied. Quand le palmier est vieux, on le saigne au sommet, et la sève qu'on en tire donne une boisson qui n'est pas à dédaigner. Le bourgeon terminal découpé en petites lanières blanches forme un mets des plus délicats (1).

§ 2. — *Forêts*.

Il résulte des statistiques officielles les plus récentes que les forêts cou.. ent 2,257,272 hectares du sol algérien. Les grandes masses forestières de la France africaine commencent au littoral et s'étendent jusqu'à la lisière des Hauts-Plateaux. Sur le littoral des départements d'Alger et d'Oran on ne rencontre guère que des broussailles ; mais celui du département de Constantine offre de vastes et belles forêts, notamment celles de Collo, de Philippeville, de Bône et de La Calle.

Au delà de cette première zone, ou zone maritime, s'étendent des masses boisées où la haute futaie se montre de plus en plus, à mesure que l'on descend vers le sud. Vient enfin la troisième zone couverte de forêts riches en essences diverses immédiatement exploitables.

(1) Clamageran, *L'Algérie, impressions de voyage*.

Les forêts de la subdivision de Batna (chênes-verts, chênes à glands, pins d'Alep, cèdres, genévriers) couvrent, dit-on, une superficie de plus de 500,000 hectares.

Ces forêts deviendront bientôt, grâce à l'achèvement du réseau des chemins de fer algériens, une source de grandes richesses, car les diverses essences dont elles se composent peuvent être avantageusement utilisées pour les constructions navales, l'industrie du bâtiment, la menuiserie, l'ébénisterie, la tabletterie, etc.

Principales essences.

Chêne-liége. — Le département de Constantine renferme une aussi grande quantité de chênes-liége que tout le reste du globe. Cette essence est surtout répandue dans les forêts de Collo, de l'Edough, de Jemmapes et des Beni-Salah. Le liége de l'Algérie ne le cède en rien aux meilleurs liéges de la péninsule hispanique; aussi est-il déjà l'objet d'une vaste exploitation et d'un important commerce.

Le liége forme autour du chêne une croûte épaisse que l'on recueille tous les huit ou dix ans, dans les mois de juin, juillet et août. C'est au moyen d'incisions transversales et longitudinales de l'écorce jusqu'au collet de la racine, que l'on obtient le liége en pièces carrées d'une étendue plus ou moins considérable. L'opération qui consiste à arracher le liége du tronc des chênes s'appelle *démasclage*. Ce n'est généralement qu'à la troisième récolte, et quelquefois plus tard, que le liége acquiert toutes les qualités dont il est susceptible. Un arbre peut fournir de quinze à vingt récoltes de liége. Sur un arbre séculaire et vigoureux on peut récolter jusqu'à 100 kilog. de liége, et même sur quelques sujets géants on est parvenu, dit-on, à en retirer jusqu'à 440 kilogrammes.

« La qualité supérieure du liége algérien, dit M. Jules Duval, résulte de la réunion de toutes les conditions naturelles les plus favorables : coteaux secs, terres peu profondes, lieux découverts, absence de froids aigus et prolongés, chaleur diurne élevée, rosées nocturnes très-abondantes. Dans ces conditions, le liége devient plus fin de substance, plus élastique, moins poreux, plus exempt de parties terreuses, qualités qui font préférer les liéges d'Espagne à ceux des autres contrées. Si les chênes-liége de l'Algérie produisent souvent un liége grossier et propre aux usages les plus communs, cela tient uniquement à ce que beaucoup d'arbres sont souffreteux, rabougris, exposés dès leur jeune âge à la dent des bestiaux et aux incendies, enfin à l'absence d'exploitation régulière, condition indispensable pour obtenir un produit de bonne qualité. »

On trouve particulièrement des chênes-liége sur les territoires de Dellys et de Palestro (département d'Alger); d'El-Miliah, de Collo, de Philippeville, de Jemmapes, de Bône, de La Calle, de Souk-Ahras, dans les cercles de Sétif, de Bougie, etc. (département de Constantine), et dans l'arrondissement de Tlemcen (département d'Oran).

En 1874, l'Algérie a exporté pour 4,058,282 fr. de liége et pour 2,115 fr. d'écorces à tan.

Le *chêne-vert* ou *yeuse* (*quercus ilex*) forme des massifs considérables dans la partie méridionale du Tell, à une altitude de 500 à 1,000 mètres. Avec sa feuille petite, ovale, persistante, d'un vert sombre, il ressemble plus à l'olivier qu'aux chênes d'Europe. Le bois du chêne-vert, d'un beau rouge foncé, noir au cœur, à lamettes brillantes, d'un grain fin et serré, est employé avec le plus grand succès dans la confection des parquets, des lambris et de meubles divers; il est aussi très-recherché pour le chauffage.

Les chênes-verts sont communs dans les forêts des cercles de Mascara, de Sidi-bel-Abbès, de Daya (département d'Oran), et de Batna (département de Constantine).

Le *chêne-zéen* (*quercus Mirbeckii*) croît dans les trois départements, mais notamment dans celui de Constantine où il couvre de vastes espaces entre Philippeville et Bône. Cet arbre pousse rapidement et fournit d'excellent bois pour les constructions navales et les traverses des chemins de fer. La forêt des Beni-Salah, sur la rive droite de la Seybouse, contient des chênes-zéens comparables aux plus beaux chênes d'Italie et de Russie.

Les chênes-zéens peuplent principalement les massifs des territoires de Tlemcen (département d'Oran), d'El-Miliah, de Bône, de Philippeville, de Collo, de Djidjelli et de Bougie (département de Constantine).

Le *chêne à glands doux* (*quercus ballotta*), très-commun dans les montagnes du Tell méridional, particulièrement dans le département d'Alger, produit un fruit doux qui se mange torréfié comme la châtaigne, ou en pâte et en farine; sur quelques points de l'Algérie, il remplace le blé. Son bois possède une densité des plus remarquables qui doit tôt ou tard fixer l'attention des constructeurs de navires toujours à la recherche des bois qui se resserrent au contact de l'eau.

Le chêne à feuilles de châtaignier (*quercus castaneæfolia*), le chêne faux-liége (*quercus pseudo-suber*), le chêne kermès (*quercus coccifera*), et le chêne faux-kermès (*quercus pseudococcifera*) croissent aussi dans les forêts de l'Algérie.

Cèdre. — L'Algérie partage avec les montagnes du Liban et celles de l'Himalaya l'honneur de posséder des forêts de cèdres. Cette essence précieuse peuple les forêts d'Aïn-Talazid, de Teniet-el-Haad (département d'Alger); de Tougourt, ou Pic des cèdres, du Bellesma (environs de

Batna), et divers points du massif des Aurès (département de Constantine). Le cèdre atteint souvent en Algérie 18 à 20 mètres de haut sur 5 et 6 mètres de tour. Ces dimensions gigantesques le rendent propre à la charpente comme pièce de longue portée. On peut en tirer un grand parti non-seulement pour la menuiserie, mais encore pour l'ébénisterie; car par la finesse des fibres et des pores, par l'extrême facilité avec laquelle il se laisse couper, scier et raboter, par la vertu qu'il possède de ne pas se déjeter, il peut rivaliser avec les plus beaux bois de sapin que la France va demander à la Russie et à la Scandinavie.

Le cèdre, dans le département de Constantine, forme presque exclusivement la végétation forestière de la zone montagneuse supérieure; on le rencontre dans le département d'Alger, sur les versants du Djurjura, dans la partie supérieure d'Aïn-Talazid, au-dessus de Blidah, et surtout à Teniet-el-Haad. C'est à Teniet-el-Haad qu'il atteint les proportions les plus considérables. MM. Cosson, Antoine, Kotschy et d'autres savants botanistes regardent le cèdre de l'Algérie comme une variété des cèdres du Liban et du Taurus. Le cèdre de l'Algérie, dit M. Cosson, se présente sous deux formes : l'une, la plus répandue, est caractérisée par des feuilles plus courtes, généralement arquées, presque conniventes et remarquables par leur teinte glauque-argentée ; l'autre se distingue par ses feuilles un peu plus longues, généralement droites, divergentes et vertes.

Le *frêne* donne un bois plein, ferme, liant, flexible, supérieur en un mot en beauté et en qualité au frêne d'Europe.

Le *pin d'Alep*, qui atteint 20 mètres de hauteur, possède à peu près les mêmes qualités que le cèdre; il est très-répandu dans toute l'Algérie.

Le *thuya* (*thuya articulata* ou *callitris quadrivalvis*) est assez commun dans les départements d'Alger et d'Oran, où ses massifs plus ou moins mélangés de pins, de chênes et de lentisques, couvrent une étendue de 54,000 hectares. C'est sans contredit le plus beau de tous les bois algériens : riches mouchetures, grain d'une finesse extrême, nuances extrêmement variées, tout contribue à le faire rechercher pour les ouvrages d'ébénisterie. Pline rapporte que le bois de thuya était en grande faveur à Rome; il servait à fabriquer des tables qui se vendaient à des prix fabuleux. Cicéron paya, dit-on, une de ces tables un million de sesterces (250,000 francs de notre monnaie). Une table de thuya provenant de la succession de Juba, roi de Mauritanie, fut adjugée au prix de 1,200,000 sesterces (300,000 francs).

L'*eucalyptus*, originaire d'Australie, s'est parfaitement acclimaté en Algérie. On compte un grand nombre de variétés d'eucalyptus : l'*euca-*

lyptus globulus, l'*eucalyptus rostrata*, le *blooded gum*, l'*eucalyptus gigantea*, etc. Les caractères généraux de toutes les variétés d'eucalyptus sont une taille gigantesque et une croissance des plus rapides. L'eucalyptus est pourvu de fortes racines qui s'implantent profondément dans le sol pour y puiser la substance nécessaire au tronc.

L'*eucalyptus globulus*, ou gommier bleu d'Australie, est la variété la plus répandue en Algérie où il croît avec une rapidité merveilleuse. Il y rendra dans un avenir très-prochain d'immenses services pour le reboisement et l'assainissement du pays. Malgré l'excessive rapidité de sa croissance, le bois de l'eucalyptus globulus est dur et résistant. Il n'a pas de nœuds et se scie facilement. Il n'est attaqué ni par les insectes terrestres, ni par les insectes aquatiques, et il est imputrescible à l'eau de mer comme à l'eau douce, ce qui le rend éminemment propre aux constructions maritimes. L'eucalyptus globulus a une puissance considérable d'absorption par ses feuilles et ses racines, et d'assimilation en même temps que d'élimination. Ces qualités précieuses en font un arbre providentiel pour l'Algérie où il a déjà joué un rôle incontesté dans l'assainissement des lieux humides et malsains. De plus, la thérapeutique s'est emparée de l'eucalyptus, et des préparations déjà nombreuses sont employées avec succès dans un grand nombre de maladies.

On fait, en outre, avec les feuilles, des cigares et des cigarettes dont l'emploi est très-utile dans les maladies spasmodiques.

« L'eucalyptus, dit M. le docteur Maurin, occupe à bon droit une belle place dans l'arsenal des remèdes nouveaux. — Un grand nombre d'agriculteurs ont constaté ses propriétés au point de vue de l'assainissement des terres, et des faits positifs ont démontré que les fermes qui en étaient entourées jouissaient d'une immunité réelle et voyaient disparaître les fièvres intermittentes. C'est même un spectacle merveilleux que de voir les localités qui en sont pourvues échapper de plus en plus à la triste nécessité de l'émigration, et, à ce titre, on voudrait voir le gouvernement général de l'Algérie imposer aux nouveaux centres créés des plantations considérables de cette essence, et en ordonner l'entretien avec plus de sollicitude qu'on ne le fait. Il y a en Algérie une période pendant laquelle la végétation sommeille d'une manière presque absolue : cette période dure depuis le 15 juin jusqu'au 15 septembre. Or, le sommeil de la végétation, c'est l'arrêt de la production de l'oxygène. Pas de plantes vertes, pas d'oxygène ; par contre, production excessive d'acide carbonique et de gaz hydrogène carboné, c'est-à-dire de tous les éléments qui proviennent des végétaux en décomposition et qui sont les éléments des fièvres marématiques.

» Il faut que les colons soient persuadés que chaque pied d'eucalyptus planté représente un foyer d'oxygène et un absorbant des éléments de la fièvre. Envisagé au point de vue de l'intérêt des colons, l'eucalyptus est donc l'ami, la sauvegarde de la santé des familles.

» Mais il faut aussi l'envisager au point de vue de sa valeur commerciale, car les arbres doivent être un attrait pour le spéculateur. Il n'en est point qui soit appelé à une plus grande multiplicité d'emplois. — Le tronc fournira de belles planches. — L'écorce, qui tombe tous les ans, sera probablement recueillie par la tannerie lorsque les observateurs plus attentifs auront étudié ses propriétés. Les feuilles enfin fourniront une prodigieuse quantité d'essence que l'industrie utilisera pour les vernis, ou même pour l'éclairage. Il n'est presque pas de médecin dans la colonie qui n'ait été appelé à constater les effets curatifs des produits obtenus par la distillation des feuilles. On en a obtenu de bons effets contre les névralgies, contre la fièvre, contre les affections catarrhales des bronches, et il n'est pas de colon qui n'ait à raconter un succès dans toute espèce de maladie. Le jour ne tardera pas à se faire sur cette expérimentation vague, mais pleine d'espérances. On peut dire de l'eucalyptus ce qu'on ne pourrait dire de bien des remèdes jetés au hasard de l'enthousiasme dans les journaux, qu'il n'a trompé personne. L'Algérie profite de sa merveilleuse végétation, et il n'est pas éloigné le moment où il donnera un produit à l'exportation. Depuis douze années j'ai eu l'occasion de faire ressortir ses propriétés, et je n'ai cessé de l'employer sous diverses formes. Les faits thérapeutiques que j'ai recueillis sont déjà assez multipliés pour que je me sois fait une conviction et pour que je n'hésite pas à signaler un des emplois principaux sous lequel il a réussi au delà de toute croyance. Je veux parler de l'emploi des feuilles en bains aromatiques contre les douleurs nerveuses et rhumatismales. Il a suffi, en Algérie, que l'humidité fût un peu plus considérable pendant l'hiver de 1874 à 1875, pour qu'on vît les rhumatismes se révéler avec une intensité ignorée jusque-là. Nous avons la grande ressource des bains maures qui sont très-recommandés et très-suivis; mais en Europe on n'a pas les mêmes avantages, et l'arsenal thérapeutique est bien pauvre en moyens généraux de guérison. Je crois que la méthode qui consiste à faire infuser des feuilles d'eucalyptus et à mélanger cette infusion dans un bain chaud, est appelée à rendre des services très-grands aux rhumatisants et à augmenter la réputation de notre arbre de prédilection.

» Voici comment j'ai employé ces bains :

» Un kilogramme de feuilles fraîches et un demi-kilogramme de feuilles séchées à l'ombre suffisent. On les met, la veille, infuser dans de l'eau bouillante, dans une grande terrine en terre ou dans un baquet de bois. Le lendemain, on verse cette infusion dans un bain aussi chaud qu'on peut le supporter. On reste dix minutes ou un quart d'heure dans ce bain; au bout de cinq minutes la sueur ruisselle sur le visage; après dix minutes, on éprouve le même effet qu'on ressent dans les établissements thermaux; on s'enveloppe de linges chauds, et on se couche sur un lit de sangles, dans la pièce où on a pris le bain. Là s'établit une sueur profuse de toutes les parties du corps qui dure bien une demi-heure ou trois quarts d'heure. Après cela on se lève, et on ne tarde pas à constater un grand bien-être et une élasticité notable. C'est, à mon avis, le meilleur mode de remplacer à domicile les eaux minérales que bien des malheureux ne peuvent aller chercher au loin. Et puis, l'hiver, où aller pour prendre des eaux minérales? Il n'est pas douteux pour moi que l'essence particulière qui n'est pas encore bien définie, et qui existe en si grande abondance dans la feuille de l'eucalyptus, ne communique à l'eau chauffée ses propriétés thérapeutiques. C'est une méthode très-simple qui est appelée à fournir toutes les officines de l'Europe de cette feuille précieuse. Il est donc utile de la faire connaître pour que les colons soient encouragés à faire des plantations qui deviendront une véritable source de revenus. Un arbre adulte peut fournir annuellement de trois à quatre kilogrammes de feuilles, ce qui donnerait un revenu annuel de 1 fr. 50 à 2 fr., et, pour ceux qui savent compter, c'est un beau revenu ! »

Les services que les plantations d'eucalyptus sont appelées à rendre à la France transméditerranéenne ont été compris et appréciés. Sur tous les points on s'est mis à l'œuvre ; colons et industriels rivalisent de zèle. La Société Algérienne et la Compagnie du Mokta-el-Hadid ont créé de véritables forêts d'eucalyptus dans le voisinage du lac Fetzara et le long de la voie ferrée qui relie Bône à la mine ; on a déjà pu constater l'heureux résultat de ces plantations sur la santé des mineurs. Grâce aux efforts de M. Ramel, l'infatigable propagateur de l'eucalyptus en Algérie, de nombreuses forêts de cet arbre si utile s'élèveront bientôt sur divers points du territoire des trois départements.

Pour reconnaitre un aussi louable dévouement à la cause algérienne, la Société de climatologie et la Société d'agriculture ont décerné à M. Ramel, l'une une médaille d'or, l'autre le titre de membre honoraire.

Déjà on agite le projet de boiser en eucalyptus cinq cent mille hectares du sol algérien. Ce projet, s'il se réalise, aura pour le pays de merveilleux résultats.

Les forêts renferment en outre diverses autres essences éminemment propres aux travaux de menuiserie et d'ébénisterie. Citons : l'*olivier sauvage*, utilisé pour le charronnage, et surtout pour la confection des meubles de luxe (la tige de l'olivier sauvage, grâce à ses grandes proportions, à la richesse de ses nuances, l'emporte sur les essences provenant des îles, et se rapproche du palissandre); le *pistachier*, dont on se sert pour fabriquer d'excellentes roues d'engrenage; le *houx*, supérieur comme dimensions, finesse de grain et blancheur à ses congénères d'Europe; le *lentisque* et la *racine d'arbousier*, propres à l'ornementation sous forme de frises, de moulage, de marquetterie et de sculpture; le *genévrier de Phénicie*, recherché pour la fabrication des coffrets; le *jujubier*, etc.

Les frênes, les peupliers, les aunes, les saules, ombragent les bords de certaines rivières. Ailleurs se voient des micocouliers, des azéroliers, des trembles, des térébinthes, des robiniers, des érables, des tamarins, des cyprès, des platanes, etc.

Les broussailles, qui couvrent d'immenses étendues dans les trois départements, se composent des espèces qui précèdent à l'état rabougri, débris de l'incendie et de la dépaissance. On y trouve aussi des sumacs, des arbousiers, des nerpruns, des cistes frutescents, des chênes-myrthes, des genêts, des bruyères arborescentes, des phylliréas, des jujubiers sauvages, des palmiers-nains, des lauriers, accompagnés dans les parties humides de chèvrefeuilles et de lauriers-roses.

Le pin d'Alep, le pistachier, le lentisque, le thuya, le cèdre, le genévrier sont riches en substances résineuses ou gommeuses dont l'exploitation donnerait certainement de bons résultats.

Quelques-uns des massifs forestiers de l'Algérie ont été concédés pour une période déterminée à des particuliers ou à des compagnies. Il résulte d'une notice récemment publiée par le gouvernement général, que près de 200,000 hectares de forêts de chênes-liége, de chênes-verts, de chênes à glands doux, de chênes-zéens, de pins d'Alep, de thuyas, de lentisques et de genévriers peuvent être immédiatement concédés aux industriels qui en feront la demande.

Les deux fléaux de la sylviculture algérienne sont les incendies et la dépaissance des troupeaux. Il semble facile de remédier au second de ces maux; quant au premier, le général Chanzy l'a combattu par des mesures énergiques dont les heureux effets ne se sont pas fait attendre. L'année 1875 n'a été marquée que par de très-rares incendies, la plupart sans importance.

L'existence des 2,257,272 hectares de forêts algériennes est aujourd'hui incontestée. Il fut un temps où il était de bon ton de dénigrer l'Algérie, « cette *France nouvelle*. » Au dire de ses détracteurs acharnés, dont l'espèce n'est pas encore morte, comme le prouvent certains discours prononcés à Versailles de 1871 à la fin de 1875, l'Algérie ne contenait ni rivières ni forêts. Les plus plaisants ou les plus spirituels d'entre eux prétendaient qu'il fallait retrancher la voyelle *o* du mot *oued*, qui signifie *rivière*, sous prétexte que les rivières algériennes n'ont jamais d'eau (*o*). Toujours l'éternelle histoire de l'*aveugle qui juge des couleurs!* Les rivières de l'Algérie ont de l'eau, et les forêts des arbres. Sur cette surface boisée de 2,257,272 hectares, 1,117,777 appartiennent au département de Constantine, 687,580 à celui d'Oran, et 451,915 à celui d'Alger. C'est beaucoup, mais ce n'est pas assez. Il faut planter et planter encore; l'avenir de la colonisation est là.

« A quelque point de vue qu'on l'envisage, dit M. Trottier (1), la question du reboisement est une affaire capitale pour l'Algérie.

» C'est par sa réalisation que bien des problèmes seront résolus : l'ombre, l'assainissement, la production plus sûre des récoltes, car les courants atmosphériques arrêtés ou ralentis, c'est l'humidité conservée au sol; enfin, la production du bois, si nécessaire à tous les besoins de la vie agricole et qu'il importe de créer sur place, au plus vite et à bas prix.

(1) Trottier, *Reboisement et colonisation de l'Algérie.* 1876.

» Un bon climat est la condition essentielle assurant le développement d'une bonne population. Ce résultat, en Algérie, ne peut être atteint que par les arbres. Nous tenons à affirmer ces choses et à les répéter à satiété, car cette question de boisement est beaucoup trop négligée.

» Au point de vue du peuplement, la météorologie remplit un rôle prépondérant : car les récoltes qui assurent les subsistances dépendent de la sécheresse et de l'humidité. Examinons ce qui se passe ici même, à Alger et dans ses environs. Nous avons les observations pluviométriques relevées au port d'Alger depuis 1838, et nous constatons ce qui suit : si nous divisons ces trente-huit années en trois périodes, nous trouvons comme moyenne de pluie annuelle pour chacune, savoir :

    1re embrassant 12 ans, 800 millimètres.
    2e   —   12 — 770   —
    3e   —   14 — 639   —

» Il y a donc décroissance continue. Cette dernière quantité de pluie est évidemment trop faible, non-seulement pour la bonne venue des récoltes, mais encore pour l'alimentation des sources ; aussi, beaucoup de puits, notamment depuis 1865, ont perdu leur abondance, et quelques-uns ont à peu près tari. Si cette décroissance se maintient, dans un petit nombre d'années nous n'aurons rien à envier au régime pluviométrique de Biskra et de Laghouat.

» A quelles causes devons-nous attribuer cet asséchement continu de notre atmosphère locale, et par suite de notre sol ? A l'époque de la conquête, de l'Alma à Tefeschoun, le Sahel était en grande partie recouvert de broussailles s'opposant à l'irradiation ; c'est en 1845 que les défrichements ont eu lieu, et, depuis, ils se sont accrus en raison du nombre des villages et des fermes successivement créés. La diminution des pluies a commencé à se produire à partir de 1855 ; dans les dix-sept années antérieures à cette date, deux fois elles ont dépassé 1,000 millimètres et huit fois 800 millimètres. Ce que nous signalons est donc une question grave, et si c'est bien aux défrichements que cet amoindrissement des pluies est dû, il importe d'y remédier sans retard.

» Depuis la conquête, les défrichements, dans le Sahel, ont dénudé au moins 30,000 hectares ; or, nous avons fait connaître les résultats de l'irradiation. Si le territoire dont nous avons indiqué les points extrêmes, et qui renferme environ 100,000 hectares, en avait 30,000 en futaies ou taillis, 15 ou 20,000 en vignes, le régime pluviométrique s'améliorerait ; nous verrions les pluies plus tôt à l'automne, et plus tard au printemps ; notre climat heurté se régulariserait ; l'abondance des récoltes et, par suite, le développement de la population en seraient la conséquence.

» La neige qui tombe vers les pôles, où l'évaporation est nulle, provient évidemment des vapeurs enlevées aux régions tropicales ; c'est à cette humidité que les arbres doivent barrer le passage. Rappelons à ce sujet les paroles de M. Babinet : « Un de mes illustres confrères, dit-il, M. Mignet, non moins penseur profond qu'écrivain éloquent, me suggérait que, pour produire de la pluie, une forêt valait une montagne. Cette remarque est vraie à la lettre. » Nous faisons à grands frais des barrages, et il faut encore de grandes dépenses pour diriger les eaux sur le sol ; plantons des forêts qui seront des barrages d'une autre sorte. La distribution des eaux se fera d'elle-même, sans que la main de l'homme ait à s'occuper de nivellements ; par ce moyen, les collines seront abreuvées en même temps que les plaines, et ces barrages d'un nouveau genre, au lieu d'être une occasion de dépenses pour leur entretien et leur conservation, seront, au contraire, une source de revenus.

» Planter en ce moment dans une large mesure serait donc assurer l'avenir de la colonisation, et on aurait à court délai, comme principaux résultats, le bois qui manque partout où elle s'installe, un produit d'exportation pouvant se chiffrer par centaines de millions, et surtout une modification climatérique favorable, sans laquelle aucune colonisation sérieuse n'est possible. »

L'eucalyptus parait appelé à jouer le premier rôle dans le reboisement de l'Algérie. Cet arbre donne très-rapidement un revenu certain et élevé. Un hectare d'eucalyptus plantés dans de bonnes conditions rapporte, suivant M. Trottier :

A 5 ans, 1,200 fr.;
A 10 ans, 7,670 fr.;
A 15 ans, 14,728 fr.

« Parmi les plantations ordinaires, l'on recommande, écrit M. Guy (1), le *saule* et le *blanc de Hollande*, dans les lieux humides et le long des ruisseaux ; l'*acacia*, dans les terrains secs ; le *platane*, dans les terres légères ; l'*ormeau*, dans les sols frais. Le *bambou*, ce trésor de la Chine, vient partout ; ce roseau, très-rustique, résiste à tous les climats. Il se prête à de nombreux usages : conduites d'eau, clôtures, nattes, papier, chapeaux, vêtements d'été, échelles, cordes, écrans, éventails, vannerie, etc. »

Tous ceux qui ont visité le magnifique *Jardin d'essai du Hamma*, à Alger, y ont admiré la superbe *allée des bambous* dont les tiges s'élancent drues et serrées jusqu'à une hauteur de 15 ou 20 mètres (2).

---

(1) *L'Algérie : agriculture, industrie, commerce*, par M. Guy, contrôleur des douanes. Alger, 1876.

(2) Voy. pour la description du Jardin d'essai : *Alger et ses environs*, dans la *Géographie politique*.

CHAPITRE II.

RÈGNE ANIMAL.

§ 1. — *Animaux domestiques*.

De gras pâturages et de vastes prairies naturelles qui ne le cèdent en rien aux opulents herbages de la Normandie, font de l'Algérie un pays éminemment propre à l'élève du bétail. Les Européens et les indigènes rivalisent d'efforts pour utiliser cette source de richesses agricoles, l'*une des mamelles* de la France d'outre-mer. Les races s'améliorent; des méthodes intelligentes d'élevage acquièrent peu à peu droit de cité chez les Arabes trop longtemps esclaves d'une superstitieuse routine; les avantages de la stabulation commencent enfin à être compris; le jour n'est peut-être pas éloigné où l'Algérie pourra, au dire d'hommes autorisés, fournir annuellement à l'exportation 300,000 bœufs et au moins 2 millions de moutons.

D'après le dernier recensement officiel (1874), le nombre total des bestiaux (bœufs, vaches, chameaux, chevaux, moutons, chèvres, etc.) s'élève à 15,025,056. Ces chiffres révèlent une augmentation de 2,488,659 têtes sur les constatations de 1873, augmentation qui porte en majeure partie sur le bétail indigène. Les Européens possèdent 462,645 têtes, les indigènes 14,562,411. En 1869, les Européens et les indigènes réunis ne possédaient que 7,800,000 têtes de bétail. En cinq ans ce nombre a donc doublé, ce qui est d'un excellent augure pour l'avenir.

Chameaux.

Le *chameau* (*djemel*, le mâle s'appelle *beir*, la femelle *naga*) est regardé par les Arabes comme un présent du ciel sans lequel ils ne pourraient ni subsister, ni commercer, ni voyager. Ils l'ont surnommé avec raison le *vaisseau de la terre*. Le dos du chameau est l'unique véhicule des Sahariens. Le lait et la chair de cet animal lui servent de nourriture ; son poil, que l'on coupe tous les ans, est employé à la confection des tentes, des étoffes, des tapis. En France, des industriels ont réussi à préparer avec le poil de chameau des étoffes pour robes, des châles, des draps de velours, etc. On distingue le chameau à une bosse ou *dromadaire*, le chameau porteur commun, et le chameau de course ou *mehari*.

Le *dromadaire*, que l'on conduit par la douceur et la patience, et non, comme les autres animaux, par la brutalité, vit de trente à quarante ans. Il peut faire sans s'arrêter douze à quinze lieues par jour, avec une charge de 200 ou 300 kilog. La femelle ne porte qu'un petit ; sa gestation est d'un an. Dans certaines tribus, les indigènes évaluent leur richesse par le nombre de dromadaires qu'ils possèdent. On ne les charge généralement que lorsqu'ils ont atteint l'âge de 5 ans. A 25 ans le dromadaire ne sert presque plus comme bête de somme. On l'engraisse, puis on le vend pour la boucherie. Sa chair a un goût légèrement musqué. Les traités d'histoire naturelle, les dictionnaires, les encyclopédies célèbrent à l'envi la sobriété proverbiale du dromadaire. La vérité est qu'il peut résister longtemps à la faim, mais qu'il mange gloutonnement quand il en a l'occasion.

« Le *mehari*, ou chameau coureur, dit le général Carbuccia, est plus grand que le dromadaire ; on prétend qu'il est par rapport à ce dernier ce que le cheval de course est au cheval de trait. Sa bosse est petite ; elle ne dépasse presque pas le garot. L'extrême maigreur du corps et les fortes proportions des cuisses sont le seul signe de sa grande vigueur à la course. Il ne marche qu'au trot, mais son trot est allongé, et il peut le maintenir pendant 12 heures. Il parcourt de la sorte 30 à 40 lieues par jour, et cela pendant plusieurs jours de suite. »

C'est à dos de chameau que les produits sahariens sont portés dans les villes du Tell, et *vice versâ*. Aussi n'est-il pas rare de rencontrer de longues files de ces animaux sur les routes où ils soulèvent des nuages de poussière.

Chevaux.

La race chevaline la plus répandue en Algérie est celle du *cheval barbe* dont la consanguinité avec celle du cheval oriental est aujourd'hui hors de doute. Sobre, tenace, fort, alerte, apte à résister aux fatigues et aux intempéries, le cheval barbe est moins brillant par la forme que son frère d'Asie ; mais, comme lui, c'est le cheval de guerre par excellence. Ce noble type, qui descend peut-être des fameux chevaux numides, rapides comme l'éclair, a depuis longtemps remplacé dans les régiments d'Afrique les chevaux de provenance européenne. Les Arabes élèvent le cheval barbe avec le plus grand soin. L'Arabe, du reste, aime son cheval avec passion.

« Ce noble animal, dit M. le général Daumas, est le compagnon d'armes et l'ami du chef de la tente ; c'est un des serviteurs de la famille ; on étudie ses mœurs, ses besoins ; on le chante dans des chansons, on l'exalte dans les causeries... « Quand Dieu voulut créer la jument, proclament les aoulàmas, il dit au vent : Je ferai naître de toi un être qui portera mes adorateurs, qui sera chéri par tous mes esclaves, et qui fera le désespoir de tous ceux qui ne suivent pas mes lois (1). »

De sérieux efforts ont été tentés pour la régénération de la race barbe ; nos dépôts de re-

---

(1) Général Daumas, *Les chevaux du Sahara*.

monte se sont enrichis de plusieurs étalons d'un grand prix, et de grands résultats ont été obtenus, malgré les nombreuses difficultés qu'il a fallu vaincre. Les guerres de Crimée et d'Italie, les campagnes de 1870-1871 ont mis en relief toute la valeur des chevaux arabes soumis aux plus rudes épreuves; les courses qui ont lieu tous les ans sur les hippodromes des principales villes de l'Algérie font ressortir la rapidité de leur course. Aghas, caïds, cheikhs, cavaliers de distinction prennent part à ces fêtes hippiques auxquelles les fantasias arabes donnent un cachet particulier qui ferait pâmer d'aise les brillants spectateurs des courses de Vincennes, de La Marche et de Longchamps.

Ajoutons que les Européens font aussi de notables progrès au point de vue de l'amélioration et de la production du cheval barbe; les différentes exhibitions de la race chevaline auxquelles donnent lieu les concours agricoles plus nombreux de jour en jour l'ont pleinement démontré.

« La question du sang, écrit M. Bonzom dans une intéressante brochure, est une de celles qui ont été le moins comprises par les éleveurs, et pourtant elle mérite d'être élucidée, parce qu'elle est de l'ordre le plus élevé, et que c'est d'elle que dépend l'avenir tout entier de la race. Le barbe, comme tous les chevaux au pouvoir des enfants d'Ismaël, étant de provenance orientale, nous reculerions devant la nécessité d'infuser un peu de sang d'origine pure, alors que l'Europe, frappée de la puissance amélioratrice du pur-sang, n'a reculé devant aucun sacrifice pour se l'approprier... Une ou deux familles de race pure importées pourraient devenir la souche d'une race nouvelle dont un *Stud-Book* soigneusement tenu relaterait les documents généalogiques. »

Le service de la remonte comprend l'achat de chevaux et de mulets pour le service de l'armée et celui des haras. De 1867 à 1873, ce service a acheté en Algérie 15,448 chevaux et 3,724 mulets représentant une valeur totale de 9,864,388 francs. Les chevaux d'Afrique sont réservés aux officiers des états-majors, de l'artillerie et du train des équipages employés en Algérie, aux quatre régiments de chasseurs d'Afrique, aux trois régiments de spahis, à la gendarmerie d'Afrique, et à une division de cavalerie de France; les mulets sont destinés aux escadrons du train, aux batteries d'artillerie, etc. Il y a en Algérie deux catégories d'étalons : 1° ceux de l'État, de provenance barbe et de provenance syrienne; 2° ceux dits des tribus, achetés au compte des tribus, tous de provenance barbe. La France pourra trouver un jour en Algérie une partie des chevaux dont elle a besoin pour le service de l'armée.

Mulets et Ânes.

Les mulets et les ânes, généralement de petite taille, sont vigoureux, robustes et alertes; ils servent de bêtes de somme aux Arabes et aux Européens, auxquels ils rendent de très-grands services.

Race bovine.

La race bovine de l'Algérie est petite, mais vigoureuse, sobre, docile, agile, patiente; elle se prête à tous les travaux et à toutes les transformations. Avec des soins assidus, une nourriture suffisante, un abri pendant la mauvaise saison, le bœuf arabe est non-seulement un très-bon animal de trait, mais il passe encore rapidement de cet état à celui de bête de boucherie, et la chair alors ne laisse rien à désirer. Les tentatives faites jusqu'à présent pour acclimater en Algérie les races d'Espagne, de Suisse, d'Italie, n'ont souvent donné que des résultats médiocres; aussi les efforts des éleveurs semblent-ils tendre à régénérer la race indigène par elle-même. Ils admettent cependant une exception en faveur de la race bretonne qui résiste très-bien au climat, et dont les croisements avec la race indigène ont communiqué à celle-ci la faculté d'être meilleure laitière.

Race ovine.

L'espèce ovine est une des richesses du cultivateur algérien; malheureusement le nombre des moutons, quoique considérable, est loin d'être en rapport avec la superficie du sol qui lui est livrée. Les moutons de l'Algérie ont la taille forte, la conformation assez belle, les jambes longues, le corps mince et élancé. Ils appartiennent à quatre races : le *mouton ordinaire*, répandu un peu partout; le mouton *touareg* ou *demman*, à poil ras et sans cornes, qui se trouve dans le Sahara; le *mouton de Barbarie* ou mouton à large queue, que l'on élève principalement dans la partie orientale du département de Constantine; les *moutons de race améliorée*, tels que les mérinos du Roussillon, d'Arles, de Bourgogne, de Naz, de Rambouillet, etc.

Chèvres.

On compte près de trois millions et demi de chèvres en Algérie. La chèvre d'Angora, introduite par les Européens, y réussit très-bien. La chèvre indigène est généralement de petite taille. Les Arabes se servent de son poil, long et soyeux, pour fabriquer des tissus; ils boivent son lait, mangent sa chair; avec sa peau ils font des outres très-répandues. La chèvre arabe a beaucoup moins de lait que la chèvre maltaise. Les éleveurs de chèvres maltaises les conduisent de grand matin dans les villes où elles stationnent sur les places publiques ou dans les rues en attendant les acheteurs de lait.

Dans un grand nombre d'oasis du Sahara on rencontre une race de chèvres connue sous le nom de chèvre de Tougourt. Corps trapu et ramassé, cou long et mince, front bombé, oreilles longues et pendantes, poil ras, pis très-forts, tels sont les caractères distinctifs de cette variété de la race caprine. Les chèvres de Tougourt donnent trois litres de lait par jour, et font assez régulièrement trois portées dans l'année.

Porcs.

Les Arabes se gardent bien de se livrer à l'élève du porc, animal immonde dont Mahomet leur a interdit rigoureusement la chair; mais les Européens, qui n'ont pas les mêmes scrupules, en ont introduit de nombreuses variétés qui ont donné des résultats; elles réussissent à merveille, et offriront une précieuse ressource au commerce d'exportation, le jour où l'élève en sera entreprise dans les montagnes.

Race canine.

La race canine offre plusieurs variétés, mais le chien par excellence est le *slougui,* qui tire son nom de Slouguia, où il est né, dit-on, de l'accouplement de chiens avec des louves. Le slougui est de haute taille; sa couleur est fauve. « Il a le museau effilé, le front large, les oreilles courtes, le palais et la langue noirs, le cou musculeux, les membres secs, le jarret près de terre, les poils très-doux, peu ou point de ventre. » Le slougui atteint facilement les animaux sauvages, quelque agiles qu'ils soient. On le dresse spécialement à chasser l'antilope.

Volatiles de basse-cour.

La volaille comprend plusieurs espèces dont les principales sont : la poule ordinaire, très-répandue chez les Arabes; la poule espagnole; la poule sarde, dont les pattes sont garnies de plumes jusque sur les ongles (les coqs ont de 50 à 60 centimètres de haut); le canard ordinaire, le canard de Barbarie, le dindon, l'oie, la pintade, les paons, les faisans, le pigeon, etc., etc.

§ 2. — *Animaux sauvages.*

Le Lion.

A tout seigneur tout honneur; commençons par le lion. Le roi des animaux a eu longtemps l'Algérie pour domaine; il a pu y giboyer tout à son aise. Mais depuis la conquête, ce terrible ennemi des troupeaux tend à disparaître devant la civilisation, et surtout devant les balles des chasseurs intrépides. Parmi ceux qui lui ont fait ou lui font encore la guerre la plus acharnée, il convient de citer Jules Gérard, Chassaing, Hippolyte Bétoulle, du service topographique, et les indigènes Hamed ben Amar, Bel Kassem ben Salah et le marabout Abdallah.

Quoique relativement peu nombreux, les lions causent encore de grands ravages, surtout dans le département de Constantine, qui les abrite sous ses fourrés épais et confine à la régence de Tunis où ils vivent en toute sécurité.

Le lion mesure, du bout du nez à l'extrémité de la queue, 3 m. 20 cent.; il pèse 250 à 300 kilog. Il est adulte à 8 ans; c'est à cet âge seulement qu'il est dans toute sa force; sa crinière conserve encore la couleur fauve.

A mesure que le lion vieillit sa crinière devient plus foncée, puis enfin noire, longue et touffue, ce qui lui donne un air majestueux et peu rassurant. De là l'erreur très-répandue chez les Arabes, et partagée par Jules Gérard, qu'il y a trois espèces de lions en Algérie, savoir : le lion gris (*el-zarzouri*), le lion fauve (*el-asfar*), et le lion noir (*el-adrea*). Ce dernier, d'après les indigènes, toujours amis du merveilleux, serait le produit de la lionne et du sanglier.

La lionne, d'un tiers moins grande que le lion, devient mère vers l'âge de 3 ans. Les portées varient d'un à quatre, mais elles sont le plus communément de deux petits.

La lionne suivie de ses lionceaux attaque l'homme qui passe à courte distance ; elle court au-devant du danger qui menace ses petits. Dans tous les autres cas, lions et lionnes ne se ruent sur l'homme que quand ils sont traqués ou blessés.

Le lion se nourrit aux dépens des troupeaux et des colons sur lesquels il prélève un impôt considérable. Suivant M. Bétoulle, un lion mange ou tue une grosse bête tous les cinq jours, et tous les autres jours un mouton ou une chèvre. La valeur moyenne d'un bœuf, d'une vache, d'un cheval ou d'un mulet, est de 150 fr.; celle d'un mouton ou d'une chèvre est de 10 fr. Dans un an, le lion s'octroie 75 têtes de gros bétail et 292 têtes de menu bétail, ce qui représente une valeur totale de 13,870 fr. Voilà ce que coûte un seul lion. En supposant qu'il vive 30 ans, ce qui est la moyenne de son existence, on atteint le chiffre énorme de 416,100 fr. On peut évaluer à 50 le nombre de lions qui se trouvent actuellement dans le département de Constantine. C'est donc 693,500 fr. que les lions coûtent annuellement au département.

Le lion n'est ni aussi grand ni aussi généreux que le croient de nombreux naturalistes. Le lion de Florence et celui d'Androclès ont montré des sentiments qui semblent faire complètement défaut aux lions actuels de l'Algérie. Ce n'est pas seulement pour assouvir sa faim que le roi des animaux immole ses sujets. Tuer est pour lui un véritable plaisir; le carnage lui sert parfois de distraction, et l'odeur du sang lui est particulièrement agréable. S'il rencontre un troupeau sous bois, il égorge impitoyablement tous les animaux qu'il peut surprendre avant de songer à satisfaire son estomac; et si dans ses promenades nocturnes il trouve un animal mort, pour peu que la faim l'aiguillonne, il ne dédaigne pas, tout grand seigneur qu'il est, de mordre à cette proie immonde qui lui épargne l'ennuyeuse corvée d'aller dans un douar pour y chercher un bœuf ou un mouton.

Le jour, le lion digère et se repose. Dès que le soleil s'est couché, il quitte son repaire en poussant un sourd rugissement qu'il répète de quart d'heure en quart d'heure. Par une nuit calme, ce rugissement est entendu à 15 kilomètres de distance. C'est avec raison que les Arabes le comparent au grondement du tonnerre.

Les indigènes prennent le lion dans des fosses de 10 mètres de profondeur, et beaucoup plus larges au fond qu'à l'orifice. Ils construisent aussi des affûts sur les arbres, à l'embranchement des sentiers, auprès des restes d'un animal tué par le lion. M. Bétoulle et d'autres intrépides chasseurs attendent bravement le lion dans les broussailles, et, lui coupant les devants quand il suit un chemin, le tuent au passage.

La chair du lion et celle de la panthère figurent avec honneur sur la table des Européens. Les indigènes en mangent aussi volontiers.

La panthère.

La panthère est assez commune en Algérie. Elle est d'un tiers moins grande que la lionne, et appartient comme elle à la race féline. Elle a bien, en effet, les ruses et les habitudes du chat; elle grimpe sur les arbres, vit de ses chasses, et habite toujours les montagnes les plus accidentées, c'est-à-dire les endroits où les eaux pluviales ne séjournent pas, et où le sol est toujours sec. Les portées de la panthère, comme celles de la lionne, varient de un à quatre, et sont le plus souvent de deux petits. C'est avec raison que Jules Gérard compare la voix de la panthère au braire du mulet. La panthère n'attaque l'homme que quand elle a ses petits ou quand elle est blessée; dans tous les autres cas, elle fuit à son approche. D'une prudence extrême, elle ne va jamais dans les douars; elle attend les troupeaux sous bois. Le sanglier est sa proie ordinaire; à défaut de sanglier, elle se contente de menu gibier. Comme la panthère est naturellement très-méfiante, elle ne quitte jamais les bois, même pendant la nuit, et ne suit les sentiers que très-rarement; il n'est guère possible de la chasser autrement qu'à l'affût ou avec un appât. La peau de la panthère et celle du lion sont très-recherchées; elles se vendent fort cher. Parmi les chasseurs qui ont fait mordre la poussière au plus grand nombre de ces terribles félins, nous citerons Bombonnel, Hippolyte Bétoulle, Belkassem, Si El-Moufok Naït Salah, auquel M. le gouverneur général vient de décerner un fusil d'honneur, etc., etc.

L'hyène.

L'hyène, très-répandue en Algérie, habite les ravins boisés ou les creux des rochers. Elle a le train de derrière plus bas que celui de devant, ce qui contribue à lui donner une physionomie repoussante. Cet animal immonde va, la nuit, dans les cimetières arabes, que ne protègent ni des murs ni des haies, et là elle se livre à un horrible festin. D'une lâcheté proverbiale, l'hyène n'attaque guère les animaux, à l'exception du chien, pour la chair duquel elle a une prédilection toute particulière.

Le cri de l'hyène, que l'on confond quelquefois avec celui du chacal, est un sourd grognement semblable à celui d'un gros chien. Ce grognement ne s'entend qu'à une faible distance; elle ne le pousse guère que pour appeler ses petits, ou lorsqu'elle dispute une proie à une de ses compagnes.

Le chacal.

Le chacal, le *canis aureus* de Linné, le *dib* des Arabes, est la bête fauve la plus commune en Algérie. Il tient le milieu entre le loup et le renard. Sa taille est à peu près celle du renard de France, mais il a les jambes plus courtes, le poil d'un brun très-roux ou d'un jaune vif et brillant. Le jour, le chacal vit d'ordinaire dans les fourrés et les creux des rochers; mais, la nuit venue, il se réunit en troupes nombreuses et rode autour des lieux habités pour y chercher sa nourriture. Il est rare que, le soir, on n'entende pas autour des douars, des villages, et même des villes, ses tristes hurlements. Le cri du chacal (*baouégha*) est extrêmement varié, mais toujours plaintif. Tout à fait inoffensif vis-à-vis de l'homme, le chacal est le fléau des basses-cours et du menu gibier du Tell. Il cause aussi de grands dégâts dans les jardins, les vergers et les champs, car, omnivore comme l'hyène, il dévore les melons, les pastèques, les fruits, les légumes, les raisins, les graines, etc. La fourrure du chacal est assez estimée; elle forme de magnifiques tapis de pieds.

Le renard.

Le renard le plus commun est le *vulpes fenec*, qui vit dans les sables du Sahara. « Il est le tiers gros tout au plus comme le renard ordinaire. Des oreilles longues et très-larges, intérieurement tapissées d'un poil fin et soyeux, qu'il tient dressées sur sa petite tête, des yeux grands, noirs, vifs, brillants, un museau noir d'une finesse extrême, lui donnent la mine la plus éveillée qu'il soit possible de voir; son poil, gris sur le dos, blanc sous le ventre, est long et soyeux; sa queue très-bien fournie et très-grosse est ornée de touffes d'un noir brillant. C'est certainement un des quadrupèdes les plus fins et les plus gracieux (1). »

L'alcélaphe bubale.

L'alcélaphe bubale (*begueur el ouahach*), ou bœuf sauvage, est assez répandu dans les montagnes du sud de l'Algérie. Cette antilope a les cornes annelées à double courbure, la pointe en arrière. Sa taille est à peu près celle d'un veau d'un an à dix-huit mois; son pelage est fauve; sa queue est courte et terminée par une touffe de poils noirs. Un bourrelet saillant du pariétal, dirigé dans le prolongement du chanfrein, et au sommet duquel s'élèvent les cornes, distingue l'alcélaphe bubale des autres variétés d'antilopes.

« L'objet habituel de la chasse au slougui est, dit le général Daumas, le begueur el ouahach, que d'ordinaire ces lévriers atteignent au jarret et jettent à terre. On prétend que l'alcélaphe bubale, en essayant de se relever, retombe sur la tête et se tue. Quelquefois le slougui saisit l'animal au cou, et le tient jusqu'à l'arrivée des chasseurs. Nombre d'Arabes poursuivent l'alcélaphe à cheval, et le frappent par derrière avec une lance. »

L'antilope addax.

L'antilope addax, le *meha* des Arabes, vit en

---

(1) De Colomb, *Exploration des Ksours et du Sahara de la province d'Oran.*

troupes dans les régions désertiques. « Je ne connaissais guère le meha que de réputation et par les récits exagérés que les Sahariens se plaisent à débiter sur cet animal. Celui qu'on m'apporta était le premier que je voyais de près; c'était une femelle. Ses cornes, plantées verticalement sur la tête, très-aiguës et tournées en hélice, avaient 60 centimètres de long. Sa longueur totale, de la naissance de la queue au bout du mufle, était de 1 mètre 90; celle de la queue de 40 centimètres, y compris les crins. Sa circonférence au ventre était de 1 mètre 20. Les yeux, noirs et grands comme ceux de la gazelle, étaient ombragés par un toupet de poils bruns, bien plus longs que ceux du corps, qui entouraient la base des cornes et descendaient un peu au-dessous de la ligne déterminée par les angles internes des yeux. Un croissant de poils blancs de 3 centimètres de large séparait ce toupet du mufle, qui, gris cendré d'abord, devenait plus brun vers les narines. Les oreilles, longues de 18 centimètres, étaient blanches; le pelage du dos gris mélangé de fauve, celui du ventre et des jambes blanc. Les jambes étaient fines, sèches et nerveuses; le pied très-fendu et aplati, le sabot noir et dur à la partie externe, jaunâtre et tendre à la sole (1). »

(1) De Colomb, *Exploration des Ksours et du Sahara de la province d'Oran*.

Les antilopes sont herbivores; leur chair est estimée.

Le mouflon.

Le mouflon à manchettes, le *fechtal*, le *leroui*, ou l'*aroui* des Arabes, l'*ovis ornata* de Geoffroy Saint-Hilaire, l'*ovis tragelaphus* de Cuvier, est aujourd'hui bien connu en Algérie. Il est de la grosseur d'un très-fort bouc. Ses cornes retournées en dessous, rugueuses et irrégulièrement cannelées, se joignent à la base et occupent tout le sommet de la tête. « Le poil varie du fauve roussâtre au brun roux, quelquefois foncé; le dessous du corps et les parties internes des membres sont de couleur blanche; des poils de 15 à 20 centimètres, et plus, couvrent les parties antérieures du corps et des membres. C'est cette disposition remarquable qui a fait donner à cet animal la dénomination de mouflon à manchettes. »

Les mouflons à manchettes vivent par troupes sur les sommets escarpés d'où ils ne descendent dans les plaines que quand elles sont complètement désertes. Ils bondissent avec une incroyable vigueur. On dit que le mouflon à manchettes, quand il est pressé par les chasseurs, se jette la tête la première dans les précipices les plus profonds et tombe sur les cornes; repoussé par leur élasticité, il se remet rapidement sur pied pour fuir ou se précipiter encore. La chair du mouflon est estimée.

Les gazelles.

Les gazelles vivent en troupes nombreuses dans tout le nord de l'Afrique. « On en distingue deux espèces, dit M. Fillias, la *gazelle dorcas* et la *gazelle corinne*.

» La gazelle dorcas a la tête surmontée de cornes persistantes, noires, rondes à leur base, assez grosses, en lyre, et marquées de quinze à vingt anneaux, suivant l'âge. Son pelage est d'un joli fauve clair, coupé en certaines parties d'un blanc très-pur. La femelle diffère du mâle par ses couleurs un peu moins nettes, et par ses cornes grêles sur lesquelles les anneaux sont à peine marqués. »

La gazelle corinne ou gazelle des montagnes est plus grande et plus trapue que la gazelle dorcas. Son pelage est plus brun, son poil plus long et plus dur, ses cornes plus droites.

La chair de la gazelle est très-délicate ; aussi les indigènes du désert font-ils une guerre acharnée à ce gracieux animal.

Le cerf.

Le cerf, moins grand que celui d'Europe, est à peu près inconnu dans les départements d'Alger et d'Oran, mais il est assez commun dans la partie orientale du département de Constantine, notamment dans les forêts des Beni-Salah.

Citons encore : le daim, que l'on ne rencontre

guère hors du département de Constantine ; la gerboise, le *dispus gerboa* de Gmlin, le *mus sagitta* de Pallas, d'une agilité prodigieuse ; le sanglier, très-répandu dans toutes les parties couvertes de bois ou de hautes broussailles ; le singe, magot commun, le *chadi* et *kerd* des Arabes, qui hante la Grande-Kabylie, les gorges de la Chiffa et de l'Isser oriental, c'est-à-dire les environs de Blidah et de Palestro ; le renard d'Algérie, *tsâleb*, dans les trois départements ; le renard doré, dans les plaines du Chelif ; le renard famélique du sud ; la mangouste, *zerdi* des Arabes, connue des Européens sous le nom erroné de *raton*, commune dans toute l'Algérie ; deux espèces de genettes : la genette de Barbarie, et la genette Bonaparte (la première se rencontre un peu partout ; la seconde n'a encore été observée que dans les environs d'Alger) ; plusieurs espèces de chats : le chat serval, le chat sauvage et le caracal, qui habitent les parties boisées des trois départements ; le guépard, le chat lybien et le margarita, qui sont particuliers au Sahara ; le putois Boccamèle, dans le département d'Alger, et la zorille de Levaillant, dans le sud du département de Constantine ; la loutre vulgaire, dans tous les grands cours d'eau des trois départements ; le hérisson, *guenfoud* des Arabes, commun dans toute l'Algérie ; le porc-épic huppé, *dorban* des Arabes, qui se trouve partout, du nord au sud ; les lièvres, les lapins, etc., etc.

Le lièvre abondait autrefois en Algérie ; mais, depuis la conquête, les Nemrods européens en ont détruit des quantités très-considérables ; les indigènes, encouragés par le bon prix qu'ils en retirent en le vendant aux Européens, lui font une guerre acharnée et souvent déloyale. Aussi n'en rencontre-t-on guère aujourd'hui dans le voisinage des cités ou des bourgades. Les chasseurs doivent l'aller traquer au loin dans les broussailles et les forêts.

La destruction du gibier en Algérie est imminente. Pour l'arrêter dans sa marche rapide, il faudrait réprimer énergiquement le braconnage chez les Arabes, pour lesquels tous les moyens de destruction sont bons.

§ 3. — *Oiseaux*.

A la tête des espèces originaires d'Afrique, il convient de placer l'*autruche* (*struthio-camelus* de Linné, *nama* en arabe, *naam* au pluriel), qui peuple les régions arides du Sahara. Elle atteint jusqu'à 2 mètres 40 de hauteur, et peut se domestiquer, comme le prouvent les résultats obtenus au Jardin d'acclimatation d'Alger. La chair de l'autruche est savoureuse. Ses plumes et ses œufs sont l'objet d'un commerce considérable. La chasse à l'autruche est la chasse de prédilection de l'Arabe du désert.

Parmi les oiseaux que l'on trouve en Algérie, soit de tout temps, soit de passage, citons :

L'aigle, le faucon, l'émouchet, le milan, le vautour, le hibou, la chouette, de la famille des *rapaces;*

La pie-grièche, le merle et le loriot; l'hirondelle, qui débarrasse la contrée d'innombrables myriades de moustiques; l'alouette, très-commune dans les plaines; le moineau, très-répandu un peu partout; le chardonneret, au brillant plumage; l'étourneau, dont les bandes, à certaine époque de l'année, forment un épais nuage capable d'intercepter les rayons du soleil; le corbeau, la corneille à bec rouge, et le geai, aux vives couleurs, de l'ordre des *passereaux;*

Le coucou, qui passe l'hiver en Afrique et y représente les *grimpeurs;*

Le pigeon ramier et la tourterelle; la perdrix, très-commune encore malgré le plomb des Européens et les filets des Arabes; la caille, que l'on trouve partout en abondance dans les temps de passage, etc., de la famille des *gallinacés;*

L'outarde blanche, la poule de Carthage (*Otis houbara* de Linné), appelée aussi poule de Numidie, d'Afrique, en grand honneur jadis chez les gourmets de Rome, très-recherchée encore des chasseurs; le pluvier et le vanneau, très-communs en hiver; la grue, la demoiselle de Numidie (*ardea virgo*), le héron, la cigogne, le flamant, la bécasse et la bécassine, la poule sultane (*porphyrio*), le râle d'eau (*rallus aquaticus*), le râle de genêts, ou roi des cailles (*rallus crex*), de l'ordre des *échassiers;*

La mouette, le goëland, le pélican, le cormoran, le cygne, le canard, la macreuse, la sarcelle, l'oie sauvage, le grèbe, qui abonde dans les roseaux du lac Fetzara, près de Bône (on ne le trouve guère avec la même abondance en Europe que sur les bords du lac de Genève), dont la peau tannée est un objet de luxe d'un grand prix, etc., de la famille des *palmipèdes*.

La *cigogne* mérite une mention particulière. Les cigognes arrivent dans le Tell vers le 15 janvier et s'en vont dans les quinze premiers jours d'août. Elles font leur nid sur les toits ou les terrasses des maisons, sur les clochers des églises, sur les minarets des mosquées, ou sur les hautes meules de fourrage. Personne ne les dérange ; aussi les prendrait-on pour des volatiles domestiques. La cigogne, en Algérie, est respectée de tout le monde, à cause des services qu'elle rend. Elle détruit, en effet, chaque jour, une quantité considérable de sauterelles, de crapauds, de lézards et de serpents, sa nourriture ordinaire. Elle rappelle l'ibis d'Égypte, que la reconnaissance des peuples avait élevé aux honneurs divins.

Ajoutons que l'on a essayé de domestiquer le *casoar*, dont la chair est excellente pour la boucherie ; cette tentative a été couronnée de succès.

§ 4. — *Reptiles.*

Dans la classe des reptiles nous citerons : quatre espèces de tortues ; une de terre, *testudo pusilla*, commune dans les broussailles des bois et des dunes ; deux aquatiques, *testudo lutaria*, qui habite les rivières, et *emys leprosa*, qui hante les cours d'eau, les marais et les mares. Les Arabes les désignent toutes sous le nom de *fakroun*. Sur les côtes du littoral, on prend assez souvent la *chelonia caouana* (la caouane), que les Arabes appellent *fakroun el bahr*, ou tortue de mer.

Le caméléon (*tata* des Arabes) se rencontre un peu partout, mais plus communément dans la vallée de l'oued Sahel.

Le *gecko* des murailles, vulgairement la *tarente*, habite les trois départements.

On distingue plusieurs espèces de lézards ; nous ne mentionnerons que le grand lézard vert, *lacerta ocellata*, le *moulab* ou *bourioun* des Arabes, commun dans le Tell et les Hauts-Plateaux ; l'*ouran* des Arabes, *varan* de Forskahl, lézard qui atteint quelquefois 1 mètre 50 de longueur ; il est assez répandu dans les plaines sablonneuses du Sahara algérien, surtout entre Biskra et le Souf. Dans cette dernière localité on trouve en grande quantité un petit lézard que les Sahariens mangent avec beaucoup de plaisir, et dont ils font provision en voyage. C'est le scinque officinal ou scinque des boutiques, qu'on employait autrefois en médecine.

Les *ophidiens*, ou serpents, ont de nombreux représentants en Algérie ; nous ne citerons pour le Tell que les couleuvres fer à cheval, vipérine et d'Esculape, qui sont communes partout, et que les Arabes nomment toutes *hanech*. Dans le Djurdjura et dans l'Edough habite l'aspic (*vipera aspis*), qui est la seule espèce dont la morsure soit à redouter dans le nord de l'Algérie.

Le sud et le Sahara, au contraire, nourrissent des espèces très-dangereuses, telles que la vipère cornue ou céraste, la vipère minute, le cobra habia, désignées par les Arabes sous le nom générique de *lefâa*. La morsure de ces reptiles produit toujours des accidents graves, et entraine souvent la mort de la victime.

§ 5. — *Insectes et animaux articulés.*

La faune entomologique de l'Algérie a les plus grands rapports avec celle du bassin de la Méditerranée ; néanmoins beaucoup d'espèces lui sont particulières. Dans les arachnides citons la *mygale barbara*, qui se creuse dans la terre des tubes qu'elle tapisse de soie et dont l'ouverture est fermée par un couvercle maintenu en place par une charnière, et reçu dans une sorte d'évasement circulaire qu'on ne peut mieux comparer qu'à une véritable feuillure. Pour mieux dissimuler l'entrée de sa demeure, elle a soin d'en couvrir la porte en couvercle avec les mêmes mousses, fétus ou grains de sable que ceux qui tapissent le sol environnant.

La *lycosoïdes algerica*, espèce de tarentule, est commune dans les plaines arides et non cultivées.

Les *scorpions*, dont on a reconnu six ou sept espèces, habitent principalement le sud des trois départements. Dans le Tell les espèces les plus communes sont : *androtonus occitanus*, qu'on trouve sous toutes les pierres des pentes arides exposées au sud ; le *buthus palmatus*, très-reconnaissable à ses pattes-pinces qui rappellent celles du homard ; il se tient plus volontiers sous les pierres des bois ou des ravins humides. La piqûre de ces arachnides n'est pas aussi dangereuse qu'on le croyait il y a quelques années. Malgré la douleur très-vive qu'elle cause, il est bien rare qu'elle amène des complications sérieuses.

Les insectes, en général, n'ont pas les belles couleurs que nous admirons dans ceux qui proviennent de l'Inde ou de l'Amérique ; néanmoins, le sud de l'Algérie fournit aux entomologistes des espèces qu'ils chercheraient en vain ailleurs. Nous voulons parler des charmantes cicindèles, des magnifiques anthies et graphiptères, des splendides buprestes, surtout dans les genres fulodis et ancylocheira, les nombreux melasomes, sinon curieux par leurs couleurs admirables, par la variété infinie des sculptures et des guillochis de leurs élytres.

Nous ne devons pas passer sous silence le *moustique*, le plus désagréable des insectes. Il abonde presque partout, et l'on peut bien lui appliquer ce vers de Boileau :

Du repos des humains implacable ennemi.

La sauterelle, *acridium peregrinum*, *djerad* en arabe, de l'ordre des orthoptères, une des plaies que l'endurcissement d'un Pharaon attira sur l'Egypte, n'a été que trop fréquemment un fléau pour l'Algérie. Depuis plusieurs années cependant, le pays n'a pas eu à souffrir des invasions de ce terrible insecte. Adulte, la sauterelle fait généralement peu de ravages. C'est surtout à l'état de criquet, alors qu'elle ne vole pas encore, qu'elle est à redouter. Les criquets marchent par escadrons épais de 9 à 10 kilomètres de long et semant sur leur passage la destruction et la faim.

Mais le mal peut quelquefois engendrer le bien. La science semble avoir trouvé le secret de tirer un parti utile de ce redoutable insecte dont le nom seul fait frissonner les cultivateurs algériens. En effet, le docteur Morvan a eu l'ingénieuse idée de substituer la sauterelle salée à la rogue de Norwége comme appât pour la pêche de la sardine. La *rogue* n'est autre chose que le frai de morue. Le commerce norwégien, qui en a eu pendant longtemps le monopole, a élevé d'année en année le prix de cet appât qui se paye aujourd'hui jusqu'à 120 et 130 francs le quintal. La consommation de la rogue atteignant annuellement le chiffre de six à sept millions de kilogrammes, c'est donc d'une somme d'environ sept millions de francs que la France est tributaire de l'étranger. Les expériences faites ont été concluantes, et la préparation économique du docteur Morvan réalise, au point de vue de l'industrie de la pêche, un progrès considérable. Il est aujourd'hui dûment constaté que la sardine montre autant d'avidité pour ce nouvel appât que pour la rogue. Or, comme la sauterelle séchée et salée est susceptible d'une très-longue conservation, elle pourra remplacer complétement la rogue de Norwége avec une économie minimum de 50 %. De leur côté, les indigènes, sachant que la sauterelle est devenue une marchandise d'un écoulement assuré, redoubleront d'efforts pour la détruire dès qu'elle se montrera.

En temps de disette, la sauterelle est une véritable *manne* pour les habitants du désert. Les Sahariens des oasis font, du reste, une grande consommation de sauterelles qu'ils conservent soit dans l'huile, soit à l'état sec. On en vend sur les marchés, où il n'est pas rare de voir des indigènes en grignoter, après leur avoir enlevé la tête, les pattes et les ailes.

En outre, la sauterelle séchée constitue un

excellent engrais d'une richesse incomparable en matière azotée et ayant donné les meilleurs résultats partout où il a été essayé, notamment à l'école de Grignon.

Citons aussi, dans l'ordre des hyménoptères, l'abeille, *nahla* des Arabes, très-cultivée par les Kabyles et les Arabes du Tell, qui ont à peu près le monopole de l'exploitation des ruchers : ils en possèdent 163,345 sur le nombre total de 171,380 exploités en 1874. Ses produits sont excellents; le miel d'Algérie est renommé, et sa cire recherchée sur tous les marchés.

« Mais, dit M. Guy, sous ce rapport, comme généralement dans toutes les circonstances de la vie, les indigènes s'en remettent trop aux soins de la nature. Aussi l'Algérie ne peut-elle fournir à sa consommation tout le miel dont elle a besoin. Chaque année elle est obligée d'en demander à la France, à l'Espagne, à la Tunisie et au Maroc. Il y a là cependant une branche d'industrie susceptible de donner de beaux produits... Il a été constaté que les abeilles d'Afrique sont plus faciles à gouverner et d'un rapport plus sûr que celles de France (1). »

Jusqu'à présent les lépidoptères ou papillons capturés en Algérie ont donné peu d'espèces nouvelles pour la science; ce sont, à très-peu

---

(1) Guy, *L'Algérie : agriculture, industrie, commerce.* (1876.)

d'exceptions, les mêmes que ceux du midi de la France et du bassin de la Méditerranée.

§ 6. — *Mollusques*.

Les mollusques d'Algérie n'offrent pas moins de variétés que les insectes; les plages sablonneuses et les rochers qui bordent la côte offrent au naturaliste, et même au simple curieux, de nombreuses espèces marines; les rivières, les lacs, les vallées, les montagnes ne sont pas moins riches que les bords de la mer, et malgré toutes les découvertes de Shaw, Poiret, Deshayes, Aucapitaine, Letourneux, Lallemant, Weinkauff, etc., etc., il reste encore beaucoup d'espèces inconnues.

Les mollusques marins n'ont pas, en général, les brillantes couleurs de ceux de l'Inde; ils n'en sont cependant pas moins intéressants, et tiennent avantageusement leur place dans les collections scientifiques. Bon nombre d'espèces, à cause de leur abondance et de la délicatesse de leur chair, entrent dans l'alimentation des localités du littoral, et certaines d'entre elles sont recherchées des gourmets, telles que les murex, les purpura (pourpre), les trochus, les haliotis, les patelles, les solen, les mactres, les vénus (clovisses), les cardium, les mytilus (moules), les pecten (peignes), les ostrea (huîtres).

Quelques genres céphalés de petite taille abondent dans les sables apportés par les flots : pleurotoma, nassa, mitra, columbella, natica, scalaria, cerithiopsis, cypræa, littorina, rissoa, neritina, phasianella, truncatella, etc.

Parmi les coquilles de grande taille on peut citer les tritons, les casques aux agréables couleurs, le dolium galea, la lutraria elliptica, la cytherea chione, le magnifique cardium hians (Brocchi), etc., etc.

M. Bourguignat a publié en 1864 un remarquable ouvrage sur les mollusques terrestres et d'eau douce. Parmi les nombreuses espèces qui y sont décrites citons les suivantes, particulières à l'Algérie : limax nyctelius ; milax scaptobius ; testacella Brondeli ; daudebardia platystoma ; zonites Otthianus (helix Jeannotiana, Djurdjurensis, subplicatulus ; helix Constantinæ, zonitomæa, Nicaisiana, cedretorum, Lucasii, Punica, Massylæa, Reboudiana ; bulimus decollatus, dépassant de beaucoup la taille de ses congénères de Provence, surtout dans les contrées du sud ; Cirtanus, Poupilianus, Bourguignati ; azeca Psathyrolena ; ferussaccia Forbezi, Vescoi, lamellifera, gracilenta, Iserica, Bourguignatiana ; pupa Kabyliana, Lallemantiana, Michaudi, Brondeli, Aucapitainiana, Poupilieri ; vertigo Dupoteti, Numidica, Maresi ; clandina Algira ; cæcilianella Letourneuxi, Brondeli ; alexia Algerica, Micheli, Firmini ; bythinia Numidica ; hydrobia Peraudieri, Brondeli, Reboudii ; melania tuberculata ; melanopsis Maroccana, Maresi ; pomatias Maresi,

Henonis, Atlanticus; amnicola Dupotetiana, perforata; unio Letourneuxi, Fellmanni, Durieui, Ravoisieri, Moreleti; anodonta Lucasi, Numidica, Embia, etc., etc.

§ 7. — *Poissons.*

L'ichthyologie marine ne diffère pas sensiblement de celle des côtes méditerranéennes de la France. Ce sont les mêmes espèces; seulement telle espèce est plus rare ou plus abondante ici que là, et vice-versa.

Les rivières et cours d'eau sont très-pauvres en espèces; on n'y trouve guère que les vulgaires barbeaux et anguilles, *barbus callensis*, *anguilla vulgaris*, etc.; quelques espèces d'ables, surtout dans le Rummel et dans le Bou-Merzoug. Cependant, vers 1860, on découvrit une espèce de truite dans l'oued Zhour du cercle de Collo, rivière assez importante qui arrose une plaine très-riche et bien cultivée par les Arabes. Elle fut nommée *salar macrostigma* par M. Duméril.

L'oued Zhour est le seul cours d'eau où l'on ait jamais vu des truites. Comment y sont-elles venues? Les indigènes prétendent qu'elles y ont été semées par les Romains. Les truites remontent aussi dans les affluents de l'oued Zhour. M. Claude, géomètre du service topographique, y en a pêché dont le poids dépassait une livre et demie. Cette découverte fait espérer que dans les cours d'eau des montagnes on pourrait la multiplier, et peut-être même introduire notre truite de France.

Dans l'oued R'ir et les Ziban on ne connaît encore que trois espèces de poissons :

1° *Chromis Niloticus, olim perca Guyonii*, etc., qui se trouve aussi à Biskra et à Oumach;

2° *Chromis Tristrami*;

3° *Cyprinodon cyanogaster*, qui existerait aussi dans le Zab occidental.

Des carpes et des tanches apportées de France par MM. Cosson et de Lannoy furent lâchées dans l'étang du djebel Ouach, à 7 kilomètres nord-est de Constantine; elles multiplièrent tellement que deux ans plus tard quatorze bidons et deux grands baquets remplis d'alevin purent être portés et vidés dans le Rummel, à son confluent avec le Bou-Merzoug. On évalue à 8,000 carpes et 6,000 tanches le premier empoissonnement (1).

§ 8. — *Zoophytes*.

Les éponges abondent sur les côtes de l'Algérie. Il y a là une source de revenus que l'on pourrait exploiter avec plus d'activité.

En Tunisie, les éponges communes sont l'objet d'un important commerce qui est aux mains de quelques négociants de Paris.

---

(1) Voy. l'excellent ouvrage de MM. Letourneux et Playfer sur l'*Ichthyologie algérienne*.

§ 9. — *Polypes.*

Bornons-nous à mentionner le *corail*. Ce polype existe sur tout le littoral algérien, mais plus particulièrement dans les eaux du département de Constantine (1).

Nous avons oublié, dans le cours de ce chapitre, de mentionner quelques espèces intéressantes du règne animal, notamment :

Le chien arabe, le vrai chien d'Algérie, qui garde les gourbis, les tentes et les troupeaux (le slougui est un chien de luxe qui ne sert que pour la chasse au lièvre et à la gazelle ; il ne rend au pauvre d'autre service que celui de lui dévorer quelque mouton quand la chasse a été mauvaise); le rat à trompe, grande musaraigne (*mucroscelis Rosetti*), très-rare, mais fort curieux ; la marmotte du col de Sfa, le *gundi* des Arabes ; quatorze espèces d'alouettes (calandre, alouette du désert, etc.) ; un grand nombre de becs-fins ; la poule de Pharaon, la grande *nettoyeuse* des environs de la ville de Constantine ; la corneille des rochers que l'on voit voltiger toute la journée dans les gorges du Rummel à Constantine ; le gypaète barbu, un des plus grands rapaces, qui hante quelques régions de l'Algérie, les rochers Constantinois ; les gangas, plus répandus sur les

---

(1) Pour la pêche du corail, voy. le chap. IV : *Industrie*.

Hauts-Plateaux et le Sahara que les étourneaux dans le Tell; l'*echidna Mauritanica*, belle vipère commune à Djelfa, à Laghouat, etc., et d'une belle taille, etc., etc.

Ajoutons que le Sahara possède un grand nombre d'espèces d'oiseaux qui de là descendent dans les régions les plus chaudes.

CHAPITRE III.

RÈGNE MINÉRAL.

§ 1er. — *Mines* (1).

Le développement toujours croissant que l'industrie minière a pris en Algérie y a rendu nécessaire la réorganisation du service des mines. Depuis le 1er octobre 1875, l'Algérie forme une inspection générale des mines divisée en deux arrondissements minéralogiques, désignés sous le nom d'Alger et de Constantine.

L'arrondissement minéralogique d'Alger com-

---

(1) Nous avons largement puisé pour la rédaction de ce chapitre dans un excellent travail qui a pour titre : *Législation des Mines et Situation de l'industrie minéralurgique de l'Algérie à la fin de l'année 1875*, par M. Ville, inspecteur général des mines.

prend les deux départements d'Alger et d'Oran. Quant à celui de Constantine, il s'étend sur tout le département de ce nom.

Chaque arrondissement est subdivisé en deux sous-arrondissements confiés, l'un à l'ingénieur en chef de l'arrondissement même, l'autre à un ingénieur ordinaire. L'arrondissement minéralogique d'Alger forme les deux sous-arrondissements d'Alger et d'Oran.

L'arrondissement minéralogique de Constantine comprend les sous-arrondissements de Constantine et de Bône. Un inspecteur général des mines est placé à la tête de l'ensemble du service ; il est particulièrement chargé des questions spéciales et de la centralisation du travail de la carte géologique.

Il résulte des statistiques dressées par les soins du gouvernement à la fin de l'année 1875, que l'on compte actuellement en Algérie :

1° 25 mines concédées se décomposant ainsi : 1 mine de combustible minéral, 8 mines de fer, 8 mines de cuivre, 3 mines de plomb, 5 mines de zinc, d'antimoine ou de mercure ;

2° 33 minières de fer exploitées ou explorées ;

3° Environ 115 gîtes minéraux non concédés, savoir : 12 mines de combustible minéral, 14 gîtes de pyrite de fer, 36 mines de fer, 58 de plomb, de cuivre, de zinc, d'antimoine, etc.;

4° 64 carrières, dont 13 de marbre, 18 de pierres à bâtir, 17 de pierres à chaux hydraulique, 16 de pierres à plâtre;

5° 5 gîtes de salpêtre;

6° 50 gîtes de sel, savoir : 26 salines naturelles, 21 sources salées, 7 bancs ou montagnes de sel gemme;

7° Plus de 140 sources thermales (thermales simples, sulfureuses, ferrugineuses, gazeuses, salines).

Les mines seules ont occupé, en 1875, environ 4,000 ouvriers.

Cette énumération prouve l'importance de la richesse minéralogique de l'Algérie. Le nombre des mines connues est considérable. Qui pourrait dire combien sont encore ignorées! Que de gîtes délaissés par les concessionnaires à cause du manque de ressources pécuniaires, dont l'exploitation serait féconde en bons résultats! L'administration actuelle, en exigeant des demandeurs en concession la justification d'un capital nécessaire à l'exploitation, et l'obligation d'exploiter, sous peine de déchéance, dans un délai déterminé, remédiera facilement à ce funeste état de choses. Des travaux de recherches entrepris et poussés avec activité, le développement des chemins de fer et des routes, permettent de prévoir la création de nouveaux centres d'exploitation. En outre, les merveilleux résultats obtenus sur quelques points, notamment au Mokta-el-Hadid, sont, pour les industriels, un puissant encouragement qui devra, tôt ou tard, porter ses fruits. Capitalistes, à l'œuvre !

FER ET MANGANÈSE.

Aucun pays n'est plus riche en fer que l'Algérie. L'abondance et la qualité supérieure du minerai que l'on en extrait ont enrichi déjà quelques compagnies. L'Algérie peut vendre du fer au monde entier, et ce fer soutient avantageusement la comparaison avec les plus recherchés de l'Europe, sans en excepter ceux de la Scandinavie. Les minerais algériens fournissent une grande quantité d'acier d'excellente qualité et reconnu très-propre à la fabrication de canons pouvant rivaliser avec les canons Krupp de sinistre mémoire.

Département de Constantine.

1º *Bassin de l'oued Mellègue* :

Gîte du djebel *Dbidiba*, à 90 kil. de La Calle, inexploré et peu susceptible d'exploitation à cause de son éloignement du littoral et du manque de voies de communication.

Gîte du djebel *Ouenza*, à 22 kil. sud-ouest du précédent, autrefois l'objet d'une exploitation active.

Gîte du djebel *Bou-Kadra*, à 24 kil. sud-sud-est du précédent ; il pourra être exploité avec fruit si l'on construit le chemin de fer de Bône à Tébessa par Guelma.

2° *Bassin de l'oued El-Hout :*

Gîte de l'oued *El-Aroug*, à 13 kil. sud-ouest de La Calle, formant une couche d'hématite brune de 10 mètres d'épaisseur et de 100 mètres de long.

3° *Bassin de la Seybouse et de la Boudjimah :*

Mine de fer oxydulé du *Bou-Hamra*, aux portes de Bône, concédée à la compagnie du Mokta-el-Hadid, qui, depuis 1873, y fait exécuter des travaux de recherches. Le Bou-Hamra, à en juger par la richesse des couches que l'on y a découvertes, est appelé à fournir bientôt une quantité considérable d'excellent minerai. Un tronçon de voie ferrée relie la mine du Bou-Hamra au chemin de fer de Bône au Mokta-el-Hadid.

Mine de fer oxydulé des *Karézas*, à 12 kil. de Bône, appartenant à la société du Mokta-el-Hadid, qui a repris en 1872 les travaux abandonnés depuis plusieurs années par les premiers concessionnaires. Cette société a fait, soit par des travaux à ciel ouvert, soit par des travaux souterrains, d'intelligentes recherches qui ont mis à découvert plus de 200,000 tonnes de fer oxydulé qu'elle commence à livrer à l'industrie. Elle exécute en ce moment de grands travaux d'avenir destinés à explorer le périmètre de la concession, dont la superficie est de 1,438 hectares.

Le nombre des ouvriers employés était d'environ 150 à la fin du mois de mai 1876.

4° *Bassin du lac Fetzara et de l'oued Sanendja :*

Mine de fer oxydulé magnétique de *Medjez-Rassoul*, à environ 18 kil. sud-ouest de Bône, exploitée depuis plusieurs années à ciel ouvert et souterrainement. Les titulaires de la concession de cette mine, accordée par décret du 12 juillet 1875, y font exécuter de grands travaux en vue d'une vaste exploitation. La mine de Medjez-Rassoul ou d'*El-M'kimen* est reliée au chemin de fer du Mokta-el-Hadid par un tronçon de voie ferrée desservi par des chevaux.

La mine de fer oxydulé magnétique du *Mokta-el-Hadid* (la coupure du fer), à 33 kil. sud-ouest de Bône, concédée par ordonnance royale du 9 novembre 1845, est aujourd'hui dans un merveilleux état de prospérité qui s'accroît encore de jour en jour. C'est de beaucoup la mine la plus importante de toute l'Algérie, et elle peut rivaliser avec les établissements de ce genre les plus florissants de l'Europe entière.

Le personnel total de l'entreprise s'est élevé en 1875 jusqu'à 1,660 ouvriers, et a été en moyenne de 1,583. La production journalière a été de 1,800 tonnes. La production totale de l'année 1875 a atteint 397,850 tonnes.

Les minerais de Mokta-el-Hadid, les plus riches en fer de tous les minerais connus, jouissent à bon droit d'une réputation universelle ; ils s'exportent aujourd'hui jusqu'en Amérique.

La mine du Mokta-el-Hadid, contiguë au village d'Aïn-Mokra et voisine du lac Fetzara, comprend des travaux d'exploitation à ciel ouvert et des travaux souterrains de recherches. L'exploitation à ciel ouvert se fait par gradins de 5 mètres de hauteur moyenne, qui atteignent le point culminant du mamelon de Mokta-el-Hadid, et sur lesquels s'échelonnent des centaines d'ouvriers abattant le minerai de tous côtés. C'est merveille de les voir à l'œuvre; on dirait qu'ils taillent dans un pain de sucre.

Des voies de communication et des plans inclinés sur lesquels circulent des wagons amènent le minerai sur la ligne principale.

Le gîte de fer magnétique du Mokta s'étend sur trois mamelons contigus, alignés du nord-ouest au sud-est, sur les flancs desquels ont été exécutés de nombreux puits de recherches, et auxquels on a donné, suivant leur ordre chronologique, la série des numéros à partir du n° 1.

Des galeries servent à l'exploitation intérieure et permettent de se livrer dans les entrailles du mamelon à un travail analogue à celui qui a lieu à ciel ouvert.

Les ouvriers travaillent dans les galeries intérieures et dans les puits de jour et de nuit, par postes de dix heures; mais les travaux à ciel ouvert n'ont lieu que le jour.

Les environs de la mine se couvrent d'habitations d'un riant aspect, de jardins et de bosquets d'eucalyptus. Rien n'est négligé par les directeurs de l'exploitation pour neutraliser les effets des émanations paludéennes dangereuses en été. Pendant les mois où les effluves du lac Fetzara sont à redouter, un train spécial ramène le soir les ouvriers à Bône d'où un autre train les reconduit à la mine le lendemain.

Huit trains par jour amènent environ 1,600 tonnes de minerai au port de Bône, où il est chargé sur de magnifiques quatre-mâts (*Alsace, Lorraine, Auvergne, Dauphiné, Franche-Comté, Touraine, Artois*, etc.) qui le transportent à Marseille. Les navires anglais, suédois, américains et autres, emportent aussi dans différentes directions le précieux minerai du Mokta-el-Hadid. Ce va-et-vient continuel de navires de toutes les nations donne au port de Bône une animation extraordinaire.

L'habile et énergique impulsion que le regretté M. Dumas a su donner aux travaux d'exploitation mérite les plus grands éloges et montre tout le parti que les industriels expérimentés peuvent tirer des richesses naturelles de l'Algérie.

M. De Froment a succédé à M. Dumas comme directeur de l'exploitation. La mine est donc en bonnes mains; tout lui présage un avenir prospère.

Il y a quelques années, les minerais des Ka-rézas et de Medjez-Rassoul étaient traités, sur la rive gauche de la Seybouse, à l'Alélik, où se voient encore deux hauts-fourneaux éteints.

Les ateliers de la Compagnie (construction et réparation), installés à Bône, près de l'embouchure de la Seybouse, occupent un nombre considérable d'ouvriers. Ils forment certainement l'établissement de ce genre le plus complet qui ait encore été créé en Algérie.

A côté des ateliers se trouvent les magasins d'approvisionnements de la Compagnie, qui peuvent rivaliser avec les magasins généraux des chemins de fer de France. Ils renferment continuellement au moins pour 700,000 francs de marchandises.

Gîte de fer oxydulé de *Marouania*, dont la concession est demandée par la Société du Mokta-el-Hadid, à 25 kil. ouest de Bône.

Gîte de fer oxydulé d'*Aïn-Chougga*, à 24 kil. ouest un peu sud de Bône. Il n'est pas très-considérable, mais il mériterait d'être exploité.

Gîte de fer oxydulé de *Boulaba*, à 26 kil. un peu au sud de Bône. Inexploité.

Gîte d'oxyde de manganèse de la *Voile-Noire*, à 12 kil. nord-ouest de Bône, objet de travaux de recherches.

5° *Bassin du Safsaf* :

Gîtes de minerais de fer de l'oued *Mcçadjet*, à 22 kil. est de Philippeville, inexploités.

Gîtes de minerais de fer du djebel *Bou-Ksaïba*, à 24 kil. est de Philippeville, exploités à ciel ouvert comme une minière.

Mines de fer du *Filfila*, à 14 kil. est de Philippeville. Les versants de la montagne sont couverts de blocs erratiques de fer ; ils offrent des amas du plus riche minerai qui existe en ces contrées. Les travaux de recherches, activement poussés, ont mis à jour des gîtes de minerais sur plus de vingt endroits. Il ne s'agit plus que de reconnaître une masse assez puissante pour assurer une longue exploitation. Dans ce cas, une voie ferrée pourrait être créée en vue d'amener le minerai à Philippeville.

Gîtes de minerais de fer et de cuivre de l'oued *Cheheri*, sur le versant nord du djebel Halia, objet d'une demande en permis de recherches.

Gîtes de minerais de fer du djebel *Sikikda*, près de Philippeville. La qualité du minerai est excellente ; malheureusement le gîte le plus important s'enfonce au-dessous du niveau de la mer.

Fer oligiste du *Fendek*, à 14 kil de Philippeville. Les travaux, récemment commencés, ont donné des résultats encourageants.

6° *Bassin de Collo :*

Gîtes de minerais de fer de *Sedma*, à 10 kil. nord-ouest de Collo, concédés à la Compagnie forestière Besson. Le minerai se compose de fer oxydulé très-riche ; il présente des épaisseurs de

15 mètres. Cette mine n'occupe encore que quelques ouvriers, mais il y a lieu d'espérer qu'elle sera bientôt l'objet d'une active exploitation.

Minerais de fer chromé d'*Euch-el-Bez*, aux environs de Collo, exploités depuis peu de temps par M. Rambaud, négociant à Paris. Les filons d'Euch-el-Bez paraissent très-riches. Les produits de cette mine pourront avoir une sérieuse influence sur le développement, en France, de la fabrication des chromates.

Minière de l'oued *Tamanhar*, aux environs de Collo, exploitée par la Société métallurgique de Tarn-et-Garonne.

7° *Bassin de l'oued Djindjen* :

Gîtes de minerai de fer du cap *Cavallo*, à 16 kil. sud-ouest de Djidjelli. Les uns constituent des amas et des veines qui se poursuivent sans ordre apparent au milieu de la roche dioritique; d'autres comprennent un filon régulier de 2 mètres de puissance moyenne, qui fournit de l'hydroxyde de fer de bonne qualité.

Gîtes d'hydroxyde et de pyrite de fer des *Haïd-Achour*, à 32 kil. sud-ouest de Djidjelli. L'affleurement présente une largeur d'environ 20 mètres et une longueur de 80 à 100 mètres.

Gîtes de minerais du djebel *Hadid*, ou des *Beni-Foughal*, à 30 kil. sud-sud-ouest de Djidjelli. Les uns constituent des veines de fer spathique et d'hématite brune de 0 m. 02 à 0 m. 12 de puissance; les autres sont des amas irréguliers d'hématite brune. Ces gîtes, aujourd'hui délaissés, ont été pour la plupart exploités par les indigènes. Teneur en fer, de 55 à 61 %.

8° *Bassin de l'oued Agrioun* :

Gîtes d'hématite de fer et de pyrite de fer, entre l'oued *Ziama* et l'oued *Agrioun*, à 30 kil. est-sud-est de Bougie, inexplorés.

Gîtes d'hématite de fer d'*Iselan*, à 36 kil. sud-est de Bougie. D'après une analyse faite par M. l'ingénieur Dubocq, le minerai d'Iselan renferme 50,27 % de fer métallique et 2,77 de manganèse, très-propres à la fabrication de l'acier.

Gîte de minerai de *Tadergount*, à 32 kil. de Bougie. On y remarque un filon d'hématite brune de 2 kilomètres de long et de 6 à 8 mètres de puissance, exploité autrefois par les indigènes.

9° *Bassin de l'oued Djemmad* :

Hématites de fer de l'oued *Iboukaran*, chez les Ouled-Mimoun, à 10 kil. de Bougie.

Gîte de fer oligiste sur le versant nord du djebel *Amjout*, chez les Ouled-Mimoun, à 18 kil. de Bougie, exploité par M. Pedro d'El-Fautara.

Fer oxydulé de l'oued *Djemmad*, à 17 kil. sud de Bougie. Le gîte, autrefois exploité par les Arabes qui en tiraient un fer de qualité supérieure, se compose de fer oxydulé fortement magnétique, présentant une agglomération de cristaux disposés en éventail.

Fer oligiste de *Taamtin Imksaouan*, à 15 kil.

sud-est de Bougie, chez les Ouled-Mimoun. La couche est encaissée dans les marnes nummulitiques, à 520 mètres d'altitude.

Hématite de fer des *Beni-Guendouz*, sur la rive droite de l'oued Djemmaâ, à 22 kil. sud-sud-est de Bougie. Ce gîte, autrefois exploité par les indigènes, donnait un fer très-renommé. Teneur en fer, 45 %.

Hématite de fer de *Gandirou*, sur la rive droite de l'oued Djemmaâ, à 20 kil. sud-sud-est de Bougie, au nord-est du précédent. Autrefois exploité par les indigènes.

10° *Bassin de l'oued Sahel ou Soumam* :

Minière de *Takleat*, petit village kabyle, à 4 kil. 1/2 de Bougie, exploitée par les indigènes. Le voisinage du port de Bougie, la facilité des transports et la bonne qualité du minerai (teneur en fer du minerai, 45 % environ) invitent les industriels à une exploitation active de ce gîte.

Gîtes d'hématite de fer du djebel *Anini*, à 50 kil. sud-sud-est de Bougie, à 26 kil. nord-est de Sétif, explorés par M. Mœvus et Ce, de St-Étienne. « Les affleurements ferrifères, dit M. l'ingénieur Tissot, sont encaissés dans une assise de calcaire néocomien qui repose sur une grande épaisseur de marnes également néocomiennes. On y reconnaît un grand nombre de crêtes rocheuses de filons, dont les dimensions varient depuis quelques mètres jusqu'à 40 ou 50 mètres pour la longueur, et depuis 0 jusqu'à 15 ou 20 mètres pour l'épaisseur. Quelquefois les crêtes rocheuses représentent des lambeaux de nappes horizontales où les zones de divisions naturelles sont également horizontales. A côté de ces affleurements rocheux émergeant du milieu de la masse de calcaire néocomien, il y a aussi de larges surfaces où le calcaire disparaît presque complétement, et où le sol est presque uniquement formé de débris ferrugineux. Le minerai est une hématite rouge, concrétionnée, dans laquelle la proportion de la gangue est très-faible. Divers essais ont donné des rendements en fonte de 65 à 68 %. »

Voilà donc une nouvelle source de richesses que la prochaine création de voies de communication fera jaillir des entrailles du sol.

Département d'Alger.

1° *Gîtes de fer et de manganèse compris entre la Kabylie du Djurdjura et la ville d'Alger :*

Fer oxydulé du *Col des Beni-Aïcha*, à 4 kil. sud-est du village de ce nom, semblable à celui des environs de Bône. Ce gîte, objet de travaux de recherches de la part de M. Du Mesnil, à Alger, pourra être, sans doute, fructueusement exploitée dès que la construction prochaine du chemin de fer d'Alger au Col des Beni-Aïcha aura facilité l'exportation de ses produits.

Gîte de fer oligiste de l'oued *El-Keddache*, au nord du Col des Beni-Aïcha (4 kil.), sur la rive droite de l'oued El-Keddache, exploré par M. Janin, à Alger. Le minerai est très-dur, très-compacte, et paraît très-pur. Le résultat des travaux de recherches est encourageant.

Indices de minerais de fer de la *Bouzareah*, aux environs d'Alger; peu importants.

Gîte de manganèse de la *Bouzareah*. « Les travaux dont ce gîte a été l'objet ne permettent pas, dit M. Ville, de se prononcer sur sa valeur industrielle. »

2° *Gîtes de minerais de fer compris entre Cherchel et Ténès* :

Gîtes de minerais de fer des environs de Novi. Les affleurements paraissent fort beaux, et le voisinage du port de Cherchel rend très-facile l'exportation des minerais.

Mine de fer de l'oued *Messelmoun*, à 15 kil. ouest-sud-ouest de Cherchel, exploitée par une Compagnie anglaise (*The wigan Coal and Iron Company*). Filons très-importants, objet de grands travaux de recherches et d'une demande en concession.

Mine de fer des *Gouraïas*, à 18 kil. ouest de Cherchel, concédée à la Société anonyme des forges et chantiers de Châtillon et Commentry, à Paris. On y a exécuté des travaux considérables destinés à préparer sur une grande échelle l'exploitation des filons qui semblent très-riches.

Gîtes d'hématite de fer d'*Aïn-Sadouna*, à 19 kil. ouest-sud-ouest de Cherchel, dont la concession est demandée par la Compagnie des forges et chantiers de Châtillon et Commentry. Filons importants.

Gîtes de minerais de fer des *Beni-Zioni*, à 44 kil. ouest-sud-ouest de Cherchel, signalés par le savant géologue Pomel, aujourd'hui sénateur.

Hématites de fer des *Beni-Aquil*, à 24 kil. est de Ténès. Quelques-uns de ces gîtes ont été autrefois l'objet d'une exploitation considérable qui a donné lieu à de profondes excavations formant aujourd'hui de vastes grottes. Pour pouvoir tirer utilement parti de ces riches gîtes minéralogiques dont la concession est demandée, et qui sont explorés par M. Dervieu, de Marseille, il faudrait créer une route de 13 à 14 kil. qui les mettrait en communication avec la baie des Beni-Haoua, où l'on embarquerait les minerais.

Gîtes d'hématites de fer du djebel *Hadid*, à 6 kil. sud-ouest de Ténès, objet d'importants travaux de recherches exécutés par la Compagnie des forges et chantiers de Châtillon et Commentry, à Paris.

Minerai de fer des environs du *Marabout de Sidi-Ahmed*, à 23 kil. de Cherchel.

Minerai de fer de la rive droite de l'oued *El-Hammam*, à 24 kil. est-nord-est d'Aumale.

3° *Gîtes de l'intérieur du département d'Alger, entre Aumale et Orléansville :*

Fer oligiste de l'oued *Ben-Hallou*, à 5 kil. sud du village de l'Arba. 70 % de fer. Gîte inexploité.

Gîtes des environs de *Bouinan* et d'*Amroussa*. Ils ont été en 1874 l'objet de quelques travaux de recherches exécutés par ordre de la Compagnie des mines de Soumah et de la Tafna.

Mine de fer de *Soumah*, à 8 kil. est-nord-est de Blidah. Cette mine, concédée en 1865, occupe une superficie d'environ 4 kil. Elle comprend de nombreux filons enclavés dans des argiles schisteuses du terrain crétacé. Le minerai qui provient de ces filons se compose, dit M. Ville, dans les affleurements, d'un mélange de peroxyde de fer anhydre (hématite rouge) et de peroxyde de fer hydraté (hématite brune) d'excellente qualité, contenant 58 à 64 % de fer métallique; mais en profondeur, les hématites diminuent de richesse et se transforment souvent en carbonate de fer blond dont la teneur en fer métallique est au plus de 48 %, et tombe parfois à 42 %.

La mine, dont l'exploitation n'a pendant longtemps donné que de médiocres résultats, à cause de la cherté des transports, a été achetée par une riche Compagnie qui y a fait exécuter de grands travaux préparatoires.

M. l'ingénieur Dubois, qui a été chargé pendant plusieurs années des intérêts de la Société Générale à Alger, affirme que les mines de Soumah, sur lesquelles on avait fondé les plus brillantes espérances, ne peuvent pas donner lieu à une exploitation fructueuse.

Minerais de fer de *Bel-Amin*, à l'est de la concession précédente, exploités par la Compagnie des mines de Soumah et de la Tafna.

Minerai de fer des environs de *Blidah*, sur la rive gauche de l'oued El-Kebir.

Gîtes d'hématite de fer de *Bouïnan*, à 14 kil. nord-est de Blidah (Compagnie des mines de Soumah et de la Tafna).

Minière de la station de l'oued *Djer*, à 8 kil. sud-ouest d'El-Affroun. En raison de la valeur actuelle des minerais de fer, ce gîte, non concédé, pourrait, affirme M. Ville, être exploité avec avantage. Les produits se vendraient à Alger 14 à 15 francs la tonne. Les frais de transport de la gare à bord des navires, au port d'Alger, seraient d'environ 8 francs la tonne, ce qui laisse assez de marge pour les bénéfices de l'exploitant. Le minerai est de bonne qualité et renferme 54,40 % de fer métallique.

Minière du *Zakkar-R'arbi*, sur le versant sud de la montagne, dans le voisinage de Milianah, louée, en 1874, par le Domaine à MM. Giraud frères et Santi, d'Oran. La teneur du minerai varie de 52 à 60 %. Abd-el-Kader avait fait commencer à Milianah la construction d'un haut fourneau pour tirer parti du minerai provenant de ces gîtes qui sont nombreux et importants. L'exploitation de cette mine sera fructueuse le jour où des voies de communication lui seront ouvertes.

Sur le territoire de Milianah (5 kil.) et la rive

gauche de l'oued *Christiou*, se trouve aussi un filon important d'hématite de fer dont l'affleurement se poursuit sur plus de 400 mètres de longueur. La teneur du minerai peut être évaluée approximativement à 50 %. « La richesse du gîte et le voisinage du chemin de fer sont, dit M. Ville, de nature à attirer sur ce point l'attention des explorateurs. »

Gîte de minerai de *Lavarande*, sur les derniers contre-forts du versant sud du Zakkar.

Gîtes de minerais de fer, à 3 kil. sud-ouest de Duperré, près de la ferme *Frachon*, non concédés.

Minerai de fer de *Sidi-Sliman*, à 11 kil. sud-ouest de Duperré. En 1874, 40 à 50 ouvriers ont été occupés à la mine de Sidi-Sliman. Teneur en fer du minerai, 55 %.

Minière de fer de la rive droite de l'oued *Rouïna*, à 4 kil. sud de la gare de ce nom, exploitée par MM. Gaguin frères. Teneur en fer, 55 %.

Minière de fer de la rive gauche de l'oued *Rouïna*, à 4 kil. sud de la gare de ce nom, en face de la précédente, exploitée par MM. Gaguin frères, à Alger. 63,75 % de fer métallique et 0,90 de manganèse. Une cinquantaine d'ouvriers y étaient occupés en 1874. Gîtes importants.

Minerai de fer du village des *Attaf*, à 3 kil. sud de la gare de ce nom, exploité par M. Payras, à Alger. Riches filons.

Minière de fer de *Temoulga*, à 3 kil. sud-est de la gare de ce nom, exploitée activement avant l'occupation française. Le minerai (54 % de fer métallique et 1 % de manganèse) est transporté en charrette jusqu'à la gare de Temoulga, d'où il est dirigé par le chemin de fer sur Oran ou Alger. 50 à 60 ouvriers constituaient, en 1874, le personnel de la minière, exploitée par MM. Gaguin, à Alger.

Département d'Oran.

1° *Gîtes compris entre Arzeu et le Rio-Salado :* Minière de *Kléber*, louée par la commune à M. Champenois, reliée au village par une bonne route carrossable, et par suite à la route d'Oran à Arzeu où les minerais sont embarqués. La teneur du minerai estimée à vue d'œil peut varier, suivant M. Ville, de 45 à 50 % en fer métallique.

Minière de *MM. Campillo et Levy*, à 14 kil. sud-ouest d'Arzeu, près de Tazout, entre la montagne des Lions et le djebel Orousse. Une route carrossable conduit le minerai à Kléber, d'où il est expédié au port d'Arzeu.

Minerais de fer dans les terrains communaux de *Saint-Cloud*.

Fer oligiste du djebel *Mansour* et du cap *Ferrat*, dont les affleurements importants ont été signalés par M. Ville.

Fer oligiste, dans le voisinage d'Oran, sur la route de Mers-el-Kebir.

Minière du djebel *Ahoum*, à 4 kil. nord-ouest de Misserghin.

Minière du versant sud-est du cap *Falcon*, commune d'Aïn-Turk, exploitée par M. Sgitcowich, à Oran.

Minerais à l'ouest du cap *Falcon*. Teneur en fer, 40 à 45 %.

Minerais du *Chabab-el-Haoussi* (32 kil. ouest-sud-ouest d'Oran), commune de Bou-Sfer, assez importants.

2° *Gîtes compris entre le Rio-Salado et la rive droite de la Tafna :*

Minière du djebel *Haouaria*, voisine de Camerata, exploitée par M. Barrelier et Ce, à Oran.

L'exploitation du djebel Haouaria a occupé environ 200 ouvriers en 1874. « Le minerai, dit M. Ville, se compose en général d'hématite rouge compacte, dont la teneur en fer, qui était d'abord de 47 %, a augmenté graduellement jusqu'à 54,52 % avec l'approfondissement des travaux. La teneur en manganèse varie de 1,15 à 2,15 %. »

Minière de *Sidi-Safi*, à 10 kil. environ au sud de la rade de Camerata et à 16 kil. ouest-nord-ouest d'Aïn-Temouchent. Teneur en fer, 61,69 %.

Minière de fer de *Tenikrent*, à 3 kil. sud-ouest du djebel Haouaria et à 18 kil. ouest-nord-ouest d'Aïn-Temouchent, voisine d'une excellente et belle source, exploitée à ciel ouvert. Elle occupait 54 ouvriers en 1874.

Minière du djebel *Nedjaria*, à 22 kil. ouest

d'Aïn-Temouchent. Les travaux ont été suspendus, dit M. Ville, par suite de compétitions entre MM. Amy et Meuriot, d'Oran, d'une part, et la Compagnie des mines de Soumah et de la Tafna, de l'autre.

Mine de fer des *Beni-Saf et Mersa-Hamed*, acquise par la Société des mines de Soumah, qui y fait exécuter de grands travaux afin de donner à l'exploitation une impulsion considérable. Le nombre des ouvriers, qui était de 30 en 1874, s'est élevé à 323 en 1875. Un village a été créé pour la mise en œuvre des riches gisements de cette région. L'exploitation comprend trois gîtes principaux : *Dra'-er-Rih*, *Brika* et *R'ar-el-Baroud*. La Compagnie des mines de Soumah sollicite de l'administration supérieure l'autorisation de construire un port aux Beni-Saf, pour l'embarquement de ses minerais.

Minière de l'*Oued-bou-Kourdan*, à 22 kil. ouest d'Aïn-Temouchent. Le minerai est un mélange d'hématite rouge et de fer oligiste. Une route muletière le conduit à la Mersa-Hamed, où il est chargé sur des balancelles. Les travaux d'exploitation ont été suspendus par suite de la mort de M. Gomez, concessionnaire de la mine.

Minière de fer sur le versant est du djebel *Skouna*, voisine de la précédente.

Gîtes de fer du djebel *Rouïssat*, près de la rive droite de la Tafna.

3° *Gîtes des Traras :*

Minière de *Bab-M'teurba*, à 22 kil. est de Nemours. Teneur en fer, 52,48 %; en manganèse, 10,56 %.

Mine de fer de *Kolla*, sur la rive gauche de l'oued Marsa, à 4 kil. sud-est de Nemours, exploitée autrefois par les indigènes.

Mine de fer d'*Aïn-Kebira*, à 6 kil. est-nord-est de Nedroma, jadis exploitée par les Arabes.

Mine de fer entre Nedroma et 'Aïn-Kebira. Teneur en fer, 65,30 %.

4° *Gîtes des Beni-Snous* :

Citons les minières de *Deglem*, de *Sidi-Yacoub* et du djebel *Tassa*.

PLOMB, CUIVRE, ZINC, ANTIMOINE, MERCURE.

Département de Constantine.

1° *Bassin de l'oued Mellègue* :

Minerai de plomb du djebel *Mesloula*, à 76 kil. sud-sud-est de Guelma, dans le district d'Aïn-Beïda, exploité par MM. Mesrine, Abadie et Petit. D'après M. l'ingénieur Tissot, les gîtes se composent de veinules de galène et de bournonite disséminées dans une couche de calcaire crétacé. Les travaux dont ils ont été l'objet ne permettent pas encore de se prononcer sur le cube de la matière à extraire, ni sur sa richesse.

2° *Bassin de l'oued El-Hout* :

Mine de plomb de *Kef-Oum-Theboul*, à 11 kil. est de La Calle, concédée par ordonnance du

4 septembre 1849, et exploitée par une Compagnie anonyme. Le Kef est un piton isolé de 320 mètres au-dessus du niveau de la mer et taillé en pain de sucre. Il est percé d'un grand nombre de galeries parmi lesquelles on doit citer la *galerie Sainte-Barbe* qui a déjà plus de 1,800 mètres de long et traversera le Kef. Cette mine produit du plomb argentifère d'un grand rendement et très-estimé sur les marchés européens. « En profondeur, dit M. Ville, le filon est constitué par des sulfures divers, blende, galène, pyrite de cuivre, pyrite de fer, avec une gangue de quartz et d'halloysite blanche. On trouve aussi parfois, mais rarement, du spath fluor et du sulfate de baryte. L'épaisseur du filon, très-variable, s'élève parfois jusqu'à 7 m. On peut admettre qu'elle est en moyenne de 2 m. 50 à 3 m. La blende, qui paraît constituer l'élément minéralisateur par excellence, forme des veines régulières, cristallisées. » D'après M. Raucour, cette blende aurait une composition chimique spéciale, et serait un sulfure double de zinc et de fer.

Oum-Theboul est aujourd'hui un des plus beaux établissements industriels de l'Algérie. Le *Camp retranché* peut contenir 1,000 personnes. Le personnel de l'administration et les ouvriers, au nombre d'environ 300, sont logés dans un vaste bâtiment qui forme deux des côtés du Camp. A 2 kil. a été établi un barrage qui retient des milliers de mètres cubes d'eau. Cette eau fait mouvoir une puissante machine hydraulique qui, aidée de deux machines à vapeur, met en mouvement tout le matériel d'une laverie de minerai.

En dehors, et autour du Camp retranché, s'élèvent des maisons destinées à devenir le noyau d'un beau village et entourées de bonnes terres de culture.

3° *Bassin de la Seybouse :*

Mine de zinc de *Hammam-N'baïl*, à 24 kil. sud-est de Guelma, concédée en 1872 à la Société anonyme des mines et fonderies de la Vieille-Montagne (Belgique), qui s'est bornée à faire des travaux de recherches et d'aménagement. Sans nul doute, l'ouverture prochaine de la voie ferrée de Bône à Guelma imprimera un nouvel essor aux travaux d'exploitation de cette mine, que l'on désigne aussi sous le nom de mine du *Nador*.

Gîtes de minerais de zinc d'*Aïn-Safram* et de *Chedda*, voisins de la mine précédente. Ils sont explorés par la Société de la Vieille-Montagne (Belgique), et semblent assez riches pour devenir l'objet d'une fructueuse exploitation.

Gîte de plomb, zinc et antimoine de *Bou-Zitoun*, à 6 kil. nord de Guelma, objet de plusieurs demandes en permis de recherches en cours d'instruction.

Gîte de minerai d'antimoine du djebel *Debagh*, à 10 kil. nord-ouest de Guelma, filon inexploré de 4,500 mètres de long.

Gîte de minerai d'antimoine du *Hammam des Beni-Foughal*, à 12 kil. nord-ouest de Guelma, inexploré.

Mine de zinc d'*Aïn-Arko*, à 48 kil. de Guelma, concédée en 1874 (Joffre, Barnoin et Ce, à Constantine), et dont l'exploitation recevra certainement une grande impulsion après l'achèvement prochain du chemin de fer de Bône à Guelma. Le minerai d'Aïn-Arko est très-riche. Teneur moyenne, 40 %; teneur du minerai grillé, 68,60 %.

Gîte d'antimoine oxydé de *Semsa*, à 58 kil. ouest-sud-ouest de Guelma; il n'a été l'objet que de quelques travaux superficiels.

Mine d'antimoine d'*El-Hamimat*, à 58 kil. ouest-sud-ouest de Guelma, et à 4 kil. sud-est du gîte de Semsa, concédée par décret du 5 septembre 1854, abandonnée en 1855, exploitée de nouveau en 1875 par MM. Joffre, Barnoin et Ce.

Gîtes de minerais de plomb et de cuivre de *Sidi-Ragheis*, à 66 kil. ouest-sud-ouest de Guelma. On y a exécuté quelques travaux de recherches aujourd'hui abandonnés.

4º *Bassin de l'oued Sanendja ou oued El-Kebir:*

Mine de cuivre d'*Aïn-Barbar*, à 20 kil. nord-ouest de Bône, concédée par décret du 13 mai 1863 à M. Jean Labaille, achetée, en 1872, aux héritiers du concessionnaire par une Compagnie anglaise. Les travaux d'exploitation, repris en 1874, ont été vivement poussés en 1875. Ils subissent en ce moment (mai 1876) un ralentissement qui ne peut être que momentané. L'exploitation comprend 11 galeries d'un développement total de 2,700 mètres. Les bâtiments couvrent une surface de 3,000 mètres, sans compter une construction très-importante affectée au logement du directeur et des ingénieurs, ni une autre construction destinée à la manipulation des minerais.

Le filon d'Aïn-Barbar est en relation intime avec un grand dyke de porphyre qui traverse la concession du nord-est au sud-ouest. Les minerais que l'on y rencontre sont le pyrite de cuivre, le cuivre panaché, l'oxyde noir de cuivre, l'oxydule, le sulfure de cuivre, la malachite, l'azurite, et même le cuivre natif. La blende ferrugineuse et la pyrite de fer existent en grande quantité dans certaines parties du filon, dont le quartz est un des éléments constitutifs.

La quantité de minerai expédiée depuis la reprise des travaux est d'environ 3,500 tonnes exportées en Angleterre, à Swansea. La mine occupe près de 250 ouvriers, dont 100 Européens (Français, Anglais, Italiens, Maltais, Espagnols) et 150 indigènes.

Elle est reliée à la mer par une route de 9 kil. de long, sur laquelle les minerais sont transportés par des charrettes pour être transbordés sur de petits bateaux et amenés au magasin de Bône. Le port de Sidi-Bouzeïd, où aboutit la route, est très-mal abrité, ce qui fait qu'on ne peut expédier les minerais à Bône que par intervalles quelquefois assez longs, surtout en hiver.

La richesse du minerai varie suivant la galerie d'où il provient et le triage qui en est fait. Il contient de 8 à 50 % de cuivre; on a même récemment découvert une veine d'oxyde rouge de cuivre qui donne 60 % de cuivre, de 20 à 30 % de blende, enfin de 100 à 300 grammes d'argent par tonne. Les eaux qui s'échappent des galeries servent à laver les minerais trop pauvres pour être emportés, et se rendent ensuite dans des cuves d'où le cuivre en est extrait par le procédé de la cémentation. On construit en ce moment les appareils destinés au traitement complet des minerais sur place. La mine d'Aïn-Barbar, située au milieu d'immenses forêts dans lesquelles elle trouve à bon compte et des étais pour ses galeries, et le charbon nécessaire au grillage des minerais, a tout intérêt à profiter de ces conditions exceptionnelles.

La valeur du minerai varie communément de 150 à 400 fr. la tonne. L'oxyde rouge se vend 1,200 fr. la tonne.

Gîte de minerai de cuivre d'*El-Mellaha*, dans la concession forestière Berthon-Lecoq. Permis de recherches accordé en 1876 à M. Second.

Gîtes de minerais de plomb et de mercure de l'oued *Meçadjet*, à 22 kil. est de Philippeville.

Il n'est pas encore possible de se prononcer sur leur valeur industrielle.

Gîtes de minerais de plomb et de mercure de l'oued *Noukhal* (commune de Jemmapes), à 27 kil. est-sud-est de Philippeville, explorés par M. Monin.

Gîtes de minerais de plomb et de mercure du djebel *Greier*, à 29 kil. sud-est de Philippeville.

Gîte de minerais de plomb et de mercure de *Saïefa*, à 26 kil. sud-sud-est de Philippeville.

Mine de mercure de *Ras-el-Ma'*, à 24 kil. sud-sud-est de Philippeville, concédée par décret du 1er mai 1861, et dont l'exploitation a été abandonnée. L'augmentation considérable des prix du mercure permet d'espérer que les travaux d'exploitation de cette mine pourront être repris dans des conditions favorables.

Gîte d'antimoine et de mercure du djebel *Thaya*, à 47 kil. sud-sud-est de Philippeville, dont l'exploration a été reprise à la fin de 1874 par M. Mesrine, à Constantine.

5° *Bassin de l'oued Guebli :*

Cuivre et plomb de l'oued *Cheraïa*, à 4 kil. ouest de Collo, objet de recherches insuffisantes.

Gîtes de cuivre et plomb de *Khandek-Chaou*, à 23 kil. sud de Collo, inexplorés.

Gîtes de minerais de plomb de *Kalaa*, à 33 kil. sud-est de Collo, jadis exploités.

6° *Gîtes compris entre Djidjelli et Bougie :*

Mine de plomb, cuivre et argent du cap *Ca-*

vallo, à 19 kil. sud-ouest de Djidjelli, concédée par décret du 23 juillet 1875 à MM. De Marqué, Barbaroux et Trabet. L'exploitation de cette mine est en voie d'organisation; elle sera certainement féconde en heureux résultats.

Gîte de minerai de cuivre de *Sidi-Djaber*, à 31 kil. sud-est de Bougie. Il mériterait d'être étudié, suivant M. Ville.

Gîtes de minerais de cuivre de *Tadergount*, à 33 kil. sud-est de Bougie, sur la rive droite de l'oued Agrioun, exploités par M. Jauze, à Bougie. Ils renferment du cuivre gris riche en argent (4 kilog. 15 d'argent par tonne de cuivre).

Gîte de minerai de cuivre de *Tagma*, à 18 kil. sud de Bougie.

Gîtes de minerais de plomb de *Tabellouth-el-Kaoul*, à 18 kil. sud-sud-est de Bougie.

Gîte de minerai de plomb d'*El-Affara*, à 14 kil. sud de Bougie.

Gîtes de minerais de cuivre et de plomb de *Tizi-Hamed*, à 22 kil. sud-est de Bougie; ils donnent du cuivre argentifère très-riche en argent (26 kilog. d'argent par tonne de cuivre, suivant M. Ville).

Gîtes de cuivre du djebel *Teliouine*, à 27 kil. sud-sud-est de Bougie; ils offrent de nombreux affleurements, très-importants pour la plupart, et méritent d'être l'objet de sérieux travaux de recherches.

Gîte de pyrite de cuivre d'*Ighzer-el-Br'al*, à

16 kil. sud-sud-ouest de Bougie, récemment découvert et exploré par M. Collomé, à Bougie.

Gîte de minerai de plomb des *Beni-Djelil*, à 28 kil. sud-ouest de Bougie, exploité autrefois par les Arabes, qui prétendent, dit M. Ville, qu'à 5 ou 6 mètres de profondeur il y a une masse de galène compacte.

Gîte de cuivre gris de *Kenbita*, à 27 kil. sud un peu ouest de Bougie. On en a retiré du cuivre gris contenant 17 kilog. 457 d'argent par tonne de cuivre.

Gîtes de minerai de plomb du djebel *Youssef*, à 22 kil. sud de Sétif, découverts en 1873 et explorés en 1874 par M. Court, à Sétif.

7° *Région du Bou-Thaleb :*

Gîtes de plomb argentifère de *Taguelmount*, à 48 kil. de Sétif, exploités autrefois par les indigènes. Ces mines ont une grande importance; elles sont situées dans une contrée riche en eau et en magnifiques forêts, ce qui permettrait de traiter sur place les minerais, qui contiennent 38 % de plomb et 112 gr. d'argent pour 100 kilog.

8° *Région de Batna :*

Gîtes de minerai de plomb et de cuivre de *Bled-el-Hammam*, à 80 kil. est-sud-est de Batna, chez les Amanras.

Mine de plomb et de cinabre de *Taghit*, dans l'Aurès, découverte par Bacrie et Pérès, et cédée à une Compagnie anglaise qui y fait exécuter des travaux de recherches.

Mine de cuivre argentifère de *Djendeli*, objet de travaux de recherches.

Gîte de cuivre d'*Aïn-Baroud*, au pied sud de Bou-Arif, à 28 kil. de Batna. Travaux de recherches.

Mine de cuivre de *Takarbite*, dans le voisinage de la route de Constantine.

Mine de cinabre de la *Fontaine-Chaude*, à 25 kil. de Batna.

Mine de cuivre argentifère du djebel *Tougourt*, à 10 kil. de Batna, exploitée par MM. Abadie, Mesrine et Pérès. La couche métallifère, située au sein d'une magnifique forêt, est remarquable par son étendue et sa régularité.

Département d'Alger.

1° *Gîtes des environs d'Alger* :

Galène de la *Pointe-Pescade*, à 6 kil. nord-ouest d'Alger, et de la *Bouzareah*, à 3 kil. ouest d'Alger.

2° *Gîtes du littoral à l'ouest d'Alger* :

Gîtes de minerais de cuivre des *Gouraïas*, situés dans le périmètre de la mine de fer de même nom. 72 kilog. 5 d'argent par 1,000 kilog. de cuivre.

Gîtes de cuivre pyriteux de l'oued *Dhamous*, à 44 kil. ouest de Cherchel, près du caravansérail de l'oued Dhamous, sur la rive droite de la rivière, signalés par M. Pomel et encore inexplorés.

Mine de cuivre gris argentifère des *Beni-Aquil*, à 24 kil. est de Ténès, concédée par décret du 11 mai 1861, et située sur la rive gauche de l'oued Dhamous, non loin de la mer. Cette mine, inexploitée depuis plusieurs années, est pourtant d'une grande richesse, affirment les ingénieurs et les géologues les plus compétents. « Elle est, dit M. Ville, susceptible de prendre un grand développement, à cause de la puissance et de la multiplicité de ses filons. L'épaisseur des filons atteint parfois 3 mètres. Le minerai qui domine est le cuivre gris; il est associé à de la pyrite de cuivre et de la pyrite de fer, dans l'un des filons de l'oued El-Hassein.

Teneur moyenne en argent des cuivres gris riches en cuivre : 6 kilog. 44 par 1,000 kilog. de cuivre.

Teneur moyenne en argent des cuivres gris pauvres en cuivre : 8 kilog. 10 par 1,000 kilog. de cuivre.

Mine de cuivre et de plomb du cap *Ténès*, au nord-est de Ténès, le long de la mer, concédée en 1849 à MM. Leroy et Larrieu, et dont les travaux, abandonnés depuis longtemps, mériteraient d'être repris, à cause de l'importance du gîte.

Mine de cuivre, fer et plomb de l'oued *Taffilès*, près de Ténès, concédée en 1849 à M. Laugier, à Marseille. Elle a été l'objet de quelques travaux superficiels depuis longtemps abandonnés.

Mine de cuivre, plomb et fer de l'oued *Allalah*, à 8 kil. de Ténès. Les travaux d'exploitation ont été suspendus en 1858 par suite de manque de ressources de la Compagnie concessionnaire. Des recherches nouvelles seraient peut-être couronnées de succès.

Ajoutons que les environs de Ténès abondent en minerais de cuivre pyriteux et en minerais de cuivre gris, et qu'ils offrent aux exploitants une vaste et féconde carrière. La valeur industrielle des minerais et le voisinage du port de Ténès invitent les capitalistes à l'exploitation des richesses minérales de cette région.

3° *Gîtes de l'intérieur du département:*

Gîte de blende et de galène à 4 kil. sud du col de *Sakhamoudi*, à 36 kil. sud-est d'Alger, exploré par MM. Gaguin et Dolicky, à Alger.

Cuivre gris et cuivre pyriteux de l'oued *Ouradzgea*, à 10 kil. sud de Rovigo (gîtes inexplorés). Un échantillon a donné, suivant M. Ville : cuivre métallique, 15,60 % ; argent, 19 kilog. 80 pour 1,000 kilog. de cuivre.

Cuivre gris argentifère et cuivre pyriteux de l'oued *Bouman*, à 12 kil. sud-sud-ouest de Rovigo (gîte inexploré). 9 kilog. 24 d'argent pour 1,000 kilog. de cuivre, d'après M. Ville. Cette grande valeur commerciale milite en faveur de l'exploration du gîte.

Minerais de cuivre des environs de *Soumah*, mélange de cuivre gris et de cuivre pyriteux.

Gîtes de cuivre gris et de cuivre pyriteux des environs de *Dalmatie*, à 4 kil. est-nord-est de Blidah. De nouveaux travaux de recherches pourraient être couronnés de succès.

Minerai de cuivre pyriteux du marabout de *Sidi-Ahmed*, près de Blidah. Ce gîte, inexploré encore, semble digne de l'être à cause de la proximité du chemin de fer et de la valeur industrielle du minerai, dont un échantillon a donné à l'analyse 31,94 % de cuivre métallique et 303 grammes d'argent pour 1,000 kilog. de cuivre.

Mine de cuivre de l'oued *Kebir*, à 4 kil. sud de Blidah, concédée par décret du 27 novembre 1864 à M. Vassal, d'Alger. Un échantillon a donné à l'essai, dit M. Ville, 19 kilog. 96 de cuivre métallique pour 100 kilog. de minerai, et 100 grammes d'argent par 1,000 kilog. de cuivre métallique.

Mine de cuivre de l'oued *Merdja*, à 10 kil. sud-sud-ouest de Blidah, concédée par décret du 17 mars 1852 à MM. Lavallée et Perdonnet, de Paris, et reliée à Blidah par la route de cette ville à Médéah. Nombreux filons de cuivre pyriteux à peu près parallèles. Les travaux sont suspendus depuis 1868.

Mine de cuivre des *Mouzaïas*, à 20 kil. sud-ouest de Blidah (5,363 hectares), concédée par décret du 22 septembre 1844, et achetée à vil prix en 1870. Les travaux d'exploitation ont été suspendus à la fin de 1874, faute de ressources pécuniaires de la part du propriétaire de la mine.

Gîte de cuivre de *Hammam-R'ira*, à 18 kil. est-nord-est de Milianah, non concédé.

Gîtes de minerais de cuivre et de plomb de l'oued *Adelia* et d'*Aïn-Sulthan*, près de Milianah, non concédés.

Gîtes de minerais de cuivre et de plomb de l'oued *Rehan* et d'*Aïn-Kerma*, près de Milianah, non concédés.

Gîtes de plomb et de zinc de l'*Ouarensenis*, à 44 kil. sud-est d'Orléansville, explorés par MM. Terraillon et Cohen, à Paris.

Département d'Oran.

Gîtes de minerais de plomb de *Karouba*, à 6 kil. est de Mostaganem, sur le bord de la mer, explorés par M. Patricio Rivas.

Gîtes de minerais de plomb de *Tazout*, à 14 kil. sud-ouest d'Arzeu, explorés par les héritiers Sazie, à Oran.

Gîtes de minerais de plomb et de zinc d'*Aïn-Tolba*, à 22 kil. sud-sud-est de Nemours, explorés par MM. Pignatel et Jacquand, de Lyon, et M. Trecesson, de Nemours.

Gîtes de minerais de plomb et de zinc du djebel *Filhaousen*, à 22 kil. sud-est de Nemours, où ont été récemment commencés d'importants travaux de recherches.

Gîtes de minerais de cuivre de *Sidna-Oucha*, à 8 kil. est-nord-est de Nemours. Permis de recherches accordé en 1875 à M. Theurna, de Tlemcen.

Gîtes de minerais de cuivre et de plomb de *Sidi-Aramon*, à 52 kil. sud de Nemours, analogues à ceux de Gar-Rouban dont ils sont limitrophes.

Gîtes de minerais de cuivre et de plomb d'*Abla*, à 20 kil. sud de Lalla-Mar'nia, explorés par la Société Algérienne.

Gîtes de minerais de cuivre et de plomb de *Tleta*, chez les Beni-Snous, à 25 kil. sud-est de Lalla-Mar'nia, dignes d'être explorés.

Gîtes de minerais de plomb du *Koudiat-er-Ressas*, à 12 kil. sud-ouest de Sebdou, inexplorés.

Mine de plomb argentifère de *Gar-Rouban*, à 52 kil. sud de Nemours, une des plus riches de l'Algérie. Les filons sont disséminés sur les deux rives de l'oued Kseub. Les plus importants sont le filon de l'oued Alloula, le filon André, le filon Pascal, le grand filon, le filon Napoléon, le filon de Tessid et le filon de Deglem. L'exploitation de la mine, qui a reçu le contre-coup de récents désastres financiers, ne tardera pas à se relever de l'état de marasme momentané dans lequel elle se trouve et à prendre un grand essor. Exploitée jadis par les Romains, ensuite par les Arabes, au moyen âge, puis par Abd-el-Kader, et enfin, depuis la conquête, par plusieurs Sociétés, elle est certainement d'une grande richesse. L'insuccès de l'exploitation a tenu jusqu'à présent, non pas, comme on l'a dit, au manque de capitaux des exploitants, mais aux frais extraordinaires de transport, les ports d'embarquement étant très-éloignés de la mine.

COMBUSTIBLE MINÉRAL.

La nature, qui a doté l'Algérie d'une végétation si luxuriante et si variée, et lui a distribué avec prodigalité le fer, le cuivre, le plomb, le zinc, le mercure, les marbres précieux, semble lui avoir refusé la houille qui joue un si grand rôle dans l'industrie moderne. Un bassin houiller comme celui d'Alais vaudrait mieux pour la France africaine que les mines de diamants de Golconde ou les gîtes aurifères de la Californie. Mais, hélas! c'est à peine si l'on y rencontre, à de bien grandes distances, quelques pauvres gîtes de combustible minéral que nous allons énumérer, tout en souhaitant du fond du cœur qu'un chercheur infatigable et providentiel y découvre un jour un riche gisement de houille. Le marbre et l'airain perpétueraient d'âge en âge le nom de ce bienfaiteur de l'Algérie.

Département de Constantine.

Mine de lignite du *Smendou*, à 20 kil. nord de Constantine (945 hectares), concédée par décret du 10 septembre 1871. Elle a été l'objet de travaux peu importants qui n'ont pas amené de résultats satisfaisants.

Gîte de bitume des *Beni-Siar*, à 12 kil. sud-est de Djidjelli, n'ayant offert jusqu'à présent que des veines sans suite de bitume solide.

Indices de pétrole du *Hammam* du nord de Msilah, à 50 kil. nord-est de Bou-Saâda. Une petite source de pétrole a suinté au fond d'un puits d'exploration de 6 mètres de profondeur, dans des calcaires très-durs. Il serait utile de faire un sondage. (Ville.)

Département d'Alger.

Lignite de la rive droite de l'oued *Zaouïa*, à 7 kil. sud-ouest de Zurich. Ce gîte offre plusieurs couches de lignite de bonne qualité.

Lignite de *Bled-Boufrour*, à 12 kil. nord d'Orléansville.

Schiste bitumineux d'*Isserville*. Le gîte paraît digne d'être exploré.

Indices de combustible minéral de *Bou-Sadda*. Sans importance.

Département d'Oran.

Source de pétrole des *Beni-Zeroual*, près de la rive droite du Chelif.

Anthracite de la *Montagne des Lions*, à 16 kil. nord-est d'Oran.

Gîte de lignite auprès du polygone d'Oran.

Anthracite des environs du cap Lindlès.

Lignite des *Ouled-Mimoun*, à 23 kil. est-nord-est de Tlemcen. Ce bassin, très-imparfaitement connu, renferme, dit M. Ville, plusieurs couches de lignite de bonne qualité. Il serait intéressant de l'étudier au moyen d'un sondage de 150 à 200 mètres de profondeur.

PYRITE DE FER, ALUN, SOUFRE.

Département de Constantine.

Gîte de pyrite de fer et d'hydroxyde de fer de *'Aïd-'Achour*, à 32 kil. sud-ouest de Djidjelli.

Département d'Alger.

Gîte d'alun à 6 kil. sud-est du Fondouk.

Argile bitumineuse avec pyrite de fer et indices de lignite des gorges de l'*Oued-Allelah*.

Gîte de soufre d'*El-Kebrita*, à 21 kil. sud-ouest de Boghar.

§ 2. — *Carrières*.

MARBRE.

Les marbres de l'Algérie étaient renommés dans la plus haute antiquité. Les Romains, qui y attachaient un grand prix, les faisaient transporter en Italie, et surtout dans la cité de Romulus, où ils servaient à l'ornementation des palais des Césars et des somptueuses demeures des patriciens les plus favorisés de la fortune. On les utilisa aussi pour la construction des temples et des plus beaux monuments des deux Tipaza, de Lambèse, de Theveste, de Cirta, de Russicada, de Saldæ, d'Icosium, de Julia-Cæsarea, et de tant d'autres opulentes cités aujourd'hui à peu près disparues.

Les carrières de marbre sont nombreuses dans les trois départements. Les sculpteurs et les architectes des différentes métropoles de l'Europe peuvent, pendant des siècles, s'y approvisionner de marbres dont quelques-uns n'ont pas de rivaux au monde.

Département de Constantine.

Carrière de marbre du *Fort-Génois*, à l'ouest de Bône (8 kil. 500 m.), dans le voisinage de la mer, jadis exploitée par les Romains. Le marbre du Fort-Génois est d'un blanc grisâtre avec veines noires ou gris-clair. L'exploitation de la carrière se fait à la poudre et au coin. Les environs de Bône possèdent aussi d'autres carrières de marbre pour la plupart inexploitées.

Carrière de marbre du *Filfila*, à l'est de Philippeville, sur le bord de la mer. Ces marbres, généralement d'une belle couleur blanche, se rapprochent beaucoup des marbres de Carrare. Les Romains les exploitaient sur une vaste échelle. Ils peuvent fournir des blocs de toute dimension pour l'ornementation et même pour la statuaire.

Carrière de marbre noir jurassique du mont *Gouraya*, près de Bougie.

Département d'Alger.

Carrières de marbre brèche du mont *Chenouah*, à 12 kil. nord de Marengo, sur le bord de la mer. Elles ont été l'objet d'importants travaux et peuvent fournir une grande quantité de marbres estimés.

Carrières de marbre du djebel *Bou-Zegza*, à 8 kil. sud-est du Fondouk. Marbre brèche nummulitique.

Carrière de marbre brèche nummulitique de l'oued *Keddara*, dans le voisinage du Fondouk.

Marbre du cap *Matifou*, non loin d'Alger, jadis utilisé par les Romains.

Département d'Oran.

Marbres onyx d'*Aïn-Tekbalet*, à 30 kil. nord-nord-est de Tlemcen, exploités à diverses époques par les Romains et par les Maures. Ils fournissent ces admirables onyx translucides dont rien n'égale la transparence ni la variété de tons. Les marbres de Tekbalet sont l'objet d'un commerce considérable qui ne peut que s'accroître; ils sont très-estimés dans l'industrie artistique de l'ornementation et de l'ameublement.

Marbre du djebel *Orousse*, à 10 kil. ouest d'Arzeu, remarquable par sa couleur de chair et la finesse de ses grains.

Marbre du djebel *Touïla*, à 52 kil. sud-ouest d'Oran.

Marbre d'*Aïn-Tolba*, à 16 kil. sud-est de Nemours.

Marbre jaune transparent des environs de *Nedroma*.

PIERRES A BATIR.

On trouve des carrières de pierres de taille, de moëllons et de pierres à chaux grasse dans les trois départements de l'Algérie, notamment aux environs ou sur les territoires de Bône, de Philippeville, de Constantine, de Collo, de Djidjelli, de Bougie, dans le *département de Constantine;* de Dellys, d'Alger, d'Aumale, de Blidah, de Milianah, de Ténès et d'Orléansville, dans le *département d'Alger;* de Mostaganem, d'Oran, d'Aïn-Temouchent et de Tlemcen, dans le *département d'Oran*.

PIERRES MEULIÈRES.

Les Européens n'emploient généralement que des pierres meulières apportées de France; les indigènes tirent les leurs de porphyres, de diorites, de basaltes, de grès, ou même de calcaires compactes.

AUTRES PIERRES.

On trouve des *pierres lithographiques* à El-Kantara, sur la route de Batna à Biskra, et même, sur quelques points, des *pierres fines*, notamment des agates, des émeraudes et des grenats.

PIERRES A CHAUX HYDRAULIQUE ET POUZZOLANES.

Citons : le calcaire hydraulique du col de Sfa, à 8 kil. nord-nord-ouest de Biskra, dans le *département de Constantine*; les calcaires hydrauliques des environs de Dellys, des gorges de la Chiffa, des environs de Ténès; les dolomies hydrauliques des environs d'Alger et de Laghouat; les pouzzolanes naturelles des environs du Fondouk, d'El-Affroun et de Teniet-el-Hâad, dans le *département d'Alger*; les calcaires hydrauliques des environs de Perrégaux, de Saint-Denis-du-Sig, de Lamoricière, de Tlemcen; les pouzzolanes naturelles des environs d'Aïn-Temouchent, de l'île Rachgoun, de la Tafna inférieure et des environs de Nemours, dans le *département d'Oran*.

PIERRES A PLATRE.

Le plâtre abonde en Algérie. Nous nous bornerons à mentionner les plâtrières des environs de Millésimo et du djebel Chettaba, dans le *département de Constantine*; de la route de l'Arba à Aumale, des environs d'Aumale, de l'oued

Ouzra, à 8 kil. de Médéah, du Chatterbach, à 8 kil. d'El-Affroun, du Zakkar, près de Milianah, du camp de Kerbak, à 19 kil. de Ténès, et des environs de Laghouat, dans le *département d'Alger*; de Perrégaux, de Mascara, de Fleurus, de Christel, du Bou-Tlélis, du Thessala et de la Tafna inférieure, dans le *département d'Oran*.

ARDOISES.

Des schistes à ardoises ont été reconnus aux environs d'Oran et de Mers-el-Kebir, à Ghar-Rouban, dans l'Ouarensenis, à l'oued Massin, entre Milianah et Teniet-el-Hàad, etc.

TERRES A BRIQUES ET A POTERIES.

Les gîtes de terres à briques et à poteries sont extrêmement nombreux dans les trois départements; on les rencontre dans les terrains stratifiés, et notamment dans les terrains tous d'alluvion qui longent les cours d'eau. On a trouvé le kaolin à Nedroma et à Lella-Mar'nia. L'industrie de la poterie, la fabrication des tuiles et des briques se développent de jour en jour.

§ 3. — *Sel.*

Nul pays au monde n'est plus riche en sel que l'Algérie. Ici coulent une multitude de ruisseaux salés qui portent le nom caractéristique d'*oued*

Melah « ruisseaux de sel. » Là s'étendent en nappes éblouissantes de nombreux lacs ou étangs salés désignés par les noms de *chotts* ou de *sebkhas*. Sur quelques points se voient d'énormes bancs de sel gemme; sur d'autres se dressent de véritables montagnes de sel qui atteignent une assez grande hauteur au-dessus des plaines. On rencontre le sel à profusion dans le Tell, sur les Hauts-Plateaux et dans le Sahara. De plus, la région tellienne peut exploiter les eaux de la mer. Tout invite donc les industriels à créer en Algérie des établissements pour la fabrication des sels de soude.

LACS SALÉS.

Presque tous ces lacs ont été signalés et décrits dans le chapitre consacré à l'hydrographie de l'Algérie (V. le chapitre IV de la première partie de cet ouvrage); aussi ne les mentionnerons-nous pas ici. Quelques-uns, comme le lac *Zahrez*, sont uniquement formés d'une immense croûte de glace d'une blancheur parfaite et d'une excellente qualité. D'autres, comme le chott *Melghir* (V. page 103), reçoivent de leurs nombreux tributaires une énorme quantité de sel que l'évaporation met à sec pendant l'été.

Le lac salé d'*Arzeu* forme une saline célèbre, rapprochée de la mer, situation qui assure à bon marché l'exportation de ses produits. Ce lac est situé à 16 kil. sud d'Arzeu. On trouve aussi, dans l'arrondissement d'Oran, plusieurs autres lacs ou lagunes susceptibles de fournir une importante quantité de sel.

SOURCES SALÉES.

Elles sont nombreuses dans les trois départements, notamment dans celui de Constantine. Les plus importantes sont celles du djebel *Zouabi*, à 114 kil. est-nord-est de Batna; d'*El-Meursel*, à 58 kil. est-nord-est de Batna; de *Kraïm*, à 28 kil. sud-est de Batna; du djebel *Tougourt*, à 12 kil. ouest de Batna; d'*Aïn-Melah*, au sud-est de Bou-Sâada; des *Beni-Ismaïl*, à 32 kil. sud-est de Bougie; de *Dra-el-Arba*, à 26 kil. sud de Bougie; d'*El-Mellaha*, à 25 kil. sud-ouest de Bougie; de *Mesissa*, à 36 kil. sud-ouest de Bougie; des *Beni-Ourtilan*, à 34 kil. nord-est de Bordj-bou-Arreridj; du djebel *Aderni*, à 60 kil. sud-ouest de Bougie; du djebel *Trona*, à 42 kil. sud-ouest de Bougie; d'*Amizour*, à 18 kil. sud-ouest de Bougie, dans le département de Constantine;

De *Kasbah*, à 42 kil. sud-est d'Aumale; de *Rebaïa*, à 36 kil. est-nord-est de Boghar; des *Ouled-Hedin*, à 24 kil. est-nord-est de Boghar; de l'oued *Melah*, à 40 kil. ouest de Boghar; d'*Anseur-el-Louza*, à 35 kil. sud de Milianah; d'*El-Melah-mta'-el-Habeth*, à 12 kil. ouest de Ténès, dans le département d'Alger;

D'*Arbal*, à 28 kil. sud d'Oran; de *Tellout*, à 31 kil. est de Tlemcen, dans le département d'Oran.

Ces sources sont, pour la plupart, exploitées par les indigènes.

SEL GEMME.

Département de Constantine.

Sel gemme des *Ouled-Kebbab*, à 20 kil. à l'ouest de Milah. Cette mine est d'une grande richesse; elle paraît inépuisable. Les Kabyles l'exploitent avec une assez grande activité. « Les bancs de sel forment une partie de la masse de la montagne de Bou-Cherf. Les mineurs qui attaquent le dépôt sont inexpérimentés, mais hardis. Le versant nord est criblé d'une multitude de puits de 15 à 20 mètres de profondeur qu'ils y ont creusés. Pour y descendre, ils laissent pendre une corde qui n'est même pas fixée à la partie supérieure, mais que deux hommes retiennent en posant leurs pieds dessus : le mineur la saisit et descend en appuyant ses pieds contre la paroi du puits posée devant lui. Une fois dans la masse saline, on fouille tout autour du fonds du puits, sans le moindre étai, et lorsque les eaux ou quelque éboulement obligent à déguerpir, on recommence à nouveau, sur de nouveaux frais. Tous les ans, des hommes, surpris par des mouvements de terre, périssent dans ces misérables travaux. Le sel est blanc, gris et rouge; il se vend sur place par blocs, à raison de 4 francs la charge d'un mulet, c'est-à-dire environ 100 kilogrammes, ce qui est certainement un prix excessif. De là les débitants le transportent sur les marchés de Constantine, de Sétif, et dans toute la partie montagneuse de la Kabylie comprise entre Djidjelli et Stora (1). »

De ces dépôts les indigènes tirent annuellement pour plus de 150,000 francs de sel.

Montagne de sel de *Metlili*, à 46 kil. nord-nord-ouest de Biskra, exploitée à ciel ouvert par les indigènes.

Montagne de sel d'*El-Outaïa*, à 25 kil. nord-nord-ouest de Biskra, dans le djebel Gharribou. « Ce rocher de sel gemme, dit M. Ville, inspecteur général des mines (2), constitue, sur la rive de l'oued El-Outaïa, un îlot elliptique de 3 kil. de long sur 1,500 mètres de large. C'est par le versant sud que le djebel Gharribou est le plus facilement abordable. Les indigènes se contentent d'exploiter les blocs de sel qui se détachent naturellement et roulent jusqu'au bas de la montagne, ou bien les masses que les érosions atmosphériques mettent à nu; ils vont ensuite échanger sur les marchés du Zab une charge de

---

(1) *Revue maritime et coloniale*, livraison d'octobre 1875.
(2) *Voyage d'exploration dans les bassins du Hodna et du Sahara*.

sel pour une égale charge de dattes ... La montagne toute entière offre l'image d'un véritable chaos ; elle est ravinée et déchirée en tous sens. Le sol y résonne sous le pas de l'explorateur ; des puits verticaux d'une profondeur inconnue ouvrent aux eaux de pluie un passage souterrain à travers la masse de sel gemme. La nature y est presque morte. Cependant quelques plantes grasses, desséchées faute d'eau, et des traces de moufflons à manchettes et de gazelles rappellent au géologue que la vie n'a pas perdu tous ses droits au milieu de ces solitudes désolées.... Le sel gemme du djebel Gharribou est assez pur. A l'extrémité sud-est de la montagne il y a une source salée qui dépose sur ses bords du sel cristallisé en trémies. Ce sel est plus pur que celui du rocher de sel. »

Département d'Alger.

Rocher de sel de *Khang-el-Melah,* sur la route d'Alger à Laghouat, à 22 kil. nord-ouest de Djelfa, dans le djebel Sahari. La roche contient 94 % de chlorure de sodium. Ce gîte, désigné sous le nom de *Rocher de sel,* pourrait être, pendant de longues années, l'objet d'une vaste exploitation à ciel ouvert. Du Rocher de sel émergent plusieurs sources fortement imprégnées de sel marin et tributaires de l'oued Melah. Le long de ces sources, dont les bords se couvrent de croûtes salines provenant de l'évaporation spontanée, ont été disposés par les soins de l'administration militaire des bassins en argile damée. Le sel produit par le dépôt des eaux emprisonnées dans ces bassins alimente les garnisons de Djelfa, de Boghar, de Laghouat, etc. Les Arabes exploitent le sel de la montagne, qui a 4 kil. de tour et 200 mètres de haut. La vue du Rocher de sel est un spectacle curieux pour le voyageur fatigué par la monotonie de la route d'Alger à Laghouat.

Rocher de sel d'*Aïn-Hadjera*, à 48 kil. ouest de Djelfa, exploité à ciel ouvert par les indigènes. Ce gîte, situé à 36 kil. sud-ouest du précédent, forme un piton conique isolé qui s'élève, dit M. Ville (1), au milieu d'un terrain quaternaire. L'affleurement du gîte, qui paraît dû à un soulèvement de boues argileuses gypso-salifères, présente une surface à peu près circulaire d'environ 1,000 mètres de diamètre. Le sel est généralement gris. Les échantillons blancs sont d'une grande pureté. L'oued Hadjera est un affluent du Zahrez-R'arbi, mais il ne l'atteint qu'à l'époque des grandes crues; en temps ordinaire, ses eaux se perdent dans les sables.

Dans le *département d'Oran*, nous nous bornerons à signaler le sel gemme des Ouled-Khalfa,

---

(1) *Exploration géologique du Beni-M'zab, du Sahara et de la région des steppes de la province d'Alger.*

à 9 kil. ouest d'Aïn-Temouchent, exploité par les indigènes, et le sel gemme du pays des Ksours, à 20 kil. du ksar de Thiout, sorte de montagne de sel d'où s'échappe une source chaude qui forme un petit lac. Ce dernier gîte est également exploité par les indigènes.

SALPÊTRE ET AUTRES SELS.

Citons : les terres salpêtrées des environs de Biskra, dans le *département de Constantine;* les travertins salpêtrés de Boghar, les terres salpêtrées des environs de Messaàd, à 70 kil. de Laghouat, dans le *département d'Alger;* les travertins salpêtrés des environs de Tlemcen et d'Aïn-Abalat, à 6 kil. de Sebdou, dans le *département d'Oran.*

« Les Arabes du Sud, dit M. Bainier (1), se procurent le salpêtre artificiellement en développant la nitrification au sein des matières organiques. Dans tous les ksours on se livre à la préparation du salpêtre. Les habitants lessivent, à cet effet, les terres salpêtrées qu'ils tirent des grottes naturelles ou artificielles servant de refuge à leurs troupeaux, des maisons abandonnées ou démolies, et des ruines d'anciens villages. Ce sel est employé sur place à la fabrication de la poudre, avec du soufre qui vient des villes du

(1) *Géographie commerciale de l'Algérie.*

Tell algérien et du Maroc, et du charbon fourni par le bois de laurier-rose. »

On exploite, comme nous l'avons dit plus haut, le sulfate de soude sur quelques points, notamment au chott Tinsilt, où il se forme naturellement par double décomposition entre le sulfate de magnésie et le chlorure de sodium.

§ 4. — *Eaux thermales et minérales.*

Il n'y a peut-être pas de pays au monde qui, toute proportion gardée, l'emporte sur l'Algérie pour l'abondance et la variété des sources thermales et minérales; pourtant jusqu'à ce jour la France africaine a été tributaire sous ce rapport, comme sous bien d'autres, de la France européenne. Un grand nombre d'Algériens vont tous les ans demander aux sources thermales de l'Europe une cure que leur procureraient avantageusement les sources thermales et minérales situées la plupart du temps dans le voisinage des localités qu'ils habitent. Des hommes spéciaux, notamment M. le docteur Bertherand, dont le nom fait autorité en pareille matière, après avoir consciencieusement étudié et analysé les sources thermo-minérales de l'Algérie, affirment que leurs propriétés curatives ne le cèdent en rien à celles de leurs similaires d'Europe.

« On rencontre sur le sol algérien, dit M. le docteur E. Bertherand dans son *Introduction à l'étude des Eaux minérales de l'Algérie*, une riche variété d'eaux minérales. L'occupation française en a fait découvrir d'ignorées jusqu'alors, mais presque toutes étaient connues et jouissaient d'une grande faveur chez les indigènes avant notre arrivée. Le goût prononcé des Orientaux pour le merveilleux a toujours fait entourer de mysticisme et de poésie les phénomènes que l'intelligence commune ne parvenait pas à traduire d'une façon ordinaire. Des récits plus ou moins empreints d'étrangetés et de fantaisie devaient donc naturellement s'attacher à l'éclosion des eaux thermo-minérales. Pas une source un peu importante de ce genre qui ne possède ainsi son baptême de bizarre singularité, au berceau de laquelle les Arabes n'aient imprimé le cachet de leur superstitieuse imagination, de leur cabalistique crédulité. »

La plupart de ces sources ou bains (*hammam*, les Arabes appellent ainsi toutes les eaux minérales indistinctement), sont toujours en grand crédit dans les douars, et principalement chez les habitants des villes.

M. le docteur E. Bertherand a publié en 1875 une brochure qui a pour titre : *Des sources thermales et minérales de l'Algérie au point de vue de l'emplacement des centres de population à créer.* D'après ce remarquable travail, l'Algérie, en 1874, a importé 217,036 litres d'eaux minérales françaises, et cependant on compte dans la France transméditerranéenne 140 sources au minimum. L'analyse de ces sources a prouvé que leurs eaux peuvent rivaliser avec celles de Vichy, de Vals, de Condillac, de Saint-Galmier et de Bourbonne. L'exploitation de ces richesses thermo-minérales apporte aux médecins un concours efficace dans le traitement de la plupart des maladies à la suite desquelles l'habitant de l'Algérie croit devoir aller demander sa guérison aux stations thermales de l'Europe, au prix des fatigues d'un long voyage et de dépenses énormes. M. le docteur Bertherand croit avec raison que, dans la création des nouveaux centres de population, on devrait tenir grand compte de la proximité des sources minérales. La haute administration de l'Algérie est en communauté d'idées avec le savant docteur, comme le prouve la création des centres d'Hammam-bou-Hadjar et d'Hammam-Righa. Il y a lieu d'espérer que des centres nouveaux s'élèveront bientôt à côté d'autres sources thermo-minérales, et que bientôt la France d'outre-mer aura son Vichy, son Vals, son Saint-Galmier, son Bagnères, où les étrangers trouveront non-seulement la guérison, mais une température presque printanière à une saison de l'année où l'Europe grelotte sous son manteau de neige et de glaçons.

Voici, par ordre alphabétique, l'énumération des principales sources thermo-minérales des trois départements de l'Algérie, d'après la carte au 1/300,000 dressée par M. le Dr E. Bertherand et jointe à son intéressant petit volume.

Département de Constantine.

Aïn-Djellabah-el-Adjen, au bout de la plaine de Dréan (arrondissement de Bône). Eaux thermales simples, employées par les Arabes dans les maladies de peau.

Aïn-el-Hamza, à 2 kil. de Takitount. Eau saline carbonatée, calcique et gazeuse.

Aïn-el-Mekkheda, sur les hauteurs boisées du col de Takrieds (Bougie). Trois sources d'eau ferrugineuse, au milieu de ruines romaines. Les indigènes en font un fréquent usage pour combattre les ophthalmies et la stérilité. Une colonne de marbre rose porte une inscription à Esculape.

Aïn-Fesguia, au sud de la route de Constantine à Batna. 18 à 19 degrés. Eaux salines. 200 litres par seconde.

Aïn-M'keberta, à 50 kil. sud-est de Constantine. 16 degrés. Eaux sulfureuses employées contre les maladies de poitrine et d'intestins.

Aïn-Oum-el-Djera, eau thermale, dans une vaste plaine entre Yacouts et El-Isnam, à 78 kil. de Constantine, sur la route de Batna, près du djebel Touda.

Aïn-Sefian, à 25 kil. de Barika. 24 degrés. Eaux thermales simples utilisées pour les irrigations.

Bordj-bou-Arreridj. A 3 kil. est de ce poste, une source sulfureuse de 18° C. 3, donnant 25 litres par minute, est amenée par une conduite de 30 mètres à une petite fontaine d'où elle coule par deux robinets dans de grandes auges.

Dra'-el-Kaïd, dans le cercle de Takitount. Eau ferrugineuse gazeuse employée comme eau de table.

El-Afia, roche isolée, d'un rouge de feu, d'où son nom arabe, entre le cap Cavallo et Djidjelli. Plusieurs sources ferrugineuses.

El-Berd, près de Tougourt, a un ruisseau très-salé coulant dans une petite plaine bordée à l'est par un marais dont les eaux sont également très-salées.

Fennaïa (source des), près de Bougie. 17 degrés. Eau ferrugineuse.

Hamma (Le), petit village à 12 kil. de Constantine, l'ancienne *Azimacia* des Romains, dans une vallée où de nombreux ruisseaux d'eau thermale entretiennent une luxuriante végétation.

Hammam-Amiga, dans le cercle de La Calle. 37 degrés. Eau saline.

Hammam-Beni-Guecha, à 65 kil. sud-ouest de Constantine. 45 degrés. Eaux salines très-recommandées dans les affections des os et de la peau.

Hammam-Beni-Sermen, sur le territoire de Bougie. Eaux salines très-chaudes.

Hammam-Beurda (le bain du bât), à 7 kil. de

Guelma, près d'Héliopolis. 29 degrés. Eaux salines carbonatées calciques, émergeant par plusieurs sources, et assez abondantes pour faire tourner des moulins et irriguer de vastes propriétés.

Hammam-bou-Hallouf, aux environs de Djemilah, sur la rive droite de l'oued Bou-Hammam. 40 degrés. Bassin romain.

Hammam-bou-Selam, à 200 kil. sud-ouest de Sétif. 47 à 54 degrés. Salines chlorurées sodiques. 3,000 litres par heure. Utiles dans le traitement des fièvres intermittentes anciennes, des rhumatismes, etc.

Hammam-bou-Thaleb, à 60 kil. nord de Sétif, près du village arabe d'El-Hammam. 53 degrés. Salines chlorurées. 1,200 litres par minute.

Hammam-Chefia, à 30 kil. ouest-sud-ouest de La Calle, source connue aussi sous le nom de *Aïn Djiballah-el-Adjen.* 35 degrés. Sulfureuse gazeuse.

Hammam des Ouled-Messaoud, entre les Beni-Salah et Bou-Hadjar (cercle de Bône). 45 et 47 degrés. Eaux sulfureuses.

Hammam-el-Mazen, dans le voisinage de La Calle. Eau sulfureuse tiède, utilisée par les Arabes contre les affections de la peau.

Hammam-el-Merdès, au bout de la plaine des Merdès, à l'est de Bône, à l'ouest de La Calle. Eaux sulfureuses tièdes.

Hammam-es-Salhin, à 6 kil. de Biskra, au

pied du djebel Sfa. 46 degrés. Eaux sulfureuses (150,000 litres à l'heure), utiles dans les affections cutanées et rhumatismales, les lésions traumatiques anciennes, les engorgements viscéraux, etc. Établissement thermal.

Hammam-Guergour, à 40 kil. nord-ouest de Sétif. Eaux alcalines très-chaudes.

Hammam-Kabès, à 16 kil. ouest de Kabès, anciennes *Aquæ Tacapitanæ*. 47 degrés. Salines.

Hammam-Meskoutine, anciennes *Aquæ Tibilitanæ*, à 10 kil. ouest de Guelma. 70 à 95 degrés. Salines chlorurées sodiques, utiles dans les douleurs articulaires, les rhumatismes, les maladies de la peau et des os. Très-fréquentées par les Européens et les indigènes. Environ 100,000 litres à l'heure.

Hammam-m'ta-Sidi-Djaballah, dans la vallée de la Chefia, près de La Calle. 35 degrés. Alcalines.

Hammam-N'baïls-Nador, à 32 kil. est-sud-est de Guelma. 42 à 45 degrés. Salines.

Hammam de l'oued Seniour, à l'est d'Announa, sur les bords de la Seybouse (arrondissement de Guelma). 50 et 60 degrés. Sulfureuses.

Hammam-Sidi-Mecid, tout près de Constantine. 34 degrés. Salines.

Hammam-Sieders, à 29 kil. de Constantine, sur la route de Batna. 10 degrés. Acidulées ferrugineuses.

Mdoukal. A 500 mètres est de cette bourgade

(232 kil. de Constantine, sur la route de Bou-Säada), une source de 30° C. sort d'un amas de calcaires grossiers. Elle est utilisée pour l'arrosement des palmiers.

Hammam Sidi-Djoudi, dans l'arrondissement de Sétif. 18 degrés. Ferrugineuses.

Oued-el-Hammam, à 32 kil. sud-est d'Aumale. 64 degrés. Sulfureuses.

Oued-Hamimin, à 6 kil. de Jemmapes. 40 et 43 degrés. Établissement de bains; débris de piscines romaines. Eaux sulfureuses employées dans les affections rhumatismales, articulaires et musculaires, la goutte, les névralgies, les dartres, les ulcères.

Oued-Hammam-Si-Ali-Labrak, le *Nalpotes* des Romains, à 11 kil. sud-est de La Calle. 35 degrés. Eaux thermales simples, utilisées par les Arabes dans les affections cutanées.

Oum-el-Senam, non loin d'Aïn-Iakout. 10 degrés. Chlorurées sodiques.

Sidi-Rached, à l'extrémité sud du rocher de Constantine, voisine d'une source thermale abritée par une grande voûte, et très-fréquentée par les indigènes qui y prennent des bains.

Département d'Alger.

Aïn-el-Baroud, à 4 kil. ouest de Mouzaïa-les-Mines. Eau sulfureuse froide.

Aïn-Djerob, à 5 kil. nord-est de Zerguin, au

pied du djebel Daouara, dans les Hauts-Plateaux. Eau saline carbonatée, employée par les indigènes contre les maladies de la peau. 27 degrés. Sources très-abondantes (28,000 litres à l'heure).

Aïn-el-Hamé, le *bain des lépreux* des Arabes, à 86 kil. sud-est de Ténès, sur la rive gauche de l'oued El-Hammam. 42 degrés. Sources sulfureuses dont la plus forte débite 400 mètres cubes par jour.

Aïn-el-Hammam, à 5 kil. nord du ksar Zerguin, et à 2 kil. de l'aïn Djerob (cercle de Boghar). 42 degrés. Eaux sulfureuses, très-abondantes, utilisées par les Arabes.

Aïn-el-Karsa, non loin de Marengo, sur la gauche de la route d'Alger à Cherchel. 32 degrés. Eaux gazeuses simples.

Aïn-Hammama, à 3 kil. nord-est de Milianah, dans le ravin de l'oued El-Hammam. 29 degrés. Eau ferrugineuse gazeuse, utilisée par les Arabes.

Aïn-Hamza, à 16 kil. de Milianah, à 1,300 m. d'Hammam-Righa. 19 degrés. Eaux ferro-bicarbonatées, usitées comme toniques, stimulantes.

Aïn-Kebrita, au nord-ouest et à peu de distance d'Aïn-el-Hamé. 21 degrés. Eau sulfureuse. 14 à 15,000 litres à l'heure.

Aïn-Kedara, à 2 kil. sud-ouest de Zerguin, au pied du djebel Daouara. 26 degrés. Eau saline. 200,000 litres à l'heure.

Aïn-Malah, à 4 kil. est d'Orléansville. Eau

saline chlorurée sodique, utilisée par les Arabes en boisson.

Aïn-Okhris, à 44 kil. d'Aumale, sur la rive gauche de l'oued Okhris. 47 et 60 degrés. Eaux sulfureuses (4 sources d'un débit de 15,000 litres par heure), employées par les Arabes contre la gale et certaines maladies constitutionnelles.

Aïn-Zerguin, au pied du djebel Daouara. 26 degrés. Eaux thermales simples, d'un débit de 200 litres par seconde.

Bains du Frais-Vallon, à 3 kil. d'Alger, dans la propriété Caldumbide. 18 degrés. Eau saline chlorurée, avantageuse dans les maladies et les engorgements des viscères abdominaux. Charmant paysage.

Ben-Haroun, à 10 sud-sud-ouest de Dra'-el-Mizan. 16 et 18 degrés. Eaux gazeuses simples, utiles dans la dyspepsie, l'anémie, les fièvres invétérées.

Berrouaghia, à 22 kil. sud-est de Médéah. 45 degrés. Eaux sulfureuses, employées par les Arabes contre la gale et les affections du foie.

Bordj-Bouhira, au bordj de ce nom, dans la circonscription d'Aumale. Eaux ferrugineuses gazeuses.

Bouzareah, à 7 kil. sud-ouest d'Alger, dans le fond d'un vallon. 14 à 15 degrés Eau ferrugineuse chlorurée et bicarbonatée, utile dans l'anémie et la dyspepsie.

El-Afroun, à 26 kil. de Blidah, dans le lit de

l'oued Djer. Eaux alcalines bicarbonatées, utiles dans les affections des voies digestives, du foie et de la vessie.

Djelfa, aux environs du centre de population de ce nom. 29 degrés. Eaux thermales simples.

Hammam-el-R'orfa, au nord-est du djebel Amour. 40 à 45 degrés. Eaux salines.

Hammam-Melouan, à 8 kil. de Rovigo, dans une gorge de l'Atlas. 39 et 42 degrés. Eaux salines chlorurées sodiques, efficaces dans le traitement des scrofules, du lymphatisme, des engorgements chroniques, de la goutte, des rhumatismes, des maladies de la peau.

Hammam-Mansoura, au fond d'un ravin, sur la route de la Medjana à Aumale. Très-chaudes.

Hammam-Righa, à 16 kil. nord-est de Milianah, à 7 kil. de Bou-Medfa'. 29 à 67 degrés. Salines sulfatées calciques, très-utiles dans les rhumatismes, les engorgements abdominaux, les lésions osseuses, les maladies anciennes de la peau, les scrofules, l'anémie, la gravelle, la goutte, les névralgies, les affections chroniques de la poitrine, etc. Établissements civil et militaire. Ruines de thermes romains.

Hammam-Siane, à 40 kil. nord-est d'Aumale, près de l'oued Siane. 30, 39 et 70 degrés. Eaux sulfureuses, employées par les indigènes pour combattre les maladies de la peau.

Mouzaïa-les-Mines, à 1 kil. nord du village de

ce nom, à 14 kil. de Médéah, sur la rive droite du Bou-Roumi. 18 degrés. Eaux gazeuses simples, usitées dans les maladies du foie, des voies urinaires, dans la chlorose, l'embarras gastrique, la dyspepsie, les fièvres intermittentes, etc.

Oued-Edjelata, à 11 kil. sud-ouest de Dra'-el-Mizan. 17 à 18 degrés. Eaux ferrugineuses utilisées à l'hôpital militaire de Dra'-el-Mizan.

Oued-el-Louza, à 5 kil. sud-ouest du caravansérail d'Anseur-el-Louza, au 157e kilomètre sur la route d'Alger à Teniet-el-Hâad. Cet oued reçoit un ruisseau salé. Pendant les chaleurs, les efflorescences salines des bords sont exploitées par les tribus voisines.

Oued-Hadjia, à 6 kil. nord-est de Cherf (cercle de Djelfa). 33 et 36 degrés. Eaux thermales simples servant à l'irrigation.

Ouled-Anteur, à l'ouest de Boghar. 16 degrés. Eaux sulfureuses, usitées chez les Arabes dans la faiblesse constitutionnelle, les dartres, etc.

Sidi-Mouça, à 8 kil. est de Blidah, versant nord du petit Atlas. Près du marabout de ce nom, cinq à six sources se réunissent pour former une cascade d'un débit constant et d'une température de 18°. Ces eaux, d'une saveur agréable mais ferrugineuse, sont utilisées par les Arabes sous la forme de douches pour toutes sortes de maladies et pendant presque toute l'année.

Teniet-el-Hdad, à 3 kil. du poste de ce nom, dans la forêt de cèdres. 12 degrés. Eau ferrugineuse carbonatée, employée avec succès dans les engorgements abdominaux chroniques, les diarrhées anciennes, les chloroses, les ulcères, etc.

Ouled-Aziz, au nord-est de Bordj-Bouira, près de la route d'Alger à Constantine. Ferrugineuses gazeuses.

Thala-Hadid, près de Tiza (Kabylie). Ferrugineuses.

Vieux-Ténès, dans l'oued Allélah. 30 degrés. Eaux thermales simples. Vestiges de thermes romains.

Département d'Oran.

Aboukir, à 13 kil. de Mostaganem et à 43 kil. de Relizane. Eau chlorurée sodique, analysée par M. O. Henry, de l'Académie de médecine de Paris.

Aïn-el-Hammam, à 20 kil. de Mascara. 50 degrés. Saline.

Aïn-el-Hammam, à 6 kil. nord-ouest de Sebdou, sur la rive gauche de la Tafna. 25 degrés. Saline carbonatée.

Aïn-el-Hammam, sur la rive droite de la Mekerra. 25 degrés. Saline chlorurée.

Aïn-Nouissy, à 5 ou 6 kil. de la mer, entre Mostaganem et la Macta. 28 degrés. 15,000 litres par jour. Eaux sulfureuses.

On a signalé aussi près d'Aïn-Nouissy une eau

chlorurée sodique, abondante (15 grammes 92 de chlorure par litre).

Aïn-Merdja, à 5 kil. de l'embouchure de la Tafna. 25 degrés. Eaux thermales simples.

Aïoun-Djebel-Lasfour, sur le versant nord de cette montagne, près de Gar-Rouban. Sources assez riches en sels de fer.

Ammi-Moussa, à 16 kil. est du poste de ce nom. 50 degrés. Eaux sulfureuses, utilisées par les indigènes contre les ulcères et les maladies de la peau.

Arcole, à 2 kil. nord-est du village de ce nom, à 10 kil. nord-est d'Oran. Eaux gazeuses simples, vendues à Oran comme eaux de seltz.

Bains de la Reine, à 3 kil. ouest d'Oran, sur le bord de la mer. 41, 47, 50 et 52 degrés. Quatre sources d'un débit total de 6,000 litres à l'heure. Eau saline chlorurée sodique, employée dans les affections rhumatismales, les engorgements abdominaux, les lésions osseuses, les scrofules, les maladies de la peau, la goutte, etc.

Daya. A 5 kil. de ce poste, sur la route de Sidi-Ayia, source ferrugineuse abondante, sortant des rochers, très-riche en carbonate de fer qui en rougit les abords. Utilisée avantageusement par les médecins militaires de Daya.

Hammam-bou-Hanefia, à 20 kil. de Mascara. 66 degrés. Eaux alcalines, fréquentées par les Européens et les indigènes pour la faiblesse et la stérilité.

Hammam-bou-Ghara, à 12 kil. nord-est de Lella-Mar'nia, sur la rive gauche de la Tafna. 48 degrés. Eaux sulfureuses, utilisées par les indigènes pour les douleurs, les plaies ulcérées, la stérilité.

Hammam-bou-Hadjar, à 7 kil. du village de la M'leta, à 14 kil. nord-est d'Aïn-Temouchent. 55 degrés. Eaux salines chlorurées, utilisées par les Arabes dans les douleurs rhumatismales, la chlorose, la lèpre psoriasique, etc.

Hammam-Grous, sur la route de Sidi-bel-Abbès à Mascara. 35 degrés. Eaux alcalines.

Hammam-Nedroma, près de cette localité (arrondissement de Tlemcen). 30 degrés. Eaux salines.

Hammam-Sidi-Abdeli, sur la rive gauche de l'Isser occidental. 38 degrés. Eaux alcalines. 150,000 litres à l'heure. Vestiges de constructions romaines.

Hammam-Sidi-Aït, à 52 kil. sud-ouest d'Oran. 52 degrés. Eaux sulfureuses gazeuses.

Hammam-Sidi-bel-Kheir, à 10 kil. nord-est de Lella-Mar'nia. 36 degrés. Eaux salines, utilisées pour l'irrigation.

Hammam-Sidi-ben-Chda, sur le bord du Chelif. 35 et 40 degrés. Eaux salines.

Hammam-Sidi-bou-Abdallah, à 4 kil. du confluent de la Mina et du Chelif. Salines sulfatées; très-chaudes.

Hammam-Sidi-Cheikh, à 4 kil. nord de Lella-

Mar'nia. 34 degrés. Eaux salines que les Arabes utilisent sous forme de bains.

Hammam-Sidi-Bouzid, au confluent de la Mina et du Chélif. 50 degrés. Salines.

Oued-Halah, à 8 kil. nord-est de Lella-Mar'nia. 30 degrés. Eaux sulfureuses.

CHAPITRE IV.

INDUSTRIE.

Certaines branches de l'industrie algérienne ont déjà acquis un grand développement; d'autres sont à peine à leur aurore, mais cette aurore promet un jour brillant. La création de routes nouvelles, l'amélioration de celles qui existent, et surtout l'achèvement du réseau des chemins de fer que l'on poursuit avec activité, donneront bientôt, sans doute, un élan aussi rapide que puissant à l'industrie de notre beau pays. Dans les chapitres consacrés à l'agriculture, à l'élève des troupeaux et à la minéralogie, il a été plusieurs fois question des différentes industries algériennes; nous nous bornons ici à une courte nomenclature.

§ 1er. — *Industries tirées du règne végétal.*

Minoteries, semoules et pâtes alimentaires.

Les principales industries algériennes se rattachent au règne végétal. Pendant longtemps l'agriculture a été l'unique base de notre commerce d'exportation; elle constitue encore aujourd'hui un de ses éléments essentiels. Aussi la *minoterie* est-elle très-prospère en Algérie, où le nombre des moulins à eau, à vent et à vapeur s'accroît rapidement. On trouve des minoteries importantes à Constantine, à Bône, à Guelma, à Blidah, aux environs d'Alger, à Aumale, à Mostaganem, à Sidi-bel-Abbès, à Tlemcen, etc., etc. Il résulte d'analyses faites au laboratoire de chimie de la Sorbonne que les blés durs d'Algérie, très-riches en gluten, donnent en semoule un rendement supérieur à celui des blés d'Europe les plus renommés. Les pâtes alimentaires fabriquées avec les semoules d'Afrique ont brillé avec éclat aux Expositions internationales de Londres, de Paris et de Vienne, où elles ont obtenu de hautes récompenses, ce qui les a fait rechercher en Europe. Quelques grands établissements les emploient même presque exclusivement et de préférence aux semoules d'une autre provenance. L'Algérie n'est pas restée en arrière; elle possède déjà un grand nombre de fabriques importantes de pâtes alimentaires dont les produits méritent tous les éloges. On a particulièrement remarqué à l'Exposition d'Alger les exhibitions de MM. Boudon (moulin de l'Atlas), Delom, fabricant à Alger, et Castigliola, fabricant à Médéah.

Le *Mobacher* a signalé récemment une industrie nouvelle importée à Alger. M. Gignoux, avec la farine de blé tendre, additionnée d'œufs, de beurre et de sucre, fabrique un gâteau sec qui a la propriété de se conserver longtemps. Ce gâteau, très-apprécié déjà, a figuré avec honneur à l'Exposition d'Alger.

Tabacs.

On compte, notamment à Alger, à Oran et à Constantine, de nombreuses et importantes manufactures de tabacs, dont les produits jouissent aujourd'hui, en Europe, d'une réputation méritée. MM. Bosson, Bacri et Mélia ont, depuis longtemps, créé en Algérie de vastes usines pour la fabrication des tabacs, des cigares et des cigarettes. La plupart des grands fabricants mêlent les tabacs étrangers aux tabacs indigènes. Le jugement favorable porté sur la fabrication algérienne par les commissaires de l'Exposition générale de Vienne a été pleinement confirmé par les commissaires de la récente Exposition d'Alger. Nulle part on ne fabrique mieux et à meilleur marché.

Moulins à huile.

Ils sont aujourd'hui nombreux en Algérie; il en existe dans la plupart des villes du Tell ; ils abondent en Kabylie, qui est par excellence le pays de l'olivier. Les procédés de fabrication s'améliorent de jour en jour. Comme nous l'avons dit plus haut, l'Algérie possède de vastes plantations d'oliviers. Quand on aura greffé ceux qui, sur divers points, croissent à l'état sauvage, quand on aura réformé un outillage trop souvent défectueux, les huileries algériennes pourront, à cause de l'abondance habituelle de la matière première, fournir au commerce d'exportation une quantité considérable d'huile excellente, supérieure même aux huiles dites *surfines* de Marseille, affirme M. Guy, qui voudrait voir substituer à l'emploi des *pressoirs à vis* celui des nouveaux pressoirs dits *hydrauliques*, *presses à genoux*, etc., remarqués dans les Expositions universelles de ces dernières années, mais trop peu connus des Algériens.

Distilleries.

Nous avons parlé plus haut (p. 138) des progrès rapides de la culture de la vigne en Algérie. Ajoutons que l'industrie de la distillerie y a déjà acquis une certaine importance. Plusieurs viticulteurs se livrent avec succès, dans les trois départements, à la fabrication d'eaux-de-vie de marc, grâce aux appareils perfectionnés dont ils font usage.

Les vins algériens sont riches, non-seulement en esprit, mais encore en acide acétique, et les industriels en obtiennent un excellent vinaigre.

De plus, les distillateurs ont su tirer parti de l'abondance et de la variété des fruits que l'on récolte en Algérie, et qui fournissent déjà des produits pour l'exportation.

Parmi les exposants récompensés à l'Exposition de Vienne, on avait vu figurer quelques fabricants de liqueurs algériennes, et notamment d'amer et de bitter, qui ont généralement pour base l'écorce d'orange amère, si abondante en Algérie. L'*amer africain*, inventé et fabriqué par M. Picon à Philippeville, à Bône et à Constantine, est aujourd'hui répandu dans le monde entier. Citons aussi, à côté de l'amer, le *bitter hygiénique* inventé par M. Marthoud. Cette liqueur, récompensée également à l'Exposition de Vienne, a été aussi l'objet d'un rapport particulier de l'Académie nationale, agricole et manufacturière de Paris, tant en raison de son excellent goût que de sa vertu tonique et fébrifuge que lui communiquent les différents éléments, gentiane, quinquina, rhubarbe et racines balsamiques, qui entrent dans sa composition.

Parmi les autres liqueurs fabriquées en Algérie, nous mentionnerons : le *tchina*, la *crème de mandarines*, le *ratafia de mûres*, et diverses préparations au quinquina, notamment les *vermouths* de MM. Rivoire, Isnardi, d'Alger, et Mercier, de Constantine. Ce dernier emploie le vin de Palerme au même usage.

On distille, en Algérie, pour l'alcool, des figues ordinaires et des figues de Barbarie, des oranges, des caroubes, les racines de patate, l'asphodèle, et l'on obtient un *kirsch* des nèfles du Japon. Le village de l'Arba, dans la Mitidja, possède une importante distillerie de sorgho.

Brasseries.

Depuis longtemps on compte en Algérie un assez grand nombre de brasseries, car l'usage de la bière y a pris une extension rapide. Le pays produit des orges fort recherchées par les brasseurs européens. Le houblon est un objet d'exportation facile, et il serait bien à désirer que la culture de cette plante pût réussir dans la France d'outre-mer. De notables progrès ont été réalisés dans la fabrication des bières algériennes, dont la qualité a d'abord laissé beaucoup à désirer. Constantine, Bône, Philippeville, Guelma, Bougie, Alger, Blidah, Tlemcen, Oran, Cherchel, Mostaganem et plusieurs autres localités, grâce au perfectionnement du matériel de leurs brasseries, produisent aujourd'hui des bières estimées, préférables sous bien des points aux bières d'Allemagne et de France, qui ne supportent le transport qu'à la condition d'être fortement alcoolisées.

Eaux gazeuses.

La fabrication des eaux gazeuses a pris également un développement remarquable. Il est peu de villes où l'on ne confectionne des limonades et des eaux de seltz, improprement appelées de ce nom, puisque ce ne sont que des eaux chargées de gaz acide carbonique.

Papeteries.

L'alfa (Voy. p. 145) est transformé en pâte à papier aux Ouled-Rahmoun (papeterie du duc de Montebello) et à Batna, dans le département de Constantine. M. Jus, directeur de la papeterie de Batna, a obtenu un diplôme d'honneur à l'Exposition de 1875. Les usines de ce genre ne tarderont pas, sans doute, à se multiplier en Algérie à mesure que la création des chemins de fer fera abonder sur nos marchés le précieux textile susceptible de tant d'applications industrielles.

Plantes et fleurs à essences.

A Blidah, à Boufarik, à Chéragas (département d'Alger), à Bône, à Philippeville (département de Constantine), à Mostaganem (département d'Oran) et sur quelques autres points, des industriels se livrent avec succès et sur une grande échelle à la culture des plantes à essences et à la fabrication des huiles odoriférantes. Les produits de cette industrie figurent pour une somme importante au tableau des exportations de 1875.

Eucalyptus.

Les produits de distillation de l'eucalyptus globulus forment une branche importante d'industrie. Les admirables propriétés que cet arbre a reçues de la nature sont aujourd'hui utilisées par la médecine et la parfumerie hygiénique. M. Ch. Leroux, à Boufarik, et M. Clin, à Alger, ont extrait de l'eucalyptus un grand nombre de produits médicamenteux très-efficaces, comme l'expérience l'a démontré, pour le traitement des affections des bronches et du larynx, des maladies de poitrine, de la phthisie, de l'asthme, des fièvres intermittentes, des douleurs rhumatismales, des maladies de la vessie et des voies urinaires, des névralgies, pour le pansement des plaies, etc., etc. Citons : la *poudre d'eucalyptus*, qui agit avec succès sur les fièvres intermittentes ; prisée comme le tabac, elle calme la migraine, le coryza et le larmoiement ; l'*alcoolature d'eucalyptus concentrée* (on la prépare avec les feuilles fraîches), qui cicatrise les plaies ; c'est aussi un spécifique contre le ramollissement des gencives, les aphthes, l'angine, l'aphonie, la fétidité de l'haleine, la conjonctivité purulente, etc.; le *thé d'eucalyptus*, obtenu par l'infusion des petites feuilles naissantes; les *capsules* ou *globules d'eucalyptol*, utiles pour combattre les indigestions ou les pesanteurs d'estomac; les *pilules au suc exprimé d'eucalyptus*, spécifique dans les cas de bronchorrhée chronique et le crachement qui épuise les phthisiques; les *cigarettes d'écorce d'eucalyptus*, d'un goût agréable, propres à modifier rapidement les affections des organes respiratoires, les rhumes chroniques, l'asthme, le catarrhe, etc.; l'*oléolé anti-rhumatismal d'eucalyptus*; le *sirop d'eucalyptus*, employé avec succès dans les cas d'affections de poitrine aiguës ou chroniques; le *bain d'eucalyptus*; la *pâte pectorale d'eucalyptus*; les *pastilles à l'esprit d'eucalyptus*; le *vin d'eucalyptus*, tonique, fortifiant, fébrifuge, et remplaçant avantageusement le vin de quinquina (on le fabrique avec l'écorce et la feuille de l'arbre); la *liqueur stomachique d'eucalyptus*, apéritif puissant et excellent préservatif dans les cas d'épidémie; l'*injection eucalyptée*; le *baume anestésique local*; l'*eucalyptol saponiné*; l'*anti-odontalgique instantané*; l'*eucalyphénol*; l'*eucalyplaster*, taffetas vulnéraire; l'*eucalypto-inhalateur*; l'*alcool d'eucalyptus*, etc., etc.

L'eucalyptus sert aussi à la fabrication de nombreux produits hygiéniques pour la toilette : *eau* et *vinaigre de toilette, anti-calvitique, eau dentifrice, poudre dentifrice, savon de toilette, pommade,* etc., etc.

Industrie linière.

Malgré le développement que la culture du lin a pris en Algérie, notre cher pays ne possède pas, à proprement parler, de manufactures pour la transformation de la paille de lin en filasse. La paille du lin dit de *Riga* produit une filasse d'excellente qualité, mais le producteur a surtout en vue la récolte de la graine, à cause de la difficulté d'appliquer les procédés de rouissage, et du prix élevé de la main-d'œuvre.

Crin végétal.

Une industrie vraiment algérienne est celle du crin végétal tiré de la feuille du palmier-nain. Cette industrie, aujourd'hui très-florissante, a donné lieu à la création de nombreuses usines. Le crin végétal fabriqué avec la feuille de palmier-nain, qui abonde presque partout, est très-sain et n'attire pas les insectes. L'exportation du crin végétal, qui, en 1872, avait dépassé 9 millions de kilog., a baissé en 1873 et en 1874, par suite de l'encombrement du marché, mais elle s'est brillamment relevée en 1875. Ce produit s'exporte aujourd'hui dans le monde entier ; il a été très-remarqué à l'Exposition de Vienne.

Coton.

Mostaganem et Saint-Denis-du-Sig possèdent des usines pour l'égrenage du coton.

Industries forestières.

L'exploitation des forêts concédées porte principalement sur le liége et sur les écorces à tan. Plusieurs établissements se livrent à la fabrication des bouchons; il en est qui produisent plus de 100,000 bouchons par jour et un nombre considérable de semelles de liége. Les visiteurs de la dernière Exposition d'Alger y ont admiré l'ingénieux appareil à fabriquer les bouchons inventé par M. Darbuel. En outre, les liéges reçoivent, dans des usines locales, toutes les applications industrielles nouvelles dont ils sont susceptibles en dehors de la bouchonnerie.

Vannerie.

Les indigènes, et surtout les indigènes couleur d'ébène, fabriquent des corbeilles, des nattes, des paniers, et autres objets du même genre tressés avec art, et d'une grande flexibilité.

Corderie.

Cordes en chanvre, en diss, en alfa, etc.

Meubles.

On en fabrique partout. Les indigènes se livrent à la confection de coffres et de coffrets incrustés, peints ou ornés de clous de cuivre. Les bois de l'Algérie, parmi lesquels il faut surtout citer ceux du *thuya* et du *pistachier*, le plus bel arbre de l'Afrique française, sont éminemment propres à la fabrication des meubles de luxe. Les cèdres, notamment ceux de la forêt de Teniet-el-Haad, présentent des excroissances énormes connues sous le nom de *loupes*, et dont le débit fournit à l'ébénisterie des placages remarquables par la beauté des veines.

§ 2. — *Industries dérivant du règne animal.*

Tanneries.

Dans la plupart des localités importantes les Européens ont créé des établissements où l'on prépare les cuirs de bœuf, de veau et de mouton. Le chêne, notamment le chêne-liége et quelques autres essences, fournissent à ces industriels le tan dont ils ont besoin.

Les indigènes possèdent aussi un certain nombre de tanneries, particulièrement à Alger, à Constantine, à Tlemcen, etc.

Les Arabes des tribus préparent des peaux de bouc dont ils font un fréquent usage. Elles leur servent d'outres pour contenir l'eau nécessaire à leurs besoins domestiques et le lait qu'ils vont vendre dans les villes.

Les procédés employés par les Kabyles pour les opérations du tannage des peaux de bœuf, de vache, de chèvre, de mouton, sont à peu près les mêmes que ceux qui sont en usage chez les Européens; mais ils sont beaucoup plus imparfaits. Les Kabyles teignent en noir les cuirs de chèvre et en jaune les peaux de mouton; les premiers sont employés pour empeignes de souliers, les secondes servent à en doubler les semelles. Ils ignorent l'art de teindre les cuirs en rouge.

Cordonnerie.

Des cordonniers européens ont des ateliers un peu partout. Quant à la cordonnerie arabe, elle occupe un nombre considérable d'ouvriers à Constantine, à Alger, à Tlemcen, à Oran, à Bône et dans plusieurs autres localités. La ville de Constantine fabrique en moyenne 4,000 paires de souliers arabes par jour.

Sellerie.

Les Européens ont établi des ateliers de sellerie dans toutes les villes de l'Algérie. Les selleries indigènes de Constantine, de M'sila et de Mostaganem, etc., sont renommées.

Conserves.

Les conserves de substances animales consistent en poissons de mer, dont les principaux sont la sardine, les anchois, le thon et le maquereau. Cette industrie est en progrès. Des ateliers de salaison et de préparations à l'huile existent en assez grand nombre sur le littoral des trois départements, et les exportations deviennent d'année en année plus fortes.

En 1874, Collo seul a exporté 5,774 quintaux de poissons salés. On y remarque quatre établissements de salaisons, dont le plus important est celui de M. Chauvin, qui à l'industrie de la salaison joint celle de la conservation des sardines dans l'huile. Cet établissement peut fournir annuellement à l'exportation 2,000 quintaux de poissons salés. Une vaste usine pour la fabrication des sardines à l'huile s'est installée à Bougie. Le bâtiment destiné à cette exploitation ne couvre pas moins de 400 mètres carrés. Il y a là un débouché sur place pour les huiles de la Kabylie.

En moins d'une année, on a construit à La Calle 30 baraques destinées aux salaisons des sardines. Plus de 250 bateaux y sont employés à la pêche de la sardine et de l'anchois. On y remarque aussi une importante usine où l'on fabrique des conserves de sardines en boîtes. L'industrie des salaisons s'est également développée à Takouch, à Stora, à Arzeu, à Castiglione, et généralement sur tous les points du littoral.

On pêchait, il y a quelques années, dans le lac Fetzara, d'énormes barbeaux, dont la tête et les issues servaient à faire de l'huile de poisson pour le graissage des machines, et dont le corps était salé.

Pêche du corail.

Il y a plusieurs siècles que les Européens pêchent le corail sur les côtes septentrionales de l'Afrique. Dès l'an 1520, des négociants Français traitèrent avec les tribus de la Mazoule pour faire exclusivement la pêche du corail depuis Tabarque jusqu'à Bône, et, jusqu'en 1830, l'industrie coraline a été française, car elle s'est exercée en Provence, tandis qu'aujourd'hui le corail est travaillé presque exclusivement en Italie, notamment à Livourne. Le nombre des bateaux français, italiens, espagnols, qui se livrent à la pêche du précieux zoophyte sur les côtes algériennes, principalement entre Bône et La Calle, et même entre La Calle et Tunis (suivant un traité passé avec le bey de Tunis le 24 octobre 1832, le droit exclusif de la pêche du corail dans les eaux tunisiennes a été concédé à la France, moyennant une redevance de 13,000 piastres par an; aussi la France impose-t-elle des taxes aux étrangers qui viennent y prendre part), s'accroît d'année en année. La France a fourni 318 barques en 1873, et 228 en 1874.

Les barques coralines, toutes construites sur le même modèle, sont pontées et gréées d'une grande voile latine et d'un foc. Leur équipage est de 6, 8 et 10 hommes. Une sorte de grue, installée sur l'arrière, et manœuvrant au moyen d'une manivelle, supporte, au bout d'un câble, l'appareil de pêche ou salabre, composé d'une croix en bois de chêne, qu'une pierre d'environ trente kilogrammes entraîne au fond des eaux. A l'extrémité des quatre bras de la croix pendent de solides cordages de quatre ou cinq mètres de long, garnis, de distance en distance, de paquets de filets de chanvre fort et peu tendu. On dirait un énorme poulpe étendant les bras dans toutes les directions pour saisir sa proie. L'appareil, descendu sur les bancs, autant que possible le long des escarpements des rochers sous-marins, ramène, sous l'effort de la manivelle manœuvrée par tout l'équipage, les branches brisées du corail enchevêtré dans les paquets de filasse.

La pêche se fait par des fonds de 60 à 200 mètres, et à des distances variant généralement de 6 à 31 kilomètres au large. Le droit de patente que doivent payer les corailleurs étrangers sur les côtes de l'Algérie est fixé à 800 francs par an depuis 1864. Quelques-uns d'entre eux, pour échapper à cette charge, se font naturaliser Français. C'est ainsi que La Calle est peuplée d'un certain nombre d'Italiens naturalisés. Tous les efforts du gouvernement algérien doivent tendre à enlever à l'Italie une grande partie de l'industrie coraline dont elle a eu pendant longtemps le monopole.

§ 3. — *Industries dérivant du règne minéral.*

L'Algérie exporte ses minerais, ne pouvant les traiter sur place, faute de combustible minéral. Quelques usines ont bien été créées, à la vérité, en vue de la transformation des richesses minéralogiques de l'Algérie, notamment à l'Alélik, près de Bône; mais les hauts fourneaux sont éteints depuis plusieurs années, à cause de la cherté de la houille que l'on apportait d'Europe.

Certains établissements, cependant, transforment en instruments agricoles ou en matériaux de construction les métaux reçus à l'état de lingots ou de saumons.

Nous nous bornerons à signaler :

Les fabriques d'armes de la Kabylie, de Tlemcen et des tribus voisines de Sétif;

Les coutelleries de Bou-Saâda;

La fabrication des bijoux, en partie aux mains des Juifs d'Alger, de Constantine, de Bône, de Sétif, d'Oran, de Tlemcen, etc., etc. (cette fabrication est contrôlée par l'État);

Les fabriques de poteries, aux mains des indigènes, répandues un peu partout, notamment en Kabylie, dans les cercles de La Calle, de Guelma, de Bône, de Dellys, de Cherchel, etc., etc.;

De nombreuses briquetteries et tuileries;

Quelques verreries, notamment celle de Coléah.

Les poteries sont faites avec une argile commune très-abondante partout. L'usage du tour étant inconnu, les pièces sont montées à la main. Les principaux ustensiles de ménage ainsi fabriqués sont : des cruches à eau, dont quelques-unes rappellent par leur forme les amphores romaines; de petits vases pour le lait, l'huile, etc.; des casseroles pour cuire les galettes, des marmites dont le fond est percé de trous, soit pour faire cuire le couscous, soit pour la fabrication de l'huile; des plats à pied ou sans support pour servir les mets ou les fruits, des lampes, etc.

La forme donnée à ces poteries dénote souvent, surtout chez les Kabyles, une certaine preuve de goût.

§ 4. — *Industries mixtes.*

Habillements.

Les vêtements des Européens sont faits avec des tissus provenant de France. Les burnous, les haïks, les couvertures des Arabes, les tissus destinés à couvrir leurs tentes, sont fabriqués sur place par les femmes indigènes, qui tissent, dans le gourbi ou sous la tente, la laine des troupeaux.

Tapisseries.

Sous la tente aussi sont confectionnés les tapis. Les femmes filent la laine; un ouvrier, qui va de douar en douar, la tisse. Les tapis sont teints par des teinturiers israélites. Ceux que l'on fabrique dans les cercles de Constantine, de Biskra et de Mascara, sont particulièrement renommés.

La confection des effets militaires de toutes sortes : vêtements, linge, chaussure, harnachement, différents objets d'équipement, occupe à Alger, à Oran, à Constantine et dans quelques autres villes, un grand nombre d'ouvriers des deux sexes.

Savonneries.

La fabrication des savons ordinaires a été tentée sur quelques points avec un certain succès.

Imprimeries.

Il en existe dans les principales villes de l'Algérie. On en compte plusieurs à Alger, à Oran, à Constantine et à Bône.

CHAPITRE IV.

COMMERCE.

§ 1ᵉʳ. — *Exportations.*

Au moment de la conquête, le commerce de l'Algérie avec la France et les puissances étrangères était de 1,500,000 francs à l'exportation. Ce chiffre s'est accru dans des proportions considérables, qu'il est à propos de faire connaître.

La valeur des exportations atteint :

En 1835........	2.597.866 francs.
1840........	3.788.834 »
1845........	10.491.059 »
1850........	19.262.383 »
1851........	19.792.791 »
1852........	21.554.519 »
1853........	30.782.592 »
1854........	42.176.068 »

En 1855........	49.320.029	francs.
1856........	39.100.720	»
1857........	33.877.915	»
1858........	39.029.868	»
1859........	39.744.060	»
1860........	47.785.982	»
1861........	49.094.120	»
1862........	35.358.927	»
1863........	48.209.556	»
1864........	108.067.354	»
1865........	100.538.461	»
1866........	92.732.907	»
1867........	97.161.983	»
1868........	103.069.304	»
1869........	110.951.323	»
1870........	124.456.249	»
1871........	111.700.672	»
1872........	164.603.634	»
1873........	152.216.366	»
1874........	149.352.895	»

L'Algérie a donc exporté, de 1850 à 1874 (1), pour 1,787,285,850 francs de produits de toute sorte.

(1) Le gouvernement général de l'Algérie n'a pas encore fait connaître officiellement le *mouvement commercial* de l'année 1875. On trouvera cette statistique dans le deuxième volume de notre ouvrage consacré à la *Géographie politique*.

NATURE DES MARCHANDISES exportées en 1874.	UNITÉS.	
Chevaux	tête.	525
Bêtes bovines	»	3.079
do à laine	»	341.055
Sangsues	le mille.	346
Peaux brutes	kilog.	1.289.503
Laines en masse	»	7.290.567
Soies	»	5.995
Cire non ouvrée	»	102.145
Suif brut	»	278.307
Poissons de mer	»	5.386.126
Corail brut	»	40.786
Os, sabots et cornes de bétail	»	1.556.214
Blé	quintal.	1.052.843
Orge	»	767.325
Seigle	»	30
Avoine	»	90.057
Farines	kilog.	60.397
Légumes secs	»	9.758.571
do verts	»	1.394.785
Fruits frais	»	2.415.159
do secs	»	1.520.572
Tabac en feuilles	»	3.367.573
do fabriqué	»	737.996
Huile d'olive	»	1.472.704
Liége brut	»	3.381.902
Joncs et roseaux	»	58.857.000
Coton	»	156.520
Crin végétal	»	4.534.440
Feuilles de palmier nain	»	4.376
Fourrage	»	4.594.951
Minerai de fer	quintal.	4.602.728
do de cuivre	»	4.928
do de plomb	»	30.497
Graines oléagineuses de lin	kilog.	4.489.134
Lin teillé et étoupes	»	68.792
Ecorces à tan	»	10.575.793
Marbres en bloc ou en tranches	»	106.115
Vins de toute sorte	hectol.	13.063

§ 2. — *Importations.*

Le commerce de l'Algérie avec la France et les puissances étrangères n'était que de 6,504,000 francs en 1831 ; il s'est élevé depuis,

En 1835............ à	16.778.737	francs.
1840............	54.872.102	»
1845............	94.642.605	»
1850............	72.692.783	»
1851............	66.443.124	»
1852............	65.392.041	»
1853............	72.788.015	»
1854............	81.234.447	»
1855............	105.452.027	»
1856............	108.916.296	»
1857............	104.796.365	»
1858............	108.014.422	»
1859............	116.485.181	»
1860............	109.457.453	»
1861............	116.600.095	»
1862............	104.015.476	»
1863............	117.519.141	»
1864............	136.458.793	»
1865............	175.275.763	»
1866............	179.164.927	»
1867............	187.677.007	»
1868............	192.664.360	»
1869............	183.302.804	»
1870............	172.690.713	»
1871............	195.002.845	»
1872............	197.044.977	»
1873............	206.737.200	»
1874............	196.255.214	»

De 1850 à 1875 l'Algérie a donc importé pour 3,372,081,468 francs de marchandises de toutes sortes.

NATURE DES MARCHANDISES importées en 1874.	UNITÉS.	
Viandes salées	kilog.	532.922
Graisses	»	607.020
Fromages	»	1.208.021
Poissons de mer	»	1.142.584
Farine de froment	»	769.141
Riz	»	1.904.738
Pommes de terre	»	9.060.766
Légumes secs	»	2.003.693
Fruits frais	»	3.239.532
d⁰ secs	»	3.656.996
d⁰ oléagineux	»	1.268.182
Sucres bruts	»	1.289.636
d⁰ raffinés	»	7.315.966
Café	»	2.551.300
Tabac en feuilles	»	2.122.197
d⁰ fabriqué	»	177.149
Huile d'olive	»	1.617.440
d⁰ de graines	»	1.409.190
Bois à construire bruts	stère.	14.455
d⁰ sciés	mètres.	4.107.438
Matériaux	valeur.	1.005.416
Houille	quintal.	680.879
Fonte, fer et acier	kilog.	5.456.571
Savon ordinaire	»	5.763.856
Acide stéarique ouvré	»	623.753
Vins	hectol.	314.866
Eaux-de-vie	»	30.095
Poterie de terre grossière	kilog.	1.248.194
Faïence, porcelaine et grès	»	1.520.090
Verres et cristaux	valeur.	1.627.678
Tissus de coton	»	42.081.143
d⁰ de chanvre	»	8.919.770
d⁰ de laine	»	9.129.053
d⁰ de soie	»	5.267.533
Papier et carton	kilog.	1.424.016
Peaux préparées et ouvrées	valeur.	8.382.528
Ouvrages en métaux	»	5.129.954
Poivre et piment	kilog.	354.767
Houblon	»	39.315

La valeur des marchandises exportées et importées pendant cette période de vingt-quatre ans atteint le chiffre énorme de 5,159,367,318 francs.

Si l'on remonte jusqu'en 1831, la valeur du mouvement commercial de l'Algérie dépasse *six milliards de francs*.

Ces chiffres, puisés aux sources officielles, sont plus éloquents que tous les commentaires.

§ 3. — *Mouvement de la navigation par pavillon.*

Il est entré en 1874, dans les différents ports de l'Algérie : 1,645 navires français, 1,239 navires espagnols, 567 navires italiens, 372 navires anglais, 64 navires suédois et norvégiens, 55 navires autrichiens, 42 navires des États barbaresques, 28 navires portugais, 7 navires allemands, 6 navires hollandais, 6 navires grecs, 5 navires américains, 3 navires russes, 3 navires belges et 1 navire turc.

Total : 4,043 navires, 999,625 tonnes.

§ 4. — *Part prise par chacun des ports algériens au commerce d'exportation en 1874.*

Oran	30 20 %
Philippeville	24 99
Alger	23 09
Bône	14 01
La Calle	1 93

DEUXIÈME PARTIE.

Bougie..........................	1 62 %
Arzew...........................	1 02
Mostaganem.....................	89
Nemours........................	69
Djidjelli..........................	53
Collo............................	48
Stora	20
Dellys...........................	19
Ténès...........................	14
Cherchel et Mers-el-Kebir........	02

§ 5. — *Nomenclature par ordre d'importance des divers pays auxquels l'Algérie a expédié ses produits.*

France..........................	69 21 %
Angleterre......................	13 01
Espagne.........................	8 36
Italie...........................	5 41
Belgique........................	1 44
États barbaresques	1 »
Pays-Bas........................	65
Portugal........................	40
Russie	13
États-Unis......................	12
Association allemande...........	10
Biskra..........................	09
Autriche, Sénégal, Égypte, Turquie, Chine et Grèce...........	08

§ 6. — *Répartition par pays de provenance de la valeur totale des importations en 1874.*

France..	Consommation	77 21 %
	Entrepôts	7 75
Espagne.......................		4 71

Angleterre	4 35 %
États barbaresques	3 47
Italie	98
Autriche	39
Suède et Norwége	38
États-Unis	28
Russie	14
Égypte	13
Terre-Neuve	12
Portugal	05
Origine non justifiée Association allemande Chine, Grèce et Turquie	04

§ 7. — *Proportion dans laquelle les divers ports de l'Algérie ont concouru au commerce d'importation en 1874.*

Alger	36 26 %
Oran	35 15
Philippeville	15 62
Bône	9 26
Mostaganem	1 33
Bougie	48
Nemours	25
La Calle	18
Djidjelli	10
Dellys	6
Arzew	5
Ténès	5
Mers-el-Kebir	3
Stora Collo Cherchel	4

§ 8. — *Commerce par terre.*

Ce qui précède se rapporte au commerce par mer. Le commerce de terre se fait par caravanes avec le Maroc, la Tunisie et les régions désertiques. L'Algérie exporte vers ces divers pays des articles de mercerie, des tissus de coton et de laine, des céréales, etc.; elle en tire des plumes d'autruche, des dattes, des bestiaux, des peaux et des laines. Mais ce commerce est peu important. La construction prochaine du chemin de fer de Bône à Tunis donnera une grande activité à nos relations commerciales avec la régence. En outre, M. le général Chanzy songe à créer des foires annuelles sur quelques points extrêmes de nos possessions du sud, tels que Ouargla, Metlili et Goleah, qui pourront devenir des centres de transactions importantes.

§ 9. — *Régime commercial.*

« Au point de vue du régime commercial, dit M. Bainier, l'Algérie, de 1830 à 1850, a été traitée comme une terre étrangère; ce ne fut qu'au mois de janvier 1851 que les produits algériens purent entrer librement en France; mais on n'osa pas proclamer en principe la franchise de ces produits; on en dressa une liste, et l'on déclara exempts de droits tous les objets qui s'y trouvèrent compris. Des formalités gênantes et inutiles étaient la conséquence de ce système, car il fallait prouver à la douane et l'origine et la nature des marchandises importées. Une loi du 17 juillet 1867 reconnut, sans avoir recours à une liste limitative, la franchise de toutes les importations. Le régime actuel comprend cinq catégories de marchandises : 1° toutes celles qui ne figurent sur aucun tarif; elles sont complétement exemptes de droit, con ne les houilles, les matériaux de construction, les outils agricoles ; 2° les marchandises originaires de la régence de Tunis, du Maroc et du sud de l'Algérie, qui sont également exemptes si elles sont importées par voie de terre; 3° certaines denrées soumises à des droits purement fiscaux, comme les sucres, les cafés, les thés, les chocolats et cacaos, les vanilles, les alcools, les vins, les tabacs, les huiles minérales; 4° les marchandises soumises au payement du tiers des droits applicables dans la métropole, comme les fontes, fers, aciers, produits chimiques, poteries, verreries, papiers, machines, etc.; 5° les marchandises soumises au payement intégral des droits applicables dans la métropole, comme les tissus de toutes sortes, les bâtiments de mer, etc. »

§ 10. — *Octroi de mer.*

Cet octroi est perçu par la douane : 1° dans les villes du littoral, sur les denrées arrivant par mer; 2° aux frontières de terre, sur tous les produits tunisiens et marocains passibles d'un droit à l'entrée par mer. Il est fait prélèvement, sur le produit brut de cet octroi, de 5 % attribués au Trésor pour frais de perception, et, quand il y a lieu, de l'escompte bonifié au redevable; le restant, ou produit net, est réparti entre les communes de l'Algérie au prorata de leur population, la population indigène comptant pour un huitième de son effectif.

L'octroi de mer a produit, pendant les six premiers mois de l'année 1875, une somme brute de 2,263,426 francs; il n'avait donné, pendant la période correspondante de l'année 1874, qu'une somme brute de 1,806,885 francs.

§ 11. — *Établissements de crédit.*

En dehors des maisons de banque particulières, il existe en Algérie quelques grandes institutions de crédit : la Banque de l'Algérie, la Société générale algérienne, le Crédit foncier et le Comptoir d'escompte de Saint-Denis-du-Sig.

La *Banque de l'Algérie,* créée par une loi des 4 et 28 août 1851, est une banque d'escompte, de prêts sur effets publics et de dépôts. Elle émet des billets au porteur, de 10 à 1,000 francs, remboursables à vue, au siège de la Banque, à Alger, ou de ses succursales, à Constantine, à Bône, à Philippeville, à Oran et à Tlemcen. Le capital de cet établissement, d'abord fixé à trois millions, fut porté à dix millions en 1861. Depuis cette époque, la limite des émissions a été portée à quarante-huit millions par des décrets successifs. La Banque de l'Algérie est autorisée à émettre les mêmes coupures que la Banque de France.

Les escomptes, du 1er novembre 1874 au 31 octobre 1875, se sont élevés :

A Alger, à........	82.462 effets pour	53.446.114 fr.
A Bône, à........	16.995 »	15.038.291 »
A Constantine, à..	54.483 »	49.043.231 »
A Oran, à........	91.751 »	68.140.545 »
TOTAL...	245.691 »	185.668.181 fr.

Les agios ont produit 1,626,138 francs.

Les effets à l'encaissement se sont élevés :

A Alger, à........	63.719 effets pour	34.829.723 fr
A Bône, à........	1.610 »	690.203 »
A Constantine, à..	4.249 »	2.200.071 »
A Oran, à........	2.532 »	1.733.181 »
TOTAL....	72.110 »	39.453.178 fr.

La circulation des billets de Banque, à la clôture de l'exercice, s'élevait à 32,691,705 francs.

Le produit total de l'année a été de 80 francs par action, soit 16 % pour les actions émises à 500 francs, et 12 1/4 % sur celles à 650 francs, taux moyen des actions émises.

Les succursales de Philippeville et de Tlemcen sont de création toute récente.

Le *Crédit foncier* possède trois agences en Algérie : à Alger, à Constantine et à Oran. Il prête aux particuliers au taux de 6,75 % pour les immeubles situés dans la ville d'Alger, et 8 % pour les immeubles situés en dehors. Il prête aussi aux communes au taux de 7 %. Les communes ne paient pas de frais d'administration fixés uniformément pour les particuliers à 1 fr. 20 %. En ajoutant à l'intérêt et aux frais d'administration l'amortissement du capital, l'annuité pour les immeubles situés dans la ville d'Alger est, pour les prêts remboursables en 30 ans, de 9,04 % et de 10,04 % pour les immeubles situés en dehors. Cette annuité est ramenée pour les communes à 8,01. Les prêts sont réalisés en numéraire, et toujours remboursables par anticipation, à la volonté de l'emprunteur.

La *Société générale algérienne*, autorisée par décret du 18 mai 1865, a pour objet de procurer des capitaux, d'ouvrir des crédits pour les opérations agricoles, industrielles et commerciales en Algérie, d'entreprendre ou de réaliser ces opérations directement et par elle-même, avec faculté d'émettre des obligations dont le produit serait exclusivement appliqué à des entreprises industrielles et agricoles consistant en travaux publics, exploitations de mines, de terres et de forêts, exécution de barrages et de canaux d'irrigation, établissement d'usines, etc., etc.

La convention, approuvée par une loi du 12

juillet 1865, stipulait que les opérations financières de la Société devraient être faites au moyen du capital social. Le capital de la Société était de cent millions. Elle s'engageait, en outre, à mettre à la disposition de l'État une autre somme de cent millions que ce dernier devait employer, dans le délai de six années, à l'exécution de grands travaux publics ; de son côté, l'État, outre qu'il remboursait le montant de chaque versement à la Compagnie au moyen d'annuités calculées au taux d'intérêt de 5 fr. 25 %, et comprenant la somme nécessaire pour assurer l'amortissement en cinquante années, promettait de vendre à la Compagnie cent mille hectares de terres possédées en Algérie par le Domaine, au prix d'une rente d'un franc par hectare pendant cinquante années, et à lui concéder les mines dont elle découvrirait le gisement dans un délai de dix années.

Cette convention a reçu son exécution, en ce sens que la Société a été constituée, que le prêt à l'État s'effectue avec des tempéraments imposés par les évènements de 1870-1871, et que l'État a livré à la Société les cent mille hectares promis et choisis parmi les terres de meilleure qualité que possédait alors le Domaine (1).

La Société générale a établi des comptoirs financiers à Alger, à Oran, à Constantine et à

---

(1) V. Loizillon : *L'Algérie pratique*.

Bône. Elle reçoit des dépôts en compte-courant avec chèques ; le taux d'intérêt alloué aux comptes de dépôt avec chèques est de 4 % dans les comptoirs de l'Algérie. La Société délivre également des bons de caisse représentant des dépôts à échéance fixe; ils sont au porteur ou nominatifs, et transmissibles par voie d'endossement. Les bons rapportent 4 1/2 % pour ceux de 12 à 23 mois, 5 % pour ceux de 2 à 3 ans.

Les effets entrés en portefeuille dans les comptoirs de l'Algérie, pendant l'année 1874, se décomposent ainsi :

Escompte....................	85.720.571
Divers......................	67.055.626
Ensemble........	152.776.198

Avec une différence de 2,374,985 sur les opérations d'escompte de 1873.

Le *Comptoir d'escompte* de Saint-Denis-du-Sig (département d'Oran) a été fondé en 1873, par l'initiative des propriétaires et des agriculteurs de cette contrée, dans le but de donner une plus vive impulsion à l'industrie et à l'agriculture locales. Les bénéfices réalisés en 1874 ont permis de distribuer aux actionnaires un dividende de 16 %. Ces heureux résultats encourageront sans doute les colons à créer d'autres comptoirs de ce genre sur divers points agricoles de l'Algérie.

§ 12. — *Communications de l'Algérie avec la France.*

L'Algérie est reliée à la France par de nombreux paquebots faisant des services réguliers entre les grands ports de ses trois départements et Marseille. La *Compagnie Valéry*, adjudicataire du service des transports de l'État, a deux départs par semaine de Marseille pour Alger et d'Alger pour Marseille ; la durée de la traversée moyenne est de 34 heures ; un départ de Marseille pour Oran, Philippeville et Bône, et réciproquement ; la durée moyenne de la traversée entre Marseille et Oran est de 48 heures ; le paquebot faisant ce service touche, à l'aller et au retour, à Carthagène (Espagne). La durée moyenne de la traversée entre Marseille et Philippeville est de 33 heures ; entre Marseille et Bône, par Ajaccio, de 40 heures.

En outre, la *Compagnie de Navigation mixte*, fait également un voyage régulier par semaine, aller et retour, à prix réduits, entre Marseille, Alger, Mostaganem et Oran, Philippeville et Bône ; la *Compagnie des Messageries maritimes*, un voyage par semaine, aller et retour, entre Marseille et Alger ; la *Ligne péninsulaire et algérienne*, un service régulier bi-mensuel entre Dunkerque, Rouen, le Havre et Oran, Alger, Philippeville et Bône ; la *Société Générale des transports maritimes à vapeur*, un voyage par semaine de Marseille à Alger, Bône et Philippeville, en été seulement.

L'Algérie est aussi mise, deux fois par mois, en communication directe avec l'Angleterre par la Compagnie *British India,* dont les paquebots relâchent à Alger à l'aller et au retour de leurs voyages.

De plus, deux départs réguliers par semaine, effectués par la Compagnie Valéry et la Compagnie de Navigation mixte, mettent les ports de la côte est en communication avec Alger, relié d'autre part à Oran par la voie ferrée, desservi d'une extrémité à l'autre par un train quotidien parcourant en seize heures les 428 kilomètres qui séparent ces deux villes. Plusieurs autres Compagnies font des voyages intermittents.

Deux *câbles sous-marins,* l'un d'Alger à Marseille, l'autre de Bône à Marseille, mettent, en outre, toutes les localités importantes de l'Algérie en communication immédiate avec les bureaux télégraphiques de la France et de l'étranger.

CHAPITRE VI.

VOIES DE COMMUNICATION.

§ 1. — *Routes et chemins vicinaux.*

Une portion notable des sommes attribuées à

l'Algérie par la métropole, et une part considéble des budgets départementaux et communaux ont été affectées chaque année, depuis 1830, à la construction et à l'entretien des voies intérieures. Du nord au sud, de l'est à l'ouest, des routes nationales et départementales, des chemins de grande communication, vicinaux ou de colonisation, sillonnent les trois départements. Malgré quelques lacunes que le gouvernement actuel s'efforce de faire disparaître, il n'existe, pour ainsi dire, plus de centre qui ne soit relié aux autres par un chemin praticable. Grâce aux travaux de l'armée d'Afrique, au dévouement de laquelle on ne saurait trop rendre hommage, et aux soins des administrations civiles, nous sommes loin du temps où il n'existait, en fait de routes, que des pistes frayées par le pas de l'homme et des bêtes de charge, et impraticables à la suite des pluies.

Routes nationales.

1° D'*Alger à Laghouat*, par Douéra, Boufarik, Blidah, les gorges de la Chiffa, le Ruisseau des Singes, le Camp des Oliviers, Médéah, Damiette, Ben-Chikao, Berrouaguia, Boghari, les caravansérails de Bou-Azoul, d'Aïn-Oussera, de Ouelt-el-Stel et du Rocher de Sel, Djelfa, le Col des Caravanes, Aïn-el-Ibel, Sidi-Maklouf et Metlili;

2° D'*Alger à Oran*, par Orléansville, Relizane et Mostaganem ;

3° D'*Alger à Constantine,* par l'Alma, Bellefontaine, le Col des Beni-Aïcha, les gorges grandioses de l'Isser oriental, Palestro, Souk-el-Arba, Bordj-Bouïra, Bordj des Beni-Mansour, les célèbres *Biban* ou Portes-de-Fer, Mansoura, Bordj-bou-Arreridj, les caravansérails d'Aïn-Tagrout et d'Aïn-Zada, Sétif, Saint-Arnaud, Saint-Donnat, Oued-Atménia et Aïn-Smara ;

4° De *Constantine à Biskra*. La route, au delà de Sidi-Mabrouk, remonte la vallée du Bou-Merzoug, passe au Kroub, aux Ouled-Rahmoun, à la Fontaine du Rocher, où s'embranche la route de Constantine à Batna par Aïn-el-Bey, au pied du Nifenser ou Bec de l'Aigle, entre les chotts Tinsilt à droite et M'zouri à gauche, à Aïn-Yacout (83 kil.), où s'arrêtent les touristes désireux de visiter le *Medracen,* à Batna, à El-Biar, à la Baraque, auberge construite sur les ruines romaines de *Symmachi,* appelées *Tagouzide* par les Arabes, près d'Aïn-Touta, au caravansérail des Tamarins, s'engage dans la superbe gorge de l'oued El-Kantara dont elle suit la rive gauche, dessert El-Kantara, El-Hammam, El-Outaïa, et franchit le Col de Sfa, d'où l'on contemple le désert immense.

La route de Constantine à Biskra, encore inachevée entre Batna et Biskra, traverse trois bassins : celui de la Méditerranée, auquel appartient le Bou-Merzoug, dont elle remonte la vallée; celui des chotts, dans la région des Hauts-Plateaux, et celui du Sahara commençant après El-Biar.

5° *Route de Mers-el-Kebir à Tlemcen*, par Misserghin, Aïn-Bridia, Bou-Tlélis, Lourmel, El-Rahel, Rio-Salado, Aïn-Temouchent, Aïn-Khial, Aïn-Safra, Aïn-Tekbalet, Pont de l'Isser et le Tremble.

Routes départementales.

Citons les routes :
1° D'Alger à Dellys,
— à Fort-National,
— à Dra-el-Mizan,
— à Aumale,
— au Fondouk,
— à Rovigo,
— à Coléah,
— à Ténès,
— à Cherchel,
— à Teniet-el-Haâd ;
2° De Constantine à Bougie,
— à Djidjelli,
— à Collo,
— à Philippeville,
— à Tébessa,
— à Guelma,
— à Bône ;
3° De Bône à Philippeville,
— à Souk-Ahras,
— à La Calle ;

4° D'Oran à Sidi-bel-Abbès,
— à Mascara et à Tiaret,
etc., etc.

L'Algérie est, en outre, sillonnée par un grand nombre de chemins de grande communication, carrossables pour la plupart, et de chemins vicinaux de petite communication.

On peut évaluer à près de 6,500 kilomètres la longueur totale des routes nationales et départementales et des chemins de grande communication. Des voies nouvelles sont en cours d'exécution ou à l'étude.

§ 2. — *Chemins de fer.*

Les chemins de fer sont des artères destinées à porter la vie industrielle et commerciale dans l'Algérie toute entière La vapeur y sera le plus puissant auxiliaire de la colonisation. On ne saurait trop le répéter : l'avenir de la France transméditerranéenne est intimement lié à l'exécution de ses voies ferrées. Le gouverneur général actuel l'a compris, et ce sera pour lui un éternel honneur d'avoir tout mis en œuvre pour doter l'Algérie de voies rapides. Dès que les chemins de fer concédés ou projetés seront livrés à la circulation, la culture se développera dans leur voisinage, des villages sortiront de terre comme par enchantement, des groupes industriels viendront s'établir à proximité, et donneront lieu, par le mouvement de leurs produits, aussi bien que par celui des objets de consommation qui leur seront nécessaires, à un trafic toujours croissant. Que manque-t-il à l'Algérie pour que la fortune publique et la fortune privée s'y développent rapidement? Le sol algérien a-t-il quelque chose à envier à celui des États-Unis, par exemple, où les progrès de la colonisation ne sont si rapides que « parce que le rail pénètre le premier dans les solitudes, et que partout où le rail a pénétré le colon existe? » Construisons des chemins de fer, et toutes ces richesses naturelles : forêts, mines de toute nature, végétaux industriels, etc., sur lesquelles on daigne à peine jeter un regard distrait, acquerront des valeurs considérables.

L'achèvement du réseau des chemins de fer algériens sera un grand pas dans la voie de l'assimilation. Nos frères d'Europe, qui connaissent peu l'Algérie, la visiteront peut-être quand les voies ferrées leur permettront de la parcourir à leur aise. Une exploration de la France africaine offre bien autant d'intérêt qu'un voyage en Italie ou en Espagne.

Qui sait si, des Hauts-Plateaux qu'elle atteindra prochainement, la locomotive, le cheval de feu des Arabes, ne s'élancera pas un jour à travers les sables sahariens, non-seulement jusqu'à Tougourt, mais encore jusqu'à Timbouctou, sur le Niger? Qui pourrait affirmer que les touristes n'iront jamais en wagon jusqu'aux sources du

Nil, encore cachées aux regards indiscrets de l'homme ?

Le gouvernement vient de publier sur les chemins de fer algériens une notice à laquelle nous empruntons quelques-uns des renseignements suivants.

Lignes en exploitation.

1° D'*Alger à Oran*, par la plaine de la Mitidja et la vallée du Chelif; 421 kilomètres. Cette ligne d'intérêt général a été concédée en 1863 à la Compagnie de Paris-Lyon-Méditerranée, avec une garantie d'intérêt spéciale de 5 %, portant sur un capital de 80 millions, pendant soixante-quinze ans, à partir du premier janvier 1872. Cette grande artère dessert : l'Agha, Hussein-Dey, la Maison-Carrée, le Gué-de-Constantine, Baba-Ali, Birtouta, Boufarik, Beni-Mered, Blidah, la Chiffa, Mouzaïaville, El-Affroun, l'Oued-Djer, Bou-Medfa, Vesoul-Benian, Adelia, Affreville, Lavarande, Duperré, l'Oued-Rouina, les Attafs, l'Oued-Fodda, le Barrage, Ponteba, Orléansville, l'Oued-Sly, l'Oued-Merdja, l'Oued-Riou, la Djidiouia, les Salines, Relizane, l'Hillil, l'Oued-Malah, Perrégaux, l'Habra, Saint-Denis-du-Sig, l'Ougasse, la Mare d'Eau, Sainte-Barbe du Tlélat, l'Arbai, Valmy, la Senia et Karguentah, faubourg d'Oran.

2° De *Philippeville à Constantine* (87 kil.), ligne d'intérêt général, concédée à la Compagnie de

Paris-Lyon-Méditerranée aux mêmes conditions que la précédente. Cette ligne dessert : Damrémont, Saf-Saf, Saint-Charles, Robertville, El-Arrouch, le Col des Oliviers, Condé-Smendou, Bizot et le Hamma.

3° De *Bône à Aïn-Mokra* (32 kil.), ligne industrielle, concédée en 1863 à la Société des mines des Karézas. Cette voie ferrée est uniquement consacrée au transport du minerai provenant de la magnifique exploitation du Mokta-el-Hadid et de la mine des Karézas, mais un permis gratuit de circulation est gracieusement accordé par les directeurs de la Compagnie aux personnes qui en font la demande. Aucun centre de population ne s'élève encore le long de cette voie ferrée.

Lignes en construction ou concédées.

4° D'*Arzeu à Saïda* (216 kil.), ligne industrielle concédée à la Compagnie franco-algérienne sans garantie d'intérêt, avec droit exclusif d'exploiter l'alfa sur 300,000 hectares, par convention du 20 décembre 1873.

5° De *Bône à Guelma*, ligne d'intérêt local (90 kil.), concédée à la Compagnie des Batignolles avec une garantie d'intérêt de 6 % par le département de Constantine. Sur cette ligne, qui sera plus tard continuée jusqu'à Tébessa, les travaux sont activement poussés. Elle desservira : Duzerville, Mondovi, Barral, Petit et Millésimo, en suivant la fertile vallée de la Seybouse.

M. l'ingénieur Krantz vient d'obtenir du gouvernement tunisien la concession d'une importante voie ferrée. Cette ligne partira de Tunis et aboutira à la frontière algérienne en passant par Bedja et en remontant le cours de la Medjerda. Le chemin de fer de Bône à Guelma, prolongé vers l'est, ira se souder à la ligne tunisienne.

La ligne de Guelma à Tébessa passera par Hammam-Meskoutine et par l'Oued-Zenati.

6° De *Sainte-Barbe du Tlélat à Sidi-bel-Abbès* (50 kil.), ligne d'intérêt local, concédée à MM. Seignette et Harding par décret du 30 avril 1874, avec une garantie d'intérêt de 6 %.

7° De *Constantine à Sétif* (150 kil.), ligne d'intérêt général, concédée à la Compagnie Joret par décret du 15 décembre 1875. Le tracé de cette ligne, étudié par M. l'ingénieur Schérer, et définitivement adopté, remonte la vallée du Bou-Merzoug sur une longueur de 36 kilomètres, depuis la gare de Constantine jusqu'à celle d'El-Guerra ; de ce tronc se détachent deux embranchements, celui de Sétif et celui de Batna. L'embranchement de Sétif court dans la direction de l'ouest, traverse le col d'El-Mimoun, les plaines de Telahma, des Abd-el-Nour et des Eulemas, et atteint Sétif après un parcours de 156 kilomètres depuis Constantine.

L'embranchement de Batna se dirige vers le sud-ouest, traverse le plateau des chotts, passe ensuite dans la vallée de l'oued Madher, et atteint Batna après un parcours de 80 kilomètres depuis El-Guerra.

Lignes aux enquêtes.

8° D'*Affreville à Amourah* (35 kil.), sans garantie. Exploitation des alfas sur les plateaux au sud de Boghar. Cette ligne sera probablement prolongée sur Boghari;

9° De la *Maison-Carrée au Col des Beni-Aïcha* (prolongement sur Tizi-Ouzou à l'étude), classée comme ligne d'intérêt local par le Conseil général d'Alger (43 kil.).

Lignes à l'étude.

10° De *Sidi-bel-Abbès à Ras-el-Ma'* (91 kil.), en échange d'une concession d'alfa;

11° De *Tlemcen à Rachgoun* (70 kil.) avec embranchement sur le port projeté des Beni-Saf, tracé étudié de compte à demi par l'État et par la Société algérienne;

12° D'*El-Affroun à Marengo et Cherchel* (48 kil.);

13° De *Birtouta à Rovigo* (10 kil.);

14° D'*Alger à Constantine* par Aumale ou par le Col des Beni-Aïcha, ligne d'intérêt général étudiée par l'État.

Lignes à l'état de prévision.

15° De *Ténès à Orléansville* (65 kil.), ligne d'intérêt local subordonnée à l'achèvement du port de Ténès;

16° De *Mostaganem à Relizane*, avec prolongement sur Tiaret (175 kil.), ligne d'intérêt local;

17° De *Tlemcen à Sebdou* par la vallée de la Tafna ou celle du haut Isser (50 kil.), ligne dont la concession est demandée ;

18° De *Sidi-bel-Abbès à Tlemcen et à Maghnia* (150 kil.), ligne d'intérêt général dont la concession est demandée;

19° De ...... *à Khenchela*, ligne industrielle s'embranchant sur celle de Constantine à Batna. Concession demandée.

TABLE DES MATIÈRES.

PREMIÈRE PARTIE.

GÉOGRAPHIE PHYSIQUE.

Chap. I. — Nom, p. 1 ; situation, 3 ; limites, 4 ; superficie, 6.

Chap. II. — *Orographie.* — Division en versants, 6 ; chaine tellienne, 8 ; chaine saharienne, 24.

Chap. III. — *Côtes.* — Côtes du département de Constantine, 31 ; côtes du département d'Alger, 41 ; côtes du département d'Oran, 50.

Chap. IV. — *Hydrographie.* — Rivières et lacs du Tell, 58 ; rivières, chotts, sebkhas, guerahs des Hauts-Plateaux, 89 ; rivières, chotts, dayas, puits artésiens du Sahara, 98.

Chap. V. — *Divisions naturelles.* — Le Tell, 109 ; les Hauts-Plateaux, 112 ; le Sahara, 114.

DEUXIÈME PARTIE.

GÉOGRAPHIE AGRICOLE, INDUSTRIELLE ET COMMERCIALE.

Chap. I. — *Règne végétal.* — Agriculture, 125 ; population et matériel agricole, 129 ; céréales, 130 ; plantes légumineuses, 135 ; tubercules, racines, 136 ; cultures maraîchères, 137 ; vignes, 138 ; plantes industrielles, 141 ; plantes textiles, 142 ; plantes oléagineuses, 150 ; plantes tinctoriales, 150 ; plantes tropicales, 151 ;

plantes odoriférantes, 151 ; prairies et plantes fourragères, 152 ; sériciculture, 153 ; arbres fruitiers, 154 ; forêts, 162 ; principales essences forestières, 163.

CHAP. II. — *Règne animal.* — Animaux domestiques, 182 ; animaux sauvages, 191 ; oiseaux, 203 ; reptiles, 206 ; insectes et animaux articulés, 207 ; mollusques, 212 ; poissons, 214 ; zoophytes, 215 ; polypes, 216.

CHAP. III. — *Règne minéral.* — Réorganisation du service des mines, 217 ; gîtes de fer et de manganèse du département de Constantine, 220 ; gîtes de fer et de manganèse du département d'Alger, 230 ; gîtes de fer et de manganèse du département d'Oran, 236 ; gîtes de plomb, de cuivre, de zinc, d'antimoine et de mercure du département de Constantine, 239 ; gîtes de plomb, de cuivre, de zinc, d'antimoine et de mercure du département d'Alger, 248 ; gîtes de plomb, de cuivre, de zinc, d'antimoine et de mercure du département d'Oran, 252 ; combustible minéral, 254 ; gîtes de pyrite de fer, d'alun et de soufre, 256 ; marbres, 256 ; pierres à bâtir, 259 ; pierres meulières, 259 ; pierres diverses, 260 ; pierres à chaux hydraulique et pouzzolanes, 260 ; pierres à plâtre, 260 ; ardoises, 261 ; terres à briques et à poteries, 261 ; lacs salés, 262 ; sources salées, 263 ; sel gemme, 264 ; salpêtre et autres sels, 268 ; sources thermales et minérales du département de Constantine, 272 ; souces thermales et minérales du département d'Alger, 276 ; sources thermales et minérales du département d'Oran, 281.

CHAP. IV. — *Industrie.* — Minoteries, semoules et pâtes alimentaires, 285 ; tabacs, 286 ; moulins à huile, 287 ; distilleries, 287 ; brasseries, 289 ; eaux gazeuses, 290 ; papeteries, 290 ; plantes et fleurs à essences, 290 ; eucalyptus, 291 ; industrie linière, 293 ; crin végétal, 293 ; coton, 294 ; industries forestières, 294 ; vannerie, 294 ; corderie, 295 ; fabriques de meubles, 295 ; tanneries, 295 ; cordonnerie, 296 ; sellerie, 297 ; conserves, 297; pêche du corail, 298; industries dérivant du règne minéral, 300; habillements, 302; tapisseries, 302; savonneries, 302; imprimeries, 303.

CHAP. V. — *Commerce.* — Exportations, 303; importations, 306; mouvement de la navigation par pavillons, 308; part prise par chacun des ports de l'Algérie au commerce d'exportation en 1874, 308; nomenclature par ordre d'importance des divers pays auxquels l'Algérie a expédié ses produits en 1874, 309; répartition par pays de provenance de la valeur totale des importations en 1874, 309; proportion dans laquelle les divers ports de l'Algérie ont concouru au commerce d'importation en 1874, 310; commerce par terre, 311; régime commercial, 311; octroi de mer, 312; Banque de l'Algérie, 313; Crédit foncier, 315; Société générale algérienne, 315; Comptoir d'escompte de Saint-Denis-du-Sig, 317; grandes Compagnies maritimes, 318; câbles sous-marins, 319.

CHAP. VI. — *Voies de communication.* — Routes nationales, 320; routes départementales, 322; chemins vicinaux, 323; chemins de fer en exploitation, 325; chemins de fer en construction, 326; chemins de fer concédés, 326; chemins de fer à l'étude, 328; chemins de fer à l'état de prévision, 328.

FIN DU TOME PREMIER.

Bône. — Imp. Dagand.

ERRATA.

P. 39, l. 20, au lieu de *Chodda*, lisez *Choba*.
P. 93, l. 7, au lieu de *Maadhut*, lisez *Maadhid*.
P. 112, lignes 23 et 24, au lieu de *kil.*, lisez *mètres*.
P. 303, au lieu de *Chapitre IV*, lisez *Chapitre V*.

GÉOGRAPHIE DE L'ALGÉRIE

DEUXIÈME ÉDITION

BÔNE. — IMPRIMERIE DE J. DAGAND
MARIUS NICOLAS, SUCCESSEUR.

GÉOGRAPHIE DE L'ALGÉRIE

PAR

O. NIEL

PROFESSEUR D'HISTOIRE ET DE GÉOGRAPHIE

AU COLLÉGE DE BONE

MEMBRE CORRESPONDANT DE LA SOCIÉTÉ DE CLIMATOLOGIE

ALGÉRIENNE ET DE LA SOCIÉTÉ

DE GÉOGRAPHIE COMMERCIALE DE PARIS

> Rien dorénavant ne peut compromettre l'œuvre que la France a entreprise en plantant son drapeau sur la Casbah d'Alger. C'est maintenant à l'agriculture, au commerce, à l'industrie, à la compléter, en tirant parti des prodigieuses ressources qu'offre cet admirable pays.
> (Discours prononcé le 6 mai 1876 par le général Chanzy, gouverneur de l'Algérie.)

TOME DEUXIÈME

GÉOGRAPHIE POLITIQUE

ET

ITINÉRAIRE DE L'ALGÉRIE

AVEC CARTE

dressée par M. Levasseur, membre de l'Institut
éditée par M. Ch. Delagrave

PARIS

CHALLAMEL AÎNÉ, LIBRAIRE, RUE JACOB, 5

ALGÉRIE

CHEZ LES PRINCIPAUX LIBRAIRES

1878

A MONSIEUR

SALVADOR COLL

Bienfaiteur du Collége
et fondateur de l'Hospice des vieillards
de Bône

L'auteur reconnaissant,

O. NIEL.

PRÉFACE.

Le succès obtenu, il y a trois ans, par ma *Géographie élémentaire de l'Algérie*, m'a engagé à écrire un ouvrage de plus longue haleine sur cette magnifique contrée encore aussi peu connue de quelques Français que la Laponie, le Groënland, l'Araucanie ou le pays des Hottentots. 350 pages m'ayant à peine suffi pour esquisser la première partie de ce travail, celle qui traite de l'orographie, de l'hydrographie, des produits si riches et si variés du sol, du règne animal, des sources thermales, des mines et minières de toute nature qui abondent dans l'Afrique française, de l'industrie, du commerce, etc., j'ai dû consacrer deux volumes à la description de l'Algérie.

Le premier volume a paru depuis plusieurs mois sous ce titre : *Géographie physique, agricole, industrielle et commerciale de l'Algérie.* Accueilli avec faveur par la presse algérienne et par celle de la métropole, il a été honoré d'une médaille d'argent (Exposition de Philippeville), ainsi que des souscriptions de M. le général Chanzy, gouverneur général civil de l'Algérie, du Conseil général de Constantine, des Conseils municipaux de Bône, de Guelma, de Souk-Ahras, de Philippeville, de la Société Franklin, etc., etc.

Je n'ai rien négligé pour que le second volume : *Géographie politique* et *Itinéraire de l'Algérie*, répondit autant que possible aux espérances que le premier semblait avoir fait naître. Ce volume, qui est à la fois une géographie à peu près complète et un véritable GUIDE pour les touristes, contient la description détaillée de tous les centres de population anciens, récemment créés ou en voie de peuplement, des ruines antiques qui jonchent partout le sol, des voies romaines, des routes, des chemins de fer, et même des oasis du Sahara. Chaque description de ville est suivie d'une notice historique. En un mot, l'auteur a essayé de dépeindre fidèlement l'Algérie actuelle et de faire revivre l'Algérie des temps anciens.

Faire aimer l'Algérie comme elle le mérite, y attirer des colons et des touristes, tel est le double but qu'il voudrait atteindre.

Robustes montagnards des Cévennes, des Alpes, des Pyrénées, et vous habitants des régions infécondes de la France où la population est trop dense, abandonnez un sol ingrat que vous baignez de vos sueurs pour lui arracher une maigre subsistance. Une faible somme d'argent vous permettra de vous établir sur les terres que le gouvernement met à votre disposition. Vos bras nerveux y auront bientôt fait sortir du sol des moissons d'une richesse inconnue en Europe.

Que redoutez-vous?

La traversée! — Elle ne dure que 36 ou 40 heures.

Le climat! — La fièvre ne sévit plus que dans le voisinage des marais et des lacs. Or, la plupart des centres récemment créés s'élèvent sur des hauteurs et hors des atteintes des émanations paludéennes. Les marais ont été desséchés sur bon nombre de points; les lacs tendent à disparaître pour céder la place à des champs de culture (1). Aujourd'hui la mort ne fauche guère plus parmi les colons algériens que parmi les agriculteurs de France. Qualifier le climat de l'Afrique française de MEURTRIER, c'est faire preuve d'ignorance ou de la plus insigne mauvaise foi. Il résulte d'un travail publié par M. le docteur E. Bertherand, que les cas de longévité

(1) Le lac Fetzara lui-même, ce redoutable voisin de Bône, d'Aïn-Mokra, de Duzerville et de Penthièvre, sera bientôt transformé en une superbe forêt d'eucalyptus. On va commencer les travaux de desséchement. La puissante Compagnie des mines du Mokta aura rendu encore cet immense service à l'arrondissement de Bône.

sont communs en Algérie. Le savant secrétaire général de la Société de climatologie d'Alger établit d'une manière irréfutable le mal fondé de préventions injustes en s'étayant de l'amélioration toujours croissante de la santé, tant dans l'armée que parmi la population civile, et en invoquant le témoignage des nombreuses pierres tumulaires ou votives sur lesquelles l'occupation romaine a buriné la longévité d'un grand nombre de ses marquantes personnalités.

« Le registre de l'état-civil d'Alger, écrit M. E. Bertherand dans la *Gazette médicale de l'Algérie*, accuse : 1° pendant la première semaine d'avril 1877, 23 décès, parmi lesquels 1 octogénaire, 3 septuagénaires et 1 sexagénaire ; 2° pendant la quatrième semaine, 13 décès (moins de deux décès par jour), sur lesquels 1 octogénaire, 2 septuagénaires et 2 sexagénaires ; 3° pendant la deuxième semaine de mai, 20 décès, dont 1 nonagénaire (98 ans), 3 septuagénaires. Dans la première semaine de ce même mois de mai avaient lieu les obsèques de Mme veuve D***, décédée à l'âge de 89 ans, après plus de trente ans d'immigration.

« Pour mieux mettre en relief l'importance numérique et le sens pathogénique des cas de longévité dont nous excipons, j'ai cru intéressant de dresser, d'après les documents administratifs des deux communes contiguës de Mustapha et d'Alger, qui ne font en définitive qu'une seule localité démographique, le relevé d'une mortalité mensuelle à partir de 70 ans.

« De ce travail il résulte qu'une agglomération dont le chiffre total ne dépasse guère 70,000 âmes, a compté, du 1er au 30 avril 1877, 21 décès de *septuagénaires et plus*. »

Des 458 personnes décédées à Bône du 1er janvier au 1er novembre 1877, *cinquante et une* avaient de 40 à 49 ans, *trente-cinq* de 50 à 59 ans, *cinquante-sept* de 60 à 79 ans, *sept* de 80 à 90 ans. En 1875, il mourut à Bône une dame de 103 ans et un homme de 101 ans, si j'ai bonne mémoire. Les autres villes de l'Algérie et les divers villages soit du littoral, soit de l'intérieur du Tell, nous fourniraient des exemples de longévité peut-être plus nombreux encore.

Les bêtes féroces! — On n'en voit presque plus. Nulle d'entre elles, du reste, n'a jamais dévoré de colon européen.

Les Arabes! — La plupart non-seulement respectent la vie et la propriété des colons, mais encore se façonnent à la civilisation française. Presque partout Européens et indigènes vivent en parfaite intelligence. Sans doute, la race des voleurs n'est pas complétement éteinte chez ce peuple ignorant et fanatique ; mais n'y a-t-il pas des voleurs dans tous les pays ? « La proportion des attentats contre les personnes ou les propriétés ne dépasse pas celle de certaines régions de la France dont la réputation de sécurité n'est point pour cela mise en doute (1). »

Quant aux insurrections, ce grand épouvantail qui a pu être jusqu'ici un obstacle au développement de la colonisation, elles ne sont plus à redouter. Celle de 1871, fomentée au lendemain de nos désastres par Mokrani, grand seigneur ruiné, a été assez vigoureusement réprimée pour faire comprendre aux indigènes que tout espoir de lutte contre la France était désormais perdu pour eux. L'insurrection plus récente d'El-Amri, étouffée dans l'œuf, était purement locale et sans importance. Les colons peuvent s'installer, bâtir, défricher sans crainte de se voir ravir un jour le fruit de leurs sueurs.

Et vous, messieurs les touristes, qui cherchez soit un climat hivernal plus doux que celui d'Europe, soit les saines distractions que procurent les voyages instructifs, lorsque les approches de la bise vous auront éloignés des plages de Trouville, de Dieppe, de Cabourg, d'Étretat, ou des sites alpestres qui vous rendent la Suisse si chère, détournez-vous une fois au moins des routes d'Italie, de Cannes, de Monaco et de Nice, pour prendre celle de l'Algérie. Point n'est besoin d'avoir aujourd'hui, comme au temps d'Horace, un cœur d'airain pour affronter les

(1) *Exposé de la situation de l'Algérie*, présenté en novembre 1877 au Conseil supérieur par M. le général Chanzy, gouverneur général civil.

flots de la Méditerranée. Venez. Vous ne trouverez chez nous ni les somptueux palais de marbre de Gênes, ni les superbes peintures de Florence, ni l'admirable golfe de Naples que le Vésuve illumine de sinistres lueurs, ni les gigantesques dômes suspendus par Michel-Ange au-dessus de la ville éternelle ; mais vous pourrez y visiter des nécropoles puniques, le Medracen et le Tombeau de la Chrétienne, grandioses sépultures des rois de Numidie et de Mauritanie ; des ruines romaines, byzantines ou arabes du plus haut intérêt ; des sites sans équivalents en Europe (Constantine, Hammam-Meskhoutine, etc.), les gorges de l'Isser, de la Chiffa, d'El-Kantara et du Chabet-el-Akra, les barrages du département d'Oran, véritables œuvres de Cyclopes, les belles rades d'Alger, de Mers-el-Kebir, de Bougie et de Bône, etc. L'Algérie forme un immense musée archéologique d'où chaque touriste peut emporter à son gré des médailles antiques, des marbres, des bas-reliefs, des statues, ou tout autre souvenir d'un passé retentissant dans l'histoire.

Aux Européens dont la santé est délicate, les villes du littoral offrent, pendant l'hiver, un climat plus doux que celui de Cannes ou de Nice. Devant ceux qui ont des poumons vigoureux et des jambes solides, le champ des excursions s'ouvre, aussi vaste et aussi attrayant qu'on puisse le rêver, dans ce beau pays où le soleil fait mûrir les oranges, refleurir les vergers et les jardins, reverdir les prairies et croître les primeurs, dans une saison pendant laquelle l'Europe grelotte sous son manteau de neige et de frimats.

Et vous, jeunes fils de famille, que dame Fortune a traités en enfants gâtés, souvenez-vous qu'il existe au delà de la Méditerranée une vaste région qu'un grand écrivain, Prévost-Paradol, a nommée la *France nouvelle*. Peut-être, quand vous la connaîtrez, aurez-vous l'idée d'y fonder des établissements. Une excursion en Algérie est le complément indispensable de l'instruction d'un Français. Les élèves de l'école de Grignon vous ont tracé la voie en 1877.

En Algérie, on voyage en voiture ou en wagon tout comme en France. Des routes relient Constantine à Biskra et Alger à Laghouat, c'est-à-dire le pays des moissons au pays des dattes. Biskra, portique du désert, donne un avant-goût de la région des sables : Laghouat est en plein Sahara.

Je dois à l'inépuisable bienveillance de M. A. Cherbonneau la *Traduction des termes arabes, kabyles et turcs* les plus fréquemment employés en géographie. Ce travail, entièrement neuf, sera le principal attrait de mon livre.

L'ouvrage que j'offre au public est le résultat de six années d'excursions et de consciencieuses études personnelles, mais il doit beaucoup aux excellents travaux de MM. Berbrugger, Cherbonneau, Brosselard, Bertherand, Reboud, Féraud, Mac-Carthy, Daumas, Pomel, de Colomb, Ville, W. Ragot, Tissot, Warnier, Jules Duval, Paul Blanc, Hanoteau, Louis Piesse, Achille Fillias, Ch. Desprez, Guy, secrétaire de la Société d'agriculture d'Alger, Ed. Dalles, etc., etc. J'ai emprunté aussi de nombreux renseignements à la *Revue africaine*, au *Bulletin de la Société de climatologie d'Alger*, au *Recueil de Notices* publié par la Société archéologique de Constantine, au *Bulletin de l'Académie d'Hippone*, à la *Correspondance algérienne*, etc.

Il m'est impossible de citer ici les noms de tous les amis de l'Algérie qui me sont venus en aide, mais je dois saisir l'occasion qui m'est offerte de remercier d'une façon toute particulière MM. les docteurs Bertherand et Reboud, qui ont bien voulu revoir une partie de mon manuscrit; M. Chardot, lieutenant-colonel en retraite; M. Hénon, interprète et professeur d'arabe; M. Bernelle, sous-préfet de Bône, qui a mis à ma disposition tous les documents officiels avec une bonne grâce qui double le prix d'un service rendu; M. A. Pasquier, président du Comice agricole de Bône; M. le docteur Nouffert, de Guelma; MM. les commandants supérieurs des cercles de Batna, de Teniet-el-Haad et de Boghar; M. le docteur Bleicher, d'Oran; MM. Claude, Estèbe, Ausset, Bétoulle et Domergue, géomètres du service topographique; MM. Portmann et Perrot, conducteurs des ponts et chaussées; M. Mougel, curé de Duvivier; M. Royer Brancas; M. Poinssot, administrateur adjoint; M. Puiméral, inspecteur primaire; M. Doublet, professeur au collége et conservateur de la bibliothèque de Bône, qui m'ont fourni de précieux documents, et aussi M. Nicolas, prote de l'imprimerie Dagand et orientaliste distingué, dont les conseils et les connaissances typographiques m'ont été d'un très-grand secours.

Ai-je besoin d'ajouter que j'accueillerai avec la plus vive reconnaissance les corrections et les documents que l'on voudra bien m'adresser pour une troisième édition!

Et maintenant va, mon pauvre livre, fruit de tant de labeurs, et que la critique te soit légère!

O. NIEL.

Bône, le 1er janvier 1878.

INTRODUCTION.

LE RECENSEMENT DE 1876.

Voici les résultats officiels du recensement de 1876 que le gouvernement général vient de nous communiquer.

TERRITOIRE CIVIL ET TERRITOIRE MILITAIRE DES TROIS PROVINCES.

Français.....................	197.341
Israélites naturalisés	33.496
Étrangers européens.....	159.161
Musulmans.	2.478.979
Total......	2.868.977

PROVINCE D'ALGER.

Territoire civil.

Français.....................	79.445
Israélites naturalisés	11.370
Étrangers européens.....	48.269
Musulmans..............	346.254
Total......	485.338

Territoire militaire.

Français................	2.009
Israélites naturalisés....	683
Étrangers européens.....	415
Musulmans..............	584.626
Total......	587.733

Total général pour les deux territoires : 1.073.071 habitants.

La population du territoire civil se répartit ainsi entre les 4 arrondissements du département d'Alger, qui comprennent 69 communes de plein exercice et 13 communes mixtes :

Arrondissement d'Alger.........	258.138 hab.
— de Miliana.......	29.056
— d'Orléansville...	51.725
— de Tizi-Ouzou...	146.419
Total.......	485.338

dont 259.229 hommes et 226.109 femmes.

PROVINCE DE CONSTANTINE.

Territoire civil.

Français................	55.147
Israélites naturalisés....	8.658
Étrangers européens.....	35.103
Musulmans..............	315.806
Total......	414.714

Territoire militaire.

Français................	4.126
Israélites naturalisés....	292
Étrangers européens.....	885
Musulmans..............	721.962
Total......	727.225

Total général pour les deux territoires : 1.141.939 habitants.

La population du territoire civil se répartit ainsi entre les 6 arrondissements du département de Constantine, qui comprennent 49 communes de plein exercice et 18 communes mixtes :

Arrondissement de Constantine..	168.710 hab.
—	de Bône........	65.251
—	de Bougie......	25.287
—	de Guelma......	27.293
—	de Philippeville.	64.134
—	de Sétif........	64.039
	Total........	414.714

dont 229.689 hommes et 185.025 femmes.

PROVINCE D'ORAN.

Territoire civil.

Français................	52.685
Israélites naturalisés....	11.707
Étrangers européens.....	70.447
Musulmans.............	281.626
Total......	416.465

Territoire militaire.

Français................	3.869
Israélites naturalisés....	786
Étrangers européens.....	4.042
Musulmans.............	228.805
Total......	237.502

Total général pour les deux territoires : 653.967 habitants.

La population du territoire civil se répartit ainsi entre les 5 arrondissements du département d'Oran, qui comprennent 49 communes de plein exercice et 13 communes mixtes :

Arrondissement d'Oran	155.915	hab.
— de Mascara	47.590	
— de Mostaganem	124.992	
— de Sidi-bel-Abbès	37.666	
— de Tlemcen	50.302	
Total	416.465	

dont 222.527 hommes et 193.938 femmes.

Territoire civil des trois départements.

Département d'Alger	1.005.683	hect.
— de Constantine	1.841.888	
— d'Oran	1.749.410	

COMPARAISON ENTRE LES RÉSULTATS DU RECENSEMENT DE 1876 ET CEUX DU RECENSEMENT DE 1872.

Le recensement de 1872 accusait 2.414.218 hab.; celui de 1876 donne un total de 2.868.977. Pendant la période quinquennale qui vient de s'écouler, la population de l'Algérie a donc augmenté de 452,752 âmes.

La population française s'est accrue de 67.740 âmes, la population étrangère européenne de plus de 43.000, et la population musulmane de plus de 355.000. Quant à la population israélite, elle a diminué de 1,078 âmes.

Nous devons faire remarquer toutefois que

11.482 individus, représentant la population en bloc en 1872, ne figurent pas dans le tableau que nous avons sous les yeux; il y aurait donc lieu de retrancher ce nombre de celui de 67.740 cité plus haut, ce qui réduirait à 56.258 le chiffre de l'augmentation française pendant la dernière période quinquennale, magnifique résultat qui atteste la vive impulsion donnée à la colonisation depuis 1872.

En ce qui touche le recensement des musulmans, on peut supposer que l'accroissement considérable qui a été constaté provient pour la majeure partie de ce que cette opération a été faite avec beaucoup plus de soins en 1876 qu'en 1872, et il reste établi aujourd'hui que le nombre des victimes faites par la famine avait été notablement exagéré.

PROGRAMME DE COLONISATION.

CAMPAGNE 1878-1879.

M. le gouverneur général Chanzy vient d'approuver l'état suivant des centres à créer pendant la campagne 1878-1879, et des lots à concéder à partir du 1er juin 1878.

PROVINCE D'ALGER.
Territoire civil.

Ben-Chicao, centre nouveau, à 4 kil. de la route nationale d'Alger à Laghouat et à 5 kil. du village des Hassen-ben-Ali (v. p. 151). Le chemin de fer projeté traversera son territoire. 3 sources; terres propres à la culture des céréales, de la vigne, des légumes et des fruits; pâturages.

Ouled-Abbès, centre nouveau, à 1 kil. du chemin de fer d'Alger à Oran et à 2 kil. de la gare des Attafs. On attribuera une superficie de 522 hectares à ce hameau qui comporte 20 feux, dont 16 agricoles et 4 industriels. Terres de première qualité, quoique non irrigables.

Bir-Safsaf, centre nouveau, sur la voie ferrée d'Alger à Oran, à 6 kil. de l'oued Fodda et à 6 kil. des Attafs. Superficie, 940 hectares. 34 feux, dont 30 agricoles et 4 industriels. Climat très-sain. L'eau se trouve en abondance à 2 mètres au-dessous du sol. Terres de bonne qualité, se prêtant à toutes les cultures.

Les Trois-Palmiers, centre nouveau, sur la route d'Orléansville à Ténès, à 27 kil. d'Orléansville et à 19 kil. de Montenotte. Superficie, 669 hectares. 20 feux, dont 16 agricoles et 4 industriels. Terres propres à la culture des céréales, quoique en général argileuses. L'olivier et surtout le figuier y réussissent très-bien. L'alimentation en eau est assurée par la source déjà existante et par une conduite amenant les eaux de l'aïn Assi-Merouan.

Dar-Beïda, 12 fermes isolées, d'une contenance de 60 hectares chacune, créées sur un terrain situé au sud-est de celui de Rebeval, sur la route d'Alger à Dellys. Terres propres à la culture des céréales, et surtout à l'élève du bétail. L'alimentation en eau sera assurée par une nappe abondante qu'on rencontre à 5 ou 6 mètres au-dessous du sol.

Territoire militaire.

El-Gourin, centre nouveau, dans la tribu des Menasser-Cheraga, entre Cherchel et Miliana.

Superficie, 1,907 hectares. 40 feux. Les terres conviennent à la culture des céréales et sont presque entièrement défrichées. Le village sera élevé sur les versants nord et est du pic d'El-Gourin, dans une position salubre. De nombreuses sources assureront son alimentation en eau potable.

23 lots de trente hectares en moyenne sont, en outre, disponibles dans les villages de nouvelle création situés en territoire militaire, savoir : 4 à *Bouïra*, 19 à *'Aïn-Bessem*.

PROVINCE DE CONSTANTINE.

Territoire civil.

Sigus, à 38 kil. de Constantine, sur la route de cette ville à 'Aïn-Beïda. Ce village, qui aura une superficie de 1,904 hectares, comporte 30 lots agricoles et 4 fermes isolées. Excellentes conditions de salubrité. Terres propres à la culture des céréales et à l'élevage des bestiaux. Les produits sont assurés d'un débouché facile sur l'important marché du Khroub. Deux sources abondantes donnent une eau de bonne qualité.

Sidi-Mesrich, en création, à 9 kil. de Robertville, sur le chemin d'El-Arrouch à Collo. Ce centre, qui aura une superficie de 3,000 hectares, comporte 18 lots agricoles, 10 lots industriels et 24 fermes isolées. 240 m. d'altitude ; deux sources abondantes ; terres propres à la culture des céréales et à l'élève du bétail.

Robertville (agrandissement). 300 hectares seront employés à former 8 nouveaux lots agricoles.

Fermes isolées. — Il sera créé aussi, en 1878, dans l'arrondissement de Sétif, un certain nombre de fermes isolées, sur des terres de bonne qualité reconnues propres à la culture et à l'élevage du bétail. Ces fermes, au nombre de 26, sont ainsi réparties : 11 dans les environs de Mesloug, 4 dans ceux de Guellal et 11 autour d'Aïn-Arnat.

Lots disponibles dans les centres déjà créés. — Les lots agricoles, au nombre de 38, sont situés dans les centres de Birkasdali, l'Anasser, Bordj-Medjana, Sidi-Barek, Bir-el-Arch, Beni-Fouda, Châteaudun du Rummel, El-Madeh, El-Ghedir, Boudaroua, Sidi-Merouan, Bou-Fouan, Redjus-el-Ferada, Seragha et 'Aïn-Cherchar.

On compte aussi 9 lots de fermes disponibles situés sur les territoires d'El-Anasser, Bir-el-Arch, Nordj-el-Harris, Boudaroua, El-Bidi.

Territoire militaire.

Amoucha, en création, sur la route de Sétif à Bougie, à 26 kil. de Sétif et 12 kil. de Takitount, dans l'angle formé par l'oued Djelfa et un ruisseau qui coule rapidement sur un lit de cailloux.

Superficie, 1,708 hectares. 20 lots agricoles, 4 lots industriels et 7 lots de fermes isolées. Terres propres à la culture des céréales, des plantes potagères et légumineuses, du tabac et des pommes de terre. Sept sources très-abondantes. Un chemin d'accès de 500 mètres reliera ce centre à la route de Sétif à Bougie.

Tizi-N'bechar, en création, à 1,800 m. du fort de Takitount, au point de jonction du chemin d'accès du fort avec la route de Sétif à Bougie. Superficie, 91 hectares. 4 lots agricoles et 6 lots industriels. Air pur, eaux bonnes et abondantes permettant l'irrigation des jardins.

Lots disponibles dans les centres déjà créés. — 11 lots de villages sont disponibles dans les centres de l'Oued-Cham et de Kerrata.

PROVINCE D'ORAN.

Territoire civil.

Les Silos, en création, sur la route d'Oran à Alger, à 11 kil. de Relizane, à 400 m. du chemin de fer. Superficie, 2,200 hectares. 60 lots, dont 40 agricoles et 20 industriels. Station projetée. Terres de bonne qualité. L'alimentation en eau potable et d'irrigation pour les lots de jardins sera assurée par une dérivation des eaux de la Mina.

'Aïn-Farès, en création, sur la route de Mas-

cara à l'Hillil, à 14 kil. de Mascara. 1,124 hectares. 40 lots, dont 30 agricoles et 10 industriels. Climat très-sain, eaux abondantes à 40 m. de profondeur, terres propres à la culture des céréales et de la vigne.

Haut-Froha, centre en création, à 18 kil. de Mascara, à 880 m. du chemin de fer d'Arzeu à Saïda. 2,070 hectares. 80 lots, dont 60 agricoles et 20 industriels. La construction d'un barrage de dérivation sur l'oued Froha permettra d'utiliser les eaux de la rivière, qui sont très-abondantes, pour l'alimentation et l'irrigation.

'Aïn-Ouillis (agrandissement). On annexera à ce hameau 688 hectares qui permettront de créer 20 lots, dont 16 agricoles et 4 industriels.

Mokta-Douz (agrandissement). On a projeté d'adjoindre à ce centre 100 hectares de terres irrigables propres à toutes les cultures industrielles.

Oued-Imbert (agrandissement). 300 hectares y sont destinés à de nouvelles concessions.

Lots disponibles dans les centres déjà créés. — 49 lots se trouvent, en outre, disponibles dans les centres de l'Oued-Djema'a, Sahouria, Saint-Lucien, Inkermann, 'Aïn-Fekan, Sidi-Hassein, la Stidia, El-Romri, Maoussa, Renault et Chabet-el-Lehan.

Territoire militaire.

'Aïn-Kenenda, centre nouveau, sur la route de Zemmora à Tiaret. 209 hectares. 40 feux. Terres propres à toutes les cultures.

Lots disponibles. — Ces lots, au nombre de 9, sont répartis dans les villages de Mendez, Daya et Charrier. 5 lots de fermes sont aussi disponibles dans le territoire de Magenta.

GÉOGRAPHIE DE L'ALGÉRIE

TROISIÈME PARTIE

GÉOGRAPHIE POLITIQUE

CHAPITRE Ier.

GOUVERNEMENT GÉNÉRAL.

Représentation nationale. — Commandants en chef, gouverneurs généraux, commandants supérieurs, commissaires extraordinaires qui ont administré l'Algérie depuis 1830.

La haute administration de l'Algérie est confiée à un gouverneur général civil qui réside à Alger. Le gouverneur général est chargé, en outre, du commandement des forces de terre et de mer (décret du 10 juin 1873). Ce poste éminent est occupé, depuis 1873, par le général Chanzy, l'un des hommes au cœur fort et au patriotisme vivace qui, à l'heure du péril, n'ont pas désespéré de la fortune de la France. Le gouverneur général correspond avec les ministres (décret du 30 juin 1876). La direction de l'Algérie au ministère de l'Intérieur a été récemment supprimée, et un décret du mois de juin dernier a institué auprès du gouverneur général :

1° Un directeur de l'intérieur,
2° Un directeur des finances,
3° Un directeur des travaux publics.

Ces trois fonctionnaires sont placés sous l'autorité du directeur général des affaires civiles et financières.

En vertu du même décret, les diverses affaires traitées jusqu'ici par le ministère de l'Intérieur ont été rattachées à chacun des ministères compétents. « On a voulu, par cette disposition : 1° resserrer les liens de l'Algérie à la métropole, en intéressant les principaux ministères à la solution des affaires qui concourent le plus au développement de la colonie et auxquelles jusqu'à présent ils étaient, pour la plupart, restés étrangers ; 2° traiter ces mêmes affaires directement avec les administrations dont elles relèvent en France, éviter des retards fâcheux et donner aux fonctionnaires algériens, détachés en grande partie des services français, les garanties d'appréciation et d'avancement dont leurs efforts et leur dévouement les rendent dignes. » (*Exposé de la situation de l'Algérie*, par le général Chanzy, gouverneur général civil. 14 novembre 1876.)

Un conseil de gouvernement, composé de tous les chefs de service et de trois conseillers rapporteurs, se réunit sous la présidence du gouverneur général; il donne son avis sur toutes les questions renvoyées à son examen. Ce conseil, augmenté de dix-huit délégués élus pour une période de trois ans par les conseils généraux, raison de six membres par département, se transforme en conseil supérieur pour examiner le projet de budget annuel du gouvernement général. Le conseil supérieur, dans lequel il est question de faire entrer les sénateurs et les députés algériens, se réunit tous les ans. Le gouverneur lui présente un exposé complet de la situation de l'Algérie.

Le budget spécial du gouvernement général est rattaché à celui du ministère de l'Intérieur. Ce budget est soumis à l'Assemblée nationale tel qu'il a été préparé par le gouvernement général.

Aux termes de la loi du 3 novembre 1875, trois députés algériens (un par département, au lieu de deux) font partie de l'Assemblée nationale; ils sont élus par l'universalité des électeurs français résidant soit en territoire civil, soit en territoire militaire. Chaque département nomme aussi un sénateur élu, comme en France, par les conseillers généraux et les délégués des conseils municipaux. Les conseils d'arrondissement n'existent pas en Algérie.

Les Français, comme on le voit, jouissent en Algérie des mêmes droits civils et politiques que dans la métropole; ils les y exercent dans les mêmes conditions.

L'Algérie a été administrée :

1° Du 5 juillet 1830 au 27 juillet 1834, par quatre commandants en chef de l'armée d'occupation et deux intérimaires;

2° Du 27 juillet 1834 au 1er juillet 1858, par onze gouverneurs généraux titulaires et onze gouverneurs intérimaires;

3° Du 1er juillet 1858 au 24 novembre 1860 (ministère de l'Algérie), par trois commandants supérieurs;

4° Du 24 novembre 1860 au 1er janvier 1877, par neuf gouverneurs généraux titulaires ou intérimaires et par deux commissaires extraordinaires.

COMMANDANTS EN CHEF.

Général comte de Bourmont : juillet — septembre 1830.
Général Clauzel : septembre 1830 — février 1831.
Général Berthézène : février — décembre 1831.
Général duc de Rovigo : décembre 1831 — mars 1833.
Général Avizard (intérimaire) : mars — avril 1833.
Général Voirol (intérimaire) : avril 1833 — juillet 1834.

TROISIÈME PARTIE.

GOUVERNEURS GÉNÉRAUX.

Général Drouet d'Erlon : juillet 1834 — juillet 1835.
Général Rapatel (intérimaire) : avril — juillet 1835.
Maréchal Clauzel : juillet 1835 — février 1837.
Général Rapatel (intérimaire) : février — août 1836.
Général Damrémont : février — octobre 1837.
Général Négrier (intérimaire) : octobre — décembre 1837.
Général Valée : septembre 1837 — décembre 1840.
Général Schramm (intérimaire) : janvier — février 1841.
Général Bugeaud : décembre 1840 — septembre 1847.
Général Lamoricière (intérimaire) : septembre — octobre 1845.
Général de Bar (intérimaire) : juin — juillet 1847.
Général Bedeau (intérimaire) : juillet — octobre 1847.
Duc d'Aumale : septembre 1847 — février 1848.
Général Changarnier (intérimaire) : 8 — 10 mars 1848.
Général Cavaignac : mars — mai 1848.
Général Changarnier : mai — juin 1848.
Général Marey-Monge (intérimaire) : juin — septembre 1848.
Général Charon : septembre 1848 — octobre 1850.
Général d'Hautpoul : octobre 1850 — décembre 1851.
Général Pélissier (intérimaire) : avril — décembre 1851.
Général Randon : décembre 1851 — juin 1858.
Général Renault (intérimaire) : juin 1857 — août 1858.

COMMANDANTS SUPÉRIEURS DES FORCES DE TERRE ET DE MER

sous les ministères du prince Napoléon (du 24 juin 1858 au 7 mars 1859) et du comte de Chasseloup-Laubat (du 7 mars 1859 au 24 novembre 1860).

Général de Mac-Mahon : août 1858 — avril 1859.
Général Gueswiller : avril — août 1859.
Général de Martimprey : août 1859 — décembre 1860.

GOUVERNEURS GÉNÉRAUX.

Maréchal Pélissier, duc de Malakoff : novembre 1860 — mai 1864.
Général de Martimprey (intérimaire) : mai — juillet 1864.
Général Morris (intérimaire) : juillet 1864.
Maréchal de Mac-Mahon, duc de Magenta : septembre 1864 — juillet 1870.
Général Durrieu (intérimaire) : juillet — octobre 1870.
Général Walsin-Esterhazy : 26 octobre 1870.
Général Lichtlin (intérimaire).
H. Didier : octobre 1870. (L'investissement de Paris ne permit pas à M. Didier de se rendre à Alger.)

COMMISSAIRES EXTRAORDINAIRES.

Du Bouzet : octobre 1870 — février 1871.
Alexis Lambert : février — mars 1871.

GOUVERNEURS GÉNÉRAUX.

Vice-amiral de Gueydon : mars 1871 — juin 1873.
Général Chanzy : juin 1873.

CHAPITRE II.

DIVISIONS POLITIQUES.

Provinces. — Territoire civil. — Départements. — Arrondissements. — Communes de plein exercice. — Communes mixtes. — Communes indigènes. — Territoire militaire.

L'Algérie est divisée en trois provinces, savoir :

1° La province de Constantine, à l'est ;
2° La province d'Alger, au centre ;
3° La province d'Oran, à l'ouest.
Chaque province comprend :
1° Un territoire civil,
2° Un territoire militaire.

§ 1ᵉʳ. — *Territoire civil.*

La superficie du territoire civil s'accroît d'année en année au détriment du territoire militaire ; elle n'était que de 1,355,414 hectares au 31 décembre 1870 ; aujourd'hui elle atteint le chiffre d'environ 4,597,000 hectares, soit près de huit fois l'étendue moyenne d'un département de la métropole, et une population totale de 1,132,414 habitants, dont 251,852 Européens, 32,718 israélites naturalisés et 847,844 Arabes ou Kabyles. Il résulte des documents officiels qu'en la seule année 1875 il a été fait remise à l'administration civile de 176,037 hectares comportant une population de 20,300 habitants, dont 1,359 Français (1).

Le territoire civil forme trois départements, savoir :
1° Le département d'Alger,
2° Le département de Constantine,
3° Le département d'Oran.

(1) Les résultats du recensement de la population algérienne en 1876 n'étant pas encore connus, nous les publierons à la fin du volume.

Département d'Alger.

Le département d'Alger, chef-lieu Alger, comprend 4 arrondissements : Alger, Miliana, Orléansville et Tizi-Ouzou.

Arrondissement d'Alger : superficie, 482,152 hect.; 212,641 hab.; 53 communes de plein exercice et 2 communes mixtes.

Arrondissement de Miliana : 99,910 hect.; 22,381 hab.; 7 communes de plein exercice et 1 commune mixte.

Arrondissement d'Orléansville : 53,309 hect.; 16,597 hab.; 3 communes de plein exercice et 1 commune mixte.

Arrondissement de Tizi-Ouzou : 191,456 hect.; 128,516 hab.; 5 communes de plein exercice et 4 communes mixtes.

Département de Constantine.

Le département de Constantine, chef-lieu Constantine, est divisé en 6 arrondissements : Constantine, Bône, Bougie, Guelma, Philippeville et Sétif.

Arrondissement de Constantine : 793,953 hect.; 155,483 hab.; 14 communes de plein exercice, 3 communes mixtes.

Arrondissement de Bône : 368,119 hect.; 54,369 hab.; 12 communes de plein exercice et 2 communes mixtes.

Arrondissement de Bougie : 46,872 hect.;

21,334 hab.; 2 communes de plein exercice et 2 communes mixtes.

Arrondissement de Guelma : 67,257 hect.; 18,505 hab.; 6 communes de plein exercice et 1 commune mixte.

Arrondissement de Philippeville : 263,303 hect.; 55,317 hab.; 10 communes de plein exercice et 4 communes mixtes.

Arrondissement de Sétif : 358,064 hect.; 60,208 hab.; 5 communes de plein exercice et 4 communes mixtes.

Département d'Oran.

Le département d'Oran, chef-lieu Oran, comprend 5 arrondissements : Oran, Mascara, Mostaganem, Sidi-bel-Abbès et Tlemcen.

Arrondissement d'Oran : 597,029 hect.; 130,834 hab.; 26 communes de plein exercice et 3 communes mixtes.

Arrondissement de Mascara : 247,698 hect.; 39,939 hab.; 2 communes de plein exercice et 2 communes mixtes.

Arrondissement de Mostaganem : 262,116 hect.; 62,503 hab.; 14 communes de plein exercice et 3 communes mixtes.

Arrondissement de Sidi-bel-Abbès : 232,513 hect.; 26,440 hab.; 4 communes de plein exercice et 2 communes mixtes.

Arrondissement de Tlemcen : 196,107 hect.;

39,025 hab.; 3 communes de plein exercice et 2 communes mixtes.

Chaque département est administré par un préfet qui exerce, sous l'autorité du gouverneur général civil, les attributions conférées aux préfets des départements français. Le préfet a sous ses ordres directs des sous-préfets (un par arrondissement) et des administrateurs civils chargés de l'administration des *communes mixtes*. Ces communes mixtes sont formées de circonscriptions dans lesquelles la population européenne commence seulement à fonder quelques établissements et où domine la population indigène.

Les *communes de plein exercice* n'existent qu'en territoire civil. Le nombre de ces communes, d'après l'*Exposé de la situation de l'Algérie* (1876), s'élève actuellement à 166, embrassant une superficie de 1,511,000 hect., avec une population totale de 555,807 hab., dont 127,321 Français, 32,660 israélites naturalisés, 113,018 étrangers européens et 282,808 musulmans.

Les communes de plein exercice sont toutes administrées par un maire assisté d'un conseil municipal auquel prennent place des étrangers et des indigènes dans une proportion établie d'après le nombre des résidants de chacune de ces deux catégories.

Il y a des *communes mixtes* en territoire civil et en territoire militaire. Sont également communes mixtes les postes militaires établis sur des points avancés où la population civile européenne a été admise à se livrer au commerce et à diverses industries de peu d'importance.

8 communes mixtes ont été créées en 1875. On compte actuellement en Algérie 63 communes mixtes, dont 45 en territoire civil et 18 en territoire militaire. Les premières comprennent 3,086,000 hect. et 576,607 hab., dont 9,888 Français ou israélites naturalisés, 1,683 étrangers européens et 565,036 indigènes. C'est sur ces territoires que portent aujourd'hui les principaux efforts de la colonisation. Quant aux 18 communes mixtes du territoire de commandement, leur superficie totale est de 6,580,000 hect., et leur population de 138,689 hab., dont 4,660 Français ou israélites naturalisés, 1,073 étrangers européens et 132,956 indigènes.

Les *communes indigènes* sont formées de tribus dans lesquelles l'élément européen n'a pas encore pénétré. Ces communes, dit M. le général Chanzy, gouverneur général civil, dans l'*Exposé de la situation de l'Algérie* (novembre 1876), administrées par des commissions dans lesquelles l'élément arabe est représenté et s'initie au régime vers lequel on achemine le pays tout entier, ne sont plus aujourd'hui qu'au nombre de 32, au lieu de 47 : c'est la conséquence forcée de l'augmentation des communes mixtes. Ces 32 communes indigènes sont toutes en territoire de commandement. Leur population est de 1,219,285 hab., dont 1,747 Français, 93 israélites naturalisés, 649 étrangers européens et 1,216,796 musulmans.

Chaque département élit un *conseil général* qui jouit de tous les priviléges des conseils généraux métropolitains. Aux membres français de ce conseil est adjoint un certain nombre de musulmans désignés par le gouverneur général. Ces indigènes portent le titre d'*assesseurs*; ils ont voix délibérative, mais ils ne prennent point part à l'élection des sénateurs. Il en est de même pour les conseillers municipaux élus au titre étranger et indigène.

§ 2. — *Territoire militaire.*

Le *territoire de commandement de la province d'Alger* a une superficie de 9,680,924 hect. Il comprend 7 communes mixtes et 13 communes indigènes, sous l'administration de généraux de brigade résidant à Alger, Fort-National, Aumale, Médéa et Miliana. Sa population était, au commencement de 1876, de 529,155 hab., dont 2,470 Français, 16 israélites naturalisés, 742 étrangers et 525,927 musulmans.

Le *territoire de commandement de la province de Constantine* a une superficie de 10,908,812 hect. Il comprend 4 communes mixtes et 20 communes indigènes, sous l'administration de généraux de brigade résidant à Constantine, Bône,

Batna et Sétif. Sa population est de 650,337 hab., dont 1,254 Français, 260 étrangers et 648,823 musulmans.

Le *territoire de commandement de la province d'Oran* a une superficie de 7,074,721 hect. Il comprend 7 communes mixtes et 14 communes indigènes, sous l'administration de généraux de brigade dont la résidence est à Oran, Mascara et Tlemcen. Sa population est de 238,823 hab., dont 3,331 Français, 334 israélites naturalisés, 1,098 étrangers européens et 234,060 musulmans.

CHAPITRE III.

CULTES.

Culte catholique. — Culte protestant. — Culte israélite.

En Algérie, les clochers des églises catholiques s'élancent vers le ciel à côté des minarets des mosquées; le temple protestant est voisin de la synagogue. La voix d'airain des cloches et les chants nasillards des *moudenin* se marient souvent pour appeler les fidèles à l'office divin et les croyants à la mosquée. La liberté de conscience règne ici en souveraine; tous les cultes y vivent dans la paix la plus profonde et sur un pied parfait d'égalité.

§ 1ᵉʳ. — *Culte catholique.*

La religion catholique est celle de la grande majorité des Européens établis en Algérie. D'après le recensement de 1872, on en comptait environ 234,000. Alger est le siége d'un archevêché. Un évêque réside à Oran, un autre à Constantine. On ne compte pas moins de 260 paroisses dans les trois départements. Le nombre des églises, déjà considérable, s'accroît tous les jours, au fur et à mesure de la création des villages. Chaque fois que se fonde un centre nouveau, l'église s'élève à côté de la maison d'école, et partout les ministres de Dieu obtiennent le respect qui leur est dû.

§ 2. — *Culte protestant.*

L'Algérie a aussi ses temples et ses pasteurs protestants. Les secours religieux n'y font pas plus défaut aux adeptes de l'Église réformée qu'à ceux de l'Église romaine. A Alger, à Oran et à Constantine, ont été institués des consistoires provinciaux qui administrent les biens consistoriaux et les établissements de bienfaisance protestants. Les membres de ces assemblées sont éligibles ; les laïques sont en nombre double de celui des pasteurs et sont choisis par parties égales dans l'Église réformée et dans celle de la confession d'Augsbourg. La présidence du consistoire, annuelle et élective, est dévolue tour à tour aux pasteurs réformés et aux pasteurs luthériens. En 1872, on comptait un peu plus de 6,000 protestants.

§ 3. — *Culte israélite.*

A Alger, à Constantine et à Oran, existent des consistoires provinciaux israélites, composés chacun d'un grand-rabbin et de six membres laïques qui élisent leur président. Chaque consistoire a un représentant auprès du consistoire central à Paris, et nomme un délégué à chacune des synagogues de sa circonscription. En 1872, l'Algérie comptait 39,812 israélites (1).

CHAPITRE IV.

ORGANISATION JUDICIAIRE.

Cour d'appel. — Tribunaux de première instance. — Tribunaux de commerce. — Justices de paix.

Le service judiciaire comprend, depuis le décret du 10 août 1875 :

1° Une *cour d'appel* siégeant à Alger.

2° Des *tribunaux de première instance* siégeant : dans le département d'Alger, à Alger,

---

(1) Voir à la fin du volume le recensement de 1876.

Blida et Tizi-Ouzou; dans le département de Constantine, à Bône, Bougie, Constantine, Philippeville et Sétif; dans le département d'Oran, à Mostaganem, Oran et Tlemcen.

3° Des *tribunaux de commerce* siégeant à Alger, Constantine et Oran.

4° Des *tribunaux de paix* siégeant : dans le département d'Alger : à Alger (canton nord et canton sud); à l'Arba, Aumale, Boufarik, Bou-Sa'ada, Col des Beni-'Aïcha et Kolea, ressortissant au tribunal d'Alger; à Blida, Boghari, Cherchel, Djelfa, Duperré, Laghouat, Marengo, Médéa, Miliana, Orléansville, Ténès et Teniet-el-Had, ressortissant au tribunal de Blida; à Bordj-Menaiel, Dellys, Dra'-el-Mizan, Fort-National et Tizi-Ouzou, ressortissant au tribunal de Tizi-Ouzou; dans le département de Constantine, à 'Aïn-Mokra, Bône, Guelma, La Calle, Mondovi et Souk-Ahras, ressortissant au tribunal de Bône; à Akbou, Bougie, Djidjelli et Takitount, ressortissant au tribunal de Bougie; à 'Aïn-Beïda, Batna, Biskra, Constantine, Khenchela, Mila, Oued-Atménia, Oued-Zenati, Ouled-Rahmoun et Tebessa, ressortissant au tribunal de Constantine; à Collo, El-Arrouch, Jemmapes et Philippeville, ressortissant au tribunal de Philippeville; à Bordj-bou-Arréridj, Saint-Arnaud et Sétif, ressortissant au tribunal de Sétif; dans le département d'Oran, à Inkermann, Mascara, Mostaganem, Perrégaux, Relizane, Saïda et Tiaret, ressortissant au tribunal de Mostaganem, à 'Aïn-Temouchent, Daya, Oran, Saint-Cloud, Saint-Denis du Sig, Sainte-Barbe du Tlélat et Sidi-bel-Abbès, ressortissant au tribunal d'Oran; à Lamoricière, Nemours et Tlemcen, ressortissant au tribunal de Tlemcen.

5° Des *juges suppléants* rétribués près la justice de paix d'Akbou, d'Aumale, de Boufarik, de Dra'-el-Mizan, de Guelma, de Mascara, de Miliana et de Sidi-bel-Abbès.

6° Des *tribunaux musulmans* déterminés par le gouverneur général.

La procédure en matière civile, devant les cours et tribunaux, est la même qu'en France, avec cette différence que les avocats-défenseurs, nommés par le gouvernement, qui remplissent en Algérie les fonctions d'avoués, peuvent plaider en toutes matières, sans que les parties aient besoin de recourir au ministère d'un avocat.

La compétence de quelques juges de paix siégeant loin du chef-lieu judiciaire est étendue, en matière civile et commerciale, jusqu'à 500 fr. en dernier ressort, et jusqu'à 10,000 fr. en premier ressort. Toute contestation entre Européens et indigènes est de la compétence exclusive des tribunaux français.

Le décret du 10 août 1875 a prescrit aux juges de paix de tenir régulièrement et à dates déterminées des audiences foraines sur les points extrêmes de chaque canton.

Des greffiers, des notaires et des huissiers

existent dans un grand nombre de cantons. Dans ceux où des places de notaire n'ont pas encore été créées, les greffiers de justice de paix sont autorisés à en remplir les fonctions.

La vénalité des charges n'existe pas en Algérie.

Des tribunaux correctionnels et des cours d'assises, statuant avec l'assistance d'un jury composé d'après les règles en usage dans la métropole, jugent les délits et les crimes de droit commun. Européens et Arabes relèvent de ces tribunaux.

Les cercles de Géryville et de Sebdou, à l'extrême sud du département d'Oran, où les Européens sont très-clair-semés, sont les seuls centres de l'Algérie que régisse encore une législation exceptionnelle. Des officiers supérieurs y remplissent provisoirement des fonctions judiciaires.

« 210 affaires concernant 347 accusés ont été portées devant les quatre cours d'assises du ressort de la cour d'Alger pendant l'année 1875. Des 347 accusés, 90 étaient Français, 15 israélites et 201 indigènes; 41 appartenaient à des nationalités étrangères. 242 ont été condamnés, dont 51 Français, 11 israélites, 146 musulmans, 33 étrangers; 105 ont été acquittés.

» Le compte des deux années précédentes était beaucoup plus élevé et donnait, en 1873, 309 affaires, en 1874, 219.

» Pour l'année 1875, le rapport du nombre des accusés avec le chiffre de la population est, d'après la nationalité :

Français......	1 accusé	sur 1.612 hab.	
Israélites.....	1 —	sur 2.206	—
Étrangers	1 —	sur 2.847	—
Musulmans ...	1 —	sur 3.796	—

» En ce qui concerne les condamnations, la proportion est la suivante :

Français......	1 condamné	sur 2.751 hab.	
Israélites.....	1 —	sur 3.008	—
Étrangers	1 —	sur 3.538	—
Musulmans....	1 —	sur 5.226	—

» Je crois utile de rappeler ici cette remarque faite par la magistrature et appuyée par la statistique, que les crimes ont, en Algérie, les mêmes mobiles qu'en France, et qu'on n'a pas eu le regret d'en constater dont le fanatisme et l'hostilité de race aient provoqué la perpétration.

» Les tribunaux correctionnels, qui, en 1874, avaient jugé 5,244 affaires, concernant 7,050 prévenus, ont été saisis, en 1875, de 5,469 affaires, concernant 7,296 prévenus. Cette augmentation est la conséquence naturelle de l'accroissement du territoire civil, et aussi du déploiement d'une plus active surveillance (1) »

(1) *Exposé de la situation de l'Algérie* (1876).

CHAPITRE V.

INSTRUCTION PUBLIQUE.

Enseignement supérieur. — Medraça. — Enseignement secondaire.—Enseignement primaire.—Bibliothèques scolaires. — Ligue de l'enseignement (1).

Les soldats français ont conquis l'Algérie toute entière par le fer; les professeurs et les instituteurs l'ont déjà conquise en partie par l'instruction, mère de la civilisation. Les premiers ont versé leur sang sur divers champs de bataille; les seconds ont lutté souvent contre un climat mortel, et plusieurs sont tombés sur le *champ de combat de l'école*. Cette lutte du progrès contre le fanatisme et l'ignorance a eu aussi sa gloire. Les membres du corps enseignant de l'Académie d'Alger viennent de recevoir des lettres de noblesse; ils les tiennent de M. le général Chanzy, qui les leur a conférées en ces termes : « S'il est un progrès dont puisse s'énorgueillir l'Algérie, c'est bien, sans contredit, celui qui se manifeste dans l'instruction publique. L'État, les départements, les municipalités ne reculent devant au-

---

(1) La plupart des renseignements contenus dans ce chapitre sont tirés du rapport de M. de Salve, recteur de l'Académie d'Alger, au conseil supérieur de gouvernement)(1876). Nous ne pouvions puiser à meilleure source.

cun sacrifice pour aider à ce résultat; mais l'honneur en revient en grande partie à la population si intelligente de la colonie ; elle a compris, en effet, que la diffusion de l'instruction était le plus sûr moyen de faire apprécier par les indigènes les avantages qu'ils doivent trouver dans notre contact, et les bienfaits de notre civilisation. J'ai pu constater moi-même, en visitant successivement les localités des trois provinces, la bonne tenue des écoles, l'empressement avec lequel elles sont fréquentées, ainsi que le ZÈLE ET LE DÉVOUEMENT DU PERSONNEL ENSEIGNANT (1). »

L'Académie d'Alger compte trois départements. Le service se centralise, à Alger, entre les mains du recteur, chef du service général, aidé de trois inspecteurs d'académie, chefs de service départementaux. Le *conseil académique* a été reconstitué d'après le décret du 15 août 1875, et des conseils départementaux ont été établis dans chacun des trois départements.

§ 1er. — *Enseignement supérieur.*

L'enseignement supérieur est représenté par l'école préparatoire de médecine, les cours supérieurs de langue arabe établis à Alger, à Constantine et à Oran, les medraça et l'Observatoire d'Alger.

(1) *Exposé de la situation de l'Algérie.*

L'*école de médecine*, installée à Alger, délivre des diplômes d'officier de santé, de pharmacien et de sage-femme. L'enseignement y est réparti entre huit professeurs titulaires et trois suppléants. Il était suivi, à la fin de l'année 1875, par 65 élèves. Dans le cours de cette même année, il a été obtenu 3 diplômes d'officier de santé, 13 de pharmacien de deuxième classe, et 49 inscriptions ont été prises pour le grade de docteur; de plus, 8 élèves ont été reçues sages-femmes.

« En présence du mouvement qui se manifeste en France en faveur des grands foyers d'instruction médicale, on peut se demander, dit M. le recteur, s'il n'y aurait pas opportunité à créer à Alger une école de plein exercice. Les progrès continus de la colonisation, et, par suite, de l'enseignement secondaire, tendent évidemment à accroître peu à peu dans l'avenir l'importance de l'école d'Alger; d'un autre côté, sa situation particulière doit en faire un centre spécial d'études, dont il serait bon de préparer le développement. »

Dans chaque chef-lieu de département existe un *cours d'arabe* dit supérieur, réunissant, six fois par semaine, un nombre d'auditeurs qui varie de 20 à 30 dans le semestre d'hiver et de 10 à 15 dans celui d'été. La diffusion de cet enseignement est bien restreinte et loin de suffire à développer dans le pays la connaissance d'une langue aussi nécessaire que l'arabe au point de vue de l'assimilation et des relations commerciales. « Le nombre des auditeurs qui suivent le cours d'arabe augmentera, dit M. le recteur, le jour où les membres de l'Université, étant admis à toucher la prime attribuée à la langue arabe, seront encouragés dans cette étude et pourront en propager le goût autour d'eux. »

Les *medraça*, ou écoles musulmanes d'enseignement supérieur, ont été reconstituées, en 1876, sur des bases plus larges, plus libérales et plus françaises. Aux maîtres indigènes ont été ajoutés des maîtres français chargés d'enseigner l'histoire, la géographie, l'arithmétique et les principes du droit.

Il existe des medraça à Alger, à Constantine et à Tlemcen. M. Cherbonneau, bien connu par ses nombreux et savants travaux sur la langue et la littérature arabe, est chargé de l'inspection de ces établissements, dont les cours ont été suivis, en 1876, par 142 élèves.

L'*Observatoire* d'Alger a été placé par M. le ministre de l'Instruction publique dans les attributions directes du recteur de l'Académie.

§ 2. — *Enseignement secondaire.*

L'enseignement secondaire est donné dans 11 établissements publics et 4 établissements libres. Le plus important par sa population et le niveau de ses études est le lycée d'Alger, qui réunit près de 900 élèves et prépare seul à toutes les écoles du gouvernement. Un cours de mathématiques spéciales y a été créé, il y a trois ans à peine, et déjà il en est sorti plusieurs élèves pour l'école polytechnique, l'école normale supérieure et l'école de Saint-Cyr. Ainsi, dans l'année scolaire 1875-1876, le lycée d'Alger a fait admettre 2 élèves à l'école polytechnique, 3 à Saint-Cyr, 1 à l'école centrale des arts et manufactures. Au concours académique, il a obtenu 30 nominations, dont 4 premiers prix et 4 seconds. Au concours général des lycées et collèges de la France entière, il a obtenu 2 nominations, l'une en philosophie, l'autre en mathématiques.

Le collége de Constantine est à la veille d'être érigé en lycée.

Il y a lieu de croire qu'Oran, à son tour et dans un avenir prochain, substituera à son collége un lycée établi sur de larges proportions et pouvant offrir aux colons de ce département tous les moyens d'instruction qu'ils doivent aujourd'hui chercher au loin et à grands frais. La longueur des distances et la difficulté des communications font regretter qu'on n'ait pu créer en Algérie un lycée par département. Ces trois lycées se trouveraient plus éloignés encore les uns des autres que ne le sont ceux de Marseille, de Lyon et de Bordeaux.

Bône, Philippeville, Sétif, Miliana, Médéa,

Blida, Mostaganem et Tlemcen possèdent aussi des colléges communaux fréquentés par une moyenne d'au moins 150 élèves français, étrangers, israélites et musulmans.

Le lycée d'Alger et les colléges de l'Académie ont fourni, au mois de juillet 1876, un fort honorable contingent de bacheliers. 25 élèves ont subi heureusement les épreuves complètes ou partielles du baccalauréat ès-lettres, et 13 les épreuves complètes du baccalauréat ès-sciences.

Il existe, en outre, en Algérie quelques écoles libres d'enseignement secondaire. Nous citerons celles d'Alger, de Blida et d'Oran, dirigées presque toutes par des ecclésiastiques.

Le nombre total des élèves qui, en 1875-1876, ont suivi les cours d'enseignement secondaire classique ou spécial s'élève à 3,032, dont 2,142 Français, 268 étrangers, 426 israélites et 196 musulmans.

Les cours primaires donnent, il est vrai, un fort contingent à la population des colléges; mais ils sont suivis par de très-jeunes enfants qui ne s'éloignent guère sans s'être initiés plus ou moins complétement à l'enseignement classique ou spécial.

Les dépenses de l'enseignement secondaire public se sont élevées à près de 800,000 fr.

§ 3. — *Enseignement primaire.*

Écoles primaires.

Le nombre des écoles primaires, publiques et libres, s'élève aujourd'hui à 591, et s'est accru de 95 en quatre ans.

On compte 489 écoles publiques, 102 écoles libres et 14 écoles arabes-françaises. 345 écoles publiques sont dirigées par des instituteurs ou des institutrices laïques ; 130 ont à leur tête des congréganistes. Des 102 écoles libres, 71 sont dirigées par des laïques et 31 par des congréganistes.

En 1875-1876, les écoles publiques ont été fréquentées par 35,660 enfants, savoir 16,656 garçons et 16,004 filles. Les écoles libres ont compté, dans la même année scolaire, 5,787 élèves, savoir 2,228 garçons et 3,559 filles.

NOMBRE DES GARÇONS.

Français................	9.826
Étrangers................	6.382
Israélites................	4.147
Musulmans................	1.529

NOMBRE DES FILLES.

Françaises...............	10.065
Étrangères...............	6.928
Israélites...............	2.067
Musulmanes...............	103

Les différentes écoles primaires de l'Algérie, publiques ou libres, ont donc réuni, en 1875-1876,

41,447 enfants des deux sexes et de toutes nationalités.

Ajoutons que, d'après une statistique récente, l'Algérie occupe, au point de vue de l'instruction, le deuxième rang parmi les contrées de l'Europe.

On compte en Algérie 151 salles d'asile recevant en tout 15,002 enfants, dont 6,527 garçons et 8,475 filles. 126 ont à leur tête des congréganistes; 25 y ont des laïques; 129 sont publiques; 22 sont libres.

Le personnel total de l'enseignement primaire s'élève au chiffre considérable de 1,392 agents, en y comprenant les personnes employées dans les asiles.

Inspection primaire.

Chaque département a, depuis le 30 septembre 1876, 2 inspecteurs primaires chargés d'inspecter les écoles primaires de toute nature, même les écoles arabes-françaises, les *midraschim* et les *zaouïas*. Ils résident à Alger, Blida, Constantine, Bône, Oran et Mostaganem.

Écoles normales.

Une école normale pour les garçons à Mustapha, près d'Alger, et une école normale pour les filles à Miliana, sont chargées de pourvoir en partie au recrutement du personnel des écoles primaires. Une troisième école normale pour les garçons est en construction à Constantine. Tout fait espérer que cet établissement sera inauguré dans le courant de l'année 1878.

Cours d'adultes.

En 1870, les municipalités les plus importantes de l'Algérie, mues par le désir d'être utiles à tous et de répandre le plus possible l'instruction dans les masses, ont de leur propre initiative établi des cours du soir pour les adultes et voté des fonds pour rétribuer les instituteurs publics ou libres qui voudraient concourir à cet enseignement. Dans l'hiver de 1875-1876, 184 personnes ont pris part à cet enseignement et ont réuni autour d'elles 4,184 auditeurs.

Bibliothèques scolaires.

102 communes ont créé des bibliothèques scolaires possédant en tout 11,518 livres, soit, en moyenne, 112 par bibliothèque. Le nombre des prêts, dans l'année écoulée, s'est élevé à 6,574.

Ligue de l'enseignement.

La Ligue de l'enseignement, grâce au bon vouloir et à la générosité des particuliers, a pu fonder à ses frais, à Alger, à Bône, à Constantine, à Blida, etc., des bibliothèques, des écoles, des cours et des conférences qui permettent à la jeunesse, et même à l'âge mûr, de consacrer leurs loisirs au perfectionnement de leur instruction.

Indocti discant et ament meminisse periti,

telle est sa devise.

« L'enseignement à tous les degrés occupe, en

Algérie, 1,673 personnes et est donné dans 951 centres, en y comprenant les cours d'adultes. Plus du cinquième de la population en profite.

» Le budget des établissements publics s'élève à la somme de 2,654,714 fr., dont les communes payent les deux tiers, l'État un cinquième et les familles un dixième environ.

» L'enseignement public l'emporte de beaucoup, par le nombre et l'importance de ses établissements, sur l'enseignement libre, et l'enseignement laïque sur l'enseignement congréganiste. L'instruction primaire est partout donnée gratuitement, et nos écoles renferment, excepté dans les villes, presque tous les enfants en âge de les fréquenter, en sorte que l'obligation, si elle était décrétée, modifierait peu notre situation actuelle (1). »

CHAPITRE VI.

ÉTABLISSEMENTS ET INSTITUTIONS DE BIENFAISANCE.

Hôpitaux. — Médecins de colonisation. — Caisses d'épargne. — Mont-de-piété.

L'Algérie possède plusieurs hôpitaux militaires

(1) De Salve, recteur de l'Académie d'Alger.

où les civils sont admis, de nombreux hôpitaux civils, des orphelinats, des asiles pour les vieillards, des dépôts de mendicité, un grand nombre de bureaux de bienfaisance, près de 50 sociétés de secours mutuels dont quelques-unes pourront assurer bientôt des pensions de retraite à leurs sociétaires, etc. Un asile pour les aliénés et un hôpital pour les aveugles compléteront bientôt ce régime hospitalier. En outre, l'on construit en ce moment à Bône, sous les auspices et aux frais de M. Salvador Coll, un nouvel hôpital pour les vieillards.

Des *médecins dits de colonisation*, établis sur divers points du territoire, assurent le service médical dans les petits centres, dans les villages et jusque dans les fermes les plus éloignées. Ces utiles et vaillants auxiliaires de la colonisation distribuent gratuitement les services de l'art à toutes les personnes indigentes. Le colon algérien est donc assuré qu'en cas de maladie ou d'accident, les secours de la science ne lui feront jamais défaut.

Des *caisses d'épargne* existent à Alger, à Oran, à Constantine, à Bône, à Philippeville, à Tlemcen, à Mostaganem, etc. Quelques-unes ont des succursales.

Un décret du 18 septembre 1852 a créé à Alger un *mont-de-piété* qui, en 1875, a prêté 562,100 fr. à des musulmans, 314,625 fr. à des israélites et 571,077 fr. à des Européens.

CHAPITRE VII.

VIE INTELLECTUELLE.

Sociétés savantes, littéraires, musicales. — Bibliothèques. — Musées. — Théâtres. — Journaux.

§ 1er. — *Sociétés savantes, littéraires et musicales.*

Citons :

1° A Alger :

La *Société historique algérienne*, fondée en 1856 dans le but de recueillir, étudier et faire connaître, par une publication spéciale, tous les faits qui appartiennent à l'histoire de l'Afrique, surtout ceux qui intéressent l'Algérie, depuis l'époque libyque jusques et y compris la période turque et les premiers temps de la conquête française. Elle publie, tous les deux mois, un recueil de ses travaux, sous le titre de *Revue africaine*.

La *Société de climatologie algérienne*, fondée en 1864 par le docteur E. Bertherand, et dont le but est l'étude de la géographie, de la topographie, de la météorologie, de la statistique, des sciences morales, physiques et naturelles. Cette Société publie un bulletin trimestriel contenant l'exposé de ses travaux, et possède une bibliothèque déjà riche de plus de 1,200 volumes ; un très-intéressant musée, où se voient de nombreux vestiges de l'âge de pierre, et des collections d'histoire naturelle. Ses séances mensuelles se tiennent dans un local particulier, véritable Cercle ouvert chaque jour aux sociétaires et aux étrangers présentés. Des conférences scientifiques publiques y ont lieu chaque année.

La *Société d'agriculture,* fondée en 1840, publie depuis 1857 le bulletin de ses travaux.

Le *Comice agricole,* fondé en 1868, publie un bulletin mensuel.

La *Société des beaux-arts d'Alger,* fondée en 1850, a pour but de propager le goût et la connaissance de l'art. Elle recueille des collections qui sont à la disposition des Algériens ou des étrangers. Des cours ont lieu sous son patronage.

2° A Constantine :

La *Société archéologique du département de Constantine,* fondée en 1852 par MM. le général Creuly et Cherbonneau. Elle a publié dix-sept volumes, dans lesquels, indépendamment de nombreuses descriptions de monuments, illustrées par de bonnes reproductions, figurent plus de 2,500 inscriptions constituant un précieux trésor historique.

La *Société d'agriculture* publie un bulletin de ses travaux.

3° A Bône :

L'*Académie d'Hippone*, fondée dans le courant de 1862. Elle s'occupe d'archéologie, de météorologie, de géologie, de zoologie, etc., et publie un bulletin de ses travaux.

Le *Comice agricole* organise des expositions et des concours d'instruments agricoles.

Des comices agricoles existent aussi à Oran, à Philippeville et dans quelques autres centres importants. On compte aussi en Algérie plusieurs sociétés *hippiques* (Alger, Oran, Constantine, Bône, Philippeville, Sétif, Sidi-bel-Abbès, etc.).

Sociétés musicales.

Le goût de la musique est très-développé en Algérie. Toutes les villes, et la plupart des centres de population d'une certaine importance, possèdent des sociétés musicales. Orphéons et musiques, rivalisant partout de zèle, donnent fréquemment des concerts très-goûtés, et prennent une part brillante aux concours musicaux qui tendent de plus en plus à se multiplier. Philippeville a donné, en 1876, un exemple qui mérite d'être suivi.

§ 2. — *Bibliothèques publiques*.

Des bibliothèques, déjà riches, existent dans presque toutes les villes de l'Algérie. La plus importante est celle d'Alger, installée dans le même bâtiment que le musée. Elle possédait, au 1er octobre 1876 :

8,148 ouvrages formant 17,852 volumes ;

1,704 manuscrits arabes ;

Une belle collection de cartes, de photographies, de documents français ou étrangers, de manuscrits et d'autographes précieux.

Citons aussi, à Alger : la bibliothèque de la Direction générale (3,000 volumes); les archives du consulat de France, purement législatives et administratives; les archives espagnoles; les archives militaires et civiles; la bibliothèque de la ville (1,800 volumes), en formation; la bibliothèque de l'École de médecine (3,500 volumes); la bibliothèque de la Ligue de l'enseignement et celle de la Réunion des officiers.

Viennent ensuite les bibliothèques de Constantine, de Bône, d'Oran, de Philippeville, de Guelma, de Tébessa, etc. En outre, les dernières statistiques constatent l'existence de 102 bibliothèques scolaires, renfermant ensemble plus de 11,500 volumes.

§ 3. — *Musées* (1).

Les musées archéologiques sont nombreux en Algérie. Quelques-uns renferment des antiquités d'un prix inestimable; tous offrent un grand intérêt. Là revit l'Afrique des Carthaginois et des

(1) Nous nous bornons ici à une simple énumération. Les musées et les bibliothèques seront décrits en même temps que les localités où ils se trouvent.

Romains. Statues de dieux, de déesses, d'empereurs et d'impératrices, de consuls, de proconsuls et de hauts personnages de toute sorte, débris de temples, de palais, de colonnes, mosaïques, pierres tumulaires et inscriptions sur lesquelles se lisent les noms de villes, de bourgs, de postes fortifiés ou de thermes, dont on chercherait vainement la place aujourd'hui sans le secours de l'épigraphie, abondent dans ces sanctuaires du passé. Malheureusement, quelques-uns d'entre eux, installés, faute d'un local convenable, dans des jardins, des squares, et même sur les places publiques, y sont exposés aux injures du vent, de la pluie, et au vandalisme des hommes. Du reste, l'Algérie toute entière n'est qu'un immense musée capable d'enrichir tous les musées de la métropole.

Les musées archéologiques les plus importants sont ceux d'Alger, de Constantine, d'Oran, de Cherchel, de Sétif, de Philippeville, de Bône, de Lambèse, de Guelma, de Tlemcen, de Ténès, de Coléa, etc.

On remarque, en outre, à Alger, une *Exposition permanente des produits de l'Algérie*, offrant un tableau complet des produits de toute nature de la France d'outre-mer.

§ 4. — *Théâtres.*

L'art dramatique et lyrique est représenté à

Alger par un théâtre national, où l'on joue le grand opéra, l'opéra comique, le drame, la comédie, le vaudeville et l'opérette. Blida, Oran, Tlemcen, Mostaganem, Sidi-bel-Abbès, Constantine, Bône et Philippeville, possèdent aussi des théâtres subventionnés par le département et par les municipalités. On y aborde un peu tous les genres ; parfois on y joue des pièces dues à des auteurs algériens. Quelques centres importants ont, en outre, des cafés-concerts. Parfois encore des troupes nomades y donnent des représentations équestres dans des cirques improvisés.

§ 5. — *Journaux.*

Alger compte huit publications périodiques : le *Mobacher*, l'*Akhbar*, le *Réveil*, le *Moniteur de l'Algérie*, le *Bulletin officiel du Gouvernement général*, la *Vigie algérienne*, la *Correspondance générale algérienne*, le *Journal du commerce*, et quatre publications littéraires ou scientifiques : l'*Algérie agricole*, le *Journal de l'agriculture algérienne*, *Alger médical*, la *Gazette médicale de l'Algérie* et le *Journal de médecine et de pharmacie de l'Algérie*, dirigés par le docteur E. Bertherand, et le *Bulletin de l'instruction publique*. Constantine a cinq journaux : l'*Indépendant*, le *Progrès de l'Est*, la *Numidie*, le *Journal scolaire*, fondé en 1873 par M. Boissière, inspecteur d'académie, et le *Bulletin de la Société d'agriculture*.

Citons aussi : le *Courrier d'Oran*, l'*Écho d'Oran* et l'*Atlas,* à Oran ; la *Seybouse* et le *Courrier de Bône,* à Bône ; le *Zéramna,* à Philippeville ; le *Courrier de Sétif,* à Sétif ; la *Kabylie,* à Bougie, et le *Tell,* à Blida. D'autres centres, comme Tlemcen (*Courrier de Tlemcen*), Mostaganem, etc., ont aussi leur organe spécial consacré aux intérêts locaux.

CHAPITRE VIII.

SERVICE DES POSTES. — TÉLÉGRAPHIE.

§ 1ᵉʳ. — *Service des postes.*

D'une extrémité à l'autre du vaste territoire algérien, le service des postes se fait avec rapidité ; il est journalier entre tous les grands centres d'un même département. Les voies ferrées, le service hebdomadaire de bateaux à vapeur entre Bône et Alger et vice versa, les courriers en voiture, et, sur quelques points très-rares, des cavaliers, en assurent la régularité. Le nombre des bureaux de poste, déjà considérable, s'accroît tous les jours. En dehors de ces bureaux, que nous allons énumérer, il existe aussi plusieurs *bureaux de distribution* où sont reçus les mandats dont le montant n'excède pas la somme de 50 francs, et de nombreux bureaux de facteurs boitiers. Ces facteurs portent les lettres à domicile et ne reçoivent dans leurs bureaux que les lettres non chargées. On trouve aussi en Algérie quelques *bureaux de distribution-entrepôt*, confiés à des facteurs qui distribuent les lettres dans leur bureau même, mais ne vont pas à domicile.

Le mouvement ascensionnel des postes en Algérie mérite de fixer l'attention. Le produit net de la taxe des lettres, les droits perçus sur les articles d'argent et les recettes diverses et accidentelles se sont élevés à 1,174,978 fr. en 1873, à 1,426,430 fr. en 1874, et 1,441,995 fr. en 1875.

En 1873, le nombre des mandats délivrés avait été seulement de 84,853, représentant une valeur de 5,014,586 fr.

En 1874, la poste avait délivré 94,786 mandats représentant une valeur de 5,895,544 fr.

En 1875, la poste a payé, dans ses bureaux, une somme de 7,027,092 fr. contre 190,178 mandats présentés.

Les mêmes opérations, en 1873 et 1874, avaient donné les résultats suivants :

1873, nombre de mandats présentés, 154,520; somme payée, 4,536,554 fr.

1874, nombre de mandats présentés, 156,906; somme payée, 5,359,654 fr.

En 1875, le nombre des mandats reçus ou

payés s'élève à 178,530, représentant un mouvement de valeurs de 9,673,031 fr. Les mandats télégraphiques se sont élevés, la même année, au nombre de 11,742, correspondant à une somme de 4 millions.

BUREAUX DE POSTE DU DÉPARTEMENT D'ALGER (1).

Alger (recette principale).
Alma.
Arba.
Aumale.
Blida.
Boghar.
Boufarik.
Bou-Saâda.
Cherchel.
Coléa.
Dellys.
Djelfa.
Douéra.
Dra'-el-Mizan.
Fort-National.
Laghouat.
Maison-Carrée.
Marengo.
Médéa.
Miliana.
Mouzaïaville.
Orléansville.
Ténès.
Teniet-el-Haâd.
Tizi-Ouzou.

BUREAUX DE POSTE DU DÉPARTEMENT DE CONSTANTINE.

Akbou.
'Aïn-Beïda-Kebira.
Batna.
Biskra.
Bône.
Bord-bou-Arréridj.
Bougie.
Calle (La).
Collo.
Constantine.
Djidjelli.
Guelma.
Jemmapes.
Mondovi.
Philippeville.
Sétif.
Souk-Ahras.
Tébessa.

(1) Ces bureaux sont ceux qui existaient au 1er janvier 1877.

BUREAUX DE POSTE DU DÉPARTEMENT D'ORAN.

'Aïn-Temouchent.	Perrégaux.
Arzeu.	Relizane.
Lalla-Maghrnia.	Saïda.
Mascara.	Sidi-bel-Abbès.
Mers-el-Kebir.	Saint-Cloud.
Misserghin.	Saint-Denis du Sig.
Mostaganem.	Tiaret.
Nemours.	Tlemcen.
Oran.	

§ 2. — *Télégraphie.*

Le réseau télégraphique algérien embrasse aujourd'hui la totalité du territoire mis en rapport direct avec la Tunisie et l'Europe. Il comprend un développement d'environ 6,500 kilomètres de lignes et 108 bureaux livrés à la correspondance privée; 53 sont ouverts au service des mandats.

Les recettes nettes se sont élevées, en 1873, à 767,729 fr. représentant la valeur de 516,922 dépêches expédiées d'Algérie en Algérie ou en Tunisie, et de 36,452 expédiées d'Algérie pour France et l'étranger, soit un total de 553,374 télégrammes.

Dans la même période il a été reçu, par les câbles sous-marins, 46,588 dépêches, contre 47,851 expédiées. La recette des câbles, pour les dépêches expédiées, a été de 139,005 fr., dont 18,612 fr. pour le câble d'Alger à Marseille, et

120,393 fr. pour le câble de Bône à la même destination.

En 1874, les recettes s'élèvent à 832,394 fr., et le nombre des dépêches expédiées à 592,592, se décomposant de la façon suivante : dépêches d'Algérie pour l'Algérie et la Tunisie, 553,807 ; d'Algérie pour la France et l'étranger, 38,785.

Dans la même période, les recettes des câbles sous-marins s'élèvent à 345,409 fr., dont 254,781 effectuées par le câble d'Alger à Marseille, et 90,628 pour celui de Bône à Marseille. Ces deux câbles transmettent ensemble 53,330 dépêches, contre 49,297 expédiées de France ou de l'étranger.

En 1875, l'administration opère une nouvelle classification et divise en catégories distinctes les dépêches à destination de l'Algérie, de la Tunisie, de la France et de l'étranger. D'autre part, à partir de cette époque, le câble de Bône à Marseille est affecté à l'échange des correspondances de l'Europe avec l'Égypte et l'extrême Orient. Seul, le câble de Marseille à Alger est employé à la transmission des télégrammes entre l'Algérie et la France.

La recette nette de 1875 est de 822,441 fr. pour un total de 555,905 dépêches ainsi réparties : dépêches expédiées d'Algérie pour l'Algérie, 507,918 ; pour la France, 39,510 ; pour la Tunisie, 1,876 ; pour l'étranger, 6,541.

Pendant la même période, le câble d'Alger à

Marseille a transmis 52,505 dépêches représentant une recette de 180,202 fr., et reçu à Marseille, pour les transmettre en Algérie, 52,470 télégrammes.

Des chiffres qui précèdent résultent les faits suivants : en 1875, la recette totale des services télégraphiques a été inférieure de 10,253 fr. à celle de 1874, différence imputable à la diminution de 82,738 sur la quantité des dépêches expédiées d'Algérie pour l'Algérie et la Tunisie. Par contre, on compte une augmentation de 7,366 télégrammes adressés d'Algérie à destination de France et de l'étranger, et de 825 dépêches au départ de Marseille (1).

BUREAUX TÉLÉGRAPHIQUES DE L'ALGÉRIE.

Affreville. M. Alger.
'Aïn-Beïda. L. Constantine.
'Aïn-Mlila. M. Constantine.
'Aïn-Mokra. M. Constantine.
'Aïn-Sidi-Youssef (1). L. C^e.
'Aïn-Temouchent. L. Oran.
Akbou (1). L. Constantine.
Alger. N. Alger.
Alma (L'). L. Alger.
Ameur-el-'Aïn. M. Alger.
Ammi-Moussa (1). L. Oran.
Arba (L'). L. Alger.
Arzew. L. Oran.
Aumale. Alger.

Barral. M. Constantine.
Batna. Constantine.
Beni-Mansour (1). L. Alger.
Beni-Saf. M. Oran.
Berrouaghia. M. Alger.
Bir-Rabalou. M. Alger.
Biskra. Constantine.
Blida. Alger.
Boghar. L. Alger.
Boghari (1). Alger.
Bône. Constantine.
Bordj-bou-Arreridj. L. C^e.
Bordj-Bouïra. M. Alger.
Bordj-Menaïel (1). L. Alger.

---

(1) Loizillon, *L'Algérie pratique*.

Boufarik. L. Alger.
Bougie. Constantine.
Bou-Sa'ada. L. Constantine.
Calle (La). Constantine.
Châteaudun-de-Rhumel. M. C^e
Cherchel. L. Alger.
Chiffa (La). M. Alger.
Col des Beni-Aïcha (1). L. Alger
Coléa. L. Alger.
Collo. L. Constantine.
Condé-Smendou. M. C^e.
Constantine. N/2. Constantine
Daya. M. Oran.
Dellys. L. Alger.
Djelfa. Alger.
Djidjelli. L. Constantine.
Douéra. L. Alger.
Dra'-el-Mizan. M. [MT]. Alger.
Duvivier. M. Constantine.
El-Affroun. M. Alger.
El-Arricha (1). L. Oran.
El-Arrouch (1). L. Constantine
El-Kseur. M. Constantine.
El-Milia. M. Constantine.
Fondouk. M. Alger.
Fort-National. L. Alger.
Frenda. M. Oran.
Géryville (1). L. Oran.
Guelma. Constantine.
Jemmapes. L. Constantine.
Khenchela (1). L. Constantine
Kroub (L). M. Constantine.
Laghouat. Alger.
Lamoricière. L. Oran.
Lalla-Maghrnia. M. Oran.
Magenta (1). L. Oran.

Maison-Carrée (La). M. Alger.
Marengo. L. Alger.
Mascara. Oran.
Médéa. Alger.
Mers-el-Kebir. L. Oran.
Mila. M. Constantine.
Miliana. Alger.
Mokta-el-Hadid (Mines de), par Aïn-Mokra. M. C^e.
Mondovi. M. Constantine.
Montenotte. M. Alger.
Mostaganem. Oran.
Mouzaïaville. M. Alger.
Msila. M. Constantine.
Mustapha. L. Alger.
Mustapha (palais). L. Alger.
Nemours. L. Oran.
Oran. N/2. Oran.
Orléansville. Alger.
Oued-Atmenia. M. C^e.
Oued-Fodda. M. Alger.
Palestro (1). L. Alger.
Perregaux. M. Oran.
Philippeville. Constantine.
Relizane. Oran.
Saïda. L. Oran.
Saint-Arnaud. M. Constantine
Saint-Cloud. M. Oran.
Saint-Denis du Sig. Oran.
Sainte-Barbe du Tlélat. FL. O.
Sebdou. M. Oran.
Sétif. Constantine.
Sidi-bel-Abbès. Oran.
Souk-Ahras. Constantine.
Stora. M. Constantine.
Takitount (1). L. Constantine.

Tébessa. L. Constantine.
Ténès. L. Alger.
Teniet-el-Haâd. L. Alger.
Tiaret. Oran.
Tizi-Ouzou. L. Alger.
Tlemcen. Oran.
Zemora. M. Oran.

Explication des signes.

Les bureaux dont les noms ne sont suivis d'aucun signe ont un service complet (de 8 h. du matin, en hiver, de 7 h. du matin, en été, à 9 h. du soir).

N. Service permanent (jour et nuit).

N/2. Service de jour prolongé jusqu'à minuit.

L. Service de 9 h. du matin à 7 h. du soir pendant la semaine; de 8 h. à 10 h. du matin et de 3 h. à 6 h. du soir les dimanches et jours fériés.

M. Service municipal de 9 h du matin à midi et de 2 h. à 7 h. du soir pendant la semaine; de 8 h. et demie à 9 h. et demie du matin et de 5 h. à 6 h. du soir les dimanches et jours fériés.

Les bureaux dont le nom n'est suivi d'aucun signe et ceux dont le nom est suivi des signes N, N/2, L, [MT], concourent *seuls* au service des mandats télégraphiques.

CHAPITRE IX.

RÈGLEMENT SUR LES CONCESSIONS DE TERRES EN ALGÉRIE. — BUREAUX DE RENSEIGNEMENTS.

L'obtention des terres domaniales en Algérie est actuellement régie par les articles suivants du décret du 15 juillet 1874 :

Art. 2. — Le gouverneur général est autorisé à consentir, sous promesse de propriété définitive, des locations de terres domaniales, d'une durée de cinq années, en faveur de tous Français d'origine européenne ou naturalisés qui justifieront de la possession de ressources suffisantes pour vivre pendant une année.

A titre de récompense exceptionnelle, la même faveur pourra être accordée, le Conseil de gouvernement entendu, à tous indigènes non naturalisés qui auront rendu des services signalés à la France, en servant dans les corps constitués de l'armée de terre et de mer.

La liste des concessionnaires de cette dernière catégorie sera publiée trimestriellement.

ART. 3. — La location est faite à condition de résidence personnelle sur la terre louée pendant toute la durée du bail.

ART. 4.— Le locataire payera annuellement et d'avance, à la caisse du receveur de la situation des biens, la somme de un franc, quelle que soit l'étendue de son lot.

ART. 5. — La contenance de chaque lot est proportionnée à la composition de la famille, à raison de 10 hectares au plus et de 3 hectares au moins par tête (hommes, femmes, enfants, — les gens à gages ne comptant pas).

Les célibataires pourront être admis aux concessions ; ils ne jouiront sur leur lot que d'une superficie maximum de 10 hectares. Le complément leur sera remis après seulement qu'ils auront contracté mariage, et jusque-là il restera entre les mains de la commune, qui en aura la jouissance provisoire.

Après le délai de cinq ans, si le concessionnaire n'est pas marié, l'État pourra disposer du complément réservé, soit au profit de la commune, soit au profit d'un particulier.

L'étendue d'une concession ne pourra être moindre de 20 hectares, ni excéder 50 hectares, si l'attribution est comprise sur le territoire d'un centre de population ; elle pourra atteindre 100 hectares, s'il s'agit de lots de fermes isolées.

Art. 6. — A l'expiration de la cinquième année, le bail sera converti en titre définitif de propriété, sous la simple réserve de ne point vendre pendant une nouvelle période de cinq ans à tous indigènes non naturalisés.

En cas de contravention à la défense qui précède, la concession sera résolue de plein droit au profit de l'État.

Le titre de propriété, établi par le service des domaines, est enregistré gratis et transcrit sans autres frais que le salaire du conservateur et les droits de timbre, le tout à la diligence du service des domaines et aux frais du titulaire.

Art. 7. — A l'expiration de la troisième année, si la condition de résidence a été remplie, le locataire pourra céder le bail à tout autre individu remplissant les conditions prévues par le paragraphe 1er de l'article 2 pour obtenir lui-même une concession, et cela aux clauses et conditions convenues entre eux. La même faculté est accordée aux différents concessionnaires du bail qui viendraient à se succéder dans le cours des deux dernières années.

A chaque cession, le contrat de substitution devra être notifié en due forme au receveur des domaines de la situation des biens.

Le titre définitif de propriété est délivré, en fin de bail, au dernier cessionnaire occupant.

Art. 8. — Le bail est résilié de plein droit si, passé un délai de six mois à partir du jour de sa notification, le titulaire ne s'est pas conformé aux prescriptions de l'art. 3.

En ce cas, l'État reprend purement et simplement possession de la terre louée.

Néanmoins, si le locataire a fait sur l'immeuble des améliorations utiles et permanentes, il sera procédé publiquement, par voie administrative, à l'adjudication du droit au bail.

Cette adjudication pourra être tranchée en faveur de

tous enchérisseurs et à l'exclusion des indigènes non naturalisés.

Le prix de l'adjudication, déduction faite des frais et compensation faite des dommages, s'il y a lieu, appartiendra au locataire déchu ou à ses ayant-cause.

S'il ne se présente aucun adjudicataire, l'immeuble fait définitivement retour à l'État, franc et quitte de toute charge.

La déchéance est prononcée par le préfet du département ou le général commandant la division, suivant le territoire, le conseil de préfecture entendu, trois mois après la mise en demeure adressée au locataire, laquelle vaudra citation d'avoir à fournir, dans ledit délai, ses explications au conseil.

ART. 10. — Pendant cinq ans, le concessionnaire devenu propriétaire sera affranchi de tous impôts qui, devant être perçus au profit de l'État, pourraient être établis sur la propriété immobilière en Algérie.

ART. 11. — Les sociétés qui s'engageraient à construire et à peupler, dans un but d'industrie ou de colonisation, un ou plusieurs villages, pourront recevoir des concessions de terres aux conditions fixées par le présent décret, mais à charge par elles d'en consentir la rétrocession au profit de familles d'ouvriers ou de cultivateurs d'origine française. Les rétrocessions s'effectueront dans les délais qui seront stipulés par l'administration de concert avec les sociétés.

ART. 12. — Les terres qui ne se prêtent pas à la création de villages et qui sont allotées sous la dénomination de fermes isolées, d'une contenance variant entre les limites extrêmes de 50 à 100 hectares, pourront être vendues aux enchères publiques dont les indigènes non naturalisés seront exclus.

L'acquéreur ne pourra revendre sa terre avant dix années à des indigènes non naturalisés.

En cas de contravention à la défense qui précède, la

vente sera résolue de plein droit au profit de l'État.

Art. 13. — Tout locataire établi dans les conditions du présent décret est autorisé à transférer, à titre de garantie des prêts qui lui seraient consentis, soit pour édifier ses bâtiments d'habitation ou d'exploitation, soit pour se procurer le cheptel et les semences nécessaires, le droit qui lui est attribué par l'article 7 dudit décret, de céder son bail. Toutefois, et bien que le droit en question ne s'ouvre, pour le locataire, qu'à l'expiration de la troisième année de résidence, le transfert dont il s'agit pourra en être fait dès l'expiration de la deuxième année de résidence seulement.

Le transfert devra être accepté par le préfet du département ou le général commandant la division, selon le territoire, et mentionné sur chacun des deux exemplaires du bail lui-même, à peine de nullité.

L'acte, en vertu duquel il sera consenti, sera enregistré au droit fixe de 1 fr. 50, et transcrit sans autres frais que le salaire du conservateur et les droits du timbre.

Art. 14. — A défaut de paiement dans les termes convenus et un mois après un commandement resté sans effet, le créancier bénéficiaire du transfert aura le droit, soit de requérir de l'administration la vente, par adjudication publique, du droit au bail sur une mise à prix correspondant au montant de sa créance, en capital, intérêts et frais, soit de céder le bail à un tiers réunissant les conditions requises par le § 1er de l'article 2, et de se rembourser sur le prix jusqu'à due concurrence. Dans ce cas, il notifiera l'acte de cession au locataire qui, dans les huit jours, pourra, conformément à l'article 8 du présent décret, requérir qu'il soit procédé aux enchères publiques, à l'adjudication du droit au bail, sur la mise à prix déterminée par le contrat de cession. S'il ne survient pas d'enchères, la cession demeurera définitive.

Au cas d'adjudication directement requise, s'il ne survient pas d'enchères, le créancier aura le choix ou d'abaisser la mise à prix ou de traiter de gré à gré avec un tiers réunissant les conditions exigées, ou de requérir l'attribution définitive des constructions ou bâtiments d'exploitation, ainsi que le sol sur lequel ils seront établis, le surplus faisant retour au domaine de l'État.

Art. 15. — En cas de déchéance du locataire ou de ses ayant-cause, le droit du créancier, de transférer le bail, peut être exercé immédiatement, sauf l'application, s'il y a lieu, de l'article 8.

Dès que le demandeur a fait son choix dans une des localités désignées ci-contre, il adresse au préfet, si elle est en territoire civil, ou au général commandant la division, si elle se trouve en territoire militaire, une soumission, en y joignant un état de renseignements rempli par le maire de sa commune. Dans les quinze jours qui suivent la réception de cette pièce, le préfet ou le général fait connaître à l'intéressé si sa demande peut être accueillie ou non. Dans le premier cas, celui-ci reçoit un bulletin d'admission sur le vu duquel la Compagnie Valéry lui délivre le passage de 3º classe avec vivres, de Marseille au port de débarquement, tant pour lui que pour sa famille et les personnes à son service. Ce bulletin lui donne également le droit de bénéficier des avantages accordés par les Compagnies des chemins de fer aux familles d'agriculteurs de la métropole qui se rendent comme colons en Algérie. Ces avantages consistent dans le transport des personnes à moitié prix de la 3º classe du tarif général, chaque immigrant ayant droit, en outre, au transport gratuit de 100 kilogrammes de bagages.

Si tous les lots de la localité désignée par le pétitionnaire sont déjà pris lorsque la demande parvient à l'autorité compétente, il en est prévenu immédiatement, afin qu'il puisse porter son choix sur un autre point et renouveler sa demande.

Le pétitionnaire admis sur un territoire non livré au peuplement, sera informé de l'époque à laquelle son installation pourra avoir lieu, de façon à ce qu'il n'éprouve aucune perte de temps ou d'argent.

Enfin, l'attributaire qui n'aura pas pris possession de sa concession dans le délai de trois mois, à partir de son admission, sera déchu de ses droits.

Bureaux de renseignements.

Un bureau de renseignements généraux et de statistique, créé à Alger par le gouvernement général, répond à bref délai à toutes les demandes d'informations relatives à la colonisation, au peuplement, au grands travaux publics, à l'industrie, au commerce, à l'agriculture, à l'exploitation des forêts, des mines, des carrières, etc., etc. Six autres bureaux ont été établis à Oran, à Bône, à Philippeville, à Paris, au Havre et à Marseille.

CHAPITRE X.

DÉPARTEMENT D'ALGER.

§ 1ᵉʳ. — *Arrondissement d'Alger.*

ALGER.

ALGER, l'*Icosium* des Romains, l'*El-Djezaïr* « les îles » des Arabes, chef-lieu du département de ce nom, siége du gouvernement général, de la haute administration de l'Algérie et des administrations particulières qui sont centralisées sous l'action directe du gouverneur général (*directions de l'intérieur, des finances et des travaux publics*), place forte de 1ʳᵉ classe, port maritime et de commerce, résidence de l'archevêque métropolitain, des commandants supérieurs de la marine et du génie, des consuls généraux étrangers, quartier-général de la 1ʳᵉ division militaire de l'Algérie, amirauté, arsenal et chantiers de construction et de réparations, directions des fortifications et de l'artillerie, parc de construction des équipages militaires, subdivision militaire, direction divisionnaire des bureaux arabes, inspection générale des mines, cour d'appel, conseil de droit musulman, tribunal de première instance, justices de paix, tribunal et chambre de commerce, tribunaux indigènes, Académie universitaire, école préparatoire de médecine et de pharmacie, chaire d'arabe, école de droit musulman, lycée, école normale primaire pour les instituteurs (à Mustapha-Supérieur), grand séminaire (à Kouba), petit séminaire (à Notre-Dame d'Afrique), nombreuses écoles communales pour les garçons et les filles, institutions privées, école ouverte par la Ligue de l'enseignement, musée, bibliothèques, sociétés de climatologie, d'histoire, d'agriculture, des beaux-arts; publications périodiques, littéraires et scientifiques; académie militaire, cercles, exposition permanente des produits de l'Algérie, théâtre national, théâtre-concert de la Perle, Observatoire (à Mustapha), direction des postes, inspection télégraphique, trésorerie, Banque de l'Algérie, succursale du Crédit foncier de France, Comptoir central de la Société générale algérienne, direction de l'exploitation des chemins de fer Paris-Lyon-Méditerranée, agence des Messageries nationales maritimes, de la compagnie Valéry, de la compagnie de navigation mixte, de la Société générale des transports maritimes, docks, hôpital militaire du Dey (*extra-muros*), hôpital civil à Mustapha; casernes d'infanterie, de cavalerie, d'artillerie et du génie; pénitenciers militaires, manutention et magasins militaires; foire annuelle du 1er au 15 octobre, etc., etc.

Population (1).

Le chiffre de la population *intra muros* s'élève, d'après le recensement de 1872, à 48,908 habitants, savoir : 16,162 Français, 6,947 israélites naturalisés, 10,433 Espagnols, 2,455 Italiens, 1,573 Anglo-Maltais, 173 Allemands, 10,519 musulmans ; divers : 646.

Situation.

La ville d'Alger, située par 36° 47' 20" de latitude nord et 0° 44' de longitude orientale, à 1,644 kil. de Paris, 750 kil. de Marseille, 659 kil. de Port-Vendres, 657 kil. de Tunis, 1,266 kil. de la ville de Maroc, 911 kil. de Fez, 421 kil. d'Oran par le chemin de fer, 422 kil. de Constantine, s'élève en amphithéâtre sur le versant oriental d'un contre-fort du Sahel (2) (mont Bouzaréa), et sur la côte occidentale d'une magnifique baie qui forme, entre la Pointe-Pescade à l'ouest et le cap Matifou à l'est, un demi-cercle à peu près régulier.

(1) On trouvera à la fin du volume la liste alphabétique de tous les centres de l'Algérie et *le chiffre de leur population d'après le recensement de 1876*. La comparaison entre les chiffres de 1872 et ceux de 1876 ne manquera certainement pas d'intérêt.

(2) On donne le nom de Sahel à une chaîne de hautes collines bordant la mer.

Aspect général.

L'aspect d'Alger a inspiré à quelques écrivains les comparaisons les plus pittoresques :

> Figurez-vous Paris englouti dans la Seine
> Et Montmartre debout, seul dominant la scène;
> La pleine mer sera vers le quartier latin,
> D'où viendront les vaisseaux dans le quartier d'Antin
> Mouiller au bord du quai, qui sera Saint-Lazare.
> Passez au lait de chaux ce Montmartre bizarre
> En triangle étendant sa base dans la mer
> Et dont le sommet fuit sur le ciel outremer;
> Enveloppez le tout d'une vapeur ignée,
> Et vous aurez Alger, la ville calcinée,
> Mine de plâtre blanc échelonnant le sol,
> Sans un arbre dont l'ombre y fasse parasol;
> Vrai fouillis de maisons, sans art, mais non sans grâces,
> Entre elles faisant corps et toutes en terrasses,
> Si bien qu'on peut aller, aéronaute à pié,
> L'un chez l'autre, le soir, fumer le latakié.
> ....
>
> (*Première Algérienne*, par A. DE CHANCEL, 1844.)

On peut voir, en Orient, beaucoup de villes construites dans le genre d'Alger : maisons carrées comme des dés, façades blanchies à la chaux, galeries à terrasses; mais je n'en connais pas une qui présente, comme celle-ci, une masse si imposante de constructions, si serrée et si compacte, qu'on la dirait taillée d'un seul bloc dans une carrière de marbre. Et lorsqu'on pénètre dans son intérieur, c'est bien le tableau le plus bizarre, le plus étrange qu'il soit possible d'imaginer.

(Xavier MARMIER.)

Supposez un instant qu'un nouveau Dédale ait été chargé de bâtir une ville sur le modèle fameux du labyrinthe, le résultat de son travail aurait précisément quelque chose d'analogue à l'ancien Alger : des rues étroites, de largeurs inégales, offrant dans leurs nombreux détours toutes les lignes imaginables, excepté, cependant, la ligne droite, pour laquelle les architectes indigènes paraissent professer un éloignement instinctif; des maisons sans fenêtres extérieures, quelques lucarnes au plus ; des étages avançant l'un sur l'autre, de telle sorte que, vers le sommet, les deux côtés opposés d'une rue arrivent souvent à se toucher. Représentez-vous tout cela éblouissant de blancheur, et vous aurez reconstruit le véritable Alger par la pensée.

(BERBRUGGER.)

Depuis que ces descriptions ont paru, la création de la ville neuve a considérablement modifié la physionomie de l'ancienne résidence des corsaires. Seule, la partie haute d'Alger a conservé son cachet oriental; la partie basse est éminemment française. Que de cités européennes lui envieraient ses quais toujours encombrés de marchandises, ses splendides boulevards, ses magnifiques hôtels et ses maisons monumentales bâtis sur les ruines de chétives masures, ses belles rues à arcades, ses places spacieuses et bien ombragées, ses squares, etc.!

Port.

Au nord-ouest de la jetée Kheïr-ed-Dîn, en face de la caserne Lemercier, s'ouvrait l'ancien port en avant duquel surgissaient plusieurs îlots rocheux qui ont valu à la ville le nom d'*El-Dje-*

zaïr « les îles. » Le port actuel a 90 hectares de superficie; il est formé par deux jetées d'un développement de 2,000 mètres; sur presque toute son étendue, il est accessible aux navires du plus fort tonnage.

Quais.

Les quais, qu'il est question de continuer de la gare aux bassins de radoub, s'étendent de la hauteur de la gare au pavillon de la Santé. Ils sont longés par des rails sur tout leur parcours. Là s'accomplit un grand mouvement d'importation et d'exportation; là, aussi, sont installés les entrepôts de la douane et les bureaux des diverses compagnies de navigation à vapeur. Les quais sont dominés, au sud, par le boulevard de la République, supporté par de gigantesques voûtes qui abritent de vastes magasins.

Remparts et portes.

Il y a plusieurs années déjà que la ville a fait craquer la vieille enceinte dans laquelle elle étouffait. L'enceinte nouvelle, commencée en 1846, à peu près achevée en 1854, a doublé la superficie d'Alger. Elle est percée de trois grandes portes qui sont : la porte d'*Isly*, au sud-est, du côté de Mustapha; la porte du *Sahel*, à hauteur de la Kasba, par laquelle passe la route de Douéra, et la porte *Bab-el-Oued*, au nord-ouest. Il existe, en outre, plusieurs trouées qui livrent passage au chemin de fer, à la route de Constantine, au chemin des aqueducs et au chemin du ravin de Bir-Traria.

Boulevards, places, rues, squares.

Le plus beau boulevard d'Alger est le boulevard de la *République* qui domine la mer sur une longueur d'environ 1,200 mètres et communique avec le port par des escaliers grandioses. Aux regards des promeneurs qui y abondent se déroule l'admirable panorama de la baie d'Alger. Au loin apparaissent le fort de l'Eau, Matifou; plus loin encore, les sommets majestueux du Djurdjura. Le boulevard de la République longe le square *Bresson*, nid charmant de verdure et de fleurs à peine créé et déjà planté de palmiers, de lataniers, de yuccas, de bambous, de jacarandas et d'autres arbres exotiques.

La place du *Gouvernement,* que côtoie aussi le boulevard de la République, est entourée d'une double rangée de beaux platanes. Plusieurs grandes artères lui portent des flots de population sans cesse renouvelés. Au milieu de la place se dresse la statue équestre du duc d'Orléans, œuvre de Marochetti, érigée en 1845. Les faces du socle sont ornées de bas-reliefs représentant la *prise de la citadelle d'Anvers* et le *passage du Col de la Mouzaïa.* On y lit l'inscription suivante :

De cette place partent les deux lignes de tramways récemment créées qui relient Alger à Saint-Eugène et à Hussein-Dey.

A côté de la place du Gouvernement, devant l'hôtel de la Régence, se voit une autre jolie petite place plantée d'orangers, de palmiers et de bambous ombrageant une vasque gracieuse.

La place *Mahon*, séparée de la précédente par le café d'Apollon, dont on admire la terrasse plantée d'orangers, est peu spacieuse mais très-animée. C'est là que se tient le marché à la volaille, au gibier et aux primeurs.

La place *Malakoff*, voisine de la place du Gouvernement, est bordée par la cathédrale, le palais du gouvernement général et celui de l'archevêché.

La place de *Chartres*, entre les rues de Chartres et Bab-Azoun, entourée sur trois de ses côtés de maisons à arcades, offre, le matin surtout, aux heures du marché, un aspect des plus piquants et des plus animés.

Signalons aussi la place *Bresson*, bordée d'un côté par le théâtre et de l'autre par le square qui porte son nom; la place d'*Isly*, au centre de laquelle se dresse la statue du maréchal Bugeaud (l'illustre maréchal est représenté dans son costume populaire, avec sa fameuse *casquette* qu'un refrain de marche a immortalisée) ; l'esplanade *Bab-el-Oued*, à l'extrémité occidentale du boulevard de la République. Au sud de l'esplanade s'étagent les délicieuses terrasses du jardin *Marengo*, créé par le colonel Marengo et conquis par les condamnés militaires sur des pentes abruptes qui étaient la continuation du cimetière musulman. Le jardin Marengo touche, d'un côté, au lycée, et, de l'autre, à la jolie mosquée de Sidi Abd-er-Rahman et-Tsalbi. Des palmiers, des yuccas, des bellombras et des plantes de toute sorte s'y épanouissent au souffle de la brise de mer. Des fontaines en marbre, des kiosques gracieux, une colonne à la mémoire de la grande armée, concourent à la décoration de cette charmante promenade très-fréquentée en tout temps. De la terrasse supérieure, on jouit d'un magnifique point de vue.

La *Pépinière du génie militaire*, voisine de la Kasba, mérite aussi une mention. Grâce au général Farre, le terrain militaire compris dans la zone de servitude des fortifications est aujourd'hui planté d'eucalyptus qui forment autour de la ville une délicieuse ceinture de verdure.

Les plus belles rues d'Alger sont : les rues *Bab-Azoun*, *Bab-el-Oued*, de la *Marine*, de la *Lyre*, *Randon*, d'*Isly*, la plupart bordées d'arcades qui garantissent les promeneurs des ardeurs du soleil d'été et des pluies de l'hiver.

Ce qui frappe le touriste qui parcourt en tous sens la ville d'Alger, c'est la bizarrerie des noms des rues empruntés à la mythologie, à l'histoire, à la littérature, à l'ethnographie, aux différentes cités du globe, et même à la zoologie.

Passages.

Parmi les *passages*, nous signalerons : le passage *Duchassaing*, entre la rue Bab-Azoun et le boulevard de la République; le passage de la *Tour du Pin*, entre la place du Gouvernement et la rue Mahon; le passage de la *République*, entre la place du Gouvernement et la rue de Chartres; le passage du *Commerce*, parallèle au précédent; le passage *Malakoff*, les passages *Mantout* et *Gaillot*, etc.

Monuments religieux.

La cathédrale *Saint-Philippe*, bâtie sur une partie de l'emplacement de la mosquée dite Djama'-Ketchawa, reconstruite en 1794 par le pacha Hassen, forme un long vaisseau, avec transsept surmonté d'une coupole. Un large escalier, d'une vingtaine de marches, conduit au portique flanqué de deux tours carrées jusqu'à l'entablement, octogones ensuite. L'intérieur du monument tient de la mosquée par ses arcades couvertes d'arabesques, et de l'église catholique par son chœur et ses chapelles, dont l'une renferme les os du vénérable *Géronimo*, découverts le 27 décembre 1853, lors de la démolition du fort des *Vingt-quatre-heures* (1). Sur une plaque en marbre blanc qui couvre le bloc de pisé contenant les ossements, on lit l'inscription suivante :

OSSA
VENERABILIS SERVI DEI GERONIMO
QUI
ILLATAM SIBI PRO FIDE CHRISTIANA MORTEM OPPETIISSE
TRADITUR
IN ARCE DICTA A VIGINTI QUATUOR HORIS
IN QUA INSPERATO REPERTA
DIE XXVII DECEMBRIS ANNO MDCCCLIII

Ossements de Géronimo, vénérable serviteur de Dieu, qui, pour la foi chrétienne, a souffert volontiers la mort, selon la tradition, au fort des Vingt-quatre-heures, où ses restes ont été retrouvés d'une manière inespérée le 27 décembre 1853.

La chaire, en marbre de différentes couleurs, n'est autre que le *minbar* (chaire) de l'ancienne mosquée.

(1) Géronimo, jeune Maure devenu chrétien, n'ayant point voulu renier sa foi, fut jeté vivant, en 1569, dans une caisse à pisé, par ordre d'Ali-Pacha. Le moulage du corps, d'après l'empreinte laissée dans le bloc de pisé, se voit au Musée. Le savant et regretté Berbrugger, traduisant une histoire d'Alger par Haëdo, avait annoncé, depuis plusieurs années déjà, la présence probable des restes du martyr à l'endroit où ils ont été mis au jour.

Nous nous bornerons à citer : l'église *Notre-Dame-des-Victoires* (l'une de ses portes, chef-d'œuvre de sculpture sur bois, était, croit-on, celle de la mosquée de Ketchawa) ; les églises *Saint-Augustin* et *Sainte-Croix* ; le temple protestant, rue de Chartres ; la chapelle anglicane, et la grande synagogue, rue Randon, surmontée d'une coupole à l'aspect imposant.

Mosquées.

Avant l'occupation française, Alger possédait 166 édifices destinés à la prière ; aujourd'hui 21 seulement sont affectés au culte musulman. Les plus importants sont : la grande mosquée (*djama' el-kebir*), que couronne une série de toits à double versant, recouverts en tuiles rouges, présente, rue de la Marine, une galerie de quatorze arcades dentelées de 3 mètres d'ouverture ; la mosquée de la Pêcherie (*djama' el-djedid* « la mosquée neuve »), surmontée d'une grande coupole ovoïde, de quatre coupoles plus petites et d'un minaret carré (horloge de la ville) (1) ; la *zaouïa*

(1) La mosquée de la Pêcherie est bâtie en forme de croix latine. Cette forme insolite a donné un certain crédit à la légende suivante dont l'authenticité est au moins douteuse. Un esclave chrétien, dit M. Ed. Dalles (*Guide à Alger*), fort habile dans l'art de construire, fut chargé de diriger les travaux. Soit qu'il subît l'influence des souvenirs de sa patrie, soit qu'il eût l'intention de jouer un mauvais tour aux musulmans, il crut devoir

(mosquée et tombeau) de Mohammed ech-Cherif, située au carrefour formé par les rues Kléber, Damfreville et du Palmier; la *zaouïa* du marabout Sidi Abd-er-Rahman et-Tsalbi, dominant le jardin Marengo et le lycée (à l'intérieur, tombeaux de hauts fonctionnaires et de plusieurs pachas, notamment celui d'El-Hadj Ahmed, le dernier bey de Constantine), etc. (1).

adopter la figure d'une croix pour recouvrir son monument; mais cette idée lui fut fatale. Le fait ayant été dénoncé au pacha, celui-ci, indigné que le signe odieux des chrétiens maudits eût été représenté dans un temple mahométan, fit empaler le malencontreux architecte.

(1) Les musulmans ont pour prier, dit M. Piesse (*Itinéraire de l'Algérie*) : 1° la mosquée, *djama'* ou *mesjid*, grande ou petite; 2° la chapelle, *koubba*, renfermant le tombeau d'un saint (*marabout*), et 3° la *zaouïa*, petite mosquée et koubba réunies, comprenant quelquefois une école pour les enfants ou un cours de haut enseignement pour les lettrés, *tolba*. On compte pour le matériel des mosquées un *oukil*, ou administrateur des deniers de l'établissement, deniers qui proviennent généralement de *habous*, ou aliénations d'immeubles de tout genre en faveur de la mosquée, de la koubba ou de la zaouïa; un *chaouch*, agent subalterne aidant l'oukil dans sa gestion; des balayeurs et des allumeurs.

Le service du culte comprend : un *imam* récitant dans le *mihrab* (niche de l'imam) les cinq prières obligatoires de chaque jour; un *khetib* prononçant la *khotba*, prière pour le chef du pouvoir, le vendredi de chaque semaine; un *'aoun* portant la crosse du khetib; des *moudenin* (*mueddin* au singulier) appelant du haut du minaret les croyants à la mosquée; des *hezzabin*, lecteurs du Coran;

Les autres édifices d'Alger qui méritent d'être signalés sont : les palais du gouvernement et de l'archevêché, le lycée, l'hôtel de la Banque, l'hôtel du trésor, des postes et du télégraphe, le théâtre, les bâtiments de l'amirauté et la bibliothèque-musée.

Nous avons déjà mentionné (voy. chap. VII) les bibliothèques et les différentes Sociétés savantes d'Alger, mais la *bibliothèque-musée* nous semble mériter une description particulière.

La bibliothèque et le musée sont installés rue de l'État-Major, dans une charmante maison mauresque où l'on remarque un élégant vestibule (bancs en marbre supportant des colonnettes jumellées), un escalier orné de faïences émaillées et la galerie extérieure (colonnes torses à chapiteaux gracieux, balustrade délicatement découpée) qui relie entre elles les salles du premier étage.

Au commencement de 1876, la bibliothèque possédait, comme nous l'avons dit plus haut, environ 18,000 volumes, 1,704 manuscrits arabes, une collection de cartes, de photographies, de documents français ou étrangers, de manuscrits et d'autographes précieux.

des *tolba* (pluriel de *taleb*) lisant des litanies et des recueils de traditions religieuses. Le personnel varie selon l'importance de la mosquée dans chaque centre populeux. C'est à la grande mosquée que le *mufti*, chef de la religion, interprète et commente la loi.

Dans le musée se voient : 1º des inscriptions libyco-berbères, puniques, romaines, arabes, espagnoles et turques; 2º des statues et des fragments de statues antiques; 3º des objets d'art arabes, des tombeaux à bas-reliefs, des fragments de mosaïques, divers ustensiles en bronze, en terre, etc., une importante collection de médailles, une curieuse collection de poteries provenant des doubles du musée Campana, au Louvre, etc.

La *Kasba* (1). Une immense caserne traversée par la route d'El-Biar a remplacé la Kasba, dont on attribue la fondation à Baba-Aroudj (1516). La Kasba, incendiée en 1616, fut reconstruite quelques années après. Sous le pachalik d'Hussein-Khodja, les koulouglis (c'est le nom donné aux fils des Turcs et des Mauresques) révoltés se réfugièrent dans la Kasba où ils se firent sauter. « Sous Mustapha-Pacha (1799 à 1806), dit M. Piesse, un chaouch nommé Toubeurt décapita en un jour, devant la Kasba, 132 Arabes qui avaient déserté. Ce Toubeurt vivait encore en 1842. » En 1818, Ali ben Ahmed, pacha-dey, redoutant le sort des deux derniers deys qui avaient été étranglés dans l'année, quitta en secret, à la faveur de la nuit, le palais de la

---

(1) Ce nom a été donné en Algérie à un grand nombre de citadelles. Ainsi que l'Acropole chez les Grecs, la Kasba algérienne couronne des hauteurs d'où elle commande la ville et ses environs.

Jénina (1), et chercha dans la Kasba un refuge contre la fureur des janissaires qui faisaient et défaisaient les pachas au gré de leur ambition et de leur cupidité. Ali ben Ahmed, que l'on appelait aussi Ali-Khodja, Meguer-Ali, Ali-Loco « le fou, » et Hussein-Dey, résidèrent à la Kasba. Hussein, redoutant les complots et les violences de la milice, s'y barricada en quelque sorte. On raconte, en effet, que *deux* fois seulement, en *douze* années de règne, il osa en franchir les murs. C'est dans cette sombre résidence que l'orgueilleux Hussein en frappant au visage le consul Deval fit bondir la France de Toulon à Sidi-Ferruch. Quelques jours après, le drapeau français remplaçait le croissant sur les murs de la Kasba, et nos héroïques soldats commençaient la conquête de cette magnifique région dont la possession doit nous paraître d'autant plus précieuse, qu'il n'y existe pour ainsi dire pas une motte de terre qui n'ait bu quelques gouttes du sang de la France.

L'ancienne Kasba n'a pas disparu toute entière ; il en subsiste encore de hautes murailles percées de créneaux et de lucarnes (faces nord

---

(1) La Jénina avait servi jusqu'à cette époque de résidence aux deys d'Alger. Ce monument a été en grande partie détruit, ce qui est profondément regrettable, car il avait une réelle importance historique. Que de ténébreuses intrigues ourdies à l'ombre de ses vieux murs ! que de crimes ! que de sang !

et est), un pavillon surmontant la vieille porte d'entrée, de vastes salles voûtées ayant contenu le trésor de la régence, la mosquée du dey, véritable chef-d'œuvre d'architecture arabe, de belles fontaines en marbre, des colonnes gracieuses, des portes richement sculptées, etc.

Industrie.

L'industrie européenne d'Alger (*intra-muros*) n'a pas une grande importance; elle se borne à la fabrication des pâtes alimentaires et à la préparation des tabacs, des cigares et des cigarettes. L'industrie indigène est plus variée; elle comprend principalement la fabrication d'objets de tabletterie (étagères, coffrets, tables, etc.), et d'instruments de musique, tels que grosses caisses (*theboul*), tambours en poterie (*derbouka*), tambours de basque (*thar*), flûtes en roseau (*quesba* ou *djouak*), castagnettes (*kerakeb*), etc.; de chaussures d'hommes et de femmes, de bijoux, d'objets de vannerie, de poteries, de tapis, d'armes, de couteaux, etc. On remarque aussi à Alger de nombreuses tanneries indigènes.

Commerce.

Alger *importe* des viandes salées, des fromages, des graisses, des poissons de mer salés ou fumés, des farines, du riz, des pommes de terre, des légumes, des fruits de table, du sucre, du café, du tabac en feuilles, de l'huile d'olive, des bois de pin, de la houille, des fontes, des savons, des vins, des eaux-de-vie et esprits, de la poterie grossière et de la faïence, des tissus de coton, de chanvre, de laine et de soie, du papier et du carton, des peaux préparées et ouvrées, des ouvrages en métaux, de la mercerie, des meubles, etc.

Il *exporte* des chevaux, des bœufs, des moutons, des peaux brutes de toute sorte, des laines, de la cire, des graisses, des poissons de mer secs, salés ou fumés, du corail brut, des céréales, des légumes, des fruits, du tabac en feuilles, de l'huile d'olive, des fourrages, des drilles, des minerais de cuivre, de fer, de plomb, etc.

NOTICE HISTORIQUE.

Les historiens et les géographes de l'antiquité mentionnent à peine le nom d'*Icosium*. Quelques doutes avaient même été émis relativement à l'authenticité de cette appellation. M. Berbrugger a tranché la question en publiant le texte d'une inscription romaine dans laquelle figure le mot *Icositanorum*, formé du nom *Icositanus* signifiant « habitant d'*Icosium*, » et que l'on peut lire sur un pilier des arcades de la rue Bab-Azoun, à l'angle de la rue du Caftan :

I. (ou P.) S. MEQIR
PLOCAMIANO
ORDO ICOSITANORVM
M. SITTIVS P. F. QVI
CAECILIANVS
PRO FILIO PIENTISSIMO
H. R. I. R.

Cette inscription a été ainsi complétée :

Julio (ou *Publio*) *Sittio, Marci filio, Quirina,*
Plocamiano,
ordo ICOSITANORUM
Marcus Sittius, Publii filius, Quirina,
Cæcilianus,
pro filio pientissimo
Honore recepto impensam remisit.

Voici comment Solin raconte la fondation d'Icosium :
..... *Hercule illac transeunte, viginti qui a comitatu ejus desciverant locum eligunt, jaciunt mœnia, ac ne quis imposito a se nomine privatim gloriaretur, de condentium numero urbi nomen datum. Porro urbs Icosium sic vocata fuit a viginti Herculis comitibus qui illam condiderunt, nam* είκοσι *græce, latine* viginti *significat.*

« Hercule passant en cet endroit fut abandonné par vingt hommes de sa suite qui y choisirent l'emplacement d'une ville dont ils élevèrent les murailles ; et afin que nul d'entre eux n'eût à se glorifier d'avoir imposé son nom particulier à la cité nouvelle, ils donnèrent à celle-ci une désignation qui rappelait le nombre de ses fondateurs ; car le mot grec είκοσι se traduit en latin par le mot *viginti* (vingt en français). »

Les auteurs latins sont très-avares de détails sur Icosium. Pline raconte que Vespasien accorda le droit latin à cette ville. A l'époque chrétienne, Icosium eut plusieurs évêques, dont l'*Africa christiana* mentionne les noms, mais personne n'ignore que de simples bourgades jouissaient du même privilège dans les temps de la primitive Église ; il ne faut donc pas voir dans ce fait une preuve de l'importance de la ville antique. Comme les autres cités du littoral africain, Icosium tomba au pouvoir des Vandales qui le démolirent ; mais il ne tarda pas à se relever de ses ruines. Quand les Arabes conquirent le nord de l'Afrique, la peuplade berbère des Beni-Mezarhanna occupait Icosium. Sous les Arabes, le nom d'Icosium disparaît; la ville s'appelle *El-Djezaïr-Mezarhanna*, et, par abréviation, *El-Djezaïr*, nom que les Arabes lui donnent encore aujourd'hui. Alger appartient dès lors à Tlemcen, à Bougie; puis de nouveau à Tlemcen, et passe successivement par des phases de prospérité et de décadence qu'il serait trop long d'énumérer ici. Le géographe arabe El-Bekri, qui visita Alger en 1067, vante la magnificence de ses monuments antiques, le parvis de son théâtre, « pavé, dit-il, de petites pierres de diverses couleurs qui ressemblent à de l'émail et représentent toute sorte de figures d'animaux; » la sécurité de son port toujours plein de navires, ses marchés, etc. Au treizième siècle, le géographe El-Abdery, après avoir admiré la situation d'Alger, ajoute : « Cette ville est privée de la science comme un proscrit est privé de sa famille. Il n'y reste plus aucun personnage qu'on puisse compter au nombre des savants, ni un individu qui ait la moindre instruction. En mettant le pied dans l'intérieur de cette cité, je demandai si l'on pouvait y rencontrer des gens éclairés ou des personnes dont l'érudition offrît quelque attrait; mais, comme dit le proverbe, j'avais l'air de chercher un cheval plein et des œufs de chameau. » Les luttes continuelles qui avaient fait passer Alger d'une autorité sous une autre, étaient sans doute la cause de l'ignorance de ses habitants.

« A la fin du quinzième siècle, dit M. Dalles, Alger n'était qu'un refuge de pirates qui venaient mouiller dans son port et y apportaient le fruit de leurs rapines. Les Espagnols, pour mettre fin à ce brigandage, firent plusieurs expéditions sur les côtes d'Afrique. En 1510, ils soumirent Alger à un tribut annuel, et construisirent une forteresse sur les îlots en face et à 200 mètres du rivage. » Cette forteresse fut nommée le Peñon, de *pena*, rocher.

Mais la face des choses va changer. Voici venir les

deux frères Baba-Aroudj et Kheir-Eddin, intrépides corsaires. Selim-Eutémi, émir d'Alger, impatient de secouer le joug de la domination espagnole, les a appelés à son secours. Baba-Aroudj (la postérité, peu scrupuleuse, a transformé, par une corruption que rien ne justifie, le nom de Baba-Aroudj en celui de *Barberousse*), après avoir vainement canonné pendant un mois la forteresse du Peñon, fait étrangler Eutémi dans son bain et se proclame roi d'Alger, pendant que le cadavre de la victime se balance aux créneaux de la porte Bab-Azoun. Les Maures, qui résistent à son autorité, sont livrés au bourreau. Dès lors, la mort et la terreur deviennent les premiers ministres du corsaire-roi. Tous les pirates de la Méditerranée accourent à la voix d'Aroudj, qui donne à sa milice une puissante et redoutable organisation.

Cependant, la piraterie a pris un nouvel essor, et le Peñon, le dernier rempart de la puissance espagnole devant Alger, est sérieusement menacé. Le cardinal Ximénès, décidé à étouffer dans son œuf la domination d'Aroudj, arme une flottille de 80 voiles qui se présente devant Alger (1515), sous le commandement de Francesco de Vera, maître de l'artillerie. Arabes et Turcs s'unissent en haine des chrétiens, et l'armée espagnole, partout culbutée, regagne précipitamment ses navires qu'une affreuse bourrasque brise les uns contre les autres. Aroudj rentre en triomphe à Alger, où il est accueilli comme un sauveur (1516). Il enlève ensuite aux Espagnols Ténès et Tlemcen; mais, obligé de fuir de cette dernière ville, il est atteint et tué dans un parc à chèvres, malgré l'or et l'argent qu'il a semés derrière lui pour arrêter l'ennemi.

Kheir-Eddin, élu roi d'Alger à la mort de son frère, soumet, en profond politique, son élection au sultan de Constantinople, Sélim Ier, qui le nomme pacha d'Alger, et lui fournit des secours pour résister aux attaques des Espagnols. De cette époque (1518) date la prise de possession d'Alger par les Turcs. Kheir-Eddin, vainqueur de Hugo de Moncade, dont la flotte dispersée par la tempête se réfugie à Iviça, s'empare du Peñon d'Alger qu'il relie à la ville au moyen d'une jetée (1531), exécute des courses rapides à travers monts et vallées, porte ses dévastations dans l'Archipel, la Sicile et la Corse, et meurt à Constantinople, au faîte de la gloire et des honneurs.

A Kheir-Eddin avait succédé le renégat Mohammed-Hassan. Sous le règne de ce prince, les flottes combinées de Charles-Quint et des Génois, sous le commandement d'André Doria, parurent devant Alger et jetèrent l'ancre entre la ville et le cap Matifou. « Charles-Quint, dit M. Fillias (1), croyait tellement au succès de son entreprise, que, pour éviter l'effusion du sang, il crut devoir sommer les assiégés de lui livrer la ville. Un de ses officiers, Don Lorenzo Manuel, s'avança, par son ordre, vers la porte Bab-Azoun, portant une pique surmontée d'un pavillon blanc, et se fit conduire, en qualité de parlementaire, près du chef de l'Odjak. Hassan-Agha le reçut aussitôt. Manuel, dont l'air dédaigneux représentait de tout point l'orgueil du maître, exposa brièvement sa mission. Les chrétiens, dit-il, voulaient châtier les corsaires ; l'empereur d'Espagne venait, escorté d'une flotte immense, chasser de leur repaire les compagnons de Kheir-Eddin et prendre possession du pays. En conséquence, il enjoignait au bey de livrer la ville, promettant « que les Turcs auraient la vie sauve et que les Maures resteraient libres, maîtres absolus de leur fortune, de leurs biens et de leur opinion religieuse. »

Hassan répondit : « Dis à ton maître qu'Alger s'est déjà illustré deux fois par la défaite de Francesco de Vera et de Hugo de Moncade, et qu'elle espère acquérir

(1) *L'Algérie ancienne et moderne*, par Achille Fillias (1875).

une gloire nouvelle par celle de l'empereur lui-même. »

Charles-Quint, violemment irrité, commanda l'attaque de la ville dès le lendemain (24 octobre 1541). L'armée était divisée en trois corps : le premier, ou avant-garde, était commandé par Fernand de Gonzague; le second, sous les ordres de l'empereur lui-même, formait le corps de bataille; l'arrière-garde avait à sa tête Camille Colonna. L'armée impériale, continuellement harcelée par les Arabes, n'avançait qu'à grand'peine. Le soir, elle prit position au Hamma (*Maison des bains*), où elle fut inquiétée toute la nuit par des attaques incessantes. Le 25, l'armée, à travers mille obstacles, parvint à gagner les hauteurs qui dominent la ville. L'avant-garde se porta jusqu'au ravin de Bab-el-Oued, et Charles-Quint prit position, avec le corps de bataille, sur la colline où se dresse aujourd'hui le *Fort-l'Empereur*. Il n'y avait plus qu'à commencer les travaux de siége. Mais l'orgueilleux souverain d'Espagne avait compté sans la tempête qui décidément devenait l'auxiliaire terrible et fidèle des corsaires algériens. Vers le soir, l'orage, qui menaçait le golfe d'Alger depuis plusieurs heures, éclata tout à coup avec une violence inouïe. Pendant la nuit, nuit effroyable et sinistre, survint une épouvantable raffale qui, brisant les câbles, lançait les navires les uns contre les autres, ou bien les jetait sur les rochers où ils volaient en éclats.

Au point du jour, les musulmans, voulant profiter du découragement dans lequel les désastres de la nuit avaient dû plonger les Espagnols, exécutèrent une vigoureuse sortie, et s'étant rués sur l'avant-garde du camp, la mirent en déroute. Cependant Camille Colonna, à la tête de soldats déterminés, parmi lesquels figuraient les chevaliers de Malte, parvint à faire reculer les assaillants, et Fernand de Gonzague, ayant rallié les Italiens, repoussa les Turcs jusqu'à l'entrée de la ville. Une nouvelle sortie des musulmans n'eut pas plus de succès.

Les soldats de l'empereur les pressèrent même avec une telle vigueur qu'ils seraient entrés dans Alger avec eux, si Hassan n'eût sacrifié une partie de son armée en faisant fermer précipitamment les portes. C'est à ce moment que *Ponce de Savignac*, chevalier de Malte, se jeta contre la porte Bab-Azoun, qui lui barrait le passage, et y enfonça son poignard. De nombreux traits d'héroïsme marquèrent cette sanglante journée, mais la fortune avait abandonné Charles-Quint qui s'embarqua à Matifou avec les débris de son armée.

Telle fut l'issue de cette expédition dont les préparatifs formidables avaient agité l'Europe entière. Les conséquences de cette catastrophe ont pesé pendant plus de trois siècles sur l'Occident; c'est à la terreur que répandit dans tous les États de la chrétienté la nouvelle de cette fatale défaite qu'il faut attribuer la résignation avec laquelle l'Europe supporta si longtemps l'insolence des Barbaresques.

Cette éclatante victoire, en donnant une force nouvelle au pouvoir d'Hassan, lui permit de consolider dans la province de Tlemcen l'autorité algérienne et de conquérir Biskra et Mostaganem. Hassan mourut en 1544, ainsi que l'atteste une pierre tumulaire déposée au musée d'Alger.

Raconter les principaux faits qui ont signalé le règne des successeurs de Mohammed-Hassan jusqu'à 1830 serait empiéter sur le domaine de l'histoire générale de l'Algérie. Tel n'est pas le cadre modeste dans lequel nous devons nous renfermer. Bornons-nous donc à esquisser les événements les plus importants dont Alger a été le théâtre de 1544 à 1830.

Les pachas qui succédèrent à Hassan ne furent souvent que des gouverneurs éphémères; un caprice des janissaires les élevait au pouvoir, un autre caprice les en précipitait ensuite. La plupart meurent d'une façon tragique. Tel, proclamé pacha le matin, est étranglé à midi.

Pendant que le palais de la Jénina est le théâtre des tragédies les plus lugubres, la piraterie prend sur la Méditerranée, sur l'archipel, et même dans l'océan Atlantique, un rapide et redoutable essor; elle devient même une institution nationale. Les janissaires, retenus jusque-là à l'intérieur par un service spécial, sont admis comme soldats à bord des navires qui écument les mers. La piraterie a son code et ses lois.

Quand ils avaient opéré des prises importantes, les pirates rentraient dans le port, où l'on procédait au partage selon le rang et le droit de chacun. 12 % sur la valeur totale étaient attribués au pacha, 1 % pour les marabouts qui servaient dans les mosquées. Après ce prélèvement, on partageait par moitié : l'une appartenait aux reïs et aux armateurs; l'autre formait la part des janissaires, des officiers et des soldats qui montaient le vaisseau capteur.

L'audace de ces successeurs des pirates normands ne connut bientôt plus de bornes. On les vit s'élancer jusqu'aux Canaries et désoler les côtes de la Manche et de la Baltique. A la fin du seizième siècle, affirment les historiens les plus dignes de foi, on comptait au moins 30,000 prisonniers chrétiens dans les différentes parties de la régence. Dans la seule année 1582, 2,000 esclaves chrétiens furent vendus à Alger. Sept ans auparavant, après la bataille de Lépante où il avait perdu la main gauche, l'immortel auteur de *Don Quichotte*, Michel Cervantès, en retournant de Naples en Espagne sur la galère le *Soleil*, avait été capturé par le redoutable corsaire arnaute Mami; conduit à Alger, il y subit jusqu'en 1581 la plus dure des captivités.

Les esclaves étaient vendus dans un bazar particulier. La valeur vénale de chacun d'eux dépendait de son âge, de sa force, et surtout de sa position sociale en Europe. Emmanuel d'Aranda, écrivain espagnol, qui fut longtemps captif à Alger, s'exprime en ces termes au sujet de cet horrible trafic : « Le douzième de septembre (1574), on nous mena au marché où l'on a coutume de vendre les chrétiens. Un vieillard caduc, avec un bâton à la main, me prit par le bras et me fit faire plusieurs fois le tour du marché. Ceux qui avaient envie de m'acheter demandèrent de quel pays j'étais, mon nom, ma profession, sur lesquelles demandes je répondais avec des mensonges étudiés, que j'étais natif du pays de Dunkerque et soldat de profession. Ils me touchaient les mains pour voir si elles étaient dures et pleines de cals. Outre cela, ils me faisaient ouvrir la bouche pour voir si mes dents étaient assez bonnes pour briser le biscuit sur les galères. Après quoi, ils me firent asseoir, ainsi que mes compagnons, et le vieillard, prenant le premier de la bande, fit trois ou quatre fois le tour du marché en criant : Qui offre de plus ? Le premier étant vendu, il passa à un second, puis à un troisième, et continua ainsi jusqu'au dernier. »

Les esclaves étaient rachetés soit aux dépens de l'État auquel ils appartenaient (c'était la rédemption publique), soit par leurs parents ou leurs amis, soit encore par l'entremise des *religieux de la Merci*, dont il est juste de reconnaître ici l'admirable dévouement. Les Pères de la Merci quêtaient à ce sujet dans les divers États de la chrétienté; lorsqu'ils ne pouvaient racheter les captifs, ils s'efforçaient d'alléger le poids de leurs chaînes, ou les soignaient, quand ils étaient malades, dans un hôpital élevé aux frais de leur Société.

La France, indignée des monstruosités dont les États barbaresques sont le théâtre, entre en scène à son tour et ouvre la voie qu'elle fermera glorieusement en 1830. L'amiral de Beaulieu reçoit de Louis XIII (1617) l'ordre de bloquer Alger et de détruire sa marine; mais le mauvais temps le force de rentrer dans le port de Toulon avant qu'il ait obtenu aucun résultat.

Sous le règne de Louis XIV, le projet de réprimer les

brigandages des corsaires algériens donna lieu, en 1664, à un armement considérable confié au duc de Beaufort, le célèbre *roi des halles*, qui réussit à s'emparer de Djidjelli, abandonné peu après. L'année suivante, le même duc de Beaufort battit les pirates à la hauteur de Tunis et anéantit presque la flotte des corsaires devant Alger.

« Un beau dévouement honora cette guerre. Le dey d'Alger avait parmi ses captifs un officier malouin nommé Porcon de la Barbinais. Il l'envoya porter au roi des conditions de paix, lui faisant jurer de revenir s'il échouait : les têtes de 600 chrétiens répondaient de sa parole. Les propositions étaient inacceptables ; Porcon le savait. Il va à Saint-Malo, met ordre à ses affaires, puis revient à Alger, certain du sort qui l'attend. Le dey lui fit trancher la tête. Cet homme vaut Régulus, et personne ne le connaît (1). »

En 1682, de nouvelles incursions des pirates sur les côtes de Provence motivèrent l'expédition de Duquesne dont l'artillerie détruisit la moitié de la ville d'Alger. La ville eut surtout à souffrir du feu des galiotes à bombes inventées par Renau d'Eliçagaray et essayées pour la première fois en cette circonstance. Les mauvais temps de l'équinoxe contraignirent l'amiral français à la retraite. Il reparut devant Alger l'année suivante, et le feu de ses galiotes y causa de grands ravages. C'est pendant ce bombardement que le P. Le Vacher fut attaché à la bouche d'un canon par ordre du féroce Mezzo-Morto qui venait de poignarder le dey Baba-Hassan et s'était fait proclamer chef de la régence (2).

(1) V. Duruy.

(2) Le P. Le Vacher, vicaire apostolique, remplissait à Alger les fonctions de consul de France. « Des forcenés, dit un auteur du temps, conduisirent cette innocente victime à la mort qu'ils voulaient lui faire souffrir sans aucune formalité ; car, l'ayant mené sur le môle, le dos tourné à la mer, ils chargèrent un canon de poudre,

Le manque de munitions força Duquesne à se retirer. Cependant son expédition n'avait pas été inféconde, car il avait incendié les navires des pirates et transformé une partie de leur ville en un monceau de cendres. La paix fut signée en 1684 entre M. Dussault, notre ambassadeur, et le dey Mezzo-Morto; mais elle fut bientôt troublée par les nouveaux excès commis par les brigands algériens. Le maréchal d'Estrées se présenta devant Alger (1688). Il fit jeter dix mille bombes dans ce nid d'écumeurs de mer, et se retira sans avoir encore pu mettre un terme à des pirateries qui ne devaient finir qu'avec la domination turque. Pendant le bombardement de 1688, M. Piolle, consul de France, et plusieurs prisonniers de distinction subirent l'épouvantable supplice qu'avait enduré le P. Le Vacher.

Un traité de paix signé en 1688 mit fin à ces ruineuses expéditions. De cette époque à 1830 les seuls faits de l'histoire d'Alger dignes d'être signalés sont : les inutiles expéditions d'O'Reilly (1774) et de l'amiral Barcélo (1774-1775), à la suite desquelles l'Espagne, reconnaissant son impuissance, se décide à acheter la paix au prix de 14 millions de réaux, et le bombardement de la ville par lord Exmouth (1816), qui, comme les précédents, anéantit une partie de la ville toujours renaissante comme le foie de Prométhée.

et après avoir mis le serviteur de Dieu à la bouche, ils lui firent mille indignités, et ayant fait mettre le feu au canon, ils sacrifièrent ce saint homme à leur rage et à leur désespoir. Le canon creva; mais il avait eu tout l'effet que ces misérables en avaient attendu, car il consuma la plus grande partie de cette victime. Les restes de son corps et de ses habits furent ramassés par des chrétiens qui les conservèrent comme de pieuses reliques; il y eut même des Turcs qui en voulurent avoir, pour se ressouvenir d'un homme dont les vertus et la rare prudence les avaient charmés pendant sa vie. » Quatre-vingt-deux autres chrétiens subirent le même supplice.

Mais les jours de la piraterie sont comptés ; la France rentre en lice, et la terrible puissance de l'Odjak va enfin disparaître.

Hussein, élevé au pouvoir en 1818, avait, en toute occasion, montré à l'égard de la France les dispositions les plus malveillantes. Des discussions, que la mauvaise foi du dey rendait interminables et dont le prétexte était une fourniture considérable de blé faite en 1793 à la France par les juifs Bakri et Busnach, d'Alger, divisaient depuis longtemps le gouvernement français et celui de la régence. Un jour, dans un moment d'orgueilleuse colère, Hussein s'oublie au point de frapper au visage le représentant de la France, M. Deval (30 avril 1827); puis il ordonne la destruction de notre commerce et de nos comptoirs dans la régence. C'en est trop : la France, outragée, se lève, et après avoir épuisé tous les moyens de conciliation, se présente devant Sidi-Ferruch le 13 juin 1830. Nos troupes, débarquées les jours suivants, triomphent à Staouëli des forces turques grossies de contingents arabes accourus de tous les points de la régence, et, le 5 juillet, le drapeau français flotte sur les tours de la Kasba d'Alger.

Cette foudroyante conquête a fait disparaître, après trois siècles d'existence, le gouvernement fondé par Baba-Aroudj, et détruit la piraterie qui fut trop longtemps le fléau et la honte de l'Europe.

L'histoire d'Alger, à partir de la conquête, se confond avec l'histoire générale de l'Algérie. Il ne nous reste donc plus qu'à donner ici la liste chronologique des pachas ou des deys qui ont gouverné la **régence de 1515 à 1830** :

Baba-Aroudj, 1515 à 1518.
Kheir-Eddin, 1518 à 1535.
Mohammed-Hassan, 1535 à 1544.
Hassan ben Kheir-Eddin, 1544 à 1552.

Salah-Reïs, 1552 à 1556.
Hassan, 1556.
Mohammed-Kurdogli, 1556.
Youssef, 1556, règne six jours.
Yahya, janvier à juin 1557.
Hassan ben Kheir-Eddin, 1557 à 1561.
Ahmed, 1561.
Hassan ben Kheir-Eddin, 1562 à 1567.
Mohammed ben Salah-Reïs, 1566 à 1568.
Ali, 1568 à 1571.
Arab-Ahmed, 1571 à 1573.
Ramdan, 1573 à 1576.
Hussein, 1576 à 1580.
Mami-Mohammed, 1584 à 1585.
Dali-Ahmed, 1586.
Hussein, 1586.
Kader, 1588 à 1589.
Hadj-Châban, 1590 à 1593.
Moustapha, 1593, règne trois mois.
Kader, 1594 à 1596.
Moustapha, 1596 à 1599.
Dali-Hassan, 1599 à 1601.
Soliman, 1601 à 1603.
Kader, 1603 à 1605.
Mohammed, 1605 à 1607.
Moustapha, 1607.
Hussein-Kaïd-Koussa, 1619 à 1621.
Kader, 1621 à 1626.
Hussein-Khodja, 1626 à 1634.
Youssef, 1634 à 1645.
Ahmed, 1645 à 1647.
Youssef, 1647 à 1651.
Mourad, 1651 à 1656.
Bouzinak-Mohammed, 1656.
Ahmed, 1657.
Ibrahim, 1657 à 1659.

Ismaïl, 1659 à 1660.
Chàban, 1660.
El-Hadj-Ali, 1661.
Mohammed-Trik, 1672.
Baba-Hassan, 1672.
Mezzo-Morto, 1683 à 1689.
Moustapha, 1689 à 1694.
Omar, 1694.
Moussa, 1695 à 1698.
Omar, 1698 à 1700.
Baba-Hassan, dit Kara-Barli, 1700 à 1703.
Hadj-Moustapha, Hussein, Baktache, Mohammed Baktache ben Ali, Deli-Ibrahim, 1703-1711.
Ali, 1711 à 1718.
Mohammed ben Hassen, 1718 à 1724.
Abdi, 1724 à 1732.
Ibrahim ben Ramdhan, 1732 à 1745.
Koutchouk-Ibrahim, 1745 à 1748.
Mohammed, 1748 à 1754.
Ali, 1754 à 1769.
Mohammed ben Otsman, 1769 à 1791.
Baba-Hassen, 1791 à 1799. *
Moustapha ben Ibrahim, 1799 à 1806.
Ahmed ben Ali, 1806 à 1808.
Ali ben Mohammed, 1808.
Hadj-Ali ben Krelil, 1808 à 1815.
Hadj-Mohammed, 1815.
Omar ben Mohammed, 1815 à 1817.
Ali, 1817. Ne règne que quelques mois.
Hadj-Mohammed ben Ali, 1817.
Ali ben Ahmed, 1817 à 1818.
Hussein ben Hassen, 1818 à 1830.

En tout 76 pachas ou deys (1).

(1) D'autres, qui n'ont régné qu'un jour ou la moitié d'un jour, ne nous sont pas connus.

La durée moyenne de leur règne est de 4 ans, 4 mois et 2 jours. La plupart sont tombés sous le fer des janissaires.

2° ENVIRONS D'ALGER.

D'Alger à Koubba.

2 kil. — *L'Agha*, ancien camp de janissaires commandé par un lieutenant du dey remplissant les fonctions d'agha, joli village bâti sur le bord de la mer. Établissements industriels. Plage très-fréquentée par les baigneurs.

En face de l'Agha, sur un coteau couronné par le Fort-l'Empereur, derrière des oliviers et des trembles séculaires, s'étagent les riantes villas de la *Cité d'Isly*.

3 kil. — Mustapha-Inférieur, chef-lieu d'une commune de 7,162 hab., dont 4,495 Français, 32 israélites, 2,367 étrangers européens et 268 musulmans, entre Mustapha-Supérieur et la mer. Charmantes maisons éparpillées le long de deux chemins ou entourées de jardins; brasseries, briquetteries, hôpital civil; vaste champ de manœuvres servant aussi d'hippodrome, admirablement situé entre Alger, le chemin de fer qui longe la mer et les coteaux toujours verts de Mustapha-Supérieur. Observatoire national.

4 kil. — *Koubba de Sidi Mohammed Abd er-Rahman bou Kobrin*, en grande vénération chez les Arabes.

5 kil. — *Café des Platanes,* construit en dôme, abrité par des platanes gigantesques et voisin d'une fontaine arabe d'un aspect très-pittoresque.

Jardin d'Essai, connu aussi sous le nom de *Jardin du Hamma* et de *Jardin d'acclimatation,* créé par l'État en 1832, dans le but de propager les arbres et les plantes utiles auxquels le sol et le climat d'Afrique peuvent convenir. Sa superficie est évaluée à 80 hectares. C'est une des merveilles des environs d'Alger. Aussi des flots de visiteurs encombrent-ils ses allées grandioses et ses verdoyants bosquets.

Le Jardin comprend deux sections distinctes : l'une, plane, destinée aux serres et aux pépinières; l'autre, montagneuse.

La partie plane forme un vaste rectangle. « Une immense avenue, dit M. Ch. Desprez, part de la grille même de l'établissement, traverse le Jardin dans toute sa longueur, et va, par une pente douce, aboutir au bord de la mer, dont on voit les flots bleus resplendir dans une trouée de feuillage.

» La comparaison avec un berceau serait petite, mesquine, injurieuse. On dirait plutôt la nef d'une cathédrale, nef de cent pieds de haut et de mille mètres de long, avec une abside d'azur, des milliers de colonnes, des millions d'arceaux, et pour voûte un splendide vitrage au travers duquel les rayons, colorés de ces douces nuances qui rendent si mystérieux le demi-jour des temples gothiques, se jouent, se tamisent, se glissent et vont retomber sur le sol en mosaïques de lumière.

» Des bancs placés de distance en distance permettent de goûter, commodément assis, le charme de cette galerie forestière, qu'embellissent encore et parfument deux rangs de rosiers du Bengale dont les tiges toujours fleuries séparent le chemin des carrés et des pépinières.

» L'avenue des palmiers descend du bureau de la direction jusqu'au rivage, et laisse voir, comme sa voisine, entre ses branches inférieures, une échappée de mer d'un bleu céleste.

» Les premiers fûts, les chefs de file de cette seconde colonnade, sont entourés d'un réseau de convolvulus dont les lianes semées de fleurs produisent un effet charmant. Je ne jurerais pas qu'entre les mille choses dont la beauté ou la nouveauté frappe ici le voyageur, ce détail ne fût un de ceux dont il emporte le plus poétique et le plus durable souvenir. »

L'avenue des platanes est coupée perpendiculairement par une magnifique avenue de bambous. Là on n'est plus en Afrique, mais en Asie, dans la Chine ou dans l'Inde. Les tiges géantes des bambous, dont le bruissement rappelle celui des forêts immenses, s'élançant drues et serrées, forment une voûte ogivale qui brave les rayons du soleil. Les tempêtes les plient, mais ne les rompent pas. Le creux de ces vigoureux graminées résonne comme une harpe sonore dès qu'une faible brise fait frissonner leurs longues feuilles.

Citons aussi le rond-point des *ficus*, où l'on remarque le *ficus elastica*, l'arbre à caoutchouc, déployant ses grandes branches; l'allée des *chamærops excelsa*, qui coupe le jardin en deux parties à peu près égales (le *chamærops excelsa* ressemble au palmier nain, *chamærops humilis*), et le *lac*, couvert de larges feuilles de nénuphar et d'une gracieuse petite fleur blanche. Des plantes et des centaines d'arbres exotiques, aux formes parfois étranges, font revivre aux yeux du promeneur la végétation de l'Égypte, de l'Inde, de la Chine, de l'Afrique australe, de l'Amérique et de l'Océanie. On admire surtout le *Jacaranda mimosæfolia* aux fleurs bleues, l'*Acacia coccinea* et le *Calliandra quadrangularis*, dressant, le premier, ses aigrettes roses, le second, ses aigrettes blanches; les *Strelizia* d'Australie, aux fleurs bizarrement découpées; l'avocatier, *Laurus persea*, aux fruits en forme de poire; le *Croton sebiferum*, arbre à suif; le *Sapindus emarginatus*, arbre à savon; des *Yuccas* d'une taille extraordinaire; le *Cocos flexuosa*, aux ondulations gracieuses; le *Chorisia*, dont le tronc est hérissé de pointes; l'*Oreodoxa regia*, arbre superbe, originaire de la Havane, et l'allée des *Grevilea robusta*, arbre australien qui se couvre au mois de mai de grappes de fleurs d'un jaune orangé.

Les premiers travaux entrepris au Hamma ont été dirigés par le commandant Bérard; mais le véritable créateur du Jardin d'Essai est M. Hardy, dont les tentatives d'acclimatation et de domestication de certaines races d'animaux indigènes, l'autruche, par exemple, ont été couronnées d'un plein succès.

La partie montagneuse du Jardin, adossée aux pentes du Sabel, est couverte d'une végétation luxuriante. On s'y croirait sur les bords de l'Amazone : fouillis de branches, de racines et de lianes; avenues sinueuses et bordées de plantes grimpantes, eucalyptus robustes, bouquets d'acacias, de pins des Canaries, de cèdres et de chênes, horizon admirable, tout concourt au charme de cette partie du Jardin d'Essai.

6 kil. — *Le Ruisseau*, hameau situé au débouché de l'oued Khrénis. Briquetteries, vaste tannerie.

8 kil. — KOUBBA, chef-lieu d'une commune de 1,339 hab., dont 355 Français, 626 étrangers européens et 358 musulmans, dans une position fort belle et très-salubre; ainsi nommé à cause d'une *koubba* (chapelle) que Hadj-Pacha y fit

construire en 1545. Maisons de campagne, arbres fruitiers, vignobles, moulins sur l'oued Khrenis aux gorges pittoresques, briquetteries, carrières; *grand séminaire diocésain*, dont la coupole élégante et les terrasses dessinant une série d'arcs de cercle attirent de loin les regards; orphelinat de la *Sainte-Enfance;* magnifique point de vue sur la mer, le golfe d'Alger, le cap Matifou et les montagnes qui limitent la plaine de la Mitidja. Au sud, *Vieux-Koubba*, ancien camp faisant partie de la première ligne de défense tracée en 1831 par le duc de Rovigo.

D'Alger à Matifou.

3 kil. — *Mustapha-Inférieur*, v. p. 82.

5 kil. — *Jardin d'Essai*, v. p. 83.

6 kil. — HUSSEIN-DEY, chef-lieu d'une commune de 1,896 hab., dont 473 Français, 2 israélites, 1,143 étrangers européens et 278 musulmans; station du chemin de fer d'Alger à Oran, dans le voisinage de la mer; doit son nom au dernier pacha d'Alger, l'*homme au chasse-mouches*, qui possédait en cet endroit une maison de plaisance, sur l'emplacement de laquelle s'élève aujourd'hui un vaste *entrepôt de tabacs*. Cultures maraîchères, arbres fruitiers, belles plantations d'eucalyptus du docteur Trottier, l'un des plus ardents propagateurs de cet arbre si utile en Algérie; délicieuse *villa Feutray*.

C'est entre Hussein-Dey et l'embouchure de l'Harrach que s'acheva, en 1541, le débarquement des troupes de Charles-Quint, commencé au Hamma.

Aux environs d'Hussein-Dey, champ de tir de l'artillerie.

12 kil. — La MAISON-CARRÉE, en arabe *Bordj-el-Kantara*, « fort du pont, » *Dra'-el-Harrach*, « le bras de l'Harrach, » chef-lieu d'une commune de 1,693 hab., dont 419 Français, 634 étrangers européens et 640 musulmans, sur la rive droite de l'Harrach, station du chemin de fer d'Alger à Oran, tire son nom d'une caserne turque construite en 1724, sous le pachalik d'Abdi, pour surveiller le passage de l'Harrach. Le bordj est devenu un pénitencier militaire. A ses pieds s'élève un joli village où se tient, tous les vendredis, un marché important. De belles plantations d'eucalyptus ont contribué à assainir cette contrée jadis très-malsaine. Sur l'Harrach, pont turc bâti en 1697, restauré ou reconstruit en 1736; belles exploitations agricoles, minoteries importantes, maison-mère, séminaire ou noviciat des *missions africaines*.

15 kil. — *Retour-de-la-Chasse*, petit hameau.

18 kil. — *Le Fort-de-l'Eau*, en arabe, *Bordj-el-Kifan*, annexe de la commune de la Rassauta, doit son nom à un fort turc bâti en 1551 par Djafar-Pacha et à l'excellente qualité de son eau.

C'est un charmant village, presque exclusivement habité par des Mahonnais, qui se livrent en grand à la culture maraîchère. Leur travail opiniâtre et leur industrie ont transformé tout un vaste territoire en un véritable jardin potager. Les Mahonnais sont décidément les premiers maraîchers du monde.

20 kil. — LA RASSAUTA, chef-lieu d'une commune de 1,859 hab., dont 195 Français, 3 israélites, 716 étrangers européens et 945 musulmans, sur un coteau dominant la rive gauche de l'oued Hamiz. Territoire très-fertile, belles fermes.

26 kil. 500 m. — Ruines de *Rusgunia*, sur la rive droite de l'oued Hamiz. Ces ruines, qui couvrent une superficie considérable, ont été décrites par M. Berbrugger (1). Le savant archéologue a publié dès 1837 une inscription sur laquelle figure le nom de *Rusgunia* et dont voici la traduction fidèle :

A Lucius Tadius, fils de Lucius, (de la tribu) Quirina, (surnommé) Rogatus, les décurions, les édiles, les duumvirs et les duumvirs quinquennaux de *Rusgunia* et les habitants de *Rusgunia*, à cause de ses mérites et parce qu'il a fourni du froment et contribué à l'approvisionnement (public). Par souscription.

Selon Pline, Rusgunia était une colonie d'Au-

(1) V. la *Revue africaine* et la brochure de M. Berbrugger sur Matifou.

guste. Léon l'Africain dit que les débris de Rusgunia fournissaient aux habitants d'Alger les matériaux dont ils avaient besoin pour rebâtir leur ville.

27 kil. — *Matifou*, annexe de la commune d'Aïn-Taya, doit son nom au cap dont il est voisin.

Sur le bord de la mer, entre les embouchures de l'Hamiz et du Boudouaou, se trouve le village d'AÏN-TAYA, chef-lieu d'une commune de 1,299 hab., dont 122 Français, 904 étrangers européens et 273 musulmans. Territoire fertile et bien irrigué.

D'Alger à Birkhadem.

4 kil. — *Mustapha-Supérieur*, annexe de la commune de Mustapha-Inférieur, dans une admirable situation sur de belles collines d'où l'on jouit d'un magnifique point de vue, et où les Turcs, au dire de Peyssonnel, avaient, au siècle dernier, de nombreuses maisons de campagne. Rien d'aussi gracieux que ces coteaux de Mustapha parsemés de riantes villas et plantés d'orangers, de citronniers et d'arbres de tous les climats. *Couvent du Sacré-Cœur, école normale et palais d'été du gouverneur.* Ce palais, bâti sur l'emplacement d'un pavillon mauresque, ancienne résidence, dit-on, de Mustapha-Pacha, successivement embelli et agrandi par les maréchaux

Valée, Bugeaud, Pélissier et de Mac-Mahon, offre aujourd'hui un aspect vraiment féerique avec ses délicieux jardins et l'ensemble de ses constructions de style oriental qui font rêver aux palais des *Mille et une nuits.*

Au-dessus de Mustapha-Supérieur, au point culminant de la route d'Alger à Birmandreïs (210 mètres), se voit un petit hameau qui tire son nom d'une colonne (la *Colonne Voirol*), portant l'inscription suivante :

Route de Birkhadem exécutée en 1834 par l'armée française sous le commandement du général Voirol.

Le 10e léger, les 4e, 13e et 67e de ligne, le 3e bataillon d'Afrique et la légion étrangère ont ouvert cette route sous la direction du génie militaire.

De ce point, le plus élevé du Sahel d'Alger, qui sépare la ville et sa banlieue de la plaine de la Mitidja, on contemple le splendide panorama d'Alger, de son port et des verdoyants coteaux qui le dominent.

7 kil. — BIRMANDREÏS, contraction de *Bir Mourad reïs*, « le puits du capitaine Mourad (1) », chef-lieu d'une commune de 948 hab., dont 223 Français, 496 étrangers européens et 229 musulmans, charmant village situé dans les replis d'un vallon plein de fraîcheur et de verdure.

(1) Ce Mourad, renégat et capitan fameux dans les légendes algériennes, écuma longtemps, au commencement du dix-septième siècle, la mer Méditerranée, et même l'océan Atlantique.

Place ombragée par de très-beaux platanes. Aux environs, *ravin de la Femme-Sauvage* (oued Khrenis), profondément encaissé sur plusieurs points et noyé dans une luxuriante végétation de roseaux, de trembles, de peupliers, de lianes et de vignes. Les eaux de l'oued Khrenis alimentent quelques moulins. Belle carrière de grès dur dans le ravin de la Femme-Sauvage. Café arabe d'*Hidra*, ombragé par des ormes séculaires.

10 kil. — BIRKHADEM, « puits de la négresse, » l'un des plus charmants villages des environs d'Alger, chef-lieu d'une commune de 2,061 hab., dont 375 Français, 4 israélites, 607 étrangers européens, 1,075 musulmans. Pénitencier militaire. Arbres fruitiers. Jolie fontaine ornée de colonnettes. Eaux abondantes.

Aux environs : ruines de *Tixeraïn*, dont on ignore l'origine ; marabout voisin d'une véritable forêt de figuiers et d'une fontaine assez semblable à celle de Birkhadem ; *Saoula* (3 kil.), créé le 17 février 1843, dans une région fertile et bien arrosée. Moulins, vignes et arbres fruitiers. Orphelinat *Saint-Charles* fondé par Mgr Lavigerie, pendant la famine de 1867-1868, pour les jeunes filles indigènes.

D'Alger à Douéra.

2 kil. — Le *Fort-l'Empereur*, bâti en 1544 par Hassan, réparé en 1742, à la suite d'un incendie

allumé par le feu du ciel, et ainsi nommé en souvenir de l'empereur Charles-Quint qui aurait campé sur ce point en 1541. Il sert aujourd'hui de prison militaire pour les officiers. On sait qu'en 1830, les canonniers turcs, avant de se retirer, en firent sauter la tour ronde qui contenait la poudrière.

5 kil. — EL-BIAR (pluriel de *bir*), « les puits », chef-lieu d'une commune de 1,626 hab., dont 403 Français, 16 israélites, 890 étrangers européens et 317 musulmans. Couvent du *Bon-Pasteur* pour les jeunes filles. Ce site enchanteur, peuplé de villas élégantes et de magnifiques maisons mauresques, est, dit M. E. Dalles, plutôt un vaste quartier de beaux jardins qu'un village. La culture des légumes précoces et des fruits y donne de bons résultats.

6 kil. — *Bivac des Indigènes*, où la route de Koléa se sépare de celle de Douéra.

8 kil. — *Ben-Aknoun*, ancien orphelinat de garçons, très-belle propriété admirablement située et couverte de magnifiques plantations.

11 kil. — DELI-IBRAHIM, chef-lieu d'une commune de 962 hab., dont 512 Français, 315 étrangers européens et 135 musulmans, sur un plateau élevé (250 mètres), d'où l'on découvre un immense horizon. Eaux abondantes; culture des céréales, du tabac et de la vigne. Église catholique; temple protestant; orphelinat protestant

entretenu par des souscriptions particulières et par le revenu annuel des terrains cultivés par les orphelins adultes.

Deli-Ibrahim a pour annexes : *El-Achour* (13 kil. d'Alger), village de 205 hab., créé en 1842, et *Ouled-Fayet* (16 kil. d'Alger), sur une hauteur de laquelle on domine la plaine de Staouéli et la Méditerranée. Culture maraîchère. 248 hab.

18 kil. — *Baba-Hassen*, annexe de la commune de Douéra, créé en 1843 sur le territoire d'une ancienne ferme domaniale.

Au nord-ouest de Baba-Hassen (14 kil. d'Alger) se trouve DRARIA, chef-lieu d'une commune de 829 hab., dont 177 Français, 227 étrangers européens et 425 indigènes, créé en 1842, à 205 m. d'altitude, près de la source de l'oued Hamra, l'une des branches-mères de l'oued Kerma. Terres excellentes, céréales, tabac, vignes, carrières de pierres fort recherchées.

23 kil. — DOUÉRA, « la maisonnette, » chef-lieu d'une commune de 2,682 hab., dont 1,167 Français, 18 israélites naturalisés, 560 étrangers européens et 937 musulmans, à 180 m. d'altitude, a eu pour origine un camp établi sur ce point en 1854. Une avenue ombragée de mûriers blancs, commençant à 800 ou 1,000 mètres de ce centre de population, s'infléchit vers la droite à l'entrée du village, longe le camp séparé de la route par un large espace transformé en jeu de

boules, et, après une descente, s'élève ensuite jusqu'à l'église catholique qui ferme l'horizon et que surmonte un clocher assez élevé. Bel hôpital comprenant un asile pour les vieillards et les incurables; pénitencier militaire. Le territoire de Douéra est très-favorable à l'agriculture.

Annexes : *Saint-Ferdinand* et *Sainte-Amélie*, créés en 1843.

Entre Alger (20 kil.) et Douéra (3 kil. nord-est) se voit CRESCIA, chef-lieu d'une commune de 528 hab., dont 184 Français, 77 étrangers européens et 267 musulmans, créé en 1843 sur l'emplacement de l'ancien *haouch* (ferme, domaine) Ben-Kadri. Sol fertile.

A 9 kil. ouest de Douéra (32 kil. d'Alger), la route de Douéra à Koléa dessert MAHELMA, chef-lieu d'une commune de 806 hab., dont 315 Français, 102 étrangers européens et 389 musulmans, créé en 1844 et bâti par les condamnés militaires en face d'un ancien camp où les zouaves eurent à soutenir plusieurs attaques des Arabes, principalement en 1835. Pyramide avec inscription commémorative. Tabac et vignes.

D'Alger à Guyotville.

1 kil. — La *Cité Bugeaud*, faubourg d'Alger, à cheval sur l'oued Mr'acel, « la rivière des blanchisseuses, » réceptacle des eaux de trois vallons. Usines, vastes carrières sur les flancs de la Bou-

zaréa'. Une pyramide dressée au-dessus de l'une d'elles rappelle un affreux accident qui, en 1850, plongea dans le deuil la population algérienne conviée par les entrepreneurs à venir voir l'effet produit par l'explosion de deux fourneaux de mine chargés chacun de 2,000 kil. de poudre. D'énormes blocs de pierre, lancés à de grandes distances, tuèrent ou blessèrent un grand nombre de personnes.

Le *Jardin du Dey* et ses bâtiments furent créés par le dey Baba-Hassen qui a régné de 1791 à 1799. Les constructions connues sous le nom de *Salpêtrière* datent des premières années du dix-neuvième siècle. La maison de plaisance du dey qu'embellissaient de ravissants jardins et la Salpêtrière sont devenus un hôpital militaire qui couvre une superficie de 12 hect. Le pavillon réservé aux officiers est un beau spécimen d'architecture arabe. L'hôpital du Dey l'emporte, sans contredit, par sa magnifique installation, sur tous les autres établissements hospitaliers de l'Algérie.

Entre l'hôpital du Dey et Saint-Eugène se dresse à gauche un contrefort de la Bouzaréa' couronné par l'église de *Notre-Dame d'Afrique* qui attire les regards de fort loin. Cette église, commencée sous l'épiscopat de Mgr Pavy et terminée sous l'archiépiscopat de Mgr de Lavigerie, est surmontée d'un dôme très-élevé flanqué de quatre clochetons ou petites coupoles. Quelques critiques que les hommes experts en architecture puissent adresser à ce monument, il est incontestable que son aspect est imposant et que l'ensemble des constructions produit un très-bel effet, surtout quand on arrive à Alger par mer. Du terre-plein qui entoure l'église on a une vue admirable sur la mer, Alger, la Bouzaréa', le Fort-l'Empereur et un délicieux vallon connu sous la désignation de *Vallée des Consuls*, en souvenir des consuls de France, des États-Unis et d'Angleterre qui y avaient établi leur résidence. A côté de la villa des archevêques, ancien consulat de France, s'élèvent les bâtiments du *petit séminaire*.

Avant d'atteindre Saint-Eugène, on laisse à gauche le cimetière chrétien et le cimetière juif qui se touchent presque. Ce dernier est situé exactement au-dessous de Notre-Dame d'Afrique. Les descendants d'Abraham dorment sous les regards de la Vierge d'Israël.

3 kil. — SAINT-EUGÈNE, chef-lieu d'une commune de 1,641 hab., dont 629 Français, 221 israélites indigènes, 488 étrangers européens et 303 musulmans, au pied de la Bouzaréa'. C'est une agglomération de villas entourées de frais jardins et s'éparpillant de la vallée des Consuls à la mer.

6 kil. — *La Pointe-Pescade* ou le *Mers ed-Debban*, « port des mouches, » des Arabes, petit

hameau adossé aux derniers escarpements de la Bouzaréa' et dont les restaurants sont très-fréquentés par les promeneurs d'Alger qui y vont en partie de plaisir (1).

12 kil. — *Phare du cap Caxine.*

14 kil.—GUYOTVILLE, chef-lieu d'une commune de 502 hab., dont 170 Français, 327 étrangers européens et 5 musulmans, doit son nom au comte Guyot, qui fut directeur de l'Intérieur de 1840 à 1846. Importantes plantations de vignes.

Aux environs, grotte du Grand-Rocher et dolmens du plateau des Beni-Messous.

La *grotte préhistorique du Grand-Rocher*, découverte en 1868 par M. Constant, a été fouillée par divers membres de la Société de climatologie d'Alger, notamment par M. le docteur Bourjot. Tous les objets découverts dans cette grotte, tels que celts, aiguisoirs, ossements divers d'animaux disparus aujourd'hui, objets de bronze, etc., ont

---

(1) Dans une des carrières de cette localité, la Société de climatologie d'Alger a fouillé une grotte contenant des restes de foyers, des silex taillés par esquilles, un abondant ossuaire dont les éléments mêlés à des masses d'escargot ordinaire adhérant à une gangue terreuse et sablonneuse, indiquaient un repaire de l'homme primitif ou de l'âge de pierre. Outre des ossements nombreux d'antilopes, de gazelles, de bouquetins, d'ours, il y avait des débris de cerf et des cornes d'un grand bœuf aujourd'hui disparu. Voir, pour plus de détails, le *Bulletin de la Société de climatologie d'Alger*, 1876, 2e trimestre.

été recueillis et déposés au musée de la Société de climatologie.

A 2 kil. environ de Guyotville, vers le sud-ouest, près de la ferme *Sauné*, se voit une fort intéressante nécropole celtique qui a fixé à bon droit l'attention des archéologues. Ces monuments, dont M. Berbrugger un des premiers a constaté la présence, sont épars sur les bords de l'oued Tarfa, « la rivière des tamarix, » qui coule dans un lit très-encaissé et qu'alimente une source abondante autour de laquelle la vigne sauvage forme un berceau de verdure. Ces monuments mégalithiques ont presque tous des proportions gigantesques. Leur élévation au-dessus du sol est de 1 m. 50 c. à 1 m. 80 c. La pierre de recouvrement atteint plus de 3 m. de long sur 1 m. 50 c. de large. Des cavités formées par ces dolmens, M. le docteur E. Bertherand a extrait de nombreux ossements, des poteries toujours placées à l'un des angles antérieurs du monument, des bracelets en bronze, etc. (1).

D'Alger à Zeralda par El-Biar et Cheraga.

2 kil. — Le *Fort-l'Empereur*, v. p. 91.

5 kil. — *El-Biar*, v. p. 92.

12 kil. — CHERAGA, chef-lieu d'une commune

---

(1) Dr E. Bertherand, *Fouilles des dolmens du plateau des Beni-Messous.*

de 2,049 hab., dont 928 Français, 459 étrangers européens et 662 musulmans, à l'entrée de la plaine de Staouéli, à 198 mètres d'altitude, créé en 1842, érigé en commune le 31 décembre 1856. Il a eu pour noyau des colons venus du département du Var et principalement de Grasse (aujourd'hui dans les Alpes-Maritimes), qui y ont importé la culture des plantes odoriférantes. Blé, orge, fèves, maïs, tabac, vignes; moulins à huile et à blé, distilleries de plantes à essences, fabriques de cuir végétal, élève des bestiaux; fromages estimés, connus sous le nom de *brie de Cheraga*; jardin public bien entretenu, petite place ornée d'une fontaine que surmonte le buste du maréchal Pélissier, duc de Malakoff.

A 1 kil. de Cheraga, sur la gauche de la route, koubba de *Sidi-Khalef*, où se livra, le 24 juin 1830, cinq jours après la bataille de Staouéli, un combat glorieux qui coûta la vie à l'un des fils du général comte de Bourmont.

17 kil. — *Couvent des trappistes de Staouéli*, sur l'emplacement d'un ancien camp, voisin du lieu où se livra la bataille qui suivit le débarquement des troupes françaises. L'abbaye de Staouéli, dont la première pierre a été posée sur un lit de boulets et d'obus provenant du champ de bataille, forme un rectangle de 50 mètres carrés. Le milieu est occupé par un jardin entouré d'un cloître à deux rangs d'arcades. L'architecture

sévère de ces vastes constructions est en parfaite harmonie avec leur destination.

Les trappistes, soldats à leur tour, mais soldats armés de pioches et de charrues, ont livré aux inextricables broussailles qui couvraient la plaine un combat des plus rudes et des plus acharnés, d'où ils sont sortis vainqueurs. Ils ont créé à Staouéli un établissement agricole qui est aujourd'hui un des plus beaux et des mieux cultivés de l'Algérie. Les jardins occupent une superficie de 50 hectares. En dehors, plus de 500 hectares ont été défrichés et ensemencés en céréales et autres cultures, parmi lesquelles on remarque le géranium, le sorgho, la betterave, les patates douces. Des vignes qui donnent un vin de bonne qualité et de magnifiques plantations d'arbres ont remplacé le palmier-nain. On conserve à l'abbaye de Staouéli le bureau sur lequel ont été signées, en 1830, l'abdication du dey d'Alger et la cession de l'Algérie à la France. Dans la cour extérieure se voit un superbe groupe de palmiers sous lequel le commandant en chef des troupes du dey avait planté sa tente lors du débarquement de l'armée française. Les écuries de la ferme renferment les plus beaux échantillons des races de France.

A 3 kil. au nord-ouest de l'abbaye de la Trappe, entre les dunes et l'abbaye, se trouve le village de *Staouéli*, annexe de Cheraga, créé en 1845. Une dérivation faite au-dessus du moulin des trappistes lui amène les eaux de l'oued Boukara.

Le petit village de *Sidi-Ferruch* est situé à 4 kil. ouest de Staouéli (25 kil. d'Alger), sur la presqu'île du même nom immortalisée par le débarquement des troupes françaises le 14 juin 1830. C'était à cette époque une langue de sable couverte de broussailles et de taillis. A l'extrémité septentrionale formant promontoire se dressait la *Torre-Chica* (petite tour, en espagnol), dominant la mosquée de Sidi-Ferredj, sur l'emplacement de laquelle a été construit le *nouveau fort*, dont la caserne peut contenir 2,000 hommes. Sur la porte monumentale du fort, surmontée de trophées, on lit cette inscription :

> ICI LE XIV JUIN MDCCCXXX
> PAR ORDRE DU ROI CHARLES X
> SOUS LE COM. DU G. DE BOURMONT
> L'ARMÉE FRANÇAISE
> VINT ARBORER SES DRAPEAUX
> RENDRE LA LIBERTÉ AUX MERS
> DONNER L'ALGÉRIE A LA FRANCE

Au nord-ouest du fort, ruines de l'église *Saint-Janvier*, dont il ne reste que l'abside, le baptistère et quelques débris d'une mosaïque de toute beauté.

26 kil. — *Zeralda*, annexe de Cheraga, créé le 13 septembre 1844, à 4 kil. de l'embouchure du Mazafran, non loin de la mer, dont les dunes se couvrent de plantations.

D'Alger à la Bouzaréa'.

8 kil. — LA BOUZARÉA', « le père de la semence, » chef-lieu d'une commune de 1,363 hab., dont 202 Français, 470 étrangers européens et 681 musulmans, dans une situation admirable, sur la montagne du même nom. C'est le belvédère des environs d'Alger. Air très-pur, magnifique panorama. A l'ouest, village kabyle, *koubba* d'un aspect fort original, entourée de palmiers nains d'une taille exceptionnelle.

D'Alger au Frais-Vallon.

Au delà de la porte du Sahel, un chemin ombragé d'oliviers coupe sur la droite le ravin de Bir-Traria, près de la *fontaine du Dey,* dont l'eau toujours fraîche jaillit sous des trembles et des vignes grimpantes. Ce chemin atteint bientôt l'arête qui sépare Bir-Traria du *Frais-Vallon*, l'une des plus délicieuses promenades des environs d'Alger. Partout des berceaux de verdure et des villas charmantes. On dirait un coin des Alpes suisses transporté d'un seul bloc dans une anfractuosité du Sahel. Un ridement élevé sépare le Frais-Vallon de l'*Asile des vieillards,* desservi par les Petites-Sœurs des pauvres avec un zèle et un dévouement admirables.

3° AUTRES LOCALITÉS DE L'ARRONDISSEMENT D'ALGER.

D'Alger à Dellys.

D'Alger au *Retour-de-la-Chasse*, v. p. 87.

25 kil. — ROUÏBA, chef-lieu d'une commune de 1,661 hab., dont 140 Français, 2 israélites, 464 étrangers européens et 1,055 musulmans, dans une contrée d'une très-grande fertilité. Riche village fondé en 1853, érigé en commune en 1861. Céréales et bestiaux. Marché très-fréquenté. Nombreuses et belles fermes.

29 kil. — LA REGHAÏA, chef-lieu d'une commune de 846 hab., dont 66 Français, 233 étrangers européens et 547 musulmans, sur la petite rivière du même nom, formée à environ 2 kil. au-dessus du village par des sources qui ne tarissent jamais, érigé en commune en 1856. Sol très-fertile, céréales, tabac, orangeries, vergers. Aux environs, forêt de chênes-liége.

Au sud de la Reghaïa s'étend le territoire de la commune de SAINT-PIERRE-ET-SAINT-PAUL qui compte 3,172 hab., dont 166 Français, 44 étrangers européens, 2,962 musulmans, et se compose de deux centres créés en 1850, le premier à *Sidi-Salem*, sur le Boudouaou, et le second à *Oulad-Moussa*, au fond est de la Mitidja. Un certain nombre de familles alsaciennes-lorraines y ont été récemment installées.

30 kil. — L'ALMA (1), chef-lieu d'une commune de 6,703 hab., dont 362 Français, 11 israélites, 332 étrangers européens et 5,998 musulmans, sur le Boudouaou, qui se jette dans la mer à 6 kil. de là, créé le 25 juillet 1856, sur le territoire des Khrachna, érigé en commune en 1861. C'est une jolie petite ville dont la population s'est récemment augmentée de plusieurs familles d'Alsaciens-Lorrains. Belles plantations d'arbres, place ornée d'un côté par l'église et de l'autre par un palmier qui fut planté le jour de la fondation de l'Alma. Sur le Boudouaou, en aval, magnifique bois d'oliviers appelé le *Bois-Sacré;* en amont, gorges pittoresques; sur la colline qui domine l'Alma, belle ferme *San-Salvador*.

Deux brillants combats entre Français et Arabes ont eu lieu à l'Alma, le premier en 1839, le second en 1871. Dans le cours de cette dernière année (20 avril), le colonel Fourchault, à la tête d'une petite colonne composée de troupes régulières, de francs-tireurs et de mobilisés d'Alger, repoussa les bandes arabes qui menaçaient l'Alma après avoir saccagé les villages environnants.

La route franchit d'abord le Boudouaou, puis l'oued Corso descendu de montagnes dont le fond

(1) C'est le nom d'une petite rivière de Crimée qui coule de l'est à l'ouest et débouche dans la mer Noire, entre Eupatoria et Sébastopol. L'armée anglo-française, commandée par le maréchal Saint-Arnaud et lord Raglan, franchit ce cours d'eau le 20 septembre 1854 et y battit l'armée russe qui avait à sa tête le prince Mentschikoff.

offre d'admirables points de vue. Dans la fertile vallée arrosée par ce petit cours d'eau se trouve le *Corso,* hameau entouré de fermes importantes.

48 kil. — *Belle-Fontaine,* village de création récente et dont la population dépasse 200 hab. Français, pour la plupart Alsaciens ou Lorrains, s'élève sur le penchant d'une colline d'où le regard embrasse un immense horizon : la mer, le cap Matifou, Alger, la Bouzaréa', le Mouzaïa, le Sahel, les montagnes des Issers, etc.

Puissent ce panorama vraiment grandiose, la fertilité des terres, des eaux vives et abondantes, adoucir pour les habitants de Belle-Fontaine la perte d'une patrie bien-aimée d'où les a exclus cette barbare maxime : *La force prime le droit !*

Belle-Fontaine occupe l'emplacement d'un ancien village kabyle. C'est une annexe de la commune de Ménerville.

54 kil. — MÉNERVILLE (1), connu jusqu'en 1877 sous le nom de *Col des Beni-Aïcha,* chef-lieu d'une commune de 566 hab., dont 549 Français et 17 étrangers européens, commande le passage le plus facile et le plus fréquenté entre la Mitidja et les montagnes de la Kabylie. Justice de paix, église, école communale. Détruit en 1871 par les Arabes, il s'est promptement relevé de ses ruines. Sa population s'est même augmentée de plusieurs

(1) C'est le nom d'un ancien président de la Cour d'appel d'Alger.

familles alsaciennes ou lorraines. Du haut du col on découvre, derrière un vaste groupe de mamelons verdoyants, les hautes cimes du Djurdjura.

60 kil. — BLED-GUITOUN, chef-lieu d'une commune de 3,748 hab., dont 885 Français, 2 étrangers européens et 2,861 musulmans, créé en 1872, non loin de la rive gauche de l'Isser oriental.

Annexes : *Zaatra*, fondé en 1872, à 6 kil. au nord de Bled-Guitoun ; *Zamouri*, au nord de Zaatra, créé en 1872 ; *Isserbourg*, au nord de Bled-Guitoun, sur la rive gauche de l'Isser oriental, à 70 kil. d'Alger (sol propre aux céréales) ; *Isser-el-Ouidan*.

61 kil. — *Les Issers*.

65 kil. — *Bordj-Menaïel*.

75 kil. — *Azib-Zamoun*.

106 kil. — *Dellys*.

NOTA. Pour la description des centres compris entre Bled-Guitoun et Dellys, v. § 4, *Arrondissement de Tizi-Ouzou*.

D'Alger à Dra'-el-Mizan.

54 kil. — *Ménerville*, v. p. 103.

Au delà de Ménerville, on laisse à gauche la route de Dellys et de Tizi-Ouzou, près du 56ᵉ kil., puis on descend dans la vallée de l'Isser oriental.

60 kil. — *Souk-el-Hâd*, annexe de la commune de Ménerville, sur un mamelon, non loin d'une koubba entourée d'oliviers séculaires, au pied de montagnes boisées. Environ 200 hab. venus du département de la Drôme ou d'Alsace-Lorraine.

63 kil. — Maison cantonnière et café arabe.

66 kil. — *Col des Beni-Amran*, village de création récente, sur le bord de l'Isser oriental, en face de hautes montagnes.

La route pénètre dans les magnifiques gorges de l'Isser, que nous avons décrites dans le t. Ier, p. 77, de cet ouvrage.

80 kil. — Palestro, chef-lieu d'une commune mixte de 17,713 hab., dont 161 Français, 2 israélites, 82 étrangers européens et 17,468 musulmans, sur un plateau, non loin de l'ancien pont turc des Beni-Hini, l'une des portes de la Kabylie. Le sinueux Isser baigne trois côtés du plateau sur lequel s'élève ce centre de population, qui, simple bourgade aujourd'hui, sera une ville demain. Palestro est commandé par des montagnes élevées, notamment par le djebel *Tegrimmo*, dont le sommet atteint 1,030 m. Un fort, bâti depuis 1871 sur le point culminant du plateau, brave toute révolte nouvelle.

Le nom de Palestro éveille de lamentables souvenirs. Quand nous visitâmes cette localité, au mois d'août 1872, la plupart de ses maisons étaient encore en ruines, et, derrière l'église, quelques amas de terre surmontés de croix de bois marquaient la place où étaient ensevelis ses courageux défenseurs massacrés par les Kabyles en 1871. Les habitants de Palestro, investis par des nuées d'ennemis sauvages, se défendirent vaillamment dans l'église, le presbytère et la maison cantonnière. A bout de vivres et de munitions, cernés par les Kabyles, à demi brûlés par l'incendie, ils se rendirent. Cinquante furent massacrés, au mépris de la foi jurée. De ce nombre étaient le maire et les gendarmes. La nouvelle de la défaite des insurgés de la Mitidja sauva les autres. Quand le colonel Fourchault parut devant Palestro, il n'y trouva que des cendres. Le village a été reconstruit ; il compte plus d'habitants qu'avant sa destruction.

98 kil. — *Dra'-el-Mizan*. V. § 4, *Arrondissement de Tizi-Ouzou*.

D'Alger au Fondouk.

D'Alger au *Retour-de-la-Chasse*, v. p. 87.

27 kil. — *Bou-Hamedi*, village créé en 1856, annexe du Fondouk.

32 kil. — Le Fondouk, du grec Πανδοχεῖον « caravansérail », chef-lieu d'une commune de 6,439 hab., dont 261 Français, 11 israélites, 390 étrangers européens et 5,777 musulmans, créé en 1844 près de l'emplacement d'un poste français établi au commencement de l'année 1839, constitué en commune en 1856. L'oued Hamiz baigne la base des montagnes sur le dernier ressaut desquelles est situé le village. Les eaux de cette rivière, qu'un canal de dérivation porte dans les terres,

permettent aux habitants du Fondouk de se livrer avec succès à la culture des plantes industrielles. Église, école, fontaine abondante, marché, moulin à farine. Aux environs, vestiges d'un camp romain.

Annexes : *Bou-Hamedi* (v. ci-dessus) et *Arbatache*, sur la route du Fondouk à Palestro, village de création récente et dont le territoire se prête à toutes les cultures.

D'Alger à Aumale par Sidi-Moussa.

D'Alger à *Koubba* (8 kil.), v. p. 82.

Après avoir descendu les dernières pentes du Sahel et traversé l'Harrach, entre le *Moulin d'Hussein-Pacha* et le *Gué-de-Constantine*, on entre dans la partie orientale de la Mitidja couverte de belles fermes.

23 kil. — Sidi-Moussa, « Monseigneur Moussa, » chef-lieu d'une commune de 1,889 hab., dont 166 Français, 415 étrangers européens et 1,308 musulmans, sur l'oued Djema', à la jonction des trois routes de Boufarik, de Rovigo et d'Aumale, créé en 1851, érigé en commune de plein exercice le 22 août 1861. Église, école, fermes prospères, céréales et vignes.

La route côtoie plusieurs anciennes fermes arabes (*haouch*), aujourd'hui fermes françaises. Fenêtres étroites et grillées, murs blanchis à la chaux, ceinture d'orangeries et de vergers, tout concourt à donner à ces fermes un aspect pittoresque qui rompt agréablement la monotonie de la plaine.

30 kil. — L'Arba', « le marché du quatrième jour, » ainsi nommé parce que de tout temps il s'y est tenu un très-important marché arabe le mercredi ou quatrième jour de chaque semaine, chef-lieu de canton et d'une commune de 5,396 hab., dont 715 Français, 18 israélites, 844 étrangers européens et 3,819 musulmans, à la jonction des routes du Fondouk et d'Aumale, créé en 1849, érigé en commune en 1856. Il a eu pour origine un camp installé dans cette localité pour la sécurité de nos communications et de nos opérations militaires. Église, école, rues et places bordées d'arbres. L'oued Djema', affluent de l'Harrach, arrose de belles plantations sur le territoire de l'Arba' et y fait mouvoir quelques moulins. Belles orangeries, riches cultures en céréales et en tabacs, distilleries. On peut se rendre également de l'Arba' à Alger par une route qui dessert la Maison-Carrée.

Annexes : *Sakhamoudi*, v. ci-dessous, et *Rivet* (nom d'un général tué au siége de Sébastopol), joli village créé en 1856, sur la route de l'Arba' au Fondouk. Belle orangerie. A 2 kil. sud de l'Arba' se trouve l'haouch *Bou-Kandoura*, ex ferme impériale.

L'ancienne route passait par *Melab-el-Koran*

(37 kil.), auberge à environ 800 m. d'altitude. Une nouvelle route, récemment ouverte par le Génie dans les gorges de l'oued Djema', permet d'atteindre le col de Sakhamoudi par des rampes plus douces.

42 kil. — *Sakhamoudi*, point culminant (1,000 m.) de la route d'Alger à Aumale, groupe de maisons dominant des ravins profonds qui, en 1848, devinrent le tombeau de plusieurs soldats français surpris par la neige et la tourmente. Aux environs, mines de plomb. Près du col de Sakhamoudi, sur le bord de la route, une pierre d'environ 1m50 de hauteur sur 60 c. de large porte l'inscription suivante gravée en caractères romains :

Ces châtaigniers ont été plantés par le colonel Mollière, du 13e léger, sur l'ordre du maréchal Bugeaud, lorsqu'il bivouaqua dans ce lieu en février 1847.

Toute trace de châtaigniers a disparu; néanmoins un vif intérêt s'attache toujours à cette pierre commémorative, car elle rappelle une des époques les plus mémorables de la conquête de l'Algérie, l'expédition de la Grande-Kabylie, entreprise par le maréchal Bugeaud en 1847, et à laquelle le brave 13e léger a pris une part si active, sous les ordres du colonel Mollière.

50 kil. — *Aïn-Beurd*, « la fontaine froide, » auberge et ancien poste télégraphique aérien.

59 kil. — *Tablat*, la *Tablata* des Romains,

centre de population en voie de peuplement, à 550 m. d'altitude, sur un plateau élevé de 50 m. au-dessus des cours d'eau qui le contournent. Terres labourables de bonne qualité ; forêt de Mezranna à 6 kil.; marché hebdomadaire important ; climat sain, mais très-chaud en été. Sous les Romains, Tablata était le chef-lieu d'une marche militaire.

88 kil. — Bir-Rabalou, chef-lieu d'une commune de 3,887 hab., dont 180 Français, 8 étrangers européens et 3,699 musulmans, créé en 1858, érigé en commune le 1er janvier 1875. École mixte ; moulins sur l'oued Zar'ouat. La plaine des Arib, dans laquelle est situé Bir-Rabalou et que traverse la route d'Alger à Aumale, est vraiment magnifique ; elle ne le céderait certainement pas en fertilité à l'opulente Mitidja, si elle était livrée à la colonisation. L'eau y est abondante et de bonne qualité.

94 kil. — *Les Trembles*, annexe de Bir-Rabalou. École mixte. Sol très-fertile.

107 kil. — Aumale, l'*Auzia* des Romains, le *Sour-R'ozlan* « rempart des gazelles » des Arabes, chef-lieu de circonscription cantonale et de subdivision militaire. Hôtel de la subdivision, casernes de cavalerie et d'infanterie, hôpital militaire, magasin de subsistances, justice de paix, bureau de poste et bureau télégraphique, contributions diverses, enregistrement, Trésor, écoles de gar-

çons et de filles; marché arabe tous les dimanches; nombreux moulins à farine, dont un à vapeur; culture des céréales et élève de bétail; pierres à chaux, plâtre, terre à briques, pierres à bâtir, porphyre, diorite (grise et verte), chaux hydraulique. Aux environs, vastes forêts de pins, et riches mines de fer inexploitées. Ville et banlieue, 3,340 hab., dont 1,475 Européens et 1,865 indigènes.

Aumale est située par 36° 09' de latitude septentrionale et 1° 21' de longitude orientale, au pied nord du djebel Dira, à 886 m. au-dessus du niveau de la mer, sur les bords d'un escarpement dominant l'oued Lekahal, « la rivière noire, » branche supérieure de l'oued Sahel ou Soummam. C'est un centre essentiellement militaire, entouré d'un mur crénelé et percé de quatre portes : d'Alger, de Bou-Saâda, de Sétif et de Médéa. La ville, au milieu de laquelle on admire un magnifique jardin public, ne se compose, pour ainsi dire, que d'une longue rue de 1,000 m., ombragée de beaux platanes. L'église, la mosquée, située hors de la ville, sur la place du Marché, l'hôtel du commandant de la subdivision, les casernes, les magasins du Génie et de la manutention, sont les seules constructions modernes qui méritent d'être citées. L'antique Auzia était décorée de palais et de temples dont il ne reste que de rares vestiges, tels que fûts de colonnes, débris de chapiteaux, statues, briques, tuiles, etc. On a découvert, en outre, sur l'emplacement de la cité romaine : une belle mosaïque (1858), quelques tombeaux, des bijoux, plusieurs médailles et un nombre considérable d'inscriptions tumulaires ou votives dont la plupart figurent dans la *Revue africaine*.

Le climat d'Aumale, salubre aujourd'hui, ne laissait rien à désirer au temps de l'occupation romaine. Si ses habitants n'atteignaient pas à beaucoup près l'âge de Mathusalem, ils vivaient du moins un nombre fort respectable d'années, étant donnée la moyenne de la durée actuelle de la vie humaine, puisqu'un relevé fait sur 55 inscriptions tumulaires donne, pour l'âge des défunts, les indications suivantes : 1 centenaire (120 ans), 2 nonagénaires, 2 octogénaires, 5 septuagénaires, 8 sexagénaires, 6 quinquagénaires, 11 quadragénaires, 3 morts de 35 à 39 ans, 8 de 20 à 27, 4 de 10 à 18, 5 de 1 à 6 ans.

NOTICE HISTORIQUE.

Lorsque le général Marey-Monge explora les ruines d'Auzia en 1843, il n'y trouva qu'un amas de débris informes encadrés par une enceinte à moitié détruite, mais s'élevant encore sur quelques points à 2 ou 3 mètres de hauteur. Là, comme ailleurs, les Arabes et les Turcs avaient défait l'œuvre des Romains. Auzia, fondée sous le règne d'Auguste, dut avoir une certaine splendeur. C'était, dit Tacite, une forteresse entourée de tous côtés par de vastes forêts. Tacfarinas (1) l'avait occupée :

(1) Ce chef de bande numide, après avoir servi d'abord comme

TROISIÈME PARTIE. 115

fisus loco, quia rastis circum saltibus claudebatur. Le docteur Shaw s'exprime en ces termes : « Tacite nous a laissé une description très-exacte d'Auzia, car cette ville est bâtie sur un morceau de terre uni, environné de rochers et de forêts. » Vers l'an 365 de J. C., Auzia fut la base d'opérations du révolté Firmus, qui y battit Théodose, général de Valentinien. A partir de cette époque, la nuit la plus profonde nous cache l'histoire d'Auzia. On ignore même la date de sa ruine (1). Les Arabes lui donnèrent le nom de *Sour-R'ozlan*. Plus tard, les Turcs, frappés de l'importance de la position de ce poste militaire, y construisirent un fort destiné à maintenir les tribus environnantes et à surveiller un marché qui se tenait sur ce point et que fréquentaient tous les Arabes

auxiliaire dans les armées romaines, avait ensuite déserté. Il rassembla quelques troupes de brigands et de vagabonds qu'il mena au pillage ; il parvint ensuite à en former des soldats ; enfin, de chef de bandits il devint général et résista pendant huit ans aux Romains. Auzia fut pendant quelque temps au pouvoir de ce rebelle, qui périt dans un combat contre le proconsul Dolabella (an 25 de J. C.).

(1) M. Berbrugger pense qu'Auzia n'existait plus à l'époque où Théodose opérait dans la Grande-Kabylie. Ce savant écrivain cite les faits suivants à l'appui de ses conjectures : d'abord le nom d'Auzia ne figure pas sur la liste des évêchés, ce qui ne peut s'expliquer, d'une ville aussi importante, que dans l'hypothèse où elle aurait été détruite avant que le christianisme eût fait de grands progrès en Afrique ; sur dix-huit inscriptions recueillies dans cet endroit, aucune n'est postérieure à 240 de J. C.; enfin, une inscription copiée par M. Berbrugger à la R'orfa des Oulad-Selama et remontant à l'époque du grand Constantin, prouverait qu'alors Auzia n'était plus le chef-lieu du canton militaire, lequel continuait pourtant à porter le nom de *limes Auziensis*. Ne pourrait-on pas trouver aussi une preuve du fait avancé par M. Berbrugger dans la forme de l'imparfait employée par Tacite : *rastis circum saltibus claudebatur?*

d'alentour. Ce marché (le dimanche) existe encore, et il n'a rien perdu de son importance passée. Les Oulad-Dris, les Oulad-Farah, les Oulad-Bou-Arif, les Oulad-Sidi-Barkat, les Oulad-Selama, les Oulad-Sidi-Moussa, etc., y amènent des chevaux, des mulets, des ânes, des moutons, des chèvres, et y apportent du sel, du tabac, de l'huile, des œufs, des volailles, des céréales, des fruits, des cuirs, des tissus de laine, des sparteries, etc. Le fort turc, bâti en partie avec les plus belles pierres de la ville antique, était à peu près ruiné lorsque le général Marey-Monge parut devant Auzia. Trois ans après, le gouvernement français établit sur les débris d'Auzia et de Sour-R'ozlan un poste militaire qui prit le nom d'*Aumale* (1). Ce poste militaire est devenu une ville appelée par sa situation à acquérir une grande importance commerciale.

Environs d'Aumale.

Le djebel *Dira*, dont le piton principal, au sud-ouest d'Aumale, s'élève à 1,813 m. au-dessus du niveau de la mer, forme un massif d'environ 50 kil. de l'est à l'ouest et 30 kil. du nord au sud. Il est très-boisé. On y trouve de belles forêts de chênes. En hiver, la neige y tombe en abondance. De ses flancs jaillissent de nombreuses sources qui y entretiennent d'excellents pâturages. Le Dira fournit d'assez bons ciments.

A environ 35 kil. au nord-est d'Aumale, sources chaudes et sulfureuses d'*Hammam-Ksenna*,

(1) C'est le nom du duc d'Aumale, fils du roi Louis-Philippe et l'un des généraux qui ont le plus vaillamment combattu pour la conquête de la France africaine.

très-fréquentées par les indigènes et par les Européens des environs. Il est regrettable que ces thermes ne soient pas reliés à Aumale par une route et qu'on n'y ait pas encore élevé un établissement convenable.

22 kil. — *Aïn-Bessem*, village en voie de peuplement, sur le chemin d'Aumale à Bordj-Bouïra, dans la plaine des Aribs, sur un plateau situé à 600 m. d'altitude, abondamment pourvu d'eau et d'une fertilité qui permet les cultures les plus diverses. Climat salubre, chaud en été, mais assez froid en hiver pour qu'il y ait quelques gelées. Marché hebdomadaire très-important.

Au nord-ouest d'Aïn-Bessem, à 3 kil. environ au-dessous du bordj *Bel-Kheurroub*, sur la rive gauche de l'oued Soufflat, se dresse la *Koudiet-el-Mesdour*, mamelon de difficile accès. C'est là que le bach-agha El-Mokrani tomba mortellement frappé, le 5 mai 1871. « Le chef de l'insurrection, dit M. le colonel Trumelet, acteur dans ce drame terrible, avait gravi le mamelon à cheval pour se rendre compte de son attaque de la colonne Cérez, qu'il suivait depuis le matin avec tous ses contingents. Il venait de mettre pied à terre pour être moins en cible, sans doute, aux coups de deux compagnies du 4ᵉ zouaves qui s'étaient établies à environ 700 mètres de là et exécutaient des feux de peloton sur un fort parti de rebelles qui combattaient en tirailleurs avec assez de méthode. Il était une heure de l'après-midi, car il n'y avait que quelques instants que le bach-agha avait fait la prière du *dhor*. El-Mokrani était à peine arrivé au sommet du mamelon qu'une balle l'atteignit à la gorge et le tua sur le coup. » Au pied du Mesdour, à quelques mètres du lit de l'oued Soufflat, se voit une pierre romaine de 1ᵐ,10 de hauteur et de 0ᵐ,55 de largeur. Elle a été trouvée dans le jardin de la subdivision d'Aumale et transportée sur ce point par les soins du colonel Trumelet, qui y a fait graver l'inscription suivante :

ICI

*tomba, mortellement
frappé par les balles
du 4ᵉ zouaves,
le 5 mai 1871,
le bach-agha de la Medjana,*
EL-HADJ MOHAMMED
BEN EL-HADJ AHMED
EL-MOKRANI,
chef de l'insurrection.

———

Commandant de la colonne :
GÉNÉRAL CÉREZ.

———

Commandant de la subdivision d'Aumale :
LIEUTENANT-COLONEL C. TRUMELET.

11 kil. sud-est. — La *R'orfa* « donjon » des *Oulad-Selama*, ancien établissement militaire, couronne une colline élevée. C'était un de ces nombreux *burgi* qui jalonnaient jadis la frontière d'Auzia. Aux environs, long souterrain se dirigeant du sud-ouest au nord-est.

28 kil. ouest, sur la route muletière d'Aumale à Médéa. — *Sour-Djouab*, le *Rapidi* de l'Itinéraire d'Antonin, et peut-être le *Lamida* de

Ptolémée. Les ruines de Rapidi sont éparses sur une hauteur baignée au nord et au sud par deux petits affluents de l'Isser. On remarque principalement des vestiges de l'enceinte, encore très-visible, et d'un conduit qui amenait dans la ville les eaux de la belle source d'*Aïn-Adjena*. On a recueilli sur l'emplacement de Rapidi : des moulures, des colonnes, des baignoires, des tombeaux, des pierres tumulaires, un buste de Jupiter et un grand nombre d'inscriptions, dont l'une atteste la présence des cavaliers Thraces dans les armées romaines. En voici la traduction :

Aux dieux Mânes. Lucius Licinius, fils de Licinius, cavalier de l'escadron des Thraces, qui a vécu vingt ans et a servi pendant quatre ans. Épitaphe gravée par les soins de Licinius Rugisus.

TERRITOIRE DE COMMANDEMENT DE LA SUBDIVISION D'AUMALE.

Ce territoire comprend : Bordj-Bouïra, Beni-Mansour et Bou-Saâda.

BORDJ-BOUÏRA, « le fort du petit puits, » chef-lieu d'une commune mixte de 5,728 hab., dont 271 Français, 6 étrangers européens et 5,451 indigènes, à 34 kil. nord d'Aumale. Église, école. Ce village, créé en 1872 par le colonel Trumelet, à 550 m. d'altitude, sur un plateau dominant la rive gauche de l'oued Sahel, est en pleine prospérité ; il est appelé, par sa position sur la route d'Alger à Constantine et sur celle d'Aumale à

Bougie, à devenir un centre important. La commune, à l'aide de ses propres ressources, a fait exécuter un pont en maçonnerie sur l'oued Bergoub; elle a planté des arbres sur les places et dans les rues et fait creuser deux puits au nord et à l'est du village. Les édifices publics doivent être construits au fur et à mesure des ressources de la commune, aidée par l'État, sur un mamelon compris dans le périmètre du village, et, afin d'assurer la sécurité, reliés entre eux par un mur crénelé.

Annexes : *Sidi-Khalifa, Sidi-Zouïka, 'Aïn-Tiziret* et *Oulad-Bellil*, douars indigènes.

Beni-Mansour est situé à 79 kil. nord-est d'Aumale, à 407 m. d'altitude, sur la rive droite de l'oued Sahel ou Soummam, près de son confluent avec l'oued Mahrir. Bureau arabe, poste et télégraphe; moulin connu sous le nom de *moulin Châtillon*. Beni-Mansour n'a été pendant longtemps qu'un poste militaire. Les quelques maisons de colons qui existaient sur ce point avant 1871 furent à cette époque incendiées par les Kabyles. Mais la colonisation commence à pénétrer dans son territoire, et Beni-Mansour est destiné à devenir, comme Bordj-Bouïra, un centre florissant de population européenne. On conserve dans le fort un canon en bronze du dix-huitième siècle dont les insurgés se sont servis en 1871 pour faire le siége de cette citadelle. Ce siége, que la garnison soutint avec une grande vaillance, dura près de deux mois. La vallée de l'oued Sahel, dans le voisinage de Beni-Mansour, est couverte de magnifiques forêts d'oliviers, les plus belles peut-être de toute l'Algérie. Les terres de la vallée sont excellentes. Dans un cimetière près du bordj reposent les restes du baron *Henri Aucapitaine*, bien connu par ses remarquables travaux sur l'Algérie. En été, le bureau arabe et la garnison se transportent à *Tala-Rana* (source abondante et fraîche), situé à environ 20 kil. nord-ouest sur les flancs du Tamgout de Lella-Khedidja, le plus haut sommet du Djurdjura.

Bou-Sadda. V. ch. XI, HAUTS-PLATEAUX ET SAHARA DU DÉPARTEMENT D'ALGER.

D'Alger à Rovigo.

23 kil. — *Sidi-Moussa*, v. p. 109.

32 kil. — ROVIGO, nom du général Savary, duc de Rovigo, gouverneur de l'Algérie de 1831 à 1833, chef-lieu d'une commune de 5,749 hab., dont 429 Européens et 5,320 musulmans, depuis l'annexion des douars *Sidi-Hamouda* et *Hammam-Melouan*. Le village de Rovigo, créé en 1852, est situé dans le voisinage de l'ancien camp de l'Harrach, sur la rive droite de la rivière de ce nom. Église, écoles, moulin à farine, distillerie d'essences odoriférantes (géranium, menthe, fleur d'oranger, etc.); belles orangeries, céréales, ta-

bac, lin, coton, élève de bétail. Correspondance avec le Gué-de-Constantine, station du chemin de fer d'Alger à Oran, etc. A 4 kil. sud du village, magnifique plâtrière inexploitée, faute de voies de communication. Sur le territoire de cette commune se trouvent aussi des sables siliceux propres à la fabrication du verre, du cristal et de la porcelaine, et de magnifiques forêts d'oliviers séculaires, entre autres le *Bois-Sacré,* ancien cimetière musulman. Le pays est sain, l'agriculture florissante. L'eau y est assez abondante pour suffire à tous les besoins. Des canaux d'irrigation, administrés par une commission syndicale, amènent les eaux de l'Harrach dans les propriétés et les fermes principales de la commune. Commerce de céréales. Il est question de créer une ligne de tramway à vapeur entre le Gué-de-Constantine et Sidi-Moussa, avec embranchement sur Rovigo et Hammam-Melouan.

Les bains d'*Hammam-Melouan,* « le bain coloré, » sont situés à 8 kil. de Rovigo, dans la vallée de l'Harrach, que l'on traverse sept ou huit fois avant d'atteindre les sources. Celles-ci jaillissent sur plusieurs points. Les plus abondantes sont celles de la *Koubba* et du *Puisard.* Les eaux d'Hammam-Melouan sont salines chlorurées sodiques. Température, 39 et 42 degrés. (V. tome Ier, p. 279.) Elles se prennent en bain, douche et demi-douche; on peut aussi les boire. Les Européens les fréquentent pendant la belle saison; quant aux indigènes, ils en ont toujours fait un grand usage. La *Koubba*, qui mesure cinq mètres carrés environ d'étendue, contient une piscine construite, d'après la légende, par un bey dont la fille aurait été guérie par les eaux d'Hammam-Melouan. Piscine et Koubba sont en grande vénération chez les Arabes. Les eaux d'Hammam-Melouan ont une grande analogie avec celles de Lucques (Italie) et de Bourbonne-les-Bains (Haute-Marne).

D'Alger à Koléa.

26 kil. — *Zéralda*, v. p. 101.

La route traverse l'oued Mazafran.

33 kil. — *Douaouda*, village de 308 hab., dont 163 Français, 136 étrangers européens et 9 musulmans, annexe de Koléa, à 3 kil. de la rive gauche du Mazafran, créé en 1843 sur un plateau élevé de 104 mètres au-dessus du niveau de la mer. Le sol de ce village, aujourd'hui l'un des plus prospères du Sahel d'Alger, était primitivement couvert de broussailles; on y cultive surtout les céréales, et un peu le tabac. Fontaines abondantes.

36 kil. — *Saint-Maurice*.

39 kil. — KOLÉA, « fortin, diminutif de *kalda*, forteresse, château, » chef-lieu d'une commune de 3,953 hab., dont 1,416 Français, 45 israélites,

688 étrangers européens et 1,804 musulmans. Justice de paix, écoles primaires, salle d'asile, bureau de poste, bureau télégraphique, hôpital militaire, cercle et bibliothèque. Ville et banlieue, 3,293 hab., dont 971 Français, 45 israélites, 549 étrangers européens et 1,728 musulmans.

Koléa est admirablement situé sur le revers méridional du Sahel, entre la Mitidja et la Méditerranée, à 115-130 mètres d'altitude, au milieu de riants vergers. Les eaux y sont très-abondantes. Les amateurs du pittoresque regretteront peut-être que la jolie Koléa ait démoli ses vieux murs d'enceinte et ses maisons à un étage qui s'appuyaient souvent les unes contre les autres, pour les remplacer par des constructions à l'européenne bordant des rues alignées ; mais la salubrité exigeait cette métamorphose.

Les principales curiosités de Koléa sont : la *mosquée,* encore affectée au culte musulman, aujourd'hui dégagée des masures qui en obstruaient les abords ; la *mosquée de Sidi-Embarek* (1),

(1) Sidi-Embarek, originaire de la tribu des Hachem, vint se fixer à Koléa à une époque que ne précisent pas les légendes. Sa réputation de sainteté ne tarda pas à se répandre au loin ; aussi venait-on, de toutes parts, solliciter ses prières et lui apporter des offrandes. Dans la chapelle, où repose ce pieux personnage, a été inhumé, en 1843, un de ses descendants, Ben Allaf ben Embarek, un instant notre allié, puis l'un des plus redoutables auxiliaires d'Abd-el-Kader.

transformée en hôpital (la koubba de Sidi-Embarek a été respectée), et le *jardin des Zouaves*, où les orangers et les citronniers s'élèvent à une grande hauteur. Cette ravissante promenade a été conquise en partie sur les terrains ravinés de l'*Ank-Djemel* « cou du chameau, » au fond duquel roulent les eaux de ruisseaux tributaires du Mazafran.

Histoire. — Koléa n'a, pour ainsi dire, pas d'histoire. Formée, dans la deuxième moitié du seizième siècle, autour du tombeau de Sidi-Embarek, elle dut sa prospérité à l'affluence des pèlerins qui visitaient tous les ans la koubba du saint. Vers la fin du dix-huitième siècle, un tremblement de terre ruina la ville de fond en comble. Le marabout de Sidi-Embarek resta seul debout; ce qui accrut encore la dévotion des fidèles. Koléa a eu aussi à souffrir des secousses du tremblement de terre de 1825, qui bouleversa la Mitidja toute entière. L'armée française parut pour la première fois devant Koléa en novembre 1831. En 1832, le général Brossard frappa la ville d'une contribution de guerre de 1,100,000 francs, sur lesquels 10,000 francs seulement furent payés. Lorsque nos troupes l'occupèrent définitivement en 1839, elle était en partie ruinée. Le 1ᵉʳ mai 1841, Koléa fut vivement attaquée par le bey de Miliana qui dut battre en retraite.

Environs. — 4 kil. nord-ouest : *Fouka, Casœ*

Calventi de l'Itinéraire d'Antonin, village de 352 hab., dont 282 Français, 3 étrangers européens et 66 musulmans; fondé en 1841 par le Génie et destiné à recevoir des militaires libérés. Jolie situation, fontaine abondante, céréales et vignes. Aux environs, maisons de pêcheurs formant le hameau de *Notre-Dame-de-Fouka*. Des fouilles opérées, en 1839, à Fouka par M. Berbrugger y ont mis à jour des tombeaux, des bronzes, des poteries, des médailles, etc. Depuis une huitaine d'années, la culture de la vigne a pris une grande extension dans la commune de Fouka, dont le territoire sablonneux et calcaire produit d'excellents vins. Il y a lieu de croire que, dans un avenir prochain, le sol sera complètement couvert de vignobles.

CASTIGLIONE, à 7 kil. 500 m. au nord-ouest de Koléa, est, depuis 1870, le chef-lieu d'une commune de 909 hab., dont 559 Français, 170 étrangers européens et 180 musulmans. On lui conserve encore le nom arabe de Bou-Ismaël. Il fut fondé, en 1848, pour recevoir des émigrants parisiens envoyés par l'Assemblée nationale. Fontaines, cultures industrielles, jardins maraîchers. Castiglione doit son nom à une ville d'Italie où le général Bonaparte vainquit les Autrichiens en 1796. Il occupe, en face de la mer, un plateau disposé en gradins.

La commune de Castiglione comprend trois

centres : Castiglione ou Bou-Ismaël, Tefschoun et Bérard. Castiglione est en pleine voie de prospérité. Sa belle situation sur le bord de la mer, son climat d'une salubrité parfaite, attirent un certain nombre d'étrangers qui viennent y prendre des bains pendant la saison chaude ; plusieurs rentiers y fixent leur résidence. Dans ces dernières années, entre Castiglione et Bérard, de nombreux bateaux se sont livrés à la pêche de la sardine, de la bonite et du thon, ce qui a donné lieu à un important commerce de salaisons.

Tefschoun, fondé à la même époque que Castiglione, est un joli village maritime, admirablement situé et entouré d'excellentes terres de culture.

Bérard (1) a été créé en 1858, sur l'emplacement d'Aïn-Tagouret, près de la mer.

Aux environs de Castiglione : *Chaïba,* village créé en 1852 ; *Messaoud, Saïr', Berbessa* et *Zoudj-el-Abbès,* hameaux suisses fondés en 1851 pour des cultivateurs venus du Bas-Valais.

EXCURSION AU TOMBEAU DE LA CHRÉTIENNE.

Sur la route carrossable qui relie Bérard à Tipasa, à 4 kil. de Bérard, se voit la *Ferme de*

---

(1) C'est le nom de l'officier de marine qui a reconnu et décrit les côtes de l'Algérie.

Beauséjour, d'où l'on se dirige vers le *Kbour-er-Roumia*, « le tombeau de la chrétienne. »

L'expression *Tombeau de la Chrétienne* est entièrement impropre, mais l'usage l'a consacrée. Ce grandiose témoin d'une civilisation antique n'a jamais contenu le corps d'un chrétien ou d'une chrétienne. Suivant M. le docteur Judas, orientaliste éminent, Kbour-er-Roumia, dans son sens originel, signifie *tombeau royal*. Or, les Arabes, possédant déjà dans leur idiome le mot *roumia*, qui s'applique à tout ce qui est chrétien, tout en adoptant l'appellation punique, lui ont donné le sens que ce mot avait dans leur propre langue; de là, par suite d'une espèce de jeu de mots bilingue, cette expression *Tombeau de la Chrétienne*.

Le Tombeau de la Chrétienne, puisqu'il faut l'appeler par son nom, est cité en ces termes par Pomponius Mela (1) : *Iol, ad mare, aliquando ignobilis; nunc, quia Jubæ regia fuit, et quod Cesarea vocitatur, illustris. Citra hanc,* Cartinna *et* Arsinna *sunt oppida, et* Quiza *castellum, et* Laturus *sinus, et* Sardabale *fluvius; ultra* monumentum commune regiæ gentis, *deinde* Icosium.

Il résulte de ce passage, comme le fait très-judicieusement observer M. Berbrugger (2), que Pomponius Mela écrivait après la mort de Juba, puisque, parlant de la ville de *Iol*, que ce prince nomma *Cesarea*, il dit qu'elle fut la capitale de Juba : *quia Jubæ regia fuit*. Le *monumentum commune regiæ gentis* est donc celui de la famille de Juba, car autrement Pomponius Mela aurait pris soin d'indiquer de quelle famille il entendait parler; et, de plus, ce monument est bien celui que nous voyons aujourd'hui, car sa position correspond en tous points à

---

(1) Pomponius Mela, *De situ orbis*, livre Ier, chapitre VI.
(2) Ad. Berbrugger, le *Tombeau de la Chrétienne*.

celle que lui assigne l'ancien géographe entre *Iol* (Cherchel) et *Icosium* (Alger) (1).

La masse imposante du Tombeau de la Chrétienne se dresse à 261 mètres au-dessus du niveau de la mer, dans un site sévère; à l'ouest, le mont Chenoua; au nord, la Méditerranée, dont les flots, fréquemment agités dans ces parages, battent une côte inabordable quand les vents soufflent avec violence; au sud, le lac Halloula, aujourd'hui à peu près desséché; tout autour la solitude et un terrain inculte faute d'eau.

« Le Kbour-er-Roumia est un édifice rond de 30 mètres de hauteur, dont le soubassement carré a 63 mètres sur chaque face. Le périmètre de la base du monument est orné, sur tout son développement, d'une colonnade de 60 colonnes engagées, de l'ordre ionique, divisées en quatre parties égales par quatre portes répondant à peu près aux quatre points cardinaux, et d'une hauteur chacune de 6^m,20. Au-dessus commence une série de 33 degrés, hauts chacun de 58 c., qui, en rétrécissant graduellement leur plan circulaire, donnent au mausolée l'apparence d'un cône tronqué. Des explorations, commencées par M. Berbrugger en 1855 et en 1856, ont été continuées par lui et M. O. Mac-Carthy en 1865 et en 1866. Le 5 mai 1866, la sonde artésienne indiqua une cavité bâtie; le 15 du même mois, on pénétra horizontalement dans une galerie dont la porte fut découverte le 18. Au pied et au-dessus de la fausse porte de l'est, on trouva un couloir bas et en pierre de taille. En débouchant de ce passage dans l'intérieur, on arriva à un grand caveau voûté, au fond duquel apparut une excavation. A droite était la porte basse d'un nouveau couloir, porte surmontée d'un linteau où étaient sculptés en relief un lion et une lionne d'un travail assez médio-

---

(1) J. de Laurière, inspecteur général de la Société française d'archéologie, *Deux mausolées africains*.

cre. Ce couloir ouvrait sur une grande galerie haute de 2ᵐ,52 et large de 2ᵐ,07, par un escalier de sept marches. On trouva dans le parcours de cette galerie, à gauche, une énorme excavation ; un peu plus loin, à droite, l'issue ou boyau de mine par lequel on était entré dès le 15 mai. A l'extrémité, on rencontra un nouveau couloir. Après l'avoir dépassé, on pénétra par un second couloir dans un caveau plus grand, où avaient été probablement déposés les restes de Juba II et de Cléopâtre Séléné (1). »

Quand MM. Berbrugger et Mac-Carthy pénétrèrent dans l'hypogée, les caveaux et la galerie ne contenaient aucun sarcophage ; le tombeau avait été violé. Mais si l'hypogée était vide de monuments funéraires, les savants explorateurs y découvrirent une grande quantité de menus objets provenant du séjour ou du passage des anciens habitants et visiteurs qui avaient fréquenté ces souterrains, et se rapportant tous à la domination romaine (débris de poteries berbères ou byzantines, monogrammes, croix géminées, lampes, bronzes, etc.). L'absence de tout objet arabe à l'intérieur du monument permet de supposer que l'entrée de l'hypogée se referma au moment de l'arrivée des Arabes dans cette partie de l'Afrique, vers la fin du septième siècle, « époque à laquelle les violences de la conquête, dit M. Berbrugger, ont chassé du pays une très-grande partie de chrétiens, rendant déserts beaucoup de cantons qui l'étaient déjà quelque peu. » M. J. de Laurière pense que le monument, dès lors abandonné à lui-même dans cette région désolée, a dû voir son entrée, placée en contre-bas, se remplir très-rapidement sous l'action du vent violent et presque continuel qui règne sur ces parages élevés et amoncelle la poussière, les feuilles sèches, toute sorte de détritus, sur lesquels se développe en toute liberté une rapide végétation.

(1) *Moniteur de l'Algérie*.

A quelle époque doit-on faire remonter la violation du mausolée? Peut-être à la période de troubles qui de l'an 40 à l'an 45 agitèrent l'ancien royaume de Mauritanie, devenu province romaine; peut-être aussi à la fin du quatrième siècle, qui a vu les Vandales porter le fer et la flamme sur le sol africain. Une tradition raconte que la grande brèche pratiquée à l'est du monument est l'œuvre de Salah-Reïs (1555). Ce pacha, poussé, non par l'amour de la science archéologique, mais par une cupidité sacrilége, voulut, dit-on, pénétrer à l'intérieur de l'édifice pour s'emparer des trésors qu'il devait contenir; il essaya, mais en vain, d'y pratiquer une entrée de ce côté; on ajoute même qu'il fit bombarder le mausolée à coups de canon.

D'Alger à Blida par le chemin de fer.

D'Alger à la *Maison-Carrée*, v. p. 87.

15 kil. — Le *Gué-de-Constantine*. Fermes et usines.

20 kil. — *Baba-Ali*, nom d'un ancien *haouch*, « ferme arabe. »

26 kil. — BIRTOUTA, « le puits du mûrier, » chef-lieu d'une commune de 476 hab., dont 196 Français, 30 étrangers européens et 250 musulmans, créé en 1851 sur l'emplacement d'un ancien *blockhaus*, ou hutte en bois dans laquelle on pénétrait par le sommet au moyen d'une échelle que l'on enlevait en cas d'alerte. Ces blockhaus, construits de distance en distance le long des routes, étaient autant de petits forts crénelés, espèces de corps-de-garde composés de

vingt à trente hommes. A diverses reprises, les soldats français y ont soutenu des combats glorieux.

A gauche du chemin de fer et à 4 kil. de Birtouta, sur la route de Boufarik à Sidi-Moussa, se trouve Chebli, chef-lieu d'une commune de 3,712 hab., dont 562 Français, 547 étrangers européens et 2,603 musulmans, créé en 1854, érigé en chef-lieu de commune le 22 août 1861. Place et rues plantées de platanes et de mûriers. Tabacs très-renommés.

37 kil. — Boufarik (localité qui avait le privilége de fournir le premier froment tendre pour la table du pacha), chef-lieu de canton et d'une commune de 6,477 hab., dont 1,770 Français, 60 israélites, 1,315 étrangers européens et 3,221 musulmans, créé en 1836, érigé en commune en 1851, au milieu de la superbe Mitidja. Justice de paix, bureau de poste, télégraphe, hôpital, écoles de garçons et de filles, asile, etc.

Lorsque, en 1830, le corps d'armée qui marchait d'Alger sur Blida traversa cette partie de la plaine où s'élève maintenant Boufarik, « ce n'était, dit M. T. de Fallon (1), qu'un marais tigré de forêts de joncs impénétrables, que flaques d'eau croupissante, que mares, que rides suintantes. Ne trouvant pas à s'écouler, ces eaux dormaient sur le sol, en attendant que le soleil les bût; d'autres, faisant effort vers le nord-ouest, parvenaient à gagner péniblement l'oued Tlata et l'oued Eth-Tharfa qui

(1) T. de Fallon, *Boufarik et son marché*.

les jetaient dans le Mazafran. Des chaussées, des ponts en branchages jetés sur ces vases permettaient de circuler à travers les fondrières, lesquelles étaient semées d'îlots, fourrées de makis, emmêlées et embroussaillées de lianes, de ronces, d'aubépines, d'oliviers rabougris. »

L'emplacement de la ville actuelle n'était alors marqué que par deux puits à dômes grisâtres et par une koubba dédiée à Sidi Abd-el-Kader el-Djilani. Ces deux puits sont ceux que l'on voit encore aujourd'hui, l'un dans l'intérieur du marché, l'autre dans la première cour du camp d'Erlon.

Le climat de Boufarik, actuellement d'une salubrité exceptionnelle, a longtemps et à juste titre joui d'un redoutable renom d'insalubrité. D'après un dicton, *les corneilles elles-mêmes ne pouvaient y vivre*. Dans le principe, colons et soldats y tombaient sous la faux de la mort comme les épis mûrs sous la faucille du moissonneur. Les marais vomissaient de toutes parts la fièvre et la dyssenterie. En 1840, dit le docteur Barthélemy, sur 400 habitants, le seul mois d'octobre enlève 48 fiévreux; en 1841, on compte 106 décès; en 1842, 92 personnes meurent sur une population de 300 habitants. Mais déjà, en 1843, le chiffre des décès n'est plus que de 42, soit un dix-septième; il est encore d'un quinzième en 1846, d'un douzième en 1847; puis il descend à un vingt-huitième en 1848, à un trente-cinquième en 1849. Enfin, en 1856, les naissances (139) dépassent de beaucoup les décès (77).

L'activité et la persévérance opiniâtre des colons ont transformé ce pays. « Plus de malades, plus de fiévreux. Les Européens s'y portent mieux qu'ailleurs. Pendant que tant d'hommes y mouraient empoisonnés par la double exhalaison des eaux stagnantes et des terres remuées, les arbres, qui vivent de ce qui nous tue, y poussaient violemment comme dans un fumier. A présent Boufarik est un verger normand, soigné, fertile, abondant en fruits... Il a fallu pour se l'approprier dix années de guerre avec les Arabes et vingt années de luttes avec un climat beaucoup plus meurtrier que la guerre (1). »

Avec la splendide avenue qui le relie au chemin de fer, ses rues larges, ombragées par de magnifiques platanes, des mûriers et des orangers, et abondamment arrosées d'eaux courantes, ses belles places, ses gracieux bassins, ses délicieuses orangeries, Boufarik est aujourd'hui une des plus jolies villes de l'Algérie. Un marché très-important, dont l'origine remonte à la domination turque, se tient tous les lundis, le long de la route de Blida, sous de superbes platanes. Église Saint-Ferdinand, ornée de tableaux donnés par le roi Louis-Philippe. Fonderie accompagnée d'un atelier de construction de machines; usine pour le rouissage et la préparation des lins du pays; belles pépinières, parmi lesquelles on remarque celle du *Camp d'Erlon*, aujourd'hui propriété particulière, plantée par Toussenel, l'humoristique auteur de l'*Esprit des bêtes*. Aux environs, nombreux établissements industriels, riches cultures, usines de MM. Chiris et Gros, pour la distillation des plantes odoriférantes; du Dr Miergues, de M. Leroux (eucalypsinthe), etc.

Les eaux de l'oued Chemela, soigneusement captées, arrosent le territoire de Boufarik et

(1) E. Fromentin, *Une année dans le Sahel*.

alimentent les nombreuses fontaines de la ville. Quant aux orangeries de Boufarik, elles sont déjà très-nombreuses; dans un avenir prochain, elles rivaliseront avec celles de Blida.

NOTICE HISTORIQUE.

Au commencement de l'année 1835, le général comte Drouet d'Erlon, nommé par décret du 22 juillet 1834 *gouverneur général des possessions françaises dans le nord de l'Afrique*, fit tracer à Boufarik, par le capitaine du génie Grand, l'enceinte d'un camp qui prit le nom de *Camp d'Erlon*. Ce camp pouvait contenir 1,500 hommes et 600 chevaux. Quelques petits marchands ou cantiniers vinrent se grouper à côté des troupes. L'année suivante, le maréchal Clausel fit jeter les fondements d'une ville à laquelle on donna le nom de *Médina-Clausel* qu'elle aurait dû conserver, ce nous semble. Mais on avait compté sans la fièvre qui pendant plusieurs années moissonna abondamment parmi les colons et les soldats, comme nous l'avons dit ci-dessus. Bientôt l'air s'assainit, grâce aux travaux de drainage et aux plantations; la ville entra dans une voie de prospérité où depuis elle a toujours marché à grands pas.

Au sud-est de Boufarik, sur la route de Blida au Fondouk, se trouve *Bouinan*, village créé en 1857 dans une charmante position, à l'entrée d'une gorge boisée d'orangers et d'oliviers séculaires.

7 kil. sud de Boufarik. — SOUMA, chef-lieu d'une commune de 2,241 hab., dont 289 Français, 221 étrangers européens et 1,731 musulmans, sur la route de Blida au Fondouk, au

débouché dans la plaine de l'oued Chemela. Mines de fer. V. t. Ier.

42 kil. — BENI-MERED, chef-lieu d'une commune de 467 hab., dont 338 Français, 98 étrangers européens et 31 musulmans. La place de ce joli village est traversée par la route d'Alger à Blida et ornée d'une fontaine que surmonte un obélisque. Ce monument, élevé par souscription, rappelle une des plus belles pages des annales militaires de l'armée d'Algérie.

Le 11 avril 1841, cinq chasseurs d'Afrique et seize fantassins commandés par le sergent *Blandan*, chargé d'escorter la correspondance d'Alger à Blida, furent attaqués près de Beni-Mered par une nuée de cavaliers arabes. Le nombre des assaillants n'effraye pas Blandan. Sommé de se rendre, il crie à ses hommes : « Formez le carré et défendez-vous jusqu'à la mort! » Alors ces braves, faisant un rempart de leurs poitrines à la voiture qui porte les dépêches, tombent un à un sous les balles des ennemis. Blandan est l'un des premiers tués. Des vingt-deux héros cinq seulement sont debout; ils luttent encore, mais ils ne tarderont pas à succomber sous le nombre. Heureusement du camp d'Erlon on a entendu la fusillade. Les chasseurs d'Afrique, sous les ordres de Joseph de Breteuil, arrivent sur le théâtre de la lutte et dispersent les Arabes. Les cinq survivants furent faits chevaliers de la Légion d'honneur. Ils l'avaient bien mérité.

51 kil. — BLIDA, « *el-boleïda*, la petite ville, » chef-lieu de canton et d'une commune de 16,002 hab., dont 3,100 Français, 572 israélites, 2,960 étrangers européens et 9,370 musulmans. Tri-

bunal de 1re instance, justice de paix, conseil de guerre, église, temple protestant, mosquée, collège communal, écoles de garçons et de filles, institution libre d'enseignement secondaire, cercle de la Ligue de l'enseignement, école régionale de tir dont les cours sont suivis par des officiers, sous-officiers et caporaux de tous les corps composant l'armée d'Afrique; bel hôpital militaire, casernes d'infanterie et de cavalerie, dépôt de remonte, Trésor, bureau de poste et bureau télégraphique, marché arabe tous les vendredis. deux marchés journaliers, etc.

Blida est située à l'extrémité méridionale de la Mitidja, à 260 m. d'altitude, par 0° 30' de longitude est et 36° 20' de latitude nord, sur l'oued El-Kebir, affluent de la Chiffa. Elle est bâtie sur un plan incliné formant une pente d'environ 3 centimètres et demi par mètre. Le contre-fort de l'Atlas auquel elle est adossée l'abrite du côté du midi. Couvert d'arbres et cultivé jusqu'à son sommet, il verse à la ville des eaux abondantes qui alimentent ses fontaines et arrosent ses délicieux jardins, ainsi que les magnifiques orangeries qui font une riche ceinture à la gracieuse reine de la Mitidja. Un poète arabe a composé le distique suivant sur Blida : « On t'appelle petite ville, et moi je t'appelle petite rose. » L'enceinte de Blida est percée de six portes : Bab-el-Sebt, Bab-Zaouïa et porte des Chasseurs, au nord; Bab-el-Djezaïr, à l'est; Bab-el-Rahba, au sud;

porte Bizot, à l'ouest. Le système de défense de la ville est complété par le fort *Mimich* qui se dresse à 400 m. d'altitude sur une colline escarpée de la rive gauche de l'oued El-Kebir. Les rues Bab-el-Sebt et Bab-el-Rahba coupent la ville du nord au sud; de l'est à l'ouest, elle est traversée par la rue d'Alger et la rue Bizot. Au point de jonction de ces rues s'étend la *Place d'Armes*, entourée d'une double rangée de platanes et décorée d'un bassin circulaire qu'ombrage un superbe palmier. Cette place est bordée de maisons à arcades. « Les maisons de Blida sont généralement basses. Il en est peu qui dépassent l'étage. Dans toutes les artères principales, la maison mauresque, avec ses murs blancs et ses portes étroites, a disparu devant la construction française; il faut la chercher dans le quartier arabe, tout au sud de la ville, derrière le marché indigène et près de la porte Bab-el-Rahba. Là, encore, le visiteur trouvera de ces rues tortueuses, bordées par de longs murs blancs sur lesquels s'ouvrent de place en place des portes basses en ogive, ou, à l'étage, une croisée fermée de barreaux et formant saillie au dehors (1). » La place *Saint-Charles*, que bordent l'église et le collége, est ornée d'un bassin à jet d'eau entouré de jeunes palmiers.

Monuments. — Les principaux monuments de

---

(1) *Blida*, par un de ses enfants.

Blida sont : l'église *Saint-Charles*, en forme de croix latine, construite dans un style qui se rapproche du style roman et ne manque pas d'une certaine élégance; l'*hôpital*, remarquable par l'importance de ses bâtiments et la richesse de ses jardins; les *casernes*, l'*école de tir*, les *magasins généraux*, fondés en 1863; le *dépôt de remonte*, qui occupe tout un quartier de la ville; le *magasin des tabacs* (extra-muros), composé de deux grands bâtiments parallèles pouvant emmagasiner un million de kilog. de tabacs. En 1875, l'administration a acheté dans les bureaux de Blida 10,500 quintaux au prix de 790,000 francs.

Commerce et industrie. — Le marché arabe, au sud de l'hôpital, est très-fréquenté, surtout le vendredi et le dimanche. Non loin de ce marché se trouvent les halles aux tabacs, aux huiles et aux grains. Citons aussi le marché aux légumes et le marché aux bestiaux, sur lequel on vend principalement des moutons. Mais le commerce le plus important de Blida est sans contredit celui des mandarines et des oranges. La ville exporte annuellement en France cinq à six millions de ces fruits. L'industrie de la minoterie est en progrès à Blida. On y remarque, en effet, de nombreuses usines mises en mouvement par les eaux de l'oued El-Kebir et pouvant fournir plus de 1,000 balles de farine par jour. Citons : l'usine Saint-Joseph (5 paires de meules), la minoterie Dulioust, les moulins Giraud, l'usine de M. Boudon, l'usine Ricci (20 paires de meules), la papeterie Fortoul, etc.

Blida possède aussi des fabriques de pâtes alimentaires, des moulins à huile, des fabriques d'objets en thuya : coupes, coffrets (atelier de M. Still); une distillerie de géranium et d'autres essences de parfumerie, etc.

NOTICE HISTORIQUE.

Heureuses les villes qui n'ont pas d'histoire! écrit-on souvent. Blida la jolie, Blida la voluptueuse a été longtemps de ce nombre. Elle ne se glorifie pas, comme plusieurs cités d'Algérie, d'une origine punique ou romaine. Les écrivains arabes mentionnent amoureusement Blida, mais leurs récits n'évoquent aucun souvenir de guerre. Le cliquetis des armes ne vient point troubler le calme de ses habitants mollement couchés à l'ombre des orangers. Sous la domination turque, la richesse de ses jardins, l'activité de ses relations commerciales avec la province de Titeri, le chiffre élevé de sa population, font de Blida une des villes les plus florissantes de l'Algérie. Mais en 1825 Blida cesse d'être heureuse : du 2 au 7 mars de cette année fatale, elle fut presque entièrement détruite par un violent tremblement de terre. La moitié de la population fut ensevelie sous les décombres des mosquées et des maisons. Les survivants, résolus d'abord d'abandonner cette place maudite, tracèrent une autre enceinte à 2 kil. plus loin au nord-ouest; mais les constructions de la nouvelle Blida furent bientôt abandonnées, et la population se mit à rebâtir au milieu des ruines.

Quand le général de Bourmont parut devant Blida, le 23 juillet 1830, dix-huit jours après la prise d'Alger, les traces du désastre de 1825 étaient loin d'être effacées.

Le 19 novembre de la même année, le maréchal Clauzel ne put pénétrer dans la ville qu'après un combat sanglant; il l'évacua à son retour de Médéa. Malgré sa proximité d'Alger, Blida ne fut occupée qu'en 1838 par le maréchal Valée. Deux camps permanents, devenus depuis les villages de Joinville et de Montpensier, furent nstallés hors de l'enceinte; l'année suivante, nos troupes s'installèrent définitivement dans la ville. Les hostilités ayant recommencé avec l'émir, des nuées d'Arabes descendus des montagnes se répandirent dans la plaine et, après avoir coupé les conduites d'eau, bloquèrent étroitement la garnison française. Un caporal du nom de *Sourdis* réussit à franchir les lignes ennemies et à faire connaître au camp d'Erlon la situation désespérée de ses camarades. Le maréchal Valée se précipita vers Blida et au combat d'El-Aleug écrasa les contingents arabes. L'ennemi revint à la charge le 29 janvier; repoussé par notre infanterie qui montra une grande bravoure, il s'enfuit vers les montagnes. Depuis cette époque l'occupation française n'y a plus rencontré d'obstacle. En 1867, un nouveau tremblement de terre a encore éprouvé Blida; mais la ville est ressortie de ses ruines plus brillante et plus coquette. Tout vestige de cette dernière secousse a complètement disparu aujourd'hui.

ENVIRONS ET PROMENADES.

Les orangeries. — De magnifiques orangeries entourent Blida. En parcourant les abords de cette charmante localité, on se prend à fredonner la délicieuse romance de *Mignon* :

> Connais-tu le pays où fleurit l'oranger,
> Le pays des fruits d'or et des roses vermeilles,
> Où la brise est plus douce et l'oiseau plus léger,
> Où dans toute saison butinent les abeilles?
>
> . . . .

Les plus belles orangeries s'étendent au nord et à l'est de la ville, sur une superficie de plus de 300 hectares et produisent plus de 50 millions de fruits. On y arrive par les portes d'Alger et Zaouïa. L'orangerie du *Tapis-Vert* est charmante. Au milieu s'élève une construction en bois qui sert en hiver de magasin et d'atelier pour l'emballage des oranges, et de salle de spectacle en été.

Les jardins publics. — Une allée de platanes relie les deux jardins publics de Blida. L'un, vulgairement appelé *jardin Bizot,* s'ouvre en face de la porte du même nom. Ce jardin, de création récente, est dû surtout à l'initiative de M. Borély, ancien maire de Blida. Il est planté d'eucalyptus, hauts déjà, quoique jeunes, car pour cet arbre précieux

La taille n'attend pas le nombre des années ;

d'araucarias, de ficus, de jacarandas, de daturas, et orné d'un vaste bassin. Le *Bois-Sacré* renferme de gigantesques oliviers que les voyageurs comparent à ceux de Gethsemani, près de Jérusalem, immortalisés par le souvenir de Jésus-Christ. Au pied de ces arbres merveilleux, qui ont bravé les injures des siècles et les ravages de la guerre, fleurissent des jardins anglais et des parterres émaillés de fleurs aux nuances les plus variées. Le Bois-Sacré renferme deux élégantes koubbas.

Les *gorges de l'oued El-Kebir.* — Une allée

de platanes, bordée de villas, conduit de Bab-el-Rahba aux gorges de l'oued El-Kebir, qui s'ouvrent au sud de Blida comme un immense entonnoir. Grâce à l'abondance des eaux fraîches et pures de cette rivière, Blida est devenue une ville agricole et industrielle. De nombreux canaux de dérivation servent à l'irrigation des cultures et des jardins, ou font mouvoir des usines et des minoteries. Ces gorges sont très-pittoresques. On y voit une koubba entourée d'arbres séculaires.

Ascension du mont des Beni-Salah. — Le mont des Beni-Salah, ou piton de Sidi-Abd-el-Kader, se dresse, à 1,640 m. d'altitude, au sud de Blida, à laquelle il envoie les eaux qui font sa prospérité; c'est, en effet, de son massif que descendent les sources de l'oued El-Kebir. « On suit, dit M. Piesse, des sentiers fréquentés par les charbonniers et par les indigènes qui portent à Blida la glace provenant d'une glacière établie près du sommet du pic, et l'on passe à *Talazid* qui donne son nom à une forêt de 5,500 hectares. Après avoir laissé à gauche un ancien télégraphe à signaux et traversé un bois de vieux cèdres, on atteint le sommet, couronné par la koubba de Sidi-Abd-el-Kader el-Djilali. De là on domine un territoire immense : on voit la mer, les monts de la Grande-Kabylie, le Dira; les Hauts-Plateaux, d'où vient le Chélif; l'Ouarensenis; le Zakkar, voisin de Miliana, etc. »

7 kil. de Blida. — La CHIFFA, chef-lieu d'une commune de 1,530 hab., dont 386 Français, 107 étrangers européens et 1,037 musulmans, créé en 1848 sur la rive gauche de la Chiffa, en partie détruit par le tremblement de terre de 1867,

aujourd'hui complètement reconstruit. Canal de dérivation; manufacture de crin végétal (à 500 m. du village), entourée de beaux jardins plantés d'orangers.

Gorges de la Chiffa. — Elles sont traversées par la route d'Alger à Médéa (v. ci-dessous).

Les villages de *Montpensier* (1), à 2 kil. nord, de *Joinville* (2), à 2 kil. ouest, et de *Dalmatie* (3), à 4 kil. nord-est, sont des annexes de Blida.

10 kil. nord-ouest. — OUED-EL-ALEUG, chef-lieu d'une commune de 2,793 hab., dont 506 Français, 5 israélites, 269 étrangers européens et 2,013 musulmans, créé en 1850. Terres fertiles et bien arrosées. Aux environs : ancien camp de l'oued El-Aleug, où dorment 107 Français massacrés par les Arabes en 1839; bois de chênes du Mazafran, et vaste exploitation agricole de M. Armand Arlès-Dufour (600 hectares, dont plus de 40 cultivés en vignes).

D'Alger à Médéa.

51 kil. — *Blida*, v. p. 136.

58 kil. — *La Chiffa*, v. p. 143.

La route, montant légèrement, suit la rive

---

(1) Nom du cinquième fils du roi Louis-Philippe.
(2) Nom du troisième fils du roi Louis-Philippe.
(3) Nom du maréchal Soult, créé duc de Dalmatie par Napoléon Ier.

droite de la rivière, et l'on voit bientôt se dessiner les *Gorges de la Chiffa*, qui passent, à bon droit, pour une des merveilles de l'Algérie. « Dans une coupure à pic de cinq lieues de long, la route a été conquise, dit M. Piesse, tantôt sur le rocher qui la surplombe de 100 m. et que la mine a dompté, tantôt sur le torrent qui lui cède une partie de son lit. Les lichens, les herbes de toute espèce poussent dans les fentes des rochers; dans les places plus favorisées, où la terre végétale n'a pu être enlevée, de véritables forêts se dressent sur vos têtes. La Chiffa s'est frayé, à travers les rochers, un chemin tortueux, et reçoit, dans sa course vagabonde, les cascades qui tombent des sommets escarpés. »

61 kil. — *Auberge de Sidi-Madani.*

64 kil. — *Ruisseau des Singes*, auberge sur les murs de laquelle un officier artiste a peint une sarabande échevelée de singes et de chiens. Cette auberge est ombragée par un micocoulier plusieurs fois séculaire; à ses pieds bondissent en cascatelles les eaux d'un joli ruisseau, sur les bords duquel se jouent des troupeaux de singes.

Au delà du cabaret dit le *Camp des chênes* et du pont de l'oued Merdja, affluent de la Chiffa, la route passe sur la rive droite de la rivière qu'elle côtoie jusqu'à l'oued Ouzera; elle remonte alors ce dernier torrent pendant 4 kil., dans une direction sud-est, puis, revenant brusquement au sud-ouest, elle ne tarde pas à contourner le djebel Nador, près de l'auberge de ce nom. Quand on a atteint ce point culminant, on voit se dérouler de nouveaux horizons. « C'est comme un coup de théâtre, dit M. Ch. Desprez. La végétation a changé subitement; on se croirait transporté dans le nord. Aux aloès, aux cactus, aux lentisques, aux oliviers, ont succédé sans transition les saules, les ormeaux, les églantiers, les ceps de vignes. Le grand aqueduc qui donne au pâté de Médéa, quand on l'aborde par la route d'Alger, un aspect si monumental, surgit tout à coup au milieu d'un long rideau de peupliers. »

70 kil. — MÉDÉA (*El-Media*, corruption du nom berbère *Lemdia*), peut-être l'ancienne station romaine *de Mediæ* ou *ad Medias*, chef-lieu de subdivision militaire, de canton et d'une commune de 13,507 hab., dont 2,709 Français, 1,100 israélites, 545 étrangers européens et 9,153 musulmans; résidence d'un général de brigade; justice de paix, collége communal de création récente, écoles primaires, salle d'asile, cercle militaire, caserne d'infanterie, quartier de cavalerie, hôpital, télégraphe, bureau de poste, etc.

Médéa est assise à 927 m. au-dessus des mers, par 0°05' de longitude ouest et 36°16' de latitude nord, sur le versant sud d'un massif de grès bigarré appartenant aux terrains tertiaires. De nombreux ruisseaux descendent de la montagne à laquelle la ville est adossée et font mouvoir plusieurs usines. Les eaux qui alimentent Médéa sont abondantes, bien captées, fraîches en toute saison et de bonne qualité. Le carbonate de chaux et l'acide carbonique forment la presque totalité des principes qu'elles tiennent en dissolution.

Le *climat* de Médéa est variable, parce qu'il existe une assez grande différence entre la température moyenne de l'été et celle de l'hiver. La température moyenne de l'année est de 15°5'; le vent dominant est celui du sud-ouest; l'état hygrométrique de l'air est exprimé par le nombre 0,68. Le ciel est souvent nuageux pendant l'hiver; le sirocco y souffle quelquefois, mais jamais d'une façon bien pénible.

Les productions du sol ne sont point celles de la plaine de la Mitidja; ce sont plutôt celles que l'on trouve dans le Bas-Languedoc : ainsi, l'olivier y fructifie, mais non l'oranger. Les cultures sont variées autour de la ville, mais la vigne a de la tendance à prédominer, à cause de la nature sablonneuse du terrain. Les vignobles de Médéa produisent des vins estimés; ils fournissent notamment d'excellents vins blancs très-recherchés comme vins de dessert.

L'enceinte de Médéa est percée de cinq portes : d'*Alger*, du *Nador*, de *Miliana*, de *Sa'rouï* et des *Jardins*. Les maisons, échelonnées de la moitié au sommet d'un plateau qui se rattache au mont

Dakla, sont dominées par des minarets qui attirent de loin les regards. Un aqueduc à deux rangs d'arceaux se voit à l'est de la ville. Les constructions françaises ont remplacé presque partout les maisons arabes. La *Place d'Armes*, plantée de platanes magnifiques et ornée d'une fontaine en bronze, est la plus fréquentée de la ville; la place *de la République* est très-vaste et bien ombragée; viennent ensuite celles du Marché européen, du Marché arabe et du Marché aux bestiaux. Les principaux édifices sont l'*église catholique*, ancienne mosquée *Mered*, dont le minaret est surmonté d'une haute croix en fer; la *mosquée* laissée aux musulmans; la *caserne* et l'*hôpital*, sur l'emplacement de l'ancienne Kasba; la *direction du Génie*, dont l'enceinte renferme une mosquée que domine un minaret servant de poste d'observation. L'aqueduc alimente plusieurs fontaines dans l'intérieur de la ville (les eaux sont si abondantes à Médéa que l'on pourrait à la rigueur en distribuer journellement 1,000 litres à chaque habitant), où l'on remarque les rues de la Pépinière, de la Smala, de l'Esplanade, des Cyprès, des Aqueducs, du Gouvernement, de Mascara, Mered, Sa'rouï, etc.

Médéa fournit au commerce d'exportation des vins, des céréales, du bétail, des articles estimés de sellerie arabe, des laines, des savons, etc. On y remarque des minoteries, des fabriques de pâtes alimentaires très-renommées, des tanneries et des teintureries d'autant plus prospères, que les eaux de la localité se prêtent merveilleusement à ce genre d'industrie.

NOTICE HISTORIQUE.

Il n'est pas absolument certain que Médéa soit l'ancienne station romaine *de Mediæ* ou *ad Medias*, ainsi nommée, selon M. Mac-Carthy, parce qu'elle était à égale distance de *Tirinadi* (Berrouaghia) et de *Sufusar* (Amoura); mais ce qui est indiscutable, c'est qu'elle a été bâtie sur l'emplacement d'un établissement romain. Les pierres encastrées dans les murs de plusieurs maisons de la ville, la partie inférieure de l'aqueduc, le rempart situé à l'angle nord-ouest, la découverte sur quelques points de médailles, d'inscriptions et de substructions antiques, ne laissent aucun doute sur ce point. S'il faut en croire Ibn-Khaldoun, Médéa joue un rôle assez important sous la domination arabe : le sultan marocain Youssef ben Tachefin construit ou reconstruit, en 1155, l'aqueduc de la ville, qui, au treizième siècle, tombe au pouvoir de Mendil, de la tribu de Mar'aoua; Osman ben Yar'moracen, sultan de Tlemcen, l'assiége en 1229; en 1303, Abou-Yahya s'en empare et y construit une citadelle. Sous la domination turque, Médéa devient le chef-lieu de la province de Titeri. Le général Clauzel entre dans Médéa le 21 septembre 1830, et y laisse un corps de 1,200 hommes qui, après avoir résisté à de nombreuses attaques, rentrent à Alger le 4 janvier 1831. La ville ne fut définitivement occupée qu'en 1840, après le combat du 25 mai, au col de Mouzaïa, que nos braves soldats occupèrent malgré la résistance désespérée des Arabes.

Environs de Médéa.

4 kil. sud-est. — *Damiette* (1), village de 391 hab., dont 305 Français et 86 étrangers européens, annexe de Médéa, colonie agricole de 1848. Culture des céréales ; très-beaux vignobles.

4 kil. nord-ouest. — *Lodi* (2), village de 304 hab., dont 271 Français et 33 étrangers européens, annexe de Médéa, colonie agricole de 1848, au pied du Dakla, à l'endroit dit *Drasma*, dans un site très-agreste. Céréales et vignes. Le *piton du Dakla*, point culminant du Nador, atteint 1,062 m. Il est couronné par un édicule de 2 m. de hauteur et terminé par une plate-forme supportant une colonnette. C'est un des signaux géodésiques pour la triangulation. De là on aperçoit Médéa, Damiette, la vallée du Chelif et les montagnes des Oulad-Naïl, au sud ; la plaine du Chelif, les sommets majestueux de l'Ouarensenis, le Zakkar, à l'ouest ; le Chenoua, au nord-ouest ; le djebel Mouzaïa, les monts Beni-Salah de l'ouest, le Sahel de Koléa et la mer, au nord, et enfin le Djurdjura, au nord-est.

10 kil. nord-ouest. — *Mouzaïa-les-Mines*, le

---

(1) Nom d'une ville d'Égypte qui fut prise par saint Louis en 1249.

(2) Nom d'une ville d'Italie dans laquelle le général Bonaparte entra le 10 mai 1796, après avoir forcé le passage du pont de Lodi.

Velisci des Romains, village créé le 22 septembre 1844, entre les gorges de la Chiffa à l'est et le col de Mouzaïa à l'ouest, par la Compagnie concessionnaire des *mines de cuivre*. V. le t. Ier, p. 251.

Le *Ténia* (col de Mouzaïa, 1,043 m.), par où passait l'ancienne route de Médéa, a été, en 1840 et en 1841, le théâtre de plusieurs sanglants combats. Aux environs de Mouzaïa, *source minérale*. V. t. Ier, p. 279.

Des bois nombreux couvrent les montagnes des Mouzaïa. Les essences dominantes qui les composent sont le chêne à glands doux, le chêne yeuse, le chêne-liége, le chêne-vert, le chêne kermès, l'érable champêtre, le micocoulier, le caroubier, l'orme, le houx, le pin d'Alep, le thuya, le genévrier, le phyllarea, l'olivier, le lentisque, le genêt épineux et quelques mûriers.

D'Alger à Boghari.

90 kil. — *Médéa*, v. p. 146.

95 kil. — *Damiette*, v. p. 150.

100 kil. — *Hassen-ben-Ali*, village fondé et peuplé en 1875-76 sur le territoire de la tribu des Hassen-ben-Ali. Il constitue une section de la commune de Berrouaghia.

108 kil. — *Ben-Chicao*, sur le versant d'une montagne de 1,526 m., chez les Hassen-ben-Ali. Caravansérail et auberge.

122 kil. — BERROUAGHIA (de *berouak*, espèce de jonquille très-abondante dans les plaines de cette localité), chef-lieu d'une commune mixte de 244 hab., dont 169 Français, 21 étrangers européens et 27 musulmans, dans le voisinage de ruisseaux formant une des branches de l'Isser oriental, créé en 1860, érigé en commune le 27 janvier 1869; siége d'un commissariat civil, église, gendarmerie. Aux environs, sources thermales acidulées ferrugineuses (41°), et ancienne smala de spahis, dite de Berrouaghia, sur les terres de laquelle on installe cette année la ferme et la bergerie modèles qui étaient précédemment à Ben-Chicao.

157 kil. — BOGHARI ou BOUKHARI, chef-lieu d'une commune de 1,567 hab., dont 142 Français, 63 israélites, 59 étrangers européens et 1,303 musulmans. Il comprend le ksar et le village. Le *ksar* (633 m.) couronne un contre-fort rocheux. Il a été fondé de 1822 à 1830 par Si El-Mokhtar ben El-Boukhari et ses frères, de la fraction des Oulad-el-Boukhari. Le ksar est une réunion de magasins et de tavernes. Le *village de Boghari*, situé au pied de Boghar, sur la rive droite du Chelif, possède une justice de paix, des écoles, une église et une gendarmerie.

Le ksar Boghari est un important dépôt de produits mozabites et de marchandises européennes. Il est naturellement devenu le centre des affaires qui se font entre cette partie du Tell et du Sahara. Les caravanes qui vont alimenter les marchés de Djelfa et de Laghouat passent par Boghari; c'est là aussi que les tribus du Sud viennent faire leurs provisions de céréales. Ajoutons que le marché aux laines de cette localité est aujourd'hui fort important.

BOGHAR, « la grotte, » chef-lieu d'une commune de 1,559 hab., dont 275 Français, 8 israélites, 116 étrangers européens et 1,160 musulmans, s'élève sur la rive gauche du Chelif, à 4 kil. nord-ouest de Boghari. Boghar, qui était d'abord une ferme, fut choisi par Abd-el-Kader, dit M. Piesse (1), pour l'emplacement d'un de ses établissements militaires. El-Berkani, son lieutenant à Médéa, fit construire à Boghar, dès le mois de juillet 1839, un fort ayant la forme d'un carré long. Ce fort contenait des magasins, des casernes pour quelques centaines d'hommes; il était armé de canons. Abd-el-Kader avait fait creuser sous Boghar de vastes silos dans lesquels les tribus déposaient les grains de l'achour. Le 23 mai 1841, le général Baraguey d'Hilliers arrivait en vue de Boghar, incendié la veille par les Arabes qui se retiraient. Ce point, qui avait une très-grande importance pour les indigènes, n'en a pas une moindre pour les Français; il domine les Hauts-Plateaux de la province d'Alger et surveille les mouvements des tribus nomades;

(1) Piesse, *Itinéraire de l'Algérie.*

situé à l'entrée de la vallée par laquelle le Chelif pénètre dans les terres cultivées, et qui est une des voies de communication les plus fréquentées par les tribus du Sahara lorsqu'elles viennent dans le Tell, il garde, pour ainsi dire, une des principales portes de la province. Boghar est aujourd'hui une belle redoute bâtie sur la pente rapide des parties supérieures d'une montagne, à 970 m. au-dessus du niveau de la mer, à 400 m. environ au-dessus de la vallée du fleuve. Cette grande élévation donne à Boghar de tous côtés d'admirables vues, au nord sur tout le Tell de Médéa, au midi sur les vastes steppes que le regard franchit pour s'arrêter seulement à 120 kil. de là ; aussi l'a-t-on surnommé avec quelque raison *le balcon du Sud.*

Boghar se compose de quatre parties bien distinctes : la *redoute,* qui est la partie la plus importante, le *village,* le *plateau* et le *camp.* La redoute renferme tous les bâtiments d'administration, un hôpital, une caserne, un pavillon d'officiers, la manutention, la maison du commandant supérieur, celle du Génie. Sur le plateau se trouvent le bureau arabe, le parc à fourrages et une dizaine de maisons habitées par des Européens et des Mozabites. Le camp, situé à 1 kil. de la redoute, est formé d'une réunion de baraques fort habitables. Pépinière servant de promenade.

Au sud-est de Boghari, à *Saneg,* chez les Oulad-

Moktar, se voient les ruines de la ville romaine d'*Usinaza*. M. Caussade y a découvert des colonnes, des rainures de porte, des poteries, des meules coniques, etc.

Boghari est relié à Aumale par une route muletière passant par Souaki et Sour-Djouab, où se voient les ruines de *Rapidi*. (V. p. 118.)

D'Alger à Cherchel.

Chemin de fer d'*Alger* à (69 kil.) *El-Affroun*; route de terre d'*El-Affroun* à (46 kil.) *Cherchel*.

51 kil. — *Blida*, v. p. 136.

58 kil. — *La Chiffa*, v. p. 143.

62 kil. — MOUZAÏAVILLE, chef-lieu d'une commune de 3,127 hab., dont 910 Français, 156 étrangers européens et 2,061 musulmans, créé en 1849, érigé en commune en 1856, entre l'oued Mererou (est) et l'oued Gueroud (ouest), affluents de la rive gauche de la Chiffa; détruit par le tremblement de terre de 1867, complètement rebâti aujourd'hui. Église, écoles, marché du samedi (*sebt*) très-fréquenté par les colons et les indigènes qui y apportent les produits du sol et y amènent des bestiaux; jardins et vergers, céréales, belles plantations d'arbres.

Le chemin de fer passe devant *Bou-Roumi*, colonie agricole de 1848, au confluent de l'oued Bou-Roumi et de l'oued Bou-Chouaou.

69 kil. — El-Affroun, chef-lieu d'une commune de 915 hab., dont 409 Français, 228 étrangers européens et 278 musulmans, colonie agricole de 1848, récemment érigé en commune, sur l'oued Djer, torrent en hiver, chétif ruisseau en été. Ce village, situé dans la partie occidentale de la Mitidja, a été détruit en partie par le tremblement de terre de 1867 ; il a été reconstruit depuis. Là on quitte la voie ferrée pour prendre la route de terre.

Une source d'eau alcalino-gazeuse a été récemment découverte dans le lit de l'oued Djer, aux environs d'El-Affroun. Elle se rapproche, par sa composition, de l'eau de Saint-Galmier. Il résulte d'une analyse faite par M. Pélissier, pharmacien en chef de l'hôpital de Blida, que la conservation de cette eau est facile et que le transport ne préjudicie en rien à ses qualités. L'efficacité de ces eaux aurait été déjà constatée dans diverses affections de l'estomac, du foie et de la vessie.

75 kil. — Ameur-el-'Aïn, chef-lieu d'une commune de 3,314 hab., dont 273 Français, 4 israélites, 61 étrangers européens et 2,976 musulmans, colonie agricole de 1848.

83 kil. — Bou-R'kika, chef-lieu d'une commune de 1,037 hab., dont 268 Français, 5 israélites, 34 étrangers européens et 730 musulmans, sur la rive droite de l'oued de ce nom, branche de l'oued Nador, colonie agricole de 1848, près de l'embranchement des routes de Cherchel et de Miliana. Il est question d'établir sur l'oued Bou-R'kika un barrage susceptible d'emmagasiner près de trois millions de mètres cubes d'eau pour l'irrigation de plus de 1,000 hectares.

89 kil. — MARENGO (1), chef-lieu de canton et d'une commune de 3,704 hab., dont 816 Français, 16 israélites, 119 étrangers européens et 2,753 musulmans, colonie agricole de 1848, érigé en commune le 31 décembre 1856, grand et beau village situé à l'extrémité occidentale de la Mitidja, au pied des montagnes des Beni-Menacer, non loin de l'oued Meurad, sur lequel a été construit un remarquable barrage de 17 m. de hauteur, contenant environ deux millions de mètres cubes d'eau utilisée pour les irrigations et pour l'alimentation des fontaines et jets d'eau qui décorent les places de Marengo. Marché important (mercredi) fréquenté par les Hadjoutes, les Beni-Menacer, les Beni-Menad et les Chenoua; écoles de garçons et de filles, hôpital, justice de paix, bureau de poste et bureau télégraphique, canal de dérivation; terres fertiles en céréales, vignes et arbres fruitiers, moulins;

(1) Ce centre de population rappelle la célèbre victoire remportée, le 14 juin 1800, sur les Autrichiens par le général Bonaparte. Le village qui a donné son nom à la bataille est situé dans l'Italie septentrionale, près du confluent du Fontanone et du Tanaro.

commerce de blés, de bestiaux, de laines, de raisins, de figues, de miel, de cire, etc. Marengo est relié à Tipasa par une route qui traverse une belle forêt.

12 kil. — *Tipasa*, que les Arabes appellent *Tefacedt* (gâté, ruiné), était une colonie de vétérans fondée par l'empereur Claude (1); elle est mentionnée dans l'Itinéraire d'Antonin. On rapporte qu'en 484, Hunéric, roi des Vandales, ayant voulu contraindre les habitants de Tipasa à embrasser l'arianisme, une partie de la population émigra en Espagne; ceux qui restèrent dans la ville eurent la langue et la main droite coupées. Tipasa paraît avoir eu une certaine importance commerciale. Elle était entourée d'un riche et fertile territoire, et son port était souvent visité par les navires de *Cæsarea* et d'*Icosium*. On y a retrouvé les restes d'un ancien aqueduc qui amenait dans la ville les eaux de l'oued Nador; on peut en suivre les débris jusqu'à 12 kil. dans l'intérieur. Tipasa est mentionnée au nombre des villes épiscopales de la province de Mauritanie (2). Outre les restes de l'aqueduc que nous venons de citer, on voit à Tipasa d'autres ruines fort intéressantes, dont

---

(1) Il existait une autre ville du nom de *Tipasa* dans le département de Constantine, près des sources de la Seybouse.

(2) Élie de la Primaudaie : *Revue algérienne et coloniale*.

les principales sont celles de l'église, d'un théâtre, d'un quai, de citernes, d'un prétoire, d'un gymnase et de maisons particulières. Quelques inscriptions ont été trouvées au milieu des ruines de cette antique cité romaine. M. Bérbrugger a lu ce qui suit sur l'une d'elles, dont la découverte est due à M. Trémeaux :

> A la Victoire Auguste, parce que, sous le commandement militaire et aux sollicitations de Claudius Constans, une expédition avait été faite contre des peuplades africaines, entre autres les Misulames (1).

Le petit port de Tipasa, bien abrité des vents de l'ouest par le Ras-el-Amouch, possède un phare de 4e classe ; on y a établi un poste de douane, et l'administration se propose d'y faire exécuter quelques travaux. La petite population de ce centre tend à s'augmenter de jour en jour.

La route, très-pittoresque et très-accidentée, laisse à droite le Chenoua et traverse l'oued El-Hachem.

101 kil. — *Zurich* (2), annexe de Cherchel, colonie agricole de 1848, sur les deux rives de l'oued El-Hachem, bâti sur les ruines d'une villa romaine. Marché arabe (jeudi) ; découverte d'inscriptions et de sous d'or du cinquième siècle.

La route côtoie la base sud-ouest du Chenoua,

---

(1) *Revue africaine* (mars 1867).
(2) C'est le nom d'une ville de Suisse où Masséna vainquit l'armée russe le 26 août 1799.

dont les habitants fabriquent des poteries renommées, puis court dans la belle vallée de l'oued El-Hachem, où se voient les restes grandioses de l'aqueduc romain qui fournissait de l'eau à Julia Cæsarea.

115 kil. — CHERCHEL « l'*Iol* des Phéniciens, la *Julia Cæsarea* des Romains, » chef-lieu de canton, d'une commune de plein exercice de 5,614 hab., dont 1,143 Français, 47 israélites, 441 étrangers européens et 3,983 musulmans, et d'une commune mixte de 11,331 hab., dont 91 Français, 6 étrangers européens et 11,234 musulmans ; justice de paix, bureau arabe, église, temple protestant, écoles de garçons et de filles, musée d'antiquités, caserne, magasin de subsistances, cercle militaire, hôpital, bureau de poste et bureau télégraphique, marché très-important.

La ville de Cherchel, située par 0°9' de longitude ouest et 36°37' de latitude nord, au pied d'une colline, sur le bord de la mer, est entourée d'une enceinte percée de trois portes : d'*Alger*, à l'est ; de *Miliana*, au sud, et de *Ténès*, à l'ouest. Elle s'étend en amphithéâtre vers le sud. Les maisons sont presque toutes entourées d'arbres et de jardins. L'*hôpital militaire* est une ancienne mosquée dont la toiture est soutenue par des arcades en fer à cheval, reposant sur cent colonnes antiques en granit vert, débris d'un temple romain. Le *vieux port* était considéré comme l'une des meilleures stations de l'Afrique romaine. La tradition raconte qu'il fut détruit par un tremblement de terre. Un arrière-port, qui présentait, suivant M. de La Primaudaie (1), une superficie de 7,000 mètres carrés, était bordé de vastes quais et de magasins supportés sur des colonnes, dont les bases se retrouvent encore. En 1843, l'administration française, voulant restaurer cet ancien établissement, commença par faire déblayer l'arrière-port. Entre autres découvertes intéressantes, on trouva enfoui dans la vase un bateau romain, remarquable en ce que toute la membrure était chevillée en bois, sans qu'il y entrât un seul clou. Le *port actuel,* situé dans une petite anse circulaire dont l'ouverture est tournée vers le nord-ouest, peut recevoir une quarantaine de navires de 100 à 150 tonneaux qui y trouvent toujours un fond de trois à quatre mètres. Une petite jetée à l'ouest de ce bassin relie le quai au môle fortifié que couronne un phare de 3e ordre, et en avant duquel s'élèvent les bâtiments de la douane et la maison du commandant du port.

Ruines de Cæsarea. — L'enceinte de l'ancienne capitale de la Mauritanie Césarienne enveloppait, dit-on, une superficie de 369 hectares. Cette cité, dont on a cherché longtemps l'emplacement (2),

---

(1) *Revue algérienne et coloniale.*

(2) Dapper croyait retrouver Cæsarea dans Icosium; Danville la plaçait vers l'embouchure de l'oued Dahmous;

était ornée de magnifiques édifices qui lui ont valu l'appellation de *splendidissima colonia Cæsariensis,* la très-splendide colonie Césarienne (1). Parmi les débris qui attestent encore cette antique splendeur, nous citerons ceux du *palais des rois* (muraille et corniches d'une grande proportion) ; du *théâtre,* dont les gradins en pierres de taille ont servi pour la construction des maisons de la ville moderne ; des *citernes,* réparées par le service des ponts et chaussées et fournissant de l'eau à Cherchel ; d'un *cirque,* de *thermes,* où l'on a retrouvé plusieurs statues, des têtes, des bustes et une dédicace à *Bacchus* (2) ; d'un *hypogée* appartenant à des affranchis de Juba (sur

Mannert, d'accord avec Sanson, prétendait en avoir reconnu les débris à Ténès. Le docteur Shaw en a déterminé la véritable position, sur laquelle le doute n'est plus permis aujourd'hui.

(1) On la trouve ainsi désignée dans une des nombreuses inscriptions découvertes à Cherchel.

(2)   DEO
         LIBERO
     RESP. CÆS.
     CVRANTE . . . .
     . . . .
       CVRATORE
       DISP. REIP.
          CÆS.

Le temple de Bacchus (*Pater Liber*) devait s'élever, suivant M. Berbrugger, entre le théâtre et les thermes de Cæsarea, et assez près de ces derniers pour que leurs matériaux aient pu se mêler accidentellement.

la route de Cherchel à Zurich); d'un *aqueduc* et d'un *amphithéâtre*. On a récemment découvert près de l'Esplanade des chapiteaux, des fûts, des frises d'une grande dimension. On suit encore, en avant du port, les traces de gigantesques constructions, de bassins, de mosaïques. En curant le port, on a retrouvé une statue phénicienne et une barque romaine. (V. ci-dessus.) Enfin, en 1873, des fouilles faites sur la propriété de M. Belle, sise à peu de distance de la porte d'Alger, ont mis à jour des tronçons de colonnes, des fragments de sculptures, des débris de dallage en marbre et de gros cubes de pierre, attestant que du temps des Romains cet endroit était occupé par un édifice élégant et important tout à la fois (1).

Musée archéologique. — Ce musée en plein air possède plusieurs statues, de nombreuses inscriptions, des colonnes, des poteries, des briques, des tuiles, des amphores, des urnes cinéraires, des vases de forme élégante et un riche *médailler* admirablement classé par M. Lhotellerie, créateur et ancien conservateur du musée.

NOTICE HISTORIQUE.

Cherchel, d'abord colonie carthaginoise, tomba, pendant les guerres puniques, au pouvoir des Numides. Juba II, pour témoigner sa reconnaissance à Auguste,

---

(1) *Revue africaine.*

son bienfaiteur, remplaça son nom phénicien d'*Iol* par celui de *Julia Cæsarea*. Juba I*er*, ayant embrassé le parti des Pompéiens, avait été vaincu par César et s'était tué ensuite. Après avoir orné le triomphe du dictateur, le fils de Juba I*er* avait été mis en liberté, dit M. de la Primaudaie, auquel nous empruntons une partie de cette notice, et l'empereur Auguste lui avait fait donner une éducation distinguée. Doué d'un heureux naturel et d'une intelligence peu commune, le jeune Juba, par son dévouement à la personne du chef de l'empire, par son immense savoir (1), avait su se concilier les bonnes grâces de tout le monde, et Auguste, qui l'avait attaché à sa personne, eut occasion d'apprécier sa valeur dans quelques guerres où il l'employa. Mais pendant ce temps la Numidie et la Mauritanie étaient administrées par des proconsuls. La difficulté de contenir les populations belliqueuses du nord de l'Afrique, encore à demi barbares, détermina l'empereur à leur donner un roi national, et Juba II, habitué à l'obéissance et devenu presque Romain, fut chargé de façonner le peuple numide à la crainte de Rome et à la soumission. Auguste avait bien choisi. Juba II, le modèle des rois esclaves, *reges inservientes*, sut tourner vers les arts de la paix l'activité naturelle aux Africains, que ses ancêtres avaient déployée dans la guerre. Les Numides, qui en imitant un roi de leur race ne croyaient pas imiter les étrangers, firent de si rapides progrès dans la civilisation, que, jaloux de propager ce mouvement, Auguste reprit à Juba les cantons de la

(1) « La captivité de ce jeune prince, dit Plutarque, fut très-heureuse pour lui. Né barbare et Numide, il dut à son malheur de devenir un des plus savants historiens grecs. » Juba II fut surtout célèbre par sa vaste érudition, *claritate studiorum memorabilior quam regno*. Il composa un grand nombre d'ouvrages, dont il ne reste que quelques fragments épars çà et là dans les auteurs qui nous sont parvenus.

Numidie qu'il lui avait d'abord cédés, les annexa à la province romaine d'Afrique, et lui donna en échange les Gétules indomptés et les Maures farouches, pour apprivoiser ces bêtes sauvages des déserts africains et les façonner aux mœurs romaines (1). L'empereur Tibère laissa Ptolémée, fils de Juba II, sur le trône de son père. Ptolémée, fidèle aux maximes qui avaient servi de guide à Juba II, eut bien soin comme lui de ne froisser en rien les intérêts des gouvernants à Rome. Tant que vécut Tibère, il régna tranquillement; mais, malgré toute sa circonspection, il finit par éveiller les craintes de la famille impériale. Ptolémée, invité par l'empereur Caligula à se rendre à Rome, y fut assassiné en plein théâtre.

Rome, grâce à la complaisance des rois esclaves, avait réussi à infiltrer dans le peuple l'usage de la langue latine, le goût des plaisirs et des habitudes romaines; des colonies formées de Latins et d'Italiens couvraient le pays; son but atteint, elle décréta la réduction de la Mauritanie en province romaine.

La prospérité de Julia Cæsarea continua sous la domination romaine. Cette cité obtint de l'empereur Claude les priviléges de colonie et devint la résidence du gouverneur; son enceinte fut agrandie; elle s'enrichit de magnifiques constructions élevées par des émigrants italiens. Sous le règne de l'empereur Valentinien (373), les peuplades gétules de l'intérieur s'emparèrent par surprise de Césarée, la saccagèrent et la livrèrent aux flammes. C'était encore à cette époque la ville la plus illustre de la Mauritanie : *Cæsaream urbem nobilissimam Mauritaniæ*. Elle se releva de ses ruines, mais ne recouvra jamais son ancienne splendeur. Cependant Procope, qui la visita au sixième siècle, la cite comme une ville grande et populeuse.

(1) *Recherches sur l'histoire de l'Afrique septentrionale*, par une commission de l'Académie des inscriptions et belles-lettres.

Césarée compta plusieurs évêques dans les temps de la primitive Église; mais quatre noms seulement ont échappé à l'oubli : ce sont ceux de Fortunatus (314), qui assista au concile d'Arles, où furent condamnés les donatistes; de Clemens (vers 372), qui occupait le siége épiscopal au moment de la révolte de Firmus; de Deutérius, présent à la grande conférence qui eut lieu à Carthage, en 411, entre les catholiques et les donatistes; enfin, d'Apocarius, qui assista, en 484, au concile convoqué par Hunéric, roi des Vandales.

Vers l'an 938 (315 de l'hégire), *Julia Cæsarea*, qui portait alors le nom de *Cherchel*, fut détruite par El-Kacem, calife de Kairouan. Cherchel, dit Ibn-Haukal, qui la visita peu de temps après, est une ville qui remonte à une haute antiquité. Elle est maintenant en ruines, mais son port subsiste encore. Le géographe Edrissi représente Cherchel comme une ville déchue, mais il vante la fertilité de son territoire. En 1492, Cherchel fut repeuplée par les Maures chassés d'Espagne par Ferdinand le Catholique. Ces Maures introduisirent dans le pays la culture du mûrier. Suivant Marmol, ils façonnaient aussi le fer et l'acier, et fabriquaient de la poterie de terre dont les Arabes de la campagne faisaient un grand usage. Kheir-Eddin s'empara de Cherchel en 1520. En 1531, Doria y brûla une partie de la flotte algérienne; puis, ayant voulu débarquer, il fut battu et prit la fuite.

Dès lors le silence se fait sur Cherchel jusqu'en 1839. Ses habitants ayant pillé un bâtiment de commerce français, nos troupes occupèrent la ville. Un centre de population civile y fut créé le 20 septembre 1840. En 1871, les insurgés Arabes investirent Cherchel pendant quarante jours, mais ne purent s'en rendre maîtres.

Environs de Cherchel.

7 kil. ouest. — Novi (1), joli village créé en 1848, sur le bord de la mer, et relié à Cherchel par une très-belle route longeant la Méditerranée. Culture des céréales et de la vigne. On a découvert à Novi ou sur son territoire des poteries, des médailles, des tombeaux, des fûts de colonnes, des inscriptions gravées sur des fragments de bornes milliaires, etc. L'une de ces inscriptions est fort intéressante au point de vue historique, parce que l'on y voit figurer le nom de Cæsarea. En voici la traduction :

A l'empereur César Marc-Aurèle Antonin, pieux, heureux, auguste, grand pontife, investi de la puissance tribunitienne, consul pour la deuxième fois, père de la patrie. A six milles de *Cæsarea*.

Fedjana, sur la route de Marengo à Cherchel, à 3 kil. de Zurich, sur la rive droite de l'oued El-Hachem, centre en voie de peuplement. Territoire fertile, bois de chauffage sur place, eau de puits pour l'alimentation, pierres et sable.

29 kil. ouest. — *Gouraya*, village dont la création a commencé en 1874. Aujourd'hui, 34 familles formant une population de 120 habitants y résident; plus de 30 maisons sont construites,

---

(1) C'est le nom d'une ville d'Italie dans laquelle les Français et les Russes se livrèrent, en 1799, un sanglant combat qui coûta la vie au brave général Joubert.

et chaque colon a pu recevoir une attribution de 25 à 30 hectares. Mais ce qui garantit surtout la prospérité de ce centre, c'est son voisinage de l'exploitation de la mine dite des Gouraya appartenant à la puissante Compagnie des Forges de Châtillon et de Commentry. L'autorité militaire se propose d'en faire le centre d'une commune mixte et achève les bâtiments nécessaires à l'installation du culte et de l'école installée dans un local provisoire depuis le mois d'octobre 1876. Gouraya est aussi le centre d'une circonscription médicale.

§ 2. — *Arrondissement de Miliana.*

1° MILIANA.

MILIANA, la *Malliana* des Romains, chef-lieu d'arrondissement et d'une commune de 7,359 hab., dont 2,269 Français, 761 israélites, 1,033 étrangers européens et 3,296 musulmans, à 131 kil. d'Alger par Affreville et le chemin de fer d'Alger à Oran. Sous-préfecture, justice de paix, collége communal, école normale pour les instituteurs, écoles de garçons et de filles, cercle militaire, casernes d'infanterie et de cavalerie, magasins de subsistances, hôpital, télégraphe, bureau de poste, marché tous les vendredis, etc.

Miliana est une ville à l'aspect riant. Elle sera bientôt reliée à la gare d'Adélia par un tronçon de voie ferrée. La route d'Affreville à Miliana remonte l'oued Boutan aux eaux vives et bondissantes. Ce charmant cours d'eau, né à Miliana même, et bordé de vergers, est formé par plusieurs délicieux ruisseaux qui font mouvoir de nombreux moulins. Miliana est bâtie à 740 m. d'altitude, par 36° 19' de latitude nord et 0° 6' de longitude ouest, au pied du Zakkar-R'arbi (Zakkar de l'ouest), sur le flanc d'un rocher d'où elle domine la vallée du Chelif au sud, un ravin à l'est et un plateau fertile à l'ouest. On la dirait suspendue dans les airs. L'enceinte, reconstruite sur celle des Romains, des Arabes et des Turcs, est percée de deux portes : du *Zakkar* au nord et du *Chelif* à l'ouest. Miliana a la forme d'un rectangle allongé, arrondi aux angles. De la porte du Zakkar à l'*Esplanade*, d'où l'on contemple le splendide panorama de la plaine du Chelif, elle est traversée par une belle avenue et trois larges rues bordées de platanes et partout arrosées d'eaux vives. La place du *Marché*, à laquelle aboutit au sud la rue *Saint-Paul*, termine l'avenue. La place de l'*Horloge*, dans laquelle débouche la rue Saint-Paul, donne naissance à la rue *Denis-Affre*, la plus commerçante de la ville.

Miliana n'est pas riche en monuments. Nous nous bornerons à citer : l'*église catholique*, qui est loin de se distinguer par son architecture; la *Grande mosquée*, la *mosquée Neuve*, la *mosquée de Ben-Yussef* (1); le *château d'eau*, qui recueille

(1) Ben-Yussef, mort à Miliana il y a près de 406 ans,

les eaux du Zakkar pour les répandre ensuite dans les rues les plus étroites et les plus tortueuses, où elles portent la fraîcheur et la propreté ; et l'ancien *hôtel de la subdivision*, dont les galeries abritent un *musée archéologique* formé avec les débris de l'antique Malliana.

Le territoire de Miliana doit sa grande fertilité aux eaux abondantes qui l'arrosent. Ses vignobles donnent des produits estimés. La multiplicité des chutes d'eau y a développé l'industrie minotière, source de richesse pour la population. Les cascades de l'oued Boutan et de l'oued Rehan alimentent 15 à 20 moulins à farine. La brasserie des Belles-Sources mérite aussi une mention particulière. Au temps des Turcs, les habitants de Miliana faisaient un grand commerce de sellerie et d'ouvrages en bois. Aujourd'hui ils sont de préférence agriculteurs ou minotiers.

Citons aussi, en dehors de la ville, l'ancienne

était un personnage fort pieux, mais très-sarcastique. Ses dictons rimés sont restés célèbres. Sa verve mordante n'épargna même pas Miliana, car il a dit d'elle que les femmes y commandaient et que les hommes y étaient prisonniers. D'autres villes, Ténès notamment, ont été l'objet de ses satires. Le voyageur anglais Shaw a rapporté la suivante :

> Tnis est bâtie sur un fumier.
> Son terrain est puant,
> Son eau n'est que du sang,
> Son air est empoisonné.
> Ahmed ben Yussef n'y pouvait demeurer.

pépinière, devenue jardin public, les cascades de l'oued Boutan et de l'oued Rehan, la piscine et l'ancienne fonderie d'Abd-el-Kader.

Miliana possède dans ses environs de riches mines de fer aujourd'hui exploitées par MM. Giraud frères et Minos Santi, d'Oran. Le chemin de fer de Miliana à l'arrêt d'Adélia, qui sera transformé en gare, servira au transport des minerais. D'autres gisements de minerai de fer seront exploités avec fruit dès que cette voie sera achevée.

NOTICE HISTORIQUE.

Miliana fut une ville prospère au temps de la domination romaine, à en juger par l'importance des ruines antiques que l'on y a découvertes à plusieurs reprises. Sous les Arabes elle changea souvent de maîtres et fut le théâtre de luttes nombreuses qu'il serait fastidieux de relater ici. Les Turcs prirent Miliana en 1516, et la ville fit partie du beylik de Titeri. En 1830, l'empereur du Maroc en revendiqua la possession et y envoya un de ses officiers qui dut promptement l'abandonner. Abd-el-Kader à son tour occupa Miliana et y installa, dès 1834, comme khalifa, Ali ben Embarek. Les soldats français s'emparèrent de Miliana le 8 juin 1840; ils n'y trouvèrent qu'un amas de ruines, car les Arabes en l'évacuant y avaient mis le feu. « Cette ville, dit M. de Castellane, bloquée étroitement par les soldats réguliers d'Abd-el-Kader, en 1840 et 1841, ne put communiquer avec Alger, durant cette période, qu'au moyen de rares convois escortés par de fortes colonnes, et encore ces ravitaillements ne se faisaient-ils jamais sans quelque engagement sérieux avec l'ennemi. Au mois d'octobre 1840, le général Changarnier venait de se porter au secours de Miliana, dont la garnison, décimée par la nostalgie, la famine et la maladie, avait presque succombé sous sa tâche. Des 1,200 hommes commandés par le brave colonel d'Illens, sept cents étaient morts, quatre cents étaient à l'hôpital; à peine si les autres avaient la force de tenir leurs fusils, et pour peu qu'on eût tardé de quelques jours, la ville se voyait prise faute de défenseurs. De tous les points que nous avons occupés en Algérie, Miliana est peut-être la ville où nos soldats ont eu le plus à souffrir. »

2° ENVIRONS DE MILIANA.

Du haut du *Zakkar* on jouit d'une magnifique vue sur des montagnes qui se prolongent au nord jusqu'à la Mitidja et jusqu'au rivage de Cherchel, au sud sur la plaine du Chelif et les monts majestueux de l'Ouaransenis.

11 kil. sud. — AFFREVILLE, ainsi nommé en mémoire de M*gr* Affre, archevêque de Paris, tué en juin 1848, chef-lieu d'une commune de 2,346 hab., dont 571 Français, 22 israélites, 124 étrangers européens et 1,629 musulmans, créé en 1848, dans une vaste et fertile plaine, sur le chemin de fer d'Alger à Oran, dans le voisinage du Chelif; érigé en commune en 1871. Territoire abondamment arrosé par l'oued Boutan. On y cultive le blé, l'orge, le maïs, les fèves, le lin, les légumes, les fruits et la vigne. Gare importante; marché arabe tous les jeudis; moulins à farine. Cette petite ville, qui nous paraît destinée à grandir rapidement, est bâtie sur l'emplacement de *Zuccabar* ou *Colonia Augusta*. On y a découvert des sculptures antiques et quelques inscriptions. Le territoire d'Affreville et celui de Lavarande, son annexe, se sont considérablement assainis depuis quelques années, et la prospérité de ces villages est assurée.

6 kil. d'Affreville. — AïN-SULTAN, chef-lieu d'une commune de 1,478 hab., dont 164 Français, 25 étrangers européens et 1,289 musulmans, village agricole de 1849, affecté en 1852 aux transportés politiques, remis à l'administration civile en 1854. Terres fertiles et parfaitement cultivées. On doit établir sur le Chelif, au-dessus de Djendel, un barrage destiné à irriguer les territoires d'Aïn-Sultan, d'Affreville, de Lavarande et de la plaine en amont de Duperré.

3° AUTRES LOCALITÉS DE L'ARRONDISSEMENT DE MILIANA.

D'Affreville à Blida par le chemin de fer.

10 kil. — ADELIA, chef-lieu d'une commune mixte de 6,618 hab., dont 47 Français, 10 étrangers européens et 6,561 musulmans, village en voie de peuplement. Sa bonne situation et la fécondité du sol lui assurent un avenir prospère. Une voie ferrée reliera bientôt Adelia à Miliana.

22 kil. — VESOUL-BENIAN, chef-lieu d'une com-

mune de 304 hab., dont 229 Français, 11 israélites, 9 étrangers européens et 55 musulmans, colonie agricole de 1848, peuplé ensuite par des Francs-Comtois (d'où son nom de *Vesoul*). Culture des céréales et de la vigne, élève des bestiaux. Ce village est situé à une assez grande distance du chemin de fer d'Alger à Oran, sur un plateau dominant l'oued El-Hammam.

A 3 kil. au nord de Vesoul-Benian se trouvent les bains d'*Hammam-Righa*, les *Aquæ Calidæ* des Romains, où le général Chanzy a décidé la création d'un centre agricole et industriel de 30 feux. Le village sera réparti en deux groupes d'habitations situés entre l'hôpital civil et la source ferrugineuse, et reliés par un boulevard servant en même temps de promenade pour les baigneurs. (V. pour la description des sources thermales, le t. Ier, p. 279, de la *Géographie de l'Algérie*.

30 kil. — Bou-Medfa', chef-lieu d'une commune de 533 hab., dont 245 Français, 12 israélites, 15 étrangers européens et 261 musulmans, colonie de 1848, sur un plateau que dominent deux mamelons dont l'un est couronné par une redoute et l'autre par la koubba de Sidi Abd-el-Kader, marabout célèbre. Bou-Medfa' a été érigé en commune en 1870. Il est situé sur un sol fertile, dans la vallée de l'oued Djer, et suffisamment alimenté en eau. Les principales productions consistent en blé tendre, blé dur, orge, lin, fèves,

pommes de terre, avoine et seigle. Moulin à blé mu par la vapeur.

43 kil. — *L'Oued-Djer*, petit village de création récente.

51 kil. — *El-Affroun*, v. p. 156.

100 kil. — *Blida*, v. p. 136.

D'Affreville à Orléansville par le chemin de fer.

4 kil. — *Lavarande* (1), annexe d'Affreville, village de 576 hab., dont 123 Français, 2 israélites, 21 étrangers européens et 430 musulmans, créé en 1857, sur un mamelon et près du pont du *Hakem*; station du chemin de fer d'Alger à Oran. Bonnes terres irriguées par une dérivation de l'oued Boutan; vignes.

25 kil. — DUPERRÉ (2), chef-lieu d'une commune de 2,393 hab., dont 380 Français, 4 israélites, 76 étrangers européens et 1,933 musulmans, créé au mois d'août 1859, érigé en commune le 5 septembre de la même année, au pied du djebel Doui. Justice de paix, église, écoles, marché bien approvisionné. Les principales cultures consistent en blé dur, blé tendre, fèves, orge, pommes de terre et vignes. Il est à constater que ce centre

(1) C'est le nom d'un général de brigade tué à Sébastopol.
(2) Nom de l'amiral qui commandait la flotte lors de l'expédition de 1830.

s'est non-seulement créé, mais encore développé par ses propres ressources, en dépit de l'insalubrité initiale de l'emplacement. Contrairement à ce qui a eu lieu sur d'autres points, les premiers colons ont tenu bon et se sont attachés au sol : leur persévérance a triomphé de tous les obstacles, et Duperré, très-sensiblement amélioré par les cultures et les plantations, est en pleine voie de prospérité.

Aux environs, dans la vallée du Chelif, colline d'*El-Kadra* « la verte, » sur laquelle sont éparses les ruines d'*Oppidum Novum* (débris d'un aqueduc, restes d'un pont sur le Chelif, de quais et de gradins en pierres de taille qui retiennent les terres de la colline par étages successifs, cimetière avec tombes en forme de coffres en pierre, vaste citerne, etc.). Sur l'emplacement même des ruines a été découverte l'inscription suivante qui détermine le nom d'*Oppidum Novum* donné à la ville romaine :

A Caius Ulpius, fils de Caius, de la tribu Quirina, surnommé Maternus, édile, duumvir quinquennal, ayant exercé toutes les fonctions honorifiques, et premier citoyen du municipe. Monument élevé au moyen d'une collecte pécuniaire, à *Oppidum Novum*.

40 kil. — L'*Oued-Rouïna*, village récemment créé près de l'oued Rouïna. Aux environs, ruines romaines.

53 kil. — SAINT-CYPRIEN DES ATTAFS, chef-lieu

d'une commune mixte de 1,694 hab., dont 217 Français, 72 étrangers européens et 1,405 musulmans, créé en 1874. Terres de bonne qualité, marché très-fréquenté, mine de fer. Aux environs, ruines du djebel *Temoulga*, disséminées sur la rive gauche du Chelif, et ruines de l'oued *Traria*, que l'on regarde comme celles de *Tigaudæ municipium* (restes de beaux monuments, substructions de remparts, aqueduc très-long dont beaucoup de parties sont intactes, etc.).

56 kil. — L'OUED-FODHA, « le ruisseau d'argent, » chef-lieu d'une commune mixte de 4,503 hab., dont 415 Français, 58 étrangers européens et 4,030 musulmans, fondé à la fin de 1872 par l'autorité militaire, près de l'entrée de la vallée de l'oued Fodha. Culture du blé dur, du blé tendre et des fèves. Marché, pépinière plantée par le Génie militaire. L'Oued-Fodha est dans d'excellentes conditions de réussite; il a été pourvu de tous les établissements communaux, qui sont renfermés dans un réduit défensif très-favorablement situé. Les rues en sont bien alignées et bien plantées, les habitations confortables. L'achèvement prochain des travaux du barrage et des canaux destinés à l'irrigation des terrains situés sur la rive droite, assure une grande plus-value aux terres de très-bonne qualité et également propres à la culture des céréales, au jardinage et à la vigne. Les mines de Temoulga, exploitées par la Société Gaguin frè-

res, Payras et Morel Régis, sont aussi une source de richesse industrielle.

De l'*Oued-Fodha* à *Orléansville*. V. § 3. Arrondissement d'Orléansville.

D'Affreville à Teniet-el-Haâd.

30 kil. — Caravansérail de l'*Oued-Massin*, à 5 kil. duquel coule un ruisseau salé.

40 kil. — Le *Camp des Chênes*, auberge voisine d'une forêt de chênes.

La route franchit un col dominé par l'*El-Hadjar-Thouila*, dont le sommet est couronné d'énormes rochers écroulés.

49 kil. — Le *Camp des Scorpions*, auberge et arbres magnifiques.

52 kil. — *Auberge de la Rampe* et forêt de chênes verts.

62 kil. — TENIET-EL-HAAD, « le défilé du dimanche, » chef-lieu de cercle et d'une commune de 2,807 hab., dont 517 Français, 159 israélites, 175 étrangers européens et 1,056 musulmans, créé en 1858. Justice de paix, bureau de poste et bureau télégraphique, église, écoles de garçons et de filles, asile, hôpital, bureau arabe, casernes d'infanterie et de cavalerie, marché arabe très-important. Le poste militaire de Teniet-el-Haâd, établi en 1848 pour surveiller les

communications de l'Ouarensenis avec l'est d'Alger, comprend des casernes, des magasins, un parc d'artillerie, un arsenal et un hôpital. On remarque aussi à Teniet-el-Haâd le village européen, l'habitation de l'agha, un village nègre fort curieux et les jardins de la garnison. « L'élévation de Teniet-el-Haâd (1,161 m. d'altitude) y rend, dit M. Piesse (1), les chaleurs modérées. Le voisinage des hautes et nombreuses montagnes, couvertes de neige une partie de l'année, entretient l'abondance des eaux, dont la qualité, du reste, ne laisse rien à désirer. La température moyenne de la localité peut être évaluée à 17° ou 18° centigrades. Le pays présente l'aspect le plus pittoresque. »

Aux environs : carrières de pierre à plâtre ordinaire, de gypse blanc, de marbre et de sable provenant de la pulvérisation naturelle d'une roche dioritique. Belles forêts, l'une sur les bords de l'oued Deurdeur, boisée de chênes blancs, de frênes, de pistachiers et de pins d'Alep ; l'autre plantée de magnifiques cèdres. Une route relie Teniet-el-Haâd à la forêt des cèdres (13 kil. du village au rond-point des Cèdres), vaste d'environ 3,000 hect. On y voit aussi quelques chênes (un dixième environ). Les cèdres y atteignent des proportions gigantesques ; l'un d'eux, connu sous le nom de *Sultane*, a $2^m,50$ de diamètre.

---

(1) *Itinéraire de l'Algérie.*

Dans cette forêt jaillissent plusieurs sources minérales dont les eaux ont été employées avec succès par le Dr E. Bertherand dans le traitement des malades de l'hôpital militaire de Teniet-el-Haàd. Ne pourrait-on pas créer un centre dans le voisinage des eaux, ou bien les amener, soit au camp, soit au village, au moyen d'un aqueduc?

De Teniet-el-Haàd à Boghar.

Ces deux localités ne sont pas reliées par une route, mais par de simples sentiers arabes. L'un d'eux passe par (environ 30 kil.) *Taza*, ancien poste romain, devenu de nos jours la résidence favorite d'Abd-el-Kader. Source abondante.

La forteresse de l'émir fut incendiée par les Arabes à l'approche des troupes françaises sous les ordres du général Baraguay d'Hilliers. Elle était construite sur une étroite plate-forme adossée à mi-côte du flanc méridional de l'Achéou (1,810 m.), et d'où l'on contemple un admirable panorama. C'est dans ce bordj redoutable qu'Abd-el-Kader renfermait les prisonniers français. M. Vayssettes, qui visita ces ruines en 1862, les décrit ainsi : « La forteresse a la forme d'un losange de 60 m. de long sur 25 de large. Parallèlement au mur extérieur, à une distance de 4 m., se développe un mur intérieur formant avec le premier une espèce de couloir le long duquel règnent d'étroites chambres ou casemates. A l'intérieur sont deux cours séparées par un bâtiment qui servait de résidence à Abd-el-Kader et à ses principaux chefs. On voit encore les restes d'une chaire ou tribune en pierre sur laquelle s'asseyait l'émir aux jours où il rendait la justice. Au bas de la plate-forme est un moulin mu par les eaux qui s'échappent d'une déchirure pratiquée dans la montagne (1). »

De Taza on gagne la plaine de Derrague et les ruines des Oulad-Hellal, qui couvrent près de 30 hect., sur un plateau entouré de ravins. Là se voient des blocs gigantesques, des débris de colonnes, des restes de portes, etc. Boghari est situé à environ 25 kil. à l'est de ces dernières ruines.

§ 3. — *Arrondissement d'Orléansville.*

1º ORLÉANSVILLE.

ORLÉANSVILLE (2), l'*El-Esnam* « les idoles » des Arabes, le *Castellum Tingitii* des Romains, chef-lieu d'arrondissement, de subdivision militaire et d'une commune de 3,221 hab., dont 1,340 Français, 187 israélites, 711 étrangers européens et 2,126 musulmans, à 208 kil. d'Alger par le chemin de fer. Résidence d'un général de brigade, justice de paix, écoles laïques et congréganistes, salle d'asile, casernes d'infanterie et de cavalerie, hôpital, cercle militaire, bureau arabe, théâtre, Trésor, bureau de poste et bureau télégraphique, gare très-importante, marché arabe tous les dimanches, etc.

Description. — Orléansville, située presque

(1) *Revue africaine.*
(2) C'est le nom du fils aîné du roi Louis-Philippe.

exactement à moitié chemin d'Alger à Oran, par 1° de longitude ouest et 36° 10' de latitude nord, à 140 m. d'altitude, au confluent de l'oued Tir'aout et du Chelif, occupe le milieu d'un plateau dominé au sud par de hautes montagnes. Cette ville, de construction française, est en grande partie occupée par des terrains vagues appartenant au Génie et par des constructions militaires. Elle est entourée d'un mur bastionné, défendu par un fossé, excepté du côté du Chelif, et percé de cinq portes : de *Miliana*, de l'*Ouarensenis*, de *Ténès*, de *Mostaganem* et de la *Gare* (cette dernière a été récemment ouverte dans les fortifications). Les rues sont bien alignées et coupées à angle droit. Les principales sont celles du *Commandeur*, de l'*Hôpital*, d'*Illens*, de *Miliana*, de *Reparatus*, etc. Parmi les places, citons la place d'*Armes*, celle du *Marché* et celle de la *Mosaïque*. Elles sont ornées de fontaines. Une conduite amène dans la ville les eaux de l'oued Tir'aout ; une machine à vapeur lui envoie celles du coteau dit de la Pépinière.

Orléansville est exposée à de fortes chaleurs en été et à des vents violents en hiver. Des plantations groupées dans l'intérieur de la ville et autour des jardins, des fontaines bien entretenues, les bois de pins et de cyprès créés au sud-ouest de la ville, ont sensiblement amélioré le climat de cette localité, dont la fraîcheur et la verdure contrastent avec l'aridité des environs.

Monuments. — L'hôtel de la subdivision, les casernes, l'hôpital, l'hôtel de la justice de paix, celui du Trésor, l'église, les bains maures entourés de plantations, ne méritent qu'une mention; mais si Orléansville est pauvre en monuments modernes, elle possède une des principales curiosités du monde entier, les ruines de la basilique de *Saint-Reparatus*, qui passe pour l'église la plus ancienne de la chrétienté. Les restes de ce monument, retrouvés en 1843, consistent en murs d'une hauteur de 2 m., en une table de marbre que l'on croit avoir servi de table d'autel, et en une mosaïque, rouge, blanc et noir, ornée de cinq inscriptions. L'une d'elles a une grande importance, car elle se rapporte à la fondation de la basilique. En voici un fragment :

PRO
CCLXXXV. XII KAL
DEC. EIVS BASILICAE
FVNDAMENTA POSITA
SVNT......

En l'année provinciale 285, le douzième jour des calendes de décembre (20 novembre 325), ont été posés les fondements de cette basilique.

NOTICE HISTORIQUE.

Aucune des inscriptions découvertes à Orléansville n'a indiqué jusqu'à ce jour le nom de *Castellum Tingitii*. L'histoire est muette sur l'antique cité qui a servi d'emplacement à la ville moderne. En 1843, le maréchal Bugeaud, parti de Miliana pour aller combattre les Arabes de l'Ouarensenis, s'arrêta à *El-Esnam,* dans la vallée du Chelif, pour y faire sa jonction avec le général Gentil, venu de Mostaganem. Il n'y trouva qu'un amas de ruines couvrant une superficie d'environ 600 m. sur 300. Il y fit tracer l'enceinte d'un camp autour duquel se groupèrent bientôt quelques colons. Telle fut l'origine de la ville actuelle, qui, grâce à sa position topographique et stratégique, s'est développée avec rapidité.

Le marché, qui se tient tous les dimanches, à la porte de Miliana, donne lieu à un mouvement commercial très important. Les indigènes y amènent des chevaux, des bœufs, des moutons, et y apportent des denrées de toute sorte. Les Arabes du Sud y vendent du sel. On estime à 300,000 fr. l'apport moyen de chaque marché.

2° ENVIRONS D'ORLÉANSVILLE.

La région dans laquelle est située Orléansville est complètement déboisée, mais les environs de la ville sont déjà couverts sur plusieurs points de plantations de pins d'Alep et de caroubiers. Citons notamment le bois de pins des *Montagnes-Rouges*, véritable forêt disposée d'une manière charmante pour la promenade. Les allées sont bordées de cactus ou d'aloès, et les arbres projettent une ombre délicieuse. Ce bois est l'œuvre de l'armée d'Afrique, à laquelle on doit aussi de nombreuses constructions, des canaux, des barrages, etc. La *Pépinière*, à proximité de la ville, offre également une agréable promenade. Mentionnons encore : une *arche* de 25 m. jetée sur l'oued Tir'aout, pour le passage de la conduite d'eau, par le colonel Denfert, alors capitaine du génie (c'est le premier essai d'une courbe particulière et classique qui porte le nom du brave défenseur de Belfort); la *Ferme* (faubourg de la ville), pleine d'ombre et de verdure, sur la rive droite du Chelif, reliée à Orléansville par un pont en fer de deux arches de 60 m. d'ouverture ; le pénitencier agricole indigène de *Lalla-Aouada* (5 kil. sud-ouest), dont les vastes dépendances territoriales sont cultivées par les condamnés arabes, sous la direction d'officiers et de sous-officiers français; *Ponteba* (5 kil. à l'est, sur le chemin de fer), joli village fortifié, remarquable par ses belles plantations de vignes et renommé pour son eau-de-vie de marc dite *kirch de Ponteba ;* le *barrage* (13 kil. à l'est), station du chemin de fer, ainsi nommée d'un barrage construit sur le Chelif pour l'irrigation de 10,000 hectares dans la plaine d'Orléansville; l'OUED-SLY ou MALAKOFF (15 kil. à l'ouest), chef-lieu d'une commune de 6,990 hab., dont 247 Français, 14 étrangers européens et 6,729 musulmans, récemment créé sur la rive gauche du Chelif, station du chemin de fer d'Alger à Oran; terres irrigables par l'oued Sly, vignobles et céréales ; village très-prospère (les eaux de l'oued Sly, retenues par un barrage, arroseront prochainement environ 5,000 hect.); *Bou-Kader*, village récemment créé sur la rive droite du Chelif. Entre Ponteba et Orléansville, on visite, près de la ferme *Bernandes*, un tombeau de famille (caveau de 15 à 18 m., avec mosaïque et inscriptions), et, plus près de la ville, les ruines d'une villa romaine.

3° AUTRES LOCALITÉS DE L'ARRONDISSEMENT D'ORLÉANSVILLE.

D'Orléansville à Ténès.

600 m. — *La Ferme*, v. p. 185.

La route gravit les premières pentes du Dahra d'où l'on voit très-bien Orléansville et son bassin couvert de riches cultures et parsemé de fermes.

16 kil. — *Aïn-Beïda*, « la fontaine blanche, » ferme et maisons isolées.

21 kil. — Les *Cinq-Palmiers*, ferme.

25 kil. — *Heumis*, petit village arabe. Marché important.

27 kil. — Les *Trois-Palmiers*, village en formation.

46 kil. — MONTENOTTE (1), chef-lieu d'une commune de 3,221 hab., dont 400 Français, 87 israélites et 2,734 musulmans ; colonie agricole de 1848, fondée sur la rive droite de l'oued Allela, à l'endroit dit *Aïn-Defla*, « fontaine des lauriers-roses. » Ce centre doit une partie de son aisance au transport des marchandises d'Orléans-

(1) Nom d'un village d'Italie où le général Bonaparte remporta, le 11 avril 1796, une brillante victoire sur les Autrichiens.

ville à Ténès et à son voisinage de mines de cuivre et de plomb.

La route s'engage dans les gorges de l'oued Allela, d'un aspect très-pittoresque.

52 kil. — *Vieux-Ténès*, à droite, sur un plateau élevé, ville arabe dont l'origine serait fort ancienne. Suivant une légende rapportée de mémoire d'homme, un Pharaon d'Égypte en fit venir des sorciers chargés de contrefaire les miracles de Moïse. Ce qui est certain, c'est qu'il a existé à Vieux-Ténès une secte d'*adorateurs du feu* dont on retrouve encore les traces ; mais les sorciers kabyles qui continuent aujourd'hui les tours des sorciers d'autrefois sont loin d'être aussi habiles que leurs devanciers. Vieux-Ténès, le *Lagnouton* de Ptolémée, a été bâti, suivant El-Bekri, vers l'an 875, par des marins Andalous. On n'y voit guère que des masures en ruines et deux mosquées. Les habitants de Vieux-Ténès sont journaliers, portefaix ou marchands de grains. Des Mahonnais établis au pied de la ville se livrent à l'industrie horticole.

53 kil. — TÉNÈS, *Cartenna Colonia*, chef-lieu de canton, de cercle militaire et d'une commune de 3,579 hab., dont 621 Français ; 33 israélites, 799 étrangers européens et 2,126 musulmans, sur le bord de la mer, par 1° 2' de longitude ouest et 36° 31' de latitude nord, à 34 lieues marines d'Alger et à 261 kil. par le chemin de

fer et la route de terre, à l'embouchure de l'oued Allela. Justice de paix, écoles de garçons et de filles, salle d'asile, cercle civil et cercle militaire, hôpital, bureau télégraphique et bureau de poste, direction du port; marché aux bestiaux tous les jeudis.

Le commerce de Ténès et de Montenotte consiste en bestiaux, céréales, fourrages, fruits et poissons. Les pêcheurs de Ténès vont vendre à Orléansville et à Miliana les produits de leur industrie. La pêche du corail attire chaque année un certain nombre de barques le long de la côte. Le climat de Ténès est assez tempéré pour que l'oranger et le citronnier y croissent en pleins champs comme à Blida et y donnent d'excellents produits. On y a fait d'heureux essais de sériciculture; l'abondance de la feuille de mûrier permet de se livrer à cette industrie sur une vaste échelle. La vigne y donne aussi des espérances justifiées. Il y a lieu de croire que, dans un avenir prochain, le territoire de Ténès et de Montenotte sera couvert de vignobles. Cuivre, plomb, fer, gypse, pierres à chaux et à bâtir, tout abonde aux environs de Ténès. L'exploitation de ces richesses minéralogiques fera la fortune de la ville.

Ténès forme un rectangle de 700 m. sur 400. Son enceinte est percée de quatre portes : de *France* et de *Mostaganem*, à l'ouest; d'*Orléansville*, au sud; de *Cherchel*, à l'est. Ses plus belles rues sont celles de la *Colonie*, de *France* et d'*Orléansville*, bien alignées, plantées d'arbres et bordées de jolies maisons.

Le port (24 hect. de superficie) a été l'objet d'importants travaux; il est protégé par trois jetées, dont deux sont parallèles au rivage et l'autre se retourne en équerre sur l'une d'elles. Les ressources agricoles des territoires environnants, l'exploitation des nombreux gisements minéralogiques qu'ils recèlent, et surtout la prochaine ouverture de voies ferrées, assurent un grand mouvement commercial à ce port qui est déjà l'entrepôt naturel d'Orléansville.

On remarque à Ténès : l'église catholique, l'hôpital (300 lits), les casernes, la douane, et surtout les citernes, les silos et les hypogées antiques qui ont été transformés en magasins.

NOTICE HISTORIQUE.

Ténès, primitivement une des stations des marchands de Carthage, est l'ancienne colonie romaine de *Cartenna*. De nombreuses inscriptions trouvées sur les lieux attestent cette identité. L'histoire de Cartenna est peu connue. Au temps de Pline elle jouissait du droit de cité et était occupée par la deuxième légion. Morcelli (1) la mentionne parmi les villes épiscopales de la Mauritanie Césarienne. La position de Cartenna, reconnue en 1842 par le général Changarnier, fut choisie, l'année suivante, par le maréchal Bugeaud pour la création d'un centre de population. Telle est l'origine de la ville actuelle.

(1) *Africa christiana*.

Environs de Ténès.

De nombreux débris de constructions romaines sont épars sur le territoire de Ténès. M. Pommereau a signalé et décrit celles de *Yer'oum* situées à 10 kil. de la mer et à 20 kil. ouest de Ténès. « Ces ruines, jusqu'à preuve du contraire, dit M. Pommereau, pourraient bien être celles d'*Arsenaria*, que l'on place sur le bord de la mer, entre *Portus Magnus* et *Cartenna*. » Citons aussi les restes d'un *aqueduc romain*, aux portes de la ville; une agglomération de *tombeaux* antiques creusés en plein rocher et situés en bas du terrain de manœuvres, sur le bord de la mer, dont les flots les recouvrent parfois; une source ferrugineuse et une source sulfureuse abondantes. La *promenade* de la fontaine ferrugineuse, le cap *Ténès*, dont les grottes servent de refuge à des milliers de pigeons, et les *gorges de l'oued Allela*, entre Ténès et Montenotte, sont des buts de promenade qui méritent d'être signalés aux touristes.

§ 4. — *Arrondissement de Tizi-Ouzou.*

Tizi-Ouzou, « le col des genêts, » chef-lieu d'arrondissement et d'une commune de 403 hab., dont 301 Français, 4 israélites, 81 étrangers européens et 17 musulmans, à 104 kil. est d'Alger, créé en 1858, érigé en commune mixte en 1868 et depuis peu de temps élevé à la dignité de chef-lieu d'arrondissement. Tribunal de 1re instance, justice de paix, écoles, hôpital, pavillon d'officiers, Trésor, casernes d'infanterie et de cavalerie, magasins et ateliers, poste et télégraphe. Cette ville naissante est située à 257 m. d'altitude, en pleine Kabylie, au pied du mont Belloua, à 4 kil. du Sebaou (rive gauche). Elle est dominée par le bordj *Tizi-Ouzou*, bâti par les Turcs sur des ruines romaines, au sommet d'un col large de 3 kil. environ et encaissé entre deux hautes chaines de montagnes. Ses remparts sont formés par de fortes murailles dans lesquelles on a pratiqué des réduits casematés. Sur la vallée s'ouvre une porte défendue par une large voûte. Les soldats français occupèrent définitivement ce bordj en 1855. Les Kabyles révoltés l'ont vainement assiégé en 1871. Le village, détruit pendant le cours de ce siége, a été reconstruit sur une plus grande étendue. Sa population ne peut manquer de s'accroître rapidement, car le séquestre sur les tribus révoltées a permis de constituer sur son territoire une banlieue agricole de plus de 6,000 hect.

Le fort et la ville, bâtis sur un des points culminants du col, ont pour trait d'union le *Jardin des Zouaves*. Le *marché du Sebt* (samedi) est très-fréquenté ; on y vend des chevaux, des mulets, des bœufs, des moutons, des laines, des étoffes, des cuirs, des fers, etc. Le mamelon qui porte Tizi-Ouzou est complètement nu, mais le djebel Belloua, entre la ville et le Sebaou, est couvert de bois et de verdure; le regard s'y repose avec plaisir.

Des sentiers bordés de cactus conduisent à un village kabyle situé à 200 m. environ, au pied d'une montagne. On y remarque une assez jolie mosquée. Les habitants fabriquent des bijoux grossiers d'une forme originale.

De Tizi-Ouzou à Fort-National.

La route redescend dans la vallée du Sebaou qu'elle traverse au-dessus de son confluent avec l'oued Aïssi, puis, au delà de *Sikh-ou-Meddour*, gravit en lacets les montagnes que couronne le Fort-National. Le seul village que l'on rencontre est *Taksept*, de création récente.

26 kil. de Tizi-Ouzou, 130 kil. d'Alger. — FORT-NATIONAL, chef-lieu de subdivision militaire et d'une commune de 188 hab., dont 135 Français, 52 étrangers européens et 1 musulman. Résidence d'un général de brigade; justice de paix, écoles, poste et télégraphe, maison de commandement, pavillon d'officiers, casernes d'infanterie et de cavalerie, hôpital.

Fort-National, le plus important des établissements militaires que la France possède dans la grande Kabylie, occupe un plateau très-étroit, isolé des sommets voisins et dominant toute la zone moyenne des montagnes kabyles. Le point culminant du plateau atteint 961 m. au-dessus de la mer ; son point le plus bas ne dépasse pas 900 m. Les pics du Djurdjura se dressent à une distance de cinq ou six lieues à vol d'oiseau. Le lieu où s'élève le fort porte le nom de *Souk-el-Arba'*, « marché du mercredi. » La première pierre de cette forteresse fut posée le 14 juin 1857 ; cinq mois après elle était terminée, et une route carrossable la reliait à Tizi-Ouzou. L'enceinte, flanquée de dix-sept bastions et percée de deux portes, offre un développement de 2,200 m. et entoure une surface de 12 hect. coupée de rues larges et bordées par des bâtiments militaires. Déjà plus de 100 maisons particulières s'élèvent sur les deux côtés de la rue ou route centrale de la citadelle, tellement s'est développée sur ce point l'activité coloniale.

Fort-National fut assiégé, en 1871, par les Kabyles révoltés. Il n'était défendu que par 472 hommes, parmi lesquels on comptait un certain nombre de mobilisés de la Côte-d'Or. Les portes de la citadelle, fermées le 16 avril, ne se rouvrirent que le 16 juin. Pendant ces deux longs mois la petite garnison eut à supporter des fatigues et des misères de toute sorte. Elle dut opérer plusieurs sorties et repousser des attaques furibondes. Le 21 mai, vers le milieu de la nuit, les Kabyles dressèrent des échelles contre les remparts et tentèrent l'escalade ; mais ils furent culbutés et subirent des pertes énormes. Enfin, le 16 juin, les généraux Cérez et Lallemand, après avoir rejeté les assiégeants dans leurs montagnes, entrèrent à Fort-National, dont les défenseurs, depuis le 2 mai, étaient réduits à manger du cheval et du mulet.

Du sommet de la forteresse le regard embrasse une immense étendue. Au sud, le Djurdjura porte vers le ciel ses pics couverts de neige pendant une partie de l'année, ses roches grises, ses dentelures et sa vaste brèche au milieu; au nord et au delà du Sebaou, court une chaîne plus basse dont les interstices permettent de voir la mer; à l'est se profilent des montagnes verdoyantes entrecoupées par des vallées; plus près, l'œil suit le cours sinueux de l'Aïssi; on contemple les deux tiers de la grande Kabylie. Le panorama est vraiment grandiose.

Sur le territoire de la subdivision militaire de Fort-National se trouvent un certain nombre de villages kabyles parmi lesquels nous citerons :

10 kil. sud. — *Aït-L'hassen*, 4,000 à 5,000 hab., renommés comme fabricants d'armes et de bijoux.

10 kil. est-nord-est. — *Djama'-Saharidj*, « mosquée du bassin, » que M. Mac-Carthy croit être la *Bida Colonia* des Romains; nombreux débris antiques.

18 kil. sud-est. — *Kouko*, qui, suivant M. Mac-Carthy, serait le *Turaphilum* romain. Kouko est bâti sur une montagne escarpée, entre deux affluents du Sebaou. Laugier de Tassy, qui, en 1725, a écrit une histoire du royaume d'Alger, fait de ce village la capitale d'un État dans la confédération kabyle.

D'Alger à Dra'-el-Mizan.

Pour la description de cette route, v. p. 106.

DRA'-EL-MIZAN, « le fléau de la balance, » chef-lieu d'une commune de plein exercice et d'une commune mixte, village et poste militaire à 98 kil. est d'Alger, 35 kil. sud-ouest de Tizi-Ouzou, 56 kil. sud-ouest de Fort-National, sur le penchant d'une colline, à peu de distance du Djurdjura. Hôpital militaire et civil, école de garçons installée dans un beau bâtiment, école de filles, salle d'asile, bureau de poste, télégraphe, jolie église; culture de céréales : blé, orge, fèves, pois, maïs; marché tous les jeudis; commerce important de figues sèches, d'huile d'olive, de vins du pays; nombreuses usines pour la fabrication des huiles, qui sont d'une excellente qualité. Dra'-el-Mizan est entouré au nord et au nord-est de riches coteaux, fertiles surtout en figues et en olives. La commune de plein exercice et la commune mixte possèdent environ 42 usines à huile.

Les Kabyles emploient aujourd'hui pour la fabrication de l'huile les mêmes procédés que les Européens. On trouve aussi sur le territoire de Dra'-el-Mizan des forêts de chênes-liége exploitées.

Dra'-el-Mizan est admirablement situé à 447 m. d'altitude, dans la vallée de l'oued Tamdir'at, très-propre à la culture de la vigne (vignobles renommés). Il comprend deux quartiers distincts:

le *bordj*, qui peut contenir un millier d'hommes, et le village, qui deviendra bientôt une ville sans doute, à cause de sa position au centre des Neslioua, Flisset-Oum-Ellil et Maatkas, des Beni-Khalfoun, à l'ouest, des Guechtoula, à l'est, et grâce au vaste périmètre de colonisation que le gouvernement a constitué autour de lui, à la suite du séquestre.

Les Kabyles prirent le village en 1871 et le livrèrent aux flammes. Les habitants, après une vigoureuse résistance, se réfugièrent dans le fort, que le général Cérez débloqua le 4 juin. Dra'-el-Mizan a été reconstruit et agrandi.

De la commune de plein exercice de Dra'-el-Mizan dépendent les villages suivants :

6 kil. est. — *'Aïn-Zaouïa*, récemment créé pour 60 feux. 2,516 hect. Cultures des céréales et de la vigne.

3 kil. sud-ouest. — *Aomar*, en voie de peuplement. Église, école; terrain propre à la culture des céréales, de la vigne et de l'olivier.

10 kil. nord-ouest. — *Tizi-Renif*, de création récente, aujourd'hui achevé. 42 feux. Culture des céréales, de la vigne, de l'olivier, du figuier; eaux abondantes; école, église.

15 kil. sud-ouest. — *Ben-Haroun*, en voie de construction, sur un plateau de 350 m. d'altitude. Il comprendra 37 feux. Terres propres à la

grande culture des céréales, de la vigne, des oliviers et des figuiers.

20 à 26 kil. ouest. — *Aïn-Oum-el-Alleug,* sur un plateau, à 50 m. au-dessus de l'Isser, en voie de peuplement. Excellentes terres propres à la culture des céréales, de la vigne, des oliviers et des figuiers. Ce village possède environ 300 hect. de terres irrigables par l'oued Isser.

La commune mixte de Dra'-el-Mizan comprend les douars des Neslioua, des Beni-Maned, des Archaoua et des Oulad-'Aziz, des Frikat, des Beni-Smaïl, des Beni-Koutfi, des Beni-Mendès, des Beni-bou-Cherdan, des Bou-Abdou, des Cheurfa et Ighil-ou-Moula, des Mechtras, des M'kira, des Flissas-Mezala et Tizi-bou-Renif. Le sol est riche et fertile. Tous ces douars sont plantés d'oliviers et de figuiers très-productifs. On y trouve aussi quelques autres arbres fruitiers, tels que le prunier, le pêcher, le pommier, le grenadier, le poirier, l'oranger. On y cultive le bechna, le pois pointu, la fève, le blé, l'orge, le maïs.

A 14 kil. nord-est de Dra'-el-Mizan se trouve *Bordj-Bor'ni,* village en voie de peuplement, sur l'oued Ksob, au pied du Tamgout, dans les montagnes de la petite Kabylie. Son territoire est couvert de beaux oliviers. Une usine européenne y existe depuis plusieurs années. L'eau y est abondante. Des plantations ont été faites autour du village afin de le préserver des miasmes et de tempérer les grandes chaleurs de l'été. On trouve sur place les matériaux à bâtir. Le sol fertile du territoire (2,191 hect.), la richesse des tribus voisines et l'activité commerciale qui règne dans cette partie de la Kabylie, assurent la prospérité de ce nouveau centre, doté de voies de communication bien aménagées.

Dra'-el-Mizan est relié à *Bordj-Bouira* (v. p. 119) par une route sur la droite de laquelle et près du tombeau d'un marabout vénéré, jaillissent les sources de *Ben-Haroun*, situées sur le territoire de la tribu des *Harchaoua*, dont les villages se détachent d'une façon pittoresque au milieu de quelques bouquets d'arbres et de gros massifs rocheux. Ces sources, qui ont de nombreux points d'émergence, sont remarquables par leur richesse en sels minéraux, et principalement en sels de soude, chlorure, sulfate et carbonate.

De Tizi-Ouzou à Dellys.

10 kil. — *Dra'-ben-Khedda*, village fondé en 1874. Terres d'alluvion dont l'aménagement permet de créer des prairies naturelles et artificielles.

16 kil. — *Camp-du-Maréchal*, village créé en 1873 et déjà en pleine prospérité.

Sur la rive droite du Sebaou, à 4 kil. nord-est du *Bordj-Sebaou*, fort turc qui a joué un certain rôle dans les guerres des Algériens contre les Kabyles, se voit *Taourga*, « la fourmilière, » village peuplé de Turcs et de Koulouglis habiles à broder des selles. Ses maisons sont entourées de vergers.

23 kil. — *Haussonvillers (Azib-Zamoun)*, village de 180 hab., tous Français, récemment fondé par la vaillante initiative du comte d'Haussonville, le zélé protecteur des Alsaciens-Lorrains qui ont été accueillis en Algérie, « cette France nouvelle, » avec le plus vif empressement.

Le nom arabe d'*Azib-Zamoun*, « ferme de Zamoun, » est celui d'un des lieutenants d'Abd-el-Kader. Excellentes terres de culture; marché arabe tous les jeudis. A 5 kil. environ, au pied de la chaîne des *Flissa*, carrière de marbre blanc.

Haussonvillers, *Bois-Sacré* (345 Français, village formé en 1872 dans un site magnifique, sur d'excellentes terres, et appelé aussi *Abboville,* du nom de son fondateur, M. Abbo, maire de Castellar, Alpes-Maritimes); *Kouanin*, village fondé en 1874; *Bou-Berak*, *'Aïn-Mouder*, cap *Djinet*, les douars *Oulad-Smir, Oulad-'Aïssa, Raïcha, Rouafa, Chender, Beni-Chenacha, Sidi-Ali-bou-Nab* (partie) et *Tata-Imedran,* forment la commune mixte des Issers, qui comprend 30,879 hab., dont 535 Français et 30,344 musulmans.

36 kil. — *Rébeval,* village fondé en 1860, détruit par les insurgés en 1871, rebâti depuis et

augmenté de plusieurs familles d'Alsaciens-Lorrains.

40 kil. — *Oulad-Keddach*, village nouveau de la vallée du Sebaou, peuplé par 30 familles.

44 kil. — *Ben-N'choud*, village fondé en 1854, non loin du Sebaou, agrandi depuis la séquestration des terres des tribus révoltées en 1871.

54 kil. — Dellys, le *Rusuccurum* ou *Rusuccurus* des Romains, chef-lieu de canton et d'une commune de plein exercice de 10,895 hab., dont 1,048 Français, 257 israélites, 148 étrangers européens, 9,442 musulmans. Justice de paix, bureau arabe, église, mosquée, écoles de garçons et de filles, hôpital, caserne et magasins, direction de port, bureau de poste et bureau télégraphique. Les Arabes tiennent six fois par an une foire importante près de la porte des *Jardins*, à l'endroit dit *Sidi-Moussa*. Leur marché de tous les jours se fait dans l'intérieur de la ville, près du bureau arabe et du fondouk élevé par eux. Dellys est l'entrepôt d'une partie de la Kabylie occidentale. Il s'y fait un assez grand commerce d'huile, de raisins d'une excellente qualité et de fruits de toute sorte.

Dellys est situé par 1° 55' de longitude est et 35° de latitude nord, sur le bord de la mer, dans une contrée charmante et admirablement cultivée. Il se compose de deux quartiers : le quartier européen à l'est et le quartier arabe au nord, tous deux en grande partie sur un plateau incliné de 70 à 80 m., duquel se détache le cap *Bengut* qui abrite le *port* contre les vents d'ouest et du nord-ouest. La *ville française*, qui descend jusqu'à la mer, a un aspect riant. On y remarque : des rues larges et droites, dont les principales sont celles d'*Alger*, d'*Isly*, de *Mogador* et de la *Marine*; les places du *Marché* et de l'*Église*; l'*hôpital*, le *bureau arabe*, l'*église*, la *mosquée*, l'*abattoir*, la *douane* et la *direction du port*. La *ville arabe* offre des ruelles étroites bordées de maisons blanchies à la chaux, quelquefois à moitié croulantes. On dirait un des hauts quartiers d'Alger.

Au nord, au sud et à l'ouest, la ville est entourée d'une enceinte de 1,800 m. de développement, percée de cinq portes : d'*Alger*, d'*Isly*, des *Jardins*, d'*Aumale* et d'*Assouaf*.

NOTICE HISTORIQUE.

Dellys a une origine punique. Le mot latin *Rusuccurum* ou *Rusuccurus* semble n'être, en effet, qu'une corruption de l'appellation phénicienne *Rousoukkour* ou *Rus-Kaur*, qui signifie « le cap des poissons. » Pline nous apprend que l'empereur Claude lui accorda le privilège de colonie romaine. Morcelli (1) mentionne un évêque de Rusuccurum. La cité romaine fut-elle détruite par les invasions ou par un tremblement de terre? On l'ignore. Ibn-Khaldoun nous apprend qu'après avoir fait partie du royaume de Bougie, la ville arabe de Dellys (*Tedellès* ou *Tedlès*) fut

---

(1) *Africa christiana.*

concédée par El-Mansour au souverain dépossédé d'Almeria, après la conquête de l'Espagne par les Almoravides (1088). Plus tard (1363), l'émir hafside Abou-Abdallah, maître de Bougie, s'empara de Dellys. En 1509, Dellys devient tributaire de l'Espagne; puis, lorsque Baba-Aroudj partagea la régence d'Alger avec son frère, la ville fut un instant le siége du gouvernement de Kheir-Eddin. Dès lors la nuit la plus épaisse nous cache son histoire.

Les anciens auteurs parlent très-avantageusement de Dellys. « Les habitants de cette ville, plaisants et joyeux, s'adonnent si dextrement au luth et à la harpe, que la plus grande partie d'iceux en sait sonner en perfection. Leur principal exercice et métier est d'être teinturiers de laines et de draps, à cause de certains petits ruisseaux fort propres pour les teintures, lesquels descendent des montagnes et s'écoulent par la cité. Le peuple se livre aussi merveilleusement à la pêche et prend du poisson en si grande quantité, qu'il ne se vend aucunement, mais se donne à ceux qui en veulent avoir (1). » Ce passage est fort curieux; il tend à prouver la vérité de l'étymologie de *Rus-Kaur* ou *Rousoukkour* « cap des poissons. »

Une première soumission des habitants de Dellys en 1837 fut suivie, en 1844, de la prise de la ville par le maréchal Bugeaud lors de son expédition contre les Flissa. Les combats des 12 et 17 mai de la même année nous assurèrent la possession définitive de cette ville. Les Kabyles bloquèrent Dellys en 1871. Ils tentèrent vainement de s'en emparer le 22 avril, et prirent la fuite à l'approche de la colonne du général Lallemand.

La commune mixte de Tedlès (Dellys) comprend les douars des Beni-Slyem, des Beni-Oua-

(1) Léon l'Africain.

guenoun, de Makouda, de Sidi-Naman, d'Iskaren (14,527 musulmans).

Environs de Dellys.

Les principales curiosités des environs de Dellys sont : le quartier des *Jardins* (à l'ouest), admirablement entretenus et dans lesquels on récolte de délicieux raisins blancs, et le marabout de *Sidi-Soussan* (210 m. d'altitude), près duquel se voient de grands réservoirs creusés par les Romains.

De nombreux villages ou hameaux ont été créés depuis quelque temps sur le territoire de Dellys; nous en avons déjà mentionné quelques-uns. Citons, en outre : *Takdempt* (6 kil.), dont les terrains s'étendent jusqu'au rivage de la mer et sont propres à la culture des céréales; *Beni-Slyem* (6 kil.), hameau de 10 feux créé en 1875 sur le rivage de la mer (terrain se prêtant surtout à l'élève du bétail); *Touabet* (9 kil.), groupe de fermes dont les terres sont propres à la culture des céréales, de la vigne et de l'olivier; *Tigsirt* (ruines romaines) et *Zeffoun*, sur le bord de la mer, etc. Des salines artificielles ont été établies (4 kil.) sur le bord de la Méditerranée, près d'une ferme importante.

De Tizi-Ouzou à Alger.

23 kil. — *Haussonvillers*, v. p. 199.

34 kil. — BORDJ-MENAÏEL, ancien *oppidum* romain, peut-être *Vasara*, chef-lieu d'une commune de 3,475 hab., dont 955 Français, 22 étrangers européens et 2,498 musulmans, dans la vallée de l'Isser. Justice de paix. Sur les ruines de l'*oppidum* romain les Turcs élevèrent une forteresse qui commandait l'entrée de la Kabylie et se reliait avec celles du Sebaou, de Tizi-Ouzou, de Dra'-el-Mizan, etc. Le territoire du village primitif s'est accru de 3,400 hect. séquestrés, en 1871, sur les tribus rebelles. Bordj-Menaïel, saccagé en 1871, a été reconstruit.

38 kil. — *Isserville*, village de 460 hab., tous Français, créé tout récemment pour 95 familles sur un territoire de 3,187 hect., près du caravansérail et du bureau arabe de *Souk-el-Djema'* « marché du vendredi. » Ce marché est très-fréquenté par les indigènes des tribus des Isser, du Titeri et du Sebaou. Le bureau arabe, avec ses arcades, ses tourelles et sa koubba, offre un gracieux aspect.

Pour la description des centres compris entre Isserville et Alger, v. p. 103, *Route d'Alger à Dellys*.

CHAPITRE XI.

HAUTS-PLATEAUX ET SAHARA DU DÉPARTEMENT D'ALGER.

D'Alger à Laghouat.

157 kil. — *Boghari*, v. p. 152.

Au delà de Boghari la route entre dans la vallée du Chelif, espèce de plaine inégale, caillouteuse, ravinée, coupée de monticules, battue par des vents brûlants, sans la moindre trace de culture.

184 kil. — *Bou-R'ezoul* (656 m. d'altitude), caravansérail au delà duquel on contourne une vaste plaine marécageuse où se produisent les fantastiques effets du mirage.

216 kil. — Caravansérail d'*Aïn-Ouzera*, un des plus confortables de la ligne. Chasse à l'outarde et à la gazelle.

256 kil. — *Guelt-el-Stel*, « le bassin de l'écuelle, » café-poste et auberge, dans un pli de terrain du *Seba'-Rous* « les sept têtes » occidental.

Dans la plaine des Zahrez, entre Guelt-el-Stel et le Rocher de Sel, la route coupe la ligne de dunes qui longe le djebel Sahari.

274 kil. — *El-Mesrane*, café-poste et auberge, à 882 m. d'altitude, entre le Zahrez Chergui et le

Zahrez R'arbi. On y a fait plusieurs sondages. Le plus important est celui d'*Aïn-Malakoff*, dans le Zahrez R'arbi.

304 kil. — Caravansérail du *Rocher de Sel*, à 961 m. d'altitude, sur la rive gauche de l'oued Melah, en face du Rocher de Sel. Un barrage de 7^m,20 de haut et de 210 m. de long a été établi par le commandant Margueritte, à 6 kil. en aval du Rocher de Sel, sur l'oued Melah; il irrigue près de 2,000 hect. de terres. Les eaux de l'oued vont se perdre dans la forêt de tamarix de *R'arza*, sur le territoire des Oulad-Kouini.

330 kil. — DJELFA, chef-lieu de cercle et d'une commune mixte de 681 hab., dont 253 Français, 16 israélites, 288 étrangers européens et 124 musulmans. Église, hôpital militaire, caserne, bons hôtels. Djelfa est située à 1,167 m. d'altitude, sur un plateau élevé ayant la forme d'une cuvette allongée que sillonne du sud au nord l'oued Djelfa, dans le lit duquel M. Dautremant a découvert récemment les ossements fossiles d'un bœuf antique, *bos antiquus* (1). Le bordj a été bâti, en 1852, par la colonne expéditionnaire du général Yusuf, pour maintenir la remuante population des Oulad-Naïl et protéger la route d'Alger à Laghouat dont il est une des principales étapes. C'est un corps-de-logis carré, à la fois

(1) V. le *Bulletin de la Société de climatologie d'Alger*, année 1875, 1er trimestre.

maison de commandement et forteresse. Le village, l'école arabe et la smala de spahis sont situés au nord-ouest et à l'est du bordj, sur une pente peu inclinée du djebel Senalba. Un marché important se tient tous les vendredis et tous les samedis sur une place entourée de maisons à arcades servant de magasins à des Mozabites. On y vend principalement des laines (trafic considérable), des tapis, des couvertures de cheval, du blé, de l'orge, des bestiaux, des fruits, etc. La gorge de l'oued Djelfa, à 6 kil. à l'aval du village, présente une série de cascades susceptibles d'être utilisées comme force motrice. Djelfa est terre de Tell, quoique sur les Hauts-Plateaux. En hiver, le territoire est souvent couvert de neige ; le thermomètre y descend quelquefois à 9° au-dessous de zéro. En été, la température maxima varie de 35° à 37°. M. le docteur Reboud, qui a longtemps habité Djelfa, n'a jamais vu le thermomètre monter à plus de 37°. Aux environs : moulin, belle forêt de pins d'Alep, nombreux dolmens et ruines de postes romains qui ont été étudiés et décrits par M. le Dr Reboud (1), auquel on doit en grande partie la création d'une *pépinière* de 5 hect. (pierre commémorative). M. Reboud a également donné la flore de la contrée riche en espèces variées.

En été, de nombreuses tribus sahariennes

---

(1) *Revue africaine*, n° 10.

viennent dans le cercle de Djelfa faire paître leurs troupeaux, récolter leur blé et leur orge; elles regagnent ensuite la région des Dahias, après avoir *ensiloté* et confié au sol de nouvelles semences.

Au nord de Djelfa, entre ce poste et Boghar, dans un bas-fond marécageux, à l'ouest du Zahrez occidental, se trouve *Taguin*, où l'on voyait autrefois un vieux fort turc. C'est, à cause des eaux d'une fontaine (*'Aïn-Taguin*), un lieu de réunion des tribus du cercle de Boghar. Le duc d'Aumale s'y empara, en 1843, de la smala d'Abd-el-Kader.

Parmi les autres villages du cercle de Djelfa, il convient de citer : *Ksar-Charef* (60 kil. nord-ouest), sur un plateau dominant la plaine des Zahrez; *Ksar-Zenina*; *Ksar-el-Hamra* (44 kil. sud-ouest), au pied d'un rocher et près d'une source; *Zakkar* (40 kil. sud), à l'entrée d'une gorge pittoresque; *Medjabara* (36 kil. sud-est); *Messad* (85 à 90 kil. sud), sur la rive droite de l'oued El-Hamouïda, à l'est du djebel Korebtit, montagne des Oulad-Naïl Cheraga (oasis, beaux palmiers, jolie mosquée, puits très-profond, fabrique de tissus et de poudre, ruines romaines, découverte de plusieurs inscriptions qui ont été communiquées à Berbrugger par MM. Godard et le Dr Reboud (1); *Demmed* et *El-Haria*, pe-

(1) Les inscriptions découvertes à Messad offrent un

tits villages arrosés aussi par l'oued Hamouïda.

Au delà de Djelfa la route franchit le *Col des Caravanes*, d'où elle descend dans la vallée de l'oued Sedeur, pour courir ensuite entre le djebel Djellal à l'est et le djebel Sera à l'ouest, dont les crêtes forment la séparation des eaux qui se déversent au sud dans le Sahara et au nord dans le bassin des Zahrez par la coupure de Djelfa. Du haut du *Seba'-Mokran*, l'un des points culminants de la crête du djebel Djellal, la vue embrasse un magnifique panorama. On aperçoit, au sud-est, la longue crête horizontale du Bou-Khaïl, au pied de laquelle s'alignent les crêtes parallèles et moins élevées du djebel Mehalegue et du djebel Sellek. Entre ces chaînes et le djebel Djellal se déroulent de vastes plaines, sans doute quaternaires.

354 kil. — *Oued-Sedeur*, « la rivière du jujubier, » auberge et café-poste.

400 kil. — *'Aïn-Ibel*, « la fontaine des chameaux, » caravansérail et village indigène, à 1,055 m. d'altitude. Le caravansérail a été construit sur un plateau incliné au sud, sur la rive

grand intérêt historique, parce qu'elles fournissent de précieuses indications sur les troupes romaines qui occupaient la partie méridionale du centre de l'Algérie, et sur la ligne militaire des Romains la plus avancée dans le Sud. La garnison était fournie par la 3e légion Auguste de Lambèse, et quelquefois par des troupes de Julia-Cæsarea.

droite d'un ravin. Belle vue sur Laghouat. Veines irrégulières d'un lignite noir et brillant. En 1856, M. le commandant Margueritte, voulant inspirer des goûts sédentaires aux nomades, créa près d'Aïn-Ibel un village dont les habitations sont disposées le long de galeries à arcades entourant sur trois côtés une grande place intérieure. Ce village a été presque complètement abandonné par les Arabes qui ont repris leur vie errante. Les jardins, plantés d'arbres fruitiers, ne sont plus entretenus.

La route traverse la plaine d'*El-Ouatia*, puis celle de *Mgueta-el-Oust*, dont les terres, propres à la culture, pourraient être irriguées par un barrage établi sur l'oued Mgueta-el-Oust, qui passe à la smala de Tademit, à Messad, où il prend le nom d'El-Hamouïda, et va se jeter dans l'oued Djedi par le khanga de Demed. Au delà de l'auberge du *Gué de l'oued Mgueta-el-Oust*, « la coupure du milieu, » on franchit un col situé au pied du djebel Regoub, et on descend à :

428 kil. — *Sidi-Makhlouf*, caravansérail bâti à 920 m. d'altitude, sur un plateau qui domine la rive gauche de l'oued de ce nom. Sidi-Makhlouf est le nom d'un marabout dont la koubba, petit bâtiment carré (les koubbas du Sahara sont carrées, tandis que celles du Tell sont rondes), est terminée par un dôme en pain de sucre. 8 palmiers. Pyrites de fer et de cuivre.

La route parcourt des terrains plats, couverts

d'alfa et de broussailles épineuses. L'horizon est bordé de montagnes : le Guern-el-Milogh à droite, et, à gauche, les djebels Dakla et Zebecha. Un col peu élevé sépare les eaux de l'oued Metlili de celles qui coulent au nord, vers l'oued Sidi-Makhlouf; il est occupé par la *dayat El-Hamra,* dont le diamètre est d'environ 1,000 mètres.

455 kil. — Café-poste, sur la rive droite de l'oued Metlili. Construction mauresque très-élégante, près du puits Hentz.

On longe la vallée de l'oued *Mzi* qui contourne une petite montagne connue sous le nom de *Chapeau de Gendarme.*

466 kil.— LAGHOUAT, EL-AGHOUAT et LAR'OUAT, chef-lieu de cercle et d'une commune mixte érigée le 6 novembre 1868, à 347 kil. sud de Médéa, par 0° 30' de longitude orientale et 33° 48' de latitude septentrionale, à 780 m. d'altitude, est divisé en deux parties, l'une habitée par les Européens, l'autre par les indigènes. Le cercle de Laghouat dépend de la subdivision militaire de Médéa. Justice de paix, écoles, hôpital militaire, marché, caserne, hôtel du commandant supérieur, pavillon des officiers, cercle militaire, bureau de poste et bureau télégraphique, jardin d'expérimentation, etc.

La ville est construite au milieu d'une verdoyante oasis de palmiers, sur les deux flancs du djebel Tisgarine. Son enceinte est percée de cinq portes, qui sont : *Bab-Cherguia*, à l'est; *Bab-Nebka*, au sud; la *Porte du Sud*; *Bab-Nouader*, à l'ouest, et la *Porte des Caravanes*, au sud-est. Deux bazars indigènes, dont l'un, dit *Cheikh-Ali*, est surmonté d'une coupole mauresque renfermant l'horloge, l'hôtel du commandant supérieur, le cercle militaire, le pavillon du Génie et le bureau arabe encadrent la place *Randon*, qui ne déparerait pas une grande ville et à laquelle aboutissent des rues bien alignées. Signalons aussi le *Dar-Seffa*, ancienne kasba de Ben-Salem, où l'on a installé des magasins; la rue qui conduit de la place Randon à une avenue percée dans les palmiers; une mosquée neuve du plus bel effet; l'école, ancienne maison mauresque et le jardin d'Essai.

La ville est défendue par les forts *Morand* et *Bouscarin* (ce dernier renferme l'hôpital), qui rappellent les noms de deux braves officiers tués sur la brèche lors de la prise de Laghouat, en 1852. La ville était, à cette époque, entourée d'une enceinte en mottes de terre qui a fait place à des murs en pierre.

Le chaînon rocheux sur lequel s'élève la ville divise l'*oasis de Laghouat* en deux parties : l'*oasis nord* et l'*oasis sud* embrassant ensemble une superficie de *200 hectares*. L'oasis nord est la plus importante. Les eaux de l'oued *Mzi*, retenues par des barrages et conduites dans des seguias, arrosent la plaine, les jardins et les deux oasis, où abondent les arbres fruitiers et les plantes potagères. Environ 28,000 palmiers et quelques orangers. L'oued Mzi passe à l'est de Laghouat. Le principal barrage est entre l'oasis et le Chapeau de Gendarme. C'est celui qui amène une partie des eaux en ville.

On a envoyé à Laghouat, pour l'amélioration des races sahariennes, un troupeau de mérinos qui a donné de remarquables résultats. Ce troupeau n'est plus représenté que par des métis.

Les principaux ksours du cercle de Laghouat sont : Tadjemout, 'Aïn-Madi, El-Haoueta, El-Assafia et Ksar-el-Haïran.

Tadjemout, « la pluie, » à 35 ou 40 kil. nord de Laghouat, a été bâti sur un petit mamelon à la base duquel coule l'oued Mzi. Il compte une centaine de maisons entourées d'assez beaux jardins.

'Aïn-Madi, à environ 60 kil. ouest de Laghouat, est un groupe de 210 maisons entouré d'une enceinte de forme elliptique et de 8 m. de hauteur sur 2 d'épaisseur. Deux portes, l'une à l'est, l'autre au nord-est, donnent accès dans cette ville arabe où l'on voit une belle mosquée renfermant les tombeaux des membres de la puissante famille de Tedjini, marabout qui a fondé un des ordres religieux auquel sont affiliés une grande partie des indigènes. Les jardins d'Aïn-Madi sont eux-mêmes entourés de murs en pisé.

La ville se trouve ainsi défendue par une double enceinte. Abd-el-Kader prit 'Aïn-Madi en 1838.

El-Haoueta, « la petite muraille, » à environ 42 kil. sud-ouest de Laghouat, ksar d'une cinquantaine de maisons, bâti sur une hauteur et dominant un ravin dont les eaux sont utilisées pour l'arrosage des jardins.

El-Assafia, à 12 kil. nord-est de Laghouat (692 m. d'altitude), sur le bord d'un ruisseau tributaire de l'oued Djedi. Le ksar, souvent endommagé dans les luttes entre Hadj-el-Arbi, khalifa d'Abd-el-Kader, et Ahmed ben Salem, chef de Laghouat, est presque ruiné; il ne renferme qu'une quarantaine de maisons.

Ksar-el-Haïran, « le ksar des jardinets, » à 30 ou 35 kil. est de Laghouat, sur la rive droite de l'oued Djedi, à 634 m. d'altitude, compte une centaine de maisons. Ses jardins manquent de moyens suffisants d'irrigation; aussi sont-ils peu considérables. Il a été en partie détruit en 1842 par Hadj-el-Arbi.

Boghar est relié à Tadjemout par une route qui passe par : *Ksar-Chabounia*, au confluent du nahr Ouassel et de l'oued Bellin; le col du *Ksar-Noukhra*, *Taguin* (V. ci-dessus), le djebel *Arch-Chergui* et la partie orientale du djebel *Amour*.

De Laghouat aux villes de la confédération des Beni-Mzab (1).

Il y a plusieurs routes. La plus fréquentée est celle qui passe par les citernes de *Ras-Nili* et de *Tilremt*. On traverse d'abord une région de *daïas*, petits bois de betoums et de cédrats, dont l'aspect riant rompt la monotonie du pays plat ou faiblement ondulé. La plus importante de ces daïas est celle de Tilremt (730 m. d'altitude), ombragée par de nombreux betoums et dans laquelle débouchent plusieurs ravins. On y trouve une vaste citerne construite par le Génie militaire. Quand on a quitté la région des daïas, on pénètre dans le défilé de l'oued Soudan, puis on atteint :

128 kil. (2). — *Berrian*, « le lieu abondant en eaux, » la ville la plus septentrionale de la confédération des Beni-Mzab. Elle s'élève en amphithéâtre (547 m. d'altitude) sur un mamelon qui domine la rive droite de l'oued El-Bir, affluent de l'oued En-Neça. La ville se compose de près de 400 maisons à terrasses, toutes de même

---

(1) V. les ouvrages de MM. les généraux Durrieu, Margueritte, de M. le Dr Reboud, à l'inépuisable bienveillance duquel nous devons des notes précieuses, de M. Ch. Féraud, etc.

(2) Les routes sahariennes n'étant pas bien déterminées, nous ne pouvons donner que des distances kilométriques approximatives.

hauteur. Rues larges et alignées ; tour de 8 m. dominant la ville ; puits nombreux ; pierres, chaux et plâtre ; fabriques d'étoffes. L'oasis compte près de 30,000 palmiers produisant des dattes excellentes ; on y remarque quelques arbres fruitiers. La plupart des maisons de Berrian, dit M. Ville, ont un premier étage avec des galeries qui prennent jour sur la campagne. Aussi du dehors l'aspect de la ville est-il fort pittoresque. Les jardins de palmiers se développent dans le lit de l'oued Bir et de ses affluents. La vallée de l'oued Bir présente, en amont de Berrian, une largeur de 150 à 200 m. ; elle est couverte d'alluvions cailouteuses dans lesquelles les jardins ont été plantés. Les palmiers y sont généralement alignés et espacés de 4 à 5 m. ; ils sont arrosés par des barrages en maçonnerie.

Les environs de Berrian sont fort accidentés, rocailleux, dénudés comme tout le chebka (1) des Beni-Mzab.

La confédération des Beni-Mzab comprend six autres villes, savoir : Guerrara à l'est ; Gardaïa, Melika, Bou-Noura, Beni-Isguen et El-Ateuf, sur les deux rives de l'oued Mzab.

On va de Laghouat à Guerrara par Ksar-el-Aïran et le puits Meddagine. On peut aussi pren-

(1) *Chebka*, signifie « filet ». On voit là, en effet, un immense filet de rochers dont les mailles sont formées en relief par des crêtes découpées en tous sens.

dre plus à droite et suivre l'oued Zegrir; on est alors en pleine région de daïas ombragés par des bois de *pistacia atlantica*. C'est aussi le pays des gazelles et des autruches.

El-Guerrara « le gîte d'étape » s'élève à environ 65 kil. à l'est de Berrian (oasis de Guerrara, 315 m. d'altitude; sommet de Guerrara, 359 m.), sur un mamelon, dans une vaste dépression de l'oued Zegrir. La ville est située sur la rive droite de l'oued; elle domine un bas-fond planté de palmiers. Sa population est évaluée à environ 6,000 hab. Les maisons sont bâties en moellons de calcaire d'eau douce ou de grès concrétionné. Elles ont, à l'étage supérieur, une rangée d'arcades donnant sur la campagne, ce qui imprime à l'aspect de la ville un cachet tout particulier et fort pittoresque. Guerrara est entouré de murs crénelés; on y fait le commerce des fruits et des tissus. La mosquée, qui domine la ville, se compose de terrasses étagées autour desquelles s'ouvrent des galeries; elle est couronnée d'un minaret de forme pyramidale. Dans une de ses dépendances se voit un puits de 56 m. de profondeur, dont l'eau sert aux ablutions des fidèles. Les palmiers, au nombre d'environ 20,000, et les jardins sont arrosés par les dérivations de l'oued Zegrir et par des puits.

A 3 kil. ouest de Guerrara, ruines de *Ksir-el-Ahmar*, « le petit château rouge, » village indigène, où M. Berbrugger a découvert les débris d'une construction romaine.

Ghardaïa ou R'ardaïa, chef-lieu de la confédération des Beni-Mzab, à environ 40 kil. sud de Berriau, à 530 m. d'altitude, sur un mamelon de calcaire dolomitique formant une sorte d'îlot détaché sur la rive droite de l'oued Mzab. La population est d'environ 14,000 hab., au nombre desquels 300 israélites qui sont à la tête du commerce. Le courant commercial de Ghardaïa, comme celui du Mzab tout entier, est alimenté principalement par le sucre, le café, le savon, la bougie, les grains que les indigènes achètent dans le Tell. Le Mzab tire du Touat du henné, du salpêtre, de l'alun, des nègres et des négresses. On compte dans le Mzab 4 à 5,000 métiers pour la fabrication de haïks et de burnous estimés. La fabrication de la poudre y donne lieu à un trafic considérable.

Comme toutes les autres villes du Mzab, Ghardaïa, dont les maisons à terrasses et à arcades s'étagent les unes au-dessus des autres, offre l'aspect d'une pyramide dont le sommet est occupé par une mosquée. On compte six mosquées à Ghardaïa; ses rues sont larges et bien percées. Toute la ville est entourée d'une enceinte de pierres et de briques crues de 3 m. de hauteur; elle est percée de six portes, dont l'une, *Bab-el-Rahba*, est flanquée de tours.

L'*oasis* de Ghardaïa occupe tout le vaste lit de

l'oued Mzab, en amont (nord-ouest) de la ville. Vastes jardins; environ 80,000 palmiers; vignes et arbres fruitiers. Elle est défendue en amont par un immense barrage qui arrête et brise la violence des grandes crues, et permet de diriger le flot un peu partout. Ce barrage est en maçonnerie; il est protégé par de fortes dunes. D'autres barrages existent en aval. Des puits nombreux contribuent aussi à l'irrigation de l'oasis.

Beni-Isguen, « les gens du milieu, » à 2 kil. de Ghardaïa, sur un mamelon dominant la rive droite de l'oued Mzab qui se grossit de l'oued Netissa, en face de Bou-Noura. Environ 11,000 hab.; commerce de tissus. La partie inférieure de la ville est plate, dit M. Ville; le reste s'élève en amphithéâtre jusqu'au sommet du mamelon que couronnent la mosquée et son minaret. Belles maisons; nombreuses boutiques.

Melika, « la royale, » à 1 kil. sud-ouest de Ghardaïa, sur un mamelon isolé qui domine la rive gauche de l'oued Mzab. Ce centre, sans importance, renferme environ 250 maisons bâties en amphithéâtre. C'est la ville sainte du Mzab. Les Mzabites y viennent en pèlerinage visiter le tombeau de Sidi-Aïssa en grande vénération dans tout le pays. On remarque à Melika un *puits* taillé dans le roc et très-profond.

Bou-Noura, « la lumineuse, » à 600 m. en aval de Beni-Isguen, sur un mamelon isolé formant une espèce d'île dans la vallée de l'oued Mzab, auprès du confluent de l'oued Mzab et de l'oued Zouili. Les maisons s'élèvent en amphithéâtre jusqu'au sommet du mamelon qui porte la mosquée. On y voit quelques ruines de peu d'importance. Les cultures de l'oasis se développent le long des rives de l'oued Mzab et dans le lit de l'oued Zouili.

El-Ateuf, « la courbure, » à 6 kil. est de Bou-Noura et à 490 m. d'alt. 2,000 à 3,000 hab. L'oued Mzab est large, mais les berges sont ici de vraies montagnes de 89 à 100 m. de hauteur. El-Ateuf est étagé sur les berges de la rive droite qu'il domine. Les palmiers sont arrosés par de nombreux barrages, dont le plus remarquable, situé en aval du ksar, retient une énorme masse d'eau. En face d'El-Ateuf on trouve une voie bien tracée, mais très-escarpée, qui conduit à Guerrara. On traverse l'oued En-Nça à la koubba de Sidi Abd-el-Kader, où abonde la *Guillonia Reboudiana*, et l'on arrive par le sud-ouest à Guerrara.

Les *Mozabites*, *Mzabites*, ou habitants du pays des Beni-Mzab, sont des *Ibadia* ou *Abadia*. Ils doivent, dit M. Duveyrier, leur supériorité sur les peuplades arabes ou berbères qui les environnent aux circonstances qui les ont maintenus constamment isolés. Leurs croyances religieuses les mettaient en butte aux persécutions des Arabes malékites, et ils furent abandonnés à leurs propres forces. La nécessité créa leur activité et leur ardeur au travail. Ils ont, ce semble, beaucoup de probité et apportent une grande répugnance au mensonge. Scrupuleux observateurs de leur loi religieuse, ils poussent le rigorisme assez loin pour considérer l'usage du tabac comme un péché. Dans les villes, les rues, les places et les maisons sont assez proprement entretenues.

Les Mozabites se gouvernent eux-mêmes. L'autorité française n'intervient dans leurs affaires que lorsqu'il s'agit de les protéger, ou pour veiller au paiement exact d'un tribut annuel. Chaque ville possède une assemblée de notables, une *djema'a*, qui discute les intérêts de la communauté, réprime les abus et inflige les peines suivant un code particulier. Le meurtrier d'un musulman est passible d'une amende de 2,600 francs, puis est banni du pays. Sur cette amende, la djema'a perçoit 200 francs; le surplus revient à la famille du défunt : c'est la *diya*, le prix du sang. Si la personne tuée est une femme musulmane ou un juif, l'amende n'est plus que de 1,300 francs; si c'est une juive, de 700 francs. Celui qui vole, peu importe la valeur de l'objet, est exclu du pays pour deux ans et doit payer 50 francs à la djema'a. Le costume des hommes est, à peu de choses près, celui des Arabes. Cependant leur gros pardessus rayé les fait distinguer partout. La coiffure des femmes est tout à fait différente : jeunes filles et matrones divisent leur chevelure en trois : un chignon par-derrière et une grosse touffe de chaque côté du visage. Leur costume d'intérieur est le même que celui des femmes arabes, mais plus décolleté et beaucoup moins long. Dehors, elles sont enveloppées dans une grande pièce d'étoffe, depuis la tête jusqu'aux pieds.

Les Beni-Mzab sont commerçants par excellence, et beaucoup d'entre eux viennent s'établir soit dans les villes de l'intérieur, soit dans celles du littoral. Constantine, Bône, Guelma, Alger, Médéa, Oran, etc., en comptent un grand nombre. Ceux qui résident dans les ksours se montrent jaloux à l'extrême de leur indépendance. La crainte d'être, un jour ou l'autre, annexés à la France les a rendus soupçonneux ; tout Européen leur est suspect, et c'est à la longue seulement que cette méfiance instinctive s'affaiblira.

Les Mozabites constituent une corporation dans les villes du Tell où ils émigrent, parce qu'il leur est impossible de vivre dans leur pays faute de terres. Ils y jouissent encore de certains priviléges auxquels ils sont fortement attachés. Leurs fêtes ont lieu à des époques différentes de celles des indigènes qui appartiennent aux rites *hanèfi* et *maléki;* leurs prières ne sont pas les mêmes, et ils ont des cimetières différents. Le Mozabite attaché au sol est surtout fabricant. Il émigre non-seulement pour faire ses affaires, mais aussi pour écouler les produits du pays. Les enfants quittent la contrée de bonne heure avec leurs parents ou leurs amis, mais jamais les femmes n'abandonnent le sol natal. On fabrique dans le pays des Beni-Mzab beaucoup de tissus. Les principaux produits de la contrée sont les dattes et les légumes que l'on récolte en hiver seulement. Partout existent de nombreux et beaux barrages.

La langue des Mozabites est un dialecte berbère.

On évalue à 27,000 âmes la population des Beni-Mzab. Outre cette population mozabite pure, la confédération compte quelques fractions arabes et des juifs. Le pays n'est que tributaire ; il paye 45,900 francs à la France.

De Laghouat à Ouargla.

On y va tout droit en passant par Guerrara (v. p. 217), situé à l'est du Zab proprement dit, et par

Neyoussa, petite ville en ruines. Bou-Choucha en avait relevé les murs en 1871. La population, très-rare, du reste, y est aussi pauvre que sale. L'oasis, dont l'altitude varie, suivant M. Ville, de 115 à 125 m., compte, dit-on, 70 à 80,000 palmiers, et renferme de beaux puits artésiens forés par les indigènes. Negoussa possède les sépultures de la dynastie des Beni-Babia, qui a régné sur elle jusqu'à la conquête française; mais la cour de ces noirs souverains d'un point du désert était loin, très-loin même, de rappeler la pompe et la splendeur de celles des khalifes orientaux. « Beni-Babia, roi de Negoussa, fort beau nègre, vint à notre rencontre, suivi de deux hommes qui composaient sa musique et son escorte; il nous offrit une poule (1). »

On va d'El-Ateuf à Negoussa en suivant le cours sinueux de l'oued Mzab jusqu'au point appelé *Anit-el-Mokta;* là on prend à droite; puis, arrivé bientôt sur le bord de la corniche, on découvre le plus beau panorama saharien qu'il soit possible de voir. On descend par des pentes assez raides sur un sol onduleux formé de petites concrétions de grès rouge reliées par du ciment calcaire. Après avoir atteint la plaine, on traverse la sebkha *Safioun*.

De Negoussa à Ouargla on compte environ 24 kil. à travers des dunes et des terrains salés.

Ouargla (800 kil. environ d'Alger), à 128 m.

(1) Notes de M. le docteur Reboud.

d'altitude, suivant M. Ville, par 31° 58' de latitude nord, dans un vaste bas-fond. 2,500 hab.

Cette ville, beaucoup plus peuplée jadis, possédait, dit-on, de nombreux comptoirs commerciaux qui trafiquaient d'une façon permanente avec Agadez et le Soudan. Les divisions et les luttes entre les diverses fractions des habitants d'Ouargla, d'Agadez et les Touaregs contre leurs souverains causèrent rapidement la ruine de cette richesse commerciale. La Kasba a été restaurée et mise en état de défense, et l'on a doté la ville d'un marché couvert, entouré d'arcades, où l'on fait le commerce des haïks, de la laine, du coton, des burnous, des dattes et de différents objets de vannerie. Les chameaux d'Ouargla sont très-estimés; ils font l'objet d'un trafic assez important.

M. Féraud, interprète principal, et M. Thomas, vétérinaire aux spahis, ont signalé, à 4 ou 5 kil. au nord d'Ouargla, un atelier de silex taillés (1). M. Thomas y a recueilli près de soixante pointes de flèches, des bijoux, des fragments de poteries, etc. Il semble que cet atelier ait été affecté surtout à la fabrication des armes de guerre et de chasse; en outre, la présence de cendres abondantes et de débris de poterie ancienne au centre du foyer, indique une station assez longue de l'homme sur ce point.

(1) *Bulletin de la Société climatologique d'Alger*, 1875, 1er trimestre.

La belle *oasis* d'Ouargla, arrosée par de nombreux puits artésiens, a la forme d'une ellipse de 5 kil. de long sur environ 4 kil. de large. A une douzaine de kilomètres se dresse le djebel Krima. Sur le territoire d'Ouargla se trouvent le petit village de *Rouissat* et de nombreux ksours, notamment *Aïn-Ameur, Hadjadja,* etc.

Ouargla a été, jusqu'en 1873, la ville la plus australe de l'Algérie. Cette même année, une colonne française, sous les ordres de M. le général de Galliffet, entra, pour y atteindre les derniers débris de l'insurrection, dans *El-Golea*, ville des Chaambas, située à une grande distance au sud d'Ouargla (environ 310 kil.). La kasba d'El-Golea est bâtie au sommet d'un cône de 70 m. d'élévation, sur les pentes duquel s'étagent les maisons de la ville, creusées pour la plupart dans l'argile du monticule. L'aspect de l'*oasis* est fort pittoresque; on y compte près de 17,000 palmiers. C'est du moins sur ce chiffre que l'impôt de guerre fut basé en 1873.

El-Golea est aujourd'hui un point français; sa kasba, relevée par nos soldats et mise en état de défense, sert d'habitation au caïd.

On va, par *Teniet-el-Bogheul* et la vallée de l'oued Metlili, d'Ouargla à *Metlili*, autre ville des Chaambas, située à l'ouest, mais à une grande distance. Metlili (505 m. d'altitude), sur la rive gauche de l'oued de ce nom, en partie ruinée, n'offre qu'un petit amas de maisons se pressant sur un petit mamelon, autour d'une mosquée qui en couronne le sommet. Le piton qui porte l'oasis est pittoresquement situé au centre d'un carrefour de vallées couvertes de jardins verdoyants. Metlili est beaucoup plus rapprochée des villes du Mzab que d'Ouargla.

D'Alger à Bou-Saâda (1).

107 kil. — *Aumale*, v. p. 112.

139 kil. — *Caravansérail de Sidi-'Aïssa.*

169 kil. — *Caravansérail d'Aïn-Hadjel.*

207 kil. — *Caravansérail d'Aïn-Kerma*, au-dessus duquel se voient les ruines d'une vaste enceinte carrée contenant une infinité de compartiments ayant servi de chambres; cette construction est en pierres plates ajustées de la même manière que celles des tombeaux (2).

On passe à *Eddis*, village possédant 800 palmiers.

239 kil. — Bou-Saada, « le père du bonheur, » chef-lieu d'un cercle dépendant de la subdivision d'Aumale et d'une commune mixte de 5,076 hab., dont 97 Français, 420 israélites, 14 étran-

---

(1) Nous rattachons Bou-Saâda à Alger parce que, depuis quelque temps, ce centre fait partie du département de ce nom; mais il est relié à Constantine par des routes beaucoup plus fréquentées et surtout plus commodes que celle que nous suivons.

(2) Féraud.

gers européens et 4,545 musulmans, ville, poste militaire et oasis. Justice de paix, bureau arabe, poste et télégraphe. Bou-Saâda, commandé au sud-ouest par un fort qui occupe le versant d'un mamelon isolé et rocheux, est situé à 578 m. d'altitude, par 35° 10' de latitude nord et 1° 55' de longitude est, entre la limite sud-ouest du Hodna et les confins des Oulad-Naïl. « La ville est composée, dit M. le baron Henri Aucapitaine (1), d'un millier de maisons en briques séchées au soleil. Ce ne sont guère que des masures en boue entassées les unes sur les autres et présentant à chaque pas des phénomènes alarmants d'équilibre. » Bou-Saâda est entouré, au sud, à l'est et au nord, de jardins contenant près de 7,000 palmiers. Les plus belles plantations sont du côté du sud. Les jardins présentent un aspect très-pittoresque ; il y croît des oliviers, des lentisques, des abricotiers, des térébinthes, des jujubiers, des figuiers, des pêchers, des grenadiers, des vignes enlacées de lianes, etc. Leur fraîcheur et leur ombrage en font de véritables Édens pendant les brûlantes journées de l'été. Plus loin sont de larges dunes de sable. La ville est séparée des jardins de palmiers par l'oued Bou-Saâda qui, dans sa partie supérieure, porte le nom d'oued Remel. Les crues de cette rivière ont une force effroyable à laquelle rien ne peut

---

(1) *Revue africaine*, n° 31.

résister, et, après les grandes pluies d'orage, ses eaux charrient d'énormes blocs de rochers, arrachant les barrages et tout ce qui peut obstruer son cours impétueux. Une partie de Bou-Saâda repose sur des blocs taillés, vestiges d'un de ces postes que les Romains avaient établis sur la lisière du Sahara pour ravitailler leurs colonnes lointaines. La ville était divisée en plusieurs quartiers correspondant aux principales fractions, souvent en lutte les unes contre les autres, ainsi que c'était la coutume dans les bourgades sahariennes. Les israélites sont nombreux à Bou-Saâda ; ils sont orfèvres pour la plupart. On les voit, dit M. Aucapitaine, constamment accroupis dans de petites boutiques enfoncées, semblables à des antres, et, comme les alchimistes du moyen âge, soufflant dans leurs chalumeaux pour entretenir de mystérieux alliages. On y trouve aussi quelques Mozabites qui font un grand commerce de détail. Les étoffes de laine, couvertures, tapis, burnous, haïks de Saâda, jouissent d'une grande réputation. Les femmes travaillent, dans toutes les maisons, à la confection de ces beaux produits fort recherchés dans le Tell. Bou-Saâda est, par sa position sur la route de Biskra à Laghouat, un centre commercial important pour les tribus méridionales qui viennent s'y approvisionner des grains du Hodna et des huiles de la Kabylie.

A *Rahbat-en-Nouader*, « le marché des meules à fourrage, » sur une place extérieure, qui est en même temps la principale de la ville, se tient tous les jours un marché très-fréquenté. Dans le quartier adjacent se trouve le *Rahbat-el-Lahm*, « le marché de la viande. » Les Kabyles du Djurdjura apportent à Bou-Saâda de l'huile, des plats, des charrues, des cuillers en bois, des sabres-flissa, de la bijouterie, des figues et des olives, qu'ils échangent contre des toisons.

NOTICE HISTORIQUE.

Une légende raconte ainsi la fondation de Bou-Saâda. Vers le quatrième siècle de l'hégire, Bel-Ouacha, homme de grande tente de la tribu des Bedarna, et Si Tamer, savant lettré originaire du Maroc, vinrent camper au pied du djebel Msad, à 'Aïoun-Defla. Séduits par la beauté du site et par l'abondance des eaux, ces deux personnages ne tardèrent pas à s'y construire une maison en briques. Bientôt la réputation de science et de justice de Si Tamer attirèrent autour de lui des jeunes gens avides de profiter de son savoir, et dont les habitations formèrent le noyau d'une ville. La mosquée allait être terminée. Si Tamer et Si Sliman devisaient ensemble sur le nom à donner à la cité naissante. Tout à coup une négresse vint à passer et appela sa chienne.... *Saâda! Saâda!* « heureuse! heureuse!... » Ce mot leur parut de bon augure, et d'un commun accord ils appelèrent leur ville *Bou-Saâda*, « le lieu du bonheur » (1).

Les Romains ne paraissent pas avoir poussé la colonisation à un degré très-avancé sur la partie occidentale du Hodna où se trouve Bou-Saâda; néanmoins il y existe, notamment sur l'oued Chellal, des vestiges de barrages attestant l'existence d'établissements agricoles. On voit

(1) Baron H. Aucapitaine.

aussi aux environs de Bou-Saâda des tombeaux dits *celtiques* par les uns, *mégalithiques* par les autres, et dont la véritable origine, comme le fait judicieusement observer M. Féraud, semble être encore un mystère.

Le général Sillègue pénétra dans Bou-Saâda en 1843 et y fut bien accueilli. Deux ans après, le général d'Arbouville visita aussi la ville, par laquelle les colonnes qui battaient le Sud à la poursuite d'Abd-el-Kader ou de ses lieutenants passèrent souvent désormais. En 1849, le colonel de Barral y laissa une petite garnison sous les ordres du sous-lieutenant Lapeyre, qui s'y défendit vaillamment contre les indigènes révoltés. Le colonel Daumas occupa la ville le 15 novembre de la même année, à la suite de l'insurrection du Hodna et de Zaatcha. Le 29 du même mois, le centre militaire de Bou-Saâda était constitué. On y installa le chef de bataillon Saurin comme commandant supérieur; le capitaine Pein fut chargé des affaires arabes. Bou-Saâda est devenu en 1868 le chef-lieu d'une commune mixte.

EXCURSION A 'AÏN-RICH ET DANS LA VALLÉE DE L'OUED CHA'IR (1).

26 kil. — *'Aïn-el-Guerab.*

52 kil. — *'Aïn-el-Melah.* Salines.

74 kil. — *'Aïn-Rich.* Le bordj d'Aïn-Rich, sur l'oued Cha'ir, est entouré de belles plantations de vignes, d'arbres fruitiers, de saules, de peu-

---

(1) Nous avons résumé quelquefois et copié souvent un excellent travail de M. le docteur Reboud, médecin-major de 1re classe au 3e tirailleurs. V. le n° 50 de la *Revue africaine* (année 1866), intitulé : *Notice sur les ruines romaines de l'oued Cha'ir.*

pliers, etc. Il possède une grande inscription impériale. A 2 kil. en aval du bordj se voient les koubbas de Sidi Mohammed Aklied et de Sidi Mohammed Reguig, deux marabouts en vénération dans la contrée. Entre ces deux monuments religieux se dresse un tertre de quelques mètres à peine de hauteur, couvert de terre et de petits cailloux rugueux. Çà et là, à travers les gerçures du sol, il est possible d'entrevoir les angles de quelques pierres plus ou moins grossièrement taillées. A défaut d'inscriptions ou d'objets d'un intérêt véritable, on trouve épars sur le sol de très-nombreux fragments de poterie romaine d'un beau rouge. On y voit également des morceaux de briques, de tuiles, de verre, et même des médailles frustes.

L'oued *Cha'îr*, « la rivière de l'orge, » qui passe à 'Aïn-Rich, prend sa source à *Feïd-el-Botma*, puits (*ogla*) très-fréquenté par les Oulad-Naïl et situé au nord des contreforts septentrionaux du Boukahil. D'abord connu sous les noms d'oued Merhoum et d'oued Zentit, il coule de l'est à l'ouest. A la hauteur des koubbas de Sidi Abderrahman ben Salem et de Sidi Ameur ben Feradj, il prend le nom d'oued Cha'îr, fait un coude vers le sud pour regagner l'est d'abord, puis le nord-est, et se jette dans le grand chott du Hodna. Sur la rive droite, il reçoit au-dessus d'Aïn-Rich mille ravins sans nom ; plus bas, en avant de Ras-oued-Cha'îr, l'oued *Neta;* à quelques kil. des dunes, l'oued *Dokhal-el-Mezoul.* Sur la rive gauche, il a pour affluents, au-dessous d'Aïn-Rich, l'oued *Mouila* et l'oued *Liamon*, qui prend sa source dans le pays accidenté dont la partie orientale se relève brusquement sous le nom de *Seba'-Liamou*.

A *Daïet-el-Bethoum*, il reçoit l'oued *El-Melah*, formé de l'oued *Guefrar* et de l'oued *Ouarir*. Ce dernier, sous le nom d'oued *Msad*, naît dans les forêts de pins et de genévriers qui couvrent le versant nord du djebel Fernan, chaîne neigeuse qui fait partie du système de montagnes connu sous le nom de djebel Msad. Cet oued franchit le défilé d'*El-Zeriba*, non loin du bordj d'*Aïn-Semara*, suit la route carrossable d'Aïn-Rich et devient oued *Ouarir* un peu avant de recevoir l'oued Guefrar. Plus bas, à la hauteur d'Aïn-el-Melah, il longe quelques hautes crêtes arides, se dirige vers l'est et se jette dans l'oued Cha'ïr sous le nom d'oued Melah.

Le torrent de *Mzirzou*, qui passe sous les murs du bordj de ce nom, habité par le caïd de l'Oued-Cha'ïr, sort du versant sud du djebel Fernan, traverse une partie de l'Outha-Hattaba et débouche un peu au-dessus de *Sed-el-Gara*.

L'oued *Mouïla*, le plus considérable des affluents de l'oued Cha'ïr, prend sa source sur le versant nord, couvert de forêts, de la chaîne du *Bou-Ferdjoun*, qu'il traverse par une étroite trouée creusée dans le roc vif à 100 m. au-dessus du village de ce nom. Il prend ensuite le nom d'oued Hattaba; puis il le quitte pour celui de Mouïla.

La vallée de l'oued Cha'ïr est formée de vastes plaines dont une faible portion est cultivée et hérissée çà et là de mamelons plus ou moins élevés dont le sommet se termine toujours, d'un côté ou de l'autre, en corniche à couches obliques. Les points les plus riches de la vallée sont les alentours du marabout Sidi-Zian, d'Aïn-Rich, Daïet-el-Bethoum, l'Outha-Hattaba, 'Aïn-Mamoura et la plaine d'El-Guelalia. Les tribus dont le territoire est compris en entier ou en partie dans la vallée de l'oued Cha'ïr sont : les Oulad-Azouz, les Oulad-Amara, les Oulad-

Sidi-Zian, les Oulad-Khaled, les Oulad-Sliman et les Oulad-Sidi-Hamla. La population de ce bassin entier s'élève environ à 20,000 âmes. Les produits du pays sont la laine, le blé, l'orge, le mouton, le chameau et le cheval. Le lit de l'oued Cha'ïr verse toute l'année dans le chott du Hodna une grande quantité d'eau. Les berges, généralement élevées, à pic ou en pente raide, sont bordées de plateaux dont la végétation varie suivant l'altitude et la nature du sol. Dans le cours moyen de la rivière s'élèvent de plantureux tamarix dont les cimes touffues et serrées arrêtent les rayons du soleil. Le laurier-rose, le sekoum, la ronce, le rosier sauvage, les roseaux, les massettes atteignent sous cette fraîche voûte des proportions gigantesques et forment des fourrés impénétrables en mille endroits. Des *bordj* ont été construits en plusieurs points, soit par l'administration française, soit par les caïds, notamment à 'Aïn-Rich, à Mzirzou, à 'Aïn-Mamoura et à Msif. De nombreux arbres fruitiers, plantés par M. de Bussy au-dessous d'Aïn-Rich, ont atteint un beau développement et donnent des fruits savoureux. M. l'ingénieur Jus a foré un puits artésien à El-Guelalia. De bonnes routes et des cols d'un accès facile permettent aux tribus de l'oued Cha'ïr de sortir en tout temps de leur territoire.

Des restes d'établissements romains existent encore à Msif, à El-Guelalia, à Khorbet-el-Gara et à 'Aïn-Rich.

On va de Bou-Saâda :

1° A Biskra, par le col de *Sadouri* (fort romain avec inscription) et *El-Hamri*, l'oasis la plus occidentale du Zab de l'ouest;

2° A Tougourt, par 'Aïn-Rich (V. ci-dessus), le défilé d'Aïn-Khala, l'oued Djedi, Mengoub et Ksar-Dzioua;

3° A Laghouat, par 'Aïn-Rich, Demed et Messad;

4° A Djelfa, par la vallée de l'oued Dermel, le puits de *Selim* et les sources de *Tis-el-Ouine*.

CHAPITRE XII.

DÉPARTEMENT DE CONSTANTINE.

§ 1. — *Arrondissement de Constantine.*

1° CONSTANTINE.

CONSTANTINE, la *Cirta* des Numides et la *Koçantina* des Arabes, chef-lieu du département et de l'arrondissement de ce nom, à 439 kil. d'Alger par la route nationale, à 86 kil. de Philippeville par le chemin de fer, chef-lieu de division militaire, préfecture, évêché, résidence d'un général de division et de tous les chefs de service des différentes administrations départementales; intendance divisionnaire, direction d'artillerie et du génie, conseil de guerre, inspection académique et inspection primaire, lycée national, chaire d'arabe, nombreuses écoles communales, institutions privées, séminaire, société d'archéologie, société d'agriculture, tribunal de

1re instance, justice de paix, tribunal et chambre de commerce, trésorerie, poste, télégraphe, succursale de la Banque de l'Algérie, hôpital militaire, hôpital civil, cercle civil, cercle militaire, théâtre, casernes d'infanterie, d'artillerie, de cavalerie et du train des équipages, manutention et magasins militaires, jardin public, etc.

Population en 1872, 33,251 hab., dont 8,746 Français, 4,503 israélites naturalisés, 356 Espagnols, 687 Italiens, 657 Anglo-Maltais, 151 Allemands, 592 appartenant à d'autres nationalités et 17,759 musulmans.

Constantine est située par 36° 24' de latitude nord et 3° 48' de longitude est, à 534-644 mètres d'altitude, sur le plateau incliné d'un rocher formant une presqu'île qu'une langue de terre relie, à l'ouest, au Koudiat-Ati. Sur les autres points, la ville est séparée des hauteurs qui la dominent au nord et à l'est (Mansoura et Sidi-Mecid) par une gorge gigantesque au fond de laquelle le Rummel gronde et bouillonne. C'est bien le spectacle le plus étrange et le plus grandiose que l'on puisse rêver.

Remparts, portes, rues, places.

Les remparts courent de l'ouest, au-dessus de la porte Valée, jusqu'à la pointe sud de Sidi-Rached. Au nord, à l'est et au sud-est, les rochers et la gorge du Rummel forment une barrière infranchissable. L'enceinte est percée de trois portes : la vieille *Bab-el-Djabia*, la porte *Valée* et la porte d'*El-Kantara*. Ces deux dernières communiquent entre elles par la nouvelle rue *Nationale*, la plus belle de la ville. Des fouilles opérées dans le voisinage de la porte Valée, lors de la création de la rue Nationale, ont mis à jour de véritables trésors archéologiques, débris de l'antique Cirta. La rue Nationale est très-animée. Piétons, cavaliers, voitures, charrettes l'encombrent du matin au soir : c'est l'artère commerciale de la ville. Citons aussi : la rue *Damrémont*; la rue *Caraman*, allant de la cathédrale à la mosquée de Salah-Bey; la rue du *Palais;* la rue *Cahoreau;* la rue d'*Aumale;* la rue *Perrégaux*, qui relie la porte El-Djabia à la place d'El-Kantara et traverse tout le quartier arabe compris entre le nord-est et le sud-ouest ; enfin la rue *Combes*, qui va de la rue Rouaud à la place des Galettes. Cette rue, longue et étroite, est bordée de petites boutiques de marchands d'étoffes, de maréchaux ferrants, de cordonniers, de selliers, de brodeurs et de cafetiers : c'est la plus originale de toutes.

Les plus belles places de Constantine sont : la place du Palais, la place Valée, la place Nemours, la place Négrier et la place des Galettes.

L'esplanade *Valée*, au pied nord du Koudiat-Ati, occupe l'emplacement de l'ancien cimetière arabe sur lequel fut établie la batterie de brèche en 1837. Entre la porte Valée et la halle au blé s'étendent deux jolis squares. Celui de gauche, couvert d'arbres, d'arbustes et de fleurs, coupé dans tous les sens par des avenues bien dessinées et aménagées, est orné de la statue en bronze du *maréchal Valée*, due au sculpteur Crank. Le piédestal en marbre porte l'inscription suivante :

LA VILLE DE CONSTANTINE
AU MARÉCHAL VALÉE
PRISE DE CONSTANTINE
13 OCTOBRE 1837

Dans le square de droite se voient de nombreuses antiquités découvertes à Constantine ou dans la province.

La porte Valée sépare la place précédente de la place de *Nemours*, ou place de la *Brèche*, de création française. Cette place est très-animée. La place du *Palais*, bornée au nord par le palais d'Ahmed-Bey, est plantée d'acacias. La cathédrale, l'hôtel de la Banque, des cercles et des cafés en bordent les autres côtés.

Un pont en fer, d'une seule arche, relie la porte d'El-Kantara au Mansoura; il a été construit sous la direction de l'ingénieur de Lannoy. Sous cette arche grandiose le Rummel mugit au fond d'un gouffre dont la vue donne le vertige. Une des piles supérieures de l'ancien pont restauré par Salah-Bey en 1793 s'écroula en 1857, entraînant dans l'abîme les deux arceaux qu'elle supportait, ainsi que 22 mètres de la conduite d'eau qui alimentait la ville. La plus grande partie de ce qui restait fut démolie à coups de canon.

Édifices principaux.

La *cathédrale*, ancienne mosquée *Souk-er-Rezel*, est un assez beau spécimen de l'architecture arabe. Elle est surmontée d'une élégante coupole octogone. A l'intérieur, que des colonnes divisent en trois travées, on remarque le *minbar* musulman, transformé en chaire chrétienne (c'est un précieux travail de marqueterie), ainsi que les arabesques des parois finement découpées et fouillées.

Constantine possédait, au moment de la conquête, un nombre très-considérable d'édifices religieux. Parmi ceux qui sont restés debout, il convient de citer: *Djama'Kebir* (rue Nationale), construite sur les débris d'un temple païen; *djama'Rahbah-es-Souf* (rue Combes), la mosquée du marché à la laine, ancien hôpital civil; *djama'Sidi-el-Akhdar* (rue Combes), affectée au rite hanéfi (colonnes en marbre, riches tapis, lustres élégants, gracieux minaret); *djama'* et *medersa Sidi El-Kettani* (place Négrier), etc.

Le *palais d'Hadj-Ahmed*, place du Palais, devenu l'hôtel de la division, a été construit, peu de temps avant la prise de Constantine, par le dernier bey, avec des matériaux achetés en

Italie et surtout extorqués aux plus riches habitations de la ville ou des environs. L'extérieur a un aspect lourd et sévère ; c'est celui d'un cloître ou d'une prison ; mais il est impossible d'imaginer rien de plus original et en même temps de plus élégant que la décoration intérieure de l'édifice. Le périmètre du palais affecte la forme d'un carré long ; sa superficie est de 5,609 m. ; il renferme trois corps de logis principaux à un étage, séparés par deux jardins formant l'essence même de l'ancien harem du bey (1).

Citons encore : la *Maison du bey* (Dar-el-bey), en grande partie transformée (nombreuses boutiques et élégants magasins, parmi lesquels le *Paradis des Dames*, la librairie *Beaumont*, etc.); l'*hôtel de la préfecture*, l'*hôtel de la Banque*, le *Trésor*, le *lycée*, l'*ancien collège arabe*, aujourd'hui hôpital, dont les imposantes constructions inachevées couronnent les hauteurs de Sidi-Mecid ; la *Kasba*, occupée par les Romains, les Berbères, délaissée par les Turcs et rebâtie par les Français (immenses citernes construites par les Romains ; monument funéraire recouvrant les restes de Combes, de Vieux, de Sérigny, et de leurs vaillants frères d'armes tombés glorieusement en 1837 sous le feu de l'ennemi ; nombreuses inscriptions romaines encastrées

---

(1) *Monographie du palais de Constantine,* par M. Ch. Féraud.

dans les murs et offrant un grand intérêt pour la science épigraphique, pour l'histoire de Constantine surtout); les *casernes;* la *halle au blé,* d'un bel aspect, etc.

Musées. — Les richesses archéologiques de Constantine sont réparties en trois sections : l'une à l'hôtel-de-ville, l'autre dans la partie nord du square Valée, la troisième à la Kasba. Les collections de l'hôtel-de-ville comprennent des poteries, des lampes en terre et en bronze, des plats, des tasses en terre vernissée, des bagues en or, des colliers, des miroirs et des bracelets en bronze, des fibules, des boucles, des clous, des clefs, des statuettes, des amphores, des tuyaux, des fragments de bas-reliefs, des haches préhistoriques, une collection de fossiles, de coquillages, et plus de 3,000 médailles en argent.

Dans le square *Valée* se voient : plusieurs débris d'architecture, une tête de femme représentant *Cirta*, un lion, des frises, des chapiteaux et de nombreuses pierres tombales ou votives.

Les inscriptions latines du square Valée sont les archives de Cirta. On y trouve les noms de beaucoup de grandes familles qui ont joué un rôle important et administré les colonies de Mila, de Collo, de Ruscicada et de Constantine.

Les inscriptions de la Kasba forment la troisième partie du musée épigraphique de Constantine.

Industrie et commerce. — La *halle au blé*, entre le square Valée et le faubourg Saint-Antoine, est le marché aux grains le plus important de l'Algérie ; il s'y fait annuellement pour 10 à 12 millions d'affaires. Citons aussi le *marché aux légumes* (place Nemours), le *marché aux cuirs* (rue Perrégaux), le *marché aux burnous* (place des Chameaux) ; les *fondouks aux haïks, aux tapis et aux burnous* (rues Vieux et Hacket) ; le *fondouk aux huiles* (rue Vieux).

L'industrie de la minoterie est prospère à Constantine. Les moulins Lavie sont célèbres dans toute l'Algérie. Viennent ensuite la fabrication des ouvrages en peau et la fabrication des tissus de laine, presque exclusivement aux mains de la population indigène. La fabrication des ouvrages en peau occupe un grand nombre de tanneurs, de selliers et de cordonniers. Les tanneurs, au nombre de plus de 200, sont répartis dans une quarantaine d'établissements, au-dessus du ravin. Les selliers sont établis dans des boutiques situées au centre de la ville. Les cordonniers occupent des rues entières. La fabrication des tissus de laine, dont les Européens commencent à s'occuper, a pour objet la fabrication des haïks, des burnous, des gandouras, des tellis et des tapis. D'autres industries moins importantes se groupent autour de ces grandes industries, celles des bouchers, des fruitiers, des jardiniers, des épiciers, des cafetiers, des marchands de tabac, des maçons, des menuisiers, des serruriers, des vanniers, des bourreliers, des marchands d'étoffes, des teinturiers, des tailleurs, etc. Constantine est une véritable ruche; tout le monde y travaille.

NOTICE HISTORIQUE.

« Peu de cités dans le monde, dit M. Cherbonneau, ont subi autant de révolutions que Constantine, soit en raison de son importance politique, soit à cause des richesses de son sol. S'il faut en croire la tradition, elle a été assiégée et conquise quatre-vingts fois. La première mention qui en soit faite remonte à l'histoire des Numides, qui l'appelaient *Cirta*. Dans la langue numidique, *Cirta* désignait un rocher isolé; c'est le synonyme de *Kaf* ou *Kef*, expression arabe qui est devenue le nom de l'ancienne *Sicca Veneria*. Tour à tour capitale de Syphax, de Masinissa, de Micipsa, d'Adherbal, de Juba le Jeune, elle devint ensuite chef-lieu de la province romaine de Numidie, et fut érigée en colonie romaine par Jules César, pour récompenser le corps de partisans avec lequel Publius Sittius Nucerinus lui avait rendu de si utiles services pendant la guerre d'Afrique; elle fut dès lors appelée *Cirta Sittianorum* et *Cirta Julia*. Au quatrième siècle, elle reçut le nom de Constantine qui lui est resté. »

Les auteurs grecs, ainsi que les écrivains latins, sont avares de détails sur la topographie de la capitale des Numides. Strabon (liv. XVII, p. 832) se contente de dire: « A l'intérieur du pays des Massésyliens est placée *Cirta*, résidence royale de Masinissa et de ses successeurs, ville très-forte et magnifiquement ornée de toute sorte d'édifices et d'établissements qu'elle doit principalement à Micipsa. Par les soins de ce prince, qui y établit une colonie de Grecs, cette cité devint si peuplée, qu'elle fut en état de mettre sur pied dix mille cavaliers et le double de fantassins. »

Dans le paragraphe xxv de son *Histoire de la guerre contre Jugurtha*, Salluste caractérise d'un seul trait l'importance militaire de Cirta : *Neque propter naturam loci, Cirtam armis expugnare poterat Jugurtha*, « la position de Cirta ne permettait point à Jugurtha de l'emporter d'assaut. » Au dire du même historien, de vastes plaines se déployaient non loin de la ville : *Haud procul ab oppido Cirta campi patentes*. Hirtius, l'historien de la guerre d'Afrique, qualifie Cirta d'*oppidum opulentissimum*, « cité très-opulente. »

Ruinée dans la guerre de l'empereur Maxence contre un paysan de la Pannonie (1) du nom d'Alexandre, qui avait usurpé la pourpre, Cirta fut rétablie et embellie par Constantin dont elle prit le nom.

Les hordes barbares qui, dans le cinquième siècle, se répandirent comme un flot dévastateur dans la Numidie et les trois Mauritanies, semblent avoir respecté Constantine ; peut-être leurs efforts se sont-ils brisés contre ses puissantes murailles.

Les écrivains arabes désignent Constantine sous le nom de *Koçantina* et *Kostantina*.

Sous la domination berbère, Constantine relève tantôt des rois de Tunis, tantôt des gouverneurs de Bougie, ou devient elle-même capitale. Les écrivains arabes, notamment Ibn-Khaldoun, entrent dans de nombreux détails sur l'histoire de cette cité. Les Turcs essaient vainement de s'en emparer en 1520. Plus heureux en 1535, ils la soumettent à la province d'Alger, dont elle fait désormais partie intégrante. L'autorité est confiée à un chef qui prend le titre de kaïd. De 1535 à 1567, les noms des kaïds sont inconnus.

---

(1) On vient de trouver dans l'ancien café Charles une dédicace au tyran Alexandre. Cette dédicace lui donne deux autres noms jusqu'alors inconnus.

Les beys qui ont gouverné Constantine de 1567 à 1830 sont :

Ramdan-Bey, 1567.

Djafar-Bey, date inconnue.

Mohammed ben Ferhat, tué sous les murs de Bône en 1607.

Hassen-Bey, mort de la peste en 1622.

Mourad-Bey, 1637.

De 1639 à 1647, révolte, anarchie.

Ferhat-Bey ben Mourad-Bey, 1647.

Mohammed-Bey ben Ferhat, 1653.

Redjeb-Bey, octobre 1666.

Kheïr-Eddine-Bey, 1672.

Abd-er-Rahman, dit Dali-Bey, 20-30 avril 1676.

Omar ben Abd-er-Rahman, dit Bach-Agha-Bey, 1679.

Châban-Bey, septembre 1688.

Ali-Khoudja-Bey, 1692.

Ahmed-Khoudja-Bey, fin de 1700.

Brahim-Bey el-Euldj, 1702.

Hamouda-Bey, 1707.

Ali-Bey ben Hamouda, 1708.

Hosseïn-Chaouch-Bey, 1709.

Abd-er-Rahman-Bey ben Ferhat, 1710.

Hosseïn, dit Denguezli-Bey, 1710.

Ali-Bey ben Salah, 1710.

Kelian-Hosseïn-Bey, 1713.

Hassen-Bey ben Hosseïn, dit Bou-Hanek, 1736.

Hosseïn-Bey, dit Zereg-Aïnou, 1754.

Ahmed-Bey, dit El-Colli, fin de 1756.

Salah-Bey ben Moustafa, milieu de 1771.

Ibrahim-Bey, dit Bou-Seba', gouverne trois jours, du 17 au 20 août 1792.

Salah-Bey, règne pour la deuxième fois, du 20 août au 1er septembre 1792.

Hassen ben Bou-Hanek, 1793-1795. Il construisit Dar-el-Bey et fut étranglé sur l'ordre du pacha d'Alger.

Moustafa ben Sliman el-Ouznadji, 1795-1797, étranglé après deux ans de règne, sur les plaintes du consul de France à Alger.

Hadj Moustafa, 1797-1803. Son règne fut signalé par la paix et le bon marché des vivres : un sac de blé de 160 litres ne se vendait que un franc.

Othman ben Mohammed el-Kebir, 1803-1804.

Abd-Allah ben Ismaël, 1804-1806, décapité par ordre du dey d'Alger.

Hussein ben Salah, 1806-1807. Vainqueur des Tunisiens devant Constantine, vaincu par eux près du Kef, il paya sa défaite de la vie.

Ali ben Youssef, 1807-1808, assassiné pendant qu'il faisait les préparatifs d'une expédition contre Tunis.

Ahmed-Chaouch, dit El-Kebaïli, 1808. Son règne de quinze jours fut signalé par de sanglantes débauches et la dilapidation du Trésor public.

Ahmed ben Ali el-Tobbal, 1808-1811, étranglé par ordre du pacha d'Alger pour avoir fourni du blé au juif Bacri.

Mohammed-Naaman, 1811-1813, étranglé à Msila.

Mohammed-Tchakeur ben Abd-Allah, 1813-1818, sanglant despote, étranglé en même temps qu'Omer, pacha d'Alger.

Kara-Moustafa, 1818, règne un mois.

Ahmed el-Mamlouk, 1818, règne six mois.

Mohammed ben Daoud el-Mili, 1818-1819.

Ibrahim ben Ali el-R'arbi, 1819, étranglé au bout d'un an de règne.

Ahmed el-Mamlouk, nommé pour la seconde fois en 1821 et étranglé en 1822.

Ibrahim, 1822-1826.

Hadj-Ahmed, 1826-1837 (1).

---

(1) Vayssettes, *Histoire de Constantine sous la domination turque.*

Hadj-Ahmed fut complètement indépendant de 1830 à 1837. Lors de l'arrivée des Français en Algérie, il fut appelé devant Alger pour combattre les chrétiens et il s'y battit vaillamment. Quand la capitale de la régence fut tombée en notre pouvoir, Ahmed revint à Constantine qui avait prononcé sa déchéance, mais où il réussit à s'installer de nouveau.

En 1836, la France fit contre Constantine une tentative dont l'issue fut malheureuse, malgré l'héroïsme de nos soldats.

Nous prîmes une éclatante revanche l'année suivante : la ville fut enlevée d'assaut le 13 octobre 1837. L'armée française, forte de 10,000 hommes, était commandée par le général Damrémont qui fut tué sur la brèche. Le général Valée prit alors le commandement des troupes. C'est lui qui eut l'honneur de s'emparer de Constantine. Il est juste de dire qu'il fut héroïquement secondé par les Trézel, les Rulhières, les Rohault de Fleury, les Combes, les Lamoricière, etc., etc.

La ville est aujourd'hui en pleine prospérité. Masures, ruelles, impasses étroites et fétides ont disparu sur plusieurs points, pour faire place à des rues larges, bien aérées et bordées de constructions élégantes. Mais Constantine étouffe faute d'espace. Tous les emplacements ont été utilisés. Des maisons à quatre, cinq et six étages se dressent sur les bords du gouffre ; les fenêtres surplombent parfois les abîmes du Rummel ; c'est à donner le vertige. Le temps n'est, sans doute, pas éloigné où cette cité commerçante, élargissant sa ceinture, se développera du côté du Koudiat-Aty et sur le versant occidental du Mansoura qu'embellissent des plantations de pins, jeunes encore, mais déjà pleins de sève et de vigueur. Constantine sera prochainement reliée à Sétif, à Batna et à Bône, par un réseau de chemins de fer.

2° ENVIRONS DE CONSTANTINE.

Promenade autour des remparts.

Quand on sort de Constantine par la porte Valée, on a devant soi la colline du Koudiat-Aty, le faubourg *Saint-Jean* à l'ouest, et celui de *Saint-Antoine* au nord et à l'est. Ces deux faubourgs, reliés au sud par la rue Rohault-de-Fleury, sont très-animés et tendent à prendre une grande extension. Au sud-ouest du Koudiat se trouvent les *cimetières français et arabe*. « C'est, dit M. Cherbonneau, dans les entrailles du Koudiat-Aty que l'on ramassera les ossements des générations qui ont habité successivement le rocher de Cirta. » En se dirigeant de la porte Valée vers la pointe de Sidi-Rached on passe devant *Bab-el-Djabia*, puis on descend à l'*abattoir*, voisin du *Bardo*, quartier de cavalerie.

La *pointe Sidi-Rached*, qui porte le nom d'un marabout auquel elle a servi de lieu de sépulture, forme l'extrémité méridionale du rocher de Constantine; elle surplombe le Rummel. C'était autrefois, dit-on, une sorte de roche Tarpéienne d'où l'on précipitait dans l'abîme, non pas les femmes qui avaient trahi la patrie, mais celles qui avaient oublié leurs devoirs vis-à-vis de leurs époux. Franchissant ensuite un pont d'une seule arche (le *Pont du Diable*), jeté au bas de Sidi-Rached, on arrive auprès d'une source *thermale* dans laquelle les indigènes prennent des bains. Cette source jaillit dans le lit de la rivière. Non loin de là se dresse une roche plane sur laquelle est gravée l'*inscription* des martyrs Jacob, Marien, Victor, Egyptus, et de leurs compagnons, morts pour la foi chrétienne. Cette inscription a une grande importance, car elle prouve que la religion du Christ a régné dans les murs de Constantine avant celle de Mahomet.

En remontant le sentier tracé au-dessus de la roche des Martyrs, on gagne la *gare du chemin de fer*, d'où l'on monte sur le plateau de *Mansoura* par une route en lacets, à travers des bois de pins, et l'on visite la *caserne des chasseurs*, ainsi que les belles écuries de la remonte de *Sidi-Mabrouk*. Au delà s'étend une plaine qui sert d'*hippodrome*. Les courses de Constantine sont très-animées. Les Arabes y viennent en foule et s'y livrent à des fantasias échevelées. Nous avons assisté à des courses sur plusieurs points de l'Algérie, mais celles de Constantine nous ont paru offrir un attrait tout particulier.

Un peu au delà du Bardo se voient, dans une véritable oasis, les débris imposants d'un *aqueduc romain* situés à 1,200 m. environ de la pointe de Sidi-Rached, un peu au-dessus du confluent du Rummel et du Bou-Merzoug. Les restes de cet édifice se composent de six arceaux en pierres de taille, dont le plus élevé n'a pas moins de 20 m. de hauteur.

Si, après avoir franchi la barrière du chemin de fer, en avant du premier tunnel du Mecid, l'on gravit le versant oriental de cette montagne qui porte sa cîme à 790 m., on arrive à un édifice monumental dont la masse imposante attire de loin les regards : c'est l'ancien *collége arabe français*, aujourd'hui transformé en *hôpital*. Sur la pente occidentale de la montagne, les rochers portent une foule d'inscriptions latines du premier siècle de l'occupation romaine. Il résulte de deux de ces épigraphes que Salluste, dont les actes n'ont pas toujours été aussi moraux que les écrits, possédait un vaste domaine en face de Cirta (*limes fundi Sallustiani*).

Du haut du Mecid, d'où l'on voit admirablement bien Constantine et le Rummel dans les gorges duquel se croisent et s'entrecroisent des nuées de corneilles mêlant leurs croassements au sourd murmure du torrent, on peut descendre aux bains de *Sidi-Mecid* dominés par des rochers abruptes et cachés sous les voûtes d'une délicieuse verdure. Là jaillissent, à peu de distance les unes des autres, quatre sources d'*eaux sulfureuses, alcalines et ferrugineuses* dont la température moyenne est de 33 degrés. Elles sortent toutes de grottes formant des piscines naturelles. Deux grandes piscines ont été aménagées pour les baigneurs de Constantine ; elles sont très-fréquentées pendant la belle saison. Nageurs et nageuses y prennent leurs ébats comme dans un petit lac. L'une est réservée aux hommes, les dames se baignent dans l'autre. La plus grande, en forme de demi-cercle, a 37 m. de diamètre et 1 m. 20 à 1 m. 50 de profondeur ; la source inférieure, très-abondante, y tombe en cascades. Une plaque de marbre porte l'inscription suivante :

Cette piscine a été ouverte le 1er juin 1872 avec le concours obligeant du 63e de ligne.

On trouve aussi à Sidi-Mecid un charmant jardin planté d'orangers, de grenadiers, ainsi qu'un restaurant très-fréquenté, car les bains de Sidi-Mecid sont à la mode ; les Constantinois quittent avec bonheur leur nid d'aigle pour ce nid de verdure.

De Sidi-Mecid on revient à la porte Valée par laquelle nous sommes sortis de la ville pour commencer cette excursion, en suivant un chemin taillé dans le roc. C'est par ce chemin que l'on va généralement de Constantine à Sidi-Mecid ; il n'est pas carrossable à partir des moulins Lavie, mais les cavaliers s'y engagent en toute sécurité. Ajoutons, pour être juste, qu'il est l'œuvre du 63e de ligne.

Aux *moulins Lavie* se voient des restes de colonnes, des statues de divinités champêtres et quelques belles inscriptions latines.

Le chemin traverse, au-dessus des cascades, le Rummel qui vient d'enlacer le plateau de

Constantine de ses replis tortueux. Le lit de la rivière est encombré d'énormes blocs de rochers ; on dirait qu'un Titan les y a entassés pêle-mêle. Cette image du chaos fait encore mieux ressortir le gracieux aspect du djebel Mecid tapissé de verdure. C'est affreux, grandiose et coquet en même temps. Quelquefois le lit du Rummel est presque à sec ; on peut alors le remonter depuis les cascades jusqu'à la première arche naturelle jetée entre le Mecid et la Kasba. De cette première arche on distingue très-bien la seconde, qui est beaucoup plus profonde. Ces voûtes naturelles, au nombre de quatre, sont un phénomène merveilleux et peut-être unique au monde. L'une d'elles a au moins 60 m. de longueur. A la vue du torrent qui disparait en grondant dans ces sombres abimes, on songe aux fleuves infernaux, et l'on s'attend à voir Caron et sa barque fatale (1).

Avant de rentrer à Constantine, le touriste visitera, au-dessus des moulins Lavie, le *tombeau de l'orfèvre Præcilius,* dont la découverte (1855) est due à des fouilles dirigées au pied du *Bordj-el-Açous.* Le tombeau, renfermé dans un caveau couronné par une terrasse, était orné à l'intérieur de peintures à fresque et de mosaïques. Une inscription en vers latins relatait que Præcilius avait vécu 100 ans.

(1) Pour la description des gorges du Rummel, voir le tome I*er* de cet ouvrage.

De Constantine au Hamma.

On y va par le chemin de fer ou par une route qui passe par le faubourg Saint-Jean et le *Pont d'Aumale* (2 maisons et café maure), pont américain jeté sur le Rummel.

Le *Hamma*, l'*Azimacia* des Romains, chef-lieu d'une commune de 2,941 hab., dont 642 Français, 153 étrangers européens et 2,046 musulmans, à 7 kil. de Constantine par le chemin de fer, 12 kil. par la route, sur la rive droite du Rummel, dans une vallée où des ruisseaux d'eaux thermales entretiennent une fertilité prodigieuse et un grand luxe de végétation. Ces eaux (33°) servent à l'arrosage de plus de 1,200 hectares de jardins et font mouvoir de nombreux moulins à farine. Découverte d'inscriptions antiques dont l'une porte le nom d'*Azimacia*.

De Constantine au Kheneg.

3 kil. — *Le Pont d'Aumale*. On prend au nord-ouest la route de Mila.

4 kil. — *Salah-Bey*, ferme autour de laquelle sont groupés plusieurs gourbis. Cette ancienne villa de Salah-Bey a été pillée par le dernier bey de Constantine qui lui a enlevé tous ses marbres. Salah-Bey possède une magnifique source chaude très-fréquentée, dont les eaux arrosent le plateau et les cultures des pentes dirigées vers l'oued El-Kebir.

On quitte la route à l'oued Begrat (12 kil.) et, traversant le Rummel (oued El-Kebir), on suit un chemin qui remonte la rive droite de la rivière.

24 kil. — *Kheneg*, « la gorge. » C'est un site fort intéressant par ses ruines et surtout par son ravin qui rappelle celui du Rummel. Les ruines sont celles de la petite ville de *Tiddi* que protégeaient d'infranchissables escarpements. A 300 m. au nord-est, nécropole traversée par une voie romaine; à 4 kil., sur la rive droite de l'oued Smendou, *monument des Lollius*, qui doit prendre place après le Tombeau de la Chrétienne et le Médracen. L'une des quatre inscriptions que porte l'assise supérieure rappelle que Quintus Lollius Urbicus a élevé, sous le règne d'Adrien, ce cénotaphe à des membres de sa famille. Ce monument, de forme cylindrique, avec soubassement et corniche, couronne le sommet d'un massif dont les pentes vont à l'oued Smendou.

De Constantine au Chettaba.

Au sud-sud-ouest de Constantine s'étend la région du Chettaba qui, sous la domination romaine, a été habitée par une population laborieuse et commerçante. Il y existait trois centres principaux habités surtout par des potiers et des fabricants de conduites pour les eaux. Ces trois centres étaient : 'Aïn-Foua (*Phua*), Arsacal (*Cas-*

tellum Arsacalitanum) et Oudjel (*Uscelitanum Castellum*). Le sol est partout jonché de ruines. Dans une grotte connue sous le nom de *R'ar-ez-Zemma*, M. Cherbonneau a découvert de nombreuses inscriptions lisibles, frustes ou calcinées par les feux que les bergers arabes allument dans cette retraite. Les débris d'un temple romain ont été retrouvés à 'Aïn-Foua. *Arsacal*, dont le nom figure sur plusieurs inscriptions, fut le siége d'un évêché vers la fin du quatrième siècle. Cette ville, dit M. L. Renier, avait une administration municipale. A *Oudjel* se voient des ruines fort intéressantes, une nécropole dans laquelle M. Cherbonneau a relevé plusieurs inscriptions et un rocher portant dix épitaphes disposées en forme de tableau.

De Constantine à 'Aïn-el-Bey.

Pour aller à 'Aïn-el-Bey, on franchit le Rummel. Laissant le polygone à droite et à une bonne distance, on gravit une pente assez raide; puis, au delà de *Fedj-Allah-el-Akbar* (ancien télégraphe, vue magnifique sur Constantine), on laisse à gauche le *séminaire*, avant d'atteindre

15 kil. — *'Aïn-el-Bey*, « la fontaine du bey, » pénitencier militaire indigène. Des fouilles ont prouvé qu'Aïn-el-Bey occupe l'emplacement de *Saddar*, première étape de la voie romaine de Cirta à Lambèse.

De Constantine au djebel Ouach.

Pour y monter, on se dirige au nord-est ; à mesure que l'on s'élève on découvre la ville de Constantine. Le djebel Ouach porte son sommet à 1,221 m. (état-major). Là se trouvent de vastes bassins remplis d'eau pure qui alimentent Constantine. C'est un des sites les plus curieux que l'on puisse voir : des frênes, des saules pleureurs, des pins, des chênes-verts, des cèdres et d'autres arbres encore forment de jolis massifs autour des bassins. Des ruisseaux canalisés courent sur les flancs de la montagne d'où l'on découvre un admirable panorama.

3° AUTRES LOCALITÉS DE L'ARRONDISSEMENT DE CONSTANTINE.

De Constantine à Batna.

16 kil. — Le *Khroub*, pl. de *Khorbet*, « masures, ruines, » chef-lieu d'une commune de 4,734 hab., dont 550 Français, 1 israélite, 130 étrangers européens et 4,053 musulmans, créé en 1859, sur la rive droite du Bou-Merzoug. Église, école de garçons et de filles, céréales, vignes, arbres fruitiers, très-important marché aux bestiaux tous les samedis. La route de Constantine à Guelma se détache au Khroub de celle de Constantine à Batna. On laisse sur la gauche le hameau d'*Aïn-Guerfa*.

26 kil.—*Oulad-Rahmoun*, chef-lieu d'une commune de 3,200 hab., dont 104 Français, 18 étrangers européens et 3,168 musulmans, sur la rive gauche du Bou-Merzoug, créé en 1859. Justice de paix, église, école mixte, riches terres de culture dans une petite plaine située au confluent du Bou-Merzoug et d'une autre vallée venant du sud-est. On laisse à gauche la route de Constantine à Tébessa.

28 kil. — *Sievers*, vaste ferme et usine à pâte d'alfa pour papier, créée par M. de Montebello.

Le territoire du Khroub et des Oulad-Rahmoun est irrigué en partie par les eaux du Bou-Merzoug. A ces centres se rattachent plusieurs hameaux et de nombreuses fermes très-prospères. *Ras-'Aïn-Bou-Merzoug*, « la source du Bou-Merzoug, » jaillit non loin de la route, au pied du djebel *Fortas*. Les eaux sont très-abondantes (450 à 900 litres par seconde). Tout le pays qui les entoure est couvert de monuments mégalithiques, tels que dolmens, cromlechs, menhirs et tumuli.

40 kil. — *La Fontaine-du-Rocher*, à l'embranchement des deux routes de Constantine à Batna par la vallée du Bou-Merzoug et par 'Aïn-el-Bey.

49 kil. — Caravansérail d'*Aïn-Mlila*, village assez prospère.

59 kil. — *'Aïn-Feurchi*. Ruines romaines et auberge.

Un bureau télégraphique vient d'être créé à 'Aïn-Mlila, cité ci-dessus, ancien caravansérail, aujourd'hui village dont la population s'est rapidement accrue.

63 kil. — Auberge *Boutinelli*, au pied du *Nif-en-Nser*, « bec de l'aigle. »

83 kil. — *'Aïn-Yakout*, « la fontaine du diamant brut. » Hameau, hôtel et gendarmerie.

A 10 kil. sud d'Aïn-Yakout s'élève le *Medracen* ou *Medrazen*, vaste édifice sur la destination duquel les archéologues ont beaucoup disserté sans se mettre d'accord. On le considère généralement comme un monument funéraire, peut-être celui des rois de Numidie. M. l'abbé Mougel, curé de Duvivier, bien connu par ses travaux archéologiques, croit que le Medracen n'est point une sépulture royale ou princière, mais un autel élevé au dieu Soleil et destiné aux sacrifices (1). Les audacieux ne font pas toujours fortune, mais ils ont quelquefois raison.

« La forme générale du monument, dit M. le colonel Foy, est celle d'un gros cylindre très-court, servant de base à un cône obtus, ou plutôt à une série de vingt-quatre cylindres qui décroissent successivement et donnent ainsi sur le cylindre de base une série de vingt et un gradins circulaires de 85 c. de haut et de 97 c. de large. La plate-forme supérieure a 11^m,70 de

---

(1) *Bulletin de l'Académie d'Hippone. 1876.*

diamètre, et le gradin inférieur 76 m. de pourtour. Il est évidé inférieurement en quart de cercle et forme ainsi une corniche très-simple que supportent soixante colonnes espacées de $2^m,85$ d'axe en axe et ayant $2^m,22$ de hauteur de fût. Ces colonnes reposent sur un double soubassement, peu apparent aujourd'hui que les terres se sont amoncelées à son pied.

» A l'est du monument, on reconnaît les traces d'une sorte d'avant-corps rectangulaire de 24 m. de largeur et de 14 à 15 m. de saillie, dont la construction se rattache à celle du Medracen. Ses entre-colonnements sont couverts de figures et de caractères : un bœuf harnaché et muselé, deux lévriers courant après deux lièvres, etc. »

L'édifice porte les traces des ravages du temps et des hommes. Sans compter les pierres brisées ou enlevées çà et là, le monument a subi trois brèches inégales qui ont fait rouler à ses pieds les blocs arrachés à son cône et à son soubassement.

Le Medracen a été fouillé en 1874 par les soins de la Société archéologique de Constantine, qui en a publié les plans et les dessins. Sa disposition intérieure est beaucoup plus simple que celle du *Kbour-er-Roumia*. Une seule chambre, accessible par un couloir déclive, constitue tout son hypogée, tandis que l'hypogée du *Kbour-er-Roumia* était composé d'un vestibule précédé et suivi de couloirs, d'une longue galerie circulaire et d'un ensemble de chambres sépulcrales. Quant à l'ensemble extérieur, nul doute qu'il n'ait servi de modèle au Tombeau de la Chrétienne.

96 kil. — La *Fontaine-Chaude*, l'*Aïn-ed-Djera* des Arabes. Aux environs, hameau d'Oum-el-Asnam, sur les ruines de Tadutti.

On laisse sur la gauche le village de *Madher*, où se voit la *ferme de Chassaing*, le célèbre tueur de lions, et où M. Poulle a relevé un très-grand nombre d'inscriptions indiquant que cette localité avait été habitée par des vétérans de la 3e légion Auguste de Lambèse.

107 kil. — *Fesdis*, centre d'un futur village créé près de *Ksour-R'ennaia*, « le château de la chanteuse. » Ruines romaines et moulins sur l'oued Fesdis ou oued Batna.

119 kil. — BATNA, le *Bivac* en arabe, chef-lieu de subdivision militaire, d'une commune de plein exercice de 3,945 hab., dont 1,543 Français, 323 israélites, 344 étrangers européens, 1,725 musulmans, et d'une commune mixte de 2,426 hab., dont 31 Français, 7 étrangers européens et 2,426 musulmans. Résidence d'un général de brigade, justices de paix, église, écoles, bureau arabe, casernes, hôpital militaire, cercle, Trésor, bureau de poste, bureau télégraphique, halle aux grains, marché très-fréquenté, nombreux moulins; atelier de M. Jus pour la transformation de l'alfa en pâte à papier. Cette

petite ville, fondée en 1848, sur l'emplacement d'un camp établi en 1844, est située à 1,021 m. d'altitude, par 35° 40' de latitude nord et 3° 55' de longitude est, à l'extrême limite du Tell, à l'entrée d'une vaste plaine. Son climat est sain et tempéré.

Le *camp* ou quartier militaire comprend de vastes casernes, des magasins pour les différents services militaires et un hôpital. La ville est entourée d'un fossé et d'un mur de défense percé de quatre portes : de *Lambèse*, de *Biskra*, de *Sétif* et de *Constantine*. Les maisons n'ont généralement qu'un rez-de-chaussée ou un étage. Les rues sont larges, propres, coupées à angles droits et bordées de mûriers et de tilleuls. Les seuls édifices qui méritent d'être cités sont l'église, les bains maures et le bureau arabe. La Pépinière, les allées de la Prairie et Herbillon offrent de fort jolies promenades.

Une voie ferrée reliera dans un avenir prochain Batna à Constantine et à Sétif. De l'ouverture de ce chemin de fer datera une ère de prospérité pour la ville et pour toute la circonscription dont le territoire, d'une fertilité exceptionnelle, est excessivement riche en bois de chauffage et de construction, tels que chênes-verts, genévriers, cèdres, pins d'Alep, etc.; en gîtes minéralogiques (fer, cuivre, plomb, mercure, etc.). C'est surtout le mercure qui semble donner le plus de valeur aux gisements de Batna, situés dans l'Aurès. Des Anglais y travaillent, afin d'en étudier l'importance. On y remarque aussi de vastes espaces couverts d'alfas.

Un des plus jolis buts de promenade des environs de Batna est la magnifique forêt de cèdres et de chênes (5 kil. nord-est) qui recouvre une partie de la montagne du djebel *Tougourt* (2,100 m. d'altitude). Cette forêt, d'une étendue d'environ 4,000 hectares, renferme des arbres superbes: quelques-uns sont plusieurs fois centenaires; ils ne le cèdent ni en taille, ni en beauté, aux cèdres fameux de Teniet-el-Haàd.

Citons aussi : le *Ravin-Bleu* et le *village Nègre*, ainsi nommé parce que les gens de couleur y dominent.

De Batna à Lambèse.

La route longe quelques coteaux boisés, premiers contreforts du versant nord de l'Aurès.

11 kil. — LAMBÈSE, la *Lambaïssa*, *Lampaïsa*, *Lambaïssa* de Ptolémée ; la *Lambesa*, *Lambesis* des Notices de l'Église d'Afrique ; la *Lamba* de Peyssonnel, de Shaw et de Mannert, la Lambessa, Lambèse des auteurs modernes, le *Tazzout* ou *Tazzoulet* (nom berbère du genêt) des indigènes, chef-lieu d'une commune de 673 hab., dont 321 Français, 22 étrangers européens et 330 musulmans, colonie agricole de 1848, érigée en commune en 1870 ; église, écoles, marché arabe, pénitencier transformé en maison centrale de

détention. La vue de ce sombre édifice éveille de pénibles souvenirs; c'est là qu'après le coup d'État furent emprisonnés plus de 300 déportés politiques. Après l'amnistie, le pénitencier a fait place à une maison centrale de détention constituée sur les mêmes bases que ses similaires de la métropole. C'est le plus considérable des établissements de l'espèce en Algérie.

NOTICE HISTORIQUE.

Lambèse, aujourd'hui simple village, fut dans l'antiquité une cité très-importante, comme l'attestent encore les ruines grandioses qui couvrent le sol sur une vaste étendue. On pense qu'elle fut fondée de l'an 21 à l'an 24 de notre ère. L'installation à Lambèse de la troisième légion Auguste, affirmée, dit M. Ragot (1) auquel nous empruntons de nombreux renseignements, non-seulement par une foule d'inscriptions, mais encore par un nombre considérable de briques portant son empreinte et jonchant partout le sol, donna à cette ville une importance capitale. C'était la grande place d'armes d'où partaient les colonnes chargées de réprimer les insurrections et de maintenir l'ordre. Ptolémée parlant de Lambèse la désigne comme le siège de la troisième légion Impériale. L'Itinéraire d'Antonin et la Table de Peutinger en font le carrefour de nombreuses routes. Les écrivains catholiques et les Notices de l'Église d'Afrique citent fréquemment le nom de Lambèse. Cette ville devint rapidement un centre de population considérable. D'abord simple municipe, plus tard colonie romaine, elle fut pendant trois siècles la capitale de la Numidie et la résidence du *légat impérial propréteur*, chargé à la

---

(1) *Le Sahara de la province de Constantine.*

fois du gouvernement civil de la province et du commandement des forces militaires en Afrique. Lorsque, par un édit de Constantin, Lambèse se vit enlever à la fois un personnel administratif considérable et la presque totalité de la troisième légion, sa décadence commença.

On mentionne les noms de plusieurs évêques de Lambèse, notamment ceux de *Privat* qui, vers l'an 240, souleva un schisme contre les progrès rapides duquel lutta énergiquement saint Cyprien, évêque de Carthage ; de *Januarius*, qui assista au concile de Carthage en 255, et de *Félix*, qui se rendit également dans cette ville en 411. Saint Cyprien convoqua à Lambèse un concile célèbre qui condamna les doctrines de l'évêque Privat et auquel assistèrent, dit-on, quatre-vingt-dix évêques. Malgré le rôle considérable joué par Lambèse dans les annales de l'Église d'Afrique, on n'y a découvert jusqu'à présent que de rares et minces vestiges rappelant le christianisme. On croit que la destruction de Lambèse fut en partie l'œuvre des Vandales. Ces démolisseurs acharnés, qui semblent ne se plaire qu'au milieu des ruines, renversent les murs d'enceinte, et la ville, à peu près abandonnée, reste sans défense contre les attaques des Maures qui, au sixième siècle, achèvent l'œuvre des Vandales. Sous la domination byzantine, Lambèse ressuscite et acquiert rapidement une certaine importance, prouvée par sa résistance contre les Arabes de Sidi-Okba en 682.

Maîtres de Lambèse, les Arabes lui donnèrent le nom de *Tazzout* ou *Tazzoulet*; mais, en 1844, elle était abandonnée depuis longtemps par ces derniers. Les troupes françaises n'y trouvèrent à leur arrivée que quelques méchants *gourbis* groupés autour d'une mosquée dont il ne reste pas de trace aujourd'hui.

Ruines de Lambèse.

La population de la cité antique est évaluée

à 40,000 âmes ; ses ruines s'étendent aujourd'hui sur une superficie d'environ 600 hectares, au pied du djebel 'Askar, « la montagne des soldats. » Peyssonnel (1), qui visita ces ruines en 1725, parle de quarante *portes* ou *arcs de triomphe;* Bruce (2) en a vu sept ; il n'en reste plus que quatre. Il faudrait composer un gros volume pour énumérer et décrire les ruines de Lambèse ; bornons-nous à citer : les restes d'un *aqueduc* qui amenait les eaux de l'*Aïn-Boubena*, et alimentait, ainsi que l'*Aïn-Orin*, la ville romaine ; les ruines du *temple d'Esculape,* construit, comme l'atteste une inscription, par les ordres de Marc-Aurèle et de Lucius Verus, et dédié à Esculape et à la Santé ; les restes d'un *cirque* de 400 m. de diamètre ; l'*arc de triomphe de Septime-Sévère;* les débris du *prætorium*, des *thermes*, d'un *grenier d'abondance* et le *tombeau* de Q. Flavius Maximus, un des préfets de la 3ᵉ légion. Quant aux inscriptions, leur nombre est tellement considérable, que M. L. Renier en a reproduit plus de 1,500. A chaque instant on en découvre de nouvelles. Le *prætorium* est aujourd'hui le *musée* de Lambèse. C'est là que l'on a réuni tout ce que l'on a pu sauver de statues et d'inscriptions. Ces collections sont encore fort importantes, malgré les mutilations et les détériorations dont elles ont été l'objet. On a vu, en

---

(1) Peyssonnel, *Voyage sur les côtes de la Barbarie.*
(2) Bruce, *Introduction au voyage en Nubie.*

1871, des jeunes gens Français jouer aux boules avec des têtes romaines ou graver leurs noms sur la poitrine de quelques belles statues en marbre blanc : vandalisme inconscient, mais vandalisme. Le *prætorium* possède deux mosaïques d'un grand prix : l'une représente l'*Eurotas, Léda* et le *Cygne;* l'autre a pour sujet les *quatre Saisons.* Malheureusement elle commence à s'abimer.

Au sud de Lambèse se voient les ruines de *Verecunda* (aujourd'hui *Markouna*), d'abord *vicus,* plus tard *municipe.* On y remarque deux arcs de triomphe; l'attique de l'un d'eux porte une inscription sur laquelle on lit :

RESPVBLICA VERECVNDENSIVM.

M. Léon Renier y a relevé une centaine d'inscriptions, dont deux sont relatives à d'importants travaux hydrauliques exécutés par ordre d'Antonin. On a créé à Markouna une ferme aux travaux de laquelle sont employés les condamnés de la prison de Lambèse.

Des fouilles opérées à 8 kil. est de Lambèse, sur les ruines de *Lambafudi, Lambafundi, Lambafudin* et *Lambafundir,* aujourd'hui *Enchir-Touchin,* ont mis à jour une borne milliaire indiquant la distance de ce point à Timegad et une dédicace à Septime-Sévère faite par les *possessores vici Lambafundensium.*

21 kil. est de Lambèse. — TIMEGAD, *Tamugadi* (Itinéraire d'Antonin), *Thamugadi* (Table de Peutinger), *Tamogadi* ou *Tamugade* (Notice des évêques), *Tamugadis* (Procope), *Temugadi* (Bruce), *Thamugas* (d'après les inscriptions), sur la voie romaine de Lambèse à Theveste, fut une grande cité sous l'occupation romaine. M. Léon Renier en attribue la fondation à Trajan qui y établit les vétérans de la 30ᵉ légion. Timegad, cité dans les Actes de saint Mammarius et dans le Code Théodosien, eut plusieurs évêques, notamment Optatus qui, en 398, embrassa le parti de Gildon révolté contre Honorius ; Novatus qui assista au concile de Carthage (255), Sextus (320), Faustinus (411) et Secundus (484), exilé par Hunéric. Les ruines de Timegad sont fort intéressantes. M. Léon Renier cite : un *arc de triomphe*, le plus beau peut-être de la Numidie ; un *temple de Jupiter Capitolin*, dont les colonnes cannelées et d'ordre corinthien avaient $1^m,90$ de diamètre à la base ; un *théâtre*, une *forteresse byzantine* dont les murailles et les tours sont encore debout ; une *église chrétienne* du septième siècle. De nombreuses inscriptions ont été découvertes dans les ruines actuelles de Timegad. Deux de ces inscriptions, trouvées en 1876 par M. Masqueray, professeur d'histoire au lycée d'Alger, déterminent l'emplacement de la curie et donnent la liste complète des magistratures et des magistrats de la ville à la fin du quatrième siècle.

Lambèse était reliée à *Theveste*, à *Cirta* et à *Sitifis* par des voies romaines que jalonnaient des postes ou des villes dont les ruines couvrent encore le sol. Sur la voie de Lambèse à Theveste se trouvaient, outre Timegad décrit ci-dessus : CLAUDI, *Enchir-Mamra* (traces d'une église chrétienne), et MASCULA, aujourd'hui *Khenchela*.

De Timegad partait une autre voie se dirigeant sur *Lamasba* par

BAGHAÏ, le *Bagaïa* des Notices de l'Église d'Afrique, le *Vagaïa* de saint Augustin, le *Bagasis* de Procope, aujourd'hui *Bar'aï*. Baghaï fut jadis une cité florissante. L'un de ses évêques, Donat, joua un rôle capital dans les troubles religieux du quatrième siècle. En 394, fut tenu à Baghaï un concile auquel assistèrent 310 évêques schismatiques. Les Byzantins y construisirent un fort d'une grande étendue. Sous la domination arabe, la ville devint le centre principal de la contrée. Les ruines de Baghaï couvrent un vaste espace. On remarque : des pans de murs de la citadelle byzantine, des restes de temples et de bains, de nombreux chapiteaux ou fûts de colonnes, etc.

Lambèse était encore reliée à Theveste par une autre route à travers les Zibans.

Il existait trois routes entre Lambèse et Sitifis : l'une passait par DIANA (*Zana*), NOVA-PETRA (*Enchir-Ecedda*) et GEMELLÆ. Distance totale, 94 milles (141 kil.).

Les ruines de ZANA couvrent une étendue de 4 kil. carrés. On y remarque trois arcs de triomphe, dont l'un offre de fort belles colonnes corinthiennes, la porte monumentale d'un temple de Diane, les restes d'une basilique chrétienne divisée en trois nefs, etc.

La deuxième route desservait TADUTTI (*Oum-el-Asnam*), *Nova-Sparra*, dont la position n'est pas déterminée, et *Gemellæ*. Distance totale, 92 milles (138 kil.).

La troisième route passait par LAMBIRIDI (*Khorbet-Oulad-Arif*), *Lamasba, Zaraï (Zeraïa)* et *Perdices* (*Enchir-Sfrain*). Distance totale, 112 milles (168 kil.).

Les ruines de LAMASBA (*Merouana*), éparses à l'entrée d'un défilé, dans le voisinage de belles forêts, sur les bords de l'oued Merouana, attestent les splendeurs de la cité. Morcelli cite trois des évêques de Lamasba. Cette ville dut être un centre commercial considérable, mais les ténèbres les plus épaisses enveloppent son histoire. Le *Ksar-Belezma*, fort ruiné attenant à Merouana, est tout ce qui reste de l'ancienne ville de *Belezma des Mezata* citée par El-Bekri.

Zaraï (Itinéraire d'Antonin), *Zaras* (Table de Peutinger), *Zaradt* (Notice de Numidie), *Zeraïa* (Ibn-Khaldoun), ancienne colonie romaine, posséda pendant plus d'un siècle une garnison permanente qui occupait la vaste forteresse dont les murailles sont encore debout. Les murs de cette citadelle, bastionnée aux angles, ont 2 m. d'épaisseur et sont encore debout sur presque tout leur pourtour. On pénètre dans l'intérieur de la forteresse par un passage voûté, œuvre des Byzantins. La ville se déployait en arc de cercle autour de cette fortification. Près d'une sorte de poste défensif, à l'extrémité de la partie est, on a découvert une inscription d'un grand intérêt. M. Léon Renier en a donné et rétabli le texte. C'est un tarif des droits à percevoir sur divers animaux dont les têtes sont gravées sur la pierre. Les esclaves sont taxés comme les chevaux et les mulets. On indique ce que doivent payer les moutons, les chèvres, les cuirs, les laines, le vin, les grains, les dattes, etc. Ce tarif remonte à l'an 202 de J. C. En dehors de la ville on voit les restes considérables d'une basilique chrétienne. Zraïa possède, en outre, deux mosquées, restes de l'occupation berbère. M. le commandant Payen a découvert sur l'oued Beïda, à 20 kil. sud-ouest de Zraïa, une inscription déterminant l'emplacement de *Cella*, évêché de la Mauritanie Sitifienne.

La voie romaine de Lambèse à Cirta passait par *Timegad, Ad Rotam (Enchir-Djebana)* et *Ad Lacum Regium,* un des chotts au sud de Constantine. Distance totale, 84 milles (126 kil.).

Batna est relié à Tébessa par un chemin passant à

KHENCHELA, chef-lieu de cercle et d'une commune mixte de 887 hab., dont 56 Français, 23 étrangers européens et 808 musulmans. Justice de paix; grand marché fréquenté par les caravanes du Souf. Les richesses forestières et minières de cette région, l'excellente qualité des terres de labour, de gras pâturages, des eaux abondantes, assurent un avenir prospère à ce centre de création toute récente. Khenchela est situé au débouché d'un des passages principaux qui conduisent au Sahara, à mi-chemin de Batna à Tébessa et à proximité de la tête des principales vallées qui traversent l'Aurès. C'est une position stratégique de premier ordre.

A 33 kil. sud-ouest de Batna, sur la nouvelle route de Biskra, *Aïn-Touta*, « la source du mûrier, » village d'Alsaciens-Lorrains, récemment créé sur un territoire fertile et abondamment pourvu d'eaux très-saines.

De Constantine à Tébessa.

De Constantine aux Oulad-Rahmoun, v. p. 256.

38 kil. — *Bordj-Zekri* (*Sigus*), ancien *pagus* d'une certaine importance, à en juger par les décombres qui jonchent le sol. Fontaines, excellentes terres de culture. Une dédicace à la *Victoire*, encastrée dans le mur du bordj et découverte en 1851 par M. Léon Renier, nous apprend que, dans les temps de l'occupation romaine, les habitants de *Sigus* se livraient

d'une façon toute spéciale à la culture des céréales :

CVLTORES QVI SIGVS CONSISTVNT.

86 kil. — *Oum-el-Bouarci*, au pied du djebel Rouis, caravansérail et maison de commandement.

115 kil. — 'Aïn-Beïda, « la source blanche, » chef-lieu de cercle et d'une commune de 2,043 hab., dont 286 Français, 457 israélites, 52 étrangers européens et 1,230 musulmans. Justice de paix, bureau arabe, église, synagogue, écoles de garçons et de filles, bureau de poste et bureau télégraphique; marché arabe les lundi et jeudi de chaque semaine; belle source donnant par minute plus de 400 litres d'une eau excellente; céréales, bétail, laines. 'Aïn-Beïda est l'entrepôt des marchands de Constantine qui viennent y acheter des céréales et des laines très-estimées. Ces laines sont recherchées par les industriels de France.

'Aïn-Beïda, petite ville de création française, est située à 1,068 m. d'altitude, à peu près au centre de la tribu des Haracta. La région qui l'entoure offre l'aspect de vastes plaines légèrement ondulées; elle est divisée en trois versants : le premier, incliné au nord, envoie ses eaux dans l'oued Charef; le second regarde le sud; ses eaux vont se perdre dans les lacs du Tarf, du Guellif et Hank-el-Djemel; le troisième est incliné à l'est; ses eaux tombent dans l'oued Meskiana. Lorsque la ligne destinée à relier Tébessa au littoral sera achevée, 'Aïn-Beïda prendra un grand développement par l'exportation facile et rapide des céréales, chevaux, moutons, laines et autres produits de son territoire, qui recèle de l'antimoine (djebel Hamimat), du plomb argentifère (djebel Garça), du sulfure de fer (djebel Tafrent), etc. Les essences dominantes que l'on rencontre dans les parties boisées sont le chêne-vert, le genévrier et le pin d'Alep. Le territoire d'Aïn-Beïda a une hauteur moyenne de 1,200 m. au-dessus de la mer.

Le cercle d'Aïn-Beïda est occupé par les Haracta et les Kherareb. Il est d'une fertilité exceptionnelle en céréales. L'alfa y abonde. Ses chevaux sont très-renommés. On y rencontre à chaque pas des ruines romaines ou byzantines.

On va d'Aïn-Beïda à Batna en longeant les sebkhas du Tarf et du Guellif, et à Khenchela par Bir-el-Abiod et 'Aïn-Assaouni.

144 kil. (32 kil. 150 m. d'Aïn-Beïda). — *La Meskiana*, village situé à 839 m. d'altitude, sur l'oued de ce nom. Environ 50 hab. Exploitations agricoles, moulins.

164 kil. — *Halloufa*, auberge, gîte d'étape pour les troupes, à 1,122 m. d'altitude. Long et pittoresque défilé.

210 kil. — Tébessa, l'ancienne colonie romaine

de *Theveste* ou *Thebeste*, suivant les anciens itinéraires (*civitas Thevestinorum*, d'après une inscription), chef-lieu de cercle et d'une commune mixte de 2,370 hab., dont 256 Français, 150 israélites, 102 étrangers européens et 1,862 musulmans. Justice de paix, bureau arabe, écoles, bureau de poste et bureau télégraphique, ambulance civile et militaire, église en construction, casernes d'infanterie, quartier de cavalerie en construction ; marché où se fait avec la Tunisie un grand commerce d'échanges sur les laines, les huiles, les dattes, les grains, les moutons et les tissus de laine, tels que fréchias, tapis, haïks, etc., fabriqués dans les régences de Tunis et de Tripoli. Il y vient chaque mois de nombreuses caravanes.

Tébessa est situé au pied des derniers mamelons du djebel *Osmor*, prolongement de la grande chaîne des Aurès, et sur le versant nord, à une altitude de 980 m., par 35° 25' de latitude nord et 5° 47' de longitude est. La ville se trouve à 200 kil. environ de Bône et 20 kil. seulement du point le plus rapproché de la frontière tunisienne. Elle est bordée sur trois côtés de jardins magnifiques, arrosés par des eaux abondantes provenant de deux sources, '*Aïn-el-Bled* et '*Aïn-Chela*. La première a un débit de 2,000 litres, la seconde de 50 à 60 litres à la minute. Un conduit romain en pierres de taille de 500 m. de longueur, à $1^m,50$ en moyenne au-dessus du sol, amène les eaux d'Aïn-el-Bled dans le lavoir et les abreuvoirs; un conduit souterrain, également d'origine romaine, situé à 10 ou 12 m. au-dessous du sol, porte les eaux d'Aïn-Chela dans les cours des bâtiments militaires.

Les débris antiques abondent à Tébessa. Nous citerons, parmi les plus intéressants: l'*arc de triomphe* élevé au commencement du troisième siècle, dédié à Septime-Sévère, à Julia Domna, sa femme, et à Caracalla, son fils; le *temple* dit *de Minerve*, d'une époque postérieure à l'arc de Caracalla, de style corinthien comme lui, mais d'un goût moins pur; les restes d'une *basilique*, à 600 m. de la porte Caracalla, garnie encore d'une grande partie de ses mosaïques et très-curieuse à visiter.

La ville moderne, bâtie sur l'emplacement de la citadelle byzantine, est défendue par les anciens remparts construits au sixième siècle par Salomon. Ces murs forment une enceinte rectangulaire de 320 m. de long sur 280 m. de large, d'une hauteur moyenne de 8 à 9 m. Ils sont dominés par 14 tours carrées et percés de 4 portes dont 2, celle de *Constantine* et celle du *Sud*, sont modernes.

NOTICE HISTORIQUE.

L'origine de Theveste est très-certainement romaine, bien que ni Salluste ni Tacite n'en fassent mention; mais on ne connaît plus ni ses fondateurs ni ses destructeurs.

Theveste eut des évêques. Un concile y fut tenu en

350. En 443, elle fit partie du royaume des Vandales. En 484, son évêque fut convoqué à la conférence de Carthage; il fut déporté en Corse ou dans la Byzacène par le roi Hunéric.

Salomon, successeur de Bélisaire, trouva Theveste ruinée; il la restaura, et périt sous ses murs dans une bataille contre les Maures, en 543.

Lors de l'invasion arabe sous les ordres d'Okba, Theveste fut emportée de vive force et convertie à l'islamisme. C'est, sans doute, alors qu'elle prit le nom de Tébessa.

Sous la domination musulmane, Tébessa fut successivement soumise à l'empire des khalifes (684-780), aux Aghlabites (780-909), aux Fatimites (909-972), aux Zirites (972-1150 environ) et aux Almohades jusqu'en 1200; puis, pendant plus de trois siècles, elle fut possédée par les Hafsites de Tunis.

L'époque et les circonstances de l'installation des Turcs à Tébessa sont inconnues. On ignore également ce qui se passa dans cette ville sous la domination des beys.

En 1842, une colonne partie de Bône arriva sous les murs de Tébessa, qui accepta avec joie notre autorité, afin d'être soustraite aux déprédations des tribus environnantes, tunisiennes et algériennes. Elle ne fut définitivement occupée que le 9 septembre 1851 (1).

Environs de Tébessa.

Les environs de Tébessa sont fort pittoresques et couverts de tous côtés de ruines romaines qui attestent l'ancienne prospérité du pays. Le cercle est divisé en deux zones parfaitement dis-

(1) *Annuaire du département de Constantine.* 1873.

tinctes : au nord, les Hauts-Plateaux ; au sud, le Sahara jusqu'au delà des oasis de Ferkane et de Négrine, situées à 150 kil. environ de Tébessa. La partie nord est garnie de belles forêts de pins d'Alep entremêlés de chênes-verts, de genévriers, d'oliviers, d'amandiers sauvages, d'ormeaux, de trembles, etc. Les terres y sont excellentes et arrosées par des sources nombreuses ; elles produisent des blés et des orges de qualité supérieure et nourrissent de nombreux troupeaux de moutons. L'alfa y est abondant et de bonne qualité.

A proximité de la ville se trouvent des sites charmants, tels que les ravins d'*Aïn-Laniba* et de *Refana*, les défilés de *Tenoucla* et de *Bekkaria*, le ravin d'*Ouks*, au fond duquel se voient de curieuses grottes ; un peu plus loin, on visite l'intérieur du *Dir*, etc.

Tébessa n'a pas d'annexes, mais dans ses environs sont épars plusieurs centres de population, quelques fermes et moulins, savoir :

Halloufa, v. p. 272.

Ouks, village arabe, à 16 kil. nord-ouest. 120 feux. Beaux jardins fruitiers, source abondante. Moulin appartenant à un indigène, exploité par un Européen.

Refana, à 6 kil. ouest, ne comprend que 3 habitations européennes et un moulin.

Bekkaria, à 12 kil. sud-est. Quelques maisons

arabes avec jardins groupées autour d'une mosquée en ruine. Moulin et beau jardin fruitier appartenant à un Maltais.

Smala d'El-Meridj, à 52 kil. nord, sur la frontière tunisienne. Bel établissement, mais séjour malsain pendant l'été et ressources en eau souvent insuffisantes. Joli jardin, bons terrains de culture.

De Constantine à Philippeville par le chemin de fer.

La construction du chemin de fer de Constantine à Philippeville est un véritable tour de force. Cette voie ferrée, avec ses tunnels, ses nombreux contours et ses rampes très-raides (Philippeville est à peu près au niveau de la mer et la gare de Constantine à 640 m.), rappelle le chemin de fer qui coupe la chaîne des monts Lozère pour relier Nîmes à Langeac.

7 kil. — *Le Hamma*, v. p. 252.

14 kil. — Bizot (1), chef-lieu d'une commune de 4,594 hab., dont 275 Français, 44 étrangers européens et 4,275 musulmans, créé en 1856 à l'endroit dit *El-Hadjar*, érigé en commune en 1868. Église, école; terres excellentes, beaux vignobles, céréales; belles fermes aux environs.

27 kil. — Condé-Smendou, à 540 m. d'altitude,

(1) C'est le nom d'un général du génie tué à Sébastopol.

chef-lieu d'une commune de 9,085 hab., dont 286 Français, 112 étrangers européens et 8,687 musulmans, fondé en 1847, sur l'oued Smendou, érigé en commune en 1861. Il occupe l'emplacement d'un ancien poste où l'armée venait camper et se ravitailler. Église, école de garçons et de filles; marché important tous les lundis. Bonnes terres à céréales, vignes. Découverte dans les couches tertiaires du Smendou d'un *mastodonte* plus semblable, d'après M. Gervais, au *mastodonte brevirostre*, espèce de polycène du midi de l'Europe, qu'au *mastodonte angustidens* ou *longirostre* des terrains miocènes du Gers. Mines de lignite.

41 kil. — *Col des Oliviers.*
58 kil. — *Robertville.*
68 kil. — *Saint-Charles.*
85 kil. — *Philippeville.*

Pour la description des centres compris entre Condé-Smendou et Philippeville, v. § 4. — *Arrondissement de Philippeville.*

De Constantine à Djidjelli.

3 kil. — *Salah-Bey,* v. p. 252.

De cette route, au 15ᵉ kil., se détache à gauche un chemin long de 7 kil. récemment construit et desservant Rouffach (1), chef-lieu d'une com-

(1) Ce village est ainsi nommé parce qu'il s'y est établi un grand nombre d'Alsaciens venus de la ville de Rouffach (Haut-Rhin). Son ancien nom était *Beni-Ziad.*

mune de 5,501 hab., dont 332 Français, 4 étrangers européens et 5,165 musulmans. Le village, commencé en 1871, est situé au pied de rochers à pic qui se dressent au sud et à l'ouest et forment les premières assises d'une chaîne de montagnes dont les sommets atteignent 1,200 m. Le climat est salubre, le pays pittoresque; les terres sont bonnes et les eaux abondantes. Aux environs, ruines d'un établissement romain.

Entre les sommets du Karkar et du Chettaba, dans une fraîche vallée, près d'une belle source couverte d'un dôme, *koubba et pèlerinage de Sidi-Sliman*, le plus fréquenté des environs de Constantine, par les femmes arabes du moins.

20 kil. — *'Aïn-Kerma*, petit village d'environ 20 feux. Il s'étale à mi-côte sur les pointes du Ras-bou-Kseba dominant l'entrée du Kheneg.

42 kil. — MILA, chef-lieu d'une commune mixte de 17,462 hab., dont 1,024 Français et 16,438 musulmans, occupe l'emplacement d'une cité romaine appelée par les auteurs anciens *Mileu* ou *Milev*, *Mileum*, *Milevum*, *Milevis*. Justice de paix, écoles, bureau télégraphique; jardins et vergers. Mila, d'abord ville romaine, puis ville arabe, est destinée à devenir une ville française qui s'élèvera sur un plateau incliné au nord et situé à 500 m. au-dessus du niveau de la mer. Terres de bonne qualité, eaux abondantes, climat tempéré et salubre; bois à 10 kil.; matériaux à

bâtir. Les indigènes y font un commerce assez important de miel, de cire, de fruits, d'oranges, de citrons, de cédrats, etc. Les raisins et les oranges de Mila jouissent d'une grande réputation. Aucun des monuments de la ville antique n'est resté debout; mais on rencontre sur divers points, notamment dans la maçonnerie des maisons arabes, des fûts de colonne, des fragments d'entablement, des chapiteaux, etc. On y a découvert un grand nombre d'inscriptions romaines.

Mila, par sa position géographique qui en fait le centre commercial d'un pays riche, fertile et industrieux, par l'abondance de ses eaux, la salubrité de son climat et la création des nombreux villages qui commencent à rayonner autour d'elle, est sans nul doute destinée à devenir le cœur d'une agglomération importante. Les jardins de Mila sont justement célèbres. Les environs sont couverts de beaux oliviers.

NOTICE HISTORIQUE.

Mileva, Cirta, Chullu et Rusicada, bien qu'ayant chacune le titre de colonie romaine, représentaient par la réunion de leurs territoires celui que César avait donné à Sittius et à ses partisans : PRÆFECTVS COLONIARVM MILEVITANÆ ET RVSICADENSIS ET CHVLLITANÆ.... Mileva compte parmi ses évêques saint Optat, l'un des Pères de l'Église les plus vénérés. Elle eut certainement à souffrir des Vandales, mais ces destructeurs acharnés ne la ruinèrent pas, car le géographe arabe El-Bekri la cite comme étant habitée par les mêmes tribus qui occupaient Constantine et d'autres villes. Suivant El-Bekri, Mila fut détruite en 988 par El-Mansour et rebâtie quelque temps après. La ville fut ensuite soumise aux princes de Bougie jusque vers le milieu du douzième siècle. Au dire de Léon l'Africain, elle était dépeuplée au commencement du seizième siècle, mais on y trouvait encore quelques artisans.

Les principaux villages des environs de Mila sont : *Sidi-Khalifa* (21 kil., 320 Français), *Kermouda* (280 Français), *Ferdouak* (9 kil.), *Zeraïa* (10 kil.), très-prospère; *'Aïn-Tinn* et *Sidi-Merouan*. Tous ces villages sont de création récente. Les terres y sont propres à la culture des céréales et à l'élevage du bétail. Ils ont reçu dans ces derniers temps un certain nombre d'émigrants Alsaciens-Lorrains. 'Aïn-Tinn (12 kil.), village bâti par le comité d'Haussonville pour les émigrants Alsaciens, est situé au pied nord du kef Lakkal, au croisement des routes de Mila à Constantine et de l'Oued-Atménia à Mila. Sol fertile, belles sources. Sidi-Merouan (12 kil.) est situé, ainsi que Ferdouak, sur la route de Mila à El-Milia. Il est peuplé de Corses d'origine grecque. Chassés de Sparte par les Turcs, ils s'établirent en Corse, où ils s'accrurent en nombre, sans jamais se fondre avec la population de l'île, conservant jusqu'à aujourd'hui leur langue et leur religion primitives. Il est impossible de rêver une plus belle position que celle de Sidi-Merouan dominant le confluent de l'oued Endja et de l'oued Kebir, bâti sur l'éperon qui sépare ces deux rivières, en face du massif des montagnes si variées de formes de la Kabylie orientale. Terres très-fertiles, beaux jardins.

El-Milia, à 50 kil. nord de Mila, est le chef-lieu d'une commune indigène de 30,179 hab., dont 12 Français et 12 étrangers européens. C'est un poste militaire très-important. Le bordj d'El-Milia couronne un piton dont les flancs sont très-raides au nord, au sud et à l'ouest. Vastes forêts aux environs.

110 kil. — Djidjelli. V. § 6. — *Arrondissement de Bougie.*

De Constantine à Sétif.

19 kil. — 'Aïn-Smara, chef-lieu d'une commune de 2,035 hab., dont 165 Français, 40 étrangers européens et 1,830 musulmans, créé en 1854, non loin de la rive gauche du Rummel, récemment constitué en commune de plein exercice. Église, école mixte, puits au centre du village, fontaine, abreuvoir et lavoir à environ 100 m.; terres fertiles arrosées par un canal; céréales, légumes, vignes, tabac, arbres fruitiers et forestiers; cinq moulins à eau sur le Rummel. La colonisation y a pris une grande extension, et le village, longtemps stationnaire, est aujourd'hui en voie de prospérité, grâce à l'irrigation.

L'Oued-Seguin (35 kil. de Constantine), ancienne annexe d'Aïn-Smara, est aujourd'hui le chef-lieu d'une commune de 1,149 hab., dont 90 Français, 13 étrangers européens et 1,046 musulmans. Terres fertiles, culture des céréales, élève du bétail, eaux abondantes.

40 kil. — L'OUED-ATMÉNIA, chef-lieu de canton et d'une commune de 3,951 hab., dont 185 Français, 35 étrangers européens et 3,731 musulmans, sur la rive gauche du Rummel, créé en 1854, érigé en chef-lieu de commune le 10 décembre 1868. Justice de paix, église, écoles, bureau télégraphique ; marché important; sol très-fertile en céréales. Aux environs : source thermale (*Hammam-Grous*), dont les eaux (38°) ont beaucoup d'analogie avec celles de Vichy; carrière de belle pierre blanche et tendre, rivalisant avec celle d'Aix, et carrière de marbre de couleur. On a récemment créé, sur le territoire de l'Oued-Atménia, pour les émigrants Alsaciens-Lorrains, les villages de *Bled-Youssef* (9 kil.), d'*Aïn-Melouk* (16 kil.), de *Bou-Malek* (9 kil.), etc.

50 kil. — L'*Oued-Dekri*, annexe de Châteaudun du Rummel.

55 kil. — CHATEAUDUN (1), chef-lieu d'une commune mixte de 14,740 hab., dont 562 Français, 15 étrangers européens et 14,163 musulmans,

(1) Porte le nom d'une petite ville du département d'Eure-et-Loir qui, en 1870, s'est héroïquement défendue contre les Allemands.

récemment créé sur la rive gauche du Rummel, dans une contrée fertile.

72 kil. — *Saint-Donat*, annexe de Châteaudun, village récemment créé et comptant déjà près de 250 Français.

100 kil. — *Saint-Arnaud*.

126 kil. — Sétif. V. § 5. — *Arrondissement de Sétif*.

De Constantine à Bône par Guelma.

16 kil. — *Le Khroub*, v. p. 255.

28 kil. — *Bou-Nouara*, sur l'oued Berda, village récemment créé par la Société générale algérienne.

44 kil. — *'Aïn-Abid*, village fondé, à 800 m. d'altitude, par la même Société, sur un vaste plateau fermé au nord par les derniers chaînons du djebel Oum-Settas et au sud par les djebel Hamra et Arrouba. Il doit son nom à la source qui lui fournit l'eau d'alimentation et qui naît à près de 4 kil. au sud, sur la rive gauche de l'oued Touifza, tête de l'oued Zenati. Barrage sur l'oued Touifza. Inscriptions libyques. Aux environs, ruines appelées *Enchir-el-Kebira* par les indigènes.

58 kil. — *'Aïn-Regada*, village de la Société algérienne, dans la vallée de l'oued Zenati. Entre la maison que la Société a fait construire pour

son agence et le bâtiment destiné au commissariat civil, on a récemment découvert des fûts de colonnes, des chapiteaux et des pierres épigraphiques. Près de la source qui alimente le village se dresse un rocher qui ressemble à un immense fût de colonne surmonté de trois chapiteaux. Là un ravin passe à travers une gorge hérissée de rochers d'un aspect sombre. Sur une face de la roche est sculpté un *Hercule* barbu tenant une massue de la main droite et sur le bras gauche la peau du lion de Némée.

Entre 'Aïn-Regada et l'oued Zenati, koubba de *Sidi-Tamtam*, célèbre dans les annales de la première expédition de Constantine.

72 kil. — L'Oued-Zenati, chef-lieu de canton, d'une commune de plein exercice de 8,102 hab., dont 97 Français, 6 israélites, 70 étrangers européens, 7,929 musulmans, et d'une commune mixte de 14,829 hab. tous musulmans. Justice de paix, commissariat civil, église, école mixte, marché très-important tous les lundis et jeudis; canal de dérivation amenant les eaux de l'oued Zenati dans le village. Le territoire, de bonne qualité, fournit des céréales et d'excellents pâturages.

Les ruines d'Announa, l'antique *Thibilis* (1), entre Ras-el-Akba et le djebel Sada, couvrent un

(1) Ce nom a été relevé par le général Creuly sur une inscription découverte en 1856.

plateau élevé dominant l'oued Announa et très-escarpé de tous les côtés, excepté au sud-ouest. Elles sont très-considérables et ont été souvent explorées. Les plus remarquables sont celles de quatre *portes* monumentales et de l'*église*, dont la façade orientée à l'est est presque intacte (croix latine sur la clef de voûte, colonnes du portique, fûts de colonnes marquant les trois nefs, piliers surmontés de beaux chapiteaux, etc.). Découverte de nombreuses inscriptions.

116 kil. — GUELMA. V. § 3. — *Arrondissement de Guelma.*

De Guelma à Bône.

1° Par le chemin de fer (89 kil.), 2° par la route de terre (64 kil.). V. § 2 et § 3. — *Arrondissements de Bône et de Guelma.*

De Constantine à Bône par Saint-Charles et Jemmapes.

De Constantine à (68 kil.) Saint-Charles, et de Saint-Charles à (24 kil.) Jemmapes. V. § 4. — *Arrondissement de Philippeville.*

De Jemmapes à (69 kil.) Bône. V. § 2. — *Arrondissement de Bône.*

§ 2. — *Arrondissement de Bône.*

1° BÔNE.

BÔNE, l'*Aphrodisium* des Romains, suivant

quelques auteurs, la *Beled-el-'Aneb* ou *'Annaba*, « la ville aux jujubiers, » des Arabes, chef-lieu d'arrondissement, de subdivision militaire et d'une commune de 23,186 hab. (recensement de 1877), dont 5,888 Français, 4,356 Italiens, 4,693 Anglo-Maltais, 666 israélites naturalisés, 6,655 musulmans, 828 appartenant à des nationalités diverses. Si on ajoute à la population municipale la population en bloc qui est de 1,917, on arrive à un total de 25,103 hab. Sous-préfecture, subdivision militaire, tribunal de première instance, justice de paix, chambre de commerce, bureau arabe, église cathédrale, temple protestant, synagogue, mosquée, bibliothèque et musée, collége communal, écoles laïques de garçons et de filles, école dirigée par les Sœurs, salle d'asile, Académie d'Hippone, comice agricole, Ligue de l'enseignement, Sociétés musicales, Trésor, succursale de la Banque de l'Algérie, comptoir de la Société générale algérienne, bureau de poste, bureau télégraphique, câble sous-marin, hôpital civil et hôpital militaire, bureau de bienfaisance, caisse d'épargne, théâtre, café-concert des Variétés, marchés aux grains, aux bestiaux et aux légumes, poissonnerie, marché arabe, pépinière, entrepôt de tabacs, agences de la Société générale des Transports maritimes, de la Compagnie Valéry, de la Compagnie de Navigation mixte, etc., etc.

Situation et aspect général.

Bône est située non loin des embouchures de la Boudjima et de la Seybouse, par 36° 54' de latitude nord et 5° 25' de longitude orientale, sur le bord de la mer, à l'extrémité d'un contre-fort de la chaîne boisée et pittoresque de l'Edough, qui forme un fond de tableau à la fois délicieux et grandiose, sur le magnifique golfe auquel elle a donné son nom et à 2 kil. environ des ruines de l'antique Hippone. Cette situation est admirable, et Bône est sans contredit une des plus jolies villes de l'Algérie. Le Cours-National, qui relie la cathédrale au port, sépare la ville ancienne de la nouvelle. La ville ancienne, qui n'a presque rien gardé d'arabe, grâce aux rues percées à la française depuis l'occupation et à ses nouvelles places, est bâtie sur un plan incliné et dominée par le mamelon des Santons et la Kasba. La nouvelle ville est complétement française. Ses rues larges et bien alignées, ses maisons dont quelques-unes ont un aspect monumental, ses places spacieuses et propres, ne dépareraient pas nos grandes villes de la métropole.

Port.

On peut l'affirmer sans esprit de clocher, le port de Bône est aujourd'hui le plus sûr et le plus commode de l'Algérie. Tel est l'avis des hommes les plus experts en la matière, c'est-à-dire de messieurs les commandants de navire. Il se compose d'un avant-port et d'un port intérieur. L'*avant-port*, créé au moyen de deux belles jetées, l'une de 650 m. et l'autre de 800 m., a une superficie de 69 hect. 30 ares 62 c. Le *port intérieur* est bordé de deux côtés de 600 m. de quais en maçonnerie fondés jusqu'à 12 et 14 m. sous l'eau. Les navires du plus fort tonnage embarquent et débarquent *à quai* les voyageurs et les marchandises, chose rare en Algérie. La superficie du port intérieur est de 10 hect. 70 ares 55 c. En face du quai principal se trouvent les stocks de minerai de fer de la Compagnie du Mokta-el-Hadid. Des quais seront prochainement construits sur ce point. La profondeur de la darse, ou port intérieur, est de 6 à 9 m.; celle de l'avant-port varie entre 6, 7 et 8 m. On exécutera prochainement dans le port de Bône d'importants travaux ayant pour objet l'achèvement des quais, l'établissement de cales de construction, la création d'un bassin de radoub, d'un plan incliné pour les réparations et les visites des navires, etc.

Murs, portes et forts.

L'enceinte de la ville consiste en un mur crénelé percé de six portes, savoir : la *porte Randon* qui donne accès à la Colonne-Randon et au village de Sainte-Anne; la *porte de l'Aqueduc*, par où débouche la route du Fort-Génois; la *porte des Caroubiers*, voisine de la *batterie* de ce nom et de l'*abattoir*; la *porte de la Marine*, la *porte d'Hippone*, sous laquelle passe la route de Philippeville, et la *porte des Karésas*, voisine du champ de manœuvres.

La *Kasba*, construite au quatorzième siècle, protége la ville au nord. D'autres forts ou batteries défendent la rade et la plaine de Bône.

Places, promenades, squares rues et boulevards.

La plus belle place de Bône est la *place d'Armes*, entourée de maisons à arcades et bordée sur un de ses côtés par la grande mosquée. Elle est ombragée par des platanes d'une belle venue. Au centre s'élève une fontaine monumentale dont l'eau retombe dans une vasque gracieuse. Cette fontaine est entourée de palmiers, d'orangers, de gutta-percha, etc. A cette place aboutissent la rue *Neuve-Saint-Augustin*, la plus belle et la plus fréquentée de la ville; la rue *Damrémont*, à l'entrée de laquelle un joli petit square plein de fraîcheur et de verdure ombrage la façade principale de la *maison Picon*; la rue de *Constantine*, très-commerçante, etc. Les places du *Commerce*, de *Strasbourg*, de *Bugeaud*, etc., ne méritent qu'une mention. La nouvelle ville est percée de belles rues qui se bordent rapidement de maisons élégantes; telles sont les rues du

Théâtre, Perrégaux, Mesmer, Bugeaud, de *Guelma*, etc.

Parmi les promenades *intra-muros*, plaçons en première ligne le *Cours-National*, dont s'énorgueilliraient les cités les plus florissantes de l'Europe. Il s'étend de la cathédrale au port intérieur, entre deux longues lignes de belles maisons. Celles de gauche ont un aspect grandiose ; à droite s'élèvent le Cercle, le théâtre, l'hôtel d'Orient et la Banque. Devant l'église se voit un *square* de création récente et formant déjà un gracieux nid de verdure où se presse la foule des promeneurs. Vers le milieu du Cours, devant le théâtre, on vient d'achever la construction d'un bassin d'où s'élance un vigoureux jet d'eau. Le Cours-National est planté, sur la partie qui avoisine le port et des deux côtés, d'une double rangée de jeunes frênes qui dans peu de temps donneront un ombrage impénétrable aux rayons du soleil. La section comprise entre le théâtre et la cathédrale est agrémentée de grévilléas intercalés entre des platanes. Cette magnifique promenade est très-fréquentée, surtout le soir. Citons aussi la promenade des quais, celle des *Santons*, véritable forêt de pins, et le boulevard des *Caroubiers*, planté de jeunes acacias et d'où l'on jouit d'admirables points de vue sur la rade, le golfe, la mer, les monts des Beni-Salah et la plaine de Bône. Du reste, la ville se transforme et s'embellit tous les jours ; elle ne tardera pas à être dotée de nouvelles promenades intérieures.

Édifices principaux.

L'*église cathédrale*, construite dans le style gréco-byzantin, élève sa masse quadrangulaire au nord du Cours-National. Le portail, surmonté d'une tour carrée, et les côtés appartiennent à l'ordre byzantin. Cet édifice étonne d'abord par la bizarrerie de son architecture, mais en somme produit un bon effet.

La mosquée principale, *djama'-el-bey*, offre sur la place d'Armes une façade mauresque surmontée d'une coupole contenant l'horloge et devenue le séjour favori des cigognes! Le *temple protestant*, de construction récente, mérite une mention particulière. Le *théâtre* est le plus coquet de tous ceux de la province. Sa façade est très-élégante, quoique un peu écrasée; l'intérieur est décoré avec goût. L'*hôpital militaire* domine l'avant-port de sa masse imposante. Le *collége* compte environ 200 élèves; il a été récemment agrandi, grâce à la libéralité de M. Salvador Coll, qui fait construire à ses frais un *asile pour les vieillards* appelé à rendre les plus grands services. Les habitants de Bône garderont le souvenir de cet homme de bien.

Bibliothèque et Musée.

Jusqu'en 1863, il n'y a eu à Bône que la bibliothèque militaire accessible à peu de personnes. L'Académie d'Hippone, créée à cette époque, s'occupa de la formation d'une bibliothèque, dont le fonds, essentiellement scientifique, devait être mis au service de tous. Ces deux éléments, auxquels est venue se joindre en 1871 la bibliothèque du cercle de la Ligue de l'enseignement, constitue maintenant la bibliothèque de la ville. On y trouve philosophie, morale, politique, archéologie, histoire, littérature ancienne et moderne, géographie, voyages, sciences physiques et naturelles, etc., en tout plus de cinq mille volumes, brochures, atlas, cartes, etc.

Cette bibliothèque s'augmente chaque année des dons offerts à l'Académie d'Hippone ou au cercle de la Ligue et des achats faits par la municipalité. Du 1er janvier 1870 au 30 avril 1877, elle a prêté 23,262 volumes.

C'est à l'Académie d'Hippone qu'est due la création du musée de Bône. Installé dans l'ancienne magnanerie, au fond de la Pépinière ou jardin public, il est trop éloigné de la ville. On y remarque une intéressante collection d'oiseaux et de reptiles algériens, des coquillages indigènes et étrangers, une fort belle collection de roches et de minéraux, quelques antiquités, une douzaine d'inscriptions libyco-berbères, ainsi qu'un superbe sarcophage en marbre blanc sur la face principale duquel est figuré en ronde-bosse le *Combat de Thésée et des Amazones.*

Industrie et commerce.

Bône possède des minoteries, des fabriques de pâtes alimentaires très-importantes, des tanneries, des selleries, des pelleteries, des moulins à huile, des fabriques de vêtements, de chaussures, de bouchons, etc. Les indigènes y façonnent des ustensiles de ménage, des coffrets, de la poterie, des paniers, des nattes et des tapis. L'art de bâtir a fait des progrès remarquables. On exploite aux portes de la ville des carrières de pierre dure, de marbre, de chaux, de terre à brique et à tuile, etc. Les chênes-liége qui couvrent les forêts de l'Edough et des Beni-Salah sont également l'objet d'une vaste exploitation. Il existe aux environs de Bône de nombreuses mines de fer. L'extraction du minerai occupe un nombre considérable d'ouvriers. Bône est environnée de richesses naturelles; elle leur devra une fortune rapide après l'achèvement du réseau de voies ferrées dont elle est la tête.

Le *commerce d'importation* a principalement pour objet les viandes salées, les poissons de mer secs, salés ou fumés, les fruits secs et oléagineux, le café, le sucre, les vins et spiritueux, les objets de luxe et de fantaisie (parfumerie, orfévrerie, ouvrages de modes, etc.), les bois bruts et sciés, les tissus de toute sorte, les ouvrages en métaux, les farines, les matériaux à bâtir (tuiles, briques, carreaux, pierres), les fers en barres, les papiers, les peaux préparées et ouvrées, la houille dont on voit de vastes dépôts sur les quais, etc., etc. Le *commerce d'exportation* est surtout alimenté par les minerais de fer, de cuivre et de plomb, le blé, l'orge, l'avoine, les farines, l'écorce de chênes-liége, les écorces à tan, les chevaux, les mulets, les bœufs, les moutons, la cire, le suif, les os, sabots et cornes de bétail, le corail, les fruits, les primeurs, le tabac, l'huile d'olive, les poissons glacés en boîtes expédiés à Marseille en assez grande quantité, les poissons salés ou fumés, etc. Ajoutons que, dans le tableau des entrées et des sorties publié par la douane, le port de Bône occupe le second rang. Ce mouvement ne peut que s'accroître encore par suite de l'ouverture de voies de communication nouvelles. La route de La Calle sera bientôt terminée. La voie ferrée de Bône à Guelma est livrée à la circulation; les travaux du chemin de fer de Duvivier à Tunis par Souk-Ahras sont commencés, et ceux de la ligne de Guelma au Khroub par Hammam-Meskhoutine sur le point de l'être. Avant peu, grâce à ce réseau de voies ferrées, le port de Bône deviendra le plus important de l'Algérie, car il recevra les produits d'une grande partie de la province et de la région ouest de la régence.

Cette heureuse situation et cette brillante perspective ont suggéré l'idée de la création d'un quatrième département, celui de la *Seybouse*, avec Bône pour chef-lieu. Cette création semble certaine.

NOTICE HISTORIQUE.

Suivant Léon l'Africain, Bône fut fondée vers la fin du septième siècle. « *Elle fut redressée près de celle-ci* (Hippone) *environ deux milles, et fabriquée de ses ruines.* » Les Arabes lui donnèrent le nom de *Bouna*; celui de *Beled-el-'Aneb* ou *'Annaba*, « la ville aux jujubiers, » qui lui vient de la grande abondance de jujubiers qui couvraient la campagne autour d'elle, ne lui aurait été donné qu'au seizième siècle. S'il faut en croire quelques étymologistes, *Bouna* ne serait qu'une corruption du mot *Hippone*.

L'historien arabe Ibn-Haukal, qui visita Bône en 300 de l'hégire (970 de J. C.), en a fait la description suivante : « La ville s'élève sur le bord de la mer et renferme de nombreux bazars. Parmi les objets de son commerce, on compte la laine, la cire, le miel et beaucoup d'autres marchandises qui sont très-recherchées, parce que les habitants se bornent généralement à un léger profit. La plus grande abondance règne dans cette ville; les jardins du voisinage produisent une grande quantité de fruits, et dans toutes les saisons l'orge et le blé y sont pour ainsi dire sans valeur. Bône possède aussi de riches mines de fer. Le gouverneur de la ville, qui est indépendant, y entretient un corps nombreux de Berbères dévoués à sa personne et toujours prêts à agir. » La ville fut entourée de murs l'an 1058. Les Pisans s'en emparèrent en 1035. En 1152, Philippe de Mehdia, qui commandait la flotte de Roger II, roi de Sicile, prit Bône et réduisit une partie de ses habitants en esclavage. Plus tard, Bône tomba au pouvoir des rois de Tunis, qui y firent construire la Kasba, vers l'an 1300.

Kheir-Eddin, devenu pacha d'Alger, envoya une garnison dans la Kasba de Bône ; mais les Turcs abandonnèrent la ville, en 1535, après la prise de Tunis par Charles-Quint. Ils y furent remplacés par des Génois, sous les ordres de don Alvar. Après la mort de leur chef, les Génois quittèrent la place, et les Tunisiens reprirent possession de la ville. Les Turcs s'en emparèrent de nouveau quelques années après.

Il faudrait tout un volume pour retracer l'histoire de Bône. Nous nous bornerons à dire que cette ville, une des plus commerçantes du nord de l'Afrique, entretint pendant plusieurs siècles d'importantes relations d'affaires avec l'Espagne et surtout avec l'Italie. Les Catalans, les Pisans, les Florentins, les Vénitiens, les Génois y eurent tour à tour des établissements prospères. Ces derniers même obtinrent l'autorisation de construire, près du Cap-de-Garde, le fort qui porte encore leur nom (*Fort-Génois*).

Le 2 août 1830, Bône ouvrit ses portes au général Damrémont ; mais la ville fut évacuée quelques jours après. Le 13 septembre de l'année suivante, le commandant Houder et 125 zouaves occupèrent la Kasba. En 1832 (26 mars), les vaillants capitaines Yussuf et d'Armandy, après l'assassinat du commandant Houder et l'expulsion de ses compagnons d'armes, escaladèrent, pendant la nuit, les murs de la forteresse, à la tête de 120 marins, et la prirent presque sans coup férir. « C'est le plus beau fait d'armes de notre siècle ! » s'écriait le maréchal Soult à la Chambre des députés, en parlant de cet acte d'héroïsme. Le 26 juin de la même année, le général Monk d'Uzer prit définitivement possession de la ville.

2º ENVIRONS DE BÔNE.

Les environs de Bône, comme ceux d'Alger,

offrent de riants jardins, de frais ombrages et de charmants buts de promenade : les touristes ont le choix. Aux portes même de la ville se trouvent : la *Colonne-Randon* (colonne élevée en l'honneur du maréchal Randon); le joli village de *Sainte-Anne* (villas et jardins); la *Pépinière* coupée dans tous les sens par de belles avenues de platanes, de palmiers, etc.

La Pépinière est voisine du *cimetière européen* et encadrée par des routes se dirigeant soit vers la mer, soit vers l'*Orphelinat* de jeunes filles, dont l'église, surmontée d'un élégant clocher, attire de loin les regards. Les vergers de l'Orphelinat produisent des fruits délicieux et très-recherchés sur les marchés de Bône. On y remarque, près de la route, les restes imposants d'un *aqueduc romain* qui portait à Hippone les eaux de l'Edough.

On va de Sainte-Anne au pied de l'Edough en s'engageant sous une superbe *avenue* qui borde la conduite d'eau. Cette avenue se continue au delà de la route. C'est une des plus délicieuses promenades que l'on puisse faire. L'*hospice Coll* en est voisin; il occupe un site admirablement choisi.

De la porte Randon ou de celle de l'Aqueduc on va au *Fort-Génois* par la *plage Luquin* et la *plage Chapuis* (restaurants) très-fréquentées par les baigneurs. La route longe la Pépinière; elle est bordée de jardins, de villas et d'arbres jusqu'à la plage Chapuis. Au delà du Fort-Génois se dresse le *Cap-de-Garde.*

Un très-beau boulevard aboutit à la porte des Caroubiers (tombe d'un officier tué au moment de la prise de Bône), d'où l'on peut aller soit à la plage Chapuis, soit à la plage dite de la *Grenouillère*, en passant près de l'*abattoir*. Une route qui longe la mer et cotoie le délicieux jardin des Ponts et Chaussées relie la *Grenouillère* à la porte de la Marine. Cette dernière promenade est très-fréquentée en toute saison, mais surtout en été, par les baigneurs.

Il serait trop long d'énumérer toutes les promenades que le touriste peut faire aux environs de Bône. Les bords de la mer, la plaine même en partie transformée en jardins et surtout les versants ombreux de l'Edough, abondent en sites pittoresques ou charmants que l'on est toujours heureux de revoir.

De Bône à Hippone.

On sort par la porte d'Hippone ou par celle des Karésas; puis, lorsque, après avoir longé le *parc aux fourrages*, on a atteint le *marabout* vénéré de Sidi-Ibrahim, on traverse, sur un pont à assises romaines, la Boudjima, dont un canal porte depuis peu de temps les eaux dans la Seybouse. On prend ensuite à droite une route ombragée par des oliviers séculaires et bordée de splendides haies de lentisques, de grenadiers, derrière lesquelles sont éparses des villas, des maisons de maraîchers et des ruines.

2 kil. — HIPPONE, *Hippon-Acra*, *Ubbo*, *Hippo-Regius*, fut fondée par les Phéniciens. Elle s'élevait sur deux mamelons situés entre la rive gauche de la Seybouse et la rive droite de la Boudjima. Elle dut occuper aussi une partie de la plaine qui s'étend au pied des deux mamelons, car on y a découvert et l'on y découvre encore de nombreux débris antiques, et plusieurs historiens dignes de foi affirment qu'elle embrassait au moins 60 hectares. On voyait encore en 1853, sur la rive gauche de la Seybouse et près de son embouchure, un bout de quai d'une longueur de 40 m. environ emporté en 1854 par une crue de la rivière. Sous les Carthaginois, *Ubbo* eut une grande importance commerciale, et ce fut, sans doute, cette prospérité, autant que son éloignement de Carthage, qui lui valut, dans la deuxième guerre punique, le triste honneur d'être pillée par Lælius.

« Lælius, dit Tite-Live (1), débarqua de nuit à Hippone-Royale; au point du jour, il forma une colonne de ses troupes de terre et de ses soldats de marine, et la mena en bon ordre faire le pillage des campagnes. Comme les habitants vivaient en toute sécurité, que chacun vaquait à ses affaires ainsi qu'en pleine paix, il en résulta un immense dommage. Aussitôt des messagers coururent tout effrayés à Carthage, annonçant, au grand émoi de tous, que la flotte romaine et Scipion lui-même avaient abordé en Afrique. Ces messagers ne savaient pas au juste ce qu'ils avaient vu; ils ignoraient le nombre de vaisseaux, la force des troupes mises à terre; mais la peur leur faisant tout exagérer, ils remplirent d'abord les esprits d'effroi. Vint bientôt la tristesse. « Que » la fortune a changé! s'écriaient les Carthaginois. Na-

---

(1) Tite-Live, chap. XXIX.

» guère encore, après avoir écrasé tant d'armées enne-
» mies, nous menions en vainqueurs nos troupes sous
» les murs de Rome, nous recevions l'hommage volon-
» taire ou forcé de tous les peuples d'Italie, et voilà que
» maintenant, par un retour du sort des armes, ce va
» être à nous de voir ravager notre pays et assiéger
» Carthage. Hélas! nous n'avons pas cette force romaine
» qui fait supporter d'aussi grands maux. »

Après avoir pillé la ville, Lælius prit le large avec sa flotte chargée de butin. La descente de Lælius est le seul fait de cette époque qui se rapporte à Hippone. Après le traité de 201 qui mit fin à la deuxième guerre punique, Hippone garda, comme par le passé, ses lois, son administration et sa dépendance vis à vis de Carthage; mais, malgré les stipulations de ce traité, le voisinage du remuant Masinissa dut plusieurs fois lui causer de graves embarras.

Lorsque Scipion, à la suite de la troisième guerre punique, eut détruit l'illustre métropole des Phéniciens d'Occident (146 ans av. J. C.), Hippone devint tributaire de Rome ou bien fut donnée par les Romains aux rois Massyliens, qui en firent une de leurs résidences (1). « Quoi qu'il en soit, dit M. Henri Tauxier, Hippone, si elle appartint aux rois, ne leur appartint pas longtemps. A la mort de Juba Ier, le pays environnant fut réduit en province romaine. » C'est à ce moment qu'Hippone reparaît dans l'histoire. Après la bataille de Thapsus, Scipion fuyant vers l'Espagne fut rejeté par la tempête dans la rade d'Hippone, où Publius Sittius, lieutenant de César, anéantit sa flotte.

Lorsque la Numidie fut définitivement réunie à l'empire, Auguste éleva Hippone au rang de colonie. Bientôt des voies nombreuses la relièrent à Cirta, à Rusicade, à Carthage et à toutes les villes de la province. Cette épo-

(1) *Bulletin de l'Académie d'Hippone*, n° 9.

que est celle de la plus grande gloire d'Hippone. C'est alors que ses habitants, enrichis par le commerce, « élevèrent, dit M. de la Primaudaie, ces magnifiques monuments de l'art antique, et exécutèrent ces aqueducs gigantesques, ces réservoirs immenses, ces grandes voies de communication qui étonnent la civilisation moderne. »

Hippone fut le siége d'un évêché. Parmi ses évêques, l'*Africa christiana* mentionne : Théogène qui, en 255, assista au concile convoqué par saint Cyprien ; Fidentius (vers 304) ; Leontius (on ne peut préciser l'époque de son pontificat) ; Faustinus, contemporain des empereurs Constance et Julien, et Valerius, dont saint Augustin fut le coadjuteur d'abord et le successeur ensuite (1).

Si le nom d'Hippone conserve encore un si grand retentissement dans le monde entier, c'est parce qu'il est inséparable de celui de saint Augustin. Que de cités antiques, plus florissantes que ne le fut Hippone, sont tombées dans l'oubli ! L'année qui suivit la mort de saint Augustin, Hippone fut prise par les Vandales que dans un moment de coupable jalousie le comte Boniface avait appelés en Afrique. Maîtres d'Hippone, les Vandales la réduisirent en cendres. La cathédrale de saint Augustin fut pourtant respectée, dit-on, par ces impitoyables

---

(1) Saint Augustin, né à Tagaste (Souk-Ahras), après une jeunesse orageuse, se convertit, et fut ordonné prêtre à Hippone, en 390. D'abord coadjuteur de Valère, il devint plus tard évêque d'Hippone, et mourut dans sa ville épiscopale en 431, pendant que sa chère cité était assiégée par les Vandales. Les principaux ouvrages de cet illustre Père de l'Église sont les *Confessions*, qui datent de 397, et la *Cité de Dieu*, livre écrit de 413 à 426. Il a été surnommé le *docteur de la grâce*, à cause du charme de ses écrits. Les ouvrages de saint Augustin forment un cours complet de théologie. Le seul livre de la *Doctrine chrétienne* contient, au jugement de Bossuet, plus de principes pour entendre l'Écriture sainte qu'il n'y en a dans tous les autres docteurs.

destructeurs. La bibliothèque et les manuscrits du grand évêque échappèrent également aux flammes.

Bélisaire reprit Hippone en 534. Les Arabes s'en étant rendus maîtres en 697, achevèrent, croit-on, l'œuvre des Vandales, et les ruines d'Hippone devinrent pour eux une sorte de carrière d'où ils tirèrent des matériaux pour la construction de Bône.

Les ruines d'Hippone sont éparses sur les flancs de deux mamelons et dans les jardins environnants. On aperçoit encore sur divers points des débris de maçonnerie, des pierres de taille de grand appareil, des restes de voûtes et d'aqueducs, etc. Mais le monument le plus remarquable et le mieux conservé, celui qui seul atteste encore la splendeur de la cité disparue, c'est l'établissement hydraulique composé de plusieurs grands réservoirs qui recevaient les eaux du mont Edough. L'aspect de ces citernes grandioses est des plus saisissants. Une végétation puissante en couvre les murs et les voûtes; rien n'est plus pittoresque. On admire les citernes sur le flanc septentrional du mamelon dont la Boudjima baigne la base. Un peu au-dessus de ces immenses réservoirs, au milieu des oliviers, s'élève un modeste monument composé d'un autel en marbre que surmonte une *statuette* en bronze. Une statuette pour un écrivain aussi illustre! L'aspect du coteau est charmant. C'est un des plus jolis buts de promenade des environs de Bône. Vue splendide sur l'Edough, l'embouchure de la Seybouse, Bône et la mer.

De Bône à Bugeaud.

On y va par une route qui traverse le village de Sainte-Anne, puis se déroule comme un gigantesque serpent sur le versant de l'Edough, ou bien par des sentiers de chèvre, ombragés de chênes, très-raides, ravinés la plupart du temps, mais beaucoup plus courts que la route.

13 kil. — BUGEAUD, qui doit son nom au maréchal Bugeaud, si populaire en Algérie, est le chef-lieu d'une commune de 557 hab., dont 232 Français, 118 étrangers européens et 207 musulmans. Ce village, situé à plus de 900 m. d'altitude, sur la croupe de l'Edough, dans le voisinage de magnifiques forêts de chênes-liége, a été créé en 1847 et constitué en commune en 1861. Site très-pittoresque, superbe panorama, climat d'une salubrité exceptionnelle, eaux excellentes; culture du houblon, de la pomme de terre, des légumes et des fruits de toute sorte. C'est un coin de la France alpestre ou cévenole transporté dans le voisinage de Bône. L'exploitation des chênes-liége occupe un grand nombre d'ouvriers à Bugeaud et à *Sainte-Croix de l'Edough*, son annexe. Sainte-Croix de l'Edough est voisin de la ravissante *fontaine des Princes* (paysage charmant, eaux vives et délicieuses, débris d'un aqueduc romain, arbres superbes). L'Edough se couvre parfois de neige en hiver; il est en toute saison le baromètre infaillible des habitants de

Bône. Lorsqu'il met son *bonnet de nuit*, c'est-à-dire lorsque les nuages couvrent ses crêtes et entourent ses flancs d'une ceinture nébuleuse, on peut être assuré que la pluie ne tardera pas à tomber. A *Bou-Zizi*, point culminant de l'Edough, sont les glacières qui alimentent Bône.

La route de Bône à Bugeaud se continue jusqu'à Takouch, en passant par (41 kil.) *'Aïn-Barbar* (V. t. Ier, p. 242) et par (44 kil.) l'*Ouïder*, siége d'une vaste exploitation de chênes-liége. On compte 28 kil. de l'Ouïder à Takouch.

La route de Bugeaud à Takouch traverse de magnifiques forêts de chênes-liége et de chênes-zéens d'une taille extraordinaire. Elle offre de temps en temps d'admirables échappées sur la mer. On franchit fréquemment des ravins profondément encaissés dans lesquels bondissent des eaux vives et écumantes. Les paysages les plus pittoresques se succèdent à chaque pas. Impossible de rêver un chemin plus accidenté et plus riche en surprises.

De Bône à 'Aïn-Mokra (route de Philippeville et chemin de fer de la Compagnie du Mokta-el-Hadid).

12 kil. — *Les Karésas*, mines de fer sur une montagne à gauche. (V. t. Ier, p. 221.)

18 kil. — L'*Oued-Zied*, voisin du petit cours d'eau de ce nom et du lac Fetzara. Magnifiques allées d'eucalyptus le long de la voie ferrée.

24 kil. — On laisse à droite la route de l'*Oued-el-'Aneb*, centre d'une vaste exploitation forestière (Compagnies Besson et Duprat) et siège d'un commissariat civil.

33 kil. — *Mokta-el-Hadid*. (V. t. Ier, p. 222.)

Dans le voisinage de la mine, sur la route de Philippeville, se trouve 'Aïn-Mokra, chef-lieu d'une commune de plein exercice et d'une commune mixte. Justice de paix, école mixte et bureau télégraphique à la mine, gendarmerie, marché important (le dimanche). Plantations d'eucalyptus, céréales, vastes pâturages.

Au nord-ouest d'Aïn-Mokra, sur le bord de la mer, au pied du mont *Zila*, verdoyant éperon de l'Edough, s'étagent les maisons d'Herbillon (1), village beaucoup plus connu sous le nom de Takouch. C'est le chef-lieu d'une commune de 172 hab., dont 39 Français, 38 étrangers européens et 95 musulmans. *Takouch*, cité par Pline, Ptolémée et tous les Itinéraires anciens, mentionné par Edrisi, est la *Tacatua* des Romains. Au quatorzième siècle, les Génois et les Pisans établis à Bône allaient quelquefois à Takouch et y échangeaient leurs marchandises contre les laines et la cire des montagnes de l'Edough. L'aspect du village est charmant. Sol très-propre à la culture de la vigne qui produit un vin estimé.

(1) Nom d'un général qui a commandé la province de Constantine.

Vastes ateliers de salaisons. On pêche à Takouch d'énormes langoustes ; le poisson de toute espèce y abonde. Carrières de pierre granitique exploitées sur une vaste échelle. Entrepôt de tannin et de charbon de bois. Les grottes, dans lesquelles certains croient à l'existence d'un trésor basée sur une tradition des Maures de Bône, méritent d'être visitées. M. Goujon a recueilli à Takouch de nombreux échantillons de pierres fines (1).

De Bône à l'Alélik.

Entre Bône et Duzerville, la voie ferrée traverse une plaine fertile, parsemée de fermes prospères. On y voit les beaux vignobles de M. Dubourg, maire de Bône ; les vastes bâtiments de l'ancien haras précédés d'une jolie avenue, et deux hauts-fourneaux éteints depuis que l'on n'y traite plus les minerais des Karésas et du Mokta. Le gouvernement vient d'autoriser M. le général Rebilliard, président de la Société des Courses de Bône, à transporter l'hippodrome sur les terrains de l'Alélik. La piste (2,000 m.) a été installée dans les meilleures conditions. Les voyageurs descendent de wagon à proximité des tribunes. C'est un des plus beaux champs de courses de l'Algérie.

De Bône à La Calle.

L'ancienne route traverse la plaine maréca-

(1) *Bulletin de l'Académie d'Hippone*, n° 12.

geuse qui s'étend entre la Seybouse et la Mafrag, longe la mer dont elle est séparée par des dunes de quelques centaines de mètres de largeur et arrive à la Mafrag qu'elle traverse, à l'aide d'un bac, à 1,000 m. environ de son embouchure; elle remonte ensuite le bassin de l'oued El-Kebir jusqu'au bordj Ali-Bey, puis elle suit cette série de collines peu élevées qui séparent le bassin de l'oued El-Kebir du bassin du lac El-Melah, passe entre le lac El-Melah et le lac Oubeïra, la plaine de Bou-Merchem, et arrive à La Calle. Cette voie de communication est presque à plat jusqu'au bordj Ali-Bey. Entre ce bordj et La Calle, elle traverse de belles forêts de chênes-liége.

La *nouvelle route*, presque achevée, traverse la belle plaine des Beni-Urgine, passe au village de *Zerizer n° 1* en voie de peuplement (on crée, à 6 kil. à droite, un autre village du même nom sur le chemin de La Calle à Mondovi), franchit la Bou-Namoussa, branche de la Mafrag, coupe les plaines des Merdès et des Beni-Amar, et passe ensuite par le *Guergour* et le *Tarf*, smala de spahis, centre d'un futur village. La plaine du Tarf, susceptible d'être abondamment irriguée au moyen de dérivations de l'oued El-Kebir, est d'une richesse exceptionnelle en céréales et en jardinage.

La Calle, chef-lieu de cercle, de canton et d'une commune de 4,425 hab., dont 637 Français, 80 israélites, 2,340 étrangers européens et 1,368 musulmans. Justice de paix, église, écoles de garçons et de filles, salle d'asile, bibliothèque scolaire et de la Ligue de l'enseignement, bel hôpital fondé par la reine Marie-Amélie, bureau de poste et bureau télégraphique, pavillon d'officiers, bureau arabe, caserne, marché aux grains très-fréquenté, etc. Cette petite ville est située sur la Méditerranée, par 36° 55' de latitude nord et 6° 7' de longitude est, à 80 kil. de Bône. Pendant six à huit mois, c'est-à-dire de mars à octobre, sa population est à peu près doublée par la présence de pêcheurs de corail et de sardines, venus de Naples ou de la Sicile. Aux environs, belles exploitations de chênes-liége du duc de Montebello et de M. Grattet Dubouchage, occupant chaque année, dans la saison du démasclage, 500 à 600 ouvriers. La Calle a été érigée en commissariat civil le 31 décembre 1842; elle est devenue chef-lieu de commune en 1856. La ville, qui manquait d'eau, est aujourd'hui alimentée par un canal de 4 kil. 1/2 dans lequel se déversent les sources de Boulifa.

La commune de La Calle s'étend à 12 kil. à l'est, de manière à englober la mine de Oum-Theboul, et de 6 à 10 kil. dans les autres directions. Au delà de ces limites commence le territoire militaire qui comprend une bien plus grande superficie et se trouve sous l'administration du commandant supérieur du cercle. Les environs sont cultivés presque exclusivement en jardins potagers et fruitiers, auxquels succèdent, à la distance la plus grande de 2 kil., les forêts de chênes-liége. Ces forêts renferment des prairies naturelles qui nourrissent de nombreux troupeaux. La pêche du corail et des sardines constitue la principale ressource de La Calle ; elle est presque exclusivement aux mains des Italiens et des Maltais. On y remarque de nombreuses baraques destinées aux salaisons. V. t. Ier, p. 298.

Le *port*, malgré les quelques travaux dont il a été l'objet, n'est encore accessible qu'aux balancelles et aux barques de corailleurs. Les gros navires doivent stationner au large. On évalue à près de 4 millions de francs les travaux qu'il faudrait encore exécuter afin de le rendre praticable pour les bateaux à vapeur. Il est à désirer, dans l'intérêt général, que cette localité, riche en corail, en essences forestières, en tabacs et en minerais, soit dotée dans le plus bref délai d'un port accessible aux navires d'un fort tonnage.

La Calle est bâtie sur un rocher formant presqu'île et entouré de trois côtés par la mer. Cette presqu'île, d'environ 400 m. de longueur sud-ouest et de 80 m. de largeur, atteint 12 m. d'élévation au-dessus du niveau de la mer ; elle est jointe par son extrémité orientale à une langue de terre de 150 m. de long par laquelle on y arrive et qui forme le fond du port. Au delà de cet isthme s'arrondit une anse peu profonde où se jette un ruisseau que les Français nomment l'anse et le ruisseau Saint-Martin. Les constructions de La Calle, tant sur le rocher qu'en terre ferme consistaient jadis en un grand nombre de bâtiments et tout ce qui était nécessaire enfin pour contenir des approvisionnements et mettre l'établissement à l'abri d'un coup de main et des atteintes de la peste fréquente à cette époque.

Depuis quelques années, l'accroissement de la population a nécessité le commencement de construction d'une ville nouvelle qui s'étend rapidement du côté du sud-ouest.

NOTICE HISTORIQUE.

La Calle est-elle la *Tunilia* de la Table de Peutinger? La question n'a pas été résolue encore. Les Arabes l'appelaient *Mers-el-Kharez*, « le port aux breloques, » ou *Mers-el-Djoun*, « le port de la baie. » Les géographes El-Bekri, Ibn-Khaldoun et Edrisi la mentionnent fréquemment. Ibn-Haukal écrivait en 970 : « C'est dans le port de La Calle que l'on pêche le meilleur corail. » En 1520, sous le règne de François Ier, un traité conclu avec Kheïr-Eddin accordait à la France le privilége exclusif de la pêche du corail le long de la côte d'Afrique dépendant de la régence d'Alger, ainsi que l'exportation annuelle des grains, des cuirs, des laines, des cires et autres productions du pays. Le premier établissement fut installé entre La Calle et le cap Rosa : c'était le *Bastion de France*. Détruit en 1605, relevé en 1628, ruiné de nouveau en 1637, reconstruit en 1640, abandonné en 1645, réinstallé en 1670, il fut transféré, en 1694, à La Calle, qui devint le centre de tout le commerce de la Compagnie française d'Afrique. On y trouvait un grand nombre de beaux magasins, des quais, un hôpital, une église, un lazaret, quatre postes militaires, quatre bastions armés de canons, une mosquée, etc. Lors de l'expédition d'Égypte, en 1799, les propriétés de la Compagnie d'Afrique furent saisies, les habitants forcés d'abandonner la place. Tout ce qu'ils laissèrent fut pillé et dévasté, parce que le gouvernement algérien, forcé par le sultan de Constantinople, avait déclaré la guerre à la France. Sur ces entrefaites, l'Angleterre, restée maîtresse de la Méditerranée, profita de son ascendant sur le divan d'Alger pour se faire céder, en 1807, nos concessions d'Afrique; elle les garda près de dix ans. Du reste, l'expédition de lord Exmouth contre Alger avait été le signal de la destruction de La Calle par les indigènes.

Dans le but de rendre à nos établissements leur ancienne importance, on abandonna, en 1822, pour huit années, l'exploitation du privilège commercial à un négociant de Marseille, M. Paret, et le ministre des affaires étrangères dirigea la pêche du corail. Tel était l'état des choses lorsque la guerre éclata, en 1827, entre la France et la régence d'Alger. L'abandon et la destruction de La Calle par les troupes du dey en furent la suite et la conséquence.

Dès notre installation en Algérie, le gouvernement songea à réorganiser la pêche du corail. Une première reconnaissance de la localité eut lieu au mois de mai 1831. A cette époque, La Calle ne présentait que des masures abandonnées. Tout ce qui était d'un transport facile : fers, boiseries et tuiles, avait disparu, pillé et emporté par les Arabes depuis l'abandon de 1827. La ville ne fut définitivement occupée que le 15 juillet 1836. Au mois d'août 1837, il y avait déjà deux cents bateaux corailleurs, une garnison et plusieurs habitants civils.

Quarante et un ans se sont écoulés depuis la reprise de possession, et il faut reconnaître que des progrès sensibles se sont réalisés dans cette localité. La presqu'ile ne suffisant plus à son installation, une petite ville trois fois plus étendue que l'ancienne a été créée sur la terre ferme, en ligne parallèle à l'entrée du port.

On visite aux environs de La Calle les lacs *El-Melah, El-Oubeïra* et *El-Hout* (V. t. Ier, p. 63), la mine et le village de *Kef-Oum-Theboul* (V. t. Ier, p 239) et le *Bastion* ou *Vieille-Calle* (12 kil. nord-ouest), entre la mer et le lac El-Melah. Du Bastion, fondé en 1561, détruit en 1599 et rétabli en 1628, il ne reste plus qu'une *tour* en ruine.

Le cercle de La Calle comprend deux caïdats : celui de l'Oued-el-Kebir et celui de Bou-Hadjar, ayant ensemble une population d'environ vingt mille âmes.

Le caïdat de l'Oued-el-Kebir se compose des tribus dont voici les noms : Oulad-Dieb, Beni-Amar, Seba', Oulad-Youb, Brabtia, Souarakh, Lakhdar, Oulad-Arid, Aouaoucha, Sebeta et Oulad-Ali-Achicha.

Le caïdat de Bou-Hadjar comprend : Oulad-Nacer, Chafia, Oulad-Sidi-Bekri, Chiebna, Oulad-Messaoud.

Quatre marchés hebdomadaires se tiennent dans le cercle : à *Bou-Hadjar*, tous les dimanches ; à *Roum-el-Souk* (marché couvert), le mardi ; au *Tarf*, le vendredi ; le quatrième, aux *Oulad-Ali-Achicha*, sur l'extrême frontière, a lieu le jeudi.

Les magnifiques forêts des environs de La Calle couvrent une superficie d'environ 11,000 hect.

Le chêne-zéen (Mirbeck), les chênes-liége, les ormes, les frênes, les cèdres blancs, les thuyas y abondent. On y trouve surtout beaucoup de bois courbes pour les membrures des navires. Les palmiers, les agaves, les caroubiers, les cactus, qui dominent dans la campagne d'Alger et lui donnent une physionomie toute africaine, ne se rencontrent que rarement ici ; avec quelques maisons éparses dans le paysage, on se croirait dans les forêts de la Bourgogne (1).

Le cercle de La Calle est remarquable par ses nombreuses ruines, ses monuments funéraires, et surtout par ses nécropoles libyques, dont quelques-unes ont été fouillées par M. le docteur Reboud et par d'autres savants, tels que MM. Faidherbe, Letourneux, Cherbonneau, Poulle, Bosc, etc. Les plus importantes sont situées dans les deux bassins de la *Cheffia*, où M. le docteur Reboud a fait une ample moisson d'inscriptions libyco-berbères (2).

80 kil. sud-ouest. — *Bou-Hadjar*, smala de spahis, dont le *bordj* s'élève au milieu d'un massif de verdure. Cet établissement fut construit en 1853, dans un centre assez riche en débris

---

(1) Baude.

(2) *Recueil d'inscriptions libyco-berbères*, par M. le Dr Reboud. *Excursion archéologique dans les cercles de Guelma, de Souk-Ahras et de La Calle*, par le même (*Notices et Mémoires de la Société archéologique de Constantine*. 1876).

antiques, à environ 10 kil. de la frontière tunisienne qui fait dans notre territoire un angle rentrant habité par les *Oucheteta,* tribu de maraudeurs incorrigibles. Aux environs, sources thermales dont la plus importante paraît être celle des *Oulad-Messaoud.* Les spahis font un fréquent usage des eaux de cette source. A mi-côte, au-dessus du bordj, se voit la modeste tombe du docteur Beaugran, tué dans un combat pendant la récente insurrection des Keblouti. La smala est située non loin du confluent de deux torrents qui reçoivent les eaux du djebel Mecid avant de former l'oued El-Kebir.

De Bône à Guelma par le chemin de fer.

11 kil. — DUZERVILLE (1), chef-lieu d'une commune de 2,630 hab., dont 161 Français, 189 étrangers européens et 2,280 musulmans; créé en 1845, non loin de la Meboudja, petit affluent de la Seybouse, à la bifurcation des routes de Guelma et de Souk-Ahras, dans une plaine vaste et fertile; érigé en commune en 1861. Église, école laïque de garçons, école dirigée par des Sœurs, place plantée d'arbres; excellentes terres de culture, céréales, vignes, pâturages; belles fermes dans la plaine.

Annexe : *El-Hadjar* (vignobles magnifiques).

(1) Nom du général Monk d'Uzer, l'un des vainqueurs de Sidi-Ferruch.

18 kil. *Halte de Randon.* — RANDON (1), chef-lieu d'une commune de 3,311 hab., dont 142 Français, 119 étrangers européens et 3,050 musulmans, est situé assez loin de la station, sur un mamelon couvert de vignobles et dominant une admirable plaine. Sa constitution en commune date de 1868. Église, école ; très-belle ferme entourée de plus de 100 hect. de vignes en plein rapport. Randon s'est d'abord appelé *Daroussa*. Il a pour annexe l'*Oued-Besbès*, village créé par la Société générale Algérienne. Les céréales, la vigne, le lin, les pois chiches, le tabac, sont les principales cultures de cette commune ; de nombreux troupeaux y sont élevés dans de très-riches pâturages.

23 kil. — MONDOVI (2), chef-lieu de canton et d'une commune de 968 hab., dont 520 Français, 168 étrangers européens et 289 musulmans ; colonie agricole de 1848 ; constitué en centre le 11 février 1851 et en commune le 22 août 1861. Église, école de garçons, école de filles dirigée par les Sœurs ; justice de paix, bureau de poste et bureau télégraphique ; marché assez important. Ce joli village est situé près de la rive gauche de la Seybouse ; on y remarque deux belles avenues bien ombragées, une vaste place,

(1) Nom du maréchal Randon, ancien gouverneur de l'Algérie.
(2) Ce village rappelle la victoire que le général Bonaparte remporta, le 22 avril 1796, à Mondovi, ville d'Italie.

plusieurs puits et de riants jardins. Sol très-fertile en céréales, vignes et tabac; élève des bestiaux. Aux environs se voient quelques fermes prospères, parmi lesquelles on remarque surtout la *ferme Nicolas* qui s'étend sur une superficie immense (vignobles superbes, céréales, tabac, magnifiques plantations, château au sein d'une oasis verdoyante); elle est, sans contredit, l'une des plus considérables exploitations agricoles de l'Algérie.

Vu du haut d'un mamelon qui le domine à l'ouest, Mondovi offre un agréable coup d'œil; du côté du sud le regard embrasse la magnifique plaine qui s'étend entre Mondovi et Barral. Ce dernier village apparaît de loin comme une petite ville.

29 kil. — BARRAL (1), chef-lieu d'une commune de 435 hab., dont 315 Français, 47 étrangers européens et 73 musulmans; colonie agricole de 1848; ancienne annexe de Mondovi, appelé primitivement *Mondovi II*. Église, école, bureau télégraphique. Ses maisons s'étagent sur un mamelon dominant la Seybouse qui disparaît derrière un rideau de verdure. La situation de Barral est charmante. A l'est se dressent les monts boisés des Beni-Salah. Sol très-fertile.

(1) Doit son nom au colonel de Barral, qui combattit en héros au siège célèbre de Zaatcha (1849), et fut tué, en 1850, dans une expédition contre les Beni-Immel.

41 kil. — *Saint-Joseph*, centre en voie de création; trois ou quatre maisons seulement apparaissent à 300 m. de la gare, sur un mamelon aplati qui servira de piédestal au village. Vingt-quatre concessionnaires, presque tous Algériens. Belle et riche plaine le long de la Seybouse; coteaux couverts d'oliviers dont une partie a été greffée cette année. La gare de Saint-Joseph est destinée à servir d'entrepôt aux produits de la vaste forêt des Beni-Salah.

45 kil. — Village sans nom en voie de création. Territoire d'un bel aspect, mais en partie couvert de broussailles. Riche plaine.

47 kil. — *Halte de l'Oued-Frarah*, tenant pour ainsi dire la tête d'un *pont romain* dont on voit encore une pile corrodée par les eaux et penchée au milieu de la Seybouse. C'est là que, longeant l'oued Frarah, la voie romaine d'Hippone à Thagaste passait d'une rive à l'autre de la rivière. Fermes éparses dans les broussailles et au milieu des oliviers; ruines romaines.

50 kil. — Boudaroua, sur la rive gauche de la Seybouse, village de 30 feux (10 fermes isolées) pour des colons français et algériens. Territoire d'une fertilité exceptionnelle; oliviers; terres de labour propres à la culture des céréales; prairies et excellents pâturages sur les bords de la Seybouse; eau de puits; climat tempéré. Les ruines romaines, dont le territoire est jonché, attestent que la préparation de l'huile a déjà été dans cette région une industrie très-active.

55 kil. — *Gare de Duvivier et Pont de la Seybouse*, village industriel (16 feux) en construction dans une contrée admirable. *Puits Puchot*, au fond duquel ont été découverts les débris de l'*Hippopotamus hexaprotodon Hipponensis*. En face de la gare, de l'autre côté du pont, vestiges de constructions antiques : c'est là que la voie romaine de Tipasa se séparait de celle de Thagaste.

58 kil. — DUVIVIER (1), chef-lieu d'une commune de 686 hab., dont 264 Français, 80 étrangers européens et 342 musulmans, créé en 1857 au lieu dit *Bou-Chagouf*, érigé en commune de plein exercice en 1871. Église, école, bureau télégraphique. A Medjez-Sfa, marché aux grains, aux laines et aux bestiaux, dont il se fait un grand commerce. C'est à Duvivier que s'embranchera le chemin de fer de Tunis par Souk-Ahras. M. l'abbé Mougel, curé de Duvivier, a découvert sur le territoire de cette commune de nombreuses inscriptions tumulaires latines et libyques, des sarcophages, des lampes et des vases antiques, etc.

68 kil. — *Gare du Nador*, au débouché d'une gorge longue et étroite. Cette gare est destinée à l'écoulement des riches produits métallurgiques

(1) Nom du général Duvivier tué à Paris en 1848.

du mont Nador. Il y a lieu d'espérer qu'elle servira bientôt à la circulation des fermiers de l'Oued-Cham.

80 kil. — *Petit* (1), annexe de Millésimo, village créé en 1848. Il portait autrefois le nom de *Millésimo II*. Petit possède une église et une école mixte ; il est agréablement situé sur le flanc d'un monticule. Charmant bouquet d'arbres ; plaine magnifique pouvant produire le blé, le tabac, le coton, etc.

84 kil. — Millésimo (2), chef-lieu d'une commune de 1,581 hab., dont 366 Français, 32 étrangers européens et 1,183 musulmans. Église, écoles de garçons et de filles, salle d'asile. Ce village, créé en 1848, érigé en commune en 1868, est situé à 400 m. environ du chemin de fer. Aux environs, magnifiques jardins arrosés par des eaux vives et abondantes (3).

Les territoires de Millésimo et de Petit sont très-propres à la culture de la vigne. On y ré-

(1) Nom d'un général qui, en 1814, joua un rôle mémorable dans la scène des célèbres *Adieux* de Napoléon Ier partant pour l'île d'Elbe.

(2) Nom d'une ville d'Italie où Bonaparte vainquit les Autrichiens, en 1796.

(3) Bien que Petit et Millésimo appartiennent à l'arrondissement de Guelma, nous avons cru devoir en rattacher la description à celle de l'arrondissement de Bône (chemin de fer de Bône à Guelma).

colte des légumes et des fruits qui alimentent les marchés de Guelma.

88 kil. — *Guelma*, v. p. 329.

De Bône à Guelma par la route de terre.

11 kil. — *Duzerville*, v. p. 315.

33 kil — PENTHIÈVRE (1), chef-lieu d'une commune de 1,448 hab., dont 124 Français, 181 étrangers européens et 1,143 musulmans; créé en 1847, érigé en commune en 1861, au confluent de l'oued Berda et de l'oued Dardara. Église, école, distribution des postes; marché, culture des céréales et de la vigne, élève du bétail; sol très-fertile.

La route laisse à gauche la belle *ferme Saint-Louis*, appartenant à M. Gros.

43 kil. — NECHMEYA, en arabe, « le pays des ormeaux, » chef-lieu d'une commune de 491 hab., dont 192 Européens et 289 musulmans. Jolie église neuve, école précédée d'une vaste place bien ombragée; abreuvoir et fontaine abondante alimentée par des eaux excellentes captées près des ruines d'Ascours.

Nechmeya, l'un des villages les plus prospères de l'arrondissement de Bône, est situé à 300 m. environ au-dessus du niveau de la mer, au pied du djebel *Birouella*, sur le versant occidental du

---

(1) Nom de l'un des petits-fils du roi Louis-Philippe.

Fedjouz. Quelques Français s'y établirent en 1848; mais la création de ce centre ne date guère que de 1853, époque à laquelle des émigrés de la Bavière Rhénane et du grand-duché de Bade vinrent s'y fixer. Les débuts furent pénibles et laborieux; les maladies décimèrent les familles; cependant le courage opiniâtre des colons triompha de tous les obstacles. Le climat de Nechmeya est aujourd'hui d'une salubrité exceptionnelle. Le sol est boisé et très-fertile en céréales fort estimées. La vigne y réussit admirablement; on doit distribuer à chaque colon 1 hectare ou 1 hectare 1/2 destiné à cette culture.

Les *ruines d'Ascours* (*Ascurus*) s'étagent sur le versant occidental d'une colline qui, vue d'en bas, paraît couverte de pieds-droits. Un beau massif de maçonnerie en pierres de grand appareil, admirablement conservé, se dresse au bas du coteau, sur la rive gauche du ravin, où naissent les sources qui alimentent Nechmeya.

La route franchit, entre Nechmeya et Guelaâtbou-Sba', le *col du Fedjoudj* (617 m.), où se dresse une petite colonne sur laquelle a été gravée une inscription rappelant la part que le 68e de ligne a prise aux travaux de cette voie de communication, le maréchal Randon étant gouverneur de l'Algérie et le général de Mac-Mahon commandant la province de Constantine. De ce point élevé on découvre un admirable panorama. On aperçoit les plaines de Dréan et de Duzerville, le lac Fetzara, l'Edough, la mer et les crêtes de la Mahouna.

Un peu à l'est du col débouche l'antique voie romaine d'*Hippo-Regius* à *Calama*; elle est encore bien conservée.

53 kil. — *Gueladt-bou-Sba'*, v. p. 334.

59 kil. — *Héliopolis*, v. p. 332.

64 kil. — *Guelma*, v. p. 329.

De Bône à Souk-Ahras.

58 kil. — *Duvivier*, v. p. 319.

67 kil. — *Medjez-Sfa*, annexe de Duvivier, créé en 1859. École mixte, marché; territoire en partie couvert d'oliviers. On pêche des anguilles excellentes dans l'oued Sfa et dans l'oued Melah.

71 kil. — *'Aïn-Tahamimim*, groupe de sept maisons faisant partie de la commune de Duvivier. Terres de très-bonne qualité.

A 5 kil. au delà d'Aïn-Tahamimim s'embranche à droite une route nouvellement construite et destinée à desservir le hameau (2 kil.) et le village de l'Oued-Cham (6 kil.), en voie de peuplement.

Le hameau de l'*Oued-Cham* (15 feux) est installé sur un territoire très-accidenté et couvert de ruines romaines.

Le village de l'*Oued-Cham* proprement dit (55 feux) est situé dans une contrée admirable et très-fertile en céréales. La vigne y réussit parfaitement. Ruines romaines; eaux très-abondantes, climat très-sain. Mine de fer et de manganèse concédée à M. Havas du Tailly. Le pays, d'un aspect fort pittoresque, est mamelonné, couvert de broussailles, de forêts de chênes-liége, de chênes-zéens et d'oliviers. Du mamelon qui touche au village sort une source superbe que les Romains avaient aménagée. Au point où elle sourd a été découvert un bassin antique bien conservé mesurant 1 m. de hauteur et 18 m. de diamètre.

A l'extrémité de la gorge dite du *Colimaçon*, très-resserrée et dans laquelle la route serpente comme sur une corniche élevée, se montre le petit village de *Laverdure* (25 feux). Il doit son nom à un pauvre cantinier qui, après avoir suivi nos troupes, se fixa sur ce point, il y a une vingtaine d'années. Le méchant *gourbis* du modeste industriel est devenu le noyau d'un joli village dont le sol s'est comme par enchantement couvert de beaux vignobles. Maisons élégantes, lavoirs, fontaines très-abondantes, eaux délicieuses; école mixte; territoire fort accidenté.

Après avoir traversé une belle forêt de chênes-liége, la route pénètre dans le bassin d'*Aïn-Seynour* dont l'horizon est beaucoup moins borné que celui de Laverdure. C'est ici le pays des sources ferrugineuses, gazeuses ou alcalines. Le climat est véritablement celui de la France; on se croirait subitement transporté dans un canton des Alpes ou des Pyrénées. Les montagnes qui dominent le village d'*Aïn-Seynour* (50 feux, dont 16 lots de ferme) atteignent une hauteur moyenne de 1,200 m.; elles sont couronnées de neige pendant une partie de l'hiver. Terres de très-bonne qualité; fourrages abondants; pays d'élevage pour les bestiaux. Le voisinage des forêts de chênes-zéens, l'abondance de la pierre, de la chaux et du sable permettent aux colons de se construire des habitations à peu de frais.

Au delà d'Aïn-Seynour, la route est bordée jusqu'à Souk-Ahras de fermes d'un bel aspect installées sur un territoire couvert de pâturages, de vignes et de céréales.

100 kil. — SOUK-AHRAS (1), « la foire aux nippes, » l'antique *Thagaste*, chef-lieu de cercle, de canton et d'une commune de 2,430 hab., dont 639 Français, 142 israélites, 1,168 étrangers européens et 481 musulmans. Justice de paix, bureau arabe, écoles, salle d'asile, église, bureau de poste et bureau télégraphique, hôpital militaire, caserne, mosquée, marché aux grains, etc.

Cette petite ville, certainement appelée à un brillant avenir, est située à 680 m. au-dessus du niveau de la mer, par 36° 15' de latitude nord et

(1) Depuis trois ou quatre mois Souk-Ahras fait partie de l'arrondissement de Guelma. Néanmoins nous avons cru devoir en rattacher la description à celle de l'arrondissement de Bône.

5° 37' de longitude est, à 45 kil. de la frontière tunisienne, à 4 kil. ouest de la Medjerda. C'est une ville essentiellement française, car sa création date de 1856. Son aspect est charmant et pittoresque. Des rues spacieuses et bien alignées la traversent en tous sens. Les places de *Thagaste* et de l'*Église* sont ombragées par une double rangée d'arbres. La *caserne*, construite en 1872, l'*hôtel* du commandant supérieur et le *bureau arabe*, entourés d'un délicieux rideau d'arbres de toutes essences, l'*hôpital militaire* sur le point d'être achevé et d'un aspect grandiose, l'*église*, le *cercle militaire*, la *mosquée* et le *marché aux grains* sont les seuls édifices qui méritent d'être cités. M. Farge, sous-lieutenant du bureau arabe, a recueilli ou classé un certain nombre d'inscriptions libyques ou romaines rangées aujourd'hui autour de l'hôtel du commandant supérieur.

Souk-Ahras est le centre d'un commerce important. Les blés, l'orge, les bœufs, les moutons, les chevaux (très-renommés), les laines, l'alfa, y sont achetés par des commerçants de Bône et de Marseille qui les expédient en France. Le marché de Souk-Ahras est l'un des plus fréquentés de l'Algérie. On y vend, entre autres marchandises, des tissus de laine et de soie apportés de Tunis. La ville fait aussi un grand commerce de légumes et de fruits. Elle possède des brasseries, des fabriques de pâtes alimentaires, des moulins (moulin Bétoulle) et des minoteries (celle de M. Deyron, sur la Medjerda, peut soutenir la comparaison avec les plus belles usines de France). Les coteaux qui dominent la ville produisent un vin très-estimé ; ils sont couverts d'arbres fruitiers, tels que pommiers, poiriers, abricotiers, noyers, etc. Le climat est délicieux; c'est celui des parties montagneuses du midi de la France.

NOTICE HISTORIQUE.

Il est certain que Souk-Ahras occupe l'emplacement de Thagaste, patrie de saint Augustin. En effet, sur une pierre retrouvée par M. le capitaine Lewal sont gravés les trois mots suivants : *Ordo splendidissimus Thagastensium*, « le très-splendide corps municipal des citoyens de Thagaste. »

Saint Augustin y naquit le 13 novembre 334. Son père, Patrice, était décurion de la ville. A en juger par l'étendue des ruines, la ville romaine a dû être considérable, ce qui se comprend, puisqu'elle se trouvait sur la grande voie qui allait d'Hippo-Regius à Carthage. Thagaste faisait partie de la Numidie proprement dite. On ne connaît rien de son histoire; on ignore les circonstances et l'époque de sa destruction.

Les indigènes révoltés assiégèrent Souk-Ahras le 26 janvier 1871. Le général Pouget débloqua la ville le 30 du même mois.

Environs de Souk-Ahras.

Les environs de Souk-Ahras sont délicieux. On y voit de belles terres de culture, de nombreuses sources, des gîtes métallifères, de gras pâturages, des forêts, des vignobles, des fermes prospères, des ruines romaines très-intéressantes, notamment celles de KREMISSA (*Thubursicum Numidarum*), à 26 kil. ouest-sud-ouest, à 940 m. d'altitude, près des sources de la Medjerda; de TIFECH (*Tipasa*), à 958 m. d'altitude et à 25 kil. sud-ouest, et de MDAOUROUCH (*Madaure*), à 935 m. d'altitude et à 26 kil. sud de Souk-Ahras. Apulée, philosophe, rhéteur et romancier latin, naquit à Madaure l'an 114 de J. C., à la fin du règne de Trajan. Apulée est l'auteur de l'*Ane d'or*, roman célèbre qui forme un tableau complet de la vie et de la société romaine au deuxième siècle.

Saint Augustin fit une partie de ses études à Madaure; il quitta cette ville à l'âge de 16 ans pour aller suivre un cours complet de rhétorique à Carthage.

A 20 kil. de Souk-Ahras, près d'Aïn-Guettar, l'ancienne *Tagura*, ruines romaines (1).

Bordj de Sidi-Youssef, à 45 kil. au sud de Souk-Ahras, près de la frontière tunisienne; ruines romaines assez importantes; découverte de nombreuses inscriptions.

(1) Les spahis cantonnés à la smala d'Aïn-Guettar se mutinèrent le 22 janvier 1871, parce qu'on voulait les contraindre à partir pour la France. Deux jours après, toute la contrée était en feu.

§ 3. — *Arrondissement de Guelma.*

1º GUELMA.

GUELMA, « l'antique *Calama*, » chef-lieu d'arrondissement, et d'une commune de 4,943 hab. (recensement de 1872), dont 1,107 Français, 405 israélites, 880 étrangers européens et 2,551 musulmans. Sous-préfecture, justice de paix, église, mosquée, écoles de garçons et de filles, salle d'asile, hôpital, bureau de poste et bureau télégraphique, musée, cercle, magnifique jardin public, casernes, marchés très-fréquentés, etc.

Guelma, ville tout à fait française, est située à 279 m. d'altitude, par 5º15' de longitude orientale et 36º 27' de latitude nord, à 2 kil. de la rive droite de la Seybouse, à 64 kil. de Bône par la route de terre et à 116 kil. de Constantine, au pied du djebel Mahouna, en face du djebel Thaya. Cette position est fort belle. Climat très-salubre. La ville est bâtie en pente douce et sillonnée par des rues larges et droites, pour la plupart bien ombragées. Le rempart crénelé qui l'entoure est percé de cinq portes : de *Bône*, de la *Pépinière*, de *Constantine*, de *Medjez-Hamar* et d'*Announa*. Les plus belles rues sont celles de *Bône*, de l'*Hôpital*, de *Saint-Augustin*, de *Saint-Louis*, de la *Pépinière*, de l'*École*, d'*Announa*, etc. La rue d'Announa, longue d'un kilomètre au moins, est habitée, dans sa partie supérieure surtout, par des Mozabites, épiciers, cordonniers, fabricants de burnous, marchands de tissus ou cafetiers; elle est très-curieuse à visiter en tout temps, et particulièrement le lundi, jour du grand marché arabe. Cette rue aboutit à la porte d'Announa, au delà de laquelle se trouve le *village Nègre,* d'où l'on jouit d'un admirable point de vue.

La plus belle place de Guelma est celle qui s'étend devant l'église, entre les rues de Bône à l'est et de Saint-Augustin à l'ouest. Au centre se voit une magnifique fontaine entourée d'arbres et de fleurs. Cette place, ombragée par des arbres superbes, est le musée archéologique de Guelma; c'est là, en effet, que l'on a recueilli les débris de *Calama :* statues, tombeaux, autels, inscriptions, etc. Ce musée en plein vent intéresse vivement les archéologues. On y remarque surtout une belle inscription chrétienne en marbre blanc, trois stèles puniques et une inscription libyque gravée sur un bloc grisâtre, dont la colonne du milieu renferme, dit M. le Dr Reboud, le nom de *Dabar,* personnage numide.

Cette place a pour prolongement une esplanade qui a été convertie en un délicieux *jardin public* traversé par de belles avenues, planté d'arbres de différentes essences, émaillé de fleurs et admirablement bien entretenu. Ajoutons que les rues de Guelma sont fort propres et que l'on y remarque de nombreuses bornes-fontaines.

Une *église* catholique, sans grand caractère architectural, une *mosquée* neuve fort élégante, les établissements militaires, les *maisons d'école* qui feraient honneur à plusieurs grandes villes de France, sont les seuls édifices modernes dignes d'une mention particulière. Quant aux débris de *Calama*, ils ne sont pas très-nombreux, mais ils offrent un grand intérêt. Nous citerons surtout l'ancien *cirque*, admirablement conservé, mais souillé par des immondices, et les restes imposants d'une *citadelle romaine* dans l'enceinte des établissements militaires.

L'industrie principale de Guelma consiste en minoteries, tanneries, briqueteries, tuileries, etc. Le commerce a surtout pour objet les céréales, les bestiaux, les laines, les peaux et les tissus. Il se tient à Guelma de nombreux marchés, dont le plus important (les lundis et les mardis) est le marché aux bestiaux. Cette situation industrielle et commerciale, déjà prospère, prendra, sans nul doute, de plus grands développements lorsque la voie ferrée de Bône à Guelma se prolongera jusqu'à Constantine par le Khroub, ce qui ne saurait tarder.

NOTICE HISTORIQUE.

La ville n'est pas assise sur l'emplacement de *Suthul*, comme l'ont prétendu quelques auteurs. « Guelma, telle que les Français la trouvèrent à la fin de 1836, était bâtie, dit M. Piesse, avec les matériaux provenant de l'ancienne *Calama*, nommée pour la première fois par saint Augustin ; mais l'emplacement qu'elle occupe n'était pas celui sur lequel fut jadis construite la véritable cité romaine. Celle-ci était devenu la proie, soit des Maures révoltés, soit des Vandales. Probablement elle avait eu beaucoup à souffrir tant dans ses monuments et ses remparts que dans la personne de ses habitants. Ceux-ci, profitant d'un moment de répit, se construisirent une forteresse imposante à côté de l'ancienne *Calama*, dont ils employèrent une partie des matériaux. »

Quant aux ruines de *Suthul*, la formidable citadelle de Jugurtha, dépositaire des trésors de ce prince et témoin de la défaite des armées romaines (1), on croit les reconnaître à 6 kil. sud de Guelma, sur le djebel Mahouna.

Le maréchal Clauzel, frappé de l'importance stratégique de Guelma, y établit un camp permanent destiné à surveiller le bassin de la Seybouse et à préparer la conquête de la province de Constantine. Des casernes, un hôpital, des fontaines, des plantations s'élevèrent bientôt; telle fut l'origine de la ville actuelle qui, depuis sa création, n'a pas un seul instant cessé de prospérer.

2° ENVIRONS DE GUELMA.

5 kil. — HÉLIOPOLIS, « la ville du soleil » (2), chef-lieu d'une commune de 848 hab., dont 355 Français, 48 étrangers européens et 445 musul-

---

(1) *Aulus, in spem adductus aut conficiundi belli, aut terrore exercitus ab rege pecuniæ capiundæ, pervenit ad oppidum* Suthul, *ubi regis thesauri erant, cupidine cœcus ob thesauros oppidi potiundi.* (Salluste, *Jugurtha*, XXXVII.)

(2) Ce village tire son nom d'une ville d'Égypte qui possédait autrefois un temple magnifique dédié au soleil, et où Kléber vainquit les Turcs, le 20 mars 1800.

mans, près de l'Hammam-Berda et sur la route de Bône à Guelma. Colonie agricole de 1848; érigé en commune en 1868. Église, écoles, salle d'asile; belle et longue rue bien ombragée. Ce charmant village, l'un des plus prospères de l'Algérie, est comme perdu dans un délicieux massif de verdure. Il est entouré d'arbres fruitiers, de magnifiques vignobles produisant des vins renommés, et de riants jardins où l'on récolte des légumes de toute sorte, des fruits, et surtout des fraises excellentes qui font l'objet d'un commerce considérable. Ces jardins sont arrosés par un canal d'un grand débit qui alimente, en outre, plusieurs minoteries importantes et un certain nombre de moulins à huile. Aux environs : forêts, oliviers greffés et en plein rapport; gîtes métallifères susceptibles d'exploitation; eaux thermales, etc. Le sol de cette commune est également très-fertile en céréales. Les jardins et les rives de l'Hammam-Berda offrent de jolis buts de promenade.

A 2 kil. au nord d'Héliopolis, sur le bord même de la route et non loin de l'oued Bou-Sba', aux rives toujours vertes, jaillit la magnifique source chaude d'HAMMAM-BERDA, « le bain du bât, » dont les eaux, très-abondantes, bouillonnent dans une vaste cuvette entourée de constructions romaines. Elles sont salines carbonatées calciques, et très-fréquentées, notamment par les indigènes. Leur température est de 29 degrés. Elles irriguent les jardins et les prairies d'Héliopolis, et font tourner plusieurs moulins. Le site est charmant, plein de fraîcheur et d'ombre. Les Romains y avaient créé un établissement thermal important à en juger par les débris qui subsistent encore, et que recouvre presque partout une luxuriante végétation. Pourquoi les habitants de Guelma et d'Héliopolis, suivant en cela l'exemple des Romains, n'y fonderaient-ils pas un établissement thermal? La façon dont les Romains ont agi en Algérie n'est pas toujours à dédaigner.

A 10 kil. de Guelma, toujours sur la route de cette ville à Bône, se trouve GUELAAT-BOU-SBA', chef-lieu d'une commune de 410 hab., dont 194 Français et 216 musulmans, créé en 1853, récemment érigé en commune de plein exercice. Église, école, magnifique situation dans la vallée de l'oued Bou-Sba', culture en grand des céréales, oliviers d'un bon rapport, ruines romaines fort intéressantes, climat très-salubre, même froid en hiver, eaux abondantes, exploitation de chênes-liége dans la forêt voisine des Beni-Fougal. La plupart des colons de Guelaât-bou-Sba' sont d'origine allemande. A 1 kil. nord-est du village, ruines romaines ombragées par un magnifique bosquet d'oliviers. On a retrouvé aussi, à l'extrémité du vallon, un autel dédié à une divinité indigène, *Baldir :* BALDIRI AVGVSTO SACRVM.

8 kil. nord-ouest. — L'*Oued-Touta*, « la rivière du mûrier, » annexe de Guelma, joli village fondé en 1855, en partie peuplé de colons d'origine allemande. Il est situé à l'entrée d'une belle vallée, au pied du djebel Debbar. Église, école mixte, jardins arrosés par un canal de 500 m. qui amène les eaux de l'oued Touta, affluent de la Seybouse.

20 kil. sud-ouest. — HAMMAM-MESKOUTINE, « les bains des damnés, » les *Aquæ Tibilitanæ* des Romains.

Une voie ferrée reliera bientôt Guelma à cette station de bains dont la vogue va tous les jours grandissant. On s'y rend aujourd'hui par une route très-pittoresque. Après avoir dépassé Medjez-Amar, on est vraiment frappé d'admiration à la vue des cônes qui se détachent en masses grises sur un fond vert, au milieu de nuages de vapeur s'échappant des sources comme de chaudières en ébullition. Sur le plateau des sources, l'œil se repose sur des massifs d'oliviers, de lentisques, de lauriers-roses entrelacés de vignes gigantesques, tandis que les eaux bouillonnent et murmurent pour former de magnifiques *cascades* roulant sur un vaste tapis de stalagmites aux couleurs les plus variées, et tomber ensuite dans les eaux froides de l'oued Chedakra. Ce spectacle est l'un des plus saisissants que l'œil de l'homme puisse contempler.

A mesure qu'elles s'éloignent de leur point de départ les eaux déposent les sels calcaires qu'elles tenaient en dissolution. Par l'addition lente et progressive de nouveaux matériaux, une colonne s'élève autour de chaque source et produit, à l'état complet de développement, ces cônes bizarres dont nous avons parlé plus haut (on en compte plus de 100 de 3, 4 m. et plus de hauteur), et qui, dans la brume du soir, à travers les vapeurs des sources, ressemblent, dit M. le docteur Jacquot, aux pierres tumulaires d'un *cimetière de géants.*

A la formation de ces cônes se rattache une légende arabe que nous allons résumer. La féconde imagination des indigènes ne pouvait manquer ici de se donner carrière, car il fallait bien expliquer par le merveilleux des faits qui, très-naturels pourtant, dépassent l'intelligence de ce peuple ignorant et superstitieux.

Un Arabe riche et puissant, nommé Ali, avait une sœur, Ourida, belle comme les houris du paradis de Mahomet. Ali, brûlant pour elle de feux sacriléges, résolut de l'épouser, malgré l'interdiction formelle de la loi musulmane. Alors commencèrent les fantasias, les danses et les festins ; puis, comme le couple maudit allait se retirer, la colère céleste bouleversa les éléments ; la flamme du démon sortit de terre ; le sol trembla, et les effroyables roulements de la foudre mêlèrent leur voix terrible aux sourds mugissements des eaux lancées loin de leur lit. Quand le calme se fut rétabli, fiancés, gens de loi, danseurs et danseuses, musiciens, esclaves, tout était pétrifié. Les cônes représentent les acteurs de cet épouvantable drame. Et pour que les hommes ne perdent pas la mémoire de ce châtiment, Dieu permet que les feux du festin brûlent éternellement, qu'une fumée épaisse et des eaux brûlantes jaillissent du sein de la terre, et que des grains blancs (ce sont les petits corps formés dans une colonne liquide tenant des sels en solution), pareils à ceux du kouskoussou, couvrent le sol désolé.

Si les Arabes ont parfois des idées bizarres en géologie, il faut convenir qu'ils en ont aussi de bien étranges en thermalité, témoin cette autre légende qui explique l'origine des eaux chaudes :

Salomon ayant créé de son vivant des bains par toute

la terre, en avait confié la garde et l'entretien à des génies sourds, muets et aveugles, afin qu'ils ne pussent ni voir, ni entendre, ni raconter ce qui s'y passerait. Mais depuis deux mille ans personne n'a réussi à faire comprendre à ces génies que Salomon est mort, et, fidèles à l'ordre qu'ils ont reçu, ils continuent et continueront probablement à chauffer les bains jusqu'à la fin des siècles.

Les sources sont fort nombreuses; elles sourdent d'un terrain de travertin qui leur doit sa formation et montent verticalement comme les puits artésiens. Les eaux déposent incessamment une matière calcaire qui incruste tous les objets qu'elles touchent. Le nombre des sources, chose tout à fait remarquable, varie fréquemment; les unes apparaissent tandis que d'autres tarissent. Il arrive aussi que des sources disparaissent momentanément. Ainsi, dans la nuit du 19 au 20 juin 1857, la source qui alimente les bains de vapeur cessa tout à coup de couler; une source nouvelle se fit jour à 15 m. environ de celle-là. Cependant, dans le courant de la journée, la source tarie reprit son cours.

On peut évaluer à cent mille litres la quantité d'eau fournie en une heure par les seules sources qui forment les cascades, quantité qui pourrait être doublée par le volume de tous les petits filets épars sur le plateau et qu'il serait facile d'utiliser.

Les gaz recueillis au milieu de la veine en ébullition présentent la composition suivante :

Acide carbonique........	97
— sulfhydrique......	0,5
Azote...................	2,5
	100

Les principaux sels contenus dans l'eau sont le chlorure de sodium, le sulfate anhydre de chaux, le carbonate de chaux et le sulfate de soude.

La température des sources qui forment les cascades et alimentent les bains et les baignoires s'élève invariablement, en toute saison et en tout temps, à 95° centigrades. Elles dégagent une telle abondance de gaz qu'il semble que les eaux soient réellement en ébullition. Aucune source en Europe n'atteint une aussi haute température.

Au moment où elle sort de terre, l'eau exhale une forte odeur d'hydrogène sulfuré qui disparaît par son exposition à l'air. Recueillie dans un vase à la source même, elle n'y forme point de dépôt par le refroidissement; refroidie, elle devient potable, et sa saveur ne diffère pas de celle de l'eau ordinaire.

La température élevée de ces eaux permet de les employer directement aux usages culinaires. On peut y préparer un déjeuner chaud sans le secours du foyer. On cuit des œufs à la coque en deux minutes, une volaille en un quart d'heure; les légumes verts, artichauts, haricots, petits pois, semblent y acquérir plus de saveur. On dit qu'on y cuit fort bien une éclanche de mouton en un quart d'heure. On l'utilise encore pour y laver le linge, pour y faire tremper le diss et l'alfa qui se dépouillent de leurs principes solubles et y acquièrent une grande souplesse pour la fabrication des nattes et des paniers.

C'est avec étonnement que l'on aperçoit dans l'oued Chedakra, qui vient de recevoir les eaux des cascades dont la main ne peut supporter la chaleur encore brûlante, des barbeaux et des crabes qui vivent dans la couche inférieure où l'eau n'a pas une température aussi élevée qu'à la surface. La différence de pesanteur spécifique de l'eau chaude et de l'eau froide fait que le mélange n'a lieu que beaucoup plus bas.

Les eaux d'Hammam-Meskoutine sont employées avantageusement contre certaines paralysies des membres, les rétractions musculaires et tendineuses, les entorses, les ankyloses incomplètes, les raideurs consécutives et les plaies d'armes à feu trop lentes à se cicatriser ou qui renferment des corps étrangers. Les affections chroniques le plus avantageusement modifiées par ces eaux sont les douleurs rhumatismales, les arthrites, les hydarthroses, les engorgements des viscères abdominaux, les affections profondes de la peau, certains accidents syphilitiques, les névralgies, etc.

Une source sort des flancs de marnes ferrugineuses, sur la rive droite de l'oued Chedakra, à environ 1,000 m. de l'hôpital militaire. C'est une eau ferrugineuse sulfatée, identique presque aux eaux de Spa, de Bussang et de Pyrmont.

Des restes de murailles, d'énormes blocs de pierres taillées, des débris de colonnes, de chapiteaux, de portiques, de vastes et nombreuses piscines attestent l'existence d'un magnifique établissement romain à Hammam-Meskoutine. Les Européens y vont en foule aujourd'hui. On y trouve un *hôpital militaire* et un *établissement civil*. Les eaux se prennent en boissons, douches, inhalations, bains ordinaires, bains de vapeur.

Nous recommandons Hammam-Meskoutine non-seulement aux valétudinaires, mais aussi aux touristes avides d'émotions. Ils contempleront là un spectacle peut-être unique au monde (1).

Les entrailles du *Thaya*, montagne que l'on distingue très-bien de Guelma, renferment de vastes excavations en forme de nef qui ont été l'objet des recherches de MM. Fournel, Letourneux, Léon Renier, Bourguignat,

---

(1) Consulter, pour plus de renseignements, une brochure publiée par feu le Dr Moreau, une brochure du Dr Hamel, ancien médecin à l'hôpital militaire de Bône, le n° du 27 avril 1875 de la *Revue Savoisienne*, contenant une étude sur Hammam-Meskoutine par M. Leblond, professeur de physique au collége de Bône, etc.

Faidherbe, Reboud, Rouvière, etc. « M. le commandant Rouvière, dit M. Reboud (1), a eu le courage de pénétrer fort loin dans l'abîme et d'en contempler les belles horreurs à la lueur des torches. C'est ainsi qu'il est parvenu à dresser le plan des diverses parties de la caverne.

» La roche calcaire dans laquelle la nature a creusé cette entrée grandiose est ornée de nombreuses touffes de plantes vivaces, où l'on remarque une fougère aux formes peu communes. Les surfaces unies des parois intérieures sont couvertes d'inscriptions latines jetées au hasard et serrées les unes contre les autres. Une partie des lettres disparaît sous d'épais lichens à teinte gris verdâtre. Ce sont des inscriptions votives en l'honneur d'une divinité locale, l'*Auguste Bacax*, — AVGVSTO BACACI SACRVM. — Elles sont presque toutes suivies de noms de consuls; aussi connaît-on la date de chacune d'elles : elles appartiennent au troisième siècle. Les personnages qui ont accompli leurs vœux, *votum solvit libens animo*, appartiennent à différents ordres de fonctionnaires de Calama et de Thibilis, prêtres, magistrats, etc. Parmi les noms gravés, nous remarquons celui de *Temarsa*, qui se trouve dans nos textes libyques. C'est aussi le nom d'une ville de la Tunisie. La grotte du Thaya n'est plus un sanctuaire. En été, les troupeaux des Beni-Amran viennent s'y reposer à l'abri de la chaleur; la nuit, ils y trouvent un refuge contre les bêtes fauves. »

M. Bourguignat, et, après lui, M. le général Faidherbe (1867), ont tiré du sol de la caverne du Thaya une quantité considérable d'ossements d'animaux aujourd'hui perdus, parmi lesquels M. Lartet a reconnu trois espèces d'ours. Cette découverte est en plein accord avec une tradition répandue dans les tribus des Zardezas, assignant à la disparition de l'ours une date relativement récente.

(1) V. Reboud, *Excursion archéologique dans les cercles de Guelma, de Souk-Ahras et de La Calle* (1876).

La célèbre nécropole mégalithique de *Rouknia* occupe le centre d'un petit canton situé sur les pentes abruptes qui séparent le djebel Thaya du Bled-Mezied. La rive droite de la vallée de Rouknia est hérissée de dolmens qu'isolent de nombreux pieds d'oliviers sauvages.

16 kil. sud-ouest. — *Medjez-Amar*, où, lors de la deuxième expédition de Constantine, le général Damrémont établit un vaste camp qui devint bientôt une immense place d'armes. Ahmed, à la tête de 10,000 hommes, essaya de s'en emparer le 20 septembre 1837 ; il fut repoussé après avoir éprouvé des pertes considérables.

20 kil. sud-ouest. — CLAUZEL, chef-lieu d'une commune de 1,116 hab., dont 110 Français, 54 étrangers européens et 952 musulmans.

De Guelma à Philippeville.

Après avoir franchi la Seybouse, on laisse à droite la route de Bône.

8 kil. — *Oued-Touta*, v. p. 335.

22 kil. — ENCHIR-SAÏD, chef-lieu d'une commune de 471 hab., dont 45 Français, 42 étrangers européens et 384 musulmans, créé en 1856. Église, école mixte. Climat salubre ; culture des céréales, du sorgho, du maïs, des légumes, du tabac, des oliviers, de la vigne et des arbres fruitiers. Moulins à eau.

38 kil. — *Gastu.*
49 kil. — *'Aïn-Charchar.*
59 kil. — *Jemmapes.*
95 kil. — *Valée.*
91 kil. — *Philippeville.*

Pour la description de ces centres, v. § 4. — *Arrondissement de Philippeville.*

De Guelma à 'Aïn-Beïda.

Souderata, centre indigène, à 60 kil. de Guelma et 45 kil. d'Aïn-Beïda, est l'un des plus importants marchés de la province, pour les laines surtout. La route de Guelma à Souderata traverse une magnifique contrée fertile en grains et abondamment pourvue d'eau. On arrive assez facilement d'Aïn-Beïda à Souderata par des plaines mamelonnées, quasi accessibles aux gros charrois.

Il est question d'échelonner quatre villages sur la route de Guelma à Souderata, lorsqu'elle sera achevée.

Le premier sera établi à *'Aïn-Guercha,* près du kil. 25; le deuxième, à *'Aïn-Quetara,* près du kil. 30; le troisième, à *'Aïn-Souda,* au kil. 44; le quatrième, à *'Aïn-Sandel,* au kil. 49. Ces villages seront situés à une altitude de 600 à 1,000 m. Terres excellentes; climat très-salubre.

§ 4. — *Arrondissement de Philippeville.*

1º PHILIPPEVILLE.

PHILIPPEVILLE, la *Rusicada* des Romains, chef-lieu d'arrondissement, de canton et d'une commune de plein exercice, de 12,609 hab., dont 5,094 Français, 113 israélites, 5,120 étrangers européens, 2,282 musulmans, et d'une commune mixte de 3,569 indigènes. Tribunal de 1re instance, justice de paix, église catholique, oratoire protestant, mosquée, collége communal, école communale pour les garçons, école des Frères, école de filles et pensionnat, cercle et bibliothèque militaires, vaste hôpital, musée, succursale de la Banque de l'Algérie, comice agricole, sociétés musicales, société des courses, société de tir, théâtre, café-concert, bureau de poste et bureau télégraphique, casernes d'infanterie et de cavalerie, agences maritimes, etc.

Situation et aspect général.

Philippeville est située par 4º 35' de longitude orientale et 36º 52' de latitude nord, à 2 kil. de l'embouchure du Safsaf, sur le bord de la partie la plus méridionale d'un golfe dont l'ouverture fait face au nord et que forment le *Ras-el-Hadid* (le cap de Fer) à l'est, et le *Seba'-Rous* (les Sept-Caps) à l'ouest. Ce golfe est le *Sinus Numidicus* des Romains décrit par Ptolémée. Les maisons s'étagent sur deux mamelons, l'*Addouna* à l'est, le *Bou-Yala* à l'ouest, séparés par un ancien ravin devenu la rue Nationale. La ville est bornée par la mer au nord, par la vallée du Safsaf à l'est et au sud, et par le ravin des Beni-Melek à l'ouest. Plusieurs rues sont à escalier. Vue de la mer ou des mamelons qui la dominent, Philippeville offre un aspect gracieux. C'est une cité éminemment française. On n'y rencontre ni ces masures, ni ces ruelles arabes qui donnent un cachet particulier aux villes anciennes de l'Algérie.

Port.

Philippeville possède aujourd'hui un port spacieux qui a été, dans ces dernières années, l'objet de travaux très-considérables. Ces travaux, qui ont coûté des sommes énormes, sont à peu près terminés aujourd'hui ou sur le point de l'être. Le port est formé par trois jetées qui créent, d'un côté, un avant-port de 25 hect., et, de l'autre, un port intérieur ou darse de 19 hect. accessible aux navires du plus fort tonnage. Il s'y fait un grand mouvement commercial, favorisé surtout par la voie ferrée de Constantine aboutissant sur le quai, à l'est, à l'entrée d'un tunnel qui met en communication la gare des voyageurs avec celle des marchandises. L'exploitation des riches gisements de minerais qui abondent sur le territoire de Philippeville donneront, sans doute, une animation plus grande encore à ce port vers lequel affluent déjà les grains, les laines et les bestiaux des régions de Constantine, de Sétif, de Batna, etc.

Murs, portes, places et rues.

Un rempart crénelé, qui suit toutes les sinuosités du terrain, entoure la ville ; il est percé de trois portes : de *Stora* à l'ouest, de *Bône* à l'est et de *Constantine* au sud.

Les plus belles places sont : la place de la *Marine*, dominant la mer et bordée de cafés et d'hôtels (nombreux promeneurs, vue magnifique sur la baie de Stora, l'île Srigina et la mer) ; la place de la *Douane*, entre la douane et la mer, près de la porte de Stora ; la place *Corneille*, sur laquelle s'élève le théâtre ; la place de l'*Église*, située comme la précédente près de la rue Nationale et bien ombragée, et la place *Bélisaire*, sur le Bou-Yala (marché aux légumes et aux poissons).

La rue *Nationale*, qui commence à la place de la Marine et ne finit qu'à la porte de Constantine, est l'artère principale de la ville. Elle est bordée de maisons à arcades et de magasins. C'est la plus animée et la plus belle de la ville. Les rues sont jalonnées de *fontaines* abondamment alimentées par les magnifiques citernes restaurées et par les eaux du ravin des Beni-Melek.

Édifices modernes.

L'*église*, sur la place de même nom, a été construite de 1847 à 1854. Le clocher, détruit en 1856 par un tremblement de terre, a été reconstruit depuis; il est surmonté d'une lanterne à l'aspect gracieux. La façade principale est assez remarquable. A l'intérieur se voient un *Christ au tombeau* signé Van-Dyck, et quelques tableaux peints par un artiste de la ville.

La *mosquée*, sur le versant sud du Bou-Yala, est couronnée d'une coupole et flanquée d'un minaret octogone.

La *douane*, l'*abattoir*, les *casernes*, l'*hôpital*, les *bâtiments* pour les différents services militaires, sur le djebel Addouna (ces bâtiments attirent de fort loin les regards quand on arrive par mer), et le *théâtre*, ne méritent qu'une mention.

Antiquités et musée archéologique.

L'antique *Rusicada* n'a pas disparu tout entière, bien que l'on ait démoli la plupart de ses vestiges pour en employer les matériaux à l'édification de la ville nouvelle. On visitera la mosaïque de la maison Nobelli représentant une déesse maritime entourée de poissons, les colonnes, les chapiteaux et les frises de dimensions énormes déposés sur la place Corneille, les citernes du fort d'Orléans, et surtout l'ancien *théâtre romain* dans lequel a été installé le musée archéologique. Ce *musée*, voisin du collége, doit beaucoup à son ancien conservateur, feu M. Roger, qui a rédigé avec beaucoup de compétence un catalogue contenant, outre la nomenclature raisonnée des médailles, armes, bijoux, poteries et objets divers réunis dans une salle spéciale, la description de tous les débris antiques rangés en plein vent sur les gradins de l'amphithéâtre. On remarque dans cette riche collection : des statues, notamment celles de l'empereur Hadrien, des bustes, un cadran (*scaphium*) en marbre blanc habilement sculpté, divers fragments d'architecture, de nombreuses inscriptions votives ou funéraires, des cénotaphes, etc. La visite de ce sanctuaire archéologique ne saurait être trop recommandée aux touristes.

Industrie et commerce.

Philippeville est la tête de la ligne de chemin de fer de Constantine, qui bientôt se prolongera jusqu'à Sétif d'une part et jusqu'à Batna de l'autre, ce qui lui assure un transit considérable et un surcroît de matières premières pour son industrie. Aux portes de la ville, sur la route de Jemmapes, une magnifique pépinière, riche surtout en plantes indigènes destinées à l'exportation, approvisionne les colons d'arbres fruitiers et autres. Philippeville possède des ateliers de salaisons, des distilleries (celle de M. Fournier fabrique par jour de 20 à 25 hectolitres d'alcool obtenu par la distillation de diverses espèces de grains), des fabriques de bouchons, semelles et autres produits en liége (celle de M. Gabert, fort bien outillée, a toutes ses machines mues par la vapeur; elle ne confectionne pas moins de 150,000 bouchons par jour), des tanneries, des briqueteries, des brasseries, etc.

Le commerce a surtout pour objet les céréales, les bestiaux, les bois, les liéges, les écorces à tan, les poissons en barils et en boîtes, les peaux, les laines, etc.

NOTICE HISTORIQUE.

Une inscription sur laquelle sont gravés les mots suivants : *Genio coloniæ Veneriæ Rusicadis*, prouve que la ville actuelle occupe l'emplacement de la cité romaine de *Rusicada*. Ce nom ne paraît pas être le premier porté par la ville antique. Les Phéniciens, qui l'avaient fondée, l'appelèrent d'abord *Thapsa*, et plus tard, *Rous-Skikida*, mots que les Romains, par euphonie, ont changé en *Rusicada*.

Les historiens anciens parlent peu de *Rusicada* ; mais ce qui reste de ses ruines, dont on pouvait encore admirer la magnificence en 1845, témoigne de son ancienne importance. En effet, le sol était à cette époque couvert, sur quelques points, d'énormes colonnes de marbre, de chapiteaux, de fûts gigantesques, d'urnes, de statues, d'inscriptions et de débris d'édifices somptueux. Partout rayonnait l'image d'une splendeur passée, qu'attestent encore aujourd'hui les mosaïques, les citernes et le théâtre dont nous avons parlé plus haut. La Notice de l'Église d'Afrique mentionne quatre de ses évêques :

Verulus, qui, en 256, sous les règnes des empereurs Valérien et Gallien, siégea au concile assemblé à Carthage; *Victor*, qui figure au concile tenu à Cirta en 305; *Faustianus* (catholique) et *Junior* (donatiste) qui assistèrent au célèbre colloque de Carthage, présidé par le comte Marcellin.

Comme le nom de *Rusicada* ne figure pas sur la liste des prélats qui, en 484, répondirent à la convocation du roi Hunéric, ni dans les actes ecclésiastiques des siècles suivants, il y a lieu de croire que la colonie avait cessé d'exister à cette époque; mais on ignore les causes et la date précise de la destruction de la ville.

La cité française a dû sa création à la prise de Constantine. Lorsque les Français, au mois d'octobre 1838, occupèrent *Rusicada*, un village kabyle était installé au milieu des ruines de l'ancienne colonie romaine. Les indigènes y possédaient trente mauvais gourbis; ils les vendirent de leur plein gré 150 francs au maréchal Valée, qui y jetait, le 7 octobre de la même année, les fondations du fort de France, près duquel devait bientôt grandir la ville qui porte le nom du roi Louis-Philippe.

2° ENVIRONS DE PHILIPPEVILLE.

De Philippeville à Stora.

On y va, soit en barque, et alors on cotoie des rochers bizarrement taillés dans lesquels s'ouvrent des excavations dont l'une est connue sous le nom de *grotte du Veau-Marin,* ou bien par une route taillée en corniche et dominant la mer. Cette route est très-pittoresque. A gauche se dressent de charmants coteaux couverts de villas, de jardins, de vignes et d'arbres fruitiers;

à droite, magnifiques *bains de Douïra* (établissement très-coquet, jardins), et joli château de M. Landon. De la route on découvre une vue superbe sur le golfe, le Filfila et le cap de Fer. Le paysage devient ensuite agreste sur la gauche; de véritables montagnes, couvertes de chênes-liége et de broussailles, remplacent les mamelons parés de jardins. Mais ici encore la vigne tend à régner en souveraine; les ceps verdissent jusque sur les crêtes les plus ardues. Au delà d'un ravin verdoyant, sur lequel est jeté un pont dit *pont romain*, après avoir traversé un bouquet de chênes-liége et laissé à droite le cimetière, on descend à Stora admirablement situé sur le bord de la mer et sur le versant d'une montagne très-boisée.

4 kil. — STORA, chef-lieu d'une commune de 1,046 hab., dont 257 Français, 773 étrangers européens et 16 musulmans, créé en 1848. Église dont le clocher pointu s'élance comme d'un nid de verdure; écoles de garçons et de filles, bureau de douane, bureau télégraphique, ateliers de salaisons, pêche très-active; grande voûte romaine sous laquelle coule une fontaine; magnifiques citernes antiques sises à mi-côte et alimentées par l'oued Cheddi, « le ruisseau des singes, » au moyen d'un tunnel restauré par le génie militaire; eaux minérales au sommet de la montagne.

Stora était le port de *Rusicada*. Les Génois le

fréquentaient au seizième siècle. Les beys de Constantine y eurent aussi des entrepôts. C'est dans la baie de Stora que se sont arrêtés, jusqu'à ces derniers temps, les navires à destination de Philippeville. Une épouvantable tempête la bouleversa de fond en comble en 1841, et presque tous les navires qui étaient à l'ancre, entre autres la gabarre de l'État la *Marne*, se brisèrent contre les rochers (1).

Philippeville a pour annexes : Damrémont, Saint-Antoine, Valée, Saint-Louis et Saint-Léon de Filfila.

5 kil. sud-est. — *Damrémont* (2), village de 332 hab., dont 134 Français, 41 étrangers européens et 157 musulmans, créé en 1848, sur la rive gauche du Safsaf. École mixte, bibliothèque scolaire, belle carrière romaine, élève de bétail, laiteries, céréales, fourrages, vignes, tabacs; station du chemin de fer de Philippeville à Constantine. Sur la rive droite du Safsaf, dont la vallée est très-verte, plaine servant d'*hippodrome* à Philippeville. Là ont lieu, tous les ans, des courses très-brillantes.

7 kil. sud-sud-ouest. — *Saint-Antoine*, village de 367 hab., dont 117 Français, 179 étrangers européens et 71 musulmans, créé en 1848, sur

(1) Ch. Féraud, *Histoire de Philippeville*.
(2) Nom du gouverneur général tué devant Constantine le 12 octobre 1837.

la route de Philippeville à Constantine, dans la belle vallée du Zéramna. École mixte, prairies, plantations, jardins potagers, vignes magnifiques, oliviers greffés, élève du bétail.

6 kil. — *Valée* (1), village de 1,181 hab., dont 158 Français, 110 étrangers européens et 913 musulmans, créé en 1848, sur un monticule, dans la vallée et sur la rive droite du Safsaf. Église, écoles, céréales, vignes, arbres fruitiers, fermes importantes. La culture du mûrier y réussit parfaitement.

On visite encore, aux environs de Philippeville : la *Pépinière*, admirablement entretenue par M. Suire, qui en est le propriétaire et dont les produits figurent avec honneur à toutes les expositions ; la magnifique exploitation agricole de M. Barrot (*ferme de Planchamps*), les superbes carrières de marbre (v. t. Ier, p. 357) et les mines de fer de Filfila. Une importante usine métallurgique du Midi vient de conclure un marché considérable de plusieurs centaines de mille tonnes de minerai de fer avec M. Lesueur, concessionnaire des gîtes du Filfila. De grands travaux ne tarderont pas à être exécutés sur cette mine qui doit fournir un minimum de 50,000 tonnes par an.

(1) Nom du gouverneur général qui a succédé au général Damrémont.

3° AUTRES CENTRES DE L'ARRONDISSEMENT DE PHILIPPEVILLE.

De Philippeville à Constantine par le chemin de fer.

6 kil. — *Damrémont*, v. p. 351.

10 kil. — *Safsaf*, village en création dans la luxuriante vallée de ce nom.

16 kil. — SAINT-CHARLES, chef-lieu d'une commune de 2,152 hab., dont 189 Français, 150 étrangers européens et 1,813 musulmans, créé en 1847, au confluent de l'oued Safsaf et de l'oued Zerga, à l'embranchement des routes de Philippeville à Constantine et de Philippeville à Bône par Jemmapes; constitué en commune en 1861. Église, école mixte, marché très-fréquenté, terres excellentes produisant des fourrages et des céréales; cultures industrielles, vignes, oliviers, mûriers. Le vin de Saint-Charles est estimé. L'élève des bestiaux dans les nombreuses fermes disséminées sur son territoire y donne lieu à un commerce considérable.

32 kil. — ROBERTVILLE, chef-lieu d'une commune de 4,023 hab., dont 360 Français, 40 étrangers européens et 3,623 musulmans, créé en 1847, constitué en commune en 1861. Église, écoles de garçons et de filles, salle d'asile, tuileries, fours à chaux. Le territoire, d'une fécondité exceptionnelle et admirablement bien cultivé, produit des céréales en abondance, du maïs,

des fèves, du sorgho, des plantes légumineuses, des vignes, des oliviers, des arbres fruitiers de toute espèce, etc. De vastes pâturages nourrissent de nombreux troupeaux.

La station de Robertville, située à 1,500 m. du village, dessert également Gastonville et El-Arrouch.

GASTONVILLE, chef-lieu d'une commune de 2,443 hab., dont 268 Français, 23 étrangers européens et 2,152 musulmans, est situé à 4 kil. 1/2 de la station du chemin de fer, à 25 kil. de Philippeville, et sur la route de cette dernière ville à Constantine, sur le Safsaf. Ce village, fondé en 1847, au lieu dit *Bir-Ali*, « le puits d'Ali, » a été élevé, en 1861, à la dignité de chef-lieu de commune. Église, écoles, salle d'asile; bonnes terres produisant des céréales, du maïs, du tabac, etc.; fermes importantes; élève en grand du bétail; beurre estimé.

EL-ARROUCH, chef-lieu de canton et d'une commune de 3,163 hab., dont 386 Français, 5 israélites, 152 étrangers européens et 2,620 musulmans, est situé sur la route de Philippeville à Constantine, à 2 kil. du confluent de l'oued El-Arrouch ou Safsaf et de l'oued Entsa, sur un monticule entouré de coteaux et de montagnes assez élevées; créé en 1844, constitué en commune en 1861. Jolie église; écoles pour les enfants des deux sexes; salle d'asile, justice de paix, bureau télégraphique, hôpital civil, hospice pour les incurables et les vieillards; fontaines, lavoirs, abreuvoirs; marché considérable tous les vendredis; territoire fertile en céréales; élève du bétail; bois d'oliviers.

46 kil. — *Col.-des-Oliviers*, buffet et centre d'un futur village. De là, la vue se porte sur deux montagnes jumelles qui se nomment *Toumiet*. Cette station est située sur le territoire d'EL-KANTOUR, la *Kentouria* romaine, chef-lieu d'une commune de 1,738 hab., dont 153 Français, 73 étrangers européens et 1,512 musulmans. Naguère encore El-Kantour, l'*Armée-Française*, *Sainte-Wilhelmine* et le *Col-des-Oliviers* faisaient partie de la commune d'El-Arrouch. Ils en ont été distraits pour former une commune séparée. El-Kantour est situé sur une hauteur, à 48 kil. de Philippeville, au plus haut point de la route de Constantine (806 m.).

59 kil. — *Condé-Smendou*, v. p. 277.

72 kil. — *Bizot*, v. p. 277.

85 kil. — *Constantine*, v. p. 234.

De Philippeville à Bône.

6 kil. — *Valée*, v. p. 352.

32 kil. — JEMMAPES (1), chef-lieu de canton et

---

(1) Nom d'un village de Belgique où Dumouriez vainquit les Autrichiens, en 1792.

d'une commune de 1,671 hab., dont 907 Français, 40 israélites, 190 étrangers européens et 534 musulmans créé en 1848, constitué en commune en 1856. Justice de paix, église neuve et très-élégante, écoles de garçons et de filles, asile, bureau de poste et bureau télégraphique, marché, moulins à manége et à vent.

Cette petite ville est très-heureusement située au sommet d'un mamelon qui domine la fertile vallée de l'oued Fendek, dans laquelle on admire de riches cultures. Plus de 150 hect. de vignes forment, tout autour de Jemmapes, une série de jardins d'un aspect charmant. L'intérieur de la ville est orné d'un magnifique *square* au milieu duquel se dresse un monolithe de 5 m. de hauteur extrait d'une carrière des environs. Grâce à ses rues larges et droites, à ses jardins intérieurs dont quelques-uns renferment les arbres les plus rares des tropiques, et à la verdoyante ceinture d'eucalyptus qui l'orne et l'assainit, Jemmapes est aujourd'hui un des centres les plus coquets de l'Algérie entière. La plaine qui l'entoure est plantée d'orangers, d'arbres à fruits de toutes sortes, de vignes, etc.; on y remarque d'interminables champs de blé et d'orge.

La ville est alimentée par les eaux d'*Aïn-Saïfa* et par celles de l'oued *Fendek*, que lui amène une conduite de près de 7 kil. Jemmapes fait le commerce des grains, des peaux, du tabac, des bois de construction et des bois à brûler, des charbons, des vins et eaux-de-vie, etc. Les environs offrent de magnifiques forêts et quelques gîtes de minerais.

La mine de mercure de *Ras-el-Ma*, dont l'exploitation, abandonnée depuis quelque temps, pourrait être très-fructueuse, est située sur le territoire de Jemmapes.

Jemmapes a pour annexes : *Sidi-Nassar*, à l'est, sur la route de Bône, et *Ahmed-ben-Ali*, au sud-ouest. Sidi-Nassar fut affecté d'abord aux transportés politiques de 1852. Ahmed-ben-Ali, colonie agricole de 1849, possède des terrains excellents (belles cultures) et des ruines romaines.

La Robertsau (1) (225 Français), primitivement appelée *Souk-el-Sebt*, « le marché du samedi, » est située à 11 kil. sud de Jemmapes. Ce village fait partie de la commune mixte de Jemmapes (13,578 hab.), qui comprend, en outre, Melila, Ghezala, Oum-en-Nehal, Bou-Taïeb, Oulad-Gherara, El-Ghar, Meziet, Radjetas, Djendel, 'Aïn-Charchar, Arb-Skikda et Guerbès.

La Robertsau s'élève sur un mamelon, à l'extrémité de la gorge de la Zaouïa, et commande une des entrées des Zardezas. La plaine qui

(1) Nom d'un hameau d'Alsace, dépendant de Strasbourg, dans un îlot formé par l'Ill et le Rhin. L'un de ses parrains l'a ainsi appelé en souvenir de sa patrie momentanément arrachée à la France.

s'étend à ses pieds, jusqu'au Fendek, est fertile et bien cultivée en grande partie par des colons moitié Alsaciens, moitié Algériens. Plusieurs hectares de vignes sont déjà plantés. Presque toutes les terres concédées sont en pleine culture. Un avenir prospère semble réservé à ce village, dont les habitants montrent une grande activité. Débris de constructions romaines et inscriptions.

A 8 kil. de Jemmapes, à gauche de la route (6 kil. environ), *Djendel*, village en création, au pied de hautes montagnes, dans une contrée très-fertile. Belle source thermale très-fréquentée par les Arabes. Terres excellentes; forêts de chênes-liège, séjour favori des lions.

43 kil. — '*Aïn-Charchar*, village de création récente. Terres propres à la culture des céréales et du tabac; forêts à proximité.

49 kil. — *Oued-el-Kebir*.

70 kil. — '*Aïn-Mokra*, v. p. 306.

101 kil. — *Bône*, v. p. 286.

Une autre route de Philippeville à Bône par Saint-Charles, longue de 119 kil., dessert (6 kil.) Saint-Antoine, (17 kil.) Saint-Charles, (41 kil.) Jemmapes et (79 kil.) 'Aïn-Mokra.

De Philippeville à Guelma.

6 kil. — *Valée*, v. p. 352.

32 kil. — *Jemmapes*, v. p. 355.

53 kil. — GASTU (1), chef-lieu d'une commune de 549 hab., dont 96 Français, 6 étrangers européens et 447 musulmans, créé en 1860, au lieu dit *Ksentina Kedima*, « la vieille Constantine, » dans la vallée de l'oued El-Kebir des Sanendja, érigé en commune le 16 décembre 1868. Église, école mixte, sol fertile, moulins, élève du bétail, belles forêts aux environs.

69 kil. — *Enchir-Saïd*, v. p. 341.

83 kil. — *Oued-Touta*, v. p. 335.

91 kil. — *Guelma*, v. p. 329.

De Philippeville à Collo.

On se rend généralement de Philippeville à Collo par le paquebot-poste venant de Bône et arrivant à Philippeville le dimanche matin. On peut y aller aussi par une route de terre qui n'est pas desservie par les voitures publiques.

COLLO, à 60 kil. de Philippeville d'après le tableau des distances légales, chef-lieu de cercle militaire et d'une commune mixte de 2,203 hab., dont 157 Français, 48 étrangers européens et 1,998 musulmans. Justice de paix, église, écoles de garçons et de filles, salle d'asile, bureau de poste et bureau télégraphique, bureau des doua-

(1) Nom d'un général qui a commandé la province de Constantine.

nes, marché tous les vendredis, ateliers de salaisons, nombreux bateaux de pêche, bordj et casernes entourés de fortifications, cercle et bibliothèque, etc.

La petite ville de Collo est située sur le bord de la mer, par 4° 25' de longitude est et 37° 21' de latitude nord, sur une des anfractuosités que forme à sa base le flanc oriental du massif élevé du djebel Goufi. Une route la relie à Robertville. Le *port* naturel de Collo est très-bon ; les navires du plus fort tonnage peuvent s'y mettre à l'abri des vents d'ouest, mais son peu d'étendue ne lui permet pas de recevoir un grand nombre de bâtiments.

De la presqu'île de Collo s'élèvent deux mamelons. Celui de droite porte un des quatre groupes de maisons qu'habitent les indigènes. Là sont la marine et la mosquée. D'autres groupes de maisons construites avec des ruines romaines se trouvent au nord et au sud de la ville. Au centre se voit la ville européenne percée de belles rues, parmi lesquelles on distingue celles de *Constantine* et de la *Mairie*. D'autres rues viennent d'être ouvertes. Collo possède de nombreuses fontaines, un lavoir, un abreuvoir, un beau jardin public, quelques ruines romaines, plusieurs établissements pour la salaison des sardines et des anchois, parmi lesquels il convient de citer ceux de MM. Chauvain et Grima, qui ont une grande importance. Commerce de liége et de tannin (le port de Collo a exporté en 1876 environ 1,500,000 kil. de tannin), fabrique de bouchons.

La Compagnie Besson est propriétaire, dans le cercle de Collo, de près de 25,000 hect. de forêts de chênes-liége en pleine exploitation; elle occupe en toute saison un nombre très-considérable d'ouvriers liégeurs et autres.

NOTICE HISTORIQUE.

Une inscription antique sur laquelle on lit : *Coloniæ Minerviæ Chullu,* établit la synonymie du Collo moderne avec le *Kollops magnus* de Ptolémée et le *Chulli municipium* de l'Itinéraire d'Antonin. L'*Africa christiana* de Morcelli mentionne un évêché de Collo, mais nous ne voyons pas figurer son évêque au nombre de ceux qui furent convoqués à Carthage par le roi vandale Hunéric. « L'antique Chullu avait cependant une grande importance, puisque, d'après Solin, elle occupait le second rang après Cirta. Cette ville aurait-elle été engloutie par un tremblement de terre ou détruite par des corsaires à l'époque de l'invasion vandale? Ce qui semble confirmer cette dernière hypothèse, c'est que le peu de vestiges qui restent semblent dispersés par la main des hommes (1). »

Les habitants de Collo, au dire de Solin, excellaient à teindre les étoffes en pourpre. Pomponius Mela raconte que cette teinture recueillie dans les rochers de la Numidie était très-recherchée et pouvait rivaliser avec la pourpre de Tyr. Les Romains tiraient aussi de Collo des cuirs estimés et d'excellents bois de construction fournis par les magnifiques forêts qui entouraient la ville.

(1) Ch. Féraud, *Histoire des villes de la province de Constantine.*

Il est souvent question de Collo dans l'histoire des Arabes d'Afrique. Au dire d'Edrisi, le commerce y était très-florissant au onzième siècle de notre ère. En 1282, Pierre III, roi d'Aragon, dirigea une expédition sur le port de Collo, avec la perspective de faire ensuite la conquête de la province de Constantine elle-même. Ce prince débarqua à Collo, mais à la nouvelle des *Vêpres Siciliennes*, il fit voile vers Palerme, où il fut couronné roi de Sicile.

Un siècle plus tard, les Pisans et les Génois visitaient encore les marchés de Collo où ils achetaient de la cire, des cuirs et des céréales. S'il faut en croire Léon l'Africain, « il n'y avait pas alors, par toute la côte de Tunis, cité plus opulente ni plus sûre, à cause que l'on y gagnait toujours au double sur les marchandises. » Marmol, qui écrivait aussi au seizième siècle, ajoute : « Collo était autrefois fort peuplée et avait de hautes murailles que les Goths rasèrent, après l'avoir conquise sur les Romains. Cependant on ne les a jamais rétablies depuis, quoiqu'il y ait grand commerce et force marchands et artisans. »

De 1604 à 1685, Collo fut une des échelles les plus importantes de la *Compagnie d'Afrique*, qui en tirait de la cire, du miel, des cuirs, des céréales, de l'huile, du corail, du suif, etc. (1).

Collo fut occupé le 11 avril 1843, par le général Baraguay d'Hilliers. Dans la nuit du 21 au 22 août 1856, un violent tremblement de terre détruisit cinquante-quatre maisons de la ville renaissante. Toute trace de ce désastre a disparu aujourd'hui.

---

(1) La maison du Comptoir, dit M. Ch. Feraud, était située au delà de la mosquée, où s'élève actuellement l'habitation du kaïd Ali bou Saâ. Les Colliotes l'appelaient *Dar el Konsoul*, « la maison du consul. »

Environs de Collo.

Les environs de Collo sont très-accidentés et couverts de superbes forêts de chênes-liége. On y a récemment créé les villages suivants :

6 kil. — *Cheraïa*, sur la route de Collo à Bessonbourg, village très-bien situé et pourvu d'eaux excellentes.

16 kil. — *Bessonbourg*, sur la route stratégique de Collo à Djidjelli. Ce village porte aussi le nom arabe de *Zitouna*, à cause d'un olivier gigantesque (*zitouna*) que l'on y remarque. Centre de l'exploitation du liége par la Compagnie Besson, fondé depuis l'insurrection. Bouillage et râclage du liége au moyen d'une machine à vapeur. Importante fabrique de bouchons.

36 kil., dans la tribu des Oulad-Atia. — *Bou-Naghra*, sur la route de Collo à Djidjelli et El-Milia, autre centre d'exploitation de la Compagnie Besson, entièrement détruit par les Arabes pendant l'insurrection de 1871, reconstruit depuis. Préparation du liége, fabrique de bouchons.

A environ 3 kil. de Collo, sur la route de Philippeville qui longe le port, magnifique *source dite des Lions*, dont les eaux sont excellentes et d'une fraîcheur extraordinaire. C'est un but de promenade pour les habitants de Collo.

§ 5. — *Arrondissement de Sétif.*

1° SÉTIF.

Sétif, l'ancienne *Sitifis* des Romains, chef-lieu d'arrondissement, de subdivision militaire et d'une commune de 9,820 hab., dont 2,010 Français, 780 israélites, 893 étrangers européens et 6,137 musulmans. Résidence d'un général de brigade et d'un sous-préfet, tribunal de 1re instance, justice de paix, église, mosquée, synagogue, collége communal, écoles primaires pour les garçons et les filles, salle d'asile, cercle et bibliothèque militaires, hôpital, casernes d'infanterie et de cavalerie, bureau de poste et bureau télégraphique, marché arabe tous les dimanches, etc.

La ville est située par 3° 5' de longitude orientale, 36° 12' de latitude nord, à 126 kil. de Constantine et à 1,085 m. au-dessus du niveau de la mer, non loin du Bou-Sellam (2 kil.), dans une région très-fertile en céréales. Sétif comprend deux parties bien distinctes : la ville proprement dite et le quartier militaire, séparés par un mur d'enceinte.

La *ville proprement dite* est entourée de remparts percés de trois portes : d'*Alger*, de *Biskra* et de *Constantine*. Elle est traversée par des rues larges, droites et bordées d'arbres. Les principales sont celles du *Marché*, de l'*Église*, du *Tremble* (cette dernière porte aussi le nom de place *Bar-*

ral) et du *Théâtre*. La place du Théâtre est bordée de maisons à arcades et ornée d'une belle fontaine monumentale ; elle est de plus entourée par le bâtiment du bureau arabe, par des cafés, des bazars, des magasins, et enfin par la mosquée.

Le *quartier militaire*, construit sur la partie la plus élevée du plateau, renferme de grandes casernes pour l'infanterie et un quartier de cavalerie avec de belles et vastes écuries.

Au pied de la citadelle romaine jaillit une source abondante qui, au moyen de trois canaux, alimente les nombreuses fontaines de la ville ; ses eaux vont se perdre ensuite dans le Bou-Sellam après avoir arrosé la *Pépinière* et plusieurs jardins.

En dehors de la porte d'Alger, près de laquelle se tient tous les dimanches un marché fréquenté en moyenne par 10,000 indigènes, surtout pendant les mois d'août, de septembre et d'octobre, la route est bordée de chaque côté par un boulevard qu'ombrage une double rangée de magnifiques mûriers. Parallèlement à cette allée, sur la droite, se développe une belle *promenade publique* plantée d'arbres d'essences diverses (frênes, mûriers, acacias), et dépositaire des antiquités romaines découvertes sur l'emplacement de l'antique capitale de la Mauritanie Sitifienne. Citons parmi les richesses archéologiques dont se compose ce *musée* en plein vent une magnifique collection d'inscriptions votives ou tumulaires (sur plusieurs figure le nom de *Sitifis*), un autel à Mars (*Marti Deo Augusto*), l'épitaphe d'un évêque contemporain et ami de saint Augustin, etc. Au bout d'une large allée et au milieu d'un rond-point, l'armée a érigé une haute colonne surmontée du buste en marbre du *duc d'Orléans*, en souvenir de son expédition aux Portes-de-Fer. Sur la gauche de la route d'Alger, on trouve des oasis délicieuses. De l'établissement de bains situé au bout de la promenade, on descend une longue allée de peupliers bordée de vastes jardins potagers. On a ensuite devant soi la *Pépinière* ornée de plantes rares.

L'*église*, dans laquelle on conserve l'inscription de saint Laurent martyr, la *mosquée*, coquet édifice orné d'arabesques, dont le minaret domine la ville et les environs, le bâtiment du *bureau arabe*, sont les seuls monuments à peu près dignes de ce nom.

Le climat de Sétif, grâce à l'altitude de la ville, rappelle en hiver celui de la partie moyenne de la France; il est plus chaud en été. Ce climat convient parfaitement aux arbres fruitiers à feuilles caduques qui donnent sur ce point des fruits abondants et délicieux. Le territoire de l'arrondissement de Sétif est très-riche en céréales. C'est sur le marché de Sétif que se donnent rendez-vous les Berbères de la montagne et les Arabes de la plaine, qui y mettent en vente en grande quantité du blé, de l'orge, des fruits, de l'huile, du savon, du miel, de la cire, des cuirs, des laines, des matières tinctoriales, des caroubes, du sel, des moutons, des bœufs et des chevaux. La création prochaine d'une voie ferrée entre Constantine et Sétif donnera un essor nouveau à une situation commerciale déjà prospère. Les travaux de construction de ce chemin de fer sont poussés avec activité. Il existe aussi sur le territoire de Sétif de belles carrières de pierres, des mines de plomb et de fer, etc.

NOTICE HISTORIQUE.

Sétif, *Sitifis Colonia*, eut une grande importance au temps de la domination romaine. Des voies, dont on retrouve partout les traces, la reliaient à Cirta, à Lambèse, à Theveste, etc. Lorsque, après le soulèvement des tribus comprises sous le nom général de *Quinquegentiens* (297 de J. C.), la Mauritanie fut partagée en deux provinces, l'une de ces divisions territoriales emprunta de Sitifis le nom de *Mauritanie Sitifienne*.

« La ville de Sétif, métropole de la Mauritanie Sitifienne, devait, à l'époque de sa splendeur, jouir d'une certaine importance. Les restes de son enceinte, tels qu'ils existaient encore au seizième siècle, permettaient, au rapport des historiens, d'évaluer son circuit à 4,000 m. Mais nous ne saurions affirmer si cette enceinte était antérieure ou postérieure au terrible tremblement de terre qui renversa Sétif en l'an 419 (1). »

Les secousses furent épouvantables, dit saint Augustin (2), de sorte que tous les habitants durent rester

---

(1) Ch. Féraud, *Histoire des villes de la province de Constantine*.

(2) Saint Augustin, *Serm*. XIX.

cinq jours dans les champs, et que près de 2,000 païens, terrifiés par le phénomène, demandèrent le baptême à grands cris.

Parmi les prélats qui occupèrent le siége épiscopal de Sitifis, citons *Novatus*, ami de saint Augustin; *Severus*; *Donatus*, qui assista au concile convoqué par Hunéric en 484, et *Optatus*, présent en 525 au concile de Carthage présidé par l'évêque Boniface.

Au moyen âge, les historiens arabes font encore mention de la prospérité de Sétif. Son sol avait conservé son ancienne réputation de fertilité, et ses plantations de cotonniers sont citées avec éloge par les écrivains de cette époque. El-Bekri dit : « Sétif est une ville grande et importante, dont l'origine remonte aux temps antiques. La muraille qui l'entourait fut détruite par les Ketama, partisans d'Abou Abdallah el-Chiaï, et cela pour la raison que les Arabes leur avaient enlevé cette ville et les avaient obligés à payer la dîme chaque fois qu'ils voulaient y entrer. Elle est maintenant sans murs, mais elle n'en est pas moins bien peuplée. Les bazars sont nombreux, et toutes les denrées à bas prix. »

Sous le régime établi par la conquête turque, Sétif participa au mouvement de décadence et de dépérissement qui atteignit toute la régence. Le défaut de sécurité de son territoire ruina son agriculture.

L'armée française, en y entrant le 21 septembre 1839, lors de l'expédition des Biban, n'y trouva plus que la vieille citadelle romaine en ruines, désignée sous le nom arabe de Kasba.

L'heureux emplacement de Sétif, au point de rencontre des communications de Constantine à Alger, et de Bousaâda, de la Medjana, du Hodna et de Bougie, la fécondité de son territoire, l'importance de sa position centrale, devaient naturellement appeler sur elle notre attention. Il y fut, dès le principe, établi une subdivision militaire. Le 11 février 1847, une ordonnance royale créait une ville européenne et la dotait de 2,509 hect. Un commissariat civil y a été installé le 21 novembre 1851. La constitution de la commune est du 17 juin 1854. Le commissariat civil est devenu une sous-préfecture le 13 octobre 1858. Sétif, enfin, est, depuis 1860, le siège d'un tribunal de 1re instance.

La commune de Sétif a trois annexes : 1° *'Aïn-Sfia* (composée de quatre villages : 'Aïn-Sfia, 'Aïn-Trik, 'Aïn-Malah et El-Hassi) ; 2° *Lanasser* (comprenant trois villages : Lanasser, Khalfoun et Temellouka) ; 3° *Mesloug* (divisée en deux villages : Mesloug et El-Achechia).

1° *'Aïn-Sfia*, « la fontaine pure, » à 3 kil. sur la route de Batna, dans une localité très-saine ; ses plantations et ses cultures sont en plein rapport. — *'Aïn-Trik*, « la fontaine du chemin, » à 6 kil., créé en 1856 par la Compagnie genévoise. — *'Aïn-Malah*, « la fontaine salée, » créé par la Compagnie genévoise, à 8 kil. de Sétif. — *El-Hassi*, fondé par la Compagnie genévoise, à 5 kil. de Sétif.

2° *Lanasser*, à 8 kil. de Sétif. Eaux très-abondantes, beaux jardins plantés d'arbres fruitiers. — *Khalfoun*, à 8 kil. de Sétif, dans une bonne position agricole. — *Temellouka*, hameau indigène sans importance, non loin du précédent.

3° *Mesloug*, à 11 kil. de Sétif. Magnifiques jardins le long du Bou-Sellam. — *El-Achechia*, petit centre indigène.

12 kil. — EL-OURICIA, chef-lieu d'une com-

mune de 1,432 hab., dont 220 Français, 15 étrangers européens et 1,197 musulmans, sur la route de Bougie, créé par la Compagnie suisse, au pied occidental du djebel Magris. Église, école mixte, marché le samedi, place bien ombragée, terres de bonne qualité, commerce des grains et des bestiaux.

El-Ouricia a pour annexe *Mahouan* (125 Français), où l'on trouve une jolie église, une école mixte et une belle place plantée d'arbres.

14 kil. — Bouhira, chef-lieu d'une commune de 1,303 hab., dont 35 Français, 130 étrangers européens (Suisses) et 1,138 musulmans, fondé par la Compagnie suisse. Mairie très-élégante, école, fontaine, lavoir, jardins, belles prairies, culture des céréales, élève du bétail, commerce des grains.

Annexes : *'Aïn-Arnat*, joli temple protestant, école, et *Messaoud*, sur une hauteur, créé, comme 'Aïn-Arnat, par la Compagnie suisse ; marché important, magnifique ferme de M. *Mangiavacchi*.

25 kil. — 'Aïn-Abessa, chef-lieu d'une commune mixte de 7,183 hab., dont 705 Français et 6,478 musulmans. Centre récemment créé, à une altitude très-considérable, sous un climat très-sain.

Annexes : *Faucigny*, entre 'Aïn-Abessa et Sétif, entièrement peuplé aujourd'hui (24 feux), terres d'excellente qualité, et *'Aïn-Rouah*.

3° AUTRES CENTRES DE L'ARRONDISSEMENT DE SÉTIF.

De Sétif à Constantine.

La route traverse les vastes plaines des 'Abd-en-Nour, dont les habitants, avant la conquête, menaient la vie nomade. L'homme, il y a quelques années, était absent partout ; un seul arbre se voyait dans toute la plaine : c'était une aubépine que nos soldats, dans leur style imagé, nommèrent le *chiffonnier*, parce qu'il était, en effet, couvert de chiffons, sortes d'*ex-voto* accrochés à ses branches par la superstition des indigènes. Aujourd'hui, les gourbis s'élèvent sur plusieurs points de ce territoire jadis désert. De hardis colons européens y ont fondé de beaux établissements agricoles entourés de plantations et charmant l'œil du voyageur. Cette contrée renferme de nombreux monuments mégalithiques ou romains décrits par M. Ch. Féraud.

26 kil. — SAINT-ARNAUD (1), chef-lieu de canton et d'une commune de 2,001 hab., dont 156 Français, 25 étrangers européens et 1,820 musulmans, créé en 1862, au lieu dit *Taftikia*, à 1,000 m. d'altitude, érigé en commune en 1868. Église, justice de paix, école, bureau télégraphique ; territoire d'une fertilité exceptionnelle ;

---

(1) Nom du maréchal Saint-Arnaud, mort en Crimée en 1854, après la victoire de l'Alma.

céréales, fourrages, pommes de terre, sorgho, élève du bétail ; aux environs, usines et magnifique *fontaine romaine* d'un débit journalier de 64,800 litres.

Annexe : *Oued-Deheb*. Deux minoteries très-importantes.

40 kil. — *Bir-el-'Arch*, village de 215 Français, récemment créé et dépendant de la commune mixte des *Eulmas*, qui comprend 14,456 hab.

54 kil. — *Saint-Donat*, v. p. 284.

126 kil. — *Constantine*, v. p. 234.

De Sétif à Bordj-bou-Aréridj.

9 kil. — *'Aïn-Arnat*, v. p. 370.

15 kil. — *Messaoud*, v. p. 370.

31 kil. — *'Aïn-Tagrout*, centre en voie de peuplement.

51 kil. — *Sidi-Embarek*, village de création récente.

65 kil. — BORDJ-BOU-ARÉRIDJ, « la fabrique des chapeaux à toisons d'autruches, » chef-lieu de canton et d'une commune de 989 hab., dont 301 Français, 60 israélites, 167 étrangers européens et 461 musulmans. Justice de paix, église, écoles, bureau de poste et bureau télégraphique, marché, etc. Bordj-bou-Aréridj est situé à 915 m. d'altitude, à 191 kil. de Constantine et à 239 kil. d'Alger par terre, sur deux mamelons qui s'élè-

vent au milieu de la plaine de la Medjana. Il s'y tient un marché hebdomadaire très-important, où l'on vend des céréales, des bestiaux, du miel, de la cire, etc.

Lors du célèbre passage des Biban ou Portes-de-Fer, à la fin d'octobre 1839, l'armée sous les ordres du duc d'Orléans bivouaqua près des sources d'Aïn-bou-Aréridj, à 1,200 m. environ d'un rocher conique, couronné par un fort turc à moitié ruiné, et repaire habituel des coupeurs de routes, qui, de là, embrassant d'un coup d'œil la plaine de la Medjana et les défilés qui y débouchent, guettaient incessamment les voyageurs et les caravanes. Ce poste fut occupé en 1841 par 300 hommes du 3ᵉ bataillon d'Afrique. En 1842 et 1843, on construisit des baraques pour l'infirmerie, les magasins et les logements d'officiers. Un fortin-caserne s'élevait en 1846 sur le plateau est. Les eaux de l'Aïn-bou-Aréridj furent amenées près de ce nouvel établissement, autour duquel se groupèrent quelques colons.

Bordj-bou-Aréridj était en pleine prospérité lorsque éclata la révolte de 1871. La petite ville fut incendiée le 12 mars ; la citadelle, vaillammen défendue, du 16 au 26 du même mois, par la troupe et quelques miliciens, fut délivrée par le colonel Bonvalet. Aujourd'hui, toutes traces de ce désastre ont disparu ; un avenir plein de promesses attend ce centre de population, situé dans une des plaines les plus fertiles de l'Algérie. La fécondité de son sol, l'abondance et la bonté de ses eaux, le voisinage des hautes montagnes boisées qui l'encadrent, avaient attiré l'attention des Romains; aussi est-elle littéralement semée de vestiges antiques.

Environs de Bordj-bou-Aréridj.

12 kil. nord-ouest. — *Bordj-Medjana*, le *Castellum Mediunum* des Romains, l'une des résidences du bach-agha Mokrani, très-puissant seigneur de la Medjana, héros de l'insurrection de 1871. On y crée un village, sur une hauteur, dans le voisinage de nombreuses sources.

35 kil. nord-ouest, au milieu du pays très-accidenté des Beni-Abbas. — *Kalâa*, très-curieuse forteresse naturelle portant un village kabyle. Vue magnifique.

20 kil. à vol d'oiseau au nord de Bordj-bou-Aréridj. — *Zamoura*, entre la montagne de ce nom et l'oued Chertioua, petite ville où se tient un marché très-fréquenté.

4 kil. est de Zamoura. — *Ruines de Serteï* (découverte d'inscriptions romaines).

4 kil. sud-est de Bordj-bou-Aréridj. — *El-Anasser*; ruines romaines. Centre en formation.

30 kil. — *Mansoura*, petite ville kabyle à 1,070 m. d'altitude, au pied du djebel Dreaf (1,862 m.), sur la route d'Alger.

56 kil. — Les *Biban* ou *Portes-de-Fer*, sur la route de Sétif à Alger, sont formées par des roches verticales, au fond desquelles coule l'oued *Meklou*. Ce sont des gorges très-profondes et fort étroites, véritables Thermopyles, dont une poignée d'hommes disputerait facilement le passage à une armée considérable. Les Romains n'y pénétrèrent jamais, et les Turcs ne s'y engageaient qu'en payant un tribut aux Kabyles. En 1837, une armée française, forte de 3,000 hommes, traversa pour la première fois ce dangereux passage, sous la conduite du duc d'Orléans. Nos braves soldats gravèrent sur le flanc des murailles cette laconique mais significative inscription : ARMÉE FRANÇAISE.

Plusieurs villages ont été récemment créés aux environs de Bordj-bou-Aréridj, savoir :

15 kil. sud-est. — *Bel-Imour* et *Chania*; plaine fertile à 1,000 m. d'altitude, climat tempéré et salubre, eau abondante, territoire propre à la culture des céréales ;

15 kil. ouest. — *Kerbet-ben-Hachem*, à 760 m. d'altitude ; terrain mamelonné, fertile en céréales ; eaux abondantes, climat tempéré et salubre; forêt de *Dar-Zitoun* à 6 kil.;

Bir-Aïssa, à proximité de la route d'Alger à Constantine, à l'est de Bordj-bou-Aréridj, dans une plaine entourée de mamelons, à 1,000 m. d'altitude ; climat tempéré et salubre, terres propres aux céréales et à l'élevage des bestiaux, eau en quantité suffisante.

De Sétif à Bougie.

4 kil. — *Fermatou.*

12 kil. — *El-Ouricia,* v. p. 369.

18 kil. — Col d'*Aïn-Gouaoua ;* très-belle vue.

Au pied de la montée qui conduit à Takitount, moulin et source d'eau gazeuse, semblable à l'eau de Seltz et très-agréable à boire.

33 kil. — TAKITOUNT, chef-lieu d'une commune indigène de 25,044 hab., dont 21 Français, 9 étrangers européens et 25,014 musulmans. Bureau télégraphique. C'est un point stratégique important ; les Romains y avaient installé une station considérable. Du fort, élevé à 1,051 m. au-dessus de la mer, on découvre un splendide panorama. Ce fort fut attaqué par les Kabyles en 1871. Les colons du voisinage s'y étaient réfugiés. La garnison était réduite à une poignée d'hommes ; les munitions manquaient ; néanmoins, l'énergie de ses vaillants défenseurs ne faiblit pas un seul instant. Le fort de Takitount résista jusqu'à l'arrivée des troupes de la métropole ; mais les établissements européens établis autour du poste furent livrés aux flammes par les indigènes. Dans le voisinage, ruines d'une ville romaine, peut-être celles d'*Ad Ficum* de l'Itinéraire d'Antonin. On traverse des forêts de chênes

verts, au delà desquelles on descend dans la vallée de l'oued Agrioun, que l'on passe près d'une petite maison française entourée d'un jardin et de beaux eucalyptus. Quand on a longé cette vallée pendant quelque temps, on arrive à l'entrée d'une gorge étroite que les indigènes appellent *Châbet-el-Akhra*, « le défilé de l'agonie ou de la mort. »

40 kil. — *Kerrata*, village en formation, à l'entrée du Chàbet-el-Akhra. Terres se prêtant aux diverses cultures. Marché tous les jeudis.

Les gorges du *Chàbet-el-Akhra* sont plus curieuses encore que celles de l'Isser ou de la Chiffa. La route, tantôt creusée sur la paroi verticale du rocher, tantôt portée sur des arceaux, court pendant 10 kil. environ entre deux montagnes gigantesques (1,750 à 1,850 m.) presque toujours à pic, quelquefois surplombant l'abîme, au fond duquel un torrent roule ses eaux mugissantes. C'est grandiose, sublime, effroyable. La route est quelquefois suspendue à 100 m. au-dessus du gouffre. On y trouve des singes comme à la Chiffa, et les cavernes des montagnes donnent asile à une quantité innombrable de pigeons. Magnifique cascade s'échappant du trou d'un rocher.

50 kil. — Bordj du *Kaïd-Hassen*, à la sortie des gorges ; auberge.

88 kil. — Auberge du *Cap-Casse*, sur une fa-

laise du haut de laquelle le regard embrasse une portion considérable de la chaine du grand Babor.

110 kil. — *Bougie.*

§ 6. — *Arrondissement de Bougie.*

1° BOUGIE.

BOUGIE, *Saldæ,* chef-lieu d'arrondissement et d'une commune de plein exercice de 3,700 hab., dont 1,158 Français, 384 israélites, 610 étrangers européens, 1,548 musulmans, et d'une commune mixte de 11,334 hab., dont 1,095 Français, 9 étrangers européens et 10,230 musulmans. Sous-préfecture, tribunal de première instance, justice de paix, bureau arabe, église, écoles de garçons et de filles, salle d'asile, hôpital militaire, cercle, casernes, marché très-important, douane, port maritime, bureau de poste et bureau télégraphique, etc.

Situation et aspect général.

Bougie est située par 2° 45' de longitude orientale et 36° 45' de latitude nord, sur la côte nord-ouest du golfe de ce nom. Elle est bâtie immédiatement au bord de la mer, sur le flanc méridional du mont Gouraya, dont le sommet le plus élevé (680 m.) est couronné par un fort. Cette position sur le flanc de la montagne, ses maisons écartées, et les massifs d'orangers, de grenadiers et de figuiers qui les entourent, rendent son site éminemment pittoresque. De la plate-forme du fort, on jouit d'une vue splendide ; d'un côté, l'immensité de la mer, puis le littoral festonné de promontoires, et, de l'autre, les majestueux fouillis des montagnes kabyles. L'extension du territoire civil, l'amélioration du port et la création de routes carrossables se dirigeant sur Sétif, sur Aumale et sur Alger, ont tiré la ville de l'état de marasme dans lequel elle languissait, malgré son heureuse situation, son climat très-salubre et son territoire d'une fertilité prodigieuse.

Remparts, portes et forts.

Les remparts de Bougie sont percés de cinq portes : de *Fouka* et de la *Kasba*, à l'ouest ; de *Moussa* ou *Barral* et des *Vieillards*, au nord ; d'*Abd-el-Kader*, à l'est. Les portes d'Abd-el-Kader, de Barral et de la Kasba communiquent avec les trois citadelles de ce nom. L'enceinte romaine est encore reconnaissable sur un grand nombre de points. L'enceinte sarrazine était une muraille haute et continue, flanquée de tours. Un arceau en ogive reste encore debout aujourd'hui, et sert d'entrée au point actuel de débarquement. Cet arceau est connu sous le nom de *Bab-el-Bahar*, « porte de la mer. » Le fort *Abd-el-Kader*, qui se dresse au sud-est, renferme une citerne et des souterrains. La *Kasba*, au sud-ouest, flanquée de bastions et de tours à moitié rasées et appropriée pour le casernement d'une partie de la garnison, renferme en outre les magasins des subsistances militaires et cinq citernes pouvant contenir 200,000 litres d'eau. Le fort *Barral*, au nord-est, renferme le cercueil du général de Barral, mortellement blessé le 21 mai 1850, chez les Beni-Immel. Les ouvrages avancés sont le fort *Gouraya*, au sommet de la montagne de ce nom; le fort *Clauzel*, à l'ouest, et le blockhaus *Salomon de Musis*, sur la plage. Les casernes de *Sidi-Touati* et de *Bridja*, l'hôpital militaire, l'arsenal, le bureau arabe, le parc aux fourrages, complètent l'installation des différents services militaires à Bougie.

Places et rues.

Citons la place de l'*Arsenal* (marché aux légumes), la place *Louis-Philippe* et la place de la *Marine*. Ces deux dernières sont entourées d'arbres.

« Nous devons reconnaître, dit M. Ch. Féraud (1), que des rues larges et bien alignées ont succédé aux rues étroites des indigènes; où pouvait seul passer un homme, maintenant des voitures circulent sans encombre. Là, des maisons ont été abattues; ailleurs, la mine a fait sauter des rochers pour établir un passage com-

---

(1) *Histoire des villes de la province de Constantine.*

mode. La direction générale de ces rues est de l'est à l'ouest, à peu près parallèlement à la rade. Les plus importantes sont la rue du *Port*, qui s'étend de la place de la Marine à la Kasba ; la rue *Trézel*, qui mesure presque toute la largeur de la partie habitée de la ville ; la rue *Fathma* et la rue des *Vieillards*. La disposition du sol ne permet pas d'établir des rues transversales propres à relier entre elles les rues à peu près parallèles que nous venons d'indiquer. Pour combler la différence de niveau, des escaliers ont été indispensables. D'autres rues ou voies non garnies de maisons et plantées d'arbres conduisent au fort Abd-el-Kader et, par des circuits qui adoucissent les pentes, à l'hôpital militaire et à la caserne de la Bridja. »

Édifices principaux.

L'*église* est surmontée d'une immense coupole qui attire les regards de fort loin ; elle occupe, dans la partie ouest de Bougie, l'emplacement de la mosquée dite *djama' Sidi El-Mohoub*.

Il n'existe plus aucune des anciennes mosquées qui faisaient autrefois le principal ornement de Bougie (on en comptait, dit-on, vingt-cinq dans la ville et dans la banlieue) ; on n'y voit plus que quelques *koubba*, oratoires ou chapelles d'un aspect très-mesquin. Les établissements civils sont sans importance ; il n'y a guère à citer que l'*hôtel-de-ville*, ancien commissariat civil.

Archéologie.

Citernes romaines, entre le fort Barral et la porte des Vieillards ; *bassins-citernes*, au-dessus de la caserne de Touati ; *bassins et fontaines*, sur la route du fort Abd-el-Kader ; *cirque amphithédtre*, au-dessous de la porte des Vieillards ; pierres de taille et colonnes de la place Fouka ; débris divers à la Kasba, au port, etc. Des médailles et des inscriptions se rencontrent fréquemment dans les fouilles faites pour élever de nouvelles constructions.

Climat, industrie et commerce.

« Il est certain, écrit M. Féraud, que Bougie est un lieu salubre, quoique, par une prévention funeste, on l'ait regardé, au début de l'occupation, comme un des points les plus malsains de la côte septentrionale de l'Afrique. Son climat est plus doux qu'en plusieurs autres lieux de l'Algérie. Le peu de maladies qui règnent dans la ville, même pendant la chaleur la plus forte, prouvent cette vérité. Elle doit la douceur de son climat à l'élévation montueuse du sol, et plus encore au voisinage de la mer. Sa température moyenne est de 17°. Néanmoins, la chaleur varie parfois, en été, par les jours de sirocco, entre 30° et 40° centigrades, car le Gouraya barre entièrement à Bougie les vents du nord, et cette ville, à l'exposition du sud, reçoit, en outre, la reverbération des montagnes situées au fond du golfe. »

Si Bougie, considérée de temps immémorial comme la porte de la Kabylie, a été l'objet des plus grandes espérances, l'importance de ses transactions avec les Kabyles qui fréquentent journellement les marchés démontre hautement que le titre de ville commerciale lui est justement attribué.

Les principaux produits de l'intérieur sont : les huiles d'olive, les céréales, les figues sèches ou figues de table, les caroubes servant à l'alimentation des bestiaux ou à la fabrication des alcools, les peaux brutes, les tabacs, la laine, la cire, le beurre, le miel, et un grand nombre d'articles de consommation, les liéges, les bois de chauffage et de construction, les minéraux, les bestiaux.

La vente des huiles sur les marchés de Bougie pendant l'année 1875, qui est une année moyenne, s'est élevée à 1,681,637 litres.

NOTICE HISTORIQUE.

Bougie occupe l'emplacement de *Saldæ*; plusieurs inscriptions le prouvent et réduisent à néant l'opinion de quelques écrivains prétendant que les ruines de Bougie n'étaient autres que celles de Carthage. Ce fut d'abord un des *emporia*, ou comptoirs commerciaux, dont les Phéniciens de Carthage avaient jalonné le littoral de l'Afrique septentrionale. Au moment de la conquête romaine, le pays de Bougie appartenait à la Numidie de

Masinissa. Quand la Numidie eut été annexée à la Mauritanie, après la révolte et la défaite de Jugurtha, Bougie fut élevée par Auguste au rang de colonie (33 av. J. C.). Saldæ était reliée à Cirta, à Rusicada, à Sitifis, à Igilgili et à Rusuccurus par des voies romaines dont on reconnaît encore les traces. Parmi les évêques de Saldæ, on cite *Paschase*, qui assista en 484 au concile de Carthage, convoqué par le roi vandale Hunéric. Les Vandales, maîtres de Bougie, lui donnèrent, dit-on, le nom de *Gouraya* (ce mot signifierait montagne dans leur langue), et en firent momentanément leur capitale.

On ne sait si Bougie était tout à fait ruinée au moment de l'invasion arabe. Voici ce que rapporte Ibn Khaldoun : « En 1067-68, En-Nacer s'étant emparé de la montagne de Bougie, y fonda une ville à laquelle il donna le nom d'*En-Naceira*, mais tout le monde l'appela *Bedjaïa*, du nom de la tribu qui l'habitait. Il construisit un palais d'une beauté admirable, qui porta le nom de château de la Perle (*Kars-el-Louloua*). Ayant peuplé sa nouvelle capitale, il exempta les habitants de l'impôt, et, en l'an 461 de l'hégire, il alla s'y installer lui-même. » En-Nacer, ami du pape Grégoire VII, pourrait être surnommé le *bâtisseur*. Construire était chez lui une manie, une passion. On raconte que, pour obvier au manque de matériaux, il lança l'édit suivant : « Tout individu qui voudra pénétrer dans la cité, sera tenu d'y apporter une pierre, sous peine de payer un droit d'un *naceri* (4 fr. 50 à 5 fr.). »

Bougie, dit M. Féraud, ne tarda pas à devenir la ville la plus florissante du Moghreb. Son immense enceinte, ses quais, ses édifices publics et ses colléges faisaient l'admiration des étrangers; elle devint même un lieu de pèlerinage pour les fidèles musulmans, ce qui lui valut le nom de *Mekka-Ser'ira*, « la petite Mekke. » El-Mansour, fils d'En-Nacer, fit également sa capitale de Bougie, après avoir fui la ville d'El-Kalâa, en l'an 1090-91. La ville lui fut redevable de nombreux embellissements. Bougie passa successivement sous la domination des différentes dynasties musulmanes qui fondèrent des principautés en Afrique. Cette période des souverains musulmans marque pour Bougie une ère de prospérité commerciale. La ville devint, en effet, le rendez-vous des négociants européens (Pisans, Génois, Vénitiens, Gaëtans, Catalans, etc.), et le point central d'un vaste commerce d'échanges. Dès l'année 1220, Marseille avait un consul et un fondouk à Bougie. Les importations d'Europe à Bougie consistaient en métaux, armes, bijoux, quincaillerie, mercerie, draps, tissus, épiceries, parfums, etc. On exportait de Bougie des cuirs, des écorces à tan, de l'alun, de la cire, de l'huile, des céréales, des raisins secs, de la laine, de la poterie, etc.

En 1153, le souverain du Maroc s'empara du royaume de Bougie, dont le sultan, Yahia, s'enfuit à Constantine et fit, de là, sa soumission au vainqueur, qui l'envoya à Maroc, où il finit ses jours. Bougie fut administrée assez longtemps par des représentants du gouvernement marocain. En 1236, un de ces gouverneurs se révolta et fonda un nouveau royaume; Bougie eut pour émir le fils de ce prince. Mais il ne tarda pas à y avoir des compétitions dans la famille royale; après des événements racontés contradictoirement par les historiens, Bougie, assiégée et prise plusieurs fois, redevint, en 1286, la capitale d'un royaume qui dura jusqu'en 1510, sous des princes de races différentes, au milieu de révoltes, de guerres et de bouleversements sans cesse renaissants.

Les Espagnols conquirent Bougie le 6 janvier 1510, si l'on en croit Marmol, en 1509 d'après une inscription trouvée dans cette ville. Suivant les uns, Bougie se défendit avec acharnement; d'autres affirment que le souverain et ses soldats, pris d'une terreur panique, s'enfuirent dans les montagnes sans combattre. Quoi qu'il en soit, la ville fut livrée au pillage. Bloqués dans la place par les peuplades environnantes, les Espagnols construisirent des remparts et des forts ; ils furent alors en sûreté derrière leurs murailles.

Au commencement d'avril 1512, les frères Barberousse vinrent attaquer Bougie ; ils furent repoussés vigoureusement, et Haroudj, l'un d'eux, y perdit un bras. L'année suivante, les Kabyles, n'ayant pas réussi à prendre la ville, en brûlèrent les faubourgs. Au printemps de 1514 ou 1515, les Barberousse parurent pour la deuxième fois devant Bougie ; ils s'emparèrent d'un fort dont ils passèrent la garnison au fil de l'épée ; mais, après un siége de deux mois, ils furent obligés d'abandonner la partie. Charles-Quint, après sa désastreuse expédition contre Alger (1541), se réfugia à Bougie. En 1555, Salah Raïs, pacha d'Alger, vint faire le siége de cette ville par terre et par mer ; il s'en rendit maître au bout de vingt-deux jours.

La présence des Turcs, continuellement en guerre avec les Kabyles, opéra la ruine de Bougie, qui ne vécut plus que de piraterie. En 1664, elle est dépeinte comme *un misérable village* peuplé de cinq à six cents habitants et d'une garnison de cent cinquante Turcs.

L'équipage d'un brick de l'État, qui avait fait naufrage sur la côte, ayant été égorgé en 1831, et, l'année suivante, des insultes ayant été faites au brick anglais le *Procris* et au brick français le *Marsouin*, une expédition fut dirigée sur Bougie. Le 29 septembre 1833, elle fut prise par les troupes françaises sous les ordres du général Trézel, après une lutte de trois jours.

2° ENVIRONS DE BOUGIE.

Les environs de Bougie abondent en agréables buts de promenade parmi lesquels nous citerons : le *blockhaus Salomon*, dans les plaines de la Soummam ou Sahel; le *cap Bouak*; la *koubba Lella-Gouraya*, au sommet de la montagne de ce nom (vue splendide); la *vallée des Singes*, très-pittoresque; les *ruines romaines de Toudja* (restes d'un aqueduc qui déversait ses eaux au camp supérieur de Bougie, dans une citerne de 15^m,85 de long sur 29^m,60 de large et 15^m,50 de profondeur); les ruines de *Tubupsutus* (restes de l'enceinte, pans de murs, arcades, cippes, pierres tumulaires, colonnes milliaires, souterrains, inscriptions); et le *cap Carbon*, formé par un énorme rocher où l'on a bâti un phare. Dans la partie inférieure de ce rocher, qui se rattache à la terre ferme par une crête aiguë plantée de pins maritimes, s'ouvre un vaste passage par lequel le flot se précipite comme sous l'arche d'un pont.

Il est question de relier Bougie à Djidjeli par une route qui, longeant le rivage de la mer, traversera des sites ravissants couverts de myrtes, de lentisques, de lauriers-roses, et ombragés de touffes d'arbres séculaires. Les environs du petit port de *Ziana* surtout sont charmants.

De Bougie à Beni-Mansour.

13 kil. — *La Réunion* (210 Français), village récemment créé au lieu dit l'*Oued-R'ir*. Source abondante, plantations d'eucalyptus, église, école et mairie installées sur une éminence. La prospérité de ce village est assurée.

26 kil. — *El-Kseur* (410 Français), village de création récente, non loin de la rive gauche de l'oued Sahel ou Soummam. Église, école, sol très-fertile, vallée splendide. Brillant avenir.

Sur la rive droite de l'oued Soummam ou Sahel et la route de Sétif à Bougie, beau village de l'*Oued-Amizour* (430 Français), de création récente et déjà très-prospère. Magnifiques terres de culture.

38 kil. — *Ilmaten*, village indigène, emplacement d'un centre européen, dans la vallée de l'oued Soummam.

49 kil. — *Sidi-'Aïch*, village indigène, centre européen en formation dans la vallée et sur la rive gauche de l'oued Soummam. Figuiers, oliviers.

La route dessert *Igherem*, village européen en voie de peuplement, près du col de Takriet. Terres propres à la culture des céréales et de la vigne. Il se compose de quinze fermes isolées ayant chacune une superficie moyenne de 90 hectares.

72 kil. — Akbou, chef-lieu de cercle, d'une commune mixte de 2,066 hab., dont 60 Français, et d'une commune indigène de 37,443 hab., dont 25 Européens, dans la vallée de l'oued Soummam. Le village européen a été créé en 1872, autour du bordj d'Ali Chérif, ancien bach-agha des Chellata. Des travaux importants y ont

déjà été exécutés pour l'aménagement des eaux et la construction du chemin d'accès qui relie Akbou à la route de Bougie à Beni-Mansour. Nombreuses plantations dans les rues et autour du village.

86 kil. — *Tazemalt,* centre en création. Terres de bonne qualité, zône irrigable, nombreux oliviers, ressources en bois.

98 kil. — *Beni-Mansour,* v. p. 120.

De Bougie à Djidjeli.

Il est certain que dans un avenir prochain une route longeant le littoral et traversant une région magnifique reliera Bougie à Djidjeli. En attendant, on se rend de Bougie à Djidjeli, et réciproquement, par les bateaux qui font le service de la côte

70 kil. de Bougie, 163 kil. de Constantine. — Djidjeli, l'*Igilgili* des Romains, chef-lieu de cercle, de canton et d'une commune de 2,616 hab., dont 422 Français, 6 israélites, 181 étrangers européens et 2,007 musulmans. Justice de paix, bureau arabe, église et mosquée en construction, écoles de garçons et de filles, hôpital militaire, bureau des douanes, bureau de poste, bureau télégraphique, casernes, etc.

Djidjeli, situé par 3° 25' de longitude orientale et 36° 50' de latitude nord, se compose de l'ancienne ville arabe et de la ville française. La *ville arabe*, assise au bord de la mer, sur une presqu'île rocheuse qu'un isthme fort bas réunit à la terre ferme, est aujourd'hui exclusivement affectée au quartier militaire. Ce quartier, ou plutôt cette citadelle, fortifiée sur tout son pourtour par un rempart et des bastions, renferme l'hôtel du commandant supérieur, les casernes, l'hôpital et les magasins de l'administration. La *ville française*, construite depuis le tremblement de terre de 1856, s'étale gracieusement sur la plage. Des rues droites, bordées de superbes platanes, des groupes de riantes maisons disposées en échiquier, des jardins fleuris, des bosquets touffus, une colline tapissée de caroubiers, d'oliviers et de myrtes, au sommet de laquelle s'élève une tour servant à la fois d'horloge et de sémaphore, tout concourt à l'aspect enchanteur de cette petite ville, qui pourra librement se développer, n'étant point étreinte par une de ces enceintes qui enserrent la plupart des cités algériennes. Les forts Duquesne, Saint-Ferdinand, Galbois, etc., assurent sa sécurité.

Le *port* est abrité au sud et à l'est par les terres et défendu en partie des vents du nord par une ligne de rochers qui s'étend, est-ouest, à plus de 800 m. et se termine par plusieurs roches plus élevées, dont l'une est couronnée par un phare. Ces roches pourront faire une bonne tête de môle. Lorsqu'une jetée, partant de l'extrémité de la presqu'île et aboutissant à l'îlot du phare, aura fermé les vides intermédiaires existant entre les roches, le port de Djidjeli, abrité dès lors des vents du nord et muni d'un vaste quai, pourra rendre de grands services à la navigation et au commerce local. Ce dernier, qui a principalement pour objet l'exportation des céréales, des bestiaux, des huiles, des peaux, des laines, du liége, des bois de construction, des primeurs, etc., prendra certainement un grand essor lorsque des voies commodes auront mis le port de Djidjeli en communication avec les principaux centres de l'intérieur.

NOTICE HISTORIQUE.

La colonie romaine d'*Igilgili*, fondée par Auguste, fut probablement d'abord un des *emporia*, ou comptoirs commerciaux, créés sur la côte par les Phéniciens. « Il nous reste, à l'appui de cette opinion, dit M. C. Féraud, des tombeaux creusés dans le roc et en tout semblables à ceux qui ont été vus près de Carthage, à Tripoli et en Syrie. » Des voies romaines reliaient Igilgili à Saldæ, à Sitifis, à Cirta et à Hippo-Regius. Nous savons qu'Auguste éleva Igilgili au rang de colonie romaine, et que son marché était fréquenté par les peuplades éparpillées dans l'intérieur des terres de la Mauritanie Sitifienne. M. Léon Renier (1) mentionne une inscription gravée sur un fragment de borne milliaire et sur laquelle on lit le nom de la ville antique : *Ab Igilgil*. Le nom d'*Igilgitanos* figure aussi sur un autre monument épigraphique récemment découvert entre le fort Saint-Ferdinand et l'anse des Beni-Kaïd.

(1) *Recueil des Inscriptions de l'Algérie.*

Sous le règne de Claude, Igilgili fit partie de la Mauritanie Césarienne. Plus tard, au temps de Dioclétien, elle fut rattachée à la Mauritanie Sitifienne. Ammien-Marcellin raconte que Théodose, marchant contre Firmus, débarqua sur les côtes appelées *Igilgitanum littus*. Igilgili fut le siége d'un évêché. En 411, l'évêque *Urbicosus* assista au concile de Carthage; en 484, *Domitianus* est présent au concile réuni par Hunéric. En 154 de l'hégire (772 de notre ère), une armée musulmane révoltée se retira à Djidjeli, qui appartenait alors aux Ketama.

Du huitième au douzième siècle, on ignore les destinées de Djidjeli. En 1142 ou 1146, la flotte du roi de Sicile s'en empara. Les habitants se retirèrent dans les montagnes. On ne sait quand les Siciliens l'abandonnèrent; mais, trois siècles et demi plus tard, elle était redevenue assez forte pour rester libre en repoussant les attaques des rois de Bougie et de Tunis.

Au printemps de 1514, les frères Barberousse vinrent mouiller à Djidjeli. Un bateau pêcheur leur apprit que les Génois s'étaient emparés depuis peu de cette ville. Aussitôt ils se mettent en communication avec les habitants, assiégent le château, l'emportent et réduisent six cents chrétiens en esclavage. A partir de ce moment jusqu'à la conquête d'Alger, Djidjeli fut la demeure favorite d'Haroudj.

En 1611, le marquis de Santa-Cruz incendia Djidjeli. En 1664, le 23 juillet, les Français, sous la conduite du duc de Beaufort, s'emparèrent de cette ville, qu'ils furent forcés d'évacuer le 31 octobre suivant.

Le chef d'escadron de Sale prit Djidjeli le 13 mai 1839, mais l'occupation était restreinte, et la ville fut bloquée jusqu'à l'arrivée du maréchal Saint-Arnaud qui lui assura enfin les routes de l'intérieur (1852).

Dans la nuit du 21 au 22 août 1856 et dans la journée du 22, de violentes secousses de tremblement de terre firent un monceau de ruines de Djidjeli; il ne resta pas une maison debout. Tous les habitants furent obligés de camper sous des tentes.

Environs de Djidjeli.

A la suite de la révolte de 1871, l'Etat a mis sous séquestre plus de 20,000 hectares de bonnes terres appartenant aux indigènes qui avaient oublié leurs devoirs envers la France ; aussi, la colonisation sérieuse des environs de Djidjeli vient-elle de commencer. Certains douars qui n'avaient pas pris part à l'insurrection sont entrés en arrangement avec le Domaine et lui ont cédé, tant dans l'intérieur que sur le bord de la mer, d'excellents terrains, sur lesquels on a bâti les villages de Duquesne, de Strasbourg, de Cheddia et du Cap-Cavallo.

9 kil. sud-est. — DUQUESNE (1), chef-lieu d'une commune mixte de 3,684 hab., dont 785 Français et 2,899 musulmans, créé au mois d'avril 1872. Mairie, école et église en construction. Des travaux de voirie et de conduite d'eau ont été exécutés ; des plantations ont été également faites autour du village et dans les rues.

Annexes : *Cheddia* et *Strasbourg*, villages créés en 1872 et déjà prospères. Sol argilo-schisteux, propre à la culture des céréales. Le village de *Cap-Cavallo* est situé sur le bord de la mer, à l'est de Djidjeli. Mine de plomb, de cuivre et

(1) Nom d'un célèbre amiral français.

d'argent (v. t. Ier, p. 245); minerai de fer (v. t. Ier, p. 227).

Le cercle de Djidjeli est couvert de montagnes escarpées, coupées par des fouillis de profonds ravins et cachées par des forêts inextricables. Les principales essences forestières qui couvrent ces montagnes sont le chêne-liége, le chêne-zéen, le pin maritime, l'orme, le frêne, le tremble, l'aune, le peuplier, le cèdre et le pin-sapo (sommets du Babor). Ces montagnes, souvent déchirées par des précipices et des gorges affreuses, recèlent de nombreuses richesses minérales que l'ouverture de nouvelles voies de communication permettra d'exploiter.

CHAPITRE XIII.

HAUTS-PLATEAUX ET SAHARA DU DÉPARTEMENT DE CONSTANTINE.

De Constantine à Biskra.

119 kil. — *Batna*, v. p. 259.

153 kil. — *Oued-Touta*, v. p. 270.

164 kil. — *Les Tamarins*, caravansérail, un peu au delà duquel les eaux qui descendent de la montagne des Cèdres et celles qui viennent

de l'Aurès font leur jonction pour former l'oued *El-Kantara*, « la rivière du pont, » dont la vallée pierreuse livre passage à la route. Bientôt on s'engage dans un défilé sinueux d'où il semble qu'on ne pourra plus sortir. A droite se dresse le djebel *Tilatou*; à gauche s'élève le djebel *Gaous*. La route gravit une pente fort raide, puis redescend, par d'affreux escarpements, le col des *Juifs*, ainsi nommé parce qu'il était très-redouté des marchands à cause des écumeurs de route qui le fréquentaient. La diligence, qui courait souvent jadis dans le lit de l'oued El-Kantara, suit maintenant une bonne route sur la rive gauche de la rivière. Le défilé tantôt s'élargit et tantôt se referme. A l'endroit le moins rétréci s'est installée une colonie française. Là, des arbres fruitiers et des jardins potagers entourent un groupe de maisons basses, mais agréables à l'œil. C'est le petit village d'*El-Kantara*, où l'on trouve l'*auberge Bertrand*, tenue depuis longtemps par une femme vaillante que rien n'a pu rebuter. A l'extrémité du village, la route s'engage dans une fissure très-étroite produite par l'action des eaux; c'est le *Foum-es-Sahara*, « la bouche du Sahara, » des Arabes.

La route passe ensuite de la rive droite à la rive gauche de l'oued sur un *pont romain* d'une seule arche, auquel des restaurations récentes ont enlevé sa physionomie primitive. Il est assis sur deux piliers et construit dans la partie la plus déserte du défilé. Du centre, on découvre un spectacle admirable. A droite et à gauche, deux murs de rochers se dressent à une hauteur de plus de 60 m.; la paroi occidentale est richement ornée d'arbres, de buissons et de plantes grimpantes. Tout-à-coup la scène change : c'est un véritable coup de théâtre ; un monde nouveau, le monde saharien, se montre aux regards du voyageur étonné.

Voici l'*oasis d'El-Kantara*, le *Calceus Herculis* des Romains, qui a une longueur de 5 kil. et renferme une population fixe de près de 2,000 hab. Des inscriptions y rappellent le passage de la 3e légion Auguste. On rencontre, du reste, dans les bâtisses en pisé de l'oasis et dans la mosquée, des fragments de fûts, de chapiteaux, de colonnes, des ornements d'architecture attestant que sous la domination romaine El-Kantara dut être un point stratégique d'une grande importance. L'oasis s'élève à 517 m. au-dessus du niveau de la Méditerranée ; elle renferme environ 15,000 dattiers et de nombreux abricotiers.

Bien que l'on soit sorti désormais de la région des hautes montagnes, il reste encore à franchir quelques petites ramifications de l'Aurès. La plus importante des oasis que l'on traverse est celle d'*El-Outaïa*, « la plaine à perte de vue, » où l'on remarque, outre les palmiers, de belles cultures de coton et des champs de céréales. Le coton longue-soie y réussit admirablement. Ruines romaines, fabriques renommées de burnous et de haïks; apiculture; belle ferme de *M. Dufour.*

Après avoir traversé la rivière, on passe, au col de *Sfa,* le dernier rameau de l'Aurès. Du haut du col, la vue embrasse un horizon immense. « La surface qui s'étend au sud paraît si vaste, si unie, elle se confond si bien avec le ciel dans le lointain, qu'elle vous donne d'abord l'impression de la mer; mais la couleur fauve qui domine, l'immobilité absolue qui règne partout, dissipent bien vite cette première impression ; peu à peu on distingue une ligne d'un vert sombre qui coupe la plaine en deux, puis au delà de cette ligne quelques points noirs qui vont se perdre à l'extrême limite du rayon visuel dans le vague de l'espace ; la ligne verte, c'est la ligne des oasis de Biskra ; les points noirs représentent d'autres oasis plus éloignées ; la surface fauve d'où ils émergent est celle du grand désert (1). »

Quelque diverses que soient les impressions des touristes, il est certain que nul d'eux ne restera froid à la vue d'un spectacle aussi étrange; de ce point, en effet, on a comme un avant-goût du Sahara, dont le nom seul soulève tout un monde d'idées en éveillant la curiosité la plus ardente.

244 kil. — BISKRA, *Ad Piscinam, Besketer, Besketra,* capitale des Ziban, chef-lieu de cercle,

---

(1) Clamagerean, *L'Algérie : Impressions de voyage.*

de canton et d'une commune mixte de 7,367 hab., dont 168 Français, 22 israélites, 93 étrangers européens et 7,084 musulmans. Justice de paix, église, école, bureau arabe, hôpital militaire, bureau de poste, bureau télégraphique, marché très-fréquenté. Biskra est situé par 34° 56' de latitude nord et 3° 32' de longitude est, à 111 m. au-dessus du niveau de la mer, sur l'oued El-Kantara, qui porte le nom d'oued Biskra depuis sa jonction avec l'oued Abdi. Biskra comprend trois centres de population très-distincts : la ville française, le village nègre et le village arabe.

La *ville française*, de création récente, s'est sensiblement embellie dans ces derniers temps, grâce à l'activité de M. le commandant supérieur Crouzet. L'eau coule de tous les côtés; les places, autrefois d'une malpropreté révoltante, se sont transformées en magnifiques jardins où l'on admire toute sorte d'arbres, d'arbustes et de plantes rares. Ces jardins sont ornés, en outre, d'élégants bassins d'où s'élancent de gracieux jets d'eau. La rue principale, celle où l'on pénètre quand on arrive par la route de Batna, est bordée, d'un côté seulement, de maisons à arcades construites presque toutes en briques séchées au soleil. Les principaux édifices de Biskra sont : l'*église*, belle construction en pierres, l'*école*, le *marché couvert*, élevé sur des arcades au centre d'une place entourée de constructions indigènes, le *cercle* des officiers et l'hôtel du *Sahara*, très-apprécié des touristes, notamment des Anglais, pendant la saison hivernale.

La ville est dominée au nord-est par le fort *Saint-Germain*, bâti en 1849. C'est une gracieuse construction en pierres, affectant la forme d'un carré long et pouvant servir de refuge à toute la population européenne de Biskra. Son enceinte bastionnée renferme d'immenses casernes, la maison du commandant supérieur, un pavillon pour les officiers, de vastes citernes et les magasins à fourrages.

Plusieurs indigènes se sont établis dans la ville française; ils fabriquent des tapis estimés, des burnous, des haïks et des ouvrages en cuir. Les Européens font le commerce de l'épicerie, des comestibles, des vins, des liqueurs, etc. Les Mozabites apportent à Biskra des dattes renommées, des haïks, des œufs et des plumes d'autruche, des éventails et des étoffes de Tunis. Les Châambas viennent y acheter du blé et de l'orge. Quelques industriels européens y ont établi des briqueteries, des tuileries et des fours à chaux.

Le climat de Biskra est très-chaud en été : 35° à 40°, et souvent 45° à 50° à l'ombre; mais les nuits sont assez fraîches. Pendant l'hiver, la moyenne diurne est de 15° à 20°.

Le *village nègre* touche la ville française. Un peu plus loin est le *village arabe*, ou *vieux Biskra*, cité très-florissante au moyen âge, au dire des géographes arabes, populeuse et riche encore au seizième siècle, ruinée ensuite et presque détruite par les Turcs. On y fabrique des tapis, des haïks, des burnous et de la chaux; mais la culture des dattiers est l'occupation principale des habitants. Les maisons, toutes construites en terre, souvent fort éloignées les unes des autres, occupent un espace immense au milieu de l'oasis. La mosquée, le vieux Biskra, où est établie une école de droit musulman, comprend sept quartiers. A l'ouest, une petite éminence porte les ruines de l'ancienne Kasba, celle qui fut prise par les Français en 1844. Elle était construite en terre, comme toutes les habitations, et entourée d'un large fossé aujourd'hui à sec, que les indigènes appellent encore la *mer de Biskra*. C'est là qu'on emménageait les eaux de l'oued pour l'irrigation de l'oasis, et cette mer se trouvait à sec lorsque les Turcs établis à Ras-el-Mà, « tête de l'eau, » détournaient la rivière. Au-dessous du fort turc se trouve le cimetière, près duquel un barrage en pierre dirige les eaux de l'oued dans les canaux qui alimentent la ville et l'oasis. Au nord-ouest, à 500 m. environ des premières maisons de la ville, se voit la petite *oasis des Beni-Morra*, ancienne pépinière du gouvernement, aujourd'hui abandonnée et louée à un particulier. La *villa de M. Landon* s'élève à 400 m. de la ville, au sud du village nègre, sur la rive droite de l'oued.

C'est un charmant édifice d'une beauté tout à fait originale. Jardins magnifiques, eaux abondantes, allées sablées serpentant sous de frais ombrages, pelouses revêtues d'une herbe fine et tendre, points de vue agréablement ménagés, types superbes des flores africaine et exotique, tout concourt à charmer le regard dans cette ravissante propriété. C'est un parc anglais transporté en plein Sahara par la baguette d'une fée.

A 7 kil. nord-ouest de la ville, la source thermale d'*Hammam-Salhin*, plus connue des Européens sous le nom de *Fontaine-Chaude*, jaillit du milieu d'un bassin carré entouré de constructions dans lesquelles sont disposées cinq piscines destinées au commandant supérieur, aux officiers, aux malades civils et militaires et aux indigènes. Les eaux de cette source (44°) contiennent de la magnésie et du soufre. On les emploie avec le plus grand succès pour combattre les douleurs rhumatismales. Il est question de les amener aux portes de la ville, sous les palmiers de l'oasis des Beni-Morra. Le cœur se serre à la vue de l'aridité désolante des environs de la source. Le sol semble avoir été bouleversé à une époque récente. C'est avec étonnement que l'on remarque, à 500 m. environ des piscines, deux petits *lacs* salés, assez profonds et dont les eaux conservent toujours le même niveau; elles ont exactement le goût des eaux de la mer. Des pétrifications d'une couleur noirâtre éparses dans le voisinage font supposer que ces lacs sont les cratères de deux volcans éteints.

L'oasis de Biskra forme une forêt d'environ 140,000 palmiers et 6,000 oliviers, entre lesquels les indigènes cultivent des légumes et quelques céréales. L'oued Biskra ou oued El-Kantara passe le long des trois villages, du côté de l'est, et par ses dérivations soigneusement réglées alimente les cultures. Sur la rive gauche de l'oued se trouve l'oasis de *Filiach*, îlot de verdure entouré de terres arides.

Les ZIBAN (oasis) se divisent en quatre parties : le *Zab-el-Biskra*, que nous venons de décrire; le *Zab-Cherqui*, ou de l'est (il se divise en deux parties dont l'une n'est pas comprise dans les Ziban); le *Zab-Guebli*, ou du sud, et le *Zab-Daharoui*, ou septentrional.

La partie du Zab-Chergui située dans les Ziban se compose de neuf oasis, savoir : *Alia*, 15 h.; *Oumach*, 100 h.; *Chetma*, 420 h.; *Drâa*, 207 h.; *Sidi-Okba*, 3,000 h.; *Zarta*, 442 h.; *Thouda*, 170 h.; *Seriana*, 204 h.; *Sidi-Khelil*, 81 h. Une école de droit musulman existe à *Sidi-Okba*, qui possède, en outre, une mosquée du septième siècle curieuse par les sculptures et les peintures de ses vingt-six colonnes, et très-vénérée par les musulmans, parce qu'elle renferme la tombe de l'émir *Okba ibn Nafé*, l'un des plus illustres champions de l'Islam.

Le Zab-Guebli comprend neuf oasis : *Melili*,

240 h.; *Zaouiet-Melili*, 78 h.; *Bigou-ez-Zaouia*, 158 h.; *Ourlal*, 625 h.; *El-Menahla*, 150 h.; *Ben-Thious*, 170 h.; *Mekhadma*, 187 h.; *Lioua*, 159 h. (extraction du salpêtre); *Sahira*, 125 h.; en tout, 1,892 h.

Le Zab-Daharoui compte sept oasis : *Bou-Chagroun*, 543 h.; *Lichana*, 417 h.; *Farfar*, 290 h.; *Tolga*, 1,664 h.; *El-Bordj*, 542 h.; *Foughala*, 98 h.; *El-Amri*, 530 h.; en tout, 3,541 h. L'oasis de *Lichana* (magnifiques tapis en laine teinte, dattes délicieuses) a remplacé *Zaatcha* détruite en 1849 et dont elle n'est séparée que de quelques mètres. A l'appel de Bou-Zian, ancien porteur d'eau et cheikh de Zaatcha, les populations voisines se jetèrent en foule dans l'oasis et pendant 52 jours opposèrent à nos troupes. une résistance désespérée. Zaatcha fut enfin prise d'assaut, le 26 novembre, par les colonels Canrobert, de Barral et de Lourmel. *Tolga* possède une grande école de droit musulman. On y fabrique des couvertures et des pantoufles.

El-Amri (48 kil.). En 1876, révolte des indigènes promptement réprimée par le général Carteret de Trécourt.

Les *Oulad-Sidi-Salah*, établis au nombre de près de 3,000 au sud de Biskra, sont compris dans la population des Ziban qui s'élève à environ 19,000 âmes.

La partie du Zab-Chergui détachée des Ziban s'étend au sud-est, du côté de la frontière tunisienne, et au nord du Souf; elle forme un kaïdat séparé et se compose de six oasis : *Liana*, *Keçar*, *Bades*, *Zeribet-el-Oued*, *Zeribet-Ahmed* et *'Aïn-Naga*.

De Constantine à Touggourt et aux oasis de l'Oued-R'ir.

244 kil. — *Biskra*, v. p. 397.

293 kil. — *Bir-Chegga*, caravansérail, gîte d'étape, puits artésien, quelques palmiers et un petit nombre d'arbres fruitiers.

310 kil. — *Stil*, puits dans le lit de l'oued El-Bahadj ou oued Itel. A 4 kil. au sud de Stil, la route descend des pentes du Dhôhr; elle longe ensuite le chott Melghir et se dirige par Mraïer et Sidi-Khelil sur Zaouïet-Rihab. A partir de ce point, il y a différentes routes qui, presque toutes parallèles les unes aux autres, touchent aux différentes oasis. La plus directe et la plus fréquentée passe par Ourlana, Djama', Tamerna, Sidi-Rached et R'amza, suit la plaine entre Sidi-Khelil et 'Aïn-Refian, puis franchit les monticules de Drâ'-Abd-el-Aziz. Des dunes de sable se rencontrent un peu plus bas, entre Tamerna et Sidi-Rached, mais ce sont des obstacles insignifiants.

332 kil. — *El-Ourir*, oasis inhabitée.

343 kil. — *Mraïer*, oasis d'une grande étendue et village entouré d'un fossé qui communique avec différentes flaques d'eau stagnante prove-

nant de l'excédant des eaux d'arrosement. C'est un des points les plus malsains de l'Oued-R'ir.

On donne le nom d'*Oued-R'ir* à l'ensemble des oasis qui s'allongent, à peu près suivant le méridien de Biskra, entre El-Ourir et Blidet-Amar, la plus méridionale de ce bassin. Les ateliers de sondage ont rendu d'immenses services à ce pays, car bon nombre d'oasis auraient déjà disparu sous les sables, faute de nettoyage des puits. Des puits nouveaux ont été forés sur plusieurs points, et leurs eaux bienfaisantes ont fait reverdir les palmiers et les jardins. Les palmiers de l'Oued-R'ir sont fort beaux et très-productifs. A côté des palmiers on rencontre aussi dans les oasis, mais en nombre bien restreint, le figuier, l'abricotier et la vigne, et très-peu de céréales. Près de R'amza, dans les bas-fonds, se trouvent quelques champs de garance. On cultive dans les jardins du chenevis, de la luzerne, une espèce de haricot noir, des melons et des pastèques.

On laisse à gauche l'oasis de *Dendouga*.

350 kil. — *'Ain-el-Kerma*, « la source du figuier. » Palmiers.

354 kil. — *Sidi-Khelil*, oasis arrosée par trois puits. On laisse sur la gauche *El-Berd*, oasis abandonnée depuis plusieurs années et à laquelle le forage récent d'un puits artésien (1,800 litres à la minute) vient de donner une vie nouvelle.

380 kil. — *Zaouiet-Rihab*, village et oasis.

385 kil. — *Ourlana,* oasis (14 m. d'altitude) et village le plus important de l'Oued-R'ir après Mraïer.

On laisse à droite *Sidi-Yahia* (8 kil. sud-ouest d'Ourlana) et à gauche *Djama'*, situé au sud de l'oasis de *Mazer.* A Djama', puits foré sous la direction de MM. Jus et Lehaut (4,600 litres par minute). La nappe artésienne est très-abondante dans cette région où les oasis et les villages sont plus qu'ailleurs dans l'Oued-R'ir groupés et rapprochés les uns des autres. Au sud de Djama' (3 kil.), oasis de *Sidi-Amran* (magnifique source artésienne d'un débit de 4,800 litres par minute).

395 kil. — *Tamerna-Kedima,* ou « la vieille, » sur un mamelon. Ruines importantes.

398 kil. — *Tamerna-Djedida,* ou « la jeune. » Autour d'une hauteur sablonneuse d'environ 25 hect. a été plantée une oasis entière de dattiers. Ce sont des habitants de Tamerna-Kedima, dont les puits tarissaient à vue d'œil, qui ont créé ce nouveau centre d'habitation à côté d'un puits aux eaux abondantes creusé par MM. Jus et Lehaut.

411 kil. — *Sidi-Rached.* On traverse une série de marécages; à gauche se déroule une ceinture à peine interrompue d'oasis, parmi lesquelles nous citerons : *'Aïn-Sefahla, Brâm, Sidi-Slimân* (puits de 76 m. de profondeur), *Meggar, El-*

Ksour (puits d'un débit de 3,336 litres par minute), *Harihira*.

436 kil. — *R'amra*, oasis et village.

Sur la gauche, *Meggarin-Kedima* et *Meggarin-Djedida*. Marché. Combat de 1854, qui amena la soumission de l'Oued-R'ir.

450 kil.—Touggourt, *Tekkert, Tikart, Techort, Tuggurt*, capitale de l'Oued-R'ir, est située par 4° 2' de longitude est, 33° 23' de latitude nord, à 51 m. d'altitude, entre le pays des Beni-Mzab à l'ouest et l'Oued-Souf à l'est. Elle n'a plus de fossé. La muraille, relevée contre nous en 1871 par les gens du pays, est largement ouverte. On remarque en ce moment : 1° les restes de l'ancienne ville, 2° la ville militaire (ambulance, caserne, magasins et Kasba), 3° une vaste place nue séparant les deux villes. Le quartier militaire est entouré d'une enceinte crénelée. La tour carrée qui se dresse à l'un des angles domine la seule *mosquée* de Touggourt. L'industrie de cette ville est loin d'avoir l'importance que quelques écrivains lui ont attribuée. L'excessive chaleur de la température y est trop énervante pour permettre aux habitants de se livrer à un travail suivi. La population se compose en grande partie de noirs. Seuls les juifs (*Medjarrias*) sont blancs.

L'oasis de Touggourt renferme, dit-on, près de 400,000 palmiers. Les jardins produisent des légumes en hiver. L'oasis n'a pas de place pour les céréales ; le palmier y est tout.

On trouve, en outre, dans l'Oued-R'ir les oasis et les villages suivants : *Nezla*, 200 m. au sud ; *Sidi-Mohammed*, *Sidi-ben-Djenan*, *Beni-es-Soud*, *Tabesbest*, *Zaouia* (ces villages, dont le plus éloigné n'est qu'à 3 kil. de Touggourt, forment la banlieue de la ville) ; *Tiguedidin*, à 54 kil. au nord ; *Ariana*, à 33 kil. ; *Tinelda* et *Temacin*, à 12 kil. sud-sud-ouest. Temacin est, après Touggourt, l'oasis la plus importante de l'Oued-R'ir. La grande sebkha de Touggourt, appelée *Chemora*, s'étend jusqu'au centre de l'oasis et alimente de son eau deux fossés, dont le plus large, le Bahar, fait le tour de la ville. Les eaux du chott, situé au nord de Chemora, sont ramenées dans la partie nord-est de l'oasis au moyen de deux segnia, puis conduites dans un autre bassin où elles déposent le sel dont se servent les habitants de Temacin. Les jardins de Temacin sont arrosés par de nombreux puits artésiens d'une profondeur moyenne de 32 m. La ville forme un rectangle de 500 m. de long sur 300 de large ; elle est entourée d'un mur d'enceinte. La Kasba se trouve dans la partie nord, au bord intérieur du fossé. Deux puits, creusés près du mur d'enceinte, fournissent de l'eau en quantité suffisante. Deux grandes mosquées à minaret s'élèvent au milieu de la ville. C'est là que se trouve la zaouïa de Sidi Mohammed-el-Aid, chef de l'ordre religieux des Tidjania. Temacin est la capitale religieuse de l'Oued-R'ir, comme Touggourt en est le centre politique et militaire.

Dans l'oasis de Temacin, il y a encore les villages de *Tamelhat*, *Sidi-Amer*, *Koudiat*, *Boü-Hamar* et *El-Dahour*. A 8 kil. au sud-ouest sont l'oasis et le village de *Blidet-Amar*; puis encore, à 8 kil. plus loin, se trouvent l'oasis et le village de *Goug*.

A l'est de l'oued-R'ir s'étend le pays du Souf, ensemble de huit centres divisés en deux groupes de quatre. Le premier groupe se compose de *Guemar*, 4,400 hab.; *Tar'zout*, 1,960 hab.; *Kouinin*, 2,900 hab., et *El-Oued*, 7,700 hab. El-Oued est en quelque sorte la capitale du pays; il exerce une grande influence sur les autres villages, non-seulement à cause de sa force numérique, mais surtout à cause de ses richesses. Les palmiers de ce premier groupe ne forment pour ainsi dire qu'une seule et grande oasis semblable à un fer à cheval très-allongé entourant les villages. Le second groupe est composé de *Sidi-Aoun*, *Behima*, 1,650 hab., *Zegoum*, 1,750 hab., et *Debila*, 550 hab.; il comprend trois oasis distinctes.

Le sol est constitué par une agglomération de dunes de sable mouvant, aux pentes rapides du côté opposé à la direction du vent. La profondeur des puits est très-variable : tantôt l'eau est presque à fleur de terre, tantôt on ne la rencontre qu'à 4 m. du sol. La culture du palmier est la plus importante du Souf ; les dattes de ce pays sont très-estimées. On y cultive aussi des légumes, tels que fèves, oignons ; mais ce n'est qu'à force de soins continuels que les Souafa évitent l'envahissement de leurs jardins par les sables. Les Souafa élèvent des moutons, des chameaux et des ânes : ils fabriquent des haïks, des burnous et des tapis de toute sorte. Les maisons de tous les villages du Souf ont, dit M. Féraud, une élévation d'environ 3 m. et sont construites avec un mélange de pierres tendres et de plâtre non cuit. Les chambres en sont excessivement petites. Dans ces contrées, où la pluie ne tombe que rarement, on habite plutôt les sebkha, et on se sert des chambres pour magasins. Les couvertures, en terrasses, se composent de poutres et de branches de palmiers ; mais la plupart des chambres sont ornementées d'un petit dôme blanchi à la chaux : on dirait autant de ruches d'abeilles à calottes sphériques, d'un aspect très-bizarre.

De Constantine à Bou-Saâda par Msila.

191 kil. — *Bordj-bou-Aréridj*, v. p. 372.

249 kil. — Msila, chef-lieu d'une commune indigène de 13,187 hab., dont 23 Français, 4 étrangers européens et 13,160 musulmans, par

35° 43' de latitude nord et 2° 14' de longitude est, au nord-ouest du Hodna, sur la rive droite de l'oued Msila, qui plus bas prend le nom d'oued Ksob. Bureau télégraphique ; rues tortueuses, raboteuses et malpropres ; enceinte et tours en briques séchées au soleil ; fabrication de couvertures de selles, de bottes de cavalier et de babouches en cuir jaune ou rouge ; marché très-fréquenté par les Kabyles et les Arabes ; nombreuses mosquées, dans la construction desquelles on a entassé sans ordre et sans goût de belles colonnes torses, de charmants chapiteaux d'ordre corinthien, des fûts, des piliers remarquables provenant des ruines de *Bechilga*. Le fameux minaret incliné de Msila, que quelques écrivains trop enthousiastes ont comparé à la tour de Pise, n'a rien de saillant comme architecture ; il est criblé de mille trous où nichent les moineaux. En somme, Msila est la ville la plus sale qu'il y ait au monde.

L'*oasis* produit une certaine quantité de dattes, mais elles sont loin d'être aussi appréciées que celles du Souf. Dans les jardins croissent plusieurs espèces d'arbres fruitiers d'Europe et beaucoup de plantes légumineuses ; mais la culture la plus importante est celle des céréales. Diverses études ont déjà été faites pour construire d'immenses barrages sur l'oued Ksob, afin d'emmagasiner l'eau de la rivière, augmenter et assurer ainsi, pendant une période plus longue, l'irrigation des environs de Msila et de la portion du Hodna qui l'avoisine.

A 3 kil. est, chez les Souama, ruines de *Bechilga*, l'antique *Zabi*, répandues çà et là sur une superficie d'environ 1,000 m. de l'est à l'ouest et de 100 à 300 m. du nord au sud. Rien n'y reste plus debout ; on n'y rencontre que des murs au rez de terre ; les grosses pierres, les fûts de colonnes et les chapiteaux ont été transportés à Msila.

La route, entre Msila et Bou-Saàda, parcourt la *plaine du Hodna* (v. t. Ier, p. 92), qui s'étend au loin entre deux régions montagneuses : le massif maritime et le massif qui est le prolongement de l'Aurès. Le terrain que l'on traverse est sablonneux, avec quelques arbres et quelques touffes d'herbes çà et là ; les coloquintes couvrent parfois le sable de leurs pommes jaunes et de leurs longues rames. La route coupe la partie occidentale du chott El-Hodna ou chott Es-Saïda, que les Romains appelaient *Salinæ Tubonenses*, à cause du voisinage de Tobna. Une chaussée a été établie à travers le *marais de Baniou*.

323 kil. — *Bou-Sadda*, v. p. 226.

De Constantine à Bou-Saâda par Batna.

119 kil. — *Batna*, v. p. 259.

On quitte, à *El-Ksour*, la route de Biskra pour prendre à droite le chemin de Tobna.

204 kil. — Tobna, l'ancienne *Tubuna* ou *Tubonis* des Romains. Le *castrum*, bâti sous le règne de Justinien, renferme une grande quantité de fragments d'architecture : frontons, chapiteaux, bas-reliefs, inscriptions. Devenue ville arabe, Tobna eut à subir de rudes siéges dans les premiers siècles de l'invasion musulmane. Saccagée plusieurs fois, elle se releva de ses ruines et fut repeuplée. El-Bekri dit qu'elle était entourée de murailles et possédait un château à l'intérieur duquel se voyait un immense réservoir qui recevait les eaux de la rivière de Tobna et fournissait à l'arrosage des jardins appartenant à la ville.

Aux environs de Tobna, maison de commandement et moulin à turbine sur l'oued *Barika*; ancienne carrière romaine à *Mokra-el-Hadjar*, « la coupe des pierres. » Les chevaux élevés sur le territoire de Barika jouissent d'une grande réputation, méritée du reste.

Au nord-est de Barika se trouve *N'gaous* (64 kil. de Batna), village arabe où se voient de grands arbres, de belles fontaines et deux mosquées dont l'une, celle des Sept-Dormants, *djama' seba' er-rekoud*, est divisée par trois rangées de colonnes et renferme les cendres de Sidi Kacem, marabout vénéré.

232 kil. — *Mdoukal*, bourgade arabe aux rues étroites, sales et raboteuses, et dont les habitants fabriquent des tissus de laine. Chétive mosquée de Sidi Mohammed ben El-Hadj. A 500 m., source thermale (30°) dont les eaux sont utilisées pour l'arrosement des palmiers.

266 kil. — L'*Oued-Msif*, maison de commandement, au sommet d'un mamelon qui porte quelques ruines romaines.

320 kil. — *Bou-Saâda*, v. p. 226.

Au sud-est de Biskra, mais à une distance considérable, non loin de la frontière tunisienne, dans un site sauvage, de difficile accès, se trouve l'oasis de *Négrine,* point militaire important qui avec l'oasis de *Ferkane* commande au loin le Sahara et les routes par lesquelles les tribus nomades passent de leurs terres de parcours d'hiver dans leurs campements d'été. Négrine occupe le dernier ressaut du djebel *Madjour* d'où l'œil plane sur une région immense, tourmentée, sauvage, offrant aux regards les contrastes les plus frappants et les plus inattendus. Les jardins sont arrosés par l'oued Négrine qui naît à quelques kilomètres en amont, tombe de cascade en cascade et va se perdre dans le sable. Le palmier y produit des dattes estimées. On y voit aussi quelques oliviers, moins nombreux cependant que dans l'oasis de Ferkane, où ils sont l'objet d'une culture en grand. Le figuier et l'abricotier y prennent un développement considérable. La vigne, très-rare du reste, y déploie un luxe inouï de végétation. Le village de Négrine, bâti sur un bloc de marne, compte une centaine de maisons. Les Romains établirent dans l'oasis de Négrine un poste militaire d'une grande importance; il portait le nom d'*Ad Majores*. Ses restes (vestiges d'une citadelle, d'un aqueduc, débris d'inscriptions) sont aujourd'hui connus sous celui de *ruines de Besseriani* (1).

L'existence d'autres ruines romaines au sud-ouest de Négrine prouve que les vestiges de Besseriani ne marquent pas, comme on l'avait cru d'abord, le point extrême de l'occupation des descendants de Romulus dans le Sahara oriental de la province de Constantine.

CHAPITRE XIV.

DÉPARTEMENT D'ORAN.

§ 1er. — *Arrondissement d'Oran.*

1° ORAN.

ORAN, chef-lieu du département de ce nom,

---

(1) *Recueil des Notices et Mémoires de la Société archéologique de Constantine* (1875).

place forte de première classe, port de commerce, à 420 kil. d'Alger par le chemin de fer, préfecture, évêché, chef-lieu de division militaire et de subdivision, direction d'artillerie et de génie, intendance divisionnaire, direction divisionnaire des bureaux arabes, tribunal de première instance, justice-de-paix, tribunal et chambre de commerce, siége de conseil de guerre, résidence des consuls étrangers, collége communal, chaire d'arabe, grand et petit séminaire, institutions privées, écoles communales de garçons et de filles, salles d'asile, musée, bibliothèque, cercle militaire, trésorerie, bureau de poste et bureau télégraphique, théâtre, cafés-concerts, succursale de la Banque de l'Algérie, comice agricole, caisse d'épargne, hôpital civil, hôpital militaire, casernes, manutention, magasins militaires, jardin public, etc., etc.

Le chiffre de la population *intra-muros* s'élève, d'après le recensement de 1872 (1), à 40,015 hab., savoir : 10,043 Français, 7,622 israélites, 18,169 étrangers européens et 4,181 musulmans.

Situation et aspect général.

Oran est bâtie au fond d'une baie, par 35° 44' de latitude nord et 2° 58' de longitude ouest, sur les deux flancs d'un ravin au fond duquel coule l'oued *Rehhi*, « la rivière des moulins. » Un large

(1) V., à la fin du volume, le recensement de 1876.

tunnel, portant le boulevard Malakoff et une partie du boulevard Oudinot, recouvre aujourd'hui la rivière à partir de la porte de Tlemcen. Le plateau ouest comprend l'ancienne ville espagnole, le port et la vieille Kasba. Le Château-Neuf et la nouvelle ville s'élèvent en amphithéâtre sur la partie est. Oran, tour à tour arabe, espagnole, turque, est aujourd'hui une ville française bien percée, bien bâtie et bien aérée. Le panorama du golfe et de la ville, moins grandiose que celui d'Alger et de ses environs, est cependant un des plus attrayants de la côte de l'Afrique septentrionale.

Port, quais.

Le *nouveau port* d'Oran a été créé au moyen d'une jetée de 1,000 m., partant à l'ouest du fort de la Moune et formant, avec deux jetées transversales, un bassin de 24 hectares, au fond duquel se trouve la darse. Les quais de la *Moune, Bougainville, La Pérouse, Ducouédic* et de la *Gare* complètent l'ensemble du nouveau port d'Oran, très-sûr et fréquenté par de nombreux navires de toutes les nations. Le port de Mers-el-Kebir est réservé à la marine militaire.

Remparts, portes, forts.

La muraille crénelée qui reliait le Château-Neuf au fort Saint-André a été reportée dans ces derniers temps au delà des faubourgs Kerguenta,

Saint-Michel, Saint-Antoine et du village nègre; à l'ouest, on a conservé les anciens remparts espagnols. La nouvelle enceinte enserre une superficie de 600 hectares; elle est percée de plusieurs portes, parmi lesquelles nous citerons : la porte de la *Kasba*, la porte du *fort de la Moune*, sous laquelle passe la route de Mers-el-Kebir, la porte de *Tlemcen*, la porte de *Mascara*, la porte d'*Arzeu* ou de *Kerguenta*. Les forts, en commençant par l'angle nord-est d'Oran, se présentent dans l'ordre suivant : fort *Sainte-Thérèse*, bâti en 1557, reconstruit de 1837 à 1838; *Château-Neuf*, ancienne résidence des beys d'Oran, aujourd'hui transformé en une immense caserne (le général de Fitz-James et le colonel Lefol reposent dans un des bastions du Château-Neuf); *Sainte-Barbe*, entre le Château-Neuf et le fort Saint-André, construit en 1734; *Saint-André*, entre le fort Saint-Philippe et le Château-Neuf, bâti en 1693, détruit par une explosion en 1769, remis en état de défense après 1831; *Saint-Philippe*, à l'extrémité sud-ouest de la vieille Kasba, au nord-ouest de Saint-Philippe et de l'autre côté de l'oued Rehhi; fort de *Santa-Cruz*, couronnant le sommet du pic d'Aïdour (400 m.), construit de 1698 à 1708 par le marquis de Santa-Cruz; fort *Saint-Grégoire*, réparé en 1845 et servant de prison militaire; fort de la *Moune*, « fort de la guenon, » à cheval entre la mer et la route d'Oran à Mers-el-Kebir.

Places, rues, promenades.

Citons : la place d'*Armes,* la plus vaste d'Oran, à laquelle aboutissent les rues de la Révolution, de Vienne, Philippe et des Jardins ; la place du *Théâtre* ou *Bastrana,* voisine de la promenade de Létang ; la place de l'*Église,* entre l'église Saint-Louis et le campement ; la place de l'*Hôpital,* ancienne place d'Armes sous les Espagnols, qui, en 1772, y élevèrent une statue équestre en l'honneur de Charles IV ; la place *Kléber,* entre la ville neuve et la Blanca (les rues Charles-Quint, d'Orléans, Philippe, les boulevards Oudinot et Malakoff y aboutissent) ; la place de la *République;* les places d'*Orléans* et de *Nemours.*

Les rues sont généralement droites et bordées de maisons élégantes, surtout dans la ville neuve, où les voitures circulent presque partout librement ; les plus belles sont celles de la *Révolution,* d'*Austerlitz,* de *Wagram,* de *Vienne,* toutes quatre droites, parallèles et s'étendant de la place d'Armes au fort Saint-André ; la rue *Philippe,* la rue de *Turin,* la rue des *Jardins,* etc. Dans la Blanca ou ville vieille, on trouve : les rues du *Vieux-Château,* de la *Moskowa,* de l'*Hôpital,* de *Montebello,* de *Dresde,* de l'*Arsenal,* d'*Orléans,* de *Charles-Quint,* etc.

Les promenades les plus fréquentées sont la promenade de *Létang* (nom d'un général qui a commandé la division d'Oran de 1836 à 1837), plantée à l'ouest et au nord de magnifiques bellombras formant une voûte impénétrable aux rayons du soleil d'été ; beau panorama ; le boulevard ou promenade *Oudinot* (nom du colonel du 2ᵉ chasseurs d'Afrique tué à la Macta en 1832), qui forme une large et belle chaussée bordée de maisons ; la rue de *Turin* (maisons monumentales), et le boulevard *Malakoff*, formant une longue et large avenue plantée d'ormes et de platanes, derrière lesquels s'alignent de nombreux magasins.

Édifices principaux.

La cathédrale *Saint-Louis*, tour à tour chapelle, église, synagogue et mosquée, a conservé sa vieille abside lors de sa réédification en 1830. Elle a la forme d'un parallélogramme divisé en trois nefs par des arcades à plein cintre. Le chœur est décoré d'une peinture remarquable due au pinceau de M. de Saint-Pierre : *Débarquement de saint Louis à Tunis*. Un double escalier orné de statues conduit à l'entrée principale. L'église *Saint-André*, ancienne mosquée reconstruite en 1801, est surmontée d'un minaret très-bas.

La *grande mosquée* ou *mosquée du Pacha* offre un beau porche et un délicieux minaret octogonal. La mosquée de *Sidi-el-Háouri*, affectée au service du campement, est surmontée d'un minaret à trois étages d'arcatures trilobées.

La *banque*, hôtel monumental à deux étages, l'*hôpital civil*, la *préfecture*, le *théâtre*, etc., ne méritent qu'une mention. La *bibliothèque* et le *musée* sont installés au deuxième étage de la mairie, dans une pièce ayant vue sur la mer et la promenade de Létang. La bibliothèque est suffisante pour les besoins du public; le musée n'est encore qu'à l'état d'embryon.

L'oued Rehhi alimente les fontaines d'Oran, dont les principales sont situées places de Nemours et d'Orléans, rues Philippe, de Turin, du Vieux-Château, du Château-Neuf; un bassin contenant 25,000 litres, sur le quai de la Mouna, sert d'aiguade à la marine. La fontaine de la place d'Orléans, construite en 1789, est surmontée d'un écu aux armes de la ville d'Oran (gueules au lion d'or passant, chargé d'un soleil rayonnant de même).

Industrie et commerce.

On compte actuellement à Oran 83 établissements industriels, dont 41 mus par la vapeur, 3 par l'eau, 16 par le vent, 8 par manége à cheval et 15 par les bras, savoir : 25 minoteries, dont 4 à vapeur, 3 à eau, 16 à bras, 2 à manége; 4 scieries, 1 à vapeur, 3 à la main; 23 distilleries à vapeur; 8 fabriques d'alfas, 3 à vapeur, 5 à la main; 1 filature mue par la vapeur; 2 fonderies à vapeur; 1 fabrique de chocolat mue par la vapeur; 1 fabrique à vapeur pour la torréfaction du café, nouvellement installée et pouvant torréfier par jour jusqu'à 1,000 kilogrammes de café ; 2 fabriques de glace ; 4 fabriques de pâtes alimentaires, dont 1 à vapeur, 3 imprimeries, etc. Oran possède aussi des tanneries, des ateliers de salaisons, des brasseries, etc. Les indigènes fabriquent des éventails et des babouches en maroquin brodé.

Le commerce d'Oran est très-actif. La situation de la ville au débouché de plaines fertiles, près de l'Espagne et du Maroc, à la tête des chemins de fer algériens par rapport à l'Espagne, assure un brillant avenir commercial au port d'Oran, qui, d'après la statistique de 1875, occupe parmi les ports algériens le premier rang pour le commerce d'exportation et le second rang pour le commerce d'importation.

Oran est en communication avec Marseille au moyen de deux services de bateaux à vapeur, dont l'un touche à Carthagène ; il y a aussi un service régulier de bateaux espagnols entre Oran et l'Espagne. A quelques lieues de la côte espagnole, Oran deviendra le centre du commerce et des échanges de ce pays avec la région occidentale de l'Algérie ; quand le réseau des chemins de fer français du côté des Pyrénées-Orientales se raccordera au réseau espagnol, les voyageurs qui voudront échapper aux ennuis d'une longue traversée viendront s'embarquer à Carthagène.

Oran *exporte* une quantité considérable de

laines provenant de l'Algérie ou du Maroc, du blé, de l'orge, des farines, des légumes secs, des moutons, des bœufs, des chevaux, des peaux brutes, de l'alfa en masse, des joncs et roseaux, des graines de lin, du coton en laine, etc.; elle *importe* des viandes salées, des fromages, du riz, des pommes de terre, des vins, des eaux-de-vie, des tissus de coton, de lin, de laine et de soie, etc.

NOTICE HISTORIQUE.

Il n'est pas certain, malgré la découverte de médailles antiques sur plusieurs points de la cité, qu'Oran occupe l'emplacement d'une ville romaine. Ce qui est hors de doute, c'est qu'il existe peu de villes dont le passé ait été aussi troublé par des guerres continuelles. Successivement occupée par les Vandales, les Berbères et les Turcs, elle fut conquise, le 18 mars 1509, par les Espagnols que le cardinal Ximénès conduisait en personne. En 1708, elle retomba au pouvoir des Turcs. Le comte de Mortemart y arbora de nouveau le drapeau espagnol en 1732, mais les conquérants l'abandonnèrent après l'effroyable tremblement de terre qui la coucha sur le sol en 1790. Les Turcs en reprirent aussitôt possession. Le général Damrémont, sur l'ordre du général Clauzel, l'occupa définitivement en 1831.

Oran a trois faubourgs : *Kerguenta*, séparé de la ville proprement dite par le ravin d'Aïn-Rouïna, rempli de jardins (église, école communale, halle aux grains, magasin pour les tabacs de l'Etat) ; *Saint-Michel* (usines, gare du chemin de fer d'Oran à Alger), plein de vie et de mouvement ; le *village nègre*, dit des *Djalis*, à l'ouest de Saint-Michel, créé en 1845, habité par des nègres, des Arabes et des juifs (école arabe-française, fréquentée par plus de 200 enfants européens et indigènes ; rues larges et droites bordées de maisons basses à un rez-de-chaussée, nombreuses fontaines), et *Saint-Antoine*, traversé par la route d'Oran à Tlemcen.

2° ENVIRONS D'ORAN.

3 kil. — Le *Ravin-Vert* ou *Oued-Rehhi*.

3 kil. — *Santa-Cruz* ; beau panorama.

3 kil. — Le *Mourdjadjo*, montagne escarpée de 580 m. de hauteur, dominant le ravin d'Oran au nord-ouest et commandant au sud par des pentes abruptes les rivages du golfe du quart de cercle de Mers-el-Kebir ; horizon magnifique ; sur ses flancs, forêt naissante du *Camp des Planteurs*, l'une des promenades favorites des habitants d'Oran.

Ici, les buts de promenade sont loin d'abonder comme aux environs d'Alger, de Bône, de Philippeville ou de Bougie. Le sol, longtemps aride et brûlé, commence à peine à changer d'aspect. Le jujubier sauvage et surtout le palmier-nain semblent ne céder qu'à regret la place aux céréales et aux légumes.

D'Oran à Mers-el-Kebir.

La route, taillée en corniche, passe entre le pied du Mourdjadjo et la mer.

3 kil. — Le *Bain de la Reine* (v. t. Ier, p. 382). L'hôpital militaire d'Oran y fait transporter ses malades. On laisse à gauche, sur la hauteur, le joli village de *Sainte-Clotilde* (fontaine élevée à la mémoire de M. Garbé, ancien préfet).

7 kil. — *Saint-André*, bourg maritime, habité surtout par des pêcheurs et des aubergistes, très-fréquenté par la société oranaise.

8 kil. — MERS-EL-KEBIR, ou « le grand port » des Arabes, le *Portus divinus* des Romains, chef-lieu d'une commune de 1,570 hab., dont 231 Français, 4 israélites, 1,321 étrangers européens et 14 musulmans. Port de guerre, église, écoles, service de santé, bureau de douane, direction du port, fort avec caserne, bureau de poste et bureau télégraphique, fontaines, abreuvoirs et lavoirs alimentés par l'oued Rehhi, quai, phare à feu tournant, etc. Cette petite ville, que l'on pourrait appeler le *Gibraltar de l'Algérie*, est pour ainsi dire accrochée à une pointe rocheuse qui s'avance dans la baie comme une jetée naturelle et précède le cap Falcon. En face, de l'autre côté de la baie, se dresse le djebel *Khar-khar*. Le port de Mers-el-Kebir, si apprécié des Romains et très-animé avant l'achèvement des

travaux du port d'Oran, est sûr, d'un accès facile, profond et défendu par une forteresse susceptible de devenir aussi redoutable que celle qui commande les Colonnes d'Hercule.

16 kil. — 'Aïn-el-Turk, « la fontaine du Turc, » chef-lieu d'une commune de 407 hab., dont 94 Français, 285 étrangers européens et 28 musulmans, créé en 1850, sur le bord de la mer. Église, école; céréales, vignes; place semi-circulaire, à laquelle aboutit une rue bordée de maisons encadrées de verdure; douane; fontaine-abreuvoir. Le comte de Mortemart débarqua le 30 juin 1732 sur la plage d'Aïn-el-Turk, et, après avoir culbuté 40,000 Arabes, entra le lendemain à Oran. Aux environs, à l'endroit dit *'Aïn-Beïda*, « la fontaine blanche, » sources thermales très-efficaces contre les affections rhumatismales et la paralysie.

A 6 kil. sud-ouest d'Aïn-el-Turk, Bou-Sfer, chef-lieu d'une commune de 3,227 hab., dont 249 Français, 776 étrangers européens et 2,202 musulmans, fondé en 1850, au pied nord-ouest du djebel Mourdjadjo et au fond de la plaine qui termine la plage des Andalouses, ainsi nommée parce que les premiers Maures chassés d'Espagne vinrent y débarquer. Église, écoles; céréales, légumes, arbres fruitiers; fontaines, abreuvoirs; industrie de l'alfa. La *Plaine des Andalouses* décrit un demi-cercle autour d'une baie comprise entre le cap Falcon et le cap Lindlès. Un domaine de 3,000 hectares en occupe l'extrémité occidentale. Les terrains de cette magnifique ferme sont distribués sur les deux versants d'une montagne peu élevée et le long d'une plage charmante, accessible aux balancelles. Les légumes et les arbres fruitiers se plaisent dans la région montagneuse; les plateaux produisent des céréales en abondance; les parties incultes fournissent des pâturages et des plantes textiles; la plaine est couverte de riches moissons. La ferme, précédée d'une allée de bananiers, s'élève sur les ruines encore visibles d'une villa romaine.

15 kil. — MISSERGHIN (la route traverse le village neuf d'*Eckmühl* ou de *Noiseux*, groupe de maisons ou petites villas avec fontaine portant une inscription qui rappelle les droits à la reconnaissance publique de l'architecte Noiseux), chef-lieu d'une commune de 2,197 hab., dont 603 Français, 11 israélites, 702 étrangers européens et 881 indigènes. Église, écoles, salle d'asile, orphelinat de garçons, asile des vieillards, bureau de poste, fontaines, abreuvoirs et lavoirs alimentés par quatre sources descendant des montagnes et échelonnées dans le grand ravin; marché du vendredi, très-fréquenté par les indigènes qui y amènent des moutons, des bœufs, des chevaux, et y apportent des céréales, des légumes et de la volaille; moulins à farine, fabriques de crin végétal, distilleries, cultures

maraîchères très-importantes. Ses sources fournissent environ 2,000 mètres cubes d'eau par jour.

Misserghin est un des plus jolis villages du département d'Oran. Les rues y sont droites, larges, bien aérées, les maisons propres et bien bâties. Le territoire est fertile en céréales, en tabac, en arbres fruitiers, en vignes, etc. On visitera l'*église*, construite en style roman par M. Viala de Sorbier. Les jardins de l'ancienne villa des beys d'Oran, d'abord transformés en pépinière, furent concédés en 1851 au P. Abram pour la fondation d'un orphelinat. Cet établissement est très-bien tenu et habilement dirigé. Les enfants, au nombre de 130 à 150, en dehors des heures consacrées à l'étude, se livrent à des travaux agricoles ; il y a aussi des ateliers de forgerons, de charrons, de menuisiers, de cordonniers, de tailleurs, etc. Un asile de vieillards est annexé à l'orphelinat. Un peu plus loin, des Sœurs tiennent un orphelinat de filles avec un asile pour les femmes parvenues à l'extrême vieillesse. L'ancienne *pépinière*, considérablement agrandie, peut livrer au public 40,000 pieds d'arbres d'essences forestière, fruitière et industrielle. Le verger et le potager produisent des fruits et des légumes superbes qui alimentent le marché d'Oran. Les fleurs des orangers et des citronniers sont distillées sur place. L'établissement possède aussi un moulin.

A *Tensalmet*, 5 kil. ouest de Misserghin, ferme et bergerie modèles de M. Bonfort.

8 kil. — *Arcole* (1), village entouré de fermes et de villas ; annexe de Sidi-Chami.

13 kil. — SIDI-CHAMI, « monseigneur Chami, » chef-lieu d'une commune de 1,108 hab., dont 441 Français, 380 étrangers européens et 287 musulmans, créé en 1845. Église, école, salle d'asile ; puits et abreuvoirs publics ; céréales, coton, garance, vignes et mûriers ; élève du bétail. De nombreuses norias fournissent de l'eau aux jardins et aux plantations.

8 kil. — LA SENIA, chef-lieu d'une commune de 659 hab., dont 172 Français, 482 étrangers européens et 5 musulmans, créé en 1844. Église, école ; culture de céréales ou maraîchères. Très-joli village. Aux environs, belles exploitations agricoles et petit lac salé de 2 kil. de long sur 1 kil. de large. Les magnifiques cultures de La Senia, de Sidi-Chami et d'autres centres des environs d'Oran permettent de se rendre compte des résultats obtenus par les colons algériens.

(1) Nom d'un bourg d'Italie (Vénétie), sur un affluent de l'Adige, où Bonaparte et Augereau remportèrent, en 1796, sur les Autrichiens, la célèbre bataille du Pont-d'Arcole.

3° AUTRES CENTRES DE L'ARRONDISSEMENT D'ORAN.

D'Oran à Mostaganem.

14 kil. — Assi-bou-Nif, chef-lieu d'une commune de 319 hab., dont 225 Français, 65 étrangers européens et 29 musulmans, créé en 1848. Église, école, salle d'asile; céréales.

17 kil. — Assi-Ameur, chef-lieu d'une commune de 240 hab., dont 198 Français, 30 étrangers européens et 12 musulmans, créé en 1848. Église, école; terres bien cultivées.

On laisse sur la gauche Assi-ben-Okba, chef-lieu d'une commune de 266 hab., dont 199 Français, 43 étrangers européens et 24 musulmans, créé en 1848, dans la plaine de Telamin.

20 kil. — Fleurus (1), chef-lieu d'une commune de 418 hab., dont 200 Français, 204 étrangers européens et 14 musulmans, créé en 1848, dans la plaine de Telamin. Église, écoles, salle d'asile; puits, abreuvoir et lavoirs publics; blé, orge, avoine, légumes, fourrages; carrières à plâtre, moulin à vent, tuilerie, briqueterie.

Au sud-est (24 kil. d'Oran), Saint-Louis, chef-lieu d'une commune de 800 hab., dont 633 Français, 147 étrangers européens et 20 musulmans.

---

(1) Nom d'une ville de Belgique (Hainaut) où le général Jourdan vainquit les Autrichiens en 1794, et Napoléon Ier les Prussiens en 1815.

Église, école mixte; puits publics; céréales. — Annexe : *Sidi-ben-Ferka;* 197 Français et 32 étrangers européens.

28 kil. — SAINT-CLOUD (1), chef-lieu de canton et d'une commune de 1,990 hab., dont 834 Français, 8 israélites, 543 étrangers européens et 605 musulmans, fondé en 1849 au lieu dit *Goudiel*. Justice de paix, église, écoles de garçons et de filles, temple protestant, bureau de poste et bureau télégraphique, petite salle de spectacle; rue principale plantée d'arbres et embellie par une fontaine bien ombragée, beau lavoir, céréales, cultures maraichères, vignes, plantations d'essences diverses, fourrages; élevage du bétail, plus spécialement de l'espèce ovine.

Aux environs : *Tazout,* mine de plomb argentifère; petit hameau de *San-Fernando; Christel,* village maritime, et KLÉBER (2), 34 kil. d'Oran, chef-lieu d'une commune de 262 hab., dont 169 Français, 61 étrangers européens et 32 musulmans, créé en 1848, au pied du mont Orousse. L'eau ne manque plus aujourd'hui à ce village, qui, situé dans une région fort sèche, a longtemps porté le surnom de *Colonie de la soif*.

(1) Ce village fut peuplé dans le principe par des Parisiens qui lui donnèrent le nom d'une ville bien connue des environs de Paris.

(2) Nom d'un célèbre général de la République, assassiné au Caire en 1800.

33 kil. — *Mefessour*, annexe de Saint-Cloud.

36 kil. — *Sainte-Léonie*, annexe d'Arzeu, village créé en 1846 et peuplé en grande partie de colons d'origine allemande.

42 kil. — ARZEU, le *Portus magnus* des Romains, chef-lieu d'une commune de 4,498 hab., dont 810 Français, 1,377 étrangers européens et 2,311 musulmans, par 2° 37' de longitude ouest et 35° 51' de latitude nord, sur le golfe du même nom, au pied d'un contre-fort du djebel Orousse. Église, écoles, caserne, pavillon d'officiers, hôpital militaire, bureau de poste, bureau télégraphique, etc. Arzeu, créé par ordonnance royale de 1845, occupe une partie de l'emplacement de *Portus magnus*. Le mur d'enceinte est percé de deux portes : de *Mostaganem* et d'*Oran*. On compte trois places : d'*Isly*, *Philippe* et *Clausel*, ombragées, ainsi que le boulevard extérieur, par des plantations qui reposent un peu la vue de l'aridité des alentours. Les *rues* sont bien alignées et coupées à angles droits. L'*église*, la *mairie* et l'*abattoir* méritent à peine une mention.

La construction de la ligne ferrée de Saïda à Arzeu donne au *port* de cette ville une importance nouvelle. La Compagnie Franco-Algérienne parait disposée à prolonger et à améliorer à l'aide de ses propres ressources la jetée qui sert de débarcadère. « La rade d'Arzeu, dit M. Lieussou, est la meilleure des côtes d'Algérie, celle du moins qu'on peut le plus facilement approprier aux besoins d'un grand commerce. Elle a derrière elle les riches vallées du Sig, de l'Habra, de la Mina et du Chelif. Entrepôt naturel de Relizane, de Mascara et de Sidi-bel-Abbès, elle communique avec le Sahara oranais par Mascara, Saïda et Géryville, plus facilement que tout autre point de la côte ; elle paraît naturellement appelée à centraliser le commerce d'exportation des immenses plaines qui l'entourent et le transit qui s'établira, par le Sahara oranais, entre l'intérieur de l'Afrique. » Un phare de neuf milles de portée couronne un îlot situé au nord du fort Lapointe.

NOTICE HISTORIQUE.

Arzeu, occupé par les Romains, détruit par les Arabes lors de leur invasion en Afrique, fut relevé par les rois de Tlemcen. Sous les Turcs, sa rade devint le principal port d'exportation de la province. Pendant la guerre d'Espagne, il en partit plus de 300 navires par an, chargés de grains et de bestiaux pour l'armée anglaise ; en 1831, plus de 100 navires vinrent s'y charger d'orge et de blé. Le général Desmichels s'en empara le 4 juillet 1832 ; mais, aux termes du traité qu'il conclut avec l'émir (26 février 1834), la ville fut replacée sous l'autorité du chef arabe. Peu après, la guerre recommença ; Arzeu, de nouveau occupé par nos troupes, fut définitivement acquis à la France par le traité de la Tafna (30 mai 1837).

On visitera aux environs d'Arzeu :

16 kil. — *Les Salines*, où le sel se cristallise

par l'évaporation naturelle, sur un lac d'une étendue de 12 kil. et d'une largeur de 3 kil., et les *ruines* désignées indifféremment sous les trois noms de Saint-Leu, de Botioua ou du Vieil-Arzeu. On se rend aux ruines par un chemin vicinal parallèle à la mer et à la route d'Oran à Mostaganem, et l'on rencontre les villages de *Damesme* et de *Saint-Leu*, annexes d'Arzeu. Damesme, qui porte le nom d'un général tué à Paris pendant les journées de juin, est une colonie agricole de 1848 ; Saint-Leu, créé en 1846, peuplé avec une colonie agricole de 1848, a été constitué en centre en 1851.

Les ruines de l'ancienne colonie romaine de *Portus magnus* couvrent, dans la direction de l'est à l'ouest, un coteau aboutissant d'un côté aux plaines de la Mina, de l'Habra, du Sig, de la Mleta, et de l'autre, par une pente douce, à une plage couverte de sable. Elles sont encore très-importantes ; la partie supérieure et moyenne du coteau offre un grand nombre de citernes de forme cubique en général et plusieurs restes d'aqueducs ; la partie inférieure est soutenue par des terrasses considérables. Du côté opposé à la route d'Oran à Mostaganem, se trouvent les ruines intéressantes d'une maison romaine aux environs de laquelle, comme sur d'autres points, on a découvert en grande quantité des débris de poteries, de verreries, des amphores, des médailles romaines, des monnaies arabes, plusieurs mosaïques superbes et des inscriptions, parmi lesquelles M. Berbrugger a signalé la suivante :

A Sextus Cornelius, fils de Sextus Cornelius (de la tribu) Quirina, (surnommé) Honoratus, honoré de grades équestres, à Portus-Magnus, procurateur à 6,000 sesterces d'appointements, procurateur de la Mésopotamie et de la Mauritanie; d'après son testament, Marcus Cæcilius Cæcilianus, héritier.

Les ruines du vieil Arzeu sont occupées par des indigènes ; dans la construction de leurs grossières habitations entrent des fûts de colonnes, des pierres sculptées ou couvertes d'inscriptions, en un mot, des matériaux antiques de toute sorte.

La route d'Arzeu à Mostaganem, parallèle à la mer, passe à *Port-aux-Poules*, petit village qui domine la Macta, rivière sortie de marais et donnant son nom à un centre de population au delà duquel on entre dans l'arrondissement de Mostaganem.

82 kil. — *Mostaganem*. V. § 2 — *Arrondissement de Mostaganem.*

D'Oran à Relizane par le chemin de fer.

14 kil. — VALMY (1), chef-lieu d'une commune de 703 hab., dont 259 Français, 174 étrangers

(1) Nom d'un village du département de la Marne, où Dumouriez battit le duc de Brunswick, le 20 septembre 1792.

européens et 270 musulmans, non loin de la rive orientale du grand Lac salé. Église, écoles ; fontaines et abreuvoirs, puits et norias ; céréales, tabacs, vignes, culture maraîchère. L'emplacement occupé par Valmy était désigné autrefois sous le nom de *Le Figuier*, à cause d'un figuier qui, dès les premiers temps de la conquête, était le seul arbre à dix lieues à la ronde.

A 6 kil. nord-est de Valmy, MANGIN (1), chef-lieu d'une commune de 202 hab., dont 143 Français, 15 étrangers européens et 44 musulmans. Église, école ; fontaine, abreuvoir, lavoir publics ; puits ; céréales et vignes.

17 kil. — *Arbal*. Le village, assez éloigné de la station de ce nom, est situé dans une localité pleine de ruines romaines (*Gilva colonia*). Son territoire renferme la vaste exploitation agricole de *M. Dupré de Saint-Maur*. Il est traversé par une route qui, partant de Sainte-Barbe du Tlélat, s'embranche à Er-Rahel sur celle d'Oran à Tlemcen et dessert :

TAMZOURA, chef-lieu d'une commune de 419 hab., dont 154 Français, 47 étrangers européens et 218 musulmans.

Les hameaux du *Khemis*, d'*Aïn-el-Arba'* et de la *Mleta* sont situés au sud du grand Lac salé, dans une plaine fertile en céréales.

(1) Nom d'un aide de camp du général Bréa, tué à Paris en 1848.

28 kil. — SAINTE-BARBE DU TLÉLAT, chef-lieu de canton, d'une commune de plein exercice de 608 hab., dont 291 Français, 157 étrangers européens, 160 musulmans, et d'une commune mixte de 20,698 hab., dont 84 Français, 9 israélites, 107 étrangers européens et 20,498 musulmans, sur la gauche de la petite rivière du Tlélat, créé en 1846. Justice de paix, église, école, halle, fontaines, abreuvoir et lavoir alimentés par l'oued Tlélat, marché arabe, bureau télégraphique, barrage permettant d'irriguer de nombreux jardins et de vastes champs de culture.

Une voie ferrée, inaugurée le 1er mai 1877, relie Sainte-Barbe du Tlélat à Sidi-bel-Abbès. Annexe : *Tafaraoui*.

45 kil. — L'*Ougasse*, centre en création dans une plaine ouverte au nord et garantie des vents du sud par des mamelons. Climat tempéré et salubre; terres fertiles propres aux céréales, à la vigne et à l'élevage des bestiaux ; carrière près du village; forêt de *Muley-Ismaël* à 8 kil.

51 kil. — SAINT-DENIS DU SIG, chef-lieu de canton et d'une commune de 6,479 hab., dont 1,133 Français, 284 israélites, 3,631 étrangers européens et 1,431 musulmans. Église, écoles, justice de paix, hôpital civil, comptoir d'escompte, bureau de poste et bureau télégraphique, comice agricole, marché très-important tous les dimanches. Cette ville, aujourd'hui foyer

d'activité et d'industrie, fut créée en 1845 dans la plaine du Sig, que fertilise la rivière du même nom. Toutes les cultures prospèrent aux environs, parsemés de magnifiques exploitations agricoles. La ville est entourée de verdure; les places et les rues, plantées d'arbres, sont arrosées par des eaux courantes qui entretiennent la fraîcheur. Ses principales curiosités sont : l'*église*, gracieuse réminiscence du style roman du douzième siècle (clocher de 24 m.); l'*hôpital civil* (plus de 300 lits); le *pont*, en pierre de taille et d'une seule arche de 20 m. d'ouverture; le *jardin public*, longeant le lit du Sig; le *dépôt d'étalons*, etc. Saint-Denis du Sig possède plusieurs minoteries. La plus importante est celle de Mme *Merlin*.

A 3 kil. sud de la ville, au point où le Sig sort des gorges pour entrer dans la plaine, un *barrage* gigantesque retient une immense quantité d'eau. On s'y rend par un chemin qui suit le canal de dérivation de la rive droite. Ce canal fait mouvoir plusieurs usines. La distribution des eaux est réglée par un syndicat. A 3 kil. de Saint-Denis, sur la rive droite du Sig, vaste établissement connu sous le nom de *ferme de l'Union*, exploité aujourd'hui par une Compagnie dont le siége est à Paris. Si l'Union agricole, qui se forma en 1846 à Saint-Denis du Sig, tenta vainement de résoudre le problème de *l'association du travail avec le capital*, elle réussit au moins à mettre en plein rapport 2,000 hectares d'excellentes terres.

Parmi les fermes qui rayonnent autour de Saint-Denis du Sig, citons celles de MM. Ferré, Capmas, Masquelier et Sibour.

62 kil. — *Arrêt de l'Habra* et *Bou-Henni*, centre en création. Au nord, Mokta-Douz, chef-lieu d'une commune de 1,256 hab., dont 138 Français, 754 étrangers européens et 365 musulmans, créé en 1862 sur la rive gauche de l'Habra, au nord-ouest du bois dit des *Tamarins*. Pays riche et bien cultivé ; fermes nombreuses.

75 kil. — Perrégaux (1), chef-lieu d'une commune de 1,454 hab., dont 567 Français, 19 israélites, 377 étrangers européens et 491 musulmans, sur la rive droite de l'Habra. Justice de paix, église, écoles, bureau de poste et bureau télégraphique ; marché tous les jeudis ; fermes prospères ; céréales, bétail. Le *barrage* de l'Habra, à 12 kil. au sud de Perrégaux, est le plus important de l'Algérie. Ce monument cyclopéen mesure 478 m. de longueur, 40 m. de hauteur et $38^m,90$ d'épaisseur à la base. La contenance du bassin est de 14 millions de mètres cubes. Les travaux du barrage ont coûté 4 millions à la *Société Debrousse et Cohen*, qui a

---

(1) Nom d'un général mort au second siége de Constantine, des suites de ses blessures.

obtenu en échange une concession de 24,000 hectares dans la plaine de l'Habra.

89 kil. — *Oued-Malah*, village en création, près du ruisseau de ce nom.

106 kil. l'*Hillil* et **125 kil.** *Relizane*. V. § 2. — *Arrondissement de Mostaganem.*

D'Oran à Tlemcen.

15 kil. — *Misserghin*, v. p. 427.

La route longe la rive septentrionale du grand Lac salé d'Oran.

30 kil. — Bou-Tlélis, chef-lieu d'une commune de 1,087 hab., dont 418 Français, 156 étrangers européens et 513 musulmans, colonie agricole de 1849, érigé en commune en 1864. Ce centre prospère s'élève à environ 1,500 m. du Lac, au pied des monts Ramera recouverts en partie par la forêt de Msila.

42 kil. — Lourmel (1), chef-lieu d'une commune de 576 hab., dont 230 Français, 17 israélites, 270 étrangers européens et 50 musulmans, créé en 1856 au lieu dit *Bou-Rechach*. Église, école ; sol fertile, céréales et cultures diverses.

51 kil. — *Er-Rahel*, hameau de la commune d'Aïn-Temouchent, voisin de la *Mleta* et d'Aïn-el-Arba', chef-lieu d'une commune de 743 hab.,

---

(1) Nom d'un général tué à Sébastopol.

dont 172 Français, 28 israélites, 236 étrangers européens et 307 musulmans.

On traverse le Rio-Salado, « la rivière salée, » à 2 kil. en avant de *Rio-Salado*, annexe de :

72 kil. — 'AÏN-TEMOUCHENT, la *Timici* des Romains, chef-lieu de canton et d'une commune de 1,838 hab., dont 629 Français, 189 israélites, 850 étrangers européens et 170 musulmans. Église, écoles, justice de paix, bureau de poste et bureau télégraphique, places et jardins plantés de beaux arbres, nombreuses fontaines, marché tous les jeudis, moulins, poterie, élevage des bestiaux, culture des céréales. Cette petite ville, en pleine voie de prospérité, est bâtie à 258 m. d'altitude, au confluent de l'oued Temouchent et de l'oued Senam, qui alimentent les fontaines et font mouvoir de beaux moulins à farine.

'Aïn-Temouchent a été bâtie en 1851 sur les ruines d'une cité romaine appelée par Pline *oppidum Timici* (1). Les pierres de taille qui couvraient le sol servirent aux travaux militaires ou particuliers, mais tous les débris précieux pour la science archéologique furent soigneusement recueillis. On cite un *Timicitanus episcopus* dans une liste d'évêques d'Afrique de la fin du cinquième siècle.

(1) Ces ruines ont été signalées et décrites à différentes époques par MM. Berbrugger, Raby-Duvernay, L. Fey et l'abbé Bargès.

Le conseil général d'Oran, dans une de ses dernières séances, a déclaré d'intérêt départemental le chemin de fer destiné à relier Oran à Tlemcen par 'Aïn-Temouchent. De son côté, la haute administration algérienne vient de mettre aux enquêtes la ligne d'intérêt général de Bel-Abbès à Tlemcen qui, se raccordant au Tlélat avec le chemin de fer d'Alger à Oran, se prolongera sur Lalla-Mar'nia vers le Maroc.

85 kil. — *'Aïn-Khial*, « la source des fantômes, » annexe d'Aïn-Temouchent, village fondé en 1855. Sources nombreuses; terres excellentes.

131 kil. — *Tlemcen.*

Pour la description de Tlemcen et celle des centres compris entre cette ville et 'Aïn-Khial, v. § 5, *Arrondissement de Tlemcen.*

§ 2. — *Arrondissement de Mostaganem.*

1° MOSTAGANEM.

MOSTAGANEM, chef-lieu d'arrondissement et d'une commune de 10,706 hab., dont 2,200 Français, 694 israélites, 2,331 étrangers européens et 5,481 musulmans, à 82 kil. d'Oran. Sous-préfecture, tribunal de 1re instance, justice de paix, église, oratoire protestant, mosquée, synagogue, collége communal, écoles primaires, pensionnats, cercle civil, bureau arabe, casernes d'infanterie et de cavalerie, vaste hôpital, cercle et bibliothèque militaires, bureau de poste et bureau télégraphique, halle aux grains, poissonnerie, caravansérail pour le marché quotidien, etc.

Mostaganem est située par 2° 9' de longitude ouest et 35° 57' de latitude nord, à 1 kil. de la mer, sur un plateau de 85 m. de hauteur. Le ravin d'*Aïn-Seufra*, « la source jaune, » dont l'eau est utilisée comme force motrice, la divise en deux parties. Le quartier appelé *Matmore*, à l'est, renferme les principaux établissements militaires; la partie ouest est occupée par la ville proprement dite, au nord de laquelle on voit ce qui reste encore de la ville arabe. Le quartier européen ressemble à une jolie ville de France.

Le mur d'enceinte est percé de cinq portes : du *Chelif*, au nord; des *Medjer*, à l'est; de *Mascara*, au sud; d'*Arzeu* et de la *Marine*, à l'ouest. Citons : la place d'*Armes* ou de la *Halle*, bordée sur deux de ses faces de bâtiments à arcades; la place du *Sig*, la place des *Cigognes* et la place de l'*Hôpital*, à Matmore. La rue du *1er de Ligne*, plantée d'arbres, la rue de la *République*, bordée de maisons à arcades, la rue de *Tlemcen* et la rue des *Jardins* sont les plus belles de Mostaganem. L'*église*, ornée de quelques copies de tableaux de maîtres, l'*hôtel de la sous-préfecture*, le *tribunal* et le *théâtre* ne méritent qu'une mention. Une halle aux grains, une poissonnerie et un caravansérail complètent la nomenclature des édifices civils.

NOTICE HISTORIQUE.

On ne sait rien de précis sur la fondation de Mostaganem. Les géographes arabes parlent de ses murailles, de ses bazars, de ses bains, de ses jardins, de ses moulins. Devenu maître de la ville en 1516, Kheir-Eddin l'agrandit et la fortifia. De cette époque date l'importance commerciale de Mostaganem. De grandes exploitations agricoles furent entreprises sur son territoire où la culture du coton donna de beaux résultats. Mais, dans la suite, les incursions des Arabes, l'incurie ou les exactions des gouverneurs turcs ruinèrent ce mouvement agricole et industriel, presque nul, en effet, au moment de la conquête française.

2° ENVIRONS DE MOSTAGANEM.

Les principaux buts de promenade sont : le *jardin public*, à la porte de Mascara (massifs toujours verts, aquarium garni de plantes); le ravin d'*Aïn-Seufra*, sur la rive droite duquel se trouve un village arabe aux gracieuses koubbas et aux maisons blanches se détachant sur le fond vert grisâtre des cactus; la charmante vallée dite des *Jardins*; la *Marine*, à 1,100 m. de la ville; la *Salamandre*, hameau de pêcheurs construit à la pointe de ce nom.

De nombreux villages s'élèvent aux environs de Mostaganem, savoir :

Au nord et au nord-est.

4 kil. — *Kharouba*, créé en 1848 et dominant des dunes.

5 kil. — PÉLISSIER (1), chef-lieu d'une commune de 1,563 hab., dont 173 Français, 42 étrangers européens et 1,348 musulmans, fondé en 1846 dans la fertile vallée des Jardins, érigé en commune en 1856. Église, école, puits et abreuvoirs; céréales, tabacs, légumes, vignes, arbres fruitiers.

8 kil. — TOUNIN, chef-lieu d'une commune de 1,410 hab., dont 105 Français et 1,305 musulmans, colonie agricole de 1848. Église, école, fontaine, abreuvoir et lavoir publics; céréales, vignes, jardins potagers.

'AÏN-BOUDINAR, chef-lieu d'une commune de 1,218 hab., dont 144 Français, 25 étrangers européens et 1,049 musulmans, colonie agricole de 1846, sur la rive gauche et non loin de l'embouchure du Chelif. Église, école, fontaine, abreuvoir et lavoir publics; céréales, vignes, jardins.

21 kil. — 'AÏN-TEDLÈS, chef-lieu d'une commune de 1,472 hab., dont 513 Français, 20 israélites, 41 étrangers européens et 893 musulmans, colonie agricole de 1848, érigé en commune en 1856, sur un plateau dominant le Chelif, dont il est éloigné de 2 kil. Église, école, rues larges et bordées de trottoirs, campagne fertile et bien cultivée, céréales, vignes; marché arabe tous les lundis, *pépinière* que le gouvernement a fait planter dans un frais ravin. An-

(1) Nom du maréchal duc de Malakoff.

nexe : *Pont-du-Chelif,* peut-être le *Quiza municipium* des Romains (113 Français), créé en 1848. Pont de 79 m. de long.

Sour-Kel-Mitou, « le rempart des massacrés, » ancienne annexe d'Aïn-Tedlès, aujourd'hui chef-lieu d'une commune de 984 hab., dont 155 Français, 44 étrangers européens et 785 musulmans, est situé sur un plateau du Chelif, au milieu de riants vergers. Belle source tombant de cascade en cascade dans le ravin de Sour-Kel-Mitou. Marché arabe.

Au sud et au sud-est.

8 kil. — Rivoli (1), chef-lieu d'une commune de 1,255 hab., dont 245 Français, 87 étrangers européens et 293 musulmans, colonie agricole de 1848, érigé en commune en 1856, entre la mer et le *Trek-el-Touirès,* haut de 330 m. Église, écoles et salle d'asile, puits nombreux, bonnes terres, céréales, plantations d'arbres.

'Aïn-Nouissy, chef-lieu d'une commune de 882 hab., dont 244 Français, 71 étrangers européens et 567 musulmans, sur un coteau dominant une plaine marécageuse, colonie agricole de 1848, érigé en commune en 1869. Bonnes terres, pépinières, arbres fruitiers ; source sulfureuse.

(1) Partage avec l'une des plus belles rues de Paris l'honneur de rappeler la brillante victoire remportée par les Français sur les Autrichiens en 1797.

18 kil. — BLED-TOUARIA, chef-lieu d'une commune de 1,640 hab., dont 254 Français, 7 israélites et 1,379 musulmans, colonie agricole de 1849, érigé en commune en 1869. Église, écoles de garçons et de filles ; puits, vignes et céréales.

13 kil. — ABOUKIR (1), chef-lieu d'une commune de 1,857 hab., dont 374 Français, 21 étrangers européens et 1,462 musulmans, colonie agricole de 1848, érigé en commune en 1856, dominé par le Trek-el-Touirès. Église, écoles de garçons et de filles ; terres fertiles, eaux abondantes, vignes et mûriers, céréales, tabac, commerce de bétail et de légumes. Aux environs, curieuse grotte avec stalactites. Annexe : *'Aïn-Sidi-Cherif* (155 Français), sur un versant du Trek-el-Touirès.

Au sud-ouest.

4 kil. — MAZAGRAN, chef-lieu d'une commune de 1,153 hab., dont 358 Français, 210 étrangers européens et 585 musulmans, créé en 1846 et devenu célèbre dans notre histoire militaire. Église, écoles, sources nombreuses et abondantes, conduites d'eau pour l'irrigation des jardins, sol fertile, céréales, vignes, cultures maraîchères, arbres fruitiers, plantations nombreuses, élève du bétail, etc. Les riantes maisons du

---

(1) Nom d'une ville d'Égypte près de laquelle les Français battirent les Turcs en 1799.

village s'élèvent en amphithéâtre en vue de la mer; la partie supérieure est couronnée par l'église et la colonne érigée en l'honneur du capitaine Lelièvre et de ses compagnons d'armes. L'*église*, précédée d'un bel escalier de vingt marches et d'un péristyle à trois arcades, est flanquée à l'est d'une tour et d'un clocher carré. La *colonne*, d'ordre corinthien, est surmontée de la statue de la France tenant un drapeau d'une main et de l'autre une épée. Sur le socle est gravée l'inscription suivante :

Ici, les 3, 4, 5 et 6 février 1840, cent vingt-trois Français ont repoussé les assauts d'une multitude d'Arabes.

Tout le monde connaît la défense héroïque du capitaine Lelièvre qui, attaqué à Mazagran, le 3 février 1840, par une nuée d'indigènes, résista pendant quatre jours, avec une poignée d'hommes du 1ᵉʳ bataillon d'Afrique, et contraignit l'ennemi à la retraite.

15 kil. — La Stidia, et mieux 'Aïn-Sdidia, « la source ferrugineuse, » chef-lieu d'une commune de 466 hab., dont 89 Français, 358 étrangers européens et 19 musulmans, créé en 1846, érigé en commune en 1869. Église, école, fontaine, lavoir et abreuvoir; céréales, cultures maraîchères. Au nord-est de la Stidia, *Ouréa*, hameau créé en 1850.

3° AUTRES CENTRES DE L'ARRONDISSEMENT DE MOSTAGANEM.

De Mostaganem à Mazouna par le Dahra.

Pont-du-Chelif, v. p. 446.

Ouillis, village récemment créé à 12 kil. du Pont-du-Chelif et à 3 kil. de la mer. Il est alimenté par une eau abondante et très-potable, dont le courant va être utilisé pour faire marcher une minoterie en voie de construction. Sans être de première qualité, les terres paraissent propres à la culture de la vigne.

Bosquet (1), village fondé en 1873, est doté de tous ses bâtiments communaux; ses rues sont bien tracées et plantées d'arbres. 222 hab. Il est situé à 17 kil. du Pont-du-Chelif et à 7 kil. de la mer. Vignes et céréales.

Cassaigne (274 hab.), centre créé en 1873, à 28 kil. du Pont-du-Chelif, à 13 kil. de la mer et à 11 kil. de Bosquet, dans un site pittoresque, au milieu d'un territoire fertile. Les brises de mer rafraîchissent la température : aussi le climat est-il sain et tempéré. Cassaigne a été doté de tous ses bâtiments communaux, renfermés dans une redoute défensive qui occupe une bonne position militaire dominant le village et la campagne.

(1) Nom d'un maréchal de France.

Nekmaria, à 26 kil. de Cassaigne, village créé en 1873. Pays montagneux et élevé, salubrité parfaite; terres de bonne qualité, propres aux céréales, aux plantes oléagineuses et à la vigne. Le village est situé sur un plateau presque entièrement défriché. Marne et pierre sur le territoire; sources abondantes; bois de chauffage.

Renault, centre créé en 1874, à 25 kil. de Nekmaria, et déjà pourvu de ses établissements communaux. Terres d'excellente qualité. Renault a été peuplé en partie par des Alsaciens-Lorrains et en partie par des familles algériennes. Le peuplement comporte 80 concessions complètes et 10 lots industriels. Plus de 3,000 arbres ont été plantés, principalement autour du bordj; en outre, on a semé sur le terrain communal 24 hect. de pins.

Mazouna (5 kil. de Renault), l'ancienne capitale du Dahra, ville arabe étagée sur les berges du ravin de l'oued Tamda, entourée de plantations et de beaux jardins, arrosée par des eaux courantes, présente l'aspect le plus pittoresque. En amont de la ville jaillissent plusieurs sources qui arrosent les jardins et les vergers. A l'entrée même de Mazouna, le ruisseau forme une jolie cascade de 15 à 20 m., sur une fort curieuse draperie d'incrustations calcaires (1). L'industrie pourrait tirer parti de ces chutes d'eau. Mazouna

(1) M. G. Bourdon, chef de bataillon au 3ᵉ tirailleurs.

doit dater de l'occupation romaine. Les habitants en attribuent la fondation aux Berbères, mais sa situation dans un charmant vallon arrosé d'eaux abondantes est trop belle pour que les Romains n'aient pas songé à s'établir dans ce site. Il existe à Mazouna une école arabe-française dirigée par un instituteur français qui obtient les meilleurs résultats dans l'enseignement de notre langue aux jeunes indigènes. Une route carrossable relie Mazouna à la station d'Inkermann.

De Mostaganem à Relizane.

13 kil. — *Aboukir*, v. p. 447.

20 kil. — *Sirat*, centre créé en 1873.

27 kil. — Bou-Guirat, chef-lieu d'une commune de 279 hab., dont 238 Français, 38 étrangers européens et 3 musulmans, ancien caravansérail, érigé en commune en 1867.

37 kil. — L'*Hillil*, annexe de Relizane, dans une plaine fertile et bien cultivée, sur l'Hillil, affluent de la Mina. C'est à l'Hillil que les habitants de Mostaganem prennent le chemin de fer d'Oran à Alger.

56 kil. — Relizane, chef-lieu de canton, d'une commune de plein exercice de 3,545 hab., dont 1,124 Français, 223 israélites, 964 étrangers européens, 1,231 musulmans, et d'une commune mixte de 12,603 hab., dont 26 Français. Justice

de paix, église, écoles, hôpital, caserne, bureau de poste et bureau télégraphique, comice agricole, important marché tous les lundis, etc. Cette petite ville, admirablement située sur la pente occidentale d'une colline au pied de laquelle s'étend la riche plaine de la Mina, semble appelée à de brillantes destinées. La commune date de 1857. En 1861, elle ne comptait guère plus de 400 hab. européens. La culture du coton l'a enrichie pendant la guerre de la sécession. Cette culture, abandonnée depuis le rétablissement de l'Union américaine, pourrait être reprise avec fruit; elle a été remplacée sans trop de perte par les céréales et l'élevage des porcs. Le *barrage de la Mina*, à 4 kil. nord de Relizane, contribue pour une large part à la prospérité de cette région. Des piliers robustes et de gros murs retiennent une nappe d'eau considérable qui s'écoule, dès qu'elle a atteint un certain niveau, par une ouverture centrale et tombe en cascade au milieu d'énormes rochers. On peut ainsi régler le cours de la rivière et pratiquer en temps opportun les irrigations grâce auxquelles les terres de Relizane rivalisent pour la fertilité avec celles de la Mitidja, de l'Habra et du Sig.

A 4 kil. de la ville, les ruines d'une cité romaine que l'on croit être la *Mina* de l'Itinéraire d'Antonin, sont éparses autour d'un monticule, dans un site magnifique. Ces débris ont été peu étudiés encore.

De Relizane à Orléansville.

12 kil. — *Les Salines*, centre en création, ainsi nommé à cause du lac salé des *Akerma-Cheraga* (1,711 hectares), situé à gauche du chemin de fer.

On laisse sur la droite *Hamadena* (20 feux), centre en création sur un mamelon dominant la plaine. Climat chaud, sec et salubre; sol fertile presque entièrement défriché, propre aux céréales et à l'élevage des bestiaux; la vigne peut y être cultivée. L'eau est fournie par des puits; carrière à 3 kil.; bois de chauffage à proximité.

33 kil. — *Saint-Aimé*, village récemment créé au débouché en plaine de l'oued Djidiouïa, qui se jette dans le Chelif à 2 kil. de là; le long du cours de la rivière s'ouvrent des grottes dans lesquelles M. l'ingénieur Mille a découvert des armes de l'âge de pierre et des débris divers de la civilisation des Troglodytes algériens. On construit sur la Djidiouïa un barrage gigantesque destiné à emmagasiner une énorme quantité d'eau; les travaux sont poussés avec la plus grande activité.

42 kil. — INKERMANN (1), chef-lieu d'une commune mixte de 7,327 hab., dont 391 Français,

---

(1) Nom d'un bourg de Crimée où les Russes furent battus par les Anglo-Français, le 5 novembre 1854.

25 israélites, 38 étrangers européens et 6,873 musulmans, au pied de collines élevées, près du débouché en plaine de l'oued Riou. Justice de paix, école, pépinière. Il est question d'établir un barrage sur l'oued Riou et de dessécher le marais connu sous le nom de *Merdja-el-Gorgour*.

Une route relie Inkermann à AMMI-MOUSSA (22 kil.), chef-lieu d'une commune mixte de 1,757 hab., dont 279 Français, 83 israélites, 73 étrangers européens et 1,322 musulmans, sur l'oued Riou. Église, école arabe-française, blockhaus, mosquée en construction, marché important tous les jeudis. Ce centre a eu pour origine un petit fort bâti en 1840. Assiégé en 1871 par 8 ou 10,000 indigènes des tribus voisines, il fut livré aux flammes; la population se réfugia dans le bordj et joignit ses efforts à ceux de la garnison. Près d'Ammi-Moussa se voient des ruines romaines assez bien conservées. Sources thermales aux environs.

De Relizane à Tiaret.

25 kil. — ZEMMORA, chef-lieu d'une commune mixte de 1,672 hab., dont 123 Français, 19 israélites, 16 étrangers européens et 1,514 musulmans. Église, école arabe-française, marché arabe tous les mercredis. Ce village est situé à 240 m. d'altitude, au pied de montagnes couvertes de forêts de sumac. Il fut dévasté en 1871 par les indigènes. Sur une montagne voisine,

koubba en l'honneur de Moustafa ben Ismaïl, fidèle allié de la France.

La route dessert ensuite le petit village de *Mendez*, les caravansérails de la *Rahouia* et de l'*Oued-Temda*, puis le hameau de *Guertoufa*, avant d'atteindre

91 kil. — *Tiaret*, v. p. 462.

§ 3. — *Arrondissement de Mascara.*

1º MASCARA.

MASCARA, chef-lieu d'arrondissement de subdivision militaire, d'une commune de plein exercice de 9,797 hab., dont 2,069 Français, 1,009 israélites, 1,951 étrangers européens, 4,228 musulmans, et d'une commune mixte de 23,311 hab., dont 296 Français, 10 étrangers européens et 23,005 musulmans. Général de brigade, sous-préfet; église, mosquées, écoles pour les garçons et les filles, salle d'asile, justice de paix, bureau arabe, casernes d'infanterie et de cavalerie, magasins, hôpital militaire, théâtre, bureau de poste et bureau télégraphique, grand marché trois fois par semaine, etc.

La ville est située par 2º 12' de longitude ouest et par 35º 26' de latitude nord, à 585 m. d'altitude et à 96 kil. d'Oran, sur le versant méridional du djebel Beni-Chougran (900 m.), poétiquement appelé par les Arabes *Chareb-er-Rih*, « la lèvre du vent. » Assise sur deux mamelons séparés par un ravin, au fond duquel coule l'oued Toudman, elle présente un mélange de constructions françaises assez élégantes et de chétives bâtisses arabes. De quelque côté qu'on l'aborde, elle offre un gracieux aspect. On peut la diviser en cinq parties : *Mascara* proprement dit, *Argoub-Ismaïl*, *Baba-Ali*, *Aïn-Beïda* et *Sidi-Ali-Mohammed*; ces quatre dernières sont en quelque sorte les faubourgs de la ville, qui s'élève au centre, sur la rive gauche de l'oued Toudman. Les remparts, percés de cinq portes (*Oran, Baba-Ali, Mostaganem, Tiaret, Sidi-Mohammed*), embrassent un pourtour de 3 kil. La place principale est connue sous le nom de place d'*Armes*. Les plus belles rues sont celles de *Nemours*, d'*Orléans* et *Louis-Philippe*. Des ponts relient entre eux les différents quartiers séparés par l'oued Toudman.

Mascara conserve trois *mosquées*; l'une a été transformée en église, l'autre sert au culte musulman; la troisième, dans laquelle Abd-el-Kader prêcha la guerre sainte, est devenue un magasin à poudre. Les *bâtiments civils* sont : l'hôtel-de-ville, la justice de paix, les écoles, l'abattoir. Les *bâtiments militaires* comprennent le beylik, ancien palais de Mohammed-el-Kebir, les casernes, l'hôpital militaire et le bureau arabe. Les eaux de l'oued Toudman alimentent plusieurs fontaines dont la plus remarquable est celle de la place d'Armes ou de la République (belle vasque en marbre provenant du beylik). Ce ravin aux bords escarpés et aux eaux bondissantes (magnifique cascade) a été transformé en *jardin public*, dans le voisinage de la ville, sur une longueur de 200 m. et sur une étendue de 3 hectares. Belle *pépinière* à 1 kil. de Mascara, à l'entrée de la plaine de l'Eghris.

Le prochain achèvement du chemin de fer d'Arzeu à Saïda, auquel Mascara sera certainement relié, augmentera encore l'importance commerciale de cette ville, que la nature a largement dotée. Le sol et le climat y sont également favorables à la culture des céréales, du tabac, de la vigne et de l'olivier. Le climat est d'une salubrité exceptionnelle et le sol calcaire d'une fertilité prodigieuse. La culture de la vigne surtout a pris de grands développements ; elle s'étend sur plus de 1,000 hectares et fournit un vin renommé en qualité et en quantité dont la réputation a déjà franchi la Méditerranée. Les vins blancs de Mascara sont appréciés non-seulement en Algérie, mais en France. La culture de la vigne fera la fortune du pays. Le commerce de la minoterie (5 moulins) et des huiles est aussi très-important ; les environs offrent de beaux massifs d'oliviers. Les indigènes tissent des burnous noirs, dits *zerdani*, très-recherchés dans toute l'Afrique septentrionale.

En dehors du marché quotidien, il se tient trois fois par semaine, à Mascara, un des marchés les plus importants de l'Algérie. Les Arabes y viennent de fort loin vendre leurs différents produits : haïks, tapis, laines, bestiaux, etc.

NOTICE HISTORIQUE.

Selon les traditions locales, Mascara (1) aurait été bâtie par les Berbères sur l'emplacement d'une colonie romaine, mais on n'a pas de données certaines sur son origine. « J'avais, dit Ben-Yussef, dont nous avons déjà cité quelques dictons, conduit des fripons prisonniers sous les murs de Mascara; ils se sont sauvés dans les maisons de cette ville. » Le sarcastique marabout de Miliana ajoute : « Si tu rencontres quelqu'un gras, fier et sale, tu peux dire : C'est un habitant de Mascara. »

Mascara devint, aux premiers temps de l'occupation française, la résidence favorite d'Abd-el-Kader, qui naquit dans une tribu voisine. Après la rupture du traité Desmichels, le maréchal Clauzel reprit la campagne et marcha sur Mascara à la tête d'une colonne dont la première division était commandée par le duc d'Orléans. Les Arabes furent dispersés après un combat opiniâtre, et l'armée française entra dans Mascara (6 décembre 1835). On avait cru, dans le principe, que cette ville offrirait d'immenses ressources; au dire des enthousiastes, la capitale de l'émir « était la plus riche cité de la régence, » et les imaginations de s'enflammer. Il fallut promptement renoncer à ces espérances : trois jours après son entrée dans la ville, Clauzel ordonnait la retraite et revenait à Oran. Six ans plus tard (1841), le général Bugeaud s'en rendit maître.

(1) *Oum 'askeur,* « la mère des soldats, » *maskeur,* « lieu où se rassemblent les soldats, » ou plus simplement *le camp.*

2º ENVIRONS DE MASCARA.

4 kil. nord. — *Saint-Hippolyte* (119 Français), village créé en 1847, sur le plateau qui donne naissance à l'oued Toudman. Centre prospère. Cultures florissantes. Aux environs, près du marabout de Sidi-Daho, jolie *cascade* formée par une succession de cascatelles, gorges profondes creusées à pic entre des montagnes blanchâtres.

3 kil. sud-ouest. — *Saint-André* (307 Français et 108 étrangers européens), créé en 1847.

18 kil. nord-ouest. — *Oued-el-Hammam* (169 Français et 139 étrangers européens), dans la vallée de ce nom. Ces trois centres sont des annexes de Mascara.

3º AUTRES CENTRES DE L'ARRONDISSEMENT DE MASCARA.

De Mascara à Relizane.

Cette route passe par (22 kil.) *El-Bordj*, petite ville arabe, et par (28 kil.) *Kala*, autre petite ville arabe suspendue aux flancs d'une montagne abrupte. On y fabrique des tissus de laine, des tapis en laine et en jonc, etc. La forteresse de Kala tomba, en 1518, au pouvoir des Espagnols, qui passèrent la garnison turque au fil de l'épée.

52 kil. — *Relizane*, v. p. 451.

De Mascara à Saïda.

10 kil. — *Oued-Froha* (112 Français), centre

récemment créé dans la plaine de l'Eghris, près de l'oued Froha.

33 kil. — OUED-TRARIA, chef-lieu d'une commune mixte de 4,825 hab., dont 582 Français, 5 israélites, 78 étrangers européens et 4,160 musulmans. Ses annexes sont : *'Aïn-Fekan, Franchetti, Benian, Makda, Souk-el-Barbata, Melr'ir* et *Guerdjoun.* Oued-Traria a été créé dans ces dernières années, près de la rivière qui porte son nom, et forme la principale branche de l'Habra. Ce sera une station du chemin de fer d'Arzeu à Saïda. A l'ouest, smala d'*Ouizert.*

44 kil. — *Franchetti* (1) (155 Français), village construit et peuplé en 1873 par les soins du général Osmont, sur la rive droite du Dra'-er-Remel. Climat salubre, terres fertiles, situation pittoresque. Un canal, bientôt terminé, amènera des eaux abondantes dans le village, dont la prospérité est assurée. Une patrone généreuse, Mme veuve Franchetti, a fait don aux colons de la somme nécessaire à la construction d'une école. Franchetti sera une des stations du chemin de fer d'Arzeu à Saïda.

68 kil. — *'Aïn-Nazereg,* village nouveau fondé par des colons du pays et par des Alsaciens-Lorrains. Sources d'une abondance et d'une fraîcheur exceptionnelles.

(1) Nom d'un vaillant défenseur de la France tombé héroïquement, en 1870, sur le champ de bataille de Champigny, près de Paris.

Fontaine thermale à droite de la route, entre 'Aïn-Nazereg et Saïda.

74 kil. — SAÏDA, « l'heureuse, » chef-lieu de canton et d'une commune mixte de 1,892 hab., dont 448 Français, 90 israélites, 291 étrangers européens et 1,063 musulmans, chef-lieu de cercle, créé en 1854, à 890 m. d'altitude, près de l'oued Saïda, sur une butte, à la base de longues crêtes qui limitent les Hauts-Plateaux vers le sud. Justice de paix, église, mosquée en construction, école arabe-française, caserne, pavillon d'officiers, hôpital, magasins; mouvement commercial assez important; place d'échange entre le Sahara et le Tell; grand marché pour les laines, les bœufs, les moutons et les chevaux. Le pays est fertile, le climat sain, les eaux abondantes. Culture en grand des céréales. La vigne y prospère. Vastes plaines d'alfa en partie concédées à la Compagnie qui s'est chargée de la construction du chemin de fer d'Arzeu à Saïda, dont les travaux sont poussés avec activité.

La partie orientale de l'enceinte de Saïda est occupée par des établissements militaires. Dans la partie occidentale a été créée une petite ville en pleine prospérité.

A 2 kil. au sud, sur un talus dominant l'oued Saïda, dont les berges sont souvent coupées à pic à une hauteur de 100 m., ruines de la *vieille Saïda*, forteresse bâtie par Abd-el-Kader, occupée et ruinée par nos troupes le 24 mars 1844.

A l'est et à 2 kil. de Saïda, monument commémoratif connu sous le nom de *Colonne Lamoricière*, élevé pour rendre hommage à l'armée d'Afrique, et en particulier au général Lamoricière et au colonel Géry.

De Mascara à Tiaret.

12 kil. — *Maoussa*, village en création (30 feux), à l'embranchement des routes de Tiaret et de Frenda. Sol léger, en grande partie cultivé par les indigènes qui l'occupaient. Bons pâturages. Toutes les cultures peuvent y être entreprises. Le territoire de Maoussa, situé à 500 m. d'altitude, forme une plaine entourée de collines; le climat est salubre et tempéré; les eaux sont de bonne qualité et suffisantes. Les matériaux à bâtir se trouvent à proximité de la forêt de Cacherou, située à 8 kil., et pouvant fournir les bois nécessaires.

20 kil. — *Palikao*, centre fondé depuis 1873.

La route dessert le *caravansérail de Medjaref*, près de l'oued de ce nom, affluent de la rive gauche de la Mina, traverse *Fortassa*, localité célèbre dans nos annales militaires, et au delà de *Sidi-Djilali-ben-Amar*, poste militaire et smala de spahis, atteint :

140 kil. — Tiaret, « station » en berbère, peut-être l'ancienne *Tingartia*, siége d'un évêché au cinquième siècle, chef-lieu de canton et d'une

commune de 2,006 hab., dont 683 Français, 8 israélites, 576 étrangers européens et 739 musulmans. Justice de paix, bureau arabe, église, mosquée neuve, écoles, salle d'asile, casernes d'infanterie et de cavalerie, magasins, hôpital, fontaines et lavoirs publics, bureau de poste et bureau télégraphique; tous les lundis, marché arabe sur lequel les laines, les céréales, les moutons, les tapis, les haïks, les objets de sellerie, les œufs et les plumes d'autruche donnent lieu à des transactions fort importantes.

Tiaret a été créé en 1843, à 236 kil. d'Oran, sur les dernières pentes méridionales du djebel Guezzoul, à 1,083 m. d'altitude (magnifique horizon), sur la crête du Tell et le faîte entre la Mina et le nahr Ouassel (Chelif naissant), à la lisière des Hauts-Plateaux. C'est un point très-important ; les caravanes du sud y viennent chaque année échanger leurs produits contre ceux du Tell. Cette petite ville comprend deux quartiers distincts renfermés dans une enceinte bastionnée percée de trois portes. La porte de *Mascara* donne accès au quartier des colons, où l'on remarque une grande rue principale avec fondouk, caravansérail et bains maures. Le quartier militaire, dit le *Fort*, comprend des casernes, des magasins, une chapelle et un cercle pour les officiers. Le territoire de Tiaret est très-fertile en céréales; la vigne y vient très-bien également. On doit au génie de nombreuses plantations et des semis considérables de noyers et de châtaigners. Eaux abondantes; immenses pâturages nourrissant de nombreux troupeaux de moutons et des chevaux très-estimés. Dans un avenir peut-être prochain, Tiaret sera relié par une voie ferrée à la grande ligne d'Alger à Oran.

On visitera aux environs de Tiaret : *Sidi-Khaled* (1 kil. sud-ouest), village entouré de belles exploitations agricoles, et *Takdemt* (10 kil. ouest), où se trouve une smala de spahis. De 1838 à 1847, époque de sa ruine, Takdemt fut une des places de guerre d'Abd-el-Kader; elle se dressait en amphithéâtre au milieu d'affreux escarpements de granit dont le pied et les flancs forment un profond ravin. Takdemt est peut-être la *Tihert-la-Neuve* d'El-Bekri. A 12 ou 13 kil. au sud de Tiaret, dans des gorges charmantes, la Mina, tombant de 42 m. de hauteur, forme la belle *cascade de Hourara* ou *Saut de la Mina*.

De Mascara à Frenda.

12 kil. — *Maoussa*, v. p. 462.

22 kil. — *Cacherou*, centre de création récente.

63 kil. — *Bou-Noual*.

103 kil. — FRENDA, chef-lieu d'un bach-aghalik et d'une commune indigène de 11,329 hab., près de la lisière du Sahara, à une altitude considérable, sur un plateau dominant les sources de l'oued El-Taht, affluent de la Mina, en vue d'un

superbe amphithéâtre de montagnes. École arabe-française fréquentée en 1876 par 31 élèves, dont 2 Français, 2 Espagnols, 10 musulmans et 17 israélites. Station d'étalons. Frenda est relié à Tiaret par une route passant par *'Aïn-Temouflet* et *Sidi-bel-Kassem*.

De Mascara à Sidi-bel-Abbès.

24 kil. — *Source d'Aïn-Fekan*, très-abondante, formant un marais entouré de peupliers, de trembles et d'eucalyptus. On prétend que le principal jaillissement s'élance du fond d'un gouffre de plus de 70 m. de profondeur. Cette source forme une jolie rivière.

26 kil. — *'Aïn-Fekan* (246 Français), village créé en 1871 par le général Cérez, sur un plateau en pente au pied duquel bondissent les eaux de l'oued Fekan. La prospérité de ce village est assurée. L'oued Fekan forme une belle cascade de 15 à 18 m. de hauteur qui tombe dans un ravin couvert d'une végétation merveilleuse.

Au nord-ouest d'Aïn-Fekan, bains de *Bou-Hanefia*. Les eaux (50° à leur sortie du rocher, 44° à l'intérieur des piscines) ont une grande analogie avec celles de Luxeuil et de Bourbonne-les-Bains.

Entre 'Aïn-Fekan et Sfisef la route passe près du confluent de quatre rivières : l'oued Fekan, l'oued Traria, l'oued Houenet et l'oued Mebrir, dont la réunion forme l'oued El-Hammam, qui, plus bas, prend le nom d'Habra.

54 kil. — *Sfisef*. Belles eaux, arbres superbes.

94 kil. — *Sidi-bel-Abbès*.

§ 4. — *Arrondissement de Sidi-bel-Abbès.*

1º SIDI-BEL-ABBÈS.

SIDI-BEL-ABBÈS (1), chef-lieu d'arrondissement et d'une commune de 8,654 hab., dont 2,076 Français, 337 israélites, 4,714 étrangers européens et 1,527 musulmans. Justice de paix, bureau arabe, église, écoles de garçons et de filles, hôpital, bureau de poste et bureau télégraphique, comice agricole, théâtre, casernes d'infanterie et de cavalerie, magasins de subsistances et autres, marchés quotidiens, marché arabe très-important le jeudi de chaque semaine, etc.

Sidi-bel-Abbès est situé à 82 kil. d'Oran, à peu près au centre d'une vaste plaine légèrement ondulée, à égale distance d'Oran et de Daya, de Tlemcen et de Mascara. Cette plaine, dont l'altitude moyenne est de 500 m., est limitée au nord par la chaîne du Tessala, qui la sépare des plaines de la Mléta et du Tlélat, à l'est par une suite de hauteurs s'étendant jusqu'aux monts

(1) « Monseigneur Bel-Abbès. » La ville a eu pour origine une redoute construite en 1843 près de la koubba de ce saint personnage.

qui soutiennent les Hauts-Plateaux, à l'ouest par les massifs de Tlemcen et d'Aïn-Temouchent. Elle est traversée par la Mekerra et l'oued Sarno. Pas une source dans toute cette vaste étendue.

Vu de loin, Sidi-bel-Abbès semble perdu au milieu d'un fourré d'arbres de la plus belle venue. Le mur d'enceinte est percé de quatre portes : d'*Oran*, de *Daya*, de *Mascara*, de *Tlemcen*, et la ville est divisée en deux parties à peu près égales : le *quartier civil* et le *quartier militaire*. Les rues se coupent toutes à angle droit; celles qui aboutissent aux quatre portes et le boulevard sont plantés de fort beaux arbres. On a ménagé aussi à l'intérieur de jolies places bien ombragées. Le climat est très-chaud en été, mais la fraîcheur exceptionnelle des nuits repose les habitants des ardeurs du jour. En hiver, la neige tombe quelquefois avec abondance, mais elle ne séjourne pas. Cependant on a observé des températures de — 7°. Au printemps, les gelées blanches sont à redouter. Le quartier civil possède une église, un théâtre, un marché couvert, un hôtel-de-ville, des écoles, etc. Dans le quartier militaire on remarque des casernes de cavalerie et d'infanterie, les bâtiments pour le génie, l'artillerie et les subsistances, l'hôpital et le cercle des officiers. Le principal commerce est celui des grains, de l'alfa et des bestiaux. L'alfa est travaillé dans un certain nombre d'usines. L'ouverture récente de la voie ferrée de Sidi-bel-

Abbès à Sainte-Barbe du Tlélat, station de la grande ligne d'Oran à Alger, a déjà donné une impulsion considérable au mouvement commercial de toute la contrée. Ajoutons que le marché arabe tenu chaque jeudi à la porte d'Oran, sur une petite hauteur, offre une animation extraordinaire.

« Il y a trente ans à peine, Sidi-bel-Abbès n'était indiqué sur le sol que par un marabout et un palmier au centre d'une vaste plaine couverte de broussailles, de palmiers nains et de marécages. C'est maintenant une ville prospère, émergeant d'une verte oasis qu'entourent aussi loin que la vue peut porter de vastes champs bien cultivés, de beaux villages, des fermes importantes, affirmant la richesse de cette contrée privilégiée, les efforts des colons et la civilisation (1). »

2° ENVIRONS DE SIDI-BEL-ABBÈS.

De magnifiques plantations s'élèvent en dehors du mur d'enceinte. On y admire des peupliers et des trembles à l'aspect séculaire. Au delà se développe la zône des jardins où l'on remarque le *village espagnol*, le *village nègre* et une longue suite d'habitations formant en quelque sorte les

---

(1) Discours prononcé par M. le général Chanzy, gouverneur général civil de l'Algérie, le jour de l'inauguration du chemin de fer du Tlélat à Sidi-bel-Abbès.

faubourgs de la ville. Si les sources sont rares sur le territoire de Sidi-bel-Abbès, on y trouve en revanche l'eau à une faible profondeur. Le sol, composé en grande partie d'argile arénacée, est peu agrégé, de sorte qu'il livre facilement passage aux eaux qui sont retenues à une faible profondeur par un sous-sol argileux, pour être rapidement évaporées par le soleil, ou pour s'écouler par une multitude de petits oueds dans le lit de la Mekerra. Précisément parce qu'il est peu agrégé, le sol se laisse aisément défricher : aussi la colonisation marche-t-elle à pas de géant. Les points les plus fertiles sont la plaine du Tessala, la vallée de l'oued Sarno et les alluvions de la Mekerra. Les fermes sont très-nombreuses, mais fort disséminées encore, en raison de l'étendue qu'elles occupent. Ces petites maisons blanchâtres ont généralement un aspect fort triste, parce qu'il n'y a pas de plantations autour d'elles. Les colons se livrent surtout à la culture des céréales et de la vigne. Plusieurs maraîchers se sont installés dans les environs de la ville.

On visitera d'abord, à la porte de Daya, la belle *pépinière*, ancienne ferme de la légion étrangère, puis les nombreux villages épars autour de la ville, savoir :

Au nord et au nord-est.

5 kil. — *Le Rocher*, petit hameau.

Zérouéla (103 Français), centre nouveau, annexe de la commune mixte de la MEKERRA, qui comprend 13,190 hab., dont 347 Français, 162 étrangers européens et 12,681 musulmans.

12 kil. — *Sidi-Brahim* (108 Français et 280 étrangers européens), annexe de Sidi-bel-Abbès, village très-prospère créé en 1851 dans une belle vallée dont les terres fertiles sont arrosées au moyen de barrages.

16 kil. — LES TREMBLES, chef-lieu d'une commune dont le territoire est compris en partie dans l'arrondissement de Sidi-bel-Abbès et en partie dans l'arrondissement d'Oran, au confluent de l'oued Sarno et de la Mekerra. Belles cultures.

A l'ouest, au nord-ouest et au sud-ouest.

8 kil. — *Frouda*. Marché arabe.

16 kil. — TESSALA (1), chef-lieu d'une commune de 950 hab., dont 351 Français, 91 étrangers européens et 508 musulmans. Terres excellentes.

7 kil. — SIDI-LASSAN, chef-lieu d'une commune

---

(1) Le djebel Tessala offre à chaque pas des ruines de petits postes ou védettes chargés de surveiller la plaine. Il a trois sommets principaux d'où l'on découvre un merveilleux panorama. C'est le baromètre des habitants de Sidi-bel-Abbès, comme l'indiquent les deux vers suivants, dont l'auteur s'est montré peu soucieux des règles de la prosodie :

  Quand le Tessala met son bonnet de nuit,
   Sidi-bel-Abbès se réjouit.

Cela signifie qu'il pleuvra.

de 678 hab., dont 267 Français, 350 étrangers européens et 61 musulmans, village prospère, créé en 1857 près de la Mekerra.

Sidi-Khaled (91 Français et 111 étrangers européens), annexe de Sidi-bel-Abbès.

Au sud.

3 kil. 500 m. — *Sidi-Amran*, village arabe, au milieu des figuiers de Barbarie et des vergers.

18 kil. — Bou-Khrenifis, Bou-Kanefis, chef-lieu d'une commune mixte de 5,155 hab., dont 393 Français, 249 étrangers européens et 4,513 musulmans. Céréales et jardinage important.

22 kil. — *Sidi-Ali-ben-Youb* (182 Français, 99 étrangers européens), annexe de la commune de Bou-Khrenifis, dans un très-beau pays, sur la Mekerra. Ruines d'*Albulæ* ou *Ad Albulas*, et source thermale très-abondante.

23 kil. — *Tenira* (76 Français, 24 étrangers européens), annexe de la commune mixte de la Mekerra.

3º AUTRES CENTRES DE L'ARRONDISSEMENT DE SIDI-BEL-ABBÈS.

De Sidi-bel-Abbès à Daya.

23 kil. — *Tenira*, v. ci-dessus.

42 kil. — *Oued-Tralimet*.

56 kil. — *Le Telagh*, récemment créé.

71 kil. — DAYA, « la mare, » chef-lieu d'une commune mixte de 1,938 hab., dont 102 Français, 8 israélites, 37 étrangers européens et 1,791 musulmans, à 127 m. d'altitude, au milieu d'une belle forêt de pins et de chênes, à l'entrée des steppes. Hôpital, bureau arabe, caserne, bureau télégraphique. Ce poste militaire se transforme en un centre industriel et commercial important par suite du développement que prend sur ce point l'industrie de l'alfa. Plus de 2,000 ouvriers espagnols, groupés dans des gourbis autour du village, se livrent à la récolte ou au commerce du précieux textile. L'amélioration de la route de Sidi-bel-Abbès, le forage de puits artésiens entre Oued-Tralimet et Tenira, le raccord de Daya avec la voie ferrée, le partage entre les colons de la prairie dite de Daya, l'aménagement des eaux pour irriguer les nouveaux jardins et la création d'une pépinière donneront une vive impulsion à la colonisation sur ce point du sol oranais.

Une route relie Daya à (16 kil.) MAGENTA (1), chef-lieu d'une commune mixte de 5,506 hab., dont 406 Français, 241 étrangers européens et 4,859 musulmans, sur la haute Mekerra. Bureau

(1) Nom d'une ville d'Italie, sur la rive gauche du Tessin, où le général de Mac-Mahon, depuis duc de Magenta et président de la République, remporta sur les Autrichiens, le 4 juin 1859, une grande victoire qui ouvrit aux Français les portes de Milan.

télégraphique. L'achèvement de la route de Sidi-bel-Abbès, la construction d'un barrage et de canaux d'irrigation, des plantations sur les points marécageux qui bordent la Mekerra, amélioreront l'état sanitaire de la contrée et faciliteront l'expansion commerciale de Magenta, dont les habitants ont lutté avec courage contre les maladies et les difficultés de communication.

§ 5. — *Arrondissement de Tlemcen.*

1° TLEMCEN.

TLEMCEN, chef-lieu d'arrondissement, de subdivision militaire, d'une commune de plein exercice de 19,780 hab., dont 2,322 Français, 3,233 israélites, 1,868 étrangers européens, 12,357 musulmans, et d'une commune mixte de 10,338 hab., dont 215 Français, 309 étrangers européens et 9,814 musulmans. Résidence d'un général de brigade, sous-préfecture, tribunal de 1re instance, justice de paix, bureau arabe, église et chapelles catholiques, temple protestant, mosquées, synagogues, collége communal, écoles primaires pour les garçons et les filles, medersa ou école supérieure d'arabe, école israélite, cercle civil, cercle pour les officiers, bibliothèque, musée, casernes d'infanterie et de cavalerie, magasins de subsistances et autres, hôpital militaire, succursale de la Banque de l'Algérie, bureau de poste et bureau télégraphique, théâtre, marchés, etc.

Situation, climat et aspect général.

La ville est située à 828^m,98 au-dessus du niveau de la mer (altitude inscrite sur l'hôpital militaire), par 34° 53' de latitude septentrionale et 3° 38' de longitude occidentale, à 131 kil. d'Oran, au pied des rochers presque à pic de *Lella-Setti* (1,046 m.) qui la dominent au sud. De tous les autres côtés elle est entourée de magnifiques vergers où croissent à l'envi des oliviers séculaires, des noyers, des cerisiers et des micocouliers. Les jardins sont entourés de saules, de peupliers blancs, etc. En général, Tlemcen présente le contraste des plantes méridionales unies aux plantes du nord. Les térébinthes et les caroubiers y sont souvent admirables, mais on ne les trouve guère qu'aux environs des *marabouts*. Les vraies forêts se développent au sud de la ville, sur la route de Sebdou. Le site de Tlemcen est vraiment superbe. La ville, assise sur les dernières pentes d'une montagne escarpée, offre, grâce à ses blancs minarets, à sa couronne de tours et de créneaux, et à sa verdoyante ceinture de vergers splendides, un des panoramas les plus remarquables du monde entier. A l'est se montrent le village et la mosquée de Sidi-bou-Medin, et plus près le minaret d'Agadir; à l'ouest se dresse le minaret de la mosquée détruite de Mansoura. Des promenades qui ceignent la ville l'œil domine une immense plaine dans laquelle prospèrent les villages de Bréa, d'Hennaya, de Négrier, du Safsaf, etc.

La température est sujette à de brusques variations. On peut admettre que les extrêmes sont +36° et —6°, ce qui porte à 42 degrés l'échelle thermométrique dans laquelle se trouvent comprises les températures observées jusqu'ici (1). Les pluies, très-abondantes, commencent généralement en octobre et se continuent avec des alternatives de beau temps jusqu'en mai et juin. Il y a chaque année à Tlemcen plusieurs chutes de neige.

Des constructions nouvelles ont sensiblement modifié la physionomie de Tlemcen depuis la conquête. Le quartier neuf est bien percé et bien bâti. « Quant aux quartiers indigènes, dit M. E. de Lorral (2), ils sont encore hideux. Ce ne sont que ruines au milieu desquelles beaucoup d'habitants se sont créé des abris. Derrière le cercle militaire il y a un dédale inextricable de masures en pisé, de pans de murs branlants. Presque partout les intérieurs sont misérables. »

Portes, places, rues, promenades.

On compte neuf portes, savoir : la porte du *Nord,* sur l'emplacement de *Bab el-kermadi,* « la

---

(1) Dr Bleicher.

(2) V. le *Tour du Monde,* livraisons de novembre et décembre 1875.

porte des tuiliers, » au nord-ouest; la porte de *Ziri*, au nord-est; la porte de l'*Abattoir* et la porte de *Bou-Medin*, à l'est; *Bab ed-djiad*, « porte des coursiers, » à l'angle sud-est, curieux spécimen de l'architecture militaire au moyen âge; la porte extérieure du *Mechouar*, ou porte du *Sud;* la porte des *Carrières*, ancienne *Bab el-hadid*, « la porte de fer, » au sud-ouest; les portes de *Fez* et d'*Oran*, à l'ouest. A l'exception de Bab-Ziri et de Bab ed-djiad, toutes ces portes à l'aspect peu monumental sont de construction récente.

Les plus belles places sont : la place d'*Armes* ou *Esplanade*, devant le Mechouar, bordée d'arbres et de boutiques; la place *Saint-Michel*, où se trouvent la Grande mosquée, la mairie et le musée; la place des *Victoires* (marché couvert), la place *Bugeaud* (la *Kissaria*, ancien quartier des marchands chrétiens au moyen âge, est devenue une caserne de cavalerie) et la place de la *République*, sur la partie nord-ouest de la ville, dans le nouveau quartier.

« On peut, dit M. Piesse, diviser les rues de Tlemcen en plusieurs classes : celles qui restent de la ville arabe, mal percées, étroites, souvent voûtées, mais quelques-unes couvertes de vignes et rafraîchies par des fontaines; les nouvelles rues arabes, longues files de maisons à un rez-de-chaussée; les rues moitié arabes, moitié européennes; les rues dont l'alignement, tracé dans les décombres, attend une bordure de maisons; les rues complètement nouvelles s'élevant dans le quartier neuf. » Les rues du quartier des juifs, à l'ouest, ont généralement leurs maisons coupées en deux par des alignements, maisons basses et obscures dans lesquelles on descend comme dans une cave (1).

L'*avenue du Mechouar*, une des merveilles de Tlemcen, est formée par une triple rangée de peupliers blancs, de platanes, d'acacias, de micocouliers, de melias azédaracs dont les rameaux arrêtent les rayons du soleil.

Édifices principaux.

Signalons : l'*église catholique*, récemment construite dans le style romano-byzantin (tour de 25 m.); la *synagogue d'Allal ben Sidoun*; la *Grande mosquée (djama' kebir)*, carré de 50 m. de côté, percé de huit portes, surmonté d'un minaret (35 m.) revêtu de mosaïques en terre cuite vernissée (le vaisseau principal offre 72 colonnes supportant des arceaux en ogive); la *djama' Aboul-Hassen*, dont l'intérieur est orné de ravissantes sculptures; *djama' Oulad-el-Iman*, surmontée d'un minaret rectangulaire; *djama' Sidi-el-Haloui*, en dehors de Tlemcen, en bas de la porte Ziri (magnifiques colonnes en onyx de la travée principale, chapiteaux très-finement

(1) L'abbé Bargès.

sculptés, plafond en bois de cèdre fouillé d'une façon exquise, minaret quadrangulaire au sommet duquel on monte par 80 marches); la *mosquée du Mechouar*, dont il reste un minaret en briques; le *palais de justice*, et surtout le *Mechouar*, ancien palais des gouverneurs et des rois de Tlemcen, dont il ne reste que la mosquée et l'enceinte crénelée de 12 à 15 m. de haut, flanquée de deux tours au nord-est. Le Mechouar est bâti d'après un type de construction différent de celui des anciennes enceintes : les tours y sont rondes, tandis que celles des vieilles citadelles sont carrées, ce qui est l'indice évident d'une construction plus moderne. Le Mechouar est plein de souvenirs. Les historiens arabes vantent tous ses splendeurs et ses richesses merveilleuses. Figurez-vous un palais des *Mille et une Nuits* avec ses plus éblouissantes merveilles. Cet ancien palais, dans lequel Baba-Aroudj fut assiégé par les Espagnols en 1518, est bien déchu aujourd'hui; il contient presque tous les établissements militaires de Tlemcen (casernes, parc d'artillerie, prison, manutention, intendance, hôpital). C'est un rectangle en pisé de 460 m. sur 280, comprenant, outre les établissements que nous venons de mentionner, de vastes cours et de beaux jardins.

Citons encore la rue des *Orfèvres* aux échoppes branlantes et dans laquelle se trouve la *medersa* installée dans une jolie mosquée.

Musée et bibliothèque.

Le *musée*, dû à l'initiative de M. C. Brosselard, renferme un certain nombre d'inscriptions et de fragments d'architecture rappelant presque tous une époque ou une date historique. On y remarque surtout : les colonnes d'onyx trouvées dans les fouilles de Mansoura, diverses pierres tumulaires, une borne milliaire du règne d'Antonin le Pieux, un canon pierrier se chargeant par la culasse, des boulets en marbre ramassés dans les rues et dans les maisons de Tlemcen, l'épitaphe d'Abou-Abdallah ben Abou-Naceur, roi de Grenade, mort en 1494; des fûts de colonnes élégamment sculptées, et sur une plaque de marbre, avec une inscription explicative, le *type* de la coudée royale de Tlemcen décrétée par Abou-Tachfin en 1328, mesurant 47 centimètres.

La *bibliothèque de la ville*, installée, comme le musée, dans une magnifique salle de la mairie, contenait, le 15 août 1877, plus de 2,300 volumes de premier choix. Le conseil municipal, plein de sollicitude pour cette collection des chefs-d'œuvre de l'esprit humain, vote annuellement une somme importante pour en augmenter le fonds précieux.

La *bibliothèque du cercle des officiers* contient 2,500 volumes bien choisis de littérature, d'histoire, de géographie, de philosophie et de sciences. Elle est abondamment pourvue de journaux et de revues. Peu de cercles militaires en France renferment de pareilles ressources intellectuelles. Le cercle possède un jardin anglais du plus gracieux effet.

Industrie et commerce.

Les environs de Tlemcen sont partout arrosables. L'irrigation y est très-bien entendue ; elle n'était pas négligée non plus au temps de la domination des Arabes, qui ont construit de nombreux bassins et plusieurs aqueducs actuellement en ruine et délaissés. Divers moulins mettent à profit la force motrice développée par les eaux qui presque toutes arrivent en chute des plateaux qui dominent la ville au sud. Européens et indigènes pratiquent largement la culture maraîchère ; les derniers y joignent la production d'une variété particulière de tabac très-estimé et qui se consomme en poudre. La rue de *Mascara* est occupée par des marchands de cotonnades, d'étoffes algériennes, de tapis, de couvertures, de plateaux en cuivre repoussé. Au bout de cette rue se dressent des piles de babouches, gracieuses chaussures en filali dont le débit est considérable. Là sont les échoppes des cordonniers indigènes.

On trouve aussi à Tlemcen des fabriques de poterie indigène et de carreaux vernis (bien que les procédés des fabricants soient encore ceux de l'enfance de l'art, les potiers tlemcéniens produisent des coupes, des lampes, des amphores d'une élégance incontestable); environ 3,000 tisserands dont les métiers sont installés dans de sombres taudis bordant des ruelles étroites auxquelles ne sourit presque jamais un rayon de soleil; des tanneries, des moulins à farine et des moulins à huile, des brasseries, des filatures de laine, etc. La ville fait un important commerce de grains. Des essais de sériciculture ont donné les meilleurs résultats. Il est hors de doute que l'industrie de la soie, vu l'abondance et la beauté des mûriers, la qualité des cocons et le peu de mortalité des vers, deviendra, dès qu'on le voudra sérieusement, une source de richesse pour les habitants de cette région.

Tlemcen est le point d'attache du commerce algérien avec le Touat. C'est à Tlemcen, quoi qu'en ait pu dire M. Soleillet, que les caravanes du sud vont naturellement s'approvisionner de blé, apportant en échange des dattes, du filali, etc. Les tribus marocaines fréquentent peu Tlemcen; c'est Lalla-Mar'nia qui est leur vrai marché. Les Européens fondent à Tlemcen des maisons de commission, et perfectionnent la fabrication des huiles, qui, bien traitées, rivalisent avec celles de la Provence.

NOTICE HISTORIQUE.

Tlemcen, qui n'avait été sous les Romains qu'un point

secondaire, commence à inscrire son nom dans l'histoire vers le milieu du second siècle de l'ère musulmane. A cette époque, le chef de la puissante dynastie des Idrissides, pressentant l'importance de cette position géographique, y jette les fondements d'une grande cité. Sous ses successeurs, Tlemcen paraît reléguée dans l'ombre ; ses progrès sont lents, presque insensibles durant les trois siècles qui suivent.

Possession toujours enviée, constamment disputée par les chefs des grandes tribus berbères les plus rapprochées de son territoire, elle est successivement prise et reprise par des émirs qui y dominent sans gloire et sans aucun souci d'y fonder rien de durable. Mais sous les Almoravides une nouvelle ère commence. La ville naissante prend corps et pousse avec vigueur ; sa population s'accroît ; ses relations s'étendent ; son commerce se fonde ; elle est dotée de grands monuments ; elle se met à l'abri, par des remparts solides, contre les coups de main aventureux ; elle accueille les étrangers, même les chrétiens, à qui elle laisse la liberté de leur culte. Elle mérite, dès cette époque, que l'historien Abou-Obeïd-Bekri la représente comme la ville principale du Maghreb du milieu, le lien central des tribus berbères et le point de réunion préféré des caravanes venant des régions sahariennes et occidentales. Les émirs Almohades ne se montrent pas moins bons appréciateurs de l'importance de Tlemcen. Ils y attirent une population nouvelle pour combler les vides faits par la guerre ; ils en relèvent les fortifications ; ils l'embellissent par la construction de riches monuments ; « ils travaillent à l'envi, selon l'expression d'Ibn-Khaldoun, à en faire une métropole. » Le géographe Édrissi en parle dans les mêmes termes, et il ajoute que Tlemcen devint, sous les princes Almohades, la clef de l'Afrique centrale et le lieu de passage le plus fréquenté par les voyageurs. Ses habitants passaient alors pour les plus riches pu

Maghreb après ceux d'Agmat et de Fez (1145 à 1248).

« En 648 de l'hégire (de J. C. 1248), une révolution considérable s'accomplit dans les destinées de Tlemcen. De ville déjà florissante, mais considérée comme un point secondaire dans le vaste empire almohade qui embrassait à la fois l'Afrique occidentale et les pays conquis par les musulmans en Espagne, Tlemcen devient à son tour siège d'un gouvernement et capitale d'un royaume particulier. Le Berbère Yar'moracen ben Zian, émir de la tribu des Abd-el-Ouad, génie hardi et entreprenant, homme de guerre, aventureux et rusé politique, est l'auteur de cette révolution. Il enlève Tlemcen aux Almohades, s'y fait proclamer souverain, et fonde ainsi une dynastie nouvelle. Ses successeurs règnent environ trois siècles (1). »

A son apogée, leur souveraineté s'exerce dans les limites géographiques qui constituent aujourd'hui les provinces d'Alger et d'Oran. Tlemcen atteint alors son plus haut degré de prospérité. Au dire des historiens les plus dignes de foi, sa population est de vingt-cinq mille familles, ou 125,000 âmes. Elle est décorée de monuments publics importants : soixante mosquées, cinq collèges ou medersa, des bains, des fontaines, des caravansérails; elle a une triple enceinte de remparts crénelés et des portes monumentales. De vastes réservoirs d'irrigation donnent la vie à 14,000 jardins qui l'entourent d'une ceinture luxuriante de verdure. 100 moulins échelonnés sur la rivière Safsaf attestent l'industrieuse activité de ses habitants. Elle tisse des étoffes de laine, de soie, des brocarts d'or et d'argent. Ses cuirs ouvragés rivalisent avec ceux de Fez et de Cordoue; elle est le principal marché des tribus sahariennes et du Maghreb; on y apporte la poudre d'or et tous les produits riches et précieux du Soudan. Ses

---

(1) Ch. Brosselard, *Revue africaine.*

relations s'étendent même aux villes maritimes les plus importantes de la Méditerranée ; elle conclut des traités d'alliance et de commerce avec Gênes, Venise, Marseille, Barcelone. Hospitalière aux marchands chrétiens, elle leur ouvre ses portes et leur permet de bâtir un vaste caravansérail.

« Avec les premières années du seizième siècle, ajoute M. Ch. Brosselard, le véritable historien de la province d'Oran, la décadence de Tlemcen commença. La conquête d'Oran par les Espagnols (1509) découronne la royauté zianite...; elle se fait la vassale du lion de Castille. D'un autre côté, une nouvelle puissance se lève à l'orient : deux aventuriers de génie, les frères Barberousse, préludent par des conquêtes partielles au morcellement du royaume de Tlemcen. Alger, siège de l'odjak, prend les allures d'une capitale nouvelle. Un autre État se fonde avec les lambeaux arrachés aux États Abd-el-Ouadites. Le moment vient où l'orgueil des émirs de Tlemcen doit s'abaisser. Salah-Raïs, pacha d'Alger, se montre sous les murs de leur capitale, et la ruine de leur royaume, qui n'était déjà plus que l'ombre de lui-même, est définitivement consommée (1553). Le fils du dernier sultan de la dynastie Abd-el-Ouadite, fuyant devant l'armée turque, se réfugie à Oran ; il demande asile et protection aux Espagnols, se fait baptiser, et, sous le nom de don Carlos, il passe à la cour de Philippe II, où il s'éteint dans l'obscurité.

« Tlemcen, annexée aux États de l'odjak, devient le siège d'un aghalik. Le gouvernement essentiellement militaire des Turcs détruisait, mais n'édifiait pas. A ce contact, la civilisation n'avait qu'à perdre, rien à gagner. Tlemcen va s'affaiblissant de plus en plus ; sa population industrieuse et polie émigre pour se soustraire aux brutales algarades de la soldatesque ; la vie se retire de ce corps sans âme. Des luttes intestines, des intrigues de caserne, des exécutions capitales, voilà l'affligeant spectacle que Tlemcen présente pendant deux cent soixante-dix-sept années, où elle se débat sous l'étreinte barbare de la milice turque (1553 à 1830 de J. C.).

Après la prise d'Alger, Abd-er-Rahman, empereur du Maroc, voulut s'emparer de Tlemcen. Les Koulouglis, commandés par Ismaël, et qui défendaient le Mechouar, passèrent au service de la France. Clauzel en prit possession le 12 janvier 1836, et y laissa une garnison sous les ordres du capitaine Cavaignac. Le général Bugeaud ravitailla la place quelque temps après. L'année suivante (1837), aux termes du traité de la Tafna, Tlemcen fut cédée à Abd-el-Kader, qui en fit sa capitale et s'y maintint jusqu'en 1842, date de notre occupation définitive.

2° ENVIRONS DE TLEMCEN.

Agadir, « murailles de ville, » à l'est, non loin de la porte de l'Abattoir, cité antique convertie en jardins et en vergers, bâtie sur l'emplacement de *Pomaria*, dont les débris se voient en partie à la base du minaret de la porte Sidi-Daoudi et au cimetière juif. De cette ville, berceau de Tlemcen, il ne reste que le minaret d'une mosquée et des murailles d'un développement immense. Du haut de la tour (40 m.) on découvre un magnifique panorama sur les sombres massifs du *Bois de Boulogne*, dont les énormes oliviers abritent de charmantes villas. La porte d'*Agadir*, élégante arcade mauresque en fer à cheval, conduit à la *koubba de Sidi Daoudi* située sur la gauche du ravin de l'oued Kala et encadrée par un ravissant paysage. « C'est à partir de là, dit M. Piesse, que commence le Bois de Boulogne, nom prétentieux, à considérer l'étendue de cette promenade, mais bien justifié par les sentiers ombreux et la fraîcheur délicieuse qu'y entretiennent les sources abondantes se jetant ensuite en cascades dans l'oued Kala. » C'est un vrai paysage de France.

De Tlemcen à Mansoura.

En sortant de Tlemcen par la porte de Fez, on laisse à gauche le quartier de cavalerie, l'un des plus vastes de l'Algérie, et l'on parcourt une campagne admirable plantée d'oliviers, de cerisiers, de figuiers, de noyers, de coignassiers, etc. Près de là se voient les plantations du génie et le *Sehridj*, immense réservoir (220 m. du nord au sud, 150 m. de l'ouest à l'est, 3 m. de profondeur) construit de 1318 à 1337, aujourd'hui à sec. Au delà du marché aux grains et du modeste monument élevé à la mémoire de *Sidi Bou-Djema'*, on voit se dresser sur la gauche *El-bab el-Khamis*, « la porte du jeudi, » gracieux arc de triomphe en briques, construit en 1229 par Abou-Yakoub, lors du premier siège de Tlemcen.

3 kil. — *Mansoura*. « En 1295, dit M. E. de Lorral, régnait à Tlemcen un prince de la dynastie des Abd-el-Ouadites, nommé Abou-Saïd-Othman. Il eut l'imprudence de donner asile à un ministre disgracié du sultan mérinite Abou-

Yakoub. Ce dernier vint aussitôt mettre le siége devant Tlemcen. Au bout de sept mois il se retira, pour reparaître bientôt. Ce second siége dura huit ans. A l'endroit où l'armée avait campé Abou-Yakoub fit construire un palais pour sa résidence particulière et une mosquée d'une hauteur extraordinaire. Sous la protection des murailles s'élevèrent des maisons, des caravansérails, des hôpitaux, et Mansoura devint une ville florissante dont les ruines grandioses étonnent encore les voyageurs. »

Cinq siècles ont passé sur les débris de cette opulente cité; il ne reste debout qu'une partie de son enceinte et le minaret de la mosquée. Le développement de l'enceinte enferme 100 hect. Les murs ont 1^m 50 d'épaisseur sur 12 m. de hauteur. Ces remparts en pisé, jadis percés de quatre portes, ont à peu près disparu au sud et à l'est. C'est au nord et principalement à l'ouest que l'on pourra étudier ce système de murailles reliant de 40 en 40 m. des tours bastionnées, à créneaux et sans portes, comme celles de l'enceinte d'Aurélien à Rome. On a découvert dans les débris de la mosquée de magnifiques colonnes en marbre translucide. Le minaret, haut de 38 m., percé d'une porte monumentale dessinant une élégante arcade mauresque, est orné de panneaux et de colonnettes en onyx sur lesquelles retombe l'arceau de doubles fenêtres. L'escalier et la face sud du minaret ont disparu (1). Signalons aussi l'*aqueduc* qui amenait l'eau à Mansoura et qui a été utilisé par les habitants installés depuis 1850 dans le village du même nom.

Le petit village de *Mansoura*, qui a succédé à la brillante cité d'Abou-Yakoub, est situé dans la vieille enceinte, au milieu de la verdure; on dirait un nid dans le feuillage. Il se compose d'une rue ombragée d'arbres et terminée par une porte à chaque extrémité.

De Mansoura on peut regagner Tlemcen par la source et les ravissantes cascades d'*El-Kala*, dont on ne saurait trop recommander la visite aux touristes. L'oued El-Kala roule assez d'eau pour faire de Tlemcen une ville industrielle.

2 kil. sud-est. — *Sidi-bou-Medine*, que les Arabes appellent aussi *Hubbed*, est assis à mi-côte de la chaîne de montagnes qui domine Tlemcen, à gauche de deux pics décharnés. Vue de loin, cette petite ville offre un aspect enchanteur. Quand on y a pénétré, l'illusion s'évanouit. Les rues sont grossièrement pavées; plusieurs maisons sont en ruine. Mais ce qu'on ne se lasse pas d'admirer, c'est la nature, c'est la position

(1) D'après une légende rapportée par M. l'abbé Bargès, légende qui pour les musulmans a la valeur d'un article de foi, le minaret, encore debout par un prodige d'équilibre, serait l'œuvre de deux maçons, l'un Arabe, l'autre juif. Allah, n'ayant pas béni le travail du juif, fit tomber la portion de l'édifice construite par lui.

admirablement belle de cette ville sainte, jadis célèbre par ses cinq mosquées; c'est le splendide panorama dont on jouit du haut du minaret de la *mosquée*, qui est elle-même une merveille d'architecture mauresque. Depuis le lourd marteau de la porte extérieure jusqu'au mirab, tout, dit M. de Lorral, est remarquable dans ce vaste bâtiment. La porte doublée de lames de cuivre, la cour immense, les cloîtres intérieurs, les colonnes de marbre, les retombées des arceaux chargées d'arabesques capricieuses, la voûte du mirab découpée à jour, la chaire en bois peint, il faut tout admirer. Quant au *tombeau de Sidi Bou-Medine*, figurez-vous un petit caveau obscur, divisé en deux compartiments égaux par une boiserie sculptée. Les murailles sont revêtues de carreaux vernis dans la moitié de la hauteur; le surplus est orné de moulures. Un épais tapis de Maroc recouvre le sol. Une petite lampe suspendue à la voûte éclaire faiblement ce lieu lugubre. Des drapeaux verts, des œufs d'autruche, des miroirs, des cierges de toutes couleurs complètent l'ornementation de la chapelle funèbre. Dans le compartiment du fond s'élève le tombeau de Sidi Bou-Medine, chargé d'étoffes de damas rouge. On attribue des miracles innombrables à ce saint personnage, objet d'une grande vénération. A côté de la mosquée, ruines de la *medersa*, école fréquentée jadis par de nombreux étudiants.

De Bou-Medine le touriste peut aller visiter les *cascades* de l'oued *Mefrouch* ou *Safsaf*, en suivant un chemin délicieux qui lui ménage à chaque pas des surprises nouvelles et charmantes. Ces cascades sont une des merveilles de Tlemcen. « Au pied de la cascade supérieure, la plus belle de toutes, le coup d'œil, écrit M. de Lorral, est vraiment splendide. La rivière glisse sur un plan oblique ; ses eaux se divisent en cinq nappes de cristal dont deux tombent en face du spectateur ; les trois autres se précipitent vers la droite et viennent croiser les premières. L'effet est saisissant. L'eau, pulvérisée par la violence de la chute, retombe en pluie impalpable. » Ce site, désigné aussi sous le nom d'*El-Ourit*, est un des plus variés et des plus grandioses qu'il soit possible d'imaginer.

3 kil. nord-est. — *Safsaf*, annexe de Tlemcen, village de 135 Français, 23 étrangers européens et 164 musulmans, sur l'oued Safsaf qui bondit sur un lit rocailleux, dans un délicieux vallon ombragé par une véritable forêt de cerisiers. Quel admirable but de promenade ! Magnifiques oliviers ; belle exploitation agricole du colonel Bernard.

5 kil. nord-est. — *Négrier* (1), annexe de Tlemcen, 159 Français. Village fondé en 1849.

7 kil. nord-est. — *Ouzidan*, petit centre re-

---

(1) Nom d'un général tué en juin 1848.

marquable par ses belles eaux et par ses cavernes dans lesquelles le docteur Bleicher a fait de très-intéressantes découvertes.

4 kil. nord-ouest. — *Bréa* (1), annexe de Tlemcen (169 Français), fondé en 1849 dans le voisinage d'une ferme fortifiée.

6 kil. — *'Aïn-el-Hout*, « la fontaine ou la source du poisson, » petit village berbère caché à l'angle nord-ouest de la colline qui domine Bréa. Maisons éparpillées au milieu des oliviers et séparées les unes des autres par des haies de cactus de 3 m. de haut ; mûriers gigantesques ; bassin dans lequel vivent de nombreux poissons aux couleurs étincelantes. Ce sont des poissons sacrés (2).

11 kil. nord-ouest. — HENNAYA, chef-lieu d'une commune de 2,345 hab., dont 374 Français, 8 israélites, 116 étrangers européens et 1,847 musulmans, beau, riche et pittoresque village dont les maisons s'étalent au milieu d'un fouillis de verdure. Un avenir prospère semble réservé à ce centre agricole entouré d'un admirable verger d'oliviers et protégé par un mur en pisé flanqué

(1) Nom d'un général tué en juin 1848.
(2) Une jeune princesse, fille du seigneur de l'endroit, poursuivie par le fils du roi de Tlemcen, se précipita, dit la légende, dans les profondeurs de l'onde où elle fut métamorphosée en poisson aux couleurs mélangées d'or, de nacre et d'argent. Les poissons sacrés sont les descendants de cette princesse.

de bastions. Large boulevard traversant le village, rues larges et ombragées, eaux limpides, maisons coquettement groupées, vaste place quadrangulaire.

3° AUTRES LOCALITÉS DE L'ARRONDISSEMENT DE TLEMCEN.

De Tlemcen à Nemours.

11 kil. — *Hennaya*, v. ci-dessus.

22 kil. — *Oued-Zitoun*, caravansérail sur la rivière de ce nom, affluent de la Tafna.

42 kil. — *Hammam-bou-Ghara*. Belle forêt de palmiers, d'oliviers robustes, de lentisques centenaires, autour desquels s'entrelacent des lianes gigantesques. On dirait une oasis du Touat ou du Gourara. Établissement de bains composé de deux piscines recevant les eaux chaudes, légèment sulfureuses.

45 kil. — *Blad-Chaba*, ancienne smala. Peupliers blancs et frênes.

52 kil. — LALLA-MAR'NIA, chef-lieu de cercle et d'une commune mixte de 2,707 hab., dont 235 Français, 134 israélites, 139 étrangers européens et 2,199 musulmans. Bureau arabe, église en construction, casernes, pavillon d'officiers, hôpital militaire, manutention et magasin de subsistances, école arabe-française, bureau de poste et bureau télégraphique, marché très-important.

On a commencé les travaux du canal de la Mouilah. Le village est situé à 365 m. d'altitude, sur l'Ouerdefou, affluent de la Mouilah, à environ 12 kil. de la frontière du Maroc, dans une vaste plaine assez accidentée, bordée au nord par une série de collines que couronnent de blanches koubbas. Un *bordj* contient les établissements militaires. Le village se compose d'une centaine de maisons dépourvues de tout caractère, mais le marché est très-considérable ; c'est le principal débouché du Maroc pour les laines, les grains, les bestiaux ; il s'y vend plus de 50,000 moutons par an. C'est à Lalla-Mar'nia que les Marocains viennent s'approvisionner d'objets manufacturés et vendre leurs produits variés.

Lalla-Mar'nia fut un établissement phénicien d'abord, puis romain, appelé *Syr*. Les ruines de Syr ont été explorées à diverses époques. On y a découvert un grand nombre d'inscriptions et plusieurs bornes milliaires. Le poste de Lalla-Mar'nia a été créé en 1844, à l'ouverture de la campagne contre l'empereur du Maroc.

Une route de 36 kil. conduit de Lalla-Mar'nia à *Ghar-Rouban*, son annexe, village situé tout près de la frontière du Maroc, à quelques kilomètres seulement d'Oudjda, et célèbre par ses mines de plomb argentifère. (V. t. Ier, p. 253.) École mixte. Belles forêts.

La route de Nemours traverse, à 6 kil. de Lalla-Mar'nia, l'oued Mouilah, profondément encaissé et bordé de lauriers-roses. Elle passe ensuite à *'Aïn-Tolba*, caravansérail très-proprement tenu par Mme *Sahut*, bien connue des touristes. Ce caravansérail est assis sur le flanc d'une montagne, à environ 1 kil. de la crête (1,139 m.), d'où l'on découvre de superbes points de vue. De là, par d'interminables lacets, on descend à

72 kil. — *Nedroma*, ville d'environ 2,500 hab. arabes et juifs, bâtie au fond d'un cirque, à 385 m. d'altitude, sur le revers nord du djebel Filaoussen, près d'une source très-abondante, le long de l'oued Tleta aux rives boisées, devant la fertile plaine de *Mezaourou*. École arabe-française, fabrique de tissus, filatures de laine, poteries très-nombreuses d'où sortent les *guedra*, grandes marmites en terre rouge que l'on emploie dans tout l'ouest. Marché arabe très-fréquenté le jeudi. Les céréales, les bestiaux et les laines sont l'objet d'un important commerce.

Nedroma est admirablement située; mais l'intérieur de la ville est loin d'être en harmonie avec le charme du paysage. Les rues sont sales, tortueuses et mal pavées. Des ruines nombreuses attestent l'importance de l'antique Nedroma. La ville actuelle a été bâtie en 1160, sur les débris d'une immense cité berbère (*medinet El-Betha*) dont l'origine et l'histoire se sont perdues. Quand les Maures furent chassés d'Espagne, beaucoup d'entre eux se réfugièrent à Nedroma. On raconte que quelques-uns des descendants de ces exilés conservent encore les clefs de leurs maisons de Grenade ou de Cordoue. Vieilles murailles crénelées, flanquées de tours ; beau minaret finement ornementé de la mosquée principale. Aux environs, vieilles ruines d'*Aïn-Kebira*.

Au delà de Nedroma, la route, quittant la montagne, s'engage dans la plaine de Mezaourou, pénètre dans une gorge étroite où coule l'oued Tleta, et passe aux *Trembles*, dont les carrières de pierre calcaire bleue sont exploitées pour la construction de Nemours.

NEMOURS (1), en arabe *Djama'a-R'azouat*, « le nid des pirates, » l'*Ad Fratres* des Romains, à 231 kil. d'Oran et à 100 kil. de Tlemcen, d'après le tableau des distances légales, chef-lieu de cercle, d'une commune de plein exercice de 1,638 hab., dont 570 Français, 590 étrangers européens, 478 musulmans, et d'une commune indigène de 17,951 hab., dont 262 Français, 78 étrangers européens et 17,611 musulmans. Justice de paix, bureau arabe, église, école et salle d'asile, hôpital militaire, casernes, bureau de poste et bureau télégraphique, marchés, etc.

La ville est située à 36 kil. de la frontière du Maroc, à 120 m. d'altitude, par 4°7' de longitude ouest et 35°12' de latitude nord, dans une

(1) Nom du deuxième fils du roi Louis-Philippe.

des fêlures de la falaise, moitié sur un sol conquis aux dépens de la mer, moitié dans les jardins de la Djama'a-R'azouat des Arabes, au pied de la montagne de Touent, sur une colline dominant l'embouchure de l'oued Tessaa dans la mer. Pittoresquement construite et à demi cachée sous les ombrages de ses boulevards, elle est sillonnée de rues droites, bien alignées, aboutissant à deux places, dont l'une est décorée d'une fontaine monumentale en marbre du pays. L'*église* est une charmante réminiscence du style roman. Les autres constructions n'ont aucun intérêt architectural.

Battu par tous les vents, le *port* n'offre aucun abri pendant les mauvais temps, mais la plage de débarquement est bonne. Ce port est très-fréquenté par les balancelles espagnoles. En mer, à 600 m. de la plage, on aperçoit deux écueils appelés *les Deux-Frères* (*Ad Fratres*).

Les habitants de Nemours se livrent à la pêche ou transbordent le minerai de Ghar-Rouban et de Mazis, les grains et les laines de Lalla-Mar'nia.

Aux environs : belles *coulées de basalte*, dont l'une, à l'ouest du phare, est remarquable par ses colonnades prismatiques; *tumulus* en maçonnerie élevé sur les lieux où furent massacrés les derniers survivants de Sidi-Brahim; *koubba de Sidi-Brahim*, où 350 chasseurs d'Afrique et 60 hussards luttèrent trois jours contre Abd-el-

Kader et se firent tuer, moins quatorze (1845) ; c'est là qu'Abd el-Kader se rendit au général Lamoricière (1).

De Tlemcen à Rachgoun.

11 kil. — *Hennaya*, v. p. 491.

Au delà d'*Aïn-Fekerina* (maison européenne, café maure et trois koubbas sur une colline), on descend en pente douce vers la vallée de l'Isser. Cette rivière coule du sud-est au nord-ouest, puis se jette dans la Tafna. Ses bords présentent une richesse étonnante de végétation. La vallée se rétrécit pour former un défilé assez étroit, remarquable au point de vue pittoresque et géologique. La route passe ensuite au pied de la *Dent du Chat,* rocher célèbre dans les légendes. A partir de ce point, la vallée de la Tafna s'élargit de nouveau et forme le grand bassin de *Sidi-Amara,* où il est question de créer un village. Plus loin, la vallée de la Tafna se rétrécit encore ; une colline d'un as-

---

(1) Lamoricière et Cousin de Montauban amenèrent au duc d'Aumale notre illustre et insaisissable ennemi. Le prince lui accorda la faveur de n'être pas conduit à Alger, lui évitant par là une désagréable exhibition à la curiosité publique. Le lendemain, comme le duc d'Aumale rentrait à Nemours, après avoir passé une revue des troupes, l'émir vint au-devant de lui, sur sa jument noire, mit pied à terre et la lui offrit en disant : « Prends-la, et puisse-t-elle te porter bonheur ! »

pect désolé semble la barrer : c'est la *Plâtrière*, dont les flancs sont hérissés de roches diverses d'origine éruptive. De la Plâtrière, un chemin mène aux mines des *Beni-Saf*.

57 kil. — RACHGOUN. L'île de Rachgoun (v. t. Ier, p. 54), qu'un chenal de 2 kil. sépare de la terre ferme, est allongée dans le sens du sud-ouest et dominée par un phare. Rachgoun se divise en deux centres distincts : le *village espagnol*, triste mélange de gourbis et de grottes, et le *hameau français*, embryon de la future ville que l'industrie ne tardera pas à créer sur ce point de la côte algérienne. La Tafna, à son embouchure, se creuse péniblement un sillon tortueux; à l'est, sur une série de mamelons, se montrent les ruines des forts *Clauzel*, *Mustapha* et *Rapatel*. En remontant la vallée de la Tafna, on aperçoit de loin sur la gauche une colline qui porte les vestiges d'une ville romaine nommée *Takembrit* par les indigènes.

Du débouché de la vallée de la Tafna un chemin en corniche conduit, à travers un massif abrupt, aux mines des *Beni-Saf* (v. t. Ier, p. 238), et au port de *Mersa-Si-Ahmed*, qui sera relié un jour au chemin de fer projeté de Tlemcen à Rachgoun. Deux voies ferrées aboutissent au port. Le minerai se rencontre partout aux Beni-Saf; il y a là des sources d'incalculables richesses.

TROISIÈME PARTIE.

De Tlemcen à Honeïn.

Les ruines d'*Honeïn*, très-curieuses et peu connues, sont situées sur le bord de la Méditerranée, à l'est du cap Noé et à l'embouchure de l'oued Ouïdan, au pied de la montagne carrée des *Traras*. La vallée de l'oued Ouïdan est arrosée par un torrent à l'eau claire et limpide et bordée de vergers et de jardins dans toute sa longueur ; les hauteurs qui la dominent sont ravissantes : grottes, pics bizarres, cascatelles écumantes, blancs marabouts émergeant de massifs de caroubiers énormes, tel est ce vallon de l'Algérie, remarquable aussi par les richesses minérales qu'il renferme.

D'Honeïn, peut-être l'ancienne *Gypsaria* de Ptolémée, ou le *Cæcili* de l'itinéraire d'Antonin, cité disparue lors de la conquête d'Oran par les Espagnols, il ne reste que des pierres éparses sur la colline ; mais la muraille flanquée de tours qui la défendait jadis et sa kasba subsistent encore. Rien en France ne rappelle ces épais remparts de terre battue qui, sous l'influence du soleil, ont pris la consistance et la dureté du granit. Le chemin de ronde qui unissait les énormes tours carrées donne encore accès à ces cubes d'argile durcie, et, chose précieuse pour l'art, les deux portes de la ville sont debout avec toute leur magnificence d'ornementation, où la fantaisie arabe s'est donné carrière. Dans un ravin perdu sous le feuillage, on trouve un aqueduc en briques d'origine romaine.

La rade d'Honeïn, plus connue sous le nom de *Mersa-Hannaïa*, offre, par les vents d'est et d'ouest, un excellent abri aux balancelles et même à des navires d'un plus fort tonnage. A Honeïn même, la mer a creusé un petit port que borde une plage à laquelle le voisinage de sites admirables et de ruines pittoresques donne un attrait particulier. Jusqu'à présent, les seuls Européens qui s'y soient établis sont des Espagnols logés dans une grotte qui borde la mer; ils font le commerce de l'orge et des fruits du pays (1).

Les monts Traras offrent un aspect singulier. Ce sont tantôt des cônes élancés aux contours heurtés et anguleux, dominant majestueusement les montagnes inférieures, tantôt des tables carrées taillées à pic de tous côtés. Des vallées étroites séparent ces arêtes montagneuses les unes des autres. Malheureusement, cette région, d'une beauté sévère, est à peine boisée. Les villages indigènes sont groupés autour des sources, soit au fond des vallées, soit sur le flanc des montagnes. Des jardins irrigués, plantés d'oliviers, de figuiers, de grenadiers, etc., les entourent.

De Tlemcen à Oran.

32 kil. — *Pont-de-l'Isser* (120 Français et 49

---

(1) L'*Exploration*, Impressions et Récits, par M. du Mazet (octobre 1876).

étrangers européens), annexe de Tlemcen, s'élève sur la rive gauche de l'Isser occidental, qui coule ici dans un lit de roseaux, entre de hautes berges, après avoir formé en amont une jolie cascade de 12 mètres.

On traverse l'Isser sur un pont de trois arches, par 250 m. d'altitude.

43 kil. — *'Aïn-Tekbalet*, célèbre par ses carrières de marbre onyx (v. t. Ier, p. 258).

On franchit un col situé à 700 m. au-dessus du niveau de la mer avant d'atteindre

66 kil. — *'Aïn-Temouchent* (v. p. 441).

D'Aïn-Temouchent à Oran.

(V. p. 440 et suiv.)

De Tlemcen à Sidi-bel-Abbès.

7 kil. — *'Aïn-Fezza*, village récemment créé et plein d'avenir.

Au delà, sur la droite, se détache un chemin montant, pierreux, malaisé, qui mène aux fameuses *grottes de Tlemcen*. Quand on a fait 6 kil., on débouche tout à coup sur un amphithéâtre dont les gradins sont formés par des couches de calcaire superposées. L'entrée des grottes est large, mais basse; le plafond est orné de magnifiques stalactites; des colonnes cannelées, des ogives, des pilastres, des pendentifs s'élèvent de toutes parts; c'est un spectacle ravissant.

Près de là se trouve la *Cressonnette,* nom bien choisi, car des sources assez abondantes pour faire tourner des moulins y favorisent d'une manière exubérante la multiplication du cresson.

Plus loin, l'oued *Chouly* sort de gorges étroites et rocheuses, dans lesquelles il forme une suite de jolies cascades.

32 kil. — LAMORICIÈRE (1), chef-lieu d'une commune mixte de 4,924 hab., dont 223 Français, 15 israélites, 17 étrangers européens et 4,669 musulmans, admirablement situé à l'entrée de la vallée des *Beni-Smiel,* riche en haches de pierre polie. Justice de paix, bureau télégraphique, école, église, canaux d'irrigation, pépinière, belles plantations. Aux environs : forêt des *Oulad-Mimoun* et ruines romaines d'*Hadjar-Roum* (*Arina, Rubræ* ou *Ad Rubras*), dans un site superbe, près d'une magnifique source, au pied de montagnes bizarrement découpées. On a découvert à Hadjar-Roum de nombreuses inscriptions latines datées de l'an 251 à l'an 521 après J. C., et les tranchées de la route de Sidi-bel-Abbès y ont éventré plus d'un *dolium* dont on voit encore les débris.

La route passe ensuite à *'Aïn-Tellout,* source

(1) Nom d'un brave général qui s'illustra, en 1837, au siège de Constantine, où il fut grièvement blessé ; à Mouzaïa, en 1840 ; à la bataille d'Isly, en 1844, et réduisit Abd-el-Kader à se rendre au duc d'Aumale en 1847.

fournissant 200 litres par seconde. Les Romains y avaient, dit-on, un poste de cavalerie parthe.

88 kil. — *Sidi-bel-Abbès*, v. p. 466.

De Tlemcen à Sebdou.

La route gravit la montagne qui domine Tlemcen et au sommet de laquelle se trouve la *Roche-Percée*, d'où l'on jouit d'une vue splendide sur Tlemcen et ses vallées. On entre ensuite dans la plaine de *Terni* (altitude moyenne, 1,300 m.), parcourue par le torrent qui forme la superbe cascade d'*El-Ourit*.

On passe ensuite à *Terni*, village nouveau, installé à l'extrémité d'une vaste cuvette qu'arrose l'oued *Mefrouch*. Il ne se compose encore que d'une dizaine de maisonnettes, construites sur un type uniforme et n'ayant qu'un rez-de-chaussée. Fontaine ombragée par deux magnifiques trembles. Climat très-salubre, rafraîchi par la brise en été, mais très-rude pendant l'hiver. Terni est une sorte de poste de ravitaillement pour les troupes et les voyageurs qui se dirigent vers le sud.

'*Aïn-Ghoraba*, caravansérail tenu par un israélite.

On descend par des lacets sans fin dans la plaine de *Talterni*, couverte de chênes séculaires (chênes verts et chênes à glands doux). La route côtoie la Tafna, qui filtre sous un lit de cailloux et jaillit avec une abondance extrême d'un gouffre très-profond qu'ombrage un micocoulier. Les eaux ont creusé deux étages de grottes; on pénètre facilement dans la grotte supérieure.

La route traverse ensuite l'extrémité occidentale du bassin de Sebdou, bordé de tous côtés par des montagnes qui s'entr'ouvrent à l'ouest pour laisser passer la Tafna et à l'est pour communiquer avec la région des Beni-Smiel. Au nord se dressent, sur la même ligne, douze montagnes détachées, semblables à des bastions ou à de gigantesques piédestaux. Nos soldats, dans leur style imagé, les ont surnommées les *Douze-Apôtres*.

44 kil. — SEBDOU, « la lisière, » chef-lieu de cercle et d'une commune mixte de 1,244 hab., dont 45 Français, 9 étrangers européens et 1,190 musulmans, à 958 m. au-dessus de la mer, sur un affluent de la sinueuse Tafna, au milieu de belles forêts de chênes-verts. Bureau arabe, casernes, pavillon d'officiers, hôpital militaire, marché arabe tous les jeudis. Sebdou, plus connu des Arabes sous le nom de *Tafraoua*, n'est en somme qu'une redoute à double enceinte. Supposez, dit M. E. de Lorral, des bâtiments militaires, quelques maisons à droite et à gauche de la route, un camp en baraques, des tentes à l'extérieur, et vous aurez une idée complète de ce morne séjour. En hiver, il fait très-froid à Sebdou; en été, le pays est fiévreux, malgré sa

grande altitude. Au sud de Sebdou s'étend à perte de vue une véritable *mer d'alfa* qui justifierait la création d'une voie ferrée comme celle d'Arzeu à Saïda.

CHAPITRE XV.

HAUTS-PLATEAUX ET SAHARA DU DÉPARTEMENT D'ORAN (1).

D'Oran à Tiout.

Tlemcen, v. p. 473.

Sebdou, v. p. 504.

Au delà d'une forêt de chênes, la route entre dans les hauts-plateaux de la *Daya-el-Ferd*, couverts d'alfa.

El-'Aricha, poste militaire où fut livré, en 1871, entre les Oulad-Sidi-Cheikh et les Français, commandés par le général de Wimpffen, un combat dans lequel fut tué un jeune et vaillant officier, le commandant *Surtelle.*

Après avoir traversé de vastes plaines, très-

---

(1) V. les intéressants travaux de MM. de Martimprey, de Colomb, F. Jacquot, L. Leclerc, etc.

pauvres en eau et en végétation, on atteint le chott *El-R'arbi* (v. t. Ier, p. 97).

'Aïn-ben-Khrelil, redoute située à 1,100 m. d'altitude. Une colonne, sous les ordres des généraux de Wimpffen, Chanzy et de Colomb, partit d'Aïn-ben-Khrelil le 29 mars 1870, campa le soir même à *Taoussara* (24 kil. sud), puis de là se dirigea vers le sud-ouest pour gagner la frontière du Maroc.

'Aïn-Sfisifa, « la source du petit peuplier, » oasis importante (environ 2,250 maisons, 1,000 à 1,100 hab.). Pas de palmiers, source abondante, nombreuses koubbas.

'Aïn-Sefra, « la source jaune, » oasis et ksar d'environ 800 hab., chez les Oulad-Sidi-Cheikh, près de l'oued Sefra, au pied d'une chaîne de dunes qui menacent de l'engloutir.

425 kil. — *Tiout*, oasis d'environ 700 hab., chez les Oulad-Sidi-Cheikh, dans une magnifique situation, au pied de grands rochers de grès rouge, sur un ruisseau assez abondant. Jardins, barrages, palmiers, vignes luxuriantes, amandiers, pêchers, figuiers, etc. Le ksar est bâti en terre. M. le docteur F. Jacquot a décrit de très-curieux dessins tracés en lignes creusées sur le flanc vertical de roches situées en tête de l'oasis. A en juger par les temps auxquels nous reportent les costumes et les scènes qu'ils re-

produisent, ces dessins bizarres doivent remonter à une haute antiquité.

On va de Tiout à *Asla* (40 kil. nord-est), autre oasis des Oulad-Sidi-Cheikh (400 hab.).

Citons encore parmi les ksours des Oulad-Sidi-Cheikh, que rassemble un lien commun, c'est-à-dire l'autorité morale et traditionnelle des Oulad-Sidi-Cheikh, famille de marabouts très-vénérés parce qu'ils descendent directement du Prophète, à ce que l'on affirme : *Mor'ar-Foukania* (600 hab.; source, palmiers), et *Mor'ar-Tahtania* (800 hab.; forêt de palmiers, dessins curieux gravés sur le flanc des rochers), situés au sud-est de Tiout.

D'Oran à El-'Abiod-Sidi-Cheikh par Géryville.

Mascara, v. p. 455.

Saïda, v. p. 461.

Puits de *Tafraoua*.

La route franchit le point culminant des Hauts-Plateaux avant d'atteindre *El-Maï*, caravansérail construit en 1856 sur l'oued de ce nom, et de traverser le chott *El-Chergui* (v. t. Ier, p. 96).

Caravansérail d'*Aïn-Sefsifa*, source au milieu des tamarix.

La route suit les bords du chott jusqu'à *El-Khadra*.

Khreneg-el-Azir, « la gorge des Romains, » sur la rive gauche de l'oued *El-Abiod* (puits, abri pour les hommes et les chevaux).

On traverse une gorge étroite au fond de laquelle coule l'oued El-Abiod.

326 kil. — GÉRYVILLE (1), chef-lieu de cercle et d'une commune indigène de 12,012 hab., dont 98 Français, 10 étrangers européens et 11,904 musulmans, à 1,307 m. d'altitude, non loin de la rencontre du 34º degré de latitude nord et du 1ᵉʳ degré de longitude ouest. Le fort, carré long d'environ 200 m. sur 100, comprend les casernes, le pavillon des officiers, les magasins, l'hôpital. Un peu plus loin s'élève le village, composé de trente maisons au plus, habitées par des Français, des juifs et des Mozabites; quelques-uns se livrent à la culture, les autres vivent de leur trafic avec la garnison. Terres peu riches; légumes, figuiers, mûriers et vignes; jardins arrosés par deux sources puissantes qui sourdent à quelques pas du fort; chênes verts, genévriers et thuyas sur le sommet et sur les pentes de la plus élevée des chaînes qui enceignent l'espace dont Géryville occupe l'angle nord-est; pierres qui se rapprochent du marbre et qu'on trouve en abondance le long du djebel Delaâ. On les taille en serre-papier, en pyramides et en

(1) Nom du colonel Géry, qui le premier parut dans le pays à la tête des colonnes françaises.

porte-montres; elles fournissent de très-jolis socles aux petits bronzes. Température moyenne, 18°; le thermomètre descend quelquefois au-dessous de zéro.

A 15 kil. nord-est de Géryville, se trouve *Stitten* (205 maisons et 1,100 hab.), ceint d'une muraille en pierres sèches flanquée de tours informes. Les habitants fabriquent du goudron, tissent des étoffes de laine, cultivent leurs jardins qui bordent l'oued Stitten et consistent en de petits champs clôturés, ensemencés d'orge et plantés de vignes et d'arbres fruitiers. C'est près de ce village arabe, dans le ravin d'*Aïn-bou-Beker*, que le colonel Beauprêtre fut massacré avec sa colonne, le 8 avril 1864, par les insurgés du sud.

Le chemin de Géryville à El-Abiod-Sidi-Cheikh coupe par un col d'un accès facile la chaine du djebel Kessel (1,937 m.), dessert *Sidi-el-Hadj-ben-Ahmeur* (1,130 m.), *Arba'-Foukani*, « Arba' d'en haut, » *Arba'-Tahtani*, « Arba' d'en bas, » puis s'engage dans le *Teniet-ez-Zeïar*, col large et commode d'où l'on contemple un magnifique paysage saharien.

386 kil. — *El-Abiod-Sidi-Cheikh*, oasis de 2,000 hab., sur l'oued Abiod ou oued Gharis, à 861 m. d'altitude, ensemble de cinq ksours groupés autour de la koubba de Sidi Cheikh, un des plus grands saints de l'Islam. La tombe de Sidi Cheikh attire un grand concours de pèlerins.

El-Abiod est la ville sainte du Sahara oranais et le centre de l'influence de la puissante tribu des Oulad-Sidi-Cheikh.

Les ksours ou villages arabes que nous venons de décrire subissent l'influence morale des Oulad-Sidi-Cheikh et sont regardés comme en faisant partie ; cependant, Stitten appartient aux *Harar*, *R'asoul* et *Brezina* aux *Lar'ouat* du Kessal. R'asoul compte environ 100 maisons et Brezina environ 50. Cette dernière oasis possède, dit-on, 12 à 15,000 palmiers et des eaux abondantes.

Aux environs, belles gorges de l'oued Seggueur et curieux défilé rappelant celui d'El-Kantara.

Le Sahara oranais renferme un grand nombre d'autres ksours que nous ne pouvons décrire ici, on le comprendra facilement. Nous avons dû nous borner à en énumérer les principaux.

TRADUCTION
DES
TERMES ARABES, KABYLES ET TURCS

LES PLUS USITÉS SUR LES CARTES OU DANS LA GÉOGRAPHIE
DE L'ALGÉRIE,

PAR M. A. CHERBONNEAU,

Correspondant de l'Institut,
Inspecteur des Écoles arabes d'enseignement supérieur.

ABRÉVIATIONS.

A signifie arabe.   pl. signifie pluriel.
K   —   kabyle.   syn. —   synonyme.
T   —   turc.   V. —   voyez.

A

Abrid, K, route. — *Abrid akerkar*, chemin des cascades.
Acif, K, rivière.
Adrar, pl. *idraren* et *idourar*, K, montagne, mont.
Afri, K, grotte ; syn. *Ifri*.
Aga, *agha*, T. V. *Ar'a*.
Agrich, K, caillou ; galet.
Aïn, pl. *aïoun*, A, source, fontaine.
Aïn ballouth, source des glands doux.
Aïn chekka, source de la fissure.
Aïn djebel lasfour, source de la montagne du passereau.
Aïn echrob, la source « bois et sauve-toi. »
Aïn ed-doum, source du palmier-nain.
Aïn fouwa, source de la garance.
Aït, K, habitant.
Aït oudrar, K, montagnard.
Akba, A, montée.
Akli, K, nègre.
Alili, K, laurier-rose.
Amala, A, province.
Amtik, K, passage.
Ankik, K, gorge, col, défilé.

Annaba, A, jujubier; Bône.
Aourir, K, montagne; syn. *Taourirt*.
Ar'a, T, général.
Arch, A, tribu.
Areg, A, région de dunes de sable.
A'rgoub, pl. *a'râguib*, A, contre-fort d'une montagne.
Aricha (el), A, tonnelle.
Asnab (el), A, les pierres de taille.
Asnam (el), A, les idoles.
Assif, K, rivière.
A'tba, A, terrain superposé; marche, gradin.
A'zel, A, immeuble réservé par l'État.
Azib, K, ferme.
Aziffou, K, chardon.
Azzou, K, rocher, roche.

B

Ba'adja, A, terrain rempli de flaques.
Bab, pl. *biban*, A, porte.
Bab el-bahr, porte de la Marine.
Bahira, A, lac; lieu marécageux.
Bahr, A, mer.
Bahr en-niça, baie où les femmes peuvent se baigner.
Bega'a, A, terrain déprimé où les eaux divaguent.

Belu'a, A, fondrière, gouffre.
Ben, pl. *beni*, A, fils; appartenant à telle ou telle tribu. Syn. *Oulad* et *Aït*.
Betha, A, esplanade; sol déprimé.
Bethom (el), A, le térébinthe.
Biar (el), A, les puits.
Biban. V. *Bab*.
Bir, pl. *biar*, A, puits.
Bir khadem, puits de la négresse.
Bir mrad raïs (Birmandraïs), le puits du capitaine Mourad.
Blad, A, pays.
Bled, A, ville.
Blida, A, petite ville, jolie ville; diminutif de *Bled*.
Bordj, A, maison fortifiée; altération du grec πύργος.
Bordj bou-areridj, la fabrique des chapeaux à toisons d'autruches.
Bou, A. Dans la terminologie géographique, ce mot, qui est une altération du mot *Abou*, se combine avec des noms d'animaux, de plantes, de minéraux, etc., et sert à désigner les endroits où ils se trouvent en grand nombre ou en quantité abondante. Il en est de même de l'expression *Omm*, *oumm*, mère.

Bou-Farik, A, localité qui avait le privilége de fournir le premier froment tendre pour la table du pacha.

Bou-Hadid, gîte ferrugineux.

Dans la composition, *Bou* exprime la ressemblance :

Bou-Kmira, semblable à une petite lune.

Il marque aussi les particularités :

Bou-Kobreïn, aux deux tombeaux.

Joint aux adjectifs, il explique les propriétés du sol, d'un courant d'eau :

Bou-Merzoug, la rivière fécondante.

Bouira, A, petit puits; diminutif de *Bir*.

Bridja, A, petite maison fortifiée; diminutif de *Bordj*.

C

Cadi, A, juge-notaire.
Caïd, A, chef d'une tribu.
Chabet el-akhra, A, le dernier ravin.
Cheikh, A, chef d'une fraction de tribu.
Chebka, A, filet; réseau de dunes.
Chefeur, A, berge.
Chegag, A, crevasse.

Chelkra, A, déchirure dans une montagne.
Cheraga, pl. de *Chergui*.
Cherchaf, A, falaise.
Cherchar, A, cascade. Onomatopée répondant au latin *susurrum*.
Chergui, A, oriental, placé ou campé à l'est.
Cheri'a, A, petit sentier.
Chetaïa, A, contrée favorable aux labours.
Chott, A, rive, plage d'un lac salé; le lac lui-même.
Choucha, A, faîte; pic.
Chouf, A, point culminant.

D

Daia, A, bas-fond, cuvette.
Dakhla, A, entrée d'une gorge, d'un défilé.
Dar, A, maison, séjour.
Dar ed-delam, endroit ténébreux.
Dar es-sena'a, A, arsenal.
Debbabia, A, lieu brumeux.
Debdeba, A, sol qui résonne sous les pieds.
Dechera, K, village.
Defla (aïn), A, la source du laurier-rose.
Dehess, A, fondrière; sol marécageux.
Dera', A, crête.
Dhahar, A, croupe.

Dhamous (aïn), A, la source de la voûte.
Dhela'a, A, flanc, côte.
Dhiga, A, rétrécissement, gorge.
Djama', A, mosquée.
Djama'-s-sahridj, A, la mosquée du bassin.
Djebbana, A, cimetière.
Djebel, A, montagne. *Djebel bou Arif*, etc.
Djedar, A, mur d'enceinte; clôture d'une palmeraie; construction en pierres.
Djendel, A, tables de pierre d'une cataracte.
Djerra, A, trace, piste.
Djeurf, A, berge; quai.
Djezira, pl. *djezaïr*, et par altération *dzira, dzaïr*, A, île, îlot, presqu'île.
Douar, A, groupe de tentes disposées en rond. *Douar sbahiia*, le douar des spahis.
Douera (*douira*), A, maisonnette, diminutif de *Dar*.
Dra', A, bras; par extension, petit mamelon.
Dra' l-mizan, A, fléau d'une balance.
Dra' el-asnam, A, la butte aux idoles.
Dzaïr el-âcheuk, A, les îlots de l'amant. V. *Djezira*.

E

Enchir, K, amas de ruines; exemples :
Enchir Saïd.
Enchir Aïn Kasba.
Esnam (*el*). V. *Asnam*.
E'ulb, A, monticule.

F

Faïdja, A, col.
Falat, A, désert nu.
Fedj, A, gorge. *Fedj Sila*, où se trouvent les sources du Rumel.
Feid, Fidh, A, débordement.
Ferka, A, fraction de tribu.
Fiafi, A, espaces déserts, solitudes nues.
Fial, A, courant d'eau abondant.
Fidh, A, ravine.
Fondouk, du grec πανδοχεῖον, caravansérail.
Fouga, Fouka, du grec σφόγγος, localité abondante en champignons.
Foum, A, bouche, embouchure. *Foum en-nehar*, l'embouchure du fleuve. *Foum es-Sahara*, défilé s'ouvrant sur le Sahara.

G

Gala'a, A, château-fort.
Gara, pl. *gour*, K, roches émergeant dans le désert.

Gdir et *R'dir*, A, gouffre.
Golea, A, châtelet, dimin. de *Gala'a*.
Gour. V. *Gara*.
Grous, pl. de *Gars*, A, plantations.
Guebli, A, méridional.
Gueça'a, A, petite plaine encaissée.
Guedal, A, pré.
Guelman, K, ravine.
Guelta, K, mare.
Guema'a, A, bosse de terrain, butte.
Guemir, A, petit tertre arrondi.
Guennar, A, piton.
Guera'a, K, étang. *Guera' el-mar'sel*, l'étang où on lave. *Guera' el-guellif*, l'étang vaseux.
Guerdra, pl. *gueraïr*, A, parcelle de terre.
Guern, A, corne.
Guerroua', A, sommet dénudé.
Guettar, A, roche d'où l'eau tombe goutte à goutte.

H

Hadjar, A, pierre. *Oued el-hadjar*, la rivière aux galets. *Hadjar er-Roum*, les pierres laissées par les Romains.
Hafir, A, excavation, fosse.
Hagna, A, tourbillon dans une rivière.
Hamma (*el*), A, eaux thermales.
Hammada, A, contrée rocailleuse.
Hammam, A, bains, eaux thermales. *Hammam meskhoutin*, les bains des damnés.
Hania, A, coude formé par une rivière.
Haouch, A, enclos, ferme, domaine rural.
Hassi, A, puits creusé dans les régions sablonneuses.
Haudh, A, petite fosse, bassin.
Hendba, A, éminence.
Hendoura, A, pente, calade.
Hodna, A, plaine entourée, couronnée de montagnes. V. *Mitidja*.
Houitha, A, petit enclos de pierres sèches.
Houma et *Hauma*, A, quartier.
Houta, A, accident de terrain.

I

Ifri, pl. *ifrian*, K, grotte, niche.
Ighouman, K, les roseaux.
Igzer, K, ruisseau.
Ihaddiden, K, les ferronniers.
Ikhf, pl. *ikhfaouen*, K, cap.
Imallousen, K, les potiers.

Ir'il, K, colline. Ir'il afertas, la colline dénudée.
Irzar, K, rivière.

K

Ka'a, A, sol, terrain.
Kâf, Kef, pl. kifan, A, grand rocher, piton, escarpement.
Kala'a, et par altération Gala'a, A, forteresse, château.
Kantara, pl. knâteur, A, pont.
Karn, Keurn, A, corne, petit pic.
Kasba, A, citadelle.
Kbeur, pl. kobour, A, tombeau. Kbeur el-azeri, le tombeau du palefrenier.
Kebrita (el), A, le soufre.
Kef. V. Kâf.
Khalidj, A, ravin resserré.
Khalifa, A, lieutenant général.
Khamla, A, broussailles épaisses.
Khanga, Khanguet, pl. kheneg, A, étranglement, gorge.
Kharcha, A, hallier.
Khelakhel, pl. de Khalkal, A, les anneaux de pied. Aïn el-khelakhel, la source dont le murmure imite le bruit des khalkhal.
Kheubba, A, déchirure dans la montagne.
Khour, Khrour, A, golfe, embouchure, terrain encaissé.

Kifar, A, étendue déserte.
Knitra, A, ponceau, diminutif de Kantara.
Kolea, Colea, A, fortin, diminutif de Kala'a.
Konak, T, étape.
Koubba, A, coupole, dôme; tombeau surmonté d'un dôme.
Koudia, A, butte, mamelon. Koudiet er-reças, la butte riche en plomb.
Khorbet, pl. khroub, A, masure, ruine.
Khrorchef (el), A, artichaut sauvage, cynara cardunculus. Belad-el-khrorchef, la chardonnette.
Ksar, pl. ksour, A, enceinte fortifiée; nom donné à certains villages du Sahara algérien.
Ksob, Kseub, A, les roseaux.
Ktâf, A, des escarpements.

L

Lanasseur, pour El-Anasseur, A, les cuvettes formant source.
Lar'ouât, Laghouât, pour El-ar'ouât, A, les terrains encaissés.
Lauleb, K, rampe en lacet.

M

Ma, A, eau.

Ma el-ma, A, l'eau mère, la source.
Ma zafran, A, l'eau couleur de safran.
Maden (el), A, mine, minière.
Ma'deur, A, lieu humide.
Madjen, A, réservoir naturel.
Mafrag, A, séparation, point de séparation.
Mahdjar el-ma, A, rochers qui arrêtent le courant.
Mahiguen, A, entonnoir; tourbillon.
Makbara, A, petit cimetière. Étymologie de l'expression *Danse macabre*.
Makhzen, A, administration militaire.
Makta', A, gué, passage guéable.
Mammara, A, magasin ou point de ravitaillement. *Bordj maammera*.
Maskara, A, le camp, comme nous disons Castres.
Mazeur, A, terre propre au jardinage.
Mechra', A, gué, abreuvoir.
Mechta, A, campement d'hiver.
Medgag, A, passage étroit.
Medhig, A, col rétréci.
Medjaz, A, gué, endroit guéable; syn. de *Makta*.
Medjra, A, courant; canal.
Mekeubb, A, affluent.

Melka, A, confluent.
Mendhra, A, poste d'observation.
Menhel, pl. *menahel*, A, aiguade, abreuvoir.
Menzel, pl. *menazel*, A, bivac, gîte d'étape.
Merah, A, bergerie dans l'enceinte du douar.
Meraukh, A, terrain uni.
Merdj, *Merdja*, pl. *moroudj*, A, prairie.
Mergueb, A, vigie.
Meridj, dim. de *Merdj*, A, petite prairie.
Mers, *Mersa*, A, ancrage, port.
Mers ed-debban, A, le port infesté de mouches.
Mers ed-djadj, A, le port aux poules.
Mers el-kbir, A, le grand port.
Messasa, K, cynoglosse, plante.
Mezrar, A, sol de gravier.
Mitidja, A, la plaine couronnée de montagnes. V. *Hodna*.
Mokta, A, carrière exploitée.
Mor'deur, A, mare profonde.
Mostaganem, et mieux *Mostar'anem*, A, endroit où l'on partageait les prises.
Mr'ara, A, caverne, tanière.
Mr'ebba, A, terre sans eau.
Mrira, A, petit sentier.

Msalla, A, petite esplanade servant d'oratoire.
Mseubb, A, embouchure.
Msif, A, campement d'été.
Msil, A, courant.
Mzara, A, lieu saint que l'on visite; lieu de neuvaines.

N

Nadhor, A, observatoire, vedette, montagne formant vigie.
Namous, A, moustique. *Oued el-namous*.
Nebka, A, petite dune; mamelon.
Nif-enser, A, le bec de l'aigle, montagne.
Nouba, A, lieu de garnison.
Nzira, A, coin stérile.

O

Omm, Oumm, A, mère. Voir *Bou*. *Oumm el-aneb*, pays abondant en raisin. *Oumm el-bouagui*, pays où l'on fabrique des sébiles et des écuelles. *Kef oumm et-toboul*, endroit où l'on fabriquait des tambourins.
Onsel, A, seille maritime. *Djebel el-onsel*.
Oued, A, gave, ruisseau, rivière.
Oued ed-deheb, A, le ruisseau d'or.
Oued el-alleg, A, le ruisseau des sangsues.
Oued el-hout, A, rivière poissonneuse.
Oued el-khauf, A, la rivière dangereuse.
Oued el-kseub, A, la rivière bordée de roseaux.
Oued fodda, A, le ruisseau d'argent.
Oued melah, A, la rivière salée.
Ouerrad, A, gué, abreuvoir.
Ouied, A, ruisseau.
Oukrif, K, nain.
Oulad, Ouled, A, les enfants de.... V. *Aït, Beni*.
Ouldja, A, détour, sinuosité. *Ouldjet el-kadi*, le détour pris ou choisi par le cadi.
Oumm. V. *Omm*.
Outha, A, plaine.
Outhaia, A, la plaine à perte de vue, augmentatif de *Outha*. Avec l'article, *El-Outhaia*.
Outhon, Ouathon, A, district, pays.

R

Ragouba, A, hauteur.
R'ar, Ghar, A, grotte, caverne. *R'ar ez-zeman*, la grotte tapissée d'inscriptions.
Ras, pl. *rous* et *roous*, A, cap, promontoire, tête, com-

mencement. *Seba' roous*, les Sept-Caps. *Ras el-ma*, la source mère. *Ras el-knateur*, le commencement des arceaux, des arches, de l'aqueduc. *Ras nakous*, le cap de la Cloche.

Recif, A, levée, chaussée, digue.

R'dir, Gdir, A, gouffre.

Redjem, A, monceau de pierres jetées en commémoration d'un meurtre.

Refda, A, soulèvement du terrain, éminence.

Rekba, pl. *rekoub*, A, fortes ondulations des sables.

Remla, A, dépôt de sable, alluvion.

Riba, A, versant abrupt.

Rif, A, côte, plage, littoral.

Roknia, A, coude formé par une rivière.

R'orfa, A, caverne à mi-côte.

Roumel, Rumel, A, sable, grève. *Oued er-roumel*.

S

Safsaf, A, tremble, les trembles.

Sahara, Sahra, A, désert.

Sahel, A, littoral.

Sahou, A, accident de terrain.

Sahridj, A, bassin.

Sakia, Saguia, Seguia, A, canal d'irrigation. *Sakiet er-Roum*, le canal creusé par les Romains. Étymologie de l'espagnol *acequia*.

Sania, A, puits à noria.

Sâthour, A, couperet; roche longue en forme de couperet.

Sebkha, pl. *sebakh*, A, bas-fond vaseux, couvert de matières salines; lagune d'eau saumâtre; terrain salsugineux.

Sedd, A, barrage.

Sedraia, A, champ hérissé de jujubiers sauvages.

Seffah, A, sol parsemé de roches émergeantes.

Sefisifa, A, le tremble rabougri, dimin. de *Safsaf*. Aïn *sefisifa*.

Sehâne, A, bas-fond, cuvette.

Seil, Sil, A, torrent, lit d'un torrent.

Sela'a, A, sol dénudé.

Selsoul, A, chaîne de collines.

Senda, A, talus.

Sera, A, cime, crête.

Setih, Stih, A, terrain en esplanade; synonyme *Stah*.

Sidi, A, monseigneur; saint. *Sidi Mabrouk*, saint Bénédict. *Sidi Mansour*, saint Victor. *Sidi Mouça*, monseigneur Mouça. *Sidi Okba*, le vénéré Okba, etc.

Smala. V. *Zmala*.

Someud, A, mamelon rocheux.
Souk, A, marché, foire. *Souk el-arba'*, marché du mercredi. *Souk es-sebt*, marché du samedi. *Souk ahras*, la foire aux nippes.
Souma', A, minaret; tour à pans carrés.
Soumer, K, côte exposée au soleil.
Sour, A, rempart. *Sour r'ozlan*, le rempart des gazelles, Aumale.
Sr'ir, Sguir, A, petit.
Stah, A, terrasse, plateau. On prononce aussi *Steuh*.

T

Tablat, K, les dalles (carrière).
Taguit, K, plaine.
Takintoucht, K, crête.
Taksibt, K, enceinte fortifiée; berbérisation du mot arabe *Kasba*.
Tala, K, fontaine. *Tala izerman*, la fontaine aux serpents. *Tala-n-souk*, la fontaine du marché.
Tamda, K, étang.
Tamourt, K, pays.
Tangoura, K, pic.
Taouarirt, Taourirt, K, le champ émaillé de coquelicots.
Tasatta, K, le mûrier.
Tazirt, K, moulin.
Tazmalt, K, campement de la zmala; berbérisation du mot *Zmala*.
Tazzoult, K, les genêts; Lambèse.
Tefsedt, K, localité en ruine.
Tell, A, région propre aux labours.
Tenia, A, sentier de chèvre, chemin dans les montagnes, défilé. *Teniet el-had*, le défilé du dimanche.
Teniet. V. *Tenia*.
Tennoucha, A, sommet abrupt.
Ter'bia, A, fondrière.
Terfaia, A, bois de tamarix.
Tiazibin, K, les fermes. V. *Azib*.
Tigguert, K, champ. Étymologie de Tuggurt?
Tighilt, Tir'ilt, K, colline; fém. de *Ir'il*.
Tikerrouchin, K, les chênes. On trouve aussi *Kerrouch*, dérivé du latin *quercus*.
Tikhennoufin, K, les mufles.
Tilioua, pl. de *Tala*.
Timeri, K, observatoire. V. *Nadhor*.
Tiouerdin, K, champ de roses.
Tizi, K, col.
Tizi-Ouzou, K, le col des genêts.

Touarès, A, landes.
Touta, A, mûrier. *Bir touta*, le puits ombragé par un mûrier.
Trik, A, chemin.

Z

Zab, pl. *ziban*. C'est le Zabus des anciens.
Zaouia, A, séminaire musulman où sont hospitalisés les voyageurs; prieuré.

Zaouiet Sidi Bou-Aoun, le prieuré du vénéré Bou-Aoun.
Zemhour, A, lieu où sévit un froid intense.
Zeriba, A, parc aux bestiaux, enclos. *Zeribet el-oued*, le parc voisin de la rivière.
Zmala, pl. *zmoul*, A, camp d'un grand chef arabe; ferme cultivée par des spahis.

TABLE MÉTHODIQUE.

CHAPITRE Ier.

Gouvernement général. — Représentation nationale. — Commandants en chef, gouverneurs généraux, commandants supérieurs, commissaires extraordinaires qui ont administré l'Algérie depuis 1830, *pages* 1 à 6.

CHAP. II.

Divisions politiques. — Territoire civil; départements, arrondissements, communes de plein exercice, communes mixtes, communes indigènes, 7 à 12. — Territoire militaire, 12 à 13.

CHAP. III.

Cultes. — Culte catholique, 14. — Culte protestant, 14. — Culte israélite, 15.

CHAP. IV.

Organisation judiciaire. — Cour d'appel, tribunaux de première instance, tribunaux de commerce, justices de paix, 15 à 20.

CHAP. V.

Instruction publique, 20. — Enseignement supérieur, 21. — Enseignement secondaire, 23. — Enseignement primaire, 26. — Inspection primaire, 27. — Ecoles normales, 27. — Cours d'adultes, 28. — Bibliothèques scolaires, 28. — Ligue de l'Enseignement, 28.

CHAP. VI.

Établissements et institutions de bienfaisance. — Hôpitaux, médecins de colonisation, caisses d'épargne, mont-de-piété, 29 à 31.

CHAP. VII.

Vie intellectuelle. — Sociétés savantes, littéraires, 31. — Sociétés musicales, 33. — Bibliothèques publiques, 33. — Musées, 34. — Théâtres, 35. — Journaux, 36.

CHAP. VIII.

Service des postes, 37. — *Télégraphie,* 40.

CHAP. IX.

Règlement sur les concessions de terres en Algérie, 44. — Bureaux de renseignements, 50.

CHAP. X.

DÉPARTEMENT D'ALGER.

Arrondissement d'Alger	51
Environs d'Alger	82
D'Alger à Matifou	86
à Birkhadem	89
à Douéra	91
à Guyotville	94
à Zeralda par El-Biar et Cheraga	98
à la Bouzaréa	102
au Frais-Vallon	102
Autres localités de l'arrondissement d'Alger	103
D'Alger à Dellys	103
à Dra-el-Mizan	106
au Fondouk	108
à Aumale par Sidi-Moussa	109

Environs d'Aumale............................. 116
D'Alger à Rovigo........................ 121
   à Koléa............................ 123
Excursion au Tombeau de la Chrétienne 127
D'Alger à Blida par le chemin de fer.......... 131
   à Médéa............................ 144
Environs de Médéa............................ 150
D'Alger à Boghari 154
   à Cherchel......................... 155
Environs de Cherchel......................... 167

Arrondissement de Miliana...................... 168
Environs de Miliana 172
D'Affreville à Blida par le chemin de fer....... 173
   à Orléansville par le chemin de fer. 175
   à Teniet-el-Haâd................... 178

Arrondissement d'Orléansville.................. 181
Environs d'Orléansville....................... 184
D'Orléansville à Ténès 186

Arrondissement de Tizi-Ouzou 190
De Tizi-Ouzou à Fort-National 192
D'Alger à Dra'-el-Mizan...................... 195
De Tizi-Ouzou à Dellys....................... 198
 Environs de Dellys...................... 203
De Tizi-Ouzou à Alger........................ 203

CHAP. XI.

Hauts-Plateaux et Sahara du département d'Alger.

D'Alger à Laghouat............................ 205
De Laghouat aux villes de la confédération des Beni-Mzab.................................. 215
De Laghouat à Ouargla........................ 222
D'Alger à Bou-Saâda.......................... 226
Excursion à 'Aïn-Rich et dans la vallée de l'Oued-Cha'ïr..................................... 230

CHAP. XII.

DÉPARTEMENT DE CONSTANTINE.

Arrondissement de Constantine 234
  Environs de Constantine 247
    De Constantine au Hamma 252
              au Kheneg 252
              au Chettaba 253
              à 'Aïn-el-Bey 254
              au djebel Ouach 255
              à Batna 255
  Excursion au Medracen 257
  De Batna à Lambèse 261
  De Constantine à Tébessa 270
              à Philippeville par le chemin de fer 277
              à Djidjelli 278
              à Sétif 282
              à Bône par Guelma 284
  De Guelma à Bône 286
  De Constantine à Bône par Saint-Charles et Jemmapes 286
Arrondissement de Bône 286
  Environs de Bône 297
  De Bône à Hippone 299
            à Bugeaud 304
            à 'Aïn-Mokra (route de Philippeville et chemin de fer de la Compagnie du Mokta-el-Hadid) 305
            à l'Alélik 307
            à La Calle 307
            à Guelma par le chemin de fer 315
            à Guelma par la route de terre 321
            à Souk-Ahras 323
  Environs de Souk-Ahras 327

TABLE MÉTHODIQUE.　527

Arrondissement de Guelma 329
　Environs de Guelma............................. 332
　　De Guelma à Philippeville..................... 341
　　　　à 'Aïn-Beïda............................. 342
Arrondissement de Philippeville................... 343
　　De Philippeville à Stora 349
　　　　à Constantine par le chemin
　　　　　　de fer................................ 353
　　　　à Bône................................... 355
　　　　à Guelma................................. 358
　　　　à Collo................................... 359
　Environs de Collo................................ 363
Arrondissement de Sétif........................... 364
　　De Sétif à Constantine 371
　　　　à Bordj-bou-Aréridj...................... 372
　Environs de Bordj-bou-Aréridj 374
　　De Sétif à Bougie............................. 376
Arrondissement de Bougie......................... 378
　Environs de Bougie.............................. 386
　　De Bougie à Beni-Mansour..................... 387
　　　　à Djidjelli 389
　Environs de Djidjelli 393

CHAP. XIII.

Hauts-Plateaux et Sahara du département de Constantine.

　De Constantine à Biskra......................... 394
　　　　à Touggourt et aux oasis de
　　　　　　l'Oued-R'ir........................... 404
　　　　à Bou-Saâda par Msila.................... 410
　　　　à Bou-Saâda par Batna................... 412

CHAP. XIV.

DÉPARTEMENT D'ORAN.

Arrondissement d'Oran 415
　Environs d'Oran 424
　　D'Oran à Mers-el-Kebir 425

D'Oran à Mostaganem...................................... 430
   à Relizane par le chemin de fer........ 435
   à Tlemcen 440
Arrondissement de Mostaganem........................ 442
 Environs de Mostaganem............................. 444
 De Mostaganem à Mazouna par le Dahra....... 449
    à Relizane........................... 451
 De Relizane à Orléansville 453
    à Tiaret............................... 454
Arrondissement de Mascara 455
 Environs de Mascara.................................... 459
 De Mascara à Relizane.................................. 459
    à Saïda................................ 459
    à Tiaret............................... 462
    à Frenda............................. 464
    à Sidi-bel-Abbès................... 465
Arrondissement de Sidi-bel-Abbès..................... 466
 Environs de Sidi-bel-Abbès........................... 468
 De Sidi-bel-Abbès à Daya 471
Arrondissement de Tlemcen 473
 Environs de Tlemcen.................................... 485
 De Tlemcen à Mansoura................................ 486
    à Nemours........................... 492
    à Rachgoun......................... 497
    à Honeïn............................. 499
    à Oran................................. 500
    à Sidi-bel-Abbès 501
    à Sebdou............................. 503

CHAP. XV.

Hauts-Plateaux et Sahara du département d'Oran.

D'Oran à Tiout... 505
   à El-'Abiod-Sidi-Cheikh par Géryville...... 507

INDEX ALPHABÉTIQUE.

A

	pages
Abboville, v. Bois-Sacré.	199
Aboukir	447
Adelia	173
Ad Majores (ruines d')	415
Affreville	172
Agadir	485
Agha (l')	82
Ahmed-ben-Ali	357
'Aïn-Abessa	370
'Aïn-Abid	284
'Aïn-Ameur	225
'Aïn-Arnat	370
'Aïn-Barbar	305
'Aïn-Beïda	186
'Aïn-Beïda	271
'Aïn-ben-Khrelil	506
'Aïn-Bessem	117
'Aïn-Beurd	112
'Aïn-Boudinar	445
'Aïn-Charchar	358
'Aïn-el-Arba'	436
'Aïn-el-Arba'	440
'Aïn-el-Bey	254
'Aïn-el-Guerab	230
'Aïn-el-Hout	491
'Aïn-el-Kerma	405
'Aïn-el-Melah	230
'Aïn-el-Turk	426
'Aïn-Fekan (village d')	465
'Aïn-Fekan (source d')	465
'Aïn-Fekerina	497
'Aïn-Feurchi	257
'Aïn-Fezza	501
'Aïn-Foua	253
'Aïn-Ghoraba	503
'Aïn-Gouaoua (col d')	376
'Aïn-Guercha	342
'Aïn-Guerfa	255
'Aïn-Guettar	328
'Aïn-Hadjel (caravansérail d')	226

'Aïn-Ibel	209	'Aïn-Sultan	173
'Aïn-Kerma	279	'Aïn-Tagrout	372
'Aïn-Kermane (caravan-sérail d')	226	'Aïn-Taguin	208
		'Aïn-Tahamimin	323
'Aïn-Khala	233	'Aïn-Taya	89
'Aïn-Khial	442	'Aïn-Tedlès	445
'Aïn-Madi	213	'Aïn-Tekbalet	501
'Aïn-Malah	369	'Aïn-Tellout	503
'Aïn-Malakoff	206	'Aïn-Temouchent	441
'Aïn-Mamoura	232	'Aïn-Temouflet	465
'Aïn-Melouk	283	'Aïn-Tinn	281
'Aïn-Mlila	256	'Aïn-Tiziret	120
'Aïn-Mokra	306	'Aïn-Tolba	494
'Aïn-Naga	404	'Aïn-Touta	270
'Aïn-Nazereg	460	'Aïn-Trik	369
'Aïn-Nouissy	446	'Aïn-Yakout	257
'Aïn-Oum-el-Alleug	197	'Aïn-Zaouïa	196
'Aïn-Ouzera	205	Aït-L'hassen	194
'Aïn-Quetara	342	Akbou	388
'Aïn-Regada	284	Albulæ (ruines d')	471
'Aïn-Rich	230	Alélik (l')	307
'Aïn-Rouah	370	Alger	51
'Aïn-Sandel	342	Alia	402
'Aïn-Sefahla	406	Alma (l')	104
'Aïn-Sefra	506	Ameur el-'Aïn	156
'Aïn-Sefsifa	507	Ammi-Moussa	454
'Aïn-Semara	232	Andalouses (plaine des)	426
'Aïn-Seufra	444	Announa (ruines d')	285
'Aïn-Seynour	324	Aomar	196
'Aïn-Sfia	369	Apôtres (les Douze-)	505
'Aïn-Sfisifa	506	Arba' (l')	110
'Aïn-Sidi-Cherif	447	Arba'-Foukani	509
'Aïn-Smara	282	Arba'-Tahtani	509
'Aïn-Souda	342	Arbal	436
'Aïn-Stidia	448	Arbatache	109

INDEX ALPHABÉTIQUE.

	pages		pages
Arcole	429	Beni-Mansour	190
Ariana	408	Beni-Mered	136
Armée-Française (l')	355	Beni-Slyem	203
Arsacal	253	Beni-Smiel (vallée de)	502
Arzeu	432	Bérard	127
Ascours (ruines d')	322	Berbessa	127
Asla	506	Berrian	215
Assi-Ameur	430	Berrouaghia	152
Assi-ben-Okba	430	Besseriani (ruines de)	415
Assi-bou-Nif	430	Bessonbourg	363
Attafs (les)	176	Biban (les)	375
Aumale	112	Bigou-ez-Zaoufa	403
Azib-Zamoun	199	Bir-Aïssa	375
		Bir-Chegga	404
B		Bir-el-'Arch	372
		Birkhadem	91
Baba-Ali	131	Birmandreïs	90
Baba-Hassen	93	Bir-Rabalou	112
Bades	404	Birtouta	131
Baghaï	267	Biskra	397
Bain de la Reine (le)	425	Bivac des Indigènes	92
Barika	413	Bizot	277
Barral	317	Blad-Chaba	492
Batna	259	Bled-Guitoun	106
Béhima	409	Bled-Touaria	447
Bekkaria	276	Bled-Youssef	283
Bel-Imour	375	Blida	136
Belle-Fontaine	105	Boghar	153
Ben-Aknoun	92	Boghari	152
Ben-Chicao	151	Bois-Sacré	199
Ben-Haroun	196	Bône	286
Ben-N'choud	200	Bordj-Ali-Bey	308
Ben-Thious	403	Bordj-bou-Aréridj	372
Beni-es-Soud	408	Bordj-Bouïra	119
Beni-Isguen	219	Bordj-Bor'ni	197

Bordj-Medjana	374
Bordj-Menaïel	204
Bordj-Sebaou	198
Bordj-Zekri	270
Bosquet	449
Bouanin	199
Bou-Chagroun	403
Boudaroua	318
Boufarik	132
Bou-Ferdjoun	232
Bougie	378
Bou-Guirat	451
Bouhira	370
Bou-Hamar	409
Bou-Hamedi	108
Bou-Hanefia	465
Bou-Henni	439
Bouinan	135
Bou-Kader	185
Bou-Khrenifis	471
Bou-Malek	283
Bou-Medfa'	174
Bou-Naghra	363
Bou-Noual	464
Bou-Nouara	284
Bou-Noura	219
Bou-Rechach	440
Bou-R'ezoul	205
Bou-R'kika	157
Bou-Roumi	155
Bou-Saâda	226
Bou-Sfer	426
Bou-Tlélis	440
Boutinelli (auberge)	257
Bouzarea' (la)	102

Bou-Zizi	305
Brâm	406
Bréa	491
Brezina	510
Bugeaud	304

C

Cacherou	464
Café des Platanes	83
Cæsarea (ruines de)	161
Calle (la)	308
Camp d'Erlon (le), v. Boufarik	132
Camp des Chênes	145
Camp des Scorpions (le)	178
Camp-du-Maréchal	198
Cap-Casse (auberge du)	377
Cap-Cavallo	393
Cap-de-Garde	299
Cassaigne	449
Castiglione	126
Châbet-el-Akhra	377
Chaïba	127
Chania	375
Chapuis (plage)	298
Châteaudun-du-Rummel	283
Chebli	132
Cheddia	389
Cheraga	98
Cheraïa	363
Cherchel	160
Chetma	402
Chiffa (la)	143
Christel	431
Cité Bugeaud (la)	94

INDEX ALPHABÉTIQUE.

	pages		pages
Cité d'Isly	82	Djendel	358
Clauzel	341	Djelfa	206
Col des Beni-Aïcha	105	Djidjelli	380
Col des Beni-Amran	107	Douaouda	123
Col des Caravanes	209	Douéra	93
Col-des-Oliviers	355	Drâa	402
Collo	359	Dra'-ben-Khedda	198
Colonne-Randon (la)	298	Dra'-el-Mizan	195
Colonne-Voirol	90	Draria	93
Condé-Smendou	277	Duperré	175
Constantine	234	Duquesne	393
Corso (le)	105	Duvivier	319
Crescia	94	Duzerville	315
Cressonnette (la)	502		

D

E

Daïet-el-Bethoum	232	Eckmühl	427
Dalmatie	144	Eddis	226
Damesme	434	El-Abiod-Sidi-Cheïkh	509
Damiette	150	El-Achechia	369
Damrémont	351	El-Achour	93
Daya	472	El-Affroun	156
Debila	409	El-Aghouat	211
Deli-Ibrahim	92	El-Amri	403
Dellys	200	El-Anasser	374
Demed	234	El-Aricha	505
Demmed	208	El-Arrouch	354
Djalis, v. village Nègre (Oran)	424	El-Assafia	214
		El-Ateuf	221
Djama'	406	El-Berd	405
Djama'a-R'azaouat, v. Nemours	495	El-Biar	92
		El-Bordj	403
Djama'-Saharidj	194	El-Bordj	459
Djebel-Thaya (grottes du)	340	El-Dahour	409
		El-Goléa	225
		El-Guelalia	233

534 GÉOGRAPHIE DE L'ALGÉRIE.

	pages
El-Guerrara	217
El-Hadjar	315
El-Hadjar-Thouila	178
El-Hamri	233
El-Haoueta	214
El-Haria	208
El-Hassi	369
El-Hour	407
El-Kantara	395
El-Kantour	355
El-Khadra	507
El-Kseur	388
El-Maï	507
El-Menahla	403
El-Meridj (smala d')	277
El-Mesrane	205
El-Milia	282
El-Oued	409
El-Ouricia	369
El-Ourit	490
El-Ourit (cascade de)	503
El-Outaïa	396
Enchir-Ecedda	268
Enchir-Mamra	267
Enchir-Saïd	341
Enchir-Touchin	265
Erlon (camp d')	134
Er-Rahel	440

F

Farfar	403
Faucigny	370
Fedjana	167
Fedjoudj (col du)	322
Feïd-el-Botma	231

	pages
Femme-Sauvage (ravin de la)	91
Ferdouak	281
Ferkane (oasis de)	414
Fermatou	376
Ferme (la)	185
Ferme de l'Union	438
Fesdis	259
Figuier (le)	436
Fleurus	430
Fondouk (le)	108
Fontaine-Chaude, v. Aïn-ed-Djera	259
Fontaine des Princes (la)	304
Fontaine du Rocher (la)	256
Fortassa	462
Fort-de-l'Eau	87
Fort-Génois	298
Fort-l'Empereur	91
Fort-National	192
Foughala	403
Frais-Vallon	102
Franchetti	460
Frenda	464
Frouda	470

G

Gastonville	354
Gastu	359
Géryville	508
Ghardaïa	218
Ghar-Rouban	493
Goug	409
Gouraya	167

INDEX ALPHABÉTIQUE. 535

	pages		pages
Grand-Rocher (grotte préhistorique du)	97	Honeïn (ruines d')	499
		Hourara (cascade d')	464
Gué-de-Constantine	109-131	Hubbed, v. Sidi-bou-Medine	488
Guelaat-bou-Sba'	334		
Guelma	329	Hussein-Dey	86
Guemar	409		
Guelt-el-Stel	205	**I**	
Guerrara, v. El-Guerrara	217	Igherem	388
Guyotville	97	Ilmaten	388
		Inkermann	453
H		Isserbourg	106
Habra (arrêt de l')	439	Isser-el-Ouïdan	106
Hadjadja	225	Issers (les)	199
Hadjar-Roum (ruines d')	502	Isserville	204
Halloufa	272		
Hamadena	453	**J**	
Hamma (le)	252	Jardin d'Essai	83
Hammam-Berda (sources d')	333	Jardin du Dey	95
		Jardin du Hamma	83
Hammam-bou-Ghara	492	Jemmapes	355
Hammam-Ksenna	116	Joinville	144
Hammam-Melouan	122		
Hammam—Meskhoutine (bains d')	335	**K**	
		Kaïd-Hassen (bordj du)	377
Hammam-Righa	174	Kala	459
Hammam-Salhin	401	Kalàa	374
Harihira	407	Karésas (les)	305
Hassen-ben-Ali	151	Kbour-er-Roumia	128
Haussonvillers	199	Keçar	404
Héliopolis	332	Kerbet-ben-Hachem	375
Hennaya	491	Kerguenta	423
Herbillon, v. Takouch	306	Kermouda	281
Heumis	186	Kerrata	377
Hillil (l')	451	Khalfoun	369
Hippone	300	Khemis	436

	pages		pages
Khenchela	270	Lavie (moulins)	250
Khreneg	253	Liana	404
Khorbet-el-Gara	233	Lichana	403
Kléber	431	Lioua	403
Koléa	123	Lodi	150
Koubba	85	Lourmel	440
Koubba de Sidi Mohammed Abd er-Rahman ben Kobrin	82	**M**	
		Madaure, v. Mdaourouch	328
Koudiat	409	*Magenta	472
Kouïnin	409	Mahelma	94
Kouko	194	Mahouan	370
Kremissa	328	Maison-Carrée (la)	87
Kreneg-el-Azir	507	Malakoff	185
Khroub (le)	000	Mangin	436
Ksar-Belezma	268	Mansoura	486
Ksar-Chabounia	214	Mansoura	374
Ksar-Charef	208	Maoussa	462
Ksar-Dzioua	233	Marengo	157
Ksar-el-Haïran	214	Markouna	265
Ksar-el-Hamra	208	Mascara	455
Ksar-Kenina	208	Matifou	89
Ksar-Noukhra	214	Mazagran	447
Ksir-el-Ahmar	217	Mazer	406
Ksour-R'ennaïa, v. Fesdis	259	Mazouna	450
		Mdaourouch	328
		Mdoukal	413
L		Médéa	146
Laghouat	211	Medjabara	208
Lalla-Aouada	185	Medjaref	462
Lalla-Mar'nia	492	Medjez-Amar	341
Lamoricière	502	Medjez-Sfa	323
Lanasser	369	Medracen (le)	257
Lavarande	175	Mefessour	432
Laverdure	324	Meggar	407

INDEX ALPHABÉTIQUE.

	pages
Meggarin-Djedida	407
Meggarin-Kedima	407
Mekerra	470
Mekhadma	403
Melab-el-Koran	111
Melika	219
Melili	402
Mendez	455
Ménerville, v. Col des Beni-Aïcha	105
Mengoub	233
Merouana	268
Mersa-Hannaïa	500
Mersa Si-Ahmed	498
Mers-ed-Debban	96
Mers-el-Kebir	425
Meskiana (la)	272
Mesloug	369
Messad	208
Messad	234
Messaoud	127
Messaoud	370
Metlili	225
Mezaourou (plaine de)	494
Mila	279
Miliana	168
Millésimo	320
Mina (ruines de la)	452
Misserghin	427
Mleta	436
Mokta-Douz	439
Mokta-el-Hadid, v. 'Aïn-Mokra	306
Mondovi	316
Montenotte	186
Montpensier	144
Mor'ar-Foukania	507
Mor'ar-Tahtania	507
Mostaganem	442
Mouzaïa-les-Mines	151
Mouzaïaville	155
Mraïer	404
Msif	233
Msila	410
Muley-Ismaïl	437
Mustapha-Inférieur	82
Mustapha-Supérieur	89
Mzirzou	232

N

	pages
Nechmeya	321
Nedroma	494
Negoussa	222
Négrier	490
Négrine (oasis de)	414
Nekmaria	450
Nemours	495
Nezla	408
N'gaous	413
Noiseux, v. Eckmühl	427
Notre-Dame d'Afrique	95
Notre-Dame de Fouka	126
Novi	167

O

	pages
Oliviers (Col des)	355
Oran	415
Orléansville	181

Ouargla	223
Oudjel	254
Oued-Amizour	388
Oued-Atménia	283
Oued-Chaïr	231
Oued-Cham	323
Oued-Debeb	372
Oued-Dekri	283
Oued-Djer	175
Oued-el-Aleug	144
Oued-el-Aneb	306
Oued-el-Hammam	459
Oued-Fodha	177
Oued-Frarah	318
Oued-Froha	459
Oued-Malah	440
Oued-Massin	178
Oued-Mefrouch	490
Oued-Msif	414
Oued-Rehhi, v. Ravin-Vert	424
Oued-R'ir	405
Oued-Rouina	176
Oued-Safsaf, v. Oued-Mefrouch	490
Oued-Sedeur	209
Oued-Seguin	282
Oued-Sly	185
Oued-Temda	455
Oued-Touta	335
Oued-Tralimet	471
Oued-Traria	460
Oued-Zenati	285
Oued-Zied	305
Oued-Zitoun	492
Ougasse (l')	437
Oulder (l')	305
Ouillis	449
Ouizert (smala d')	460
Ouks	276
Oulad-Bellil	120
Oulad-Fayet	93
Oulad-Keddach	200
Oulad-Mimoun (forêt des)	502
Oulad-Rahmoun	256
Oulad-Sidi-Salah	403
Oumach	402
Oum-el-Asnam	268
Oum-el-Bouara	271
Ourlal	403
Ourlana	405
Ouzidan	490

P

Palestro	107
Palikao	462
Pélissier	445
Penthièvre	321
Perrégaux	439
Petit	320
Philippeville	343
Pointe-Pescade (la)	96
Pont d'Aumale	252
Pont de l'Isser	500
Pont du Chelif	446
Pont du Diable	247
Pontéba	185
Port aux Poules	435
Portes-de-Fer, v. Bibans	375

INDEX ALPHABÉTIQUE.

Portus magnus (ruines de)............ 434
Præcilius (tombeau de). 251

R

Rachgoun (lle et village)............... 498
Rahouia............... 455
Rampe (Auberge de la). 178
R'amra............... 407
Randon 316
Ras-el-Ma (Mines de) .. 357
R'asoul............... 510
Rassauta (la) 88
R'ardaïa 249
Ravin-Bleu (le)......... 261
Ravin-Vert (le) 424
Rébeval 199
Refana. 276
Reghaïa (la)........... 103
Relizane............... 451
Renault 450
Retour de la Chasse... 87
Réunion (la)........... 387
Rio-Salado............ 441
Rivet.................. 110
Rivoli................. 446
Robertville 353
Robertsau (la) 357
Roche-Percée (la)...... 503
Rocher (le) 469
Rocher de Sel (le)...... 206
R'orfa (la) 118
Rouffach 278

Roulba............... 103
Rouknia (nécropole de). 341
Rovigo 121
Ruisseau (le) 85
Ruisseau des Singes... 145
Rusgunia (ruines de)... 88

S

Sadouri (Col de) 233
Safsaf................. 353
Safsaf................. 490
Sahira................ 403
Saïda................. 461
Saint-Aimé 453
Saint-André 425
Saint-André 459
Saint-Antoine.......... 247
Saint-Antoine.......... 351
Saint-Antoine.......... 424
Saint-Arnaud 284
Saint-Arnaud 371
Saint-Charles.......... 353
Saint-Charles (Orphelinat)................ 91
Saint-Cloud 431
Saint-Cyprien des Attafs 177
Saint-Denis du Sig..... 437
Saint-Donat 284
Saint-Eugène 96
Saint-Ferdinand 94
Saint-Hippolyte........ 459
Saint-Jean............. 247
Saint-Joseph........... 318
Saint-Leu 434

540 GÉOGRAPHIE DE L'ALGÉRIE.

	pages
Saint-Louis	430
Saint-Maurice	123
Saint-Michel	423
Saint-Pierre et Saint-Paul	103
Sainte-Amélie	94
Sainte-Anne	298
Sainte-Barbe du Tlélat	437
Sainte-Clotilde	425
Sainte-Croix de l'Edough	304
Sainte-Léonie	432
Sainte-Wilhelmine	355
Saïr	127
Sakhamoudi	111
Salah-Bey	252
Salines (les)	433
Salines (les)	453
Salpêtrière (hôpital de la)	95
San-Fernando	431
Santa-Cruz	424
Saoula	91
Sebdou	504
Selim (puits de)	234
Senia (la)	429
Seriana	402
Sertel (ruines de)	374
Sétif	364
Sfisef	466
Sidi-'Aïch	388
Sidi-'Aïssa (caravansérail de)	226
Sidi-Ali-ben-Youb	471
Sidi-Amer	409
Sidi-Amran	406
Sidi-Amran	471

	pages
Sidi-Aoun	409
Sidi-bel-Abbès	466
Sidi-bel-Kassem	465
Sidi-ben-Djenan	408
Sidi-ben-Ferka	431
Sidi-bou-Medine	488
Sidi-Brahim	470
Sidi-Brahim (koubba de)	496
Sidi-Chami	429
Sidi-Djilali-ben-Amar	462
Sidi-el-Hadj-ben-Ameur	509
Sidi-Embarek	372
Sidi-Ferruch	101
Sidi-Khaled	464
Sidi-Khaled	471
Sidi-Khalef (koubba de)	99
Sidi-Khalifa	120
Sidi-Khalifa	281
Sidi-Khelil	402
Sidi-Khelil	405
Sidi-Lassan	470
Sidi-Makhlouf	210
Sidi-Mecid	249
Sidi-Merouan	281
Sidi-Mohammed	408
Sidi-Moussa	109
Sidi-Nassar	357
Sidi-Okba	402
Sidi-Rached	406
Sidi-Rached (pointe de)	247
Sidi-Sliman	406
Sidi-Sliman (koubba de)	279
Sidi-Soussan (koubba de)	203
Sidi-Tamtam	285
Sidi-Yahia	406

INDEX ALPHABÉTIQUE.

Sidi-Youssef (bordj de).. 328
Sidi-Zian (koubba de) .. 232
Sidi-Zouïka............ 120
Sievers................ 256
Sirat.................. 451
Souderata.............. 342
Souf (le).............. 409
Souk-Ahras............. 325
Souk-el-Djema'......... 204
Souk-el-Hâd............ 107
Souk-el-Sebt, v. la Robertsau............. 357
Souma.................. 135
Sour-Djouab............ 119
Sour-Kel-Mitou......... 446
Staouéli (village de) ... 100
Staouéli (couvent de). . 99
Stidia (la), v. 'Aïn-Stidia 448
Stil................... 404
Stora.................. 352
Strasbourg............. 393
Syr (ruines de)........ 493

T

Tabesbest.............. 408
Tablat................. 111
Tadjemout.............. 213
Tafaraoui.............. 437
Tafraoua (puits de).... 507
Takdemt................ 203
Takdemt................ 464
Takitount.............. 376
Takouch................ 306
Taksept................ 192

Talterni (plaine de) 503
Tamarins (les)......... 394
Tamelhat............... 409
Tamerna-Djedida........ 406
Tamerna-Kedima 406
Tamzoura 436
Taourga................ 199
Tar'zout............... 409
Taza................... 180
Tazemalt............... 389
Tazout................. 431
Tazzout, v. Lambèse... 261
Tébessa................ 272
Tedlès................. 202
Tefschoun.............. 127
Telagh (le)............ 471
Temacin................ 408
Temellouka............. 369
Ténès.................. 187
Ténès (Vieux-)......... 187
Teniet-el-Bogheul...... 225
Teniet-el-Haâd......... 178
Teniet-ez-Zeïan........ 509
Tenira................. 471
Tensalmet.............. 429
Terni.................. 503
Tessala................ 470
Thibilis, v. Announa... 285
Thouda................. 402
Tiaret................. 462
Tifech................. 328
Tigsirt................ 203
Tiguedidin 408
Tihert-la-Neuve........ 464
Tilremt................ 215

	pages		pages
Timegad	266	Vieux-Ténès	187
Tinelda	408	Village Nègre	261
Tipasa	158	Village Nègre	424
Tipasa, v. Tifech	328		
Tis-el-Ouine	234	**Z**	
Tixeraïn (ruines de)	91		
Tizi-Ouzou	190	Zaatcha	403
Tizi-Renif	196	Zaatra	106
Tlemcen	473	Zab-Chergui	402
Tobna	413	Zab-Daharoui	402
Tolga	403	Zab-el-Biskra	402
Tombeau de la Chrétienne (le)	128	Zab-Guebli	402
		Zakkar	208
Touabet	203	Zamoura	374
Toudja (ruines de)	387	Zamouri	106
Touggourt	407	Zana	267
Tounin	445	Zaouiet-Melili	403
Trembles (les)	112	Zaouiet-Riha	405
Trembles (les)	470	Zaraï	268
Trois-Palmiers (les)	187	Zarta	402
Tubupsutus (ruines de)	387	Zeffoun	203
		Zegoum	409
U		Zemmora	454
		Zeralda	101
Union (Ferme de l')	438	Zeribet-Ahmed	404
		Zeribet-el-Oued	404
V		Zerizer	308
		Zerouëla	469
Valée	352	Ziana	387
Vallée des Consuls	96	Ziban (les)	402
Valmy	435	Zitouna, v. Bessonbourg	363
Vesoul-Benian	173	Zoual-Abbès	127
Vieux-Koubba	89	Zurich	159

www.ingramcontent.com/pod-product-compliance
Lightning Source LLC
Chambersburg PA
CBHW070853300426
44113CB00008B/813